● 전욱(顓頊)의 부락도

● 황제(黃帝)의 부락도

● 소호(少昊)의 부락도

● 제준(帝俊)의 부락도

● 염제(炎帝)의 부락도

● 순(舜)임금의 부락도

◉ 우(禹)임금의 부락도

◉ 우임금의 산하도

◉ 산해경(山海經) 천문경관도(天文景觀圖)

◉ 군무(群巫) 제사도(祭祀圖)

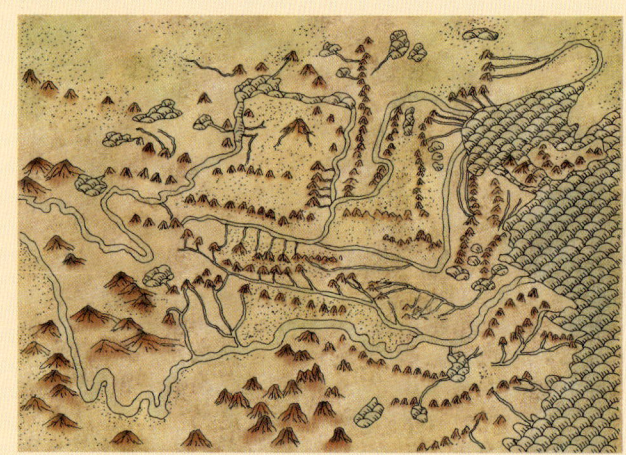
◉ 오장산경(五藏山經) 방위도

산해경

山海經

Copyright © 2006, Liu Taiheng(劉太亨) Koreantranslation copyright (publication year of Korean edition) by Antiquus
Korean translation rights arranged with Chongqing Publishing House Through Imprima Korea Agency

이 책의 한국어판 저작권은 Imprima Korea를 통해 Chongqing Publishing House와의 독점계약으로 안티쿠스에 있습니다.
본 저작물은 저작권법에 의해 한국 내에서 보호를 받는 저작물이므로 무단전재와 무단복제를 금합니다.

山海經

산해경

예태일 · 전발평 편저 — 서경호 · 김영지 역

안티쿠스
ANTIQUUS

서문

《산해경》은 중국에서 가장 오래된 백과전서로, 책의 내용이 하도 방대해서 감탄을 자아낸다. 지리, 역사, 종교, 문학, 철학, 민족, 민속, 동물, 광물, 의약까지 총망라했다. 지금까지 전해지는 서적 중에 가장 신기하고 괴이한 불후의 명작이다.

《상서(尙書)》와 《여씨춘추(呂氏春秋)》, 《사기(史記)》를 보면, 대우(大禹)가 치수한 후에 대신들을 거느리고 산천대지와 생산물의 분포상황을 조사했다는 기록이 나온다. 그 조사결과에 근거하여 당시 매우 정확한 '국토자원 분포도'를 제작하면서 전국을 구주(九州)로 나누었다고 한다. 우리가 지금 보는 《산해경》의 《산경(山經)》 부분이 바로 대우의 조사결과에 해당된다. 《산해경》은 서적으로도 만든 동시에 《산해도(山海圖)》라는 그림으로도 제작되었다. 사실 《산해경》은 이 《산해도》를 설명한 글이라고 한다. 《산해도》는 세발솥 구정(九鼎)에 넣었으나, 춘추전국시대의 사회가 어수선하고 전쟁이 빈번하여 구정이 사라지면서 《산해도》도 자취를 감춘다.

기원전 526년 어느 가을밤에 중국 역사에 영향을 끼친 중대한 사건이 발생한다. 진(晉)나라가 주(周) 경(敬)왕의 복위를 지지하여 출병하자, 왕자조(王子朝)는 주 왕조의 문서와 전적을 몽땅 집어 들고 초(楚)나라로 투항해버린다. 이로 인해 진귀한 상고의 전적들이 다수 실전되었는데, 사람들은 그때 왕자조가 비밀리에 묻었을 것이라고 추측할 뿐이다. 학자들은 중국 상고사를 명석하게 밝히지 못하는 이유가 이 사건과 매우 유관하다고 주장하니, 《산해경》도 이때 사라졌을 가능성이 큰 것이다.

　　진이 중국을 통일한 뒤 초나라에서 유실된 《산해경》을 얻었던 것 같다. 《산해경》에 기재된 산천지리와 하천의 흐름에 대한 정보는 당시 막강한 전략적 가치를 지녔기 때문에, 진시황(秦始皇)에 의해 황궁 깊이 묻혀 절대 사람들의 눈에 띠지 않았다. 한(漢)이 진을 멸망시킨 후 소하(蕭何)가 진대에 묻은 문헌자료를 발굴하면서 이 기서를 다시 연구하게 된다. 나중에 경학자 유향(劉向), 유흠(劉歆) 부자에 의해 지금 우리가 보는 《산해경》으로 정리, 제작되었다.

　　《산해경》은 내용이 복잡해서 학자들이 서적을 분류할 때 곤란을 겪었다. 《한서(漢書)·예문지(藝文志)》에서는 술수략(術數略)의 형법류(形法類)로 분류했고, 《수서(隋書)·경적지(經籍志)》에서는 사부(史部) 오행류(五行類)로, 《송사(宋史)·예문지(藝文志)》에서도 사부 오행류로, 청대 《사고전서총목제요(四庫全書總目提要)》에서는 이 책을 '소설 중에 가장 오래된 것'이라고 하면서 자부(子部) 소설가류(小說家類)로 분류했다. 그리고 노신(魯迅)은 《중국소설사략(中國小說史略)》에서 '옛 무서(巫書)'라고 했다. 지금 국제적으로 통용되는 학문 분류 기준으로 보면 전부 다 정확하지 않다. 《산해경》은 특정 분야에 속하지 않고 모든 분야에 속한다.

　　지금 전해지는 《산해경》은 18권으로 《남산경(南山經)》, 《서산경(西山經)》, 《북산경(北山經)》, 《동산경(東山經)》, 《중산경(中山經)》이 각각 한 권으로, 5권을 총칭해서 《오장산경(五藏山經)》이라고 하거나 간략하게 《산경(山經)》이라고 한다. 그밖에 해외남(海外南), 서(西), 북(北), 동경(東經)이 각각 한 권이고, 해내남(海內南), 서, 북, 동경이 각각 한 권, 대황동(大荒東), 남, 서, 북이 각각 한 권씩이고 해내경(海內經)이 한 권으로, 이렇게 13권을 《해경(海經)》이라고 한다. 《산경》은 해내의 산천

5

및 광물(鑛物)과 신괴(神怪) 및 제사(祭祀)에 관해 기록했고, 총 26조(條) 의 산맥과 447개의 산이 등장하는데 그중에서 실제 위치를 확인할 수 있는 것은 140좌(座)로, 이것이 《산해경》에서 가장 가치 있는 부분이다. 수계(水系)만 258곳, 땅은 348곳, 광물은 673곳, 식물은 525곳, 동물은 473곳에 기록되었으며 그 면적은 수백만㎢에 달한다. 이것은 세계 역사상 가장 오래된 지리조사 작업이었다.

　《산해경》은 신기하고 상상력도 풍부한 아주 오래된 책이다. 지금까지도 《산해경》처럼 신(神), 선(仙), 귀(鬼), 괴(怪), 산, 강, 하늘, 땅에 대해 이렇게 맛깔스럽고 예술적인 매력이 넘치게 그려낸 책이 없다. 역사적으로 많은 유명 인사들이 이 책을 좋아했고 그 영향을 받았다. 서한(西漢) 효무제(孝武帝) 때의 일이다. 이국 사람이 기이한 새를 바쳤는데 이름도 알 수 없고 어떻게 길러야 할지도 몰랐다. 먹이를 주어도 먹지 않았다. 그때 저명한 사부(詞賦) 작가 동방삭(東方朔)이 기이한 새의 이름뿐 아니라 먹이까지 알려주었다. 과연 동방삭의 말은 틀림이 없었다. 효무제가 동방삭에게 "그대는 어떻게 이 새의 이름을 아는가?" 하고 묻자 동방삭은 "소신이 《산해경》을 읽었는데, 그 책에 이 새에 대한 지식이 기록되어 있었습니다"라고 했다. 효무제가 감동해서 동방삭을 크게 칭찬했더니 그때부터 조정의 모든 관리들이 앞 다투어 《산해경》을 읽기 시작했다고 한다. 노신도 어릴 적에 《산해경》을 매우 좋아한 나머지 손에서 놓지 않았으며 사방에서 《산해경》의 여러 판본들을 수집하여 평생 소장했다고 한다. 《산해경》이 아이들에게 상상력을 길러주고 지식을 쌓게 하는 최고의 서적임은 의심할 여지가 없다. 누구든지 옛 산천풍물 및 기이한 새와 동물들, 신선과 마귀, 금과 옥과 보물들, 신화를 알고 싶다면 《산해경》을 읽지 않을 수 없다.

　《본초강목(本草綱目)》이 나오기 전까지 《산해경》은 《본초강목》류의 의약(醫藥)과 양생(養生)에 대해 함께 논한 유일한 서적이었을 것이다. 《산해경》에는 중국에서 자라는 동식물의 약성과 심지어 지진, 바람과 폭풍, 가뭄에 대해서도 기록되어 있어, 지금도 여전히 과학자와 일반인들이 애독하고 있다. 많은 연구자들과 지식인들이 《산해경》에 나오는 정보를 신뢰하는 것만 보더라도 이 책의 가치를 알 수 있다. 《산해경》에 대한 연구결과에서도 보이듯이, 이탈리아의 탐험가 콜럼버스가 아메리카 대륙을 발견하기 수천 년 전에 이미 중국인은 아메리카와 태평양의 여러 섬들을 발견했을 수 있다.

《산해경》은 글과 그림이 심오하여 사람들이 통독하기 어렵다. 그래서 원가(袁珂)의 연구 성과를 기초로 이렇게 광대하고 기이한 고대 명저를 엮어보았다. 그중에 '백화전역(白話全譯)' 부분은 임부선(任孚先), 우우발(于友發)의 《백화삽도산해경(白話揷圖山海經)》을 참고했으니, 이 자리를 빌어서 감사를 표하고 싶다.

사라진 문명을 찾고 민족의 기원을 이해하는 것은 오늘날 우리 모두가 책임지고 해야 할 일이다. 이 책의 출판은《산해경》을 좋아하는 수많은 독자들에게 상당한 도움이 될 것으로 믿는다.

차례

서문 — 4

제1장 | 남산경(南山經)

- 남산경 —————— 14
- 남차2경 —————— 18
- 남차3경 —————— 22

제2장 | 서산경(西山經)

- 서산경 —————— 30
- 서차2경 —————— 38
- 서차3경 —————— 41
- 서차4경 —————— 50

제3장 | 북산경(北山經)

- 북산경 —————— 58
- 북차2경 —————— 66
- 북차3경 —————— 70

제4장 | 동산경(東山經)

- 동산경 —————— 84
- 동차2경 —————— 87
- 동차3경 —————— 91
- 동차4경 —————— 93

제5장 | 중산경(中山經)

- 중산경 —————— 98
- 중차2경 —————— 101

- 중차3경 —— 104
- 중차4경 —— 106
- 중차5경 —— 109
- 중차6경 —— 135
- 중차7경 —— 140
- 중차8경 —— 146
- 중차9경 —— 151
- 중차10경 —— 156
- 중차11경 —— 158
- 중차12경 —— 167

제6장 | 해외남경(海外南經)
- 해외남경 —— 174

제7장 | 해외서경(海外西經)
- 해외서경 —— 194

제8장 | 해외북경(海外北經)
- 해외북경 —— 208

제9장 | 해외동경(海外東經)
- 해외동경 —— 236

제10장 | 해내남경(海內南經)
- 해내남경 —— 264

제11장 | 해내서경(海內西經)
- 해내서경 —— 270

제12장 | 해내북경(海內北經)
- 해내북경 —— 278

제13장 | 해내동경(海內東經)
- 해내동경 —— 300

제14장 | 대황동경(大荒東經)
- 대황동경 —— 306

제15장 | 대황남경(大荒南經)
- 대황남경 —— 314

제16장 | 대황서경(大荒西經)
- 대황서경 —— 336

제17장 | 대황북경(大荒北經)
- 대황북경 —— 378

제18장 | 해내경(海內經)
- 해내경 —— 386

역자의 말 — 430

색인(索引) — 434

산해경

제 I 장

남산경

南山經

남차2경

● ── 남산경(南山經)

남쪽에 있는 산의 첫 번째 줄기는 작산(鵲山)에서 시작되며, 작산의 줄기는 소요산(招搖山)에서 시작된다. 소요산은 서해를 바라보며 우뚝 솟아 있다. 이 산 위에는 계수나무가 무성하게 우거져 있으며 황금과 옥이 많다. 또한 이 산에는 신기한 풀이 한 가지 있는데, 모양은 부추처럼 생겼지만 잎이 가늘고 평평하며 부드럽고 연하며 푸른 꽃을 피운다. 이 풀을 축여(祝餘)라고 부르는데, 사람이 이것을 먹으면 늘 배가 부르다고 한다. 또 이 산에는 미곡(迷谷)이라고 부르는 나무가 한 그루 있다. 닥나무와 흡사하게 생겼지만 가지가 검고 빛이 사방으로 퍼져나간다. 사람들이 이 가지를 몸에 차고 다니면 길을 잃을 염려가 없다. 이 산 속에는 성성(猩猩)이라는 기괴한 짐승이 산다. 원숭이처럼 생겼으나 귀가 하얗고 어떤 때는 기어 다니다가 갑자기 사람처럼 우뚝 서서 걸어 다닌다. 성성은 사람얼굴을 한 짐승인 인면수(人面獸)로, 과거의 일은 잘 기억해내지만 미래의 일은 도무지 모른다. 이 녀석은 사람의 말을 하고 마주치는 사람의 이름을 알아맞히는데다가 술을 엄청 좋아한다. 그래서 마을사람들이 성성이 다니는 길목에다 술과 술지게미, 짚신을 놓아두면 이 녀석은 술과 짚신을 보고 물건을 놓아둔 사람이 누구인지, 또 그 마을사람의 조상이 누군지에 이르기까지 줄줄 읊어낸다고 한다. 듣자하니, 사람들이 이 녀석의 고기를 먹기만 하면 아주 잘 걸어 다닐 수 있단다. 이 산에는 여궤수(麗䜋水)라는 물이 도도하게 서쪽으로 흘러 바다로 들어간다. 그 속에 육패(育沛)라는 동물이 사는데, 사람들이 이 동물을 차고 다니면 기생충에 감염되지 않는다.

소요산에서 동쪽으로 300리쯤 가면 당정산(堂庭山)이 있다. 이 산에는 재염나무가 무성하고 흰 원숭이들이 살며 수정이 많이 난다. 이 수정을 물옥(水玉)이라고 하는데, 신농씨(神農氏) 때 비를 다스리는 우사(雨師)인 적송자(赤松子)는 이 물옥을 복용하여 신농씨를 가르칠 수 있었으며, 불 속으로 뛰어들어도 죽지 않았다고 한다. 또한 불의 신인 염제(炎帝)의 딸이 적송자의 비법을 배워 신선이 되었다고 한다. 그 외에도 이 산 속에는 황금이 많이 묻혀 있다.

창세의 신 반고(盤古)
무명씨(無名氏), 인물화

반고는 창조신이다. 중국 역사는 반고의 천지창조로부터 시작되었다. 천지의 정수를 모으고 시원의 기운을 빨아들인 한 마리의 거대한 용이 동방의 대지에 임하였으니, 그는 '용' 종류의 선조가 아닌 중화민족의 창세신이다.《광박물지(廣博物志)》에서 '반고는 용 머리에 뱀의 몸이며 바람과 비를 들이마시고 번개와 우레를 불어내니, 그가 눈을 뜨면 낮이고 그가 눈을 감으면 밤이다. 죽어서 뼈마디는 산이 되었고 몸은 강과 바다가 되었으며 피는 도랑을 이루었고 몸에 난 털들은 풀과 나무가 되었다'고 했다. 일설에는 반고가 하늘을 열고 땅을 여는데, 하늘은 날마다 1장씩 높아졌고 땅은 1장씩 두터워졌다고 한다. 그렇게 1만8,000년이 지나고 나서야 하늘과 땅이 갈라졌고 그 사이에 삼황오제(三皇五帝)가 나타난 것이다. 복희(伏羲), 수인(燧人), 신농(神農)의 삼황이 해와 달과 함께 동방에서 나왔고 황제(黃帝), 전욱(顓頊), 제곡(帝嚳), 당요(唐堯), 우순(虞舜)의 오제는 후한 덕을 베풀어 천하를 다스렸다. 중국 역사의 기나긴 강물이 여기서 발원하여 넓고 아득한 시간과 공간을 배경으로 천년만년 이어져온 것이다.

다시 동쪽으로 380리를 가면 원익산(爰翼山)이 나온다. 이 산 속에는 이상한 짐승들이 득시글거린다. 또 물 속에는 기괴한 고기들이 떼를 지어 몰려다니고, 새하얀 옥이 널려 있으며, 몸이 얼룩덜룩하고 코에 뾰족 침이 난 반비충(反鼻蟲) 및 갖가지 괴상한 뱀들과 괴상한 형상을 한 나무들이 있다. 이 산은 험준하고 매우 위험해서 사람들은 올라갈 생각조차 하지 않는다.

다시 동쪽으로 370리를 가면 유양산(杻陽山)이 있다. 산의 남쪽 언덕에는 황금이 많고 북쪽 언덕에는 백금이 많다. 이 산에는 야수가 한 마리 사는데 몸이 길쭉한 것이 말처럼 생겼지만 머리가 흰색이고, 몸에 호랑이 비슷한 무늬가 있으나 꼬리는 또 빨갛다. 울음소리가 너무 아름다워서 듣기에 마냥 좋다. 이 짐승은 이름을 녹촉(鹿蜀)이라 한다. 사람들이 녹촉을 기르면 자손을 많이 낳을 수 있다. 이 산에는 괴수(怪水)라는 물줄기가 흘러나오는데, 동으로 흘러 헌익수(憲翼水)로 들어간다. 그 물 속에는 흑색 거북이 많이 살고 있다. 모습은 보통 거북과 비슷하지만 머리는 까마귀 머리와 흡사하고, 꼬리는 독사 꼬리처럼 생겼다. 이런 거북을 따로 선구(旋龜)라고 부른다. 이놈들이 내는 소리는 나무 쪼개지는 소리와 비슷하다. 이 거북 등껍질을 차고 다니면 귀가 멀지 않을 뿐만 아니라 발에 박힌 못을 치료할 수 있다.

다시 동쪽으로 300리를 가면 저산(柢山)이 나온다. 산 속에는 물줄기가 여럿 흐른다. 산꼭대

황하(黃河), 중국 역사문화의 주요 흐름
탁본(拓本), 명대(明代)

황하는 중국 역사문화의 중심이다. 사람들은 황하의 수신인 하백(河伯)과 용왕(龍王)을 존경하면서도 경외한다. 황하는 청해(靑海) 파안객랍산(巴顔喀拉山)에서 발원하여 사천(四川), 감숙(甘肅), 영하(寧夏), 내몽고(內蒙古), 섬서(陝西), 산서(山西), 하남성(河南省) 등을 지나 산동성(山東省) 북부 이해현(利海縣)에서 흘러나와 발해(渤海)로 들어간다. 총 길이는 5,464km이고 강 유역 면적만 7,524만㎢에 달한다. 하구는 연평균 유량이 초당 1,500㎥나 된다. 황하로 조하(洮河), 황수(湟水), 이하(伊河), 무정하(無定河), 위하(渭河), 분하(汾河), 낙하(洛河) 등의 많은 지류가 모여드니 중화민족을 길러낸 '고조하(高祖河)'가 분명하다. 이 비석에 새겨진 지도는 중국에서 현존하는 가장 오래된 황하 수리공정도인데, 고대의 전통방식으로 제작되었다. 부(府), 주(州), 현(縣)은 다른 부호로 표시했고, 하류(河流)는 쌍선으로 그리고, 둑과 방죽은 굵고 거친 선으로 튀어나오게 했으며, 산맥과 사묘들은 모습을 직접 그려 넣었다. 지명만도 100여 개가 넘는다. 산맥과 하류의 흐름 및 지도 위의 주요한 지리적 위치는 현대식 지도와 매우 비슷하다. 이 지도는 명대 중기의 황하와 운하를 간략하게 그린 것으로, 위쪽이 북쪽이다. 북쪽으로 산동 덕주(德州)에 이르고 남은 봉양부(鳳陽府 : 지금의 안휘성 봉양현)에 달한다. 서로는 섬서 동관(潼關)에서 시작해서 동으로 황하가 바다로 들어가는 지점까지다. 지도에는 둑과 방죽의 건축 연대, 길이와 물길, 흐름, 그리고 상황이 명시되어 있다.

남산경

명각본삽도(明刻本揷圖)

이 삽도는 남차1, 2, 3경의 서쪽에서 동쪽을 향한 산맥과 지리의 자연경관, 산물 및 그 지역 거주민들이 산신 및 조상신에게 제사 지내는 모습, 그리고 신에 대한 제례와 제례용품 및 제물 등을 그려 넣었다. 남산경의 내용에서 알 수 있듯이 당시 사람들은 자연자원을 매우 중시했다. 조박산(趙璞珊)이 연구한 《오장산경(五臟山經)》에 따르면 약물의 종류가 아주 많은데, 그중 광물류는 5종, 식물류는 28종, 나무류 23종, 짐승류 16종, 조류 25종, 수생 동물 30종, 기타 4종이다. 이런 약물들은 보통 한 가지 맛을 내는 약재로, 약재의 사용량에 대한 설명은 없고 약재의 연대가 얼마나 오래 되었는지에 대해 자세히 설명했다. 서남주(徐南洲)가 연구한 《오장산경》의 기록에는 광물을 12류 90종으로 분류했다. 옥 20여 종, 돌 42종, 그리고 155군데의 금광도 기재했으며, 대부분 금속에서 광물이 함께 나는데 황금, 은, 동, 철, 주석, 수은 등이 포함된다.

기는 민둥민둥해서 나무와 풀이 자라지 않는다. 그렇지만 물 속에는 육어(鯥魚)라는 고기가 있는데, 그 모습이 소처럼 생겼으나 꼬리는 뱀 꼬리 같다. 또 날개가 2개 있는데, 그 깃털들이 갈비 아래에 돋아나 있다. 이 물고기는 밭을 가는 소 울음소리와 비슷한 소리를 낸다. 겨울에는 모습을 감추었다가 여름이면 다시 나오는데, 사람들이 이 물고기를 먹으면 고약한 종기가 생기지 않는다.

다시 동쪽으로 400리를 가면 단원산(亶爰山)이다. 산꼭대기에는 물줄기들이 흐르지만 풀과 나무가 자라지 않고 험준해서 오를 방법이 없다. 이 산에는 유(類)라고 불리는 특이한 짐승이 있다. 들 고양이처럼 생겼지만 머리털이 길다. 이 녀석은 몸에 암컷과 수컷의 생식기를 함께 지니고 있어서, 사람들이 그 고기를 먹으면 질투심이 사라진다. 명나라 때 운남성(雲南省) 몽화부(蒙化府) 일대에서 볼 수 있었다고 하는데, 그 지역 사람들은 '향긋한 털'이라고 불렀다.

다시 동쪽으로 300리를 가면 기산(基山)이 있다. 이 산의 남쪽 언덕에는 옥돌이 많고 북쪽 언덕에는 여러 가지 기이한 나무들이 자란다. 이 산에는 박이(猼訑)라는 짐승이 사는데, 양과 비슷하게 생겼으나 꼬리가 9개, 귀가 4개 달려 있으며 두 눈이 등에 붙어 있다. 이 녀석의 가죽과 털을 차고 다니면 놀람과 두려움을 모르게 된다. 이 산에는 창부(𩾰𩾌)라고 불리는 새도 사는데 생김새가 닭 비슷하지만 머리가 셋에 눈이 여섯, 다리도 여섯에 날개가 셋이나 달려 있다. 사람들이 그 고기를 먹으면 자고 싶은 생각이 사라진다.

다시 동쪽으로 300리를 가면 청구산(靑丘山)에 이른다. 이 산의 양지바른 남쪽 언덕에는 옥돌이 많이 널려 있고, 음지인 북쪽 언덕에는 청확(靑雘)이라는 질 좋은 푸른 염료가 난다. 이 산에는 꼬리가 9개 달린 여우처럼 생긴 짐승이 사는데, 아기 울음소리를 내며 사람을 잡아먹는다. 하지만 사람이 이 구미호의 살점을 먹으면 안전하고 길운이 들어와 요사스런 기운에 빠져들지 않게 된다. 이 산에는 비둘기와 닮은 새도 살고 있는데, 우는 소리가 마치 사람들이 서로 다투고 욕하는 소리처럼 들린다. 이 새의 이름은 관관(灌灌)이다. 사람들이 이 새를 차고 다니면 어디를 가도 미혹되지 않는다. 이 산에서 흘러나오는 물줄기를 영수(英水)라고 하는데, 남쪽 즉익택(卽翼澤)으로 흘러든다. 그 물 속에는 적유어(赤鱬魚)가 많이 산다. 이 물고기는 사람얼굴을 하고 있으며 원앙새 소리 비슷한 울음소리를 낸다. 사람들이 이 고기를 먹으면 옴이 오르지 않는다.

다시 동쪽으로 350리를 가면 기미산(箕尾山)이 있다. 이 산의 끝은 동해안에 닿아 있는데, 산 위에는 모래와 자갈이 많다. 이 산에서 흘러나오는 물줄기를 방수(汸水)라고 하며, 남쪽으로 흘러 육수(淯水)로 들어간다. 그 물 속에는 하얀 옥돌이 아주 많다.

작산의 첫머리인 소요산에서 출발하여 구불구불 길을 따라 기미산에 닿기까지 모두 10개의 큰 산들이 있으며, 거리는 2,950리이다. 이 산들의 신선들은 모두 새 몸에 용의 머리를 하고 있다. 신선에게 제사를 지낼 때는 희생으로 바칠 가축을 옥으로 만든 예기에 넣고 젯메쌀을 하얀 골풀로 엮은 자리(席) 위에 놓는다.

● ── 남차2경(南次二經)

남쪽에 있는 산들의 두 번째 줄기는 거산(柜山)에서 시작된다. 이 산의 서쪽은 유황풍씨(流黃酆氏)와 유황신씨(流黃辛氏)의 두 나라에 접해 있다. 정상에 서면 북쪽으로 제비산(諸毗山)과 제비하(諸毗河)가 보이고, 동쪽으로는 장우산(長右山)이 바라다 보인다. 그리고 영수가 거산에서 발원하여 서남쪽으로 흘러 적수(赤水)로 들어간다. 물 속에는 하얀 옥이 많고, 곡식알갱이 같은 붉고 가는 모래가 많다. 이 산에는 이력(狸力)이라고 하는 이상한 짐승이 사는데, 돼지와 비슷하게 생겼지만 날짐승 같은 발가락을 지녔으며 개 짖는 소리를 낸다. 이력이 나타나는 곳에서는 치수(治水)에 힘써야 한다. 이놈의 출현이 이듬해에 대단한 홍수가 발생할 것을 예고하기 때문이다. 이 산에는 또 주(鴸)라는 새가 있는데, 새매처럼 생겼으나 발은 사람 손 같으며 암 메추라기처럼 운다. 이 새는 요(堯)임금의 아들이 변한 것이다. 요임금의 아들은 올바른 생활을 하지 않았기 때문에 요가 천하를 그에게 주지 않고 순(舜)에게 선양했다. 화가 난 아들이 삼묘국(三苗國)과 힘을 합쳐 요를 공격했다가 크게 패하자 부끄러움을 못 이긴 나머지 남해에 몸을 던져 죽어서는 주라는 새로 변했다고 한다. 누군가의 말에 따르면 이 새의 우는 소리는 마치 자기 이름

남차1경
명각본삽도

남차1경은 지리적으로 중산경의 마지막 산맥(洞庭山, 盧山 일대)과 맞닿아 있으며, 현재 호남(湖南)과 강서(江西)의 형산(衡山), 구당형산(九堂荊山), 나소산(羅霄山), 무공산(武功山), 옥화산(玉華山) 일대에 해당된다. 산에 미구수(迷構樹)가 있는데 이 열매를 몸에 지니면 길을 잃거나 정신이 혼미해지지 않는다. 방합, 즉 섭조개도 있는데, 그것의 껍질로 만든 장식품을 차고 다니면 배가 아프지 않다. 귀가 새하얀 원숭이도 있다. 그것의 고기를 먹으면 '잘 달리게 된다'고 하는데, 이는 요즘 말하는 몸보신의 개념이나 무엇을 먹으면 어떻게 된다는 믿음과 일맥상통한다.

이 그림은 갑 지역에서 을 지역까지 얼마나 먼지(《산해경》의 '1리'는 지금의 100~300m 정도다), 방향은 어떤지, 그곳에는 어떤 물건들이 있는지, 그 물건의 효능은 무엇인지 알려준다.

을 부르는 것 같다고 한다. 이 새가 나타나는 고장에서는 재능 있는 선비들이 많이 쫓겨난다.

　동남 방향으로 450리를 가면 장우산이다. 산 위는 매우 황량해서 나무나 풀이 전혀 자라지 않지만 물은 풍부하다. 산 속에는 장우(長右)라는 짐승이 사는데, 생김새는 원숭이 같으며 귀가 4개 달렸다. 이 짐승의 우는 소리는 마치 사람의 신음소리 같다. 이 녀석이 나타나면 수재가 발생한다.

　다시 동쪽으로 340리를 가면 요광산(堯光山)이 나온다. 산의 양지바른 남쪽 기슭에는 옥이 많고 그늘진 북쪽 기슭에는 황금이 널려 있다. 산 위에는 활회(猾褢)라고 하는 짐승이 사는데, 사람과 비슷하게 생겼으나 몸에 돼지처럼 긴 털이 자란다. 동굴에서 사는 이 녀석은 겨울에는 칩거하며 나오지 않는다. 이 녀석이 우는 소리를 들어보면 사람이 나무를 도끼질할 때 나는 소리와 비슷하다. 이 짐승이 출현하는 곳에서는 대규모의 노역(勞役)이 일어난다.

　다시 동쪽으로 350리를 가면 닿는 곳이 우산(羽山)이다. 이 산은 축기현(祝其縣)의 서남쪽에 있으며, 예전에 곤(鯀)이 축융(祝融)에게 살해된 곳이라고 전해진다. 이 산 밑에는 여러 물줄기가 흐른다. 그래서 산 위에는 비가 자주 내리지만 초목은 자라지 않고 살모사(殺母蛇)만 득실댄다. 살모사는 독을 가진 뱀으로, 속칭 '풀 위를 날아다니는 초상비(草上飛)'라고도 한다.

　다시 동쪽으로 370리를 가면 구보산(瞿父山)에 닿는다. 이 산은 민둥산으로 초목이 자라지 않으며 갖가지 모양과 색깔을 갖춘 옥이며 황금이 많다.

　다시 동쪽으로 500리를 가면 구여산(句餘山)이 있다. 이 산도 민둥산으로 초목이 자라지 않으며 갖가지 모양과 색깔을 갖춘 옥과 황금이 많다.

　다시 동쪽으로 500리를 가면 부옥산(浮玉山)이 나온다. 이 산의 정상에 오르면 북쪽으로 구구호(具區湖)가 보이고 동쪽으로는 제비하가 보인다. 이 산에는 체(彘)라고 불리는 호랑이처럼 생긴 짐승이 사는데, 꼬리가 아홉이고 개 짖는 소리와 비슷한 소리를 내며 사람을 잡아먹는

동시에 떠오르는 10개의 태양
비단에 채색 회화, 서한(西漢)

상고시대의 신화는 당시 사람들의 자연과 사회에 대한 생각 및 염원을 잘 보여주며 내용도 무궁무진하다. 우주의 기원이나 삼라만상을 해석하는 작업에 예술적인 의미를 둔 것으로는 '반고의 천지개벽(盤古開天地)', '여와가 하늘을 메우다(女媧補天)', '태양이 함지에서 목욕하고 부상에서 쉬다(太陽浴干咸池息干扶桑)'와 '달 속의 두꺼비(月中蟾蜍)' 등이 있다. 위의 채색화는 태곳적 하늘에 10개의 태양이 떠올랐으며, 사람들이 동쪽 끝 양곡에서 자라는 신령한 부상나무의 가지 위에 살았다는 신화를 그린 것이다. 신화 내용은 이러하다. 날마다 새벽에 한 개의 태양이 함지에서 목욕하고 나면 세 발 달린 까마귀가 그 태양을 등에 업고 하늘로 날아간다. 그러면 하루가 시작되고 10개의 태양이 번갈아 날면 하루가 가는 것이다. 요임금 때 한 번은 10개의 태양이 차례로 뜨지 않고 한꺼번에 떠서 풀과 나무가 모두 말라죽고 사람들은 먹을 것이 없어졌다고 한다.

삼황도(三皇圖)

반고는 중화민족의 시조로 칭해진다. 고문헌인 《삼재도회(三才圖繪)》에 반고의 초상화가 나온다. 한대 화상석(畵像石)에도 반고의 천지개벽 모습이 보인다. 민간에서도 천황(天皇), 지황(地皇), 인황(人皇)에 대한 신화가 무성하다. 이들은 전부 인류의 시조인 동시에 천황, 지황, 인황은 천계(天界), 지계(地界), 인계(人界)의 왕이기도 하다.

신농이 약초를 캐다(神農採藥)

요대(遼代)

'불꽃 임금 염제(炎帝)'라 불리는 신농은 소전(少典)의 아들로 사람 몸에 소머리를 하고 있다. 신화에서 그는 남방 천제로, 삼황 중 두 번째다. 황제와는 어머니가 같고 아버지는 다른 형제간이다. 어른이 되어 신농과 황제는 각각 다른 부락의 수령이 되어 140년간 즉위했다. 신농 부락은 강수(姜水)의 물가에 위치해서 성이 강(姜)이고 황제 부락은 희수(姬水)의 물가라서 성이 희(姬)가 되었다. 염제의 후예들이 많으니 치우(蚩尤), 과보(夸父), 형천(刑天), 공공(共工) 모두 뛰어난 영웅들이고 백릉(伯陵), 적송자(赤松子) 등도 특별한 능력을 지녔다. 딸 요희(瑤姬)와 여와(女娃)는 빼어난 미모를 지닌 미녀였다. 신농은 의약, 도자기 제작, 경작과 무역에 공을 세웠고, 평생 밭 갈고 씨 뿌리는 것을 가르친 농업의 시조이기도 하다.

다. 초수(苕水)가 이 산 북쪽 기슭에서 발원하여 북쪽으로 흘러 구구호로 들어가는데, 그 호수에는 물고기가 많다. 이 물고기들을 도어(刀魚)라고 하는데 머리가 길쭉하고, 큰 것은 길이가 한 척이 넘는다. 태호(太湖)에는 지금도 이 물고기가 많다.

다시 동쪽으로 500리를 가면 성산(成山)이다. 이 산은 마치 사람이 쌓은 듯한 3개의 단이 우뚝 솟은 모습을 하고 있다. 산 위에는 황금과 아름다운 옥이 많고 산 밑에는 빛깔 고운 청확이 많이 난다. 이 산에서는 독수(閹水)가 흘러나와 남쪽으로 흘러 호작수(虖勺水)로 들어간다. 그 물 속에 있는 모래에는 황금이 많이 섞여 있다.

다시 동으로 500리를 가면 회계산(會稽山)이 있다. 이 산은 사방이

네모난데, 산 위에는 황금과 아름다운 옥이 많고 산 밑에는 투명하게 빛나는 무부석(武夫石)이 많다. 작수(勺水)가 이 산에서 분출하듯 흘러나와 남으로 흘러 격하(湨河)로 들어간다.

다시 동쪽으로 500리를 가면 이산(夷山)에 닿는다. 이 산은 민둥산으로 모래와 자갈만 있을 뿐 식물은 자라지 않는다. 격수(湨水)가 여기서 발원하여 남쪽으로 흘러 열도수(列涂水)로 들어간다.

남차2경
명각본삽도

남차2경의 위치는 남차1경의 남쪽이나 동쪽에 해당되며, 현재 강서 동부, 안휘 남부, 강소(江蘇) 남부 및 절강성(浙江城)에 이른다. 남차2경에 사는 사람은 용 몸에 새머리를 한 신에게 제사를 지낸다. 남차1경의 사람은 새 몸에 용 머리인 신을 모셨으니, 두 신이 서로 반대로 생겼다. 이 점이 바로 두 지역의 부계 토템과 모계 토템이 상반되는 이유이며, 서로 오랫동안 통혼(通婚) 관계였음을 말해준다.

다시 동쪽으로 500리를 가면 복구산(僕勾山)이 있다. 산 위에는 황금과 아름다운 옥이 많고, 산 아래에는 꽃과 풀, 나무가 무성하지만 새나 짐승은 살지 않으며 물도 흐르지 않는다.

다시 동쪽으로 500리를 가면 함음산(咸陰山)이다. 민둥산으로 식물이 자라지 않고 물도 흐르지 않는다.

다시 동으로 400리를 가면 순산(洵山)에 닿는다. 이 산의 양지바른 남쪽 기슭에는 황금이 많고 응달진 북쪽에는 옥이 많다. 이 산에는 환(䍺)이라고 하는 짐승이 살고 있는데, 양처럼 생겼지만 주둥이가 없다. 주둥이가 없어 먹을 수 없는데도 굶어죽지 않는다. 순수(洵水)가 여기서 발원하여 산 뒤를 돌아 남쪽으로 흘러 알택(閼澤)으로 들어간다. 알택의 물 속에는 자줏빛 소라가 많이 살고 있다.

다시 동쪽으로 400리를 가면 호작산(虖勺山)이 나온다. 산 위에는 가래나무와 녹나무가 무성하게 우거져 있고, 산 밑에는 가시와 구기자가 많다. 방수(滂水)가 이 산에서 발원하여 동쪽으로 흘러 바다로 들어간다.

다시 동쪽으로 500리를 가면 구오산(區吳山)이 있다. 이 산은 민둥산으로 모래와 자갈이 많고 식물이 자라지 않는다. 녹수(鹿水)가 여기서 발원하여 남쪽으로 흘러 방수로 들어간다.

욱(郁)

욱은 욱리(郁李)로, 장미과에 속하는 과일나무이며 잎이 작은 관목이다. 잎은 달걀 모양인데, 뾰족한 달걀 모양도 있고 가늘고 톱니 모양도 있으며, 잎 뒤에는 잎맥에 짧고 부들부들한 솜털이 나 있다. 꽃은 2,3장이 떨기로 나며 분홍색이거나 흰색에 가깝다. 봄에 꽃이 피는데, 잎보다 먼저 피거나 잎과 동시에 핀다. 열매는 콩 모양에 어두운 붉은색이다. 중국에서 나며 관상용으로 재배되지만 열매는 먹을 수 있다. 씨앗은 '욱리인(郁李仁)'이라고 하며 약재로 쓴다.

원시 무술(巫術) 가무(歌舞)
채색 무늬 토기

중국의 고대 가무는 주술의식의 핵심으로 아주 신비로운 분위기를 자아냈다. 고대인들의 춤과 노래는 원시 토템 숭배와 관련한 의식의 주요 부분이었으니 정열적으로 거행되는 의식 중에 사람들은 취하기도 하고 미치기도 했다. 당시에는 어떤 의식을 통해서 초자연적인 신비한 능력을 얻고 신과 교통하려고 했다. 그래서 다들 리듬을 맞추며 뛰어오르고 가사를 읊조리거나 미친 듯이 소리를 질렀다. 이 토기에 바로 그런 원시인의 춤이 선명하고 생동적으로 묘사되었다.

다시 동쪽으로 500리를 가면 닿는 곳을 녹오산(鹿吳山)이라고 한다. 이 산 위에는 풀이나 나무가 자라지 않지만 황금과 보석이 많다. 택경수(澤更水)가 이 산에서 발원하여 남쪽으로 흘러 방수로 들어간다. 그 물 속에는 고조(蠱雕)라 불리는 짐승이 산다. 물에서 사는 짐승이지만 독수리처럼 생겼으며 머리에는 뿔이 돋아 있다. 이 짐승은 아기 울음소리와 비슷한 소리를 내며 사람을 잡아먹는다.

다시 동쪽으로 500리를 가면 칠오산(漆吳山)이 있다. 이 산에는 식물이 자라지 않고, 옥돌은 없지만 바둑알을 만드는 납작한 박석(博石)이 많다. 이 산은 동해안에 우뚝 솟아 있으며, 멀리서 보면 들쭉날쭉한 구릉같이 보인다. 그 능선 안에서 간혹 번쩍번쩍 빛이 오락가락하는데, 이곳에서 태양이 쉬어가기 때문이다.

남차2경의 산줄기는 7,200리에 걸쳐 거산에서 칠오산까지 모두 17개의 큰 산들로 구불구불 뻗어 있다. 이 산들에서 제사지내는 신선들은 모두 용의 몸에 새의 머리를 하고 있다. 신령에게 제사지낼 때는 희생물인 닭이나 오리를 옥그릇에 넣은 채 묻어버리며, 세심하게 골라서 잘 빻아낸 젯메쌀을 신선에게 바친다.

● ── **남차3경(南次三經)**

남쪽지방의 세 번째 산줄기의 첫머리에 있는 산을 천우산(天虞山)이라고 한다. 이 산 밑에는 물이 여러 줄기 흐르고 있지만 산 위쪽은 워낙 험준해서 올라갈 방법이 없다.

이 산에서 동쪽으로 500리를 가면 도과산(禱過山)이 나온다. 이 산에는 황금과 아름다운 옥이 많고 산 밑에는 코뿔소와 코끼리가 많이 산다. 산 속에는 구여(瞿如)라고 하는 새가 있는데, 푸른빛을 띤 백로처럼 생겼지만 머리가 하얗고 다리가 3개에 사람얼굴을 하고 있다. 이 녀석의 우는 소리는 자기 이름을 부르는 듯하다. 은수(浪水)가 이 산에서 발원해서 남쪽으로 흘러 바다로 들어간다. 그 물 속에는 호교(虎蛟)라는 짐

남차3경
명각본삽도

남차3경에 사는 사람들이 모시는 용 몸에 사람얼굴을 한 신은 인위적으로 만든 신상이거나 무당이 직접 분장을 했던 것으로 보인다. 신에게 제사를 드릴 때 제물로는 하얀 개를 주로 썼으며, 하얀 개의 피를 제사지내는 장소와 제사용품에 발랐다.

승이 사는데, 물고기처럼 생겼지만 꼬리는 뱀 꼬리와 비슷하고 원앙이 우는 소리와 비슷한 소리를 낸다. 사람들이 이 물짐승의 고기를 먹으면 몸에 부종이 생기지 않고 치질을 치료할 수 있다.

다시 동쪽으로 500리를 가면 닿는 곳이 단혈산(丹穴山)이다. 이 산 위에는 황금과 아름다운 옥이 많다. 단수(丹水)가 산 속에서 흘러나와서 동남쪽으로 흘러 발해(渤海)로 들어간다. 이 산에는 봉황(鳳凰)이라는 새가 사는데, 닭처럼 생겼지만 화려한 오색 깃털을 지녔다. 머리의 무늬는 '덕(德)' 자의 모습을, 날개의 무늬는 '의(義)' 자의 모습을, 등의 무늬는 '예(禮)' 자의 모습을, 가슴의 무늬는 '인(仁)' 자의 모습을, 배의 무늬는 '신(信)' 자의 모습을 하고 있다. 봉황은 자유자재로 먹고 마시며, 노래도 부르고 춤도 추며 지낸다. 이 새는 길조와 인애의 상징이며, 사람 사는 곳에 나타나면 천하가 태평해진다고 한다. 수컷을 봉(鳳)이라 하고 암컷을 황(凰)이라 부른다.

황제(黃帝)가 천하를 다스리기 시작한 후 어진 정치를 베풀자 세상이 태평스러워졌다. 그런데 어찌된 일인지 봉황은 나타나지 않았다. 궁금해진 황제가 천로(天老)에게 "봉황이 어떻게 생긴 새입니까?" 하고 묻자 천로가 대답했다. "봉황의 모습은 이렇습니다. 머리는 기러기 머리와 비슷하지만

봉황

상(商)나라의 점복에서 주요한 기원의 대상은 바람과 물이었다. 봉황은 갑골문에서 바람이란 뜻이다. 상나라 상제 관념으로 바람은 상제의 사신이다. 봉황은 바로 바람의 사신인 것이다.

황제
무명씨, 인물화

황제는 성씨가 희이고 호는 헌원씨(軒轅氏)이며 유웅씨(有熊氏)라고도 한다. 오제의 으뜸으로 황제족은 원래 서북쪽에 살았다. 황제 관련 전설로는 옥으로 병기를 만들었다거나, 창힐(倉頡)이 문자를 발명했다거나, 황제가 간지(干支)를 만들었다거나, 영윤(伶倫)이 악기를 제작했고 우(虞)와 하(夏) 2대가 황제에게 제사를 모신 이야기 등이 많이 전해진다. 황제 부락이 염제 부락과 전쟁을 치른 이야기는 너무나 유명하다.

남산경
명각본삽도

남차1경에 사는 사람들이 모시는 산신과 조상신은 새 몸에 용 머리를 한 신이다. 이것은 그 지역민의 조상 중에 새 토템과 용 토템 부락이 서로 결합했음을 보여준다. 이 신은 빚어서 만든 조상일 수도 있고 무당이 분장한 것일 수도 있다. 신에게 제사드릴 때는 털이 있는 동물을 장옥(璋玉)과 함께 땅에 묻어야 했다. 장옥은 반규(半圭)처럼 생겼는데, 벽옥을 얇게 갈아 만든 것 같고 고리 모양으로 하늘과 땅 및 남자조상과 여자조상을 각각 상징한다. 중국 고대에 가장 자주 보이는 제기(祭器)에 속한다. 이곳 주민은 제사지낼 때 잘 영근 찰벼와 옥벽을 여러해살이풀인 흰 솔새로 짠 자리 위에 놓고 함께 신에게 바쳤다.

뒷모습은 기린처럼 보이지요. 목은 뱀의 목처럼 생겼고, 꼬리는 물고기꼬리 같습니다. 몸에 꽃무늬가 있고 제비의 볼에 닭의 입을 하고 있습니다. 머리에는 덕 자가, 날개에는 의 자가, 등에는 예 자가, 가슴에는 인 자가, 배에는 신 자가 있고, 발로 정(正) 자를 밟고 있으며 꼬리에 무(武) 자가 걸려 있습니다. 우는 소리는 마치 금속을 두드리는 듯하며, 크게 울면 북치는 소리 같습니다. 봉황이 머리를 들고 날갯짓을 하면 오색무늬가 휘황찬란하게 날린답니다."

이 말을 들은 황제는 황포를 입고 금띠를 맨 후 금빛 모자를 쓰고는 누각에 서서 봉황이 날아오기만을 빌었다. 그러자 봉황이 태양빛을 가르며 날아들었다. 이에 황제는 머리를 조아리고 절을 했다. 봉황은 황제의 동쪽 정원 오동나무에 둥주리를 틀었다.

또 주나라 성(成)왕 때 세상이 잘 다스려지자 봉황이 내려와 조정에서 춤을 추었다. 이에 성왕은 기쁜 나머지 거문고를 뜯으며 노래를 불렀다. "봉황이 황궁에서 춤을 추네. 내게 무슨 큰 덕이 있어 성령을 감동시켰을꼬?" 진(晉)의 곽박(郭璞)은 이 시에 대해 '봉황은 신령스런 새로 여러 새의 으뜸이다. 몸에는 사람 모습이 담겨 있고 꽃무늬에 오덕이 드러나 있으니, 조정에 날아든 일은 성령이 군주의 부름에 응한 것'이라고 찬했다.

선봉래의(仙鳳來儀)
팽양(彭暘), 비단 채색, 청대(淸代)

선봉은 신령한 새다. 겉모습은 닭과 비슷한데 오색 깃털에 무늬가 있는 전설 속의 봉황이다. 선봉은 보통 천계의 신선이 타고 다니며 아주 진귀해서 동방 군자의 나라에 살고 사해(四海)의 밖에서 비상한다. 일설에는 황제도 본 적이 없어서 늘 보고 싶어 했다고 전해진다.

그림을 보면 천녀가 구름을 밟고 와서 봉황과 노닐고 있다. 전설에 나오는 신선의 무한한 법력을 드러내며 유유자적하는 삶을 표현한 것이다.

다시 동쪽으로 500리를 가면 발상산(發爽山)이 있다. 이 산은 민둥산으로 식물이 자라지 않는다. 산 속에는 물이 풍부하게 흐르고 있으며, 흰 원숭이들이 많이 살고 있다. 범수(汎水)가 이 산 속으로부터 흘러나와 남쪽으로 흘러서는 발해로 들어간다.

다시 동으로 400리를 가면 모산(旄山)의 끝자락에 다다른다. 이 산 남쪽에 골짜기가 있는데 육유곡(育遺谷)이라고 한다. 이 골짜기에는 기괴한 새들이 많이 산다. 또 이 골짜기에서는 세찬 남풍이 불어나온다.

다시 동쪽으로 400리를 가면 비산(非山)의 머리 부분에 닿는다. 이 산에는 황금과 옥이 많다. 산 위에는 물이 없으며 산 밑에 독사들이 득시글거린다.

또 동쪽으로 500리를 가면 양협산(陽夾山)이 나온다. 이 산은 민둥산으로 식물은 자라지 않지만 물은 풍부하다.

다시 동쪽으로 500리를 가면 관상산(灌湘山)에 닿는다. 산 위에는 수풀이 무성하게 우거져 있지만, 꽃나무는커녕 잡초조차 자라지 않는다. 이 산에는 이상한 새들이 많지만 들짐승이 나타난 적은 없다.

다시 동쪽으로 500리를 가면 닿는 곳이 계산(鷄山)이다. 이 산에는 황금이 많이 묻혀 있고, 산 아래에서는 붉은 염료가 생산된다. 흑수(黑水)가 여기서 발원하여 남쪽으로 흘러 바다로 들어간다. 그 물 속에 단어

남차3경
명각본삼도

남차3경은 《오장산경》 26조 산맥 가운데 가장 남쪽에 있는 산맥이다. 따라서 이곳의 은수(䍩水)는 현재 북강 상류의 정수로 추정되고, 남으로 흘러들어간다는 바다는 현 중국의 남해일 것이다. 산맥의 위치는 앞서 말했던 두 산맥의 남쪽으로, 현재 남령(南岭)과 무이산(武夷山) 일대 및 광동(廣東), 복건(福建) 연안 지구로 추정된다. 동물세계에서는 눈이나 눈과 유사한 도안(圖案)이 위협적인 힘을 지닌다. 옛 사람들도 자신의 눈을 더 크게 그리거나 몸에 눈과 비슷한 장식품을 달고 적을 위협하거나 스스로 용감해지려고 했으니, 이것이 바로 '몸에 지니면 두렵지 않다'는 말이다. 일설에 의하면 이 산에 꼬리가 아홉, 귀가 넷 달린 괴수가 사는데 그의 눈은 등에 달려 있다고 한다.

인(麟)

인은 기린(麒麟)으로, 고대 전설 속의 동물이다. 사람과 비슷하게 생겼으며 뿔이 하나 있고 온몸이 물고기 비늘에 덮여 있다. 소꼬리 같은 꼬리가 달렸고 길조다.

(鱄魚)라고 하는 고기가 산다. 그 모습은 붕어처럼 생겼지만, 기다란 돼지 꼬리가 달려 있고 새끼 돼지 같은 소리를 내며 운다. 이 물고기가 나타나면 천하에 큰 가뭄이 든다.

다시 동쪽으로 400리를 가면 영구산(㐬丘山)에 닿는다. 이 산은 늘 불길을 뿜어내는 활화산이기 때문에 식물이 자라지 않는다. 이 산 남쪽에 중곡(中谷)이라 불리는 상당히 깊은 골짜기가 있다. 이 골짜기에서 늘 강한 동북풍이 불어온다. 이 골짜기에 옹(顒)이라는 새가 살고 있는데, 올빼미 비슷하게 생겼으나 사람얼굴이 달려 있고 눈이 4개나 되며 귀가 길쭉하게 튀어나와 있다. 이 새의 소리를 들어보면 자기 이름을 부르는 듯하다. 이 새가 나타나면 천하에 큰 가뭄이 든다.

다시 동쪽으로 370리를 가면 윤자산(侖者山)이다. 산 속에 황금과 아름다운 옥이 많이 묻혀 있고, 산 아래에서는 청확이 난다. 이 산에는 특이한 나무가 한 가지 있는데, 그 모습은 벼나 고량같이 곡식이 열리는 풀처럼 생겼다. 그렇지만 나무줄기를 뜯어보면 속이 붉고, 줄기에서 나오는 즙은 칠처럼 까맣다. 이 즙은 보리로 만든 물엿처럼 달콤한데, 그것을 먹으면 영원히 배고프지 않고 피곤함도 느끼지 않으니, 이 나무 이름을 백구(白䓘)라고 한다. 그것으로 옥을 물들이면 옥이 눈을 찌르는 듯한 빛을 발하게 된다.

다시 동쪽으로 580리를 가면 우고산(禹槀山)에 이른다. 이 산에는 이상한 짐승들이 많고 큰 뱀들이 우글댄다.

다시 동쪽으로 580리를 가면 닿는 곳이 남우산(南禺山)이다. 이 산에는 황금과 옥이 많고, 산 아래로는 여러 줄기의 냇물이 흐르고 있다. 이 산에는 동굴이 하나 있는데 물 한 줄기가 이 동굴에서 흘러나왔다가 다시 흘러들어간다. 여름에는 물이 이 동굴에서 밖으로 흘러나오다가 겨울이 되면 흐르지 않는다. 좌수(佐水)가 여기서 발원하여 동남쪽으로 흘러 바다로 들어간다. 좌수가 흘러가는 지역에는 봉황과 원추(鵷雛)새가 산다. 원추새는 남해에서 북해로 날아가는데, 도중에 오동나무가 아니면 깃들지 않고 익힌 음식이 아니면 먹지 않으며 감천(甘泉)이 아니면 마시지 않는다. 이 새는 봉황과 같은 종류다.

남차3경의 여러 산들은 천우산에서 시작하여 남우산에서 끝나는데, 모두 13개의 큰 산으로 그 길이가 6,530리에 달한다. 이 산들에서 제사지내는 신들은 모두 용의 몸에 사람얼굴을 하고 있다. 신령에게 제사지낼 때는 흰 개를 희생양으로 쓰며, 도정이 잘된 쌀로 젯메쌀을 선별하여 사용 한다.

이상 열거한 남산경의 여러 산들은 큰 산, 작은 산 모두 40개로 길이가 1만 6,380리에 달한다.

제 2 장

서산경

西山經

● ── 서산경(西山經)

서쪽지방에 있는 화산(華山)의 산줄기는 전래산(錢來山)에서 시작된다. 이 산에는 푸른 소나무와 비취빛 측백나무가 무성하고, 산 아래에는 세석(洗石)이 많이 묻혀 있다. 세석은 목욕하며 때를 밀 때 편리하게 사용된다. 이 산에 대파양(大巴羊)이라는 짐승이 사는데, 낙타와 비슷하게 생겼지만 말꼬리처럼 생긴 꼬리를 지녔다. 이 녀석의 기름을 피부에 바르면 튼 살이 치유되고, 건조하고 주름진 피부가 매끈해진다.

서쪽으로 45리를 가면 송과산(松果山)이 나온다. 관수(灌水)¹가 이 산에서 발원하여 북쪽으로 흘러가서는 위수(渭水)로 들어간다. 물 속에는 구리가 많다. 송과산에는 동거(螐渠)라는 새가 산다. 이 새는 산닭처럼 생겼으나 까만 털이 나 있으며 발톱은 붉다. 이 새는 약재로 사용되며 튼 살을 치유한다.

다시 서쪽으로 60리를 가면 태화산(太華山)이 있다. 이 산은 마치 사방을 칼로 깎아낸 것처럼 가파른 모습을 하고 있다. 그 높이는 5,000길이나 되고, 정상의 사방 10리 안에는 날짐승과 들짐승 그 어느 것도 살지 않는다. 이 산에는 비유(肥蟲)라는 뱀이 있는데, 길이가 6척에 날개가 넷 달려 있다. 이 뱀이 나타나는 곳마다 큰 가뭄이 든다.

구주산천실증도(九州山川實證圖)

구주는 중국 고대의 행정구획으로 춘추전국(春秋戰國) 시대부터 시작되었다고 한다. 구주에 대한 설은 분분하다. 서한(西漢) 이전에는 우가 치수(治水)를 한 후에 구주로 나누었다고 여겼으며 각 주의 정확한 이름은 없었다. 《서(書)·우공(禹貢)》에는 기(冀), 연(兗), 청(靑), 서(徐), 양(揚), 형(荊), 예(豫), 양(梁), 옹(雍)이라고 했다. 《여씨춘추(呂氏春秋)》에는 유주(幽州)가 들어가고 양주(梁州)가 빠졌다. 《주례(周禮)·직방(職方)》에는 유(幽), 병주(幷州)가 들어가고 서, 양주를 뺐다. 《이아(爾雅)·석지(釋地)》에는 유주와 영주(營州)가 있고 청주와 양주가 없다. 《한서(漢書)·지리지(地理志)》에서 처음 《직방》의 구주를 주의 제도라고 했고, 삼국의 위손염(魏孫炎)은 《이아》에 주를 하면서 《이아》의 구주가 은의 제도라고 했다. 후대 경학자들은 모두 삼대(三代) 구주(九州)라고 말한다.
이 그림은 송(宋)의 지리 명저 《우공산천지리도(禹貢山川地理圖)》에서 발췌한 부분이다. 원화는 채색 그림이었는데 조관할 때 묵인(墨印)으로 되었다. 조각술이 정교하고 인쇄도 뚜렷한, 중국에 현존하는 가장 오래된 조관(雕版) 묵인 지도다. 중국 고대 지도의 전통인 형상회화법으로 그렸고 옛날과 지금을 구분해서 기록했다. 예를 들면 《우공》 구주는 음문(陰文)으로 표시하고 송대 건축은 양문(陽文)으로 나타냈으며, 지명은 전부 흑색 원으로 표시하고, 산과 하천의 명칭은 네모 틀을 입혔으며, 물길이 변하는 곳에는 설명을 덧붙이는 식이다.

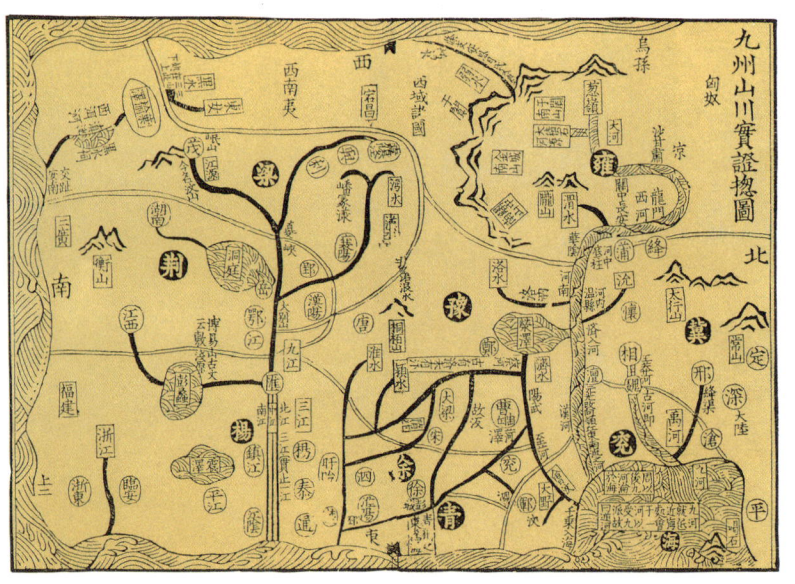

서산경
명각본삼도

서산경은 동에서 서로 뻗은 4개의 산맥에 관한 이야기로 서차1경, 서차2경, 서차3경, 서차4경의 순서로 배열되었다.

　이 그림은 당시 이곳의 자연지리와 인문지리를 재현한 것으로, 현재 섬서, 영하 자치구, 감숙, 청해 일대에 해당되는 지역을 담았다. 눈길을 끄는 것은 그 지역주민의 골칫거리가 전쟁이 아니라 화재였다는 점이다. 이 사실은 그들이 평화롭게 살았으나 거주지역의 건축물이 상당히 밀집해 있어서 불이 나기 쉬운 상황이었음을 암시한다.

　다시 서쪽으로 80리를 가면 다다르는 곳이 소화산(小華山)이다. 이 산에 주로 있는 나무는 가시나무와 구기자나무이고, 많이 사는 짐승은 작우(柞牛)다. 그늘진 북쪽에는 경석(磬石)이 많다. 경석으로는 악기를 만들 수 있는데, 이 악기를 허공에 걸어놓고 살짝 두드리면 아름다운 소리가 울려나온다. 또 이 산의 양지바른 남쪽에는 저부(㻬琈)라는 아름다운 옥이 많이 묻혀 있다. 이 산에는 적별(赤鷩)이라는 새가 많이 날아다니는데, 이 새는 화재를 피하는 재주가 있다. 또한 이 산에는 비려(萆荔)라는 향초가 자라는데, 모습은 부추 비슷하다. 이 풀은 돌 위에서 자라거나 나무를 휘감고 올라가며 자라며, 약재로 쓰여서 특히 가슴 통증을 치료하는 데 좋다.

　다시 서쪽으로 80리를 가면 부우산(符禺山)에 닿는다. 이 산의 양지바른 남쪽 기슭에는 구리가 많고 응달진 북쪽 기슭에는 철이 많다. 이 산에는 문경(文莖)이라는 나무가 있는데, 그 열매는 대추같이 생겼고 귀머거리를 치료하는 약재로 쓴다. 또 조(條)라는 풀이 있는데, 생김새는 해바라기 같으나 꽃이 붉고 열매는 노란빛깔로 애기 혀처럼 생겼다. 사람

1_고전《산해경》에는 확수(濩水)라고 하였는데, 이 책의 저자가《수경(水經)》의 기록을 보고 관수라고 한 것 같다. - 역자 주

서차1경 · 위수
명각본삼도

위수는 황하의 가장 큰 지류로 섬서성 중부에 위치한다. 감숙성 위원현(渭源縣) 조서산(鳥鼠山)에서 발원하여 동으로 흘러 섬서성 위하(渭河) 평원을 가로질러 동관에서 황하로 들어간다. 길이 818km이고 면적은 1만3,049㎢에 달한다. 서차1경의 지리적 배경은 위수 남쪽 물가, 진령(秦岭) 북쪽 기슭으로, 동으로는 동관에서 시작되어 서로는 청해호 근처까지 이른다. 황하 상류, 위수 유역, 진령 지구는 중국 고대문명의 주요 발상지에 속한다. 산신 제사의 규모로 볼 때 이 지역은 상당히 풍요롭고 문명이 발달했으며 문화 수준도 높았던 것 같다.

복점(卜占) 도구

중국 고대의 '점'은 살피는 것이고 '복'은 거북 껍질을 태우는 것이다. 껍질의 갈라진 균열을 보고 길흉화복을 예견했다. 서주(西周) 시기 점복에 사용했던 도구는 주로 거북 껍데기와 돌멩이였다.

이 그것을 먹으면 요사스러운 것에 홀리지 않는다. 부우수(符禺水)가 여기서 발원하여 북쪽으로 흘러 위수로 들어간다. 이 산에는 짐승이 많이 사는데, 그중 가장 흔한 것이 총롱(葱聾)이다. 이 녀석은 양과 비슷하게 생겼지만 붉고 긴 털이 나 있다. 이 산에 서식하는 새로는 민(鴎)이라는 새가 제일 많다. 비취새처럼 생겼지만 부리가 붉다. 이 새를 기르면 불이 나는 것을 미리 알려주기 때문에 화재를 막을 수 있다.

다시 서쪽으로 60리를 가면 석취산(石脆山)이 나온다. 이 산에 무성한 나무들 중에는 종려나무와 녹나무가 제일 많다. 산에 자라는 빽빽한 풀 중에는 조라는 풀이 제일 많다. 생김새는 부추랑 비슷하며 백색 꽃이 피고 열매는 까맣다. 이 열매를 약재로 쓰면 옴이 낫는다. 양지바른 남쪽 기슭에는 저부라는 옥이 많고 응달진 북쪽 기슭에는 구리가 많다. 관수가 여기서 나와 북쪽으로 흐르다가 우수(禺水)로 들어간다. 관수에는 붉은 흙이 떠다니는데, 이 흙을 소나 말의 몸에 바르면 건장하고 번식을 잘하며 병도 안 걸린다.

다시 서쪽으로 70리를 가면 영산(英山)이다. 이 산에는 감탕나무와 참죽나무가 많은데, 참죽나무 잎으로는 소의 사료를 만들고 목재로는 수레를 만든다. 응달진 북쪽 기슭에는 철이 많고 양지바른 남쪽 기슭에는 붉은 금이 많다. 우수가 이

산에서 발원하여 북쪽으로 흘러 소수(招水)로 들어간다. 우수에 많이 있는 방어(鮮魚)는 자라와 비슷한데 양 우는 소리를 낸다. 남쪽 기슭에는 화살대 만들기에 좋은 전죽(箭竹)과 미죽(䉾竹)이 자란다. 전죽은 대나무의 일종으로 가늘고 길며 껍질이 두껍고 뿌리가 깊다. 죽순은 식용으로 쓰면 맛이 상큼하다. 이 산에 사는 짐승 중에는 작우와 암양(㹁羊)이 가장 많다. 비유(肥遺)라는 새가 있는데, 메추라기처럼 생겼으나 깃털은 노랗고 입은 붉다. 이 새를 약으로 쓰면 악성종기를 고치고 독충을 죽일 수 있다.

다시 서쪽으로 52리를 가면 죽산(竹山)에 닿는다. 이 산에는 교목(喬木)이 많으며, 응달진 북쪽 기슭에는 철이 많이 묻혀 있다. 그곳에 있는 황관(黃藋)이라는 풀은 줄기가 참죽나무와 비슷하고 잎은 마와 비슷하게 생겼다. 하얀 꽃이 피며 열매는 붉은 흙처럼 생겼다. 이 열매를 물에 넣고 목욕을 하면 악성종기가 낫고 부종도 빠진다. 죽수(竹水)가 여기서 발원하여 북쪽으로 흘러 위수로 들어간다. 이 산의 양지바른 남쪽 기슭에는 전죽이 빽빽하게 자라고 푸른 옥인 창옥(蒼玉)이 많다. 이 산에서는 또 단수(丹水)가 흘러나와 동남쪽으로 흘러 낙수(洛水)로 들어가는데, 이 물길에는 물옥이 많고 인어도 많다. 산 속에는 호저(豪猪)라는 짐승이 사는데, 돼지와 비슷하게 생겼으나 흰 털이 돋아 있다. 이 털은 부녀자 머리에 꽂는 비녀처럼 뭉쳐 있는데 그 끄트머리는 까맣다.

다시 서쪽으로 120리를 가면 부산(浮山)에 이른다. 산 위에는 반목(盼木)이 많이 자라는데, 잎은 호깨나뭇잎 같지만 가시가 없고 나무에 벌레가 있다. 이 산에는 또 훈초(薰草)라는 풀이 자란다. 잎은 마의 잎처럼 생겼고 줄기는 모가 난 모습으로 뻗으며 붉은 꽃이 피고 열매는 까맣다. 이 풀의 냄새는 향초 같기도 하고 난초 같기도 한데, 그것을 차고 다니면 문둥병이 낫는다.

다시 서쪽으로 70리를 가면 유차산(羭次山)이 나온다. 칠수(漆水)가 여기서 흘러나와 북쪽으로 흘러 위수로 들어간다. 이 산에는 두릅나무와 참죽나무가 무성하게 우거져 있고, 산 밑에는 가늘고 긴 전죽이 빽빽하다. 그늘진 북쪽 기슭에서는 붉은 구리가 많이 나고, 양지바른 남쪽 기슭에서는 목에 거는 장식을 만드는 옥이 많이 난다. 이 산에는 원숭이

붉은 도자기 얼굴
마가요(馬家窯)문화

이 얼굴은 도기 윗부분에 남은 일부분이다. 광대뼈가 볼록 튀어나왔고 눈초리는 살짝 위로 올라갔으며 입체감이 강하다. 안색이나 표정이 사실적인 원시 조각품 중 최상이다.

봉래산(蓬萊山)

봉래산은 전설 속의 선산이자 도교의 방사(方士)들이 말하는 삼신산(三神山)의 하나로, 진한(秦漢) 시대에 그 명성이 자자했다. 《사기(史記)·봉선서(封禪書)》를 보면 '제(齊) 위(威)왕, 제 선(宣)왕, 연(燕) 소(昭)왕이 사람들에게 바다로 가서 봉래(蓬萊), 방장(方丈), 영주(瀛洲)를 찾아보라고 했다. 이 세 신산은 발해에 있다'고 한다. 도교에서는 봉래산의 지위가 가장 높다.

처럼 생겼지만 팔이 무척 길어서 돌멩이며 물건들을 잘 집어던지는 짐승이 산다. 이름을 효(囂)라고 하는데, 어떤 이들은 미후(獼猴)라고 부르기도 한다. 이 산에는 전체적인 생김새는 올빼미를 닮았으나 사람얼굴을 한 새가 산다. 다리가 하나뿐인 이 새는 탁비(橐䄏)라고 불린다. 이 새는 겨울이면 나타나고 여름에 오히려 칩거하는데, 그 깃털로 옷을 만들어 입으면 번개에도 끄떡없다.

또 서쪽으로 50리를 가면 시산(時山)이 있다. 산 위에는 식물이 전혀 보이지 않는다. 축수(逐水)가 여기서 발원해서 북쪽으로 흘러 위수로 들어가는데, 그 물 속에는 수정이 매우 많다.

다시 서쪽으로 170리를 가면 남산(南山)에 닿는다. 이 산 위에는 단속(丹粟)이 많이 자란다. 단수(丹水)가 여기서 발원하여 북쪽으로 흘러 위수로 들어간다. 이 산에 사는 짐승으로는 맹표(猛豹)가 가장 많다. 맹표는 곰처럼 생겼지만 몸집이 그보다 작고, 뱀을 잡아먹으며 구리와 철도 먹는다. 또 이 산에 사는 새 중에는 포곡조(布谷鳥)가 가장 많다.

다시 서쪽으로 180리를 가면 대시산(大時山)이 나온다. 산 위에는 닥나무와 떡갈나무가 많고, 산 밑에는 감탕나무가 자라며 참죽나무도 많다. 그늘진 북쪽 기슭에는 은이 많고 양지바른 남쪽 기슭에는 백옥이 많다. 잠수(涔水)가 여기서 발원하여 북쪽으로 흘러 위수로 들어간다.

조(棗)

조는 신맛 나는 대추를 말하며, 서리(鼠李)과에 속한다. 가을에 잎이 떨어졌다가 봄에 새로 잎이 나는 관목(灌木)으로 가시가 있다. 잎은 긴 타원형이며 3개의 큰 맥이 있다. 초여름에 작고 황록색 꽃이 피는데, 꽃이 붙어 있는 자리에서 잎이 난다. 열매는 대추보다 작고 맛은 시다. 주로 중국 북방에서 생산되며 야생으로 숲을 이루며 자란다. 씨앗은 신경안정제로 쓰이며 불면증이나 가슴 두근거리는 증상을 주로 치료한다.

서차1경
명각본삼도

서차1경에는 '불을 제어할 수 있는' 여러 기이한 동물들이 나온다. 이 사실은 당시 숲과 주거지역에 화재가 빈번하게 발생했을 가능성을 시사한다. 아마도 풀과 나무나 대나무를 엮은 건축물이 많았으니 화재에 취약했을 것이다. 이는 중국 상고시대의 건축물들이 대부분 소실된 주요 원인이기도 하다. 이 구역 사람들이 짐승 가죽으로 자리를 깔아 추위를 막았다는 사실에서 그때 이미 피혁 가공이 시작되었던 것을 알 수 있다. 옛날에는 둥글고 무딘 도구로 계속해서 가죽의 기름때를 긁어내어 딱딱한 가죽을 부드럽게 만들었다. 그림문자나 소식을 전하기도 하는 등 가죽의 쓰임새는 여러 모로 많았으나 장기간 보존은 어려웠다.

서차1경 · 화산(華山)
명각본삼도

서차1경의 여러 산 사이의 거리는 정확하게 2,957km이다. 화산은 서차1경 산맥을 총칭하며, 전래산(錢來山), 송과산(松果山), 태화산(太華山), 소화산(小華山), 부우산(符禺山), 석취산(石脆山), 영산(英山), 죽산(竹山), 남산(南山), 시산(時山), 천제산(天帝山), 황산(黃山), 귀산(騩山) 등의 산맥이 있다. 《산해경》의 지리를 연구할 적에 '물길로 산을 정하는' 방식은 아주 효과적이다. 보통 산에서 발원한 물길의 지리적 위치는 고정적이기 때문이다. 산이 무너지고 돌이 흘러내려 물길이 막히는 엄청난 지질 변화가 일어나기 전에는 수천 년이고 수만 년이고 그다지 변하지 않는다. 더구나 고대인들은 산보다 물을 중요하게 여겼으며 물이 없으면 살 수 없다고 생각해서인지 물길, 특히 중요한 물길에 대한 기억이 아주 선명하고 오래갔다.

청수(淸水)는 이 산의 북쪽에서 흘러나와 남쪽으로 흘러 한수(漢水)로 들어간다.

　다시 서쪽으로 320리를 가면 파총산(嶓冢山)에 이른다. 한수가 여기서 발원하여 동남쪽으로 흐르다가 면수(沔水)로 흘러든다. 효수(囂水)도 이 산에서 발원하여 북쪽으로 흘러서 탕수(湯水)로 들어간다. 산 위에는 4치마다 마디가 있다는 도지죽(桃枝竹)과 구단죽(鉤端竹)이 많이 자란다. 짐승으로는 무소, 곰, 말곰, 외뿔들소가 많다. 외뿔들소는 물소의 일종인데, 그 가죽이 두꺼워서 투구와 갑옷을 제작할 수 있다. 말곰은 곰의 일종으로 속칭 인웅(人熊)이라고 한다. 이밖에 새들 중에는 흰 꿩인 백한조(白翰鳥)가 가장 많고 붉은 꿩인 적별도 있다. 그리고 이곳에는 골용(骨蓉)이라는 풀이 있는데 그 잎이 혜초(蕙草) 잎처럼 생겼다. 혜초는 향기가 진동하는 향초로, 몸에 지니고 있으면 병에 걸리지 않는다. 골용의 뿌리 부분은 도라지 같은데, 까만 꽃이 피고 열매는 열리지 않는다. 사람이 이 풀을 먹으면 생식능력을 잃어 후대가 없게 된다.

　다시 서쪽으로 350리를 가면 다다르는 곳이 천제산(天帝山)이다. 산 위에는 종려나무와 녹나무가 울창하고, 산 밑에는 골풀과 혜초가 자란다. 이 산에는 곡유(谷遺)라는 짐승이 사는데 개와 비슷하게 생겼다. 이 짐승의 가죽으로 이부자리를 만들어 깔면 배에 기생충이 생기지 않는

하도(河圖)의 낙서(洛書)

하수(河水)와 낙수(洛水)는 송대 이학가(理學家)들이 우주를 해석할 때 우주 시공(時空)의 모형도이자 우주의 수학 모형이었다. 《계사(繫辭)·상전(上傳)》에 나오는 '하수에서 그림이 나왔고 낙수에서 글이 나와 성인이 그것을 측량했다'는 글에서 '하'는 황하요 '낙'은 낙수를 가리킨다. 복희 시대에 황하에서 용마가 나왔는데 등에 별자리 같은 소용돌이 모양의 털이 나 있었다. 그 뒤에 1과 6, 앞에 2와 7, 왼쪽에 3과 8, 오른쪽에 4와 9, 가운데 5와 10이 있었고 용도(龍圖)라 했다. 복희가 그 법을 취해서 팔괘(八卦)를 그리고 시법(蓍法)을 만들었다고 한다. 우가 치수할 때 신령한 거북이 낙수에서 나왔으며, 등에 갈라진 무늬가 있었다. 그 앞에 9가, 뒤에 1이, 왼쪽에 3, 오른쪽에 7, 가운데 5, 오른쪽 앞에 2, 왼쪽 앞에 4, 오른쪽 뒤에 6, 왼쪽 뒤에 8자처럼 생긴 무늬가 있어서 우가 그것의 법을 취해서 《상서(尙書)·홍범구주(洪範九疇)》를 지었다고 한다.

율(栗)

판율(板栗), 즉 건율을 말한다. 밤나무의 종피를 벗긴 열매로 너도밤나무과에 속한다. 겨울에 잎이 떨어져 봄에 나는 낙엽교목으로, 잎은 타원형이거나 길쭉한 타원형이다. 초여름에 꽃이 피고 암수 한 나무이다. 껍질이 크고 둥글며 가시가 빽빽이 박혀 있고 견과 2, 3개가 껍질 안에서 자란다. 껍질은 옅은 갈색이거나 짙은 갈색이고 과육은 황백색으로 맛이 달며 품종이 여러 가지다. 견과는 식용으로 쓴다.

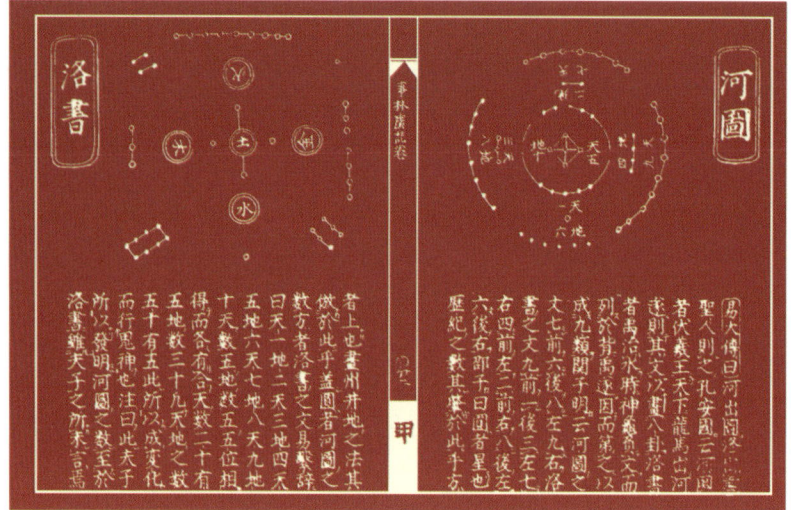

다. 이 산에 사는 새 중에 메추라기와 비슷한 것이 있다. 이 녀석 몸에는 까만 털로 이루어진 꽃무늬가 있고 목에 난 털은 붉다. 이름을 역(櫟)이라고 하는데, 사람이 이 고기를 먹으면 치질이 낫는다. 또한 이 산에는 해바라기와 비슷하게 생긴 두형(杜衡)이라는 풀이 한 포기 있다. 맛은 궁궁이 싹과 비슷한데, 말이 이 풀을 먹으면 천리마가 되고 사람이 먹으면 목덜미의 종양이 낫는다.

다시 서쪽으로 380리를 가면 고도산(皐涂山)이 나온다. 색수(薔水)가 여기서 흘러나와 서쪽으로 흘러 제자수(諸資水)로 들어간다. 도수(涂水)도 여기서 발원하여 남쪽으로 흘러 집획수(集獲水)로 흘러든다. 이 산의 양지바른 남쪽 기슭에는 단속(丹粟)이 많고 그늘진 북쪽 기슭에는 은과 황금이 많다. 산 위에는 계수나무가 무성하다. 산 속에는 여(礜)라고 하는 하얀 돌이 있는데 이 돌가루로 쥐를 죽일 수 있다. 또 무조(無條)라는 풀이 있는데 고본(藁本)이라는 향초같이 생겼으나, 잎이 해바라기 비슷하며 잎 뒷면은 붉은 색을 띤다. 이 풀은 쥐를 죽이는 데 쓴다. 산 속에는 또 영여(玃如)라는 짐승이 산다. 모양은 사슴과 비슷하지만 꼬리가 희고, 뒷발은 말의 발 같으나 앞발은 사람 손같이 생겼다. 또 머리에는 뿔이 4개 나 있다. 이 산 속에는 수사(數斯)라는 새도 사는데, 새매처럼 생겼으나 발톱이 사람 발톱과 흡사하다. 사람이 이 새를 먹으면 목덜미의 종양이 치유된다.

다시 서쪽으로 180리를 가면 황산(黃山)에 닿는다. 산 위에는 나무나 풀이 자라지 않고 전죽만 무성하다. 반수가 여기서 흘러나와 서쪽으로 흘러 적수로 들어가는데, 그 물 속에는 옥이 많다. 이 산에 소처럼 생겼으나 검푸른 털이 나 있고 눈이 매우 큰 짐승이 사는데, 그 이름을 민(犉)이라고 한다. 또한 이 산에는 앵무(鸚鵡)라는 새가 있다. 생김새는 부엉이와 흡사하나 청색 깃털에 붉은 부리가 있으며, 사람 혀와 같은 혀를 지녀서 사람의 말을 한다.

다시 서쪽으로 200리를 가면 취산(翠山)이 나온다. 산 위에는 종려나무와 녹나무가 울창하게 우거져 있고, 산 아래에는 전죽이 빽빽이 자란다. 양지바른 남쪽 기슭에는 황금과 아름다운 옥이 많고, 그늘진 북쪽 기슭에는 모우(牦牛)와 영양(羚羊), 사향노루 같은 짐승이 많이 산다. 사향노루(麝)는 향장(香獐)이라고도 부르는데, 앞다리는 짧고 뒷다리는 길며 발굽은 작고 귀는 크다. 사향선은 배꼽과 생식기 구멍 사이에 있으며 발정기가 되면 특히 발달한다. 사향(麝香)은 진귀한 약물이다. 그 외에도 이 산에는 새들이 많이 사는데 특히 유조(鸓鳥)가 많다. 이 새는 모습이 까치 비슷하나 검붉은 깃털에 머리가 2개나 달렸고 다리는 4개 달려 있다. 이 새는 불기운을 미리 알기 때문에 기르면 화재를 예방할 수 있다.

다시 서쪽으로 250리를 가면 괴산(騩山)에 이른다. 괴산은 서해안 가에 자리 잡고 있다. 산 위에는 식물이 자라지 않으며 온통 옥으로 뒤덮여 있다. 수수(凄水)가 여기서 발원하여 서쪽으로 흘러 바다로 들어간다. 맑게 흐르는 물에는 갖가지 색깔을 한 돌이 많고, 황금도 많이 묻혀 있으며, 아주 고운 붉은 모래도 있다.

서산경은 전래산에서 시작되어 괴산에서 끝나는데, 모두 19개의 산으로 구불구불 2,957리에 이른다. 이 산들의 중심인 화산의 신에게 제사지낼 때는 소나 양, 돼지 등을 통째로 바친다. 유차산에 사는 신에게 제사지낼 때는 밝게 타오르는 횃불을 밝혀 사당과 정원을 환하게 비추고, 잡색이 섞이지 않은 소, 양, 돼지 100마리로 100일 동안 제사를 지낸다. 더불어 100가지의 아름다운 옥을 묻고 맛좋은 술 100동이를 데우고 잘 만들어진 옥그릇 100가지로 상을 차려야 한다. 다른 17개의 산에서 제사지낼 때는 한 가지

저파룡(猪婆龍)

저파룡은 볼이 좁은 악어처럼 생겼는데, 몸길이는 대략 1, 2장이고 다리가 넷에 등과 꼬리에 딱딱하고 두꺼운 비늘이 있다. 성질은 게으르며 자는 것만 좋아한다. 상제가 명을 내려 음악의 창도자가 되라고 하자 저파룡은 거대한 몸체를 뒤집고 전당 바닥에 누워서 꼬리로 툭 튀어나온 하얗게 빛나는 뱃가죽을 두드렸다. 그러자 동동… 동동! 하는 매우 미묘한 소리가 났다. 전욱이 신기해하며 저파룡을 천상의 악사(樂師)로 삼았다.

색깔로 되어 있으며 상처가 없고 깨끗한 양을 골라 통째로 바친다. 그리고 여러 풀로 만든 횃불을 재가 되기 전까지 불사르며, 땅에 까는 자리는 하얀 띠풀로 짜고 오색 무늬로 테를 두른 돗자리를 쓴다.

● ── 서차2경(西次二經)

서차2경의 산줄기는 검산(鈐山)에서 시작된다. 산 위에는 구리가 많고, 산 밑에는 아름다운 옥이 많다. 이 산에서 자라는 나무로는 감탕나무와 참죽나무가 가장 많다.

서쪽으로 200리를 가면 닿는 곳이 태모산(泰冒山)이다. 이 산의 양지바른 남쪽 기슭에는 황금이 많고, 그늘진 북쪽 기슭에는 철이 많이 묻혀 있다. 욕수(浴水)가 여기서 흘러나와 동쪽으로 흘러 황하로 들어간다. 그 속에는 여러 빛깔의 무늬 있는 옥이 많고 하얀 물뱀들이 헤엄쳐 다닌다.

다시 서쪽으로 170리를 가면 수력산(數歷山)이 나온다. 산 위에는 황금이 많고, 산 아래에는 하얀 은이 많다. 나무로는 감탕나무와 참죽나무가 가장 많고, 새 중에는 앵무새가 가장 많다. 초수(楚水)가 여기서 발

서차2경
명각본삽도

이 그림에 나오는 산맥은 서차1경의 북쪽에 위치하고 있다. 동으로는 현재 황제릉 부근에서 서로는 청해호 북쪽의 일월산(日月山), 대통산(大通山), 달판산(達坂山) 일대에 달한다. 《오장산경》의 기록에 따르면 이 구역 26조의 산맥은 규칙적으로 분포되어 있고 모든 산에서 금과 은과 동이 나온다. 일찍이 황제가 구리로 세발솥을 주조할 적에도 이 지역에서 구리가 든 광석을 채취했을 것으로 추정된다.

원하여 남쪽으로 흘러 위수로 들어간다. 그 속에는 새하얀 진주가 많다.

다시 서쪽으로 50리를 가면 고산(高山)에 닿는다. 산 위에는 은이 많고, 산 아래에는 벽옥과 웅황이 묻혀 있다. 산 위에는 또한 나무가 무성하게 우거져 있는데, 종려나무가 가장 많으며 대나무도 많다. 경수(涇水)가 이곳에서 발원하여 동쪽으로 흘러 위수로 들어가는데, 그 속에는 경석(磬石)과 푸른 벽옥이 많다.

또 서남쪽으로 300리를 가면 여상산(女床山)이 나온다. 이 산의 양지바른 남쪽 기슭에는 붉은 구리가 많고, 그늘진 북쪽 기슭에는 석널(石涅)이 많다. 석묵(石墨)으로 눈썹을 그릴 수 있기 때문에 석널을 화미석(畵媚石)이라고도 부른다. 그밖에도 산 위에는 짐승들이 많이 사는데, 특히 호랑이, 표범, 물소, 외뿔소가 가장 많다. 산 속에는 난조(鸞鳥)라는 새가 있는데, 긴 꼬리를 가진 야생 닭처럼 생겼으나 오색 깃털이 나 있다. 봉황과 같은 종류인 난조는 5음(音)을 내며 우는데 그 소리가 매우 듣기 좋다. 주나라 성왕 때 서융(西戎)이 난조를 바친 적이 있다. 난조가 나타나면 천하가 태평해지기 때문에 난조는 길조의 상징이었다.

다시 서쪽으로 200리를 가면 용수산(龍首山)에 닿는다. 이 산의 양지바른 남쪽 기슭에는 황금이 많고, 응달진 북쪽 기슭에는 철이 많이 묻혀 있다. 초수(苕水)가 이 산에서 발원하여 동남쪽으로 흘러 경수로 들어간다. 그 속에는 아름다운 옥이 많다.

다시 서쪽으로 200리를 가면 닿는 곳이 녹대산(鹿臺山)이다. 산 위에는 흰색 옥이 많고 산 밑에는 은이 많다. 산 속에는 짐승이 많이 사는데, 특히 작우, 암양, 백호저(白豪豬)가 많다. 새도 많이 사는데, 그중 수탉처럼 생겼으나 사람얼굴을 하고 있는 놈이 있다. 이름을 부혜(鳧徯)라고 하는데, 우는 소리가 자기 이름을 부르는 것처럼 들린다. 이 새가 나타나면 전쟁이 일어난다.

또 서남쪽으로 200리를 가면 조위산(鳥危山)에 닿는다. 이 산의 양지바른 남쪽 기슭에는 경석이 많고, 응달진 북쪽 기슭에는 박달나무와 닥나무가 많으며, 여상초(女床草)가 가장 많다. 조위수(鳥危水)가 여기서 발원하여 서쪽으로 흘러 적수로 들어간다. 그 물 속에는 붉은 모래가 많다.

팽조(彭祖)

팽조는 전욱의 고손자(高孫子)로 신화 속 인물이다. 하(夏)대에 태어나서 은(殷) 말기에 이미 767세(일설에 의하면 800세)였음에도 전혀 늙어 보이지 않았던 중국 고대의 장수를 상징하는 인물이다. 팽조는 도가의 건강하게 오래 사는 양생법에 능해서 수정, 운모가루, 녹각을 복용하면서 늘 젊음을 유지했다. 그의 생전에 49명의 아내와 54명의 아들이 죽었다.

서왕모(西王母)

왕모는 금모(金母), 왕모낭낭(王母娘娘), 왕모(王母) 또는 서로(西姥)라고 불린다. 중국 신화 속의 여신으로 나중에 도교에서 신봉하게 된다. 《산해경》의 그녀는 표범 꼬리를 달고 호랑이 이빨이 난, 휘파람을 잘 부는 괴물이다. 《목천자전(穆天子傳)》의 그녀는 평화롭고 노래를 잘하는 부인네다. 《한무내경(漢武內經)》의 서왕모는 나이 30살 정도의 절세미인으로, 3,000년에 한 번 열리는 선도(仙桃)를 무제(武帝)에게 건넨다. 《신이기(神異記)》에서 그녀는 동왕공(東王公)의 짝으로, 신화를 통해 1년에 한 번 그와 만남의 시간을 가진다. 《태평광기(太平廣記)》에서는 동왕공과 서왕모가 각각 남자 신선과 여자 신선 명부를 나누어 관리한다. 후대 소설과 희곡에서는 서왕모를 '요지금모(瑤池金母)'라고 부르며, 선도가 익을 때마다 여러 신선들과 함께 그녀의 장수를 축하하는 잔치를 연다. 민간에서 서왕모는 불로장생을 상징하는 여신이다.

다시 서쪽으로 400리를 가면 소차산(小次山)이 나온다. 산 위에는 하얀 옥이 많고 산 아래에는 붉은 구리가 많다. 이 산에는 원숭이와 비슷하나 머리털이 하얗고 발이 빨간 짐승이 산다. 주염(朱厭)이라고 하는 이 짐승이 출현하면 군사를 일으키는 조짐이 나타나고 곧 천하에 대란이 일어난다.

다시 서쪽으로 300리를 가면 대차산(大次山)에 닿는다. 이 산의 양지바른 남쪽 기슭에서는 악(堊)이 많이 나는데, 악은 흰 색의 흙으로 단청을 그릴 때 쓴다. 또 응달진 북쪽 기슭에는 푸른 옥이 많다. 이 산에는 여러 종류의 짐승이 사는데 그중에서 작우와 영양이 제일 흔하다.

다시 서쪽으로 400리를 가면 훈오산(薰吳山)이다. 산 위에는 식물이 자라지 않고, 온 산에 황금과 옥이 많이 있다.

다시 서쪽으로 400리를 가면 지양산(底陽山)이 나온다. 산 위에는 나무들이 무성하게 자라는데, 그중에서 수송(水松)과 녹나무, 예장나무가 가장 많다. 짐승도 많이 살고 있으며, 무소, 외뿔들소, 호랑이, 표범, 작우가 제일 많다.

다시 서쪽으로 500리를 가면 중수산(衆獸山)에 닿는다. 산 위에는 저부옥이 많고, 산 밑에는 박달나무와 닥나무가 많이 자란다. 산 속에는 황금도 풍부하다. 이 산에 사는 짐승으로는 무소와 외뿔들소가 가장 많다.

다시 서쪽으로 450리를 가면 닿는 곳이 황인산(皇人山)이다. 산 위에는 황금과 아름다운 옥이 많고 산 아래에는 청웅황(青雄黃)이 많다. 황수(皇水)가 이 산에서 발원하여 서쪽으로 흘러 적수로 들어가는데, 그 속에는 붉은 색깔을 띤 가는 모래가 많다.

다시 서쪽으로 430리를 가면 중황산(中皇山)에 닿는다. 산 위에는 황금이 많고, 산 아래에는 혜초와 팥배가 많다. 팥배는 붉은 것과 흰 것 2가지가 있다. 붉은 팥배는 나무가 튼실하고 열매는 아무 맛이 없으나, 하얀 팥배의 열매는 배와 비슷하지만 약간 작고 먹을 수 있으며 달콤새콤하다.

다시 서쪽으로 350리를 가면 서황산(西皇山)이 나온다. 이 산의 양지바른 남쪽 기슭에는 황금이 많고, 응달진 북쪽 기슭에는 철이 많이 묻혀 있다. 이 산에 사는 짐승으로는 고라니, 사슴, 작우가 많다. 고라니를 '4가지가 닮지 않았다' 하여 사불상(四不像)이라고도 한다. 뿔은 사슴 같지만 사슴이 아니고, 머리는 말 같지만 말이 아니며, 몸은 낙타 같지만 낙타가 아니고, 발굽은 소 같지만 소가 아니라서 그렇게 부른다.

다시 서쪽으로 350리를 가면 내산(萊山)에 닿는다. 이 산의 나무로는 참죽나무와 닥나무가 제일 많고, 새로는 라라새(羅羅鳥)가 가장 많다. 라라새는 사람을 잡아먹는다.

시(兕)

시는 고대 무소류의 짐승이다. 몸집이 꽤 크고 머리에 뿔이 하나 있으며 온몸은 까맣다. 가죽이 하도 단단하고 질기고 두꺼워서 갑옷 만들기에 좋다.

서차2경에 속하는 산들은 검산에서 시작하여 내산까지 총 17개의 산으로, 구불구불 4,140리에 걸쳐 있다. 각 산마다 깃든 신에게 제사를 지내는데, 그중 10명의 신은 사람얼굴에 말의 몸을 하고 있다. 나머지 일곱은 사람얼굴에 소의 몸을 하고 있으며, 네 발이 달렸지만 팔은 하나뿐이고 지팡이를 들고 다니는 날짐승의 모습을 하고 있다. 이 신령들에게 제사를 지낼 때는 양과 돼지를 희생양으로 쓰는데, 흰 띠로 자리를 짜서 그 위에 제물을 놓아둔다. 그리고 앞의 10명에게 제사지낼 때는 색이 화려한 수탉 한 마리를 쓰고, 쌀을 사용하지 않으며, 빛깔이 매우 다양한 털 달린 희생물을 쓴다.

생황 부는 여인상
당삼채(唐三彩)

생황이라는 악기는 땅에서 연속 뽑아 나오는 식물처럼 생긴 덕분에 사람들은 생황을 번식력이 좋은 상징으로 여긴다. 생황에서 생(笙)은 낳음을 상징한다. 여와가 조롱박에 관을 꽂고 그 끝에 진동판 리드를 넣어서 생황을 만들었다고 전해진다.

● ── 서차3경(西次三經)

서차3경에 속하는 산줄기의 첫머리에는 숭오산(崇吾山)이 있다. 이 산은 황하 남쪽에 자리 잡고 있다. 그 높은 봉우리에 서서 보면 북쪽으로 총수산(冢遂山)이 보이고, 남쪽으로는 요택(䍃澤)이 눈에 들어온다. 또한 서쪽으로는 천제가 어떤 짐승을 잡아 꽁꽁 묶었다는 천제박수구(天帝搏獸丘)가 보이고, 동쪽으로는 언연(蟜淵)이 보인다. 산 속에는 특이한 나무 한 종류가 있다. 그 잎은 둥글고 꽃받침이 희며 붉은 꽃이 피는데, 꽃과 잎에는 까만 무늬가 있다. 이 나무의 열매는 탱자 비슷한데 사람이 먹으면 자손이 번성한다. 산 속에는 거보(擧父)라는 특이한 짐승이 산다. 모양은 원숭이를 닮았으나 팔에 반점이 있고 꼬리에도 반점이 있으며 그 꼬리는 표범 꼬리같이 생겼다. 이 짐승은 자기 몸을 쓰다듬는 버릇이 있

41

사람 머리
도자기 조소

뒤가 움푹 패여 있는 조소인 도자기로 만든 이 사람 머리는 검보(경극에서 등장인물의 성격에 따라 정해진 얼굴 분장)처럼 보여 문화적으로 가치 있는 유물이다.

서차3경
명각본삽도

이 그림은 당시의 자연경관과 인문지리를 배경으로 서차2경의 제1구역을 재현한 것이다. 현재 섬서성 북부와 내몽고 오르도스 지구 및 영하 자치구, 감숙과 신강(新疆)의 동부 지역에 달한다. 이 구역의 음산(陰山), 탁자산(桌子山), 하란산(賀蘭山), 천산(天山)에는 고대의 암벽화가 다수 남아 있다. 벽화에는 사냥, 제사, 무술과 혼인풍습 등 여러 삶의 모습들이 담겨 있으며 신비롭지만 화려하지 않다. 수많은 암벽화 모두 신석기시대의 것으로 추정되며 물길의 흐름을 다룬 수류(水流) 암벽화와 수리도(水利圖) 암벽화, 지도 암벽화, 천문 암벽화 등 옛 실물지도에 해당되는 그림들이 많다.

고 돌을 집어 사람에게 던지기도 한다. 또 산 속에는 만만(蠻蠻)이라는 새가 산다. 생김새는 꿩 같지만 날개와 눈이 하나뿐이어서 2마리가 합해야 날아갈 수 있다. 이놈이 나타나면 물난리가 난다. 만만은 사실 비익조(比翼鳥)로, 붉고 푸른 깃털을 가지고 있으며 한 쌍의 새가 합체되지 않으면 날아오를 수가 없다. 여기서 후대의 '원컨대 비익조가 되기를'이란 말이 생겨난 것이다.

서북쪽으로 300리를 가면 장사산(長沙山)에 닿는다. 자수(泚水)가 이 산에서 발원하여 북쪽으로 흘러 유수(泑水)로 들어간다. 이 산에는 나무나 풀 등 아무 것도 살지 않는다. 다만 청웅황이 많이 매장되어 있다.

다시 서북쪽으로 370리를 가면 부주산(不周山)이 나온다. 이 산의 서북쪽 부분은 크게 뚫려 있다. 이렇듯 산이 비어 있는 이유는 예전에 전욱(顓頊)과 공공(共工)이 제위를 놓고 다투다가 공공이 노기(怒氣)를 못 참아서 머리로 들이받는 바람에 산이 무너져버렸기 때문이다. 그때 하늘 기둥이 무너지고 땅덩이를 서로 이어주던 끈이 끊어지면서, 해와 달과 별의 위치가 바뀌었다고 한다. 지금 이 산의 정상에서는 북쪽으로 제비산이 보이는데, 제비산의 높이는 악숭산(岳崇山)과 비슷하게 보인다. 동쪽으로는 유수가 보이며, 황하의 수원이 바로 이 산 아래에서 땅 속으로 흐른다. 황하의 발원지에서는 우르릉 꽝 하는 요란한 소리를 내며 물

이 용솟음쳐 오른다. 이 산에는 아주 귀한 과실수가 한 그루 있다. 열매는 복숭아 같고 잎은 대추나무 같으며 노란 꽃을 피우는데 꽃받침이 붉다. 사람이 이 열매를 먹으면 금방 근심걱정을 잊게 된다.

다시 서북쪽으로 420리를 가면 밀산(崒山)이 있다. 산 위에는 단목(丹木)이 무성하게 자라고 있는데, 그 잎이 둥글고 줄기는 붉으며 꽃은 노랗다. 단목의 붉은 열매는 엿처럼 달콤해서 사람이 먹으면 다시는 배고프지 않게 된다. 단수(丹水)가 여기서 발원하여 서쪽으로 흘러 직택(稷澤)으로 들어간다. 그 물 속에는 하얀 옥이 많다. 단수의 강물이 수원(水源)에서 용출하면서 흰색의 옥고(玉膏)가 콸콸 쏟아져 나와 젖빛 거품이 사방에 흩뿌려진다. 예전에 황제가 이 옥고를 즐겨 먹었다고 전한다. 어떤 때는 흑색 옥고가 나오기도 한다. 옥고는 단목을 적시는데, 단목은 5년간 자라면 오색이 모두 갖추어져 화려하게 빛나게 되고, 5가지 맛을 두루 갖춰 이루 말할 수 없이 사람을 끄는 향기를 내뿜는다. 황제가 밀산에서 옥의 정수를 가져다 종산(鍾山)의 양지바른 남쪽 언덕에 심었는데, 훗날 그곳에서 근(瑾)과 유(瑜)와 같은 아름다운 옥이 자라났다. 그 옥은 매우 섬세하고 정교하며 윤이 나서 사방으로 광채가 뻗어나니, 5가지 빛깔이 서로 섞이면서 환상적인 빛을 뿜어내며 5가지 무늬가 서로 섞이고, 단단한 것과 부드러운 것이 섞여 최상의 조화를 이루어낸다고 한다. 사람들이 그것을 몸에 지니면 길조가 깃들어 모든 일이 뜻대로 되는 동시에 상서롭지 못한 기운의 침습(侵襲)을 막는다. 밀산에서 종산까지 460리에 걸쳐 뻗어 있는 지역은 대부분 늪지로 되어 있다. 이곳에는 기이한 새, 짐승, 물고기가 많은데 모두가 아주 드문 것들이다.

다시 서북쪽으로 420리를 가면 닿는 곳이 종산이다. 이곳에 있는 신의 아들은 이름이 고(鼓)이며 촉룡(燭龍)이라고도 한다. 그는 사람의 얼굴을 했으나 몸은 용의 모습을 하고 있다. 그는 흠비(欽䳩)라는 신과 공모하여 곤륜산(崑崙山) 남쪽에서 보강(葆江)을 죽였다. 이에 화가 난 황제가 종산 동쪽 요안(瑤岸)에서 고와 흠비를 죽였다고 한다. 흠비는 피살된 뒤 큰 악(鶚)새로 변했다. 이 새는 독수리와 비슷하게 생겼으나 온몸에 검은 무늬가 있고, 머리는 하얀색이며 부리는 빨갛다. 또 호랑이 발톱 같은 발톱이 있고 새벽에 우는 고니 소리 같은 소리를 낸다. 이 새가 나타나면 전쟁이 일어나 세상이 불안해진다. 흠비와 함께 황제에게 죽임을 당한 고 역시 준조(鵔鳥)라는 새로 변했다. 이 새는 솔개처럼 생겼으며 빨간 발톱에 부리는 뾰족하다. 그리고 몸에 난 노란 털에는 무늬가 있으며 머리에는 하얀 털이 나 있다. 우는 소리는 기러기 소리와 비슷한데, 이 새가 나타나면 큰 가뭄이 든다.

다시 서쪽으로 180리를 가면 태기산(泰器山)이 있다. 관수가 여기서 발원하여 서쪽으로 흘러 유사(流沙)로 들어간다. 그 물 속에는 문요어(文鰩魚)가 많다. 이놈은 잉어의 몸에 새 날개가 달려 있고, 몸에는 푸른 무늬가 있으며, 머리는 하얗지만 부리는 붉다. 이 물고기는 서해에서 돌아다니지만 문득 동해로 날아가서 노닐기도 하며, 밤이면 무리를 지어 날아오른다. 우는 소리는 난새의 울음소리와 비슷하다. 문요어의 고기는 신맛에 단맛이 섞여 있는데, 사람이 먹으면 미친병이 치유된다. 이 물고기가 사람 사는 곳에 나타나면 천하에 오곡이 풍성해진다.

다시 서쪽으로 320리를 가면 괴강산(槐江山)에 닿는다. 구시수(丘時水)가 이 산에서 발원하여 북쪽으로 흘러 요수로 들어가는데, 그 물 속에는 달팽이가 많이 산다. 산 위에는 청웅황과 주옥같은 예쁜 돌, 황금, 아름다운 옥이 많이 있으며, 양지바른 쪽에는 곡식알만 한 단사(丹沙)가 묻혀 있다. 응달진 북쪽 기슭에는 갖가지 색을 띤 금과 은이 매장되어 있

서차3경 · 곤륜구(崑崙丘)
명각본삽도

곤륜구는 황제 부락의 정치적, 문화적 중심으로 문명의 발상지인 탓에 그곳의 정확한 위치를 놓고 논의가 끊이지 않는다. 《오장산경》에 따르면, 곤륜산은 지금 황하 남쪽, 섬서성 북부의 오르도스 분지에 위치한다. 옛날 이곳은 물풀이 무성했고 사방이 천연 병풍으로 둘러져 있었으며 저명한 세석기(細石器)문화를 탄생시켰다. 하나의 위대한 민족의 찬란한 문화가 탄생하는 데 생존 환경이 나쁜 척박한 땅은 어울리지 않는다. 곤륜구에서 발원하는 네 갈래 물줄기 중에 제일 유명한 황하는 곤륜구의 동북쪽에서 발원하여 남쪽으로 일사천리 흐르다가 동쪽으로 꺾여 바다로 들어간다. 자연환경이 변하면서 강우량도 점점 줄어 곤륜구에서 발원한 몇몇 물길은 이미 확인할 방법이 없다.

다. 이곳이 바로 공중에 걸려 있는 황제의 사냥터로, 신 영소(英招)가 관리하는 곳이다. 영소는 말과 같은 몸에 사람얼굴을 하고 있는데 몸에는 호랑이 무늬가 있다. 이 신은 새처럼 날개가 있어서 사해(四海)를 순행하며 황제의 명령을 전달했다. 그가 내는 소리는 물 긷는 도르래가 돌아갈 때 나는 소리와 비슷하다. 이 산에서 남쪽을 보면 곤륜산이 보이는데, 찬란한 빛을 내며 구름과 안개가 드리워져 있어 심장한 기운이 느껴진다. 또 서쪽으로는 후직(后稷)이 묻혀 있는 대택(大澤)이 보인다. 전설에 의하면, 후직이 하늘에서 내려와 살 때 영험하고 지혜로워 앞으로 일어날 일을 미리 알았으며, 죽어서는 대택의 신으로 변했다고 한다. 이 산 속에는 아름다운 옥이 많다. 이 산의 응달진 북쪽에는 기괴하게 생긴 커다란 나무가 자란다. 이 산에서 북쪽을 바라보면 제비산이 보인다. 괴귀(怪鬼) 이윤(離侖)이라는 신이 이 산에 살고 있으며 각종 매도 살고 있다. 또 괴강산에서 동쪽을 바라보면 항산(恒山)이 보인다. 4중으로 높이 솟아 있는 이 산에는 궁귀(窮鬼)라 불리는 신들이 살고 있다. 궁귀는 무리를 지어 항산의 네 자락 아래 모여 산다. 괴강산에는 요수(瑤水)라는 맑은 물줄기가 기운차게 흐르고 있다. 그리고 이 산에는 천신이 산다. 소와 비슷하게 생겼지만 다리가 8개에 머리가 2개며 말 꼬리가 달려 있다. 이 신이 내는 소리는 악기를 연주할 때 얇은 막이 떨리며 나는 소리 같다. 이 천신이 갑자기 나타나면 천하에 전쟁의 재앙이 닥친다.

　서남쪽으로 400리를 가면 곤륜구에 닿는다. 황제가 하계(下界)에 두고 있는 도읍지로, 신 육오(陸吾)가 이곳을 다스린다. 이 신은 호랑이 같은 모습에 꼬리가 9개 달렸으며 사람얼굴을 하고 있는데, 천상의 9부와 황제의 정원에서 시절이 변하는 것을 다스린다. 산 속에는 토루(土螻)라는 짐승이 사는데, 양처럼 생겼지만 뿔 4개가 달려 있다. 또한 벌처럼 생겼으나 원앙새만큼 큰 흠원(欽原)이라는 새가 있다. 이 새가 다른 짐승이나 새를 쏘면 다 죽으며, 나무를 쏘면 그 나무 역시 말라 죽는다. 또 봉황과 비슷한 순조(鶉鳥)라는 새가 있어 황제의 여러 기구와 복식을 관리한다. 이 산 속에는 사당(沙棠)이라는 나무가 있다. 팥배나무처럼 생겼는데 노란 꽃이 피고 빨간 열매가 열린다. 이 열매의 맛은 배와 같지만 씨가 없다. 이것은 물을 막는 성질이 있어서 사람이 먹으면 물에 들어가

육오(陸吾)

육오는 고대에 여러 부서를 관장하던 곤륜산의 신이다. 사람얼굴에 호랑이 몸이고 날카로운 호랑이 발톱이 나 있으며 꼬리가 9개나 달렸다.

서차3경 · 음산(陰山)
명각본삽도

서차3경 구역에 있는 음산 산맥은 중국 북방의 주요 산맥으로, 서에서 동으로 대마군산(大馬群山), 대청산(大靑山), 낭산(狼山), 회등량산(灰騰梁山), 오랍산(烏拉山)이 놓여 있다. 북방의 얼음에서 나온 거대한 수증기를 포함한 비가 음산 산맥 일대에서 멈춘다. 직택이라는 명칭은 후직(后稷) 부락이 이곳에서 활동했던 사실과 연관되니, 후직은 유명한 농업의 신으로 농업 경작 기술을 들여왔다.

왕자교(王子喬)

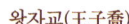

왕자교는 신화 속의 인물로 이름은 진(晉)이고 자는 자진(子晉)이다. 주(周) 영(靈)왕의 태자로, 생황으로 봉황 울음소리를 잘 흉내 냈다. 그는 부구공(浮丘公)을 따라가 숭산(嵩山)에서 수련했다. 30여 년 후에 구씨산(緱氏山) 꼭대기에서 세상 사람들에게 손을 저으며 작별을 고하고 승천했다고 한다. 그래서 '왕자교가 신선이 되어 올라간 이야기'가 전해지는 것이다.

도 가라앉지 않는다. 이 산에서 자라는 빈초(䔲草)라는 풀은 해바라기처럼 생겼으며 파 맛이 난다. 사람이 이 풀을 먹으면 피로하지 않고 근심걱정을 풀 수 있다. 하수(河水)가 이 산에서 발원하여 남쪽으로 흘러 무달수(無達水)로 들어간다. 적수도 여기서 발원하여 동남쪽으로 흘러 범천수(氾天水)로 들어가며, 양수(洋水) 역시 여기서 발원하여 서남쪽으로 흘러 축도수(丑涂水)로 들어간다. 흑수도 여기서 흘러나와 서쪽 우산(杅山) 옆 호수로 들어간다. 이 물길이 지나는 곳에는 신기한 새와 짐승들이 많이 산다.

다시 서로 370리를 가면 낙유산(樂游山)이 나온다. 도수(桃水)가 이 산에서 발원하여 서쪽으로 흘러 직택(稷澤)으로 들어가는데, 그 물 속에는 하얀 옥이 많다. 이 강에는 활어(䱻魚)가 사는데 뱀 같은 모습에 발이 4개 있다. 사람이 이것을 먹을 수 있다. 전하는 바에 따르면, 이 물고기는 빛을 발하는 비어(飛魚)였으며 원앙새 소리와 비슷한 소리를 냈다고 한다. 그 소리가 들리는 곳에는 가뭄이 든다고 전한다.

서쪽으로 물길을 따라 400리를 가면 닿는 곳을 유사(流沙)라고 한다. 이곳에서 다시 200리를 가면 나모산(蠃母山)에 다다르는데, 신 장승(長乘)이 다스리는 곳이다. 장승은 하늘의 구덕(九德)의 기운을 만들어내는 신으로, 사람처럼 생겼으나 표범 꼬리를 달고 있다. 산 위에는 옥이 많고 산 아래에는 청색 돌이 묻혀 있으나 물은 없다.

다시 서쪽으로 350리를 가면 옥산(玉山)에 닿는다. 이곳은 서왕모(西王母)가 사는 곳이다. 서왕모의 모습은 사람 같지만 표범 꼬리에 호랑이 이빨을 하고 있다. 그는 휘파람을 잘 불고 풀어헤친 머리에 옥 꾸미개를 꽂고 있는데, 천상의 재앙 및 5가지의 형벌로 죽이는 일을 담당한다. 산 속에는 교(狡)라는 짐승이 사는데, 개와 같은 모습에 개처럼 짖지만 몸에 표범 무늬가 있고 소뿔이 나 있다. 이놈이 나타나면 농작물이 잘 익어 풍년이 든다. 산 속에는 승우(勝遇)라는 새도 살고 있는데, 꿩처럼 생겼으나 붉은 털이 나 있다. 이 새는 물고기를 잡아먹기 좋아하며 마치 사슴 울음소리 같은 소리를 낸다. 이 새가 나타나는 나라에는 수재가 발생한다.

다시 서쪽으로 80리를 가면 헌원구(軒轅丘)가 있다. 이곳은 민둥산이어서 식물이 자라지 않는다. 순수(洵水)가 이곳에서 나와 남쪽으로 흘러 흑수로 들어간다. 그 물 속에는 붉은 색을 띤 자잘한 모래와 청웅황이 많다. 청웅황은 속칭 계관석(鷄冠石)이라고 하는 수정과 비슷한 광물이다. 헌원구는 헌원 황제가 사는 곳인데, 그는 여기서 서릉부씨(西陵婦氏)를 부인으로 맞아들였다.

다시 서쪽으로 300리를 가면 적석산(積石山)이 나온다. 적석산 아래에 거대한 석문(石門)이 있는데, 황하의 물줄기가 석문 위를 천천히 흐르다가 갑자기 분출하며 나와서는 서쪽으로 흘러간다. 이 산은 보물산으로 없는 것이 없다.

다시 서쪽으로 280리를 가면 닿는 곳이 장류산(長留山)으로, 백제(白帝) 소호(少昊)가 사는 곳이다. 소호는 고대 동이족(東夷族)의 수장으로 호가 금천씨(金天氏)다. 소호가 다스리는 부족은 그의 명령에 따라 새의 이름으로 관직명을 지으면서 공정(工正)과 농정(農正)의 관을 설치했다. 후대의 담국(郯國)이 바로 소호의 후손이다. 이밖에 산 속에는 여러 짐승들이 사는데, 다들 무늬가 있는 꼬리가 달려 있다. 새들도 머리에 무늬가 있다. 또한 이 산에는 각종 무늬가 있는 옥이 많다. 산 위에는 원신외씨(員神磈氏)의 궁전이 있다. 외씨는 태양이 서산으로 진 뒤에 동쪽을 향해 비치는 노을을 관장한다.

조(蔦)

조는 담쟁이덩굴로 기생(寄生)이며 선화(旋花)과에 속하는 반들반들한 한해살이 덩굴풀이다. 줄기는 가늘고 길며 구불구불 감돌며 자란다. 잎은 어긋나며 깃털처럼 갈라지고 갈라진 조각은 선형이다. 뿌리 부분은 한 쌍으로 갈라져 항상 두 조각이다. 받침 잎과 잎이 같은 형태다. 산형꽃차례이고 잎이 붙어 있는 자리에서 나는 액생(腋生)으로, 여러 송이의 붉거나 흰 꽃이 봄과 가을 사이에 계속해서 핀다. 열매는 계란형이다.

사람 머리 병
채색 도기, 앙소문화

이목구비가 바르다. 두 눈이 깊고 코는 오목하며 입은 살짝 열려 있고 귀 뒤로 긴 머리가 흘러내리고 앞머리는 짧다. 병의 위아래는 좁고 가운데는 풍만하며 바닥은 평평하다. 원추형 여인의 머리로 병 입구를 만들었다.

태자장금

태자장금은 노동의 손자로 서북 해 바깥 요산(瑤山)에서 산다. 그가 아름다운 가곡들을 처음으로 만들었으며, 그의 음악적 재능은 전욱이 음악을 좋아한 것과 관련이 있다. 전욱은 음악 감상에 각별한 흥미를 지닌 보기 드문 '음악광'이었다.

다시 서쪽으로 280리를 가면 장아산(章莪山)이 있다. 산꼭대기는 민둥민둥하고 초목이 자라지 않으며 요(瑤)와 벽(碧)이라는 옥이 많이 있다. 이 산 속에서는 늘 이상한 일이 일어난다. 쟁(狰)이라는 짐승은 표범을 닮았으나 꼬리가 다섯이고 머리에 뿔이 나 있다. 그리고 돌 두드릴 때 나는 소리와 비슷한 소리를 낸다. 또한 이곳에는 필방(畢方)이라는 새가 살고 있다. 모습은 흰 학과 비슷하지만 다리가 하나뿐이고, 몸에는 붉은 털로 이루어진 무늬가 있으며, 몸통은 청색이지만 부리는 하얗다. 또 자기 이름을 부르는 듯한 소리를 내며 운다. 필방은 나무의 정령이기 때문에 모습이 새와 비슷하며, 다리가 하나인 것처럼 날개도 하나다. 이 새는 항상 불을 물고 있어서 가는 곳마다 원인 모를 불을 낸다.

다시 서쪽으로 300리를 가면 음산(陰山)이 나온다. 탁욕수(濁浴水)가 이곳에서 발원하여 남쪽으로 흘러 번택(番澤)으로 들어간다. 그 물 속에는 오색무늬가 있는 조개가 많다. 산 속에는 천구(天狗)라는 짐승이 사는데, 모습은 고양이를 닮았으나 머리가 하얗고 늘 야옹야옹 하고 우는 소리를 낸다. 사람이 천구를 키우면 흉악한 야수의 습격을 막을 수 있다.

다시 서로 200리를 가면 닿는 곳이 부양산(符惕山)이다. 산 위에는 나무가 많은데 그중에도 종려나무와 녹나무가 제일 많다. 산 밑에는 황금과 옥이 많이 묻혀 있다. 신 강의(江疑)가 여기서 산다. 산 위에는 이상

서차3경 · 옥산(玉山)
명각본삼도

이 산에는 중국 고대 서방의 저명한 무사(巫師) 서왕모가 살고 있다. 괴이하게 생긴 서왕모는 하늘의 재앙을 미리 알리고 천상의 권위와 뜻을 위반한 자를 징벌했는데, 겨울바람처럼 싹 숙청해버리는 그녀의 방식은 유명하다. 그녀에게는 수하가 둘인데 교(狡)는 풍작을 미리 알리고 승우(勝遇)는 수재를 예고한다. 풍작과 수재 모두 농업사회에서 관심 있는 사안들로, 이는 서왕모 부락이 이미 농경사회로 접어들었음을 말해준다.

하게 비가 내리는 일이 많은데, 그것은 바람과 구름이 항상 산에서 피어오르기 때문이다.

다시 서쪽으로 220리를 가면 삼위산(三危山)이 있는데, 이곳에 삼청조(三靑鳥)가 산다. 삼위산은 아주 넓어서 둘레가 100여 리에 달한다. 이 산에는 오열(獓狃)이라는 짐승이 살고 있는데, 모양은 소와 비슷하나 몸에 흰 털이 나 있고 머리에 뿔이 4개나 있다. 이놈의 털은 아주 길어서 비오는 날 사람이 우의(羽衣)를 걸친 것처럼 보인다. 또한 이놈은 흉폭하고 사나워서 사람을 잡아먹는다. 이 산에는 또한 머리가 하나에 몸통이 3개나 되는 새가 산다. 검은 얼룩무늬에 붉은 목덜미를 한 수리처럼 생겼는데, 이름을 치(鴟)라고 한다.

다시 서쪽으로 190리를 가면 괴산(騩山)에 닿는다. 산 위에는 아름다운 옥이 많지만 바위는 없다. 산 아래에는 뱀들이 겹겹이 무리를 이루고 산다. 신 기동(耆童)이 이 산에 산다. 기동은 전욱의 아들이며 부족의 우두머리다. 전욱은 일찍이 중(重)을 남정(南正)의 관리로 임명하여 천신에게 제사지내는 일을 담당하게 했고, 려(黎)를 북정(北正)의 관리로 임명하여 백성을 다스리게 했다. 신 기동은 쇠북 종과 경쇠를 두드리는 것과 비슷한 소리를 낸다.

다시 서쪽으로 350리를 가면 닿는 곳을 천산(天山)이라고 한다. 이 산에는 황금과 옥이 많고 청웅황, 즉 계관석도 많다. 영수가 여기서 발원하여 서남쪽으로 흘러 양곡(湯谷)으로 들어간다. 산 속에는 신이 산다. 그 신은 노란 주머니처럼 생겼고, 피부는 단화(丹火)처럼 붉으며, 다리가 여섯이고 날개가 넷이다. 온몸이 한 덩어리로 되어 있어 얼굴과 눈을

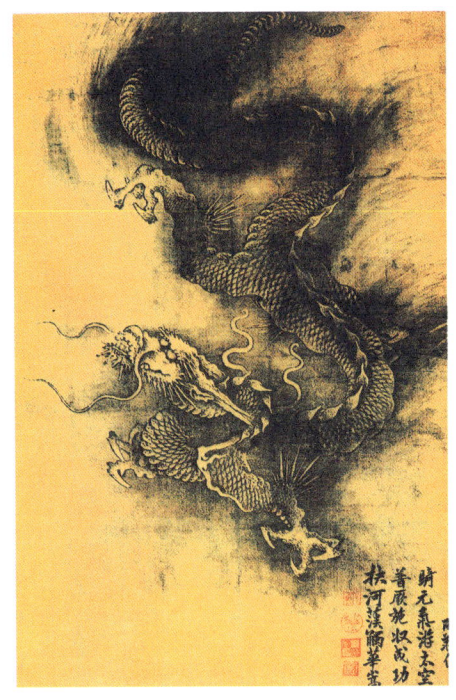

용 토템
진용(陳容), 종이에 필묵, 송대

고대 전설에서 용은 비늘이 있고 뿔이 났으며 수염과 손톱이 있고 구름을 일으키고 비를 내리는 능력이 있는 신기한 동물이다. 용은 강하고 크며 모호하고 신비하면서도 무한한 힘을 지녔으니, 수많은 전설로 인해 이제는 신비한 색채를 지닌 사물을 상징하는 기호가 되었다. 거대한 구렁이나 큰 악어, 황어, 준마, 대어 등이 모두 용의 아호를 가지고 있다. 사람들의 의식 속에서도 신비하고 성스러운 존재로 자리 잡은 지 오래다.

용은 중국 문화의 상징이다. 무릇 중국인이 있는 곳이나 중국 문화의 영향을 받은 곳이면 어디든지 용을 찾아볼 수 있다. 용의 활동 구역이 바로 중국 문화가 존재하는 영역이다. 용은 인류의 문화 속에서 생겨난 상상의 존재일 뿐 결코 실재했던 동물은 아니다.

추우(騶虞)

《모전(毛傳)》에 의하면 추우는 하얀 호랑이로 검은 얼룩무늬가 있으며 살아 있는 생물은 먹지 않는다고 한다. 《노시전(魯詩傳)》에서는 천자를 위해 새와 짐승을 관장하는 관리이거나 새나 짐승을 사냥하는 사람이라고도 했다.

여신의 두상

이 그림은 홍산(紅山)문화를 보여주는 여신의 두상이다. 모계씨족시대에는 여인이 아이를 낳으면 그녀들이 씨족이 숭배하는 토템과 접촉해서 그 결과로 아이가 생겼다고 해석했다. 중국 고서에 나오는 여러 감생(感生) 설화들은 바로 이 관념을 보여주는 사례다. 예를 들면 화서(華胥)가 거인 발자국을 밟고 복희를 낳은 것이나 부보(附寶)가 번개가 북두칠성을 휘감는 것을 보고 황제를 낳은 것 그리고 우(禹)의 어머니가 신의 진주인 율무를 삼키고 우를 낳았다는 이야기가 그러하다.

찾아볼 수 없지만 노래하고 춤을 출 줄도 안다. 그가 바로 제강(帝江)이다.

다시 서쪽으로 290리를 가면 유산(㳙山)이 나온다. 신 욕수(蓐收)가 이곳에 산다. 산 위에는 목걸이 장식으로 쓸 수 있는 옥이 많다. 양지바른 남쪽 기슭에는 근과 유 같은 옥이 많고, 응달진 북쪽 기슭에는 화려한 색깔의 계관석이 많다. 이 산 정상에서 서쪽을 보면 태양이 지는 모습이 보이는데, 그 기운이 둥글고도 넓게 퍼진다. 신 욕수가 이 일을 관장한다.

서쪽으로 물길을 따라 100리를 가면 익망산(翼望山)에 닿는다. 민둥산인 이곳에는 나무나 풀이 자라지 않지만 황금과 아름다운 옥이 많이 묻혀 있다. 이 산 속에 환(讙)이라고 하는 짐승이 사는데, 모양은 들 고양이를 닮았으나 눈이 하나에 꼬리가 3개 달려 있다. 환의 울음소리는 온갖 짐승들이 일제히 내지르는 소리가 다 섞여 있는 것 같다. 이놈은 흉한 일을 막을 수 있는 능력을 지니고 있으며, 사람이 그 고기를 먹으면 황달을 치료할 수 있다. 이 산에는 또한 기여(鵸鵌)라는 새가 산다. 생김새는 까마귀와 비슷하나 머리가 셋이고 꼬리가 여섯에 히죽히죽 웃기까지 한다. 사람이 이 녀석의 고기를 먹으면 단잠을 자고 악몽을 꾸지 않으며, 흉한 일을 막을 수 있다. 기여는 한 몸에 양성을 지닌 암수한몸의 기이한 새다.

서차3경에는 6,744리에 걸쳐 숭오산부터 익망산까지 모두 23개의 산이 있다. 이곳에 사는 신선들은 모두 양의 몸에 사람얼굴을 하고 있다. 그들을 모신 사당에서 제사를 지낼 때는 색깔 있는 돌로 만든 옥그릇을 땅에 묻고, 젯메쌀로는 기장쌀을 쓴다.

● ── 서차4경(西次四經)

서차4경 산줄기의 첫머리에 있는 산을 음산(陰山)이라고 한다. 산에는 닥나무가 많이 자라고 돌은 별로 없다. 무리지어 자라는 화초 중에는 순나물과 푸른 번초가 가장 흔하다. 음수(陰水)가 이 산에서 발원하여 서쪽으로 흘러 낙수로 들어간다.

북쪽으로 50리를 가면 닿는 곳이 노산(勞山)이다. 산 위에는 자줏빛 풀이 많이 자란다. 약수(弱水)가 이곳에서 발원하여 서쪽으로 흘러 낙수로 들어간다.

또 서쪽으로 50리를 가면 파보산(罷父山)이 나온다. 이수(洱水)가 여기서 발원하여 서남쪽으로 흘러 낙수로 들어가는데, 그 물 속에 자줏빛 돌과 푸른 옥인 벽옥이 많다.

또 북쪽으로 170리를 가면 신산(申山)에 닿는다. 산 위에는 닥나무가 많이 자라며 떡갈나무 숲도 있다. 산 밑에는 감탕나무와 참죽나무가 울창하다. 양지바른 남쪽 기슭에는 황금과 아름다운 옥이 많다. 구수(區水)가 이곳에서 발원하여 동쪽으로 흘러 황하로 들어간다.

다시 북쪽으로 200리를 가면 조산(鳥山)이 있다. 산 위에는 뽕나무가 울창하고 산 밑에는 닥나무가 무성하게 자란다. 응달진 북쪽 기슭에는 철이 많고 양지바른 남쪽 기슭에는 아름다운 옥이 많다. 욕수(辱水)가 이 산에서 발원하여 동쪽으로 흘러 황하로 들어간다.

다시 북쪽으로 120리를 가면 상신산(上申山)에 닿는다. 이 산은 민둥산으로 초목이 자라지 않고 큰 바위가 많다. 산 밑에는 개암나무와 호나무가 무성하게 자란다. 개암나무의 어린 가지에는 부드러운 털과 통

용산(龍山)의 공구 위에 새긴 신령
도상(圖像), 두 성의 기둥

선사시기 사람들은 대부분 신앙이 있었으니 그것이 바로 그들의 종교였다. 원시 종교는 만물에 영혼이 있다는 만물 유령설로부터 비롯되었으니 이것이야말로 실질적인 우주관이었다.

서차4경
명각본삽도

이 그림에서 묘사한 서차4경 구역 내의 여러 산들은 황하와 낙수(북쪽의 낙수, 즉 섬서성 경내의 낙수를 가리킨다)에서 시작하여, 황룡산(黃龍山) 산맥에서 모여 북으로 낙수의 발원지인 백어산(白於山)에 이른 뒤에, 서로 꺾여 기연산(祁連山) 산맥에 닿는다. 《오장산경》 26조 산맥의 분포를 보면, 이 지역은 서차2경의 북쪽에 해당된다. 전반부의 여러 산은 물길이 낙수로 흘러들거나 동으로 황하로 흘러든다. 이렇게 볼 때 산들은 현재 섬서성 경내의 낙수와 황하 사이에 있는 황룡 산맥 일대에 위치한다. 황룡 산맥의 서쪽은 헌원 황제릉이고, 북쪽은 항일전쟁 시기에 명성이 자자했던 남니만(南泥灣)이며, 동쪽은 바로 황하의 호구(壺口) 폭포와 용문(龍門)이다.

천궁(川芎)

천궁은 '궁궁이풀'이라고도 하는데 산형(傘形)과에 속하는 여러해살이 풀이다. 두세 번 깃털 모양으로 잎이 다시 나며 작은 잎 3~5쌍이 둘레가 들쭉날쭉한 깃털 모양으로 다 갈라지거나 깊게 갈라진다. 뿌리는 황갈색이다. 하얀 꽃이 피며 계란형 열매가 열린다. 뿌리는 약재로 쓰는데 따뜻한 성질로 매운 맛이 난다. 피를 잘 돌게 하고 풍사(風邪)를 입지 않도록 해주며 생리를 조절하고 통증을 멎게 하는 효능이 있다.

순초(荀草)

전설 속의 풀로, 여자들이 꿈에도 구하려 했던 미용초다. 잎은 난처럼 생겼고 뿌리는 지푸라기처럼 생겼으며 줄기는 모나고 꽃은 노랗고 열매는 붉다. 순초를 몸에 지니거나 먹으면 피부가 희고 부드러워지며 눈이 맑게 빛나고 몸매에 균형이 잡힌다.

통한 털이 나 있고, 잎은 둥글며 끝은 가지런하다. 자웅이 한 가지에 있으며 씨앗은 먹거나 기름을 짠다. 이 산에는 짐승이 많은데 그중에서도 흰 사슴이 가장 많다. 새들도 많이 사는데 그중에 당호(當扈)가 가장 많다. 이 새는 꿩과 비슷하게 생겼으며, 목 밑의 털을 날개 삼아 날아오른다. 사람이 그 고기를 먹으면 눈을 깜빡이지 않게 된다. 탕수가 이 산에서 발원하여 동쪽으로 흘러 황하로 들어간다.

다시 북쪽으로 180리 되는 곳에 제차산(諸次山)이 있다. 제차수(諸次水)가 이곳에서 발원하여 동쪽으로 흘러 황하로 들어간다. 이 산에는 나무는 무성하지만 꽃이나 풀은 자라지 않는다. 그래서 새나 짐승은 없고 뱀만 가득하다.

다시 북쪽으로 180리를 가면 호산(號山)이 나온다. 산 속에는 각종 나무들이 자라는데 그중에서 옻나무와 종려나무가 가장 많다. 화초 중에는 백지(白芷), 어수리, 궁궁이가 가장 많고, 진흙처럼 부드럽고 연한 돌이 있다. 단수(端水)가 여기서 발원하여 동쪽으로 흘러 황하로 들어간다.

다시 북쪽으로 220리 떨어진 곳에 우산(孟山)이 있다. 이 산의 응달진 북쪽 기슭에는 철이 많이 묻혀 있고, 양지바른 남쪽 기슭에는 구리가 많다. 짐승으로는 흰 이리와 백호가 가장 많고, 새들 중에는 흰 꿩과 비취새가 가장 많다. 생수(生水)가 이 산에서 발원해서 동쪽으로 흘러 황하로 들어간다.

다시 서로 250리를 가면 백어산(白於山)이 나온다. 산 위에는 소나무와 잣나무가 많고, 산 아래에는 떡갈나무와 박달나무가 많이 자란다. 산 아래 사는 짐승들 중에는 작우와 암양이 가장 많으며, 새로는 효조(鴞鳥)가 가장 많다. 효조는 부엉이의 일종으로 부리와 발톱이 굽은 바늘처럼 생겼으며 매우 날카롭고, 다리가 좌우 양쪽에 하나씩 달린 보통 새와는 달리 앞쪽 정면에 달려 있다. 이 새는 밤이나 해질 녘에 활동하는데, 주로 쥐를 잡아먹고 간혹 작은 새들이나 곤충도 잡아먹어 농사에 이롭다. 낙수가 이 산 남쪽 기슭에서 발원하여 동쪽으로 흘러 위수로 들어가고, 협수(夾水)가 북쪽 기슭에서 발원하여 동쪽으로 흘러 생수로 들어간다.

서차4경 · 엄자산(崦嵫山)
명각본삽도

《오장산경》에서 엄자산은 인류에게 알려진 서쪽 최단에 있는 산이다. 옛 사람들은 태양이 엄자산으로 진다고 믿었다. 여기 사는 사람들은 신에게 제사를 지낼 때 색깔 있는 닭과 쌀을 사용했다. 그 지역에서 쌀이 생산되었다면 당시 기후가 따뜻했을 것이고, 쌀이 생산되지 않았다면 원거리 무역이 행해졌을 것이다.

　다시 서북쪽으로 300리를 가면 신수산(申首山)이 나온다. 민둥산인 이곳에는 나무나 풀이 전혀 없고, 겨울뿐 아니라 여름에도 큰 눈이 내린다. 신수(申水)가 산꼭대기에서 솟아나와 거대한 폭포를 만들며 산 아래로 흘러가는데, 그 속에는 맑고 하얀 옥이 많다.

　다시 서쪽으로 55리를 가면 경곡산(涇谷山)이 있다. 경수(涇水)가 이곳에서 발원하여 동남쪽으로 흘러 위수로 들어간다. 이 산에는 백금과 흰 옥이 많이 묻혀 있다.

　다시 서쪽으로 120리를 가면 닿는 곳이 강산(剛山)이다. 이 산에는 옻나무가 많고 저부라는 질 좋은 옥이 많다. 강수(剛水)가 이 산에서 발원하여 북쪽으로 흘러 위수로 들어간다. 강산에는 여러 신들이 살고 있다. 그들은 사람얼굴에 짐승의 몸을 하고 있으며, 모두 외팔에 외다리이다. 그들이 내는 소리는 사람이 하품할 때 나는 소리와 비슷하다.

　다시 서쪽으로 200리를 가면 강산의 끝자락에 이른다. 낙수가 이곳에서 발원하여 북쪽으로 흘러 황하로 들어간다. 이 산에는 쥐처럼 생겼지만 머리는 자라 머리에 개 짖는 소리를 내는 만만이라는 짐승이 많이 산다.

　다시 서쪽으로 350리 떨어진 곳에는 영제산(英鞮山)이 있다. 산 위에는 옻나무 숲이 울창하고, 산 아래에는 황금과 아름다운 옥이 많다. 이

진(榛)

진은 화목(樺木)과에 속하며, 겨울에 잎이 졌다가 봄에 나는 낙엽관목이거나 별로 키가 크지 않은 소교목(小喬木)이다. 어린 가지에는 부들부들한 털과 선모(腺毛)가 있다. 잎은 달걀꼴과 거꿀달걀꼴이 있으며 머리는 길고 가늘고 둘레에 불규칙한 톱니가 있으며 약간 찢겨 있다. 진의 나무 기둥은 키가 크고 거대하며 열매는 작은 밤같이 생겼고 먹을 수 있다.

원시인의 집 모형

모계씨족 촌락에서 이처럼 지붕이 뾰족하고 원형으로 된 집은 상당히 보편적인 건축양식이었다. 이 집의 모형 지붕은 띠풀로 덮인 지붕 모양을 긋는 방식으로 만들었다.

곳에 살고 있는 짐승과 새는 모두 흰색이다. 완수(浣水)가 이 산에서 발원하여 북쪽으로 흘러 능양택(陵羊澤)으로 들어간다. 능양택에는 염유(冉遺)라는 물고기가 산다. 염유는 물고기 몸에 뱀 대가리를 지녔으며, 다리가 6개에 귀는 말의 그것과 비슷하게 생겼다. 사람이 이놈을 먹으면 흉한 일을 막을 수 있고 악몽을 꾸지 않게 된다.

다시 서쪽으로 300리를 가면 중곡산(中曲山)이 나온다. 이 산의 양지바른 남쪽 기슭에는 질 좋은 옥이 많고, 응달진 북쪽 기슭에는 갖가지 색깔의 계관석과 백옥, 황금이 많다. 이곳에는 박(駮)이라는 짐승이 산다. 그 모습은 말과 비슷하나 몸이 하얀 털로 덮여 있고 꼬리는 검다. 또 머리에 뿔이 하나 있으며 호랑이 같은 이빨과 발톱을 가지고 있다. 이놈은 북이 울리는 소리와 비슷한 소리를 내는데, 호랑이와 표범을 잡아먹는다. 사람이 이놈을 먹으면 병기로 인한 재앙을 피할 수 있다. 또한 이 산 위에는 회목(櫰木)이라는 나무가 있다. 회목은 팥배처럼 생겼지만 그 잎이 둥글고, 열매는 빨갛고 크며 모과와 비슷하게 생겼다. 사람이 이것을 먹으면 힘이 좋아진다.

다시 서쪽으로 260리를 가면 규산(邽山)이 있다. 이 산에는 궁기(窮奇)라는 짐승이 산다. 궁기는 소호의 아들로, 모습은 소와 같으나 온몸에 고슴도치 털이 솟아 있으며 개 짖는 소리를 낸다. 또한 날개가 있어 날아다닐 수 있고, 사람의 말을 알아듣는다. 하지만 사람이 싸우는 소리를 듣기만 하면 달려가 싸움에서 이긴 사람을 잡아먹어버린다. 또 누가 충신이라는 소리를 들으면 그 사람 코를 날름 먹어버리고, 누가 악하다는 소리를 들으면 고기를 들고 달려가 상을 주는 일종의 사악한 짐승이다. 몽수(濛水)가 여기서 발원하여 남쪽으로 흘러 양수(洋水)로 들어간다. 그 물 속에는 노란 조개와 나어(蠃魚)가 많다. 나어는 물고기 몸에 새의 날개를 달고 있으며 원앙새 같은 소리를 낸다. 이 물고기가 나타나는 곳에는 수재가 발생한다. 다시 서쪽으로 220리를 가면 조서동혈산(鳥鼠同穴山)이 있다. 이 산에는 새와 쥐가 같은 동굴에서 사이좋게 살고 있는데, 새의 이름은 도(鵌)라고 하고 쥐는 돌(鼵)이라고 한다. 그들은 땅을 깊게 판 후, 안에서는 쥐가 살고 밖에서는 새가 산다. 이 산에는 백호가 많으며, 하얗고 질 좋은 옥도 많다. 위수가 이 산에서 발원하여 동쪽으로 흘

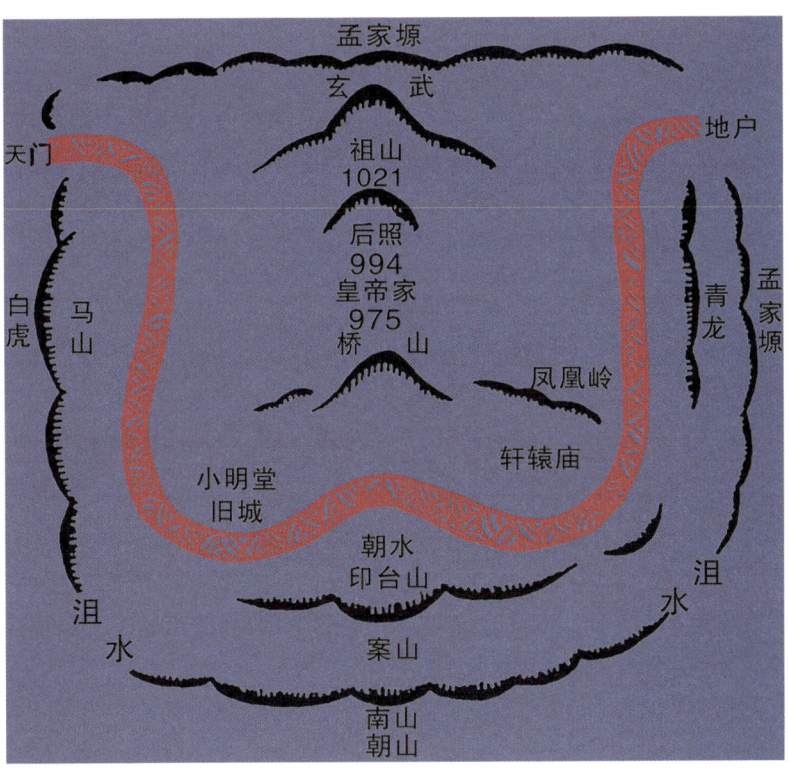

황제릉(黃帝陵)

황제릉은 북쪽에서 남쪽을 바라보고 있으며 높지만 험하지 않고 둘레는 위를 향한 아홉 봉우리로 둘러싸여 있다. 위를 향한 아홉 봉우리는 중국 역대 제왕들의 묘 중에 유일한 것으로 '구주(九州)가 조배 드리고 축하한다'는 뜻이 숨어 있다.

오령저(午岭沮)의 원류인 저수하(沮水河)가 황제릉에서 발원해서 교산(橋山)을 S자형으로 감아 돌아 음과 양 둘로 나뉜다. 저수하의 북쪽 반룡강(盤龍岡)은 양의(陽儀)고 남쪽 인대산(印臺山)은 음의(陰儀)에 속한다. 반룡강 남쪽에 있는 황제릉은 양어(陽魚)의 물고기 눈처럼 양의 속 음점(陰點)에 해당된다. 양 중에 음이 있고 음 중에 양이 있으니, 음양 두 기운이 서로 조화를 이루어 천지의 정화가 집결되어 있다.

러 황하로 들어간다. 그 물 속에는 소어(鱃魚)가 많이 산다. 소어의 몸은 큰 두렁허리처럼 생겼는데, 이놈이 나타나면 큰 전쟁이 일어난다. 함수(濫水)가 이 산의 서쪽에서 흘러나와 한수(漢水)로 들어가는데, 그 물 속에는 여비어(絮魮魚)라는 물고기가 산다. 이놈의 모양은 냄비를 뒤집어 놓은 것 같으나, 까마귀 머리에 물고기 지느러미와 물고기 꼬리가 달려 있다. 여비어가 내는 소리는 경석을 두드리는 소리 비슷한데, 울 때마다 진주와 옥구슬이 몸에서 흘러내린다.

다시 서남쪽으로 360리를 가면 엄자산(崦嵫山)에 닿는다. 이 산에는 단목이 무성하다. 그 잎은 닥나무 잎 비슷하고, 열매는 오이만 하며, 붉은 꽃받침에 흑색 무늬가 있다. 이 열매를 먹으면 황달이 치유되고 화재도 막을 수 있다. 양지바른 남쪽 기슭에는 검은 거북이 많고 응달진 북쪽 기슭에는 아름다운 옥이 많다. 초수(苕水)가 여기서 발원하여 서쪽으로 흘러 바다로 들어가는데, 그 물 속에는 숫돌이 많다. 이 산에는 숙호(孰

湖)라는 짐승이 살고 있다. 모습은 말처럼 생겼으나 새 날개가 달려 있고, 사람얼굴에 뱀 꼬리를 하고 있다. 이놈은 사람을 안아 올리는 것을 좋아한다. 이 산에는 올빼미처럼 생겼으나 사람얼굴에 원숭이 몸을 하고 개꼬리가 달려 있는 새도 산다. 이놈이 내는 소리는 자기 이름을 부르는 것 같은데, 이 새가 나타나면 가뭄이 든다.

서차4경의 산줄기는 음산부터 마지막 엄자산까지 총 19개의 산이 3,680리에 걸쳐 구불구불 이어진다. 이 산에 사는 신선에게 제사를 지낼 때는 흰 닭의 피를 취해서 바르고, 엄선한 젯메쌀로 제물을 만들어 흰 띠로 짠 자리 위에 둔다.

지금까지 살펴본 서산경에는 모두 78개의 산이 있으며, 그 길이는 1만 7,517리에 달한다.

제 3 장

북산경

北山經

◉ ── 북산경(北山經)

북산경의 첫 번째 산줄기는 단호산(單狐山)으로부터 시작된다. 이 산에는 궤나무가 우거져 있고 꽃과 풀도 무성하다. 봉수(逢水)가 여기서 발원하여 서쪽으로 흘러 유수(泑水)로 들어간다. 그 물 속에는 자줏빛 돌과 무늬 있는 돌이 많다.

북쪽으로 250리 떨어진 곳에 구여산(求如山)이 있다. 이 산 속에는 구리가 많고 산 아래에는 아름다운 옥이 많다. 산꼭대기는 민둥민둥해서 나무와 풀이 자라지 않는다. 활수(滑水)가 이곳에서 발원하여 서쪽으로 흘러 제비수로 들어간다. 그 물 속에는 활어(滑魚)가 많다. 활어의 생김새는 두렁허리 같지만 등줄기가 붉다. 이놈은 사람들이 재잘대는 소리를 내는데, 사람이 이놈을 먹으면 사마귀가 없어진다. 활수가 지나는 곳에는 수마(水馬)가 많은데, 생김새는 말 비슷하지만 앞다리에 무늬가

제준(帝俊) 부락도
관걸(關杰)·오학소(吳擴少), 현대

이 그림은 《산해경》에 나오는 제준 및 그 후예의 일화를 소재로 한 것이다. 제준은 은나라 민족의 상제(上帝)로, 그의 후예로는 중용(中容), 안룡(晏龍), 사유(司幽), 사사(思土), 부처(不妻), 사녀(思女), 부부(不夫), 백민(白民, 성씨가 銷), 제홍(帝鴻), 흑치(黑齒, 성씨가 姜), 계리(季釐), 후직(后稷), 우호(禺號), 음량(淫梁), 번우(番禺), 해중(奚仲), 길선(吉先), 삼신(三身), 의균(義均), 교수(巧倕) 등이 있다.

북산경
명각본삽도

이 그림에는 북차1, 2, 3경의 남에서 북으로 뻗은 세 산맥이 나온다. 그 위치는 산서성과 하북성(河北省) 전체, 하남성 북부, 요녕성(遼寧省) 서부, 내몽고의 중동부 및 몽고 고원의 일부에 해당된다. 그림에 기록된 자연지리와 인문지리는 맥락이 잘 통하고 중국 북방의 산서성, 하북성 및 몽고 초원 및 인근 지역의 상황과 기본적으로 잘 들어맞는다. 특히 《오장산경》 중 《북산경》에 많은 내용이 전해진다.

있고 소꼬리가 달려 있다. 이 짐승이 내는 소리는 사람이 고함지르는 소리와 비슷하다.

다시 북쪽으로 300리를 가면 대산(帶山)에 닿는다. 산 위에는 아름다운 옥이 많고 산 아래에는 벽옥(碧玉)이 많다. 이 산에는 환소(䧿疏)라는 말을 닮은 짐승이 사는데, 표면이 말라 거칠거칠한 뿔이 하나 있다. 사람이 이놈을 잡아서 화재를 막는 데 쓸 수 있다. 산 속에는 자웅동체의 기여라는 새가 산다. 생김새는 까마귀 비슷하나 오색 깃털에 붉은 무늬가 있다. 사람이 그 고기를 먹으면 악성종기가 낫는다. 팽수(彭水)가 이

탁록(涿鹿) 전투의 치우

황제는 곰, 말곰, 비(貔), 휴(貅), 승냥이, 호랑이의 여섯 부락을 연합하여 결전의 순간에 이들이 돕도록 했다. 치우의 군대는 비록 용맹했으나 황제의 연합군을 막아내지 못하고 패했다. 우레 소리가 둥둥거리는 승전고를 울리며 황제는 압승을 거두었고 탁록의 들에서 치우를 죽였다.

북차1경
명각본삼도

북차1경 전반부의 여러 산들은 지금의 여량 산맥에 해당된다. 이곳 사람들은 사람 머리에 뱀 몸인 신을 모셨다. 하 왕조 이전 많은 부락에 뱀 토템이 있었으니, 복희와 여와도 사람 머리에 뱀의 몸이다. 주목할 점은 '모두 불에 굽지 않은 생식을 했다는 것'으로 한식(寒食)보다 앞선 이야기들이 아주 많다. 이 구역의 변춘산(邊春山)에 짐승이 한 마리 있는데, 원숭이를 닮았으나 몸에는 무늬가 있고 사람을 보면 땅에 누워 하하하 웃는다. 만약 사람이 분장을 했던 것이 아니라면 잘 길들여진 원숭이였을 가능성도 있다. 혹은 사람이 원숭 복장을 하고 웃기는 동작을 했을 수도 있다. 인간은 소, 말, 양, 닭, 개, 돼지의 여섯 가축을 기른 동시에 다른 동물들을 길들이는 시도도 했으니, 앵무새가 말을 하게 하고 원숭이를 부리며 사자가 공을 차게 한 것이 그렇다.

시(豺)

'홍랑(紅狼)'이나 '시구(豺狗)'라고도 하며 승냥이를 말한다. 포유류로 식육목(食肉目)이며 개과에 속한다. 몸집은 이리보다 작고 빛깔은 보통 갈홍색이며 꼬리 끝은 까맣다. 복부와 목덜미가 하얗고 더러는 홍색도 섞여 있다. 성질이 흉폭하고 무리 짓기를 좋아한다. 몸집이 중간 크기나 작은 짐승을 습격하는데 가끔은 물소까지도 다치게 한다.

곳에서 발원하여 서쪽으로 흘러 비호(芘湖)로 들어간다. 그 물 속에는 숙어(儵魚)가 많다. 이 물고기는 생김새가 아주 독특한데, 닭처럼 생겼으나 붉은 털이 있고, 꼬리가 셋, 다리가 여섯에 머리 4개가 달려 있다. 이놈은 까치 소리 같은 소리를 내며, 사람이 이놈을 먹으면 즐거워지면서 슬픔을 잊게 된다.

다시 북쪽으로 400리를 가면 닿는 곳이 초명산(譙明山)이다. 초수(譙水)가 여기서 발원하여 서쪽으로 흘러 황하로 들어간다. 그 물 속에는 하라어(何羅魚)가 많다. 이놈은 머리 하나에 10개의 몸이 붙어 있고 개 짖는 소리를 낸다. 사람이 이 고기를 먹으면 종기를 치료할 수 있다. 이 산에는 맹괴(孟槐)라고 하는 짐승이 사는데, 생김새가 호저와 비슷하나 붉은 털이 나 있다. 이놈은 물을 길어 올릴 때 쓰는 도르래 도는 소리를 낸다. 이 녀석을 데리고 다니면 의외의 위험을 피할 수 있다. 이 산에는 식물이 자라지 않지만 갖가지 색깔과 광택이 아름다운 계관석이 많다.

다시 북쪽으로 350리를 가면 탁광산(涿光山)이 있다. 효수(囂水)가 이 산에서 발원하여 서쪽으로 흘러 황하로 들어간다. 그 물 속에는 습습어(鰼鰼魚)가 많다. 습습어는 까치처럼 생겼으나 날개가 10개 달렸고, 비늘이 날개 깃털 끝 부분에 있다. 또한 이놈이 내는 소리는 까치가 우는 소리 같다. 습습어는 불날 것을 미리 알기 때문에 데리고 다니면 화재를 예방할 수 있으며, 그 고기를 먹으면 황달이 낫는다. 산 위에는 소나무와 잣나무가 울창하고, 산 밑에는 종려나무와 참죽나무가 많다. 이 산에 사는 짐승으로는 영양이 가장 많고 새로는 올빼미가 제일 많다.

다시 북쪽으로 380리를 가면 괵산(虢山)이 나온다. 산 위에는 옻나무가 무성하고 산 밑에는 오동나무가 많으며, 특히 가지의 여기저기가 볼록 튀어나와 있어서 지팡이를 만들기 좋은 궤나무가 많다. 양지바른 남쪽 기슭에는 각양각색의 옥이 많고, 응달진 북쪽 기슭에는 철이 많이 묻혀 있다. 이수(伊水)가 여기서 발원하여 서쪽으로 흘러 황하로 들어간다. 이 산에 사는 짐승으로는 낙타가 가장 많고 새로는 박쥐 종류의 우조(寓鳥)가 제일 많다. 이 새는 쥐같이 생겼으면서도 새처럼 날개가 달렸으며, 양이 우는 소리와 비슷한 소리를 낸다. 이 새는 전쟁을 미리 알려주어 전쟁으로 인한 재앙을 피하게 해준다.

다시 북쪽으로 400리를 가면 괵산 끝자락에 닿는다. 산 속에는 옥이 많지만 돌은 없다. 어수(魚水)가 이곳에서 발원하여 서쪽으로 흘러 황하로 들어간다. 그 물 속에는 5가지 무늬가 어우러진 조개가 많다.

다시 북쪽으로 200리를 가면 단훈산(丹熏山)에 닿는다. 산 위에는 가죽나무와 잣나무가 많고, 풀로는 부추가 가장 많으며, 붉은 도료가 생산된다. 훈수(熏水)가 이 산 한가운데서 나와 서쪽으로 흘러 당수(棠水)로 들어간다. 산 속에는 이서(耳鼠)라는 짐승이 사는데, 모양은 쥐와 비슷하나 토끼 머리에 고라니 귀가 달려 있으며 개 짖는 소리와 비슷한 소리를 낸다. 그리고 앞뒤 다리 사이가 넓고 털이 무성한 엷은 막이 있어서, 이것을 움직여 날아오를 수 있다. 사람이 그 고기를 먹으면 배가 부풀어 오르는 병으로 고생하지 않게 되고, 모든 독기를 막을 수 있다. 이서는 대비서(大飛鼠)라고도 불린다.

다시 북쪽으로 280리를 가면 닿는 곳이 석자산(石者山)이다. 산 위에는 나무나 풀이 전혀 없고 요벽이라는 옥이 많다. 자수(泚水)가 이 산에서 발원하여 서쪽으로 흘러 황하로 들어간다. 이 산에는 맹극(孟極)이라는 짐승이 사는데, 표범과 비슷하게 생겼지만 이마에 돋아 있는 털에 무늬가 있으며 몸은 백색 털로 뒤덮여 있다. 이 녀석은 숨는 재주가 있으며, 마치 자기 이름을 부르는 것 같은 소리를 낸다.

부츠를 신은 나체 여인
토기, 소조

구석기 말기에 인류는 원시 집단생활과 혈연가족 단계를 지나 이미 모계씨족 공동체 단계로 들어왔다. 씨족은 원시사회 제도의 기초였다. 약 6,000~8,000년 전에 중국 대부분 지역은 이미 모계씨족사회에 속했다. 지금 발굴된 유적을 보면 중국 모계씨족사회의 특징은 황하 중류의 앙소문화에서 비교적 잘 드러난다. 씨족사회 사람들은 여성을 더없이 존중했다.

이 여인 조각상은 옛 사람들이 여성의 시조신에게 제사지낼 때 사용하던 우상으로 추정된다.

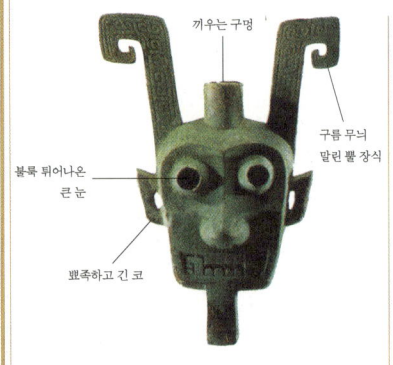

무사(巫師)의 권장(權杖)

상(商) 왕조는 무(巫)와 귀(鬼)가 성행하던 시대였다. 여러 조형과 도안을 보아도 무와 귀의 흔적이 많은데 신비롭기도 하고 무섭기도 하다. 이것은 제사용 법기로 무사의 권력을 상징하는 물건이었다. 제사 때 무사가 얼굴에 이것을 대면 그는 바로 신이 된다. 사람과 신이 서로 통함을 보여주는 이것은 무사의 신권을 상징하는 권장이다.

원시인의 집

전설에 소(巢)씨가 있었으니 나무에서 서식해 살던 조상들이다. 이는 원시시대의 집이 새둥지와 밀접한 관련이 있음을 보여준다.

이 집은 당시 사람이 살던 집의 모형으로, 새 둥지를 보고 만든 것이 분명하다. 지붕에 창이 하나 있고 띠 풀로 지붕을 덮었다. 아래의 둥근 구멍은 출입통로로 아주 작게 뚫려 있으니, 이것은 새둥지와 아주 비슷한 가옥의 초기 형태다.

다시 북쪽으로 110리를 가면 변춘산(邊春山)에 닿는다. 산 위에는 파, 아욱, 부추, 복숭아나무, 자두나무 등이 많다. 강수(杠水)가 여기서 발원하여 서쪽으로 흘러 유택(泑澤)으로 들어간다. 산 속에는 원숭이를 닮은 유안(幽鴳)이라는 짐승이 산다. 이놈은 몸에 무늬가 있고 잘 웃으며 사람을 보면 자는 척한다. 그리고 자기 이름을 부르는 듯한 소리를 낸다.

다시 북쪽으로 200리 떨어진 곳에 만연산(蔓聯山)이 있다. 이 산은 민둥산으로 나무와 풀이 자라지 않는다. 산 속에는 족자(足訾)라고 하는 짐승이 있다. 이놈은 원숭이를 닮았지만 갈기와 소꼬리를 달고 있으며 팔에 무늬가 있고 말발굽 비슷한 발을 가졌다. 사람을 보면 소리를 지르는데, 그 소리가 마치 자기 이름을 부르는 듯하다. 이 산 속에는 교(鵁)라는 새도 산다. 이놈들은 무리를 지어 살기를 좋아하며 날아오를 때도 떼를 지어 날아오른다. 몸에 난 털은 암꿩의 털과 비슷하며, 자기 이름을 부르는 듯한 소리를 낸다. 사람이 이 녀석의 고기를 먹으면 중풍을 피할 수 있다. 훗날 《시경(詩經)》에서는 교를 계치(鷄雉)라고 불렀는데, 이놈의 머리는 가늘고 몸은 길며 목에는 하얀 털이 나 있고, 물 속에 들어가 고기를 잡을 수 있다고 한다.

다시 북쪽으로 180리를 가면 단장산(單張山)에 닿는다. 민둥산인 이곳에서는 나무와 풀이 자라지 않는다. 산 속에는 제건(諸犍)이라는 짐승이 산다. 이 녀석의 생김새는 표범과 비슷하고, 꼬리가 무척 길며, 사람 머리에 소의 귀가 달렸으며, 눈은 하나뿐이다. 이놈은 자주 큰 소리를 지르며, 걸어 다닐 때는 입에 꼬리를 물고 다니다가 멈추면 꼬리를 둘둘 만다. 산 속에는 백야(白鵺)라는 새가 산다. 모양은 야생 닭과 비슷하나, 머리털에 무늬가 있고 날개털은 흰색이며 다리는 황색이다. 사람이 이 녀석의 고기를 먹으면 목의 통증이 사라지고 미친 증세가 치유된다. 역수(櫟水)가 이곳에서 발원하여 남쪽으로 흘러 강수로 들어간다.

다시 북쪽으로 320리를 가면 관제산(灌題山)이 나온다. 산 위에는 가죽나무와 산뽕나무가 많이 자란다. 산 밑에는 유사가 많이 쌓여 있고 숫돌도 많이 난다. 산 속에는 나보(那父)라고 하는 짐승이 산다. 생김새는 소를 닮았으나 꼬리가 하얗고 사람이 소리치는 듯한 소리를 낸다. 산 속에는 또 송사(竦斯)라는 새가 사는데, 암탉을 닮았으나 사람얼굴을 하고 있고, 사람을 보면 뛰어 오른다. 이 새는 자기 이름을 부르는 듯한 소리를 내며 운다. 장한수(匠韓水)가 여기서 발원하여 서쪽으로 흘러 유택으로 들어간다. 유택에는 자석이 많아 사람들은 이 돌에서 자철(磁鐵)을 뽑아낼 수 있다.

다시 북쪽으로 200리를 가면 닿는 곳이 반후산(潘侯山)이다. 산 위에는 소나무와 잣나무가 무성하고, 산 밑에는 개암나무와 호나무가 빽빽하다. 양지바른 남쪽 기슭에는 옥이 많고, 응달진 북쪽 기슭에는 철이 많이 묻혀 있다. 산 속에는 모우(犛牛)라는 짐승이 사는데, 모습은 소와 같으나 등과 무릎과 배와 꼬리에 긴 털이 나 있다. 변수(邊水)가 이 산에서 발원하여 남쪽으로 흘러 역택(櫟澤)으로 들어간다.

다시 북쪽으로 230리를 가면 소함산(小咸山)이 있다. 민둥산인 이곳에서는 초목이 전혀 자라지 않고, 겨울이나 여름 할 것 없이 항상 흰 눈에 덮여 있다.

또 북쪽으로 280리를 가면 닿는 곳이 대함산(大咸山)이다. 이 산도 민둥산으로 나무와 풀이 전혀 자라지 않고, 산 밑에는 갖가지 색깔의 옥이 많다. 산꼭대기는 정방형으로 네모져 있기 때문에 올라갈 수 없다. 산 속에는 장사(長蛇)라는 뱀이 산다. 이 녀석의 몸에는 마치 돼지털 같은 털이 나 있다. 장사가 내는 소리를 들어보면 밤에 순찰 도는 순라가 시간

하백(河伯)

하백은 황하의 수신으로 빙이(冰夷)라고도 하고 풍이(馮夷)라고도 한다. 《구가(九歌)·하백》에 따르면, 하백은 풍류를 즐기는 바람둥이다. '물고기 비늘로 만든 집과 용 저택, 자줏빛 조개 궁궐과 붉은 궁전에 사시는 영령께서 어찌 물 속에서만 지내시겠나.' 방탕한 생활을 즐겼던 하백은 물론 사람들의 존경을 받지 못했다. 그는 민간 전설에서 해마다 신부를 맞아들이면서 영원한 환락을 누리고 있다.

북차1경 · 괴이한 동물
명각본삽도

상고시대에 모우(犛牛)는 지금보다 넓은 지역에 살았지만 지금은 청해, 티베트 지역에서만 산다. 이 구역에는 소리를 낼 줄 아는 뱀이 있어 제단의 수호신이 되었다. 더욱 괴이한 것은 제건(諸犍)이란 동물인데, 사람 머리에 눈이 하나뿐이고 특이하게 춤추며 꼬리가 무척 길어서 꼬리를 입에 물고 걸어 다닌다. 옛날 사람들은 제건 흉내 내기를 좋아해서 그를 따라 춤도 추고 소리도 지르며 혼자 기분을 내거나 씨족 사람들을 즐겁게 하기도 했다. 또 사냥하기 전이나 출정하기 전 혹은 무술 의식 전에 이 동작으로 몸을 풀기도 했다.

산정동인(山頂洞人)의 귀고리

구석기시대 말기, 문화는 전에 없이 번영했고 석기 가공 기술이 아주 발달했다. 특히 갈아서 반짝이게 하고 구멍을 뚫는 등 신기술이 나타나 세석기 생산이 촉진되었다.

이것은 인공적으로 편평하게 갈아서 구멍을 뚫은 산정동인의 장식품인 귀고리다.

북차2경
명각본삽도

이 그림은 북차2경의 전반부에 등장하는 여러 산(중차1경의 여러 산을 포함)을 그렸는데, 현재 방중산(方中山) 산맥과 태악산(太岳山) 산맥까지 들어간다. 이 구역의 중심은 분수(汾水) 유역이다. 분수의 발원지는 관잠산(管涔山)으로, 여량산 산맥의 북쪽 끝자락에 위치한다. 주 봉우리인 와양장(臥羊場)은 해발 2,603m로, 이 산은 상간하(桑干河)와 분하(汾河)의 분수령이다. 《오장산경》의 기록에 의하면 이 구역은 금속 광물의 산지로, 어떤 산에는 구리가 많고 어떤 산에는 철이 많으며 어떤 산에는 백금이 많고 어떤 산에는 적금이 많다고 한다. 여기서 말하는 '금'이란 금속원소나 금속광석을 두루 칭하는 표현이다. 그 가운데 적금이 품질 좋은 자연금이고, 백금은 아마도 납, 주석, 아연 등의 광석으로 추정되며, 나중에 청동기를 만들 때 유용하게 쓰인다.

을 알려주며 두드리는 딱따기 소리와 비슷하다. 이 뱀은 후에 동정호(洞庭湖)에서 후예(后羿)에게 살해되었는데, 그 묘가 파릉(巴陵)의 파구(巴丘) 일대에 있다고 한다.

다시 북쪽으로 320리를 가면 돈훙산(敦薨山)이 나온다. 산 위에는 종려나무와 녹나무가 울창하게 우거져 있고, 산 밑에는 패랭이꽃이 만발해 있다. 돈훙수(敦薨水)가 이 산에서 발원하여 서쪽으로 흘러 유택으로 들어간다. 이 산은 곤륜산의 동북쪽 모퉁이에 위치하고 있으며 실제로는 황하의 발원지다. 돈훙수 속에는 붉은 복어인 규(鮭)가 많다. 이 산에 사는 짐승으로는 외뿔 들소와 모우가 가장 많고, 새 중에는 뻐꾸기가 가장 많다.

다시 북쪽으로 200리를 가면 소함산(少咸山)이 있다. 민둥산인 이곳에는 초목이 자라지 않고 청벽(靑碧)이라는 진귀한 옥이 많다. 산 속에는 알유(窫窳)라고 하는 짐승이 사는데, 생김새는 소와 비슷하지만 몸통이 붉으며 사람얼굴과 말의 발을 하고 있다. 이놈은 아기 울음소리와 비슷한 소리를 내며, 사람을 잡아먹는다. 돈수(敦水)가 이 산에서 흘러나와 동쪽으로 흘러 안문수(雁門水)로 들어간다. 그 물 속에는 하돈(河豚)이라는 물고기가 많다. 이 물고기에는 독이 있어서 사람이 잘못 먹으면 죽을 수도 있다.

다시 북쪽으로 200리를 가면 옥법산(獄法山)에 닿는다. 회택수(灌澤水)가 이 산에서 나와 동북쪽으로 흘러 태택(泰澤)으로 들어간다. 그 물 속에는 초어(鱳魚)가 많이 산다. 초어는 잉어 비슷하게 생겼으나 배 밑에 닭다리가 한 쌍 달려 있다. 사람이 이 물고기를 먹으면 사마귀와 같은 종기가 낫는다. 이 산에는 산휘(山㹠)라는 특이한 짐승이 산다. 생김새는 개와 비슷하나 사람얼굴을 하고 있으며, 무엇이든 집어던지기를 좋아하고, 사람을 보면 크게 웃어재낀다. 이 녀석은 무척 빨리 걸어 다니며, 걸어갈 때마다 큰 바람을 일으킨다. 이놈이 나타나면 세상에 큰 바람이 분다. 산휘는 또한 거보라고도 불리는데, 효양(梟陽)류의 동물로 입이 매우 크고 사람고기를 즐겨 먹는다.

붉은 철광(鐵礦)

원시인은 붉은 철광을 염색 원료로 사용했다. 이것은 피를 상징해서, 원시 종교 의식 중에 죽은 사람 주변에 뿌려놓고 그가 부활하기를 바랐다.

다시 북쪽으로 200리 가면 북악산(北嶽山)이 있다. 산 위에는 탱자나무와 가시나무, 강목(橿木)이 많다. 산 속에는 제회(諸懷)라고 하는 짐승이 산다. 생김새가 소를 닮았으나 뿔이 넷이고 사람 눈을 가졌으며 돼지 귀가 달려 있다. 이놈은 기러기 우는 소리 비슷한 소리를 내며, 사람을 잡아먹는다. 제회수(諸懷水)가 산 속에서 나와 서쪽으로 흘러서는 효수로 들어간다. 그 물속에는 지어(鮨魚)가 많다. 지어는 물고기 몸에 개대가리가 달려 있는 모습을 하고 있으며, 아기 울음소리 비슷한 소리를 낸다. 이 물고기를 먹으면 정신병이 낫는다.

다시 북으로 180리를 가면 닿는 곳이 혼석산(渾夕山)이다. 이 산에는 나무와 풀이 자라지 않고, 산 위에는 황동과 아름다운 옥이 많다. 효수가 산 속에서 나와 서북쪽으로 흘러 바다로 들어간다. 산 속에는 비유라고 하는 뱀이 있다. 이놈은 머리가 하나에 몸이 둘이며, 몸이 각각 8척이나 된다. 비유가 사람 사는 곳에 나타나면 가뭄이 든다.

다시 북쪽으로 50리를 가면 북단산(北單山)이 있다. 꼭대기는 민둥산이어서 나무나 꽃이 자라지 않고 파와 부추만 많다.

다시 북쪽으로 100리를 가면 비차산(羆差山)이 나온다. 민둥산인 이곳에서는 식물이 자라지 않고 야생말이 많다.

다시 북쪽으로 180리 떨어진 곳에 북선산(北鮮山)이 있다. 이 산에도 야생말이 많다. 선수(鮮水)가 이 산에서 발원하여 서북쪽으로 흘러 도오수(涂吾水)로 들어간다.

다시 북으로 170리를 가면 제산(隄山)에 닿는다. 이 산에도 야생말이 많다. 산 속에는 요(獂)라는 특이한 짐승이 사는데, 생김새는 표범을 닮았으나 머리에 무늬가 있다. 제수(隄水)가 이 산에서 발원하여 동쪽으로 흘러 태택(泰澤)으로 들어가는데, 그 물 속에는 용구(龍龜)가 많다.

북산경은 단호산부터 시작하여 제산까지 모두 24개의 산이 5,490리에 걸쳐 구불구불 이어진다. 이 산의 신들은 모두 사람얼굴에 뱀의 몸을 하고 있다. 사당에서 제사를 지낼 때는 털이 고운 수탉과 돼지를 땅 속에 묻고, 젯메쌀을 쓰지 않으며, 좋은 옥으로 만든 옥기만 사용한다. 이 산 북쪽에 사는 사람들은 생식을 하며 불을 사용하지 않는다.

● —— 북차2경(北次二經)

북쪽지방 두 번째 산줄기의 첫머리에 있는 산은 황하의 동쪽에 있다. 그 산의 머리 부분은 분수(汾水)에 접해 있는데, 이 산을 관잠산(管涔山)이라고 한다. 산 위에는 나무가 없이 풀만 무성하며 산 아래에는 아름다운 옥이 많다. 분수가 이 산에서 발원하여 서쪽으로 흘러 황하로 들어간다.

다시 서쪽으로 250리를 가면 닿는 곳이 소양산(少陽山)이다. 산 위에는 아름다운 옥이 많고 산 아래에는 붉은 은이 많다. 지금도 이곳에서는 은 중에서도 가장 질이 우수한 붉은 은이 생산되고 있다. 산수(酸水)가 이곳에서 발원하여 동쪽으로 흘러 분수로 들어간다. 그 물 속에는 질 좋은 자석(赭石)이 많다.

다시 북쪽으로 50리를 가면 현옹산(縣雍山)이 나온다. 산 위에는 아름다운 옥이 많고 산 밑에는 붉은 구리가 많다. 이 산에 사는 짐승으로는 산당나귀와 고라니가 제일 많고, 새로는 흰 꿩과 백유(白鷢)가 많다. 진수(晋水)가 이 산에서 발원하여 동남쪽으로 흘러 분수로 들어간다. 그 물 속에는 제어(鮆魚)가 많은데 그 모습이 피라미와 비슷하나 비늘이 붉다. 이 물고기는 사람이 꾸짖는 것과 비슷한 소리를 내는데, 사람이 이놈을 먹으면 몸에서 암내가 나지 않는다.

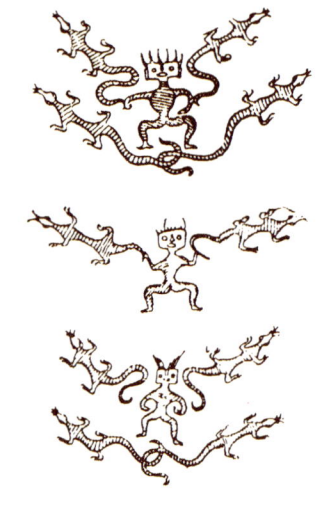

무사(巫師)의 형상

무사는 상고시대에 상당히 높은 지위를 장악했다. 왜냐하면 무사는 신을 부를 수 있었고 사람과 신을 소통시키는 능력을 지녔기 때문이다. 고대 문양에도 무사의 이미지는 빈번하게 나온다. 강소(江蘇) 회안(淮安)의 고장(高庄)에서 전국 시기의 진귀한 청동 예기(禮器)들이 출토되었는데, 당시 유행하던 무술 형식인 끊고 쏘기를 하는 무사가 조각되어 있다. 또 그 손에 든 도끼는 신과 교통하는 법기(法器)이며, 뱀, 짐승, 악어도 무술 도구로 사용되었다.

다시 북으로 200리를 가면 호기산(狐岐山)이 있다. 이곳은 민둥산으로 나무나 풀이 자라지 않고, 유명한 청옥과 벽옥이 묻혀 있다. 승수(勝水)가 여기서 발원하여 동북쪽으로 흘러 분수로 들어간다. 그 물 속에는 푸른 옥, 즉 창옥(蒼玉)이 많다.

다시 북쪽으로 350리를 가면 백사산(白沙山)이 나온다. 이 산은 사방 300리에 걸쳐 솟아 있으며, 모래가 많아 식물이 자라지 않고 날짐승과 들짐승도 살지 않는다. 산꼭대기에서는 유수(鮪水)가 발원하여 땅 속으로 숨어 흐르다가, 산 밑에 이르면 여러 물줄기가 합쳐져 큰 연못을 이룬다. 그 연못 속에는 하얀 옥이 많이 있다.

다시 북쪽으로 400리를 가면 이시산(爾是山)이 있다. 민둥산인 이곳에서는 식물이 자라지 않으며, 산 속은 물이 없이 말라 있다.

다시 북쪽으로 380리를 가면 광산(狂山)에 닿는다. 이 산도 민둥산으로 초목이 자라지 않으며, 겨울이나 여름이나 눈이 내린다. 광수(狂水)가 여기서 발원하여 서쪽으로 흘러 부수(浮水)로 들어가는데, 그 물 속에는 진귀한 옥이 많다.

다시 북쪽으로 380리 떨어진 곳에 제여산(諸餘山)이 있다. 산 위에는 구리와 옥이 많고 산 밑에는 소나무와 잣나무가 빽빽하다. 제여수(諸餘水)가 이 산에서 발원하여 동쪽으로 흘러 모수(㫋水)로 들어간다.

다시 북쪽으로 350리를 가면 돈두산(敦頭山)이 있다. 산 위에는 황금과 옥이 많지만 민둥산이라 나무와 풀은 자라지 않는다. 모수가 이 산에서 발원하여 동남쪽으로 흘러 공택(邛澤)으로 들어간다. 그 물 속에는 발마(駂馬)가 많다. 이놈은 몸이 하얗고 소꼬리와 뿔이 나 있으며, 사람이 지르는 것 같은 소리를 낸다.

다시 북쪽으로 350리를 가면 구오산(鉤吾山)에 닿는다. 산 위에는 아름다운 옥이 많고 산 아래에는 구리가 많이 묻혀 있다. 산 속에는 포효(狍鴞)라는 짐승이 산다. 몸은 양과 비슷하나 사람얼굴을 하고 있고, 눈이 얼굴에 있지 않고 겨드랑이 밑에 있다. 이빨은 호랑이 이빨과 비슷하나 발톱은 사람 손톱처럼 생겼다. 이놈은 애기 울음소리 같은 소리를 내며, 사람을 잡아먹는다. 포효를 도철(饕餮)이라고 부르기도 하는데, 워낙 욕심이 많아 사람을 잡아먹을 때 다 못 먹어도 아주 갈기갈기 찢어놓는

균(麕)

균은 노루다. '물노루 하궤(河麂)'나 '어금니노루 아장(牙獐)'이라고도 한다. 포유류로 우제(偶蹄)목이고 사슴과다. 몸은 거의 1m에 달한다. 암수 모두 뿔이 없고 수컷의 송곳니는 매우 발달했으며 매번 3~6마리의 새끼를 낳는다. 일본의 전문가 이노 자쿠스이(稻若水)는 일본에는 노루가 없었는데 조선에서 들어왔다고 했다.

북차2경
명각본삽도

이 구역에 거주하는 사람들은 뱀 몸에 사람얼굴을 한 신을 섬겼다. 제사 때마다 수탉과 돼지를 땅에 묻고 둥근 옥과 홀(珪)을 하나씩 숲에 던지는데 쌀은 쓰지 않았다. 북차2경의 여러 산들을 둘러봐도 분수 하류의 산천지세에 대한 기록은 빠져 있다. 《오장산경》에는 겨울이나 여름이나 항상 눈발이 날리는 산이 많이 나온다. 이런 산들은 서차4경, 북차1, 2, 3경에 기록된 북방과 서북지구에도 분포되어 있다. 당시 북방에만 이런 설산이 있었던 것이 아니라 인구가 모여 있는 지역에는 그런 설산이 있었던 것이다. 또 《서산경》과 《북산경》의 기록대로 말이 많이 자라는 산도 서북과 북방 지역에 분포되었으니 자연지리와 생태환경이 서로 들어맞는다.

다. 그는 진운씨(縉云氏)의 불초한 자식이었는데, 종일토록 먹고 마시는 것만 탐하다가 미움을 받았다. 그리하여 백성들이 그를 천하 삼흉(三凶)의 하나인 도철에 견주어 부른 것이다.

다시 북으로 300리를 가면 북효산(北嚻山)이다. 산 위에는 돌이 없지만 양지바른 남쪽 기슭에는 무늬가 있는 돌이 많으며, 응달진 북쪽 기슭에는 수정같이 생긴 옥이 많다. 산 속에는 독곡(獨狢)이라는 짐승이 살고 있다. 생김새는 호랑이를 닮았으나 몸에 흰 털이 나 있다. 또 머리는 개 같으며 긴 꼬리는 말 같고 돼지털이 나 있다. 이곳에는 반모(䳢鵰)라고 하는 새가 있다. 까마귀처럼 생겼으나 사람얼굴을 하고 있다. 이 새는 저녁에는 둥지에서 나오고 대낮에는 둥지에 숨어 나오지 않는다. 사람이 이 녀석의 고기를 먹게 되면 더위 먹은 것이 낫는다. 잠수(涔水)가 이 산에서 발원하여 동쪽으로 흘러 공택으로 들어간다.

다시 북쪽으로 350리를 가면 양거산(梁渠山)이 나온다. 민둥산인 이곳에서는 나무와 풀이 자라지 않는다. 산 위에는 황금과 아름다운 옥이 많다. 수수(脩水)가 여기서 발원하여 동쪽으로 흐르다가 안문수로 들어간다. 산 속에는 거기(居暨)라는 짐승이 산다. 그 모양이 고슴도치와 비슷하면서도 붉은 털이 나 있고, 새끼 돼지 소리와 비슷한 소리를 내며 운다. 또 그곳에는 효(嚻)라고 불리는 새가 산다. 생김새는 원숭이 모양의

거보를 닮았으나, 날개가 4개나 있고 눈은 하나이며 개꼬리가 달려 있다. 이 새는 까치소리를 내는데, 이 녀석의 고기를 먹으면 복통이 낫고 설사도 멎는다.

다시 북쪽으로 400리를 가면 고관산(姑灌山)에 닿는다. 이 산은 민둥산으로 초목이 자라지 않는다. 이 산에는 겨울이나 여름이나 항상 눈이 쌓여 있다.

다시 북쪽으로 380리를 가면 닿는 곳이 호관산(湖灌山)이다. 양지바른 남쪽 기슭에는 옥이 많고 응달진 북쪽 기슭에도 벽옥이 많다. 산 위에는 야생말이 많이 산다. 호관수(湖灌水)가 여기서 발원하여 동쪽으로 흘러 바다로 들어간다. 그 물 속에는 두렁허리가 많이 산다. 산 속에 특이한 나무가 한 가지 있는데, 잎은 버드나무 잎과 비슷하나 붉은 무늬가 있다.

다시 북쪽으로 물길을 따라 500리를 가다가 300리의 유사를 건너면 원산(洹山)이 나온다. 산 위에는 황금과 아름다운 옥이 많고 삼상수(三桑樹)가 자란다. 이 나무는 가지는 없고 줄기만 80장이나 되도록 높다. 예전에 화민(化民)이라는 사람이 뽕잎만 먹고 27년을 살았더니 몸에서 실이 줄줄 나왔고, 9년을 더 먹었더니 날개가 생겼으며, 그렇게 10년을 더 살다가 죽었다고 한다. 이 산에는 여러 가지 과실수가 자란다. 산 아

북차3경
명각본삽도

이 그림에 나오는 여러 산들은 현재 태행산(太行山) 산맥의 중남단, 중조산(中條山)과 왕옥산(王屋山)에 해당된다. 태행산 산맥은 북차3경에 나오는 산맥을 총칭한다. 태행산 산맥의 동북에서 서남으로 가면 남쪽 끝이 중조산으로, 현재 산서성 풍릉도(風陵渡)의 북쪽에 해당된다. 풍릉은 풍후릉(風后陵)으로 황제의 대신 풍후가 치우와의 전쟁에서 져서 이곳에 묻혔다. 풍후의 무덤은 높이가 2m이고 둘레는 30m에 달한다. 이곳에는 3개의 큰 부족군이 있다. 첫째 군(북차3경의 남부) 사람들은 말 몸에 사람얼굴을 한 신을 모셨고, 제사 때 말옥을 땅에 묻었다. 둘째 군(북차3경의 중부)은 돼지 몸에 옥을 찬 신을 모셨고, 제사 때 여러 옥기(玉器)를 바쳤으며 제사가 끝나고 옥기를 땅에 묻지는 않았다. 셋째 군(북차3경의 북부)은 돼지 몸에 발이 8개고 뱀 꼬리가 달린 신을 모셨으며, 제사 때 옥벽을 땅에 묻었다. 이 지역 사람들 모두 한식 습속이 있었고 제사 때 쌀을 공물로 바쳤다.

래에는 이상하게 생긴 뱀들이 많이 있다.

다시 북쪽으로 300리를 가면 돈제산(敦題山)에 닿는다. 이 산은 민둥산으로 초목이 자라지 않으며 황금과 옥이 온 산에 널려 있다. 이 산은 북해(北海)의 해안에 솟아 있다.

> 북차2경은 관잠산에서 시작하여 돈제산까지 모두 16개의 산들이 5,690리에 걸쳐 구불구불 이어진다. 이 산의 신선들은 뱀의 몸에 사람얼굴을 하고 있다는 공통점을 지닌다. 그들에게 제사지낼 때는 수탉 한 마리와 돼지 한 마리를 함께 땅에 묻은 후, 벽옥 한 개와 홀(珪)을 산을 향해 던진다. 제사 때 젯메쌀은 쓰지 않는다.

● ── 북차3경(北次三經)

북쪽지방의 세 번째 산줄기에서 제일 먼저 솟아 있는 산은 태행산(太行山)이며, 태행산 첫머리에 있는 산은 귀산(歸山)이다. 이 산 위에는 황금과 아름다운 옥이 많고, 산 아래에는 질 좋은 벽옥이 많이 난다. 산 속에는 혼(驒)이라고 하는 특이한 짐승 하나가 살고 있다. 이놈은 영양과 흡사하게 생겼으나, 머리에 뿔 4개가 달렸고 말꼬리 같은 꼬리를 가졌으며 발은 닭의 발과 비슷하다. 그리고 빙빙 돌면서 춤을 잘 추며, 자기 이름을 부르는 듯한 소리를 내며 운다. 또 이 산 속에는 분(鵒)이라고 하는 새가 산다. 까치처럼 생겼으나 몸에 하얀 깃털이 나 있고 꼬리털이 붉으며 다리가 6개나 달려 있다. 이 새는 매우 영리하며 자신의 이름을 부르는 듯한 소리를 내며 운다.

다시 동북쪽으로 200리를 가면 용후산(龍侯山)이 나온다. 정상은 민둥산으로 초목이 자라지 않으며, 산 위에는 황금과 아름다운 옥이 많다. 결수(決水)가 이 산에서 발원하여 동쪽으로 흘러 황하로 들어간다. 그 물 속에는 인어가 많이 산다. 인어는 큰 도롱뇽이나 와와어(娃娃魚)처럼 생겼고 다리가 넷이며 애기 울음소리와 비슷한 소리를 낸다. 사람들이 이 고기를 먹으면 총명해지고 치매에 걸리지 않는다.

다시 동북쪽으로 200리를 가면 마성산(馬成山)에 닿는다. 산 위에는 온갖 빛깔의 광채를 뿜는 무늬를 지닌 돌이 많고, 응달진 북쪽 기슭에는 황금과 아름다운 옥이 많다. 산 속에는 천마(天馬)라고 하는 짐승이 산다. 하얀 개와 비슷하게 생겼으나 머리가 까맣고, 날개를 달고 있어 사람과 마주치면 날아오른다. 이 짐승이 내는 소리는 자기 이름을 부르는 소리 같다.

또 이 산 속에는 굴거(鶌鶋)라는 새가 산다. 모습은 까마귀를 닮았으나 머리에는 흰 털이 나 있고 몸에는 푸른 털이 나 있으며 다리는 황색이다. 이놈은 자기 이름을 부르는 것 같은 소리를 내는데, 사람이 이 새를 먹으면 배고픔을 느끼지 않고 사마귀가 없어진다.

다시 동북쪽으로 70리를 가면 함산(咸山)이 있다. 산 위에는 수정 같은 옥이 많고, 산 밑에는 구리가 많이 묻혀 있다. 이 산에는 소나무와 잣나무가 무성하게 우거져 있으며, 풀로는 자초(紫草)가 가장 많다. 조간수(條菅水)가 이곳에서 발원하여 서북쪽으로 기운차게 흘러 장택(長澤)으로 들어간다. 그 물 속에는 기산(器酸)이라는 것이 3년에 한 번씩 생기는데, 사람이 이 기산을 먹으면 문둥병이 낫는다.

다시 동북쪽으로 200리 떨어진 곳을 천지산(天池山)이라 부른다. 이 역시 민둥산으로 나무와 풀이 자라지 않지만 갖가지 색깔의 무늬를 지닌 돌이 많다. 산 속에는 토끼와 비슷하게 생겼지만 머리는 쥐와 비슷한 짐승이 살고 있다. 몸에는 털이 길게 자라 있는데, 보통 때는 접어 두었다가 때때로 등에 난 털을 곧추세우면 공중으로 날아오를 수 있기에 그 이름을 비서(飛鼠)라고 한다. 민수(澠水)가 여기서 발원하여 땅 밑으로 숨어 산 밑으로 흘러가는데, 그 물 속에는 노란 흙, 즉 황악(黃堊)이 많다.

여와(女媧)

여와와 복희 남매는 전설 속 인류의 시조로, 후대로 오면서 그들의 이미지는 신격화되었다.

청동 신수(神樹)

신령한 나무인 신수는 여러 나무의 종합적인 힘을 지녔으며, 삼성퇴(三星堆)의 제사 중에 한가운데 놓여 천지의 중심을 상징한다. 그것은 '하늘로 가는 사다리'로 하늘과 땅의 통로로서 사람과 신을 이어준다. 학자들은 청동 신수를 촉(蜀)이 나라를 세우고 토지신에게 제사지낼 때 만들었다고 한다. 한 고고학 전문가는 청동 신수가 바로 전설의 부상나무이며 이 나무에 사는 9마리 새는 바로 태양인 금조(金鳥)라고 고증했다. 왜 9마리 새가 나무에 있었을까? 그것은 그중 한 마리씩 교대로 날마다 하늘로 올라가 태양 역할을 하기 때문이다. 이는 삼성퇴 사람이 태양을 숭배했다는 좋은 증거다. 청동 신수는 높이가 3.48m로 삼성퇴에서 출토된 가장 높은 청동기다. 청동 신수의 발굴이야말로 세계 고고학계를 경악시킨 일대 사건이었다.

붉은 칠을 한 석장(石璋)

석장은 점복에 사용했던 예기다. 위를 붉은 주사(朱砂)로 칠한 것은 선혈을 상징한다. 석장은 마귀를 물리치고 사악한 기운을 쫓는 항마(降魔)와 벽사(辟邪)의 위력을 지닌다.

문신(門神)인 신도(神荼)와 울루(郁壘)

형제지간인 신도와 울루는 고대의 신으로 인간계의 고혼(孤魂)과 야귀(野鬼)를 다스린다. 이들 형제는 동해의 도도산(桃都山) 위에 산다. 복숭아나무 동북 쪽 가지 사이에 있는 귀문(鬼門) 밑에서 위풍당당하게 지키고 있다가 인간계에서 노닐다 돌아오는 형형색색의 크고 작은 귀신들을 검열한다고 한다(귀신은 밤에 나타났다가 닭이 울기 전에 얼른 이곳으로 돌아온다). 중국에서는 음력 정월에 집집마다 대문에 신도와 울루 형제의 신상(神像)을 그려서 붙여놓고 악귀를 쫓는다.

다시 동쪽으로 300리를 가면 양산(陽山)에 닿는다. 산 위에는 수정 같은 옥이 가득 깔려 있고, 산 밑에는 금과 구리가 많이 묻혀 있다. 산 속에는 영호(領胡)라는 짐승이 산다. 생김새는 소 같으나 꼬리가 붉고, 목에는 됫박처럼 생긴 사마귀가 있다. 이놈이 우는 소리는 마치 자기 이름을 부르는 것 같다. 이놈을 먹으면 미친 증세가 낫는다. 이 산에는 또 상사(象蛇)라는 새가 있다. 야생 암탉처럼 생겼고 몸에는 오색 깃털이 나 있으며 암수한몸이다. 이놈은 자기 이름을 부르는 듯한 소리를 내며 운다. 유수(留水)가 이 산에서 발원하여 남쪽으로 흘러 황하로 들어간다. 그 물 속에 함보어(鮎父魚)가 많이 사는데, 이 물고기는 붕어처럼 생겼으나 머리가 길며 몸은 돼지를 닮았다. 사람이 이 고기를 먹으면 구토증세가 가라앉는다.

다시 동쪽으로 350리를 가면 분문산(賁聞山)이 나온다. 산 위에는 창옥이 많고 산 아래에는 황악과 열석(涅石)이 많다. 열석은 흑색 염료로 사용된다.

다시 북쪽으로 100리를 가면 왕옥산(王屋山)이 있다. 이 산에는 돌이 많다. 연수(聯水)가 이 산에서 발원하여 서북쪽으로 흘러 태택(泰澤)으로 들어간다.

다시 동북쪽으로 300리를 가면 교산(教山)이 나온다. 산 위에는 갖

가지 색깔의 수정 같은 옥이 많으나 돌은 별로 없다. 교수(教水)가 여기서 발원하여 서쪽으로 흘러 황하로 들어간다. 교수의 물길은 계절에 따라 변한다. 겨울에는 물이 마르고 여름에는 흘러넘치지만, 평상시에는 건조한 편이다. 교수가 흐르는 지역에 산 2개가 우뚝 솟아 있다. 발환산(發丸山)이라고 하는 이 산의 둘레는 300보 정도 된다. 이곳에는 황금과 옥이 많이 묻혀 있다.

다시 남쪽으로 300리를 가면

북차3경·왕옥산
명각본삽도

여기 왕옥산은 산서성 원곡현(垣曲縣) 성 동쪽, 하남성 제원현(濟源縣) 성 서북에 위치한다. 주 봉우리는 해발 1,711m로 산세가 삼중으로 겹친 모습이 왕의 수레 덮개 같아서 왕옥산이라고 한다. 황제가 이 산에 제단을 쌓고 비를 구한 적이 있으므로 천단산(天壇山)이라고도 한다. 또한 도교 10대 동천(洞天)의 으뜸이 여기 있어서 청허천(淸虛天)이라고도 한다. 왕옥산은 사방에 명성이 자자하니, 우공이 산을 옮기는 우공이산(愚公移山) 이야기가 널리 알려져 지금 이곳에는 우공 나무, 우공 동굴, 우공 우물 등이 생겼다.

경산(景山)이 있다. 산 정상에서 남쪽으로는 염판택(鹽販澤)이, 북쪽으로는 소택(少澤)이 보인다. 산 위에는 풀과 마가 많고 진초(秦椒)가 제일 흔하다. 응달진 북쪽 기슭에는 자석(赭石)이 많고 양지바른 남쪽 기슭에는 여러 빛깔의 옥이 많다. 산 속에는 산여(酸與)라고 하는 새가 산다. 뱀과 비슷하게 생겼으나 날개가 넷이고 눈이 여섯, 다리가 셋이며, 자기 이름을 부르는 것 같은 소리를 내며 운다. 이 새가 나타나면 무서운 일이 발생한다.

다시 동남쪽으로 320리를 가면 맹문산(孟門山)에 닿는다. 산 위에는 질 좋은 옥이 많고, 화려하게 빛나는 황금도 묻혀 있다. 산 밑에는 황악과 열석이 많다.

다시 동남쪽으로 320리를 가면 닿는 곳이 평산(平山)이다. 평수(平水)가 이 산 꼭대기에서 발원하여 폭포처럼 흘러 내려가다가 산 밑에 이르면 땅 속으로 숨어 흐른다. 여기서는 아름다운 옥이 많이 난다.

다시 동쪽으로 200리를 가면 경산(京山)이 나온다. 산 속에는 수정처럼 맑고 예쁜 옥이 많으며, 산 위에는 옻나무와 대나무 숲이 울창하게 우거져 있다. 양지바른 남쪽 기슭에는 붉은 구리가 많고, 응달진 북쪽 기슭에는 까만 숫돌의 일종인 현숙(玄䃤)이 많다. 고수(高水)가 이곳에서 발원하여 남쪽으로 기운차게 흘러가다가 황하로 들어간다.

구멍 뚫린 돌도끼

동남지구의 석기를 갈아서 제작하고 구멍을 뚫는 기술은 이미 상당히 발전하였다. 잘 갈아서 제작된 구멍 뚫린 돌도끼와 돌 자귀가 자주 발견되며 구멍도 하나짜리, 2개짜리, 여러 개짜리 3가지가 있다. 이 돌도끼는 북음양영문화(北陰陽榮文化)의 대표적인 석기로 화강암으로 만들어졌다. 당시 중요한 농업생산 도구로서 주로 개간과 경작 시에 나무를 벌목할 때 사용되었다.

다시 동쪽으로 200리를 가면 훼미산(虺尾山)이 있다. 산 위에는 황금과 아름다운 옥이 많고, 산 밑에는 대숲이 울창하며 질 좋은 청옥과 벽옥이 많이 난다. 단수(丹水)가 이곳에서 발원하여 남쪽으로 흘러 황하로 들어간다. 박수(薄水)도 이 산에서 흘러나와 동남쪽으로 흐르다가 황택(黃澤)으로 들어간다.

다시 동쪽으로 300리를 가면 팽비산(彭毗上)이다. 산꼭대기는 민둥민둥해서 화초나 수목은 전혀 자라지 않지만 황금과 옥은 많다. 산 밑으로는 바다가 펼쳐진다. 조림수(蚤林水)가 이 산에서 발원하는데, 그 물줄기가 산 속에서 기운차게 나와 동남쪽으로 흘러 황하로 들어간다. 비수(肥水)도 여기서 발원하여 구불구불 동남쪽으로 흘러 상수(床水)로 들어가는데, 그 물 속에 비유라는 뱀이 많다.

다시 동쪽으로 180리를 가면 소후산(小侯山)에 닿는다. 명장수(明潭水)가 이 산에서 발원하는데, 그 물줄기가 산 속에서 분출하여 남쪽으로 흘러 황택으로 들어간다. 산 속에는 고습(鴣鸛)이라고 하는 새가 사는데, 까마귀처럼 생겼으나 몸에 흰 털이 나 있다. 사람이 이놈을 먹으면 눈이 침침하지 않다.

다시 동쪽으로 370리를 가면 태두산(泰頭山)이 나온다. 공수(共水)가 여기서 발원하여 남쪽으로 흐르다가 호타(虖沱)로 들어간다. 산 위에

북차3경 · 염제와 여와
명각본삽도

중국인의 오랜 기억 속을 차지하는 염제는 신분이 셋이다. 하나는 남방 여름의 황제인 적제다. 《회남자(淮南子)·시칙훈(時則訓)》에서 '남방의 끝, 북호손(北戶孫)의 밖, 전욱국을 관통해서 남으로 위화염풍(委火炎風)의 들에 이르면 적제(赤帝)와 축융(祝融)의 관아가 1만2,000리에 이른다'고 했다. 둘째는 신농씨로 농작물과 약초의 발명자다. 셋째는 황제와 천하를 놓고 싸운 부락 연맹의 수령이다. 사실 염제족과 황제족의 장기간에 걸친 전쟁과 충돌은 바다가 침습되어 이로 인해 생존지역이 줄어든 환경재해가 그 원인이었다고 한다. 여와는 염제족 적계 부락의 수령이었다. 전설에 따르면 여와 부락은 동해안으로 옮겨갔는데 날씨가 따뜻해져 해수면이 올라가는 바람에 여와 부락은 수몰 위기에 처했으니, '정위새가 바다를 메운다'는 정위전해(精衛塡海) 이야기도 여기서 비롯되었다. 당시 여와 부락의 생존자들은 태행산으로 옮겨와 살았으며 정위새로 분장한 채 무술의식을 치렀다. 상징적으로 나무와 돌을 동해에 던지는 행위를 통해 해수면이 내려가 아름다운 여와 부락의 수복을 기원했다.

는 황금과 아름다운 옥이 많고, 산 밑에는 키 작은 대나무 숲이 빽빽하다.

다시 동북쪽으로 200리 떨어진 곳에 헌원산(軒轅山)이 있다. 산 위에는 구리가 많이 묻혀 있고 산 밑에는 대나무 숲이 무성하다. 산 속에는 특이한 새 한 마리가 날아다니는데, 생김새는 올빼미 같으나 머리에 흰 깃털이 나 있다. 황조(黃鳥)라고 불리는 이 새는 자기 이름을 부르는 듯 운다. 사람이 이놈을 먹으면 남을 질투하지 않는다.

다시 북쪽으로 200리를 가면 알려산(謁戾山)에 닿는다. 산 위에는 소나무와 잣나무가 빽빽하고, 산기슭에는 황금과 아름다운 옥이 셀 수 없이 많다. 심수(沁水)가 이 산에서 발원하여 남쪽으로 흘러 황하로 들어간다. 알려산의 동편에는 수풀이 무성한데, 단림(丹林)이라고 불린다. 단림수(丹林水)가 이 산에서 발원하여 남쪽으로 콸콸 흘러 황하로 들어간다. 영후수(嬰侯水)도 이 산에서 발원하여 북쪽으로 흘러 범수(汜水)로 들어간다. 기원전 202년에 한(漢) 고조(高祖)가 황제로 즉위한 곳이 바로 범수의 남쪽이다.

동쪽으로 300리를 가면 저여산(沮洳山)이 있다. 산꼭대기는 민둥산이어서 초목이 자라지 않지만 황금과 아름다운 옥이 많다. 기수(濝水)가 이 산에서 발원하여 남쪽으로 흘러 황하로 들어간다.

다시 북쪽으로 300리를 가면 신균산(神囷山)에 닿는다. 산 위에는 갖가지 무늬의 돌이 많고, 산 밑에는 하얀 뱀과 날아다니는 곤충이 많다. 황수(黃水)가 이 산에서 발원하여 동쪽으로 흘러 원수(洹水)로 들어간다. 부수(滏水)도 여기서 발원하여 동쪽으로 흐르다가 구수(歐水)로 들어간다.

다시 북쪽으로 200리를 가면 발구산(發鳩山)이다. 산 위에는 산뽕나무 숲이 무성하다. 이 산에는 정위(精衛)라는 새가 산다. 생김새는 까마귀를 닮았으나 머리에 무늬가 있으며 부리가 하얗고 발은 붉다. 이 새는 자기 이름을 부르는 듯한 소리를 내며 운다. 전하는 바에 따르면, 염제의 막내딸 여와가 동해로 놀러갔다가 바다에 빠져 돌아오지 못하고 정위라는 새로 변했다고 한다. 이 새는 항상 서산(西山)의 작은 가지와 자잘한 돌을 물어다가 동해를 메운다. 정위의 아버지 염제가 바로 신농씨이자 강씨(姜氏) 부족의 수장으로, 호를 열산씨(烈山氏)라 했다. 그는 소전(少

청옥(青玉) 봉패(鳳佩)
주(周)나라 이전

기(棄)는 주 이전에 제사를 지내기 시작했다. 당시 기는 주나라 사람이 농경으로 풍작을 거두자 하늘에 제사지내는 의식을 거행하여, 백성에게 풍년의 길운을 하사한 상제에게 감사를 드리도록 했다. 이 청옥 봉패는 정교한 공예품으로 새 깃털 문양이 특히 아름다우며 새의 눈으로 봉황의 신성을 강조한 점이 특별하다. 제사 때 이것을 몸에 지니고 의식을 거행했다.

상원부인(上元夫人)

상원부인은 전설 속의 신선이다. 삼천(三天) 진황(眞皇)의 어머니로 진인(眞人)들의 명부를 관장하는 상원의 관리였다. 성질이 포악하고 음탕하며 사치스럽고 잔인하고 간사한 한(漢) 무제(武帝)에게 그녀가 《영기십이사(靈氣十二事)》를 전수했다고 한다.

황하와 회수(淮水)가 합류하는 지역의 해도(海圖)

손궁안(孫弓安), 청대(淸代)

이 하방도(河防圖)는 반계순(潘季馴, 1521~1595)의 '댐으로 물을 묶어 물로 모래사장을 친다'는 지침을 재현했다. 그에 따라 홍택(洪澤)과 호수(湖水)를 청구(淸口)에 집중시켜 황하와 합류시킨 뒤에 동쪽으로 바다로 들어가게 하는 전략을 썼다. 이 지도는 반계순의《하방일람도(河防一覽圖)》에 따라 제작되었으며 서에서 동으로 물의 흐름을 일자로 펼쳤다. 그림에서 황하는 황색으로 그렸고, 회하(淮河)와 호수, 하수는 모두 녹색을 사용했으며, 제방과 수문 등 수리공사 과정은 검은색을 사용해서 황하와 회수의 수계(水系)를 일목요연하게 표시했다.

典)과 그 아내 교씨(蠕氏) 사이에서 태어나, 처음에는 강수(姜水) 유역에 살다가 나중에 동쪽으로 세력을 확장하여 마침내 중원에 이르렀다. 일찍이 판천(阪泉)의 들에서 황제와 싸웠으나 패했다. 언젠가 하늘에서 곡식비가 내렸는데, 염제가 그 곡식들을 땅에 심으니 오곡이 풍성하고 온갖 열매가 열렸다. 그것을 먹은 사람은 늙어도 죽지 않았다. 그래서 염제를 신령한 농군이라는 뜻으로 신농이라고 한다. 장수(漳水)가 이 발구산에서 발원하여 동쪽으로 흘러 황하로 들어간다.

다시 동북쪽으로 120리를 가면 소산(少山)이 있다. 산 속에는 황금과 아름다운 옥이 많고 산 밑에서는 구리가 난다. 청장수(淸漳水)가 이 산에서 발원하여 동쪽으로 흘러 탁장수(濁漳水)로 들어간다.

다시 동북쪽으로 200리를 가면 석산(錫山)에 닿는다. 산 위에는 질 좋은 옥이 많고, 산 밑에서는 질 좋은 숫돌이 난다. 우수수(牛首水)가 여기서 발원하여 동쪽으로 흘러 부수로 들어간다.

다시 북쪽으로 200리를 가면 경산(景山)이 있다. 산 속에는 질 좋은 옥이 많다. 이곳에서 경수(景水)가 분출하듯 솟아나와 동남쪽으로 기운차게 흘러가다 마침내 해택(海澤)으로 들어간다.

다시 북쪽으로 100리를 가면 제수산(題首山)에 닿는다. 산 속에는 수정같이 아름다운 옥이 많고 갖가지 빛깔의 돌들도 많다. 그러나 산 위는 건조하여 물이 없다.

다시 북쪽으로 100리를 가면 닿는 곳이 수산(綉山)이다. 산 속에는 질 좋은 옥이 많고 청옥과 벽옥도 많이 있다. 빽빽하게 들어선 숲에는 노인들 지팡이로 쓰기 좋은 순(栒)나무가 제일 많다. 무리를 지어 자라는 풀숲에는 작약과 궁궁이 같은 향초가 섞여 있다. 유수(洧水)가 산 속으로부터 기운차게 흘러나와 동쪽으로 흐르다가 황하로 들어간다. 그 물 속에는 회어(鮰魚)와 청개구리가 많다.

다시 북쪽으로 120리를 가면 송산(松山)이 나온다. 양수(陽水)가 송산 한복판에서 분출하듯 나와 동북쪽으로 도도히 흐르다가 마침내 황하로 들어간다.

다시 북쪽으로 120리를 가면 닿는 곳이 돈여산(敦與山)이다. 산 위는 황량한 민둥산으로 초목이 자라지 않지만 황금과 수정옥이 많이 묻혀 있다. 색수(溹水)가 이 산의 남쪽 기슭에서 발원하여 동쪽으로 흘러 태륙수(泰陸水)로 들어가고, 저수(泜水)가 북쪽 기슭에서 발원하여 팽수(彭水)로 들어간다. 괴수(槐水)도 이 산에서 발원하여 동쪽으로 기세 좋게 흐르다가 저택(泜澤)으로 들어간다.

다시 북쪽으로 170리를 가면 자산(柘山)이 나온다. 이 산의 양지바른 남쪽 기슭에는 황금과 아름다운 옥이 많고, 응달진 북쪽 기슭에는 철이 많이 묻혀 있다. 역취수(歷聚水)가 이 산에서 발원하여 북쪽으로 기운차게 흘러 유수로 들어간다.

다시 북쪽으로 300리를 가면 유룡산(維龍山)이 있다. 산 위에는 질 좋은 벽옥이 많고, 양지바른 남쪽 언덕에는 황금이 많으며, 응달진 북쪽 언덕에는 철이 많이 묻혀 있다. 비수(肥水)가 이 산에서 분출하여 동쪽으로 세차게 흐르다가 고택(皋澤)으로 들어가는데, 그 물 속에는 큰 바

과라(果蓏)

과라는 줄기가 덩굴로 자라는 조롱박과 식물로 괄루(栝樓), 과루(瓜蔞)라고도 한다.《모전》에서 괄루를 과라로 풀었고 강원이 《이아》와 이순(李巡)의 주에 의해서, 과라는 식물이고 괄루는 이 식물의 열매라고 했으니 둘을 다르게 보았다.

사람얼굴 물고기 무늬
채색 토기분

앙소문화는 중국에서 가장 일찍 시작되어 가장 널리 분포된 찬란한 신석기시대 문화로, 중국 신석기시대 문화의 형성과 발전에 깊은 영향을 주었다. 앙소문화 전기에는 통일성이 강했고 채색 토기도 정점에 달했지만 후기로 갈수록 쇠락하면서 새로운 외래문화가 점점 대두되었다.

사람얼굴이 달린 물고기 무늬는 생육(生育) 무술(巫術)과 연관된다. 사람얼굴은 분만한 태아의 머리를 상징하고, 물고기는 알을 많이 낳고 번식이 빠르고 생식력이 강하므로 생육과 번식을 상징한다. 그러므로 이 그림에는 자손이 번성하기를 바라는 깊은 뜻이 담겨 있다.

진(秦)나라 사람의 황금 새 머리

진나라 선조는 동방의 조이족(鳥夷族)으로, 보편적으로 새를 숭배하였다. 진의 시조모(始祖母)는 오제인 전욱의 손녀로 제비 알을 삼키고 대업(大業)을 낳았는데, 대업이 바로 백익(伯益)의 할아버지다.

위가 많다. 창철수(敞鐵水)도 이 산에서 발원하여 동북쪽으로 흘러 대택(大澤)으로 들어간다.

다시 북쪽으로 180리를 가면 백마산(白馬山)이다. 양지바른 남쪽 언덕에는 질 좋은 돌과 벽옥이 많고, 응달진 북쪽 언덕에는 철이 풍부하며 붉은 구리도 많다. 목마수(木馬水)가 여기서 발원하여 동북쪽으로 흘러 호타로 들어간다.

다시 북쪽으로 200리를 가면 공상산(空桑山)에 닿는다. 이 산은 황량하고 민둥산이라 나무와 풀이 없으며, 추운 산꼭대기에는 겨울과 여름 할 것 없이 눈꽃이 흩날린다. 공상수(空桑水)가 이 산에서 나와 동쪽으로 세차게 흘러 호타로 들어간다.

다시 북쪽으로 300리를 가면 태희산(泰戲山)이다. 이 산도 황량한 민둥산이어서 초목이 자라지 않지만 산 속에는 황금과 옥이 많다. 이 산에는 동동(辣辣)이라는 짐승이 산다. 모습은 양 같지만 다리가 하나에 눈도 하나뿐이다. 특이한 것은 눈이 귀 뒤에 달려 있다는 점이다. 이 짐승이 내는 소리는 마치 자기 이름을 부르는 듯하다. 호타수(虖沱水)가 이 산에서 발원하여 동쪽으로 세차게 흘러 누수(漊水)로 들어간다. 액녀수(液女水)도 이 산 남쪽 기슭에서 발원하여 남쪽으로 흘러 심수로 들어간다.

다시 북쪽으로 300리를 가면 석산(石山)이 나온다. 산 속에는 황금과 질 좋은 옥이 많이 묻혀 있다. 확확수(濩濩水)가 이 산에서 발원하여 동쪽으로 흘러 호타로 들어간다. 선우수(鮮于水)도 여기서 발원하여 남쪽으로 흘러 호타로 들어간다.

다시 북쪽으로 200리를 가면 동융산(童戎山)이 있다. 고도수(皋涂水)가 산 속에서 솟아나와 동쪽으로 흐르다가 누액수(漊液水)로 들어 간다.

다시 북쪽으로 300리 떨어진 곳에 고시산(高是山)이 있다. 자수(滋水)가 이 산에서 발원하여 남쪽으로 세차게 흐르다가 호타로 들어간다. 이 산은 수풀이 울창한데 특히 종려나무가 많다. 풀도 무성하게 자라는데, 그중 조라는 풀이 가장 많다. 구수(滱水)가 이곳에서 발원하여 동쪽으로 세차게 흘러 황하로 들어간다.

다시 북쪽으로 300리를 가면 육산(陸山)이 나온다. 산 속에는 황금이 빛을 발하고 있으며 수정처럼 맑은 옥이 많다. 담수(瀳水)가 이 산에서 발원하여 동쪽으로 세차게 흘러 황하로 들어간다.

다시 북쪽으로 200리를 가면 기산(沂山)이 있다. 반수(般水)가 여기서 발원하여 동쪽으로 기운차게 흐르다가 황하로 들어간다.

북쪽으로 120리를 가면 연산(燕山)에 닿는다. 산 위에는 다채로운 연석(燕石)이 많다. 연석은 옥과 비슷한 까닭에, 일반적으로 그다지 귀하지 않은 가짜 골동품에 비유하곤 한다. 연석과 관련하여 이런 이야기가 전해진다. 송나라의 한 어리석은 사람이 오태(梧台)의 동쪽에서 연석을 발견하고는 보물인 줄 알고 고이 숨겨서 집으로 돌아왔다. 주나라 손님이 그것을 보고는 "이것은 기와 조각이나 마찬가지로 흔해빠진 연석이다"라고 말해주었다. 그러자 그는 화가 나서 더욱 고집스럽게 연석을

우임금
벽화

우임금의 성씨는 사(姒)로 대우(大禹), 하우(夏禹), 융우(戎禹)라고도 하며 이름을 문명(文命)이라 한다. 그는 곤(鯀)의 아들이자 하족(夏族)의 조상신으로 치수(治水)의 신(神)이자 사직의 신이다. 전설에 의하면 그는 부계씨족사회 후기 부락 연맹의 지도자였다. 아버지 곤은 서강(西羌 : 지금 감숙, 영하 자치구, 내몽고 남부 일대)에서 태어났다. 치수사업에서 공을 세우지 못한 곤이 살해되자 우가 천자의 명을 받들어 계속 치수사업의 대를 이었다. 우는 13년 동안 세 번이나 집 앞을 지나면서도 들어가지 않고 치수에 집중한 결과, 물길을 터서 이끄는 방법으로 홍수를 잡았다. 나중에 치수한 공으로 사악(四岳 : 사방 부락의 수령)의 추대를 받아 순임금의 뒤를 이어 천자의 지위를 계승한다. 그는 '도랑에 힘을 쏟아' 농업생산력을 높이는 데도 공헌했다.

우는 구정(九鼎)을 주조했으며 구리로 병기를 만들었다. 재위 시 사악에서 고요(皐陶)를 후계자로 추대했지만 고요가 일찍 죽었다. 그러자 다시 고요의 아들 백익을 천거했다. 나중에 우가 동쪽으로 순수를 나갔다가 회계(會稽)에서 죽자, 우의 아들 계(啓)가 백익의 자리를 빼앗아 스스로 하 왕조를 세운다.

동진단지리도(東震旦地理圖)

인도인들은 불교경전에서 고대 중국을 '진단(震旦)'이라고 번역했다.

이 지도는 동으로 조선과 일본에서 시작하여 서로 청해와 신강 일대에 이르고, 남으로는 남해, 북으로는 만리장성까지 나온다. 당시 전국의 28로(路) 및 부(府), 주(州), 군(軍), 감(監)의 각 관공서 지명을 지도에 표시했다. 길은 음각으로 표시했고, 길과 부의 관공서는 일반적으로 타원형이나 원형 테두리를 둘렀다. 호수와 저수지, 섬 및 해외의 작은 나라 명칭은 모두 긴 원꼴에 적었으며, 여러 길들 사이는 곡선으로 경계를 그었다. 물 흐름은 쌍곡선으로 표시했고 산맥은 간단한 부호로 그렸다. 바다에는 물무늬와 파도를 그렸고, 장성은 성곽 부호로 표시해서 이미지가 아주 생생하다.

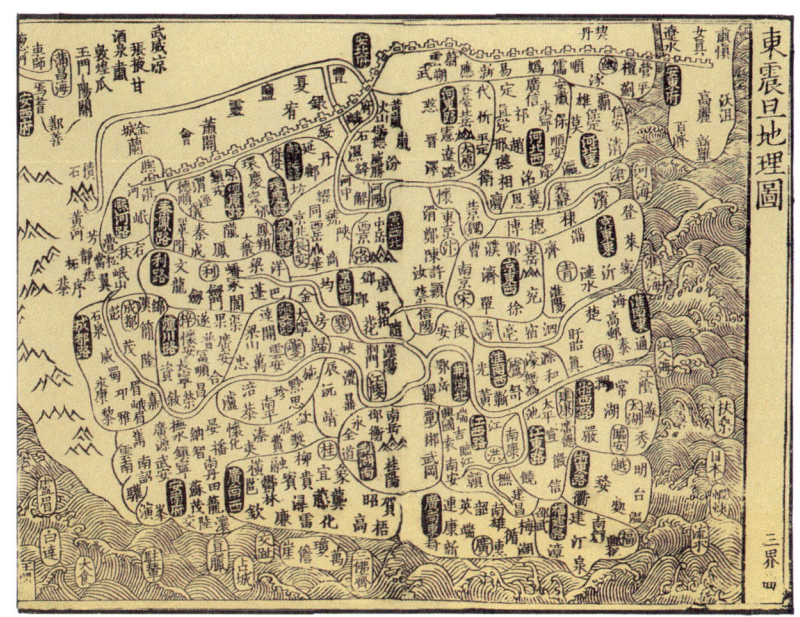

소장해두었다. 이 일은 지금까지 우스갯거리로 전해지고 있다. 연수(燕水)가 이 산에서 발원하여 동쪽으로 흘러 황하로 들어간다.

북쪽으로 500리 산길을 지나 다시 500리 물길을 가면 요산(饒山)에 도착한다. 이 산은 황량하고 민둥민둥해서 화초나 수목이 자라지 않지만 진귀한 요와 벽 같은 옥이 많다. 산에는 짐승이 많은데 그중 낙타가 가장 많다. 새도 많이 날아다니는데 유(鷚)라는 새가 가장 많다. 역괵수(歷虢水)가 여기서 발원하여 동쪽으로 흘러 황하로 들어간다. 그 물 속에 사어(師魚)라고도 하고 와와어라고도 하는 물고기가 많은데, 독성이 강해서 사람이 먹으면 중독되어 죽고 만다.

다시 북쪽으로 400리를 가면 건산(乾山)이 나온다. 이 산도 황량한 민둥산이어서 나무나 풀이 자라지 않는다. 양지바른 남쪽 언덕에는 빛나는 황금과 수정같이 맑은 옥이 많고, 응달진 북쪽 언덕에는 철이 많이 묻혀 있다. 그러나 산 속에는 물줄기나 폭포가 전혀 없다. 이 산에는 원(獂)이라는 야생 돼지의 일종이 사는데, 모습은 소와 비슷하나 다리가 셋이다. 이 짐승이 포효하는 소리는 마치 자기 이름을 부르는 듯하다.

다시 북쪽으로 500리를 가면 윤산(倫山)이 있다. 윤수(倫水)가 이 산에서 발원하여 동쪽으로 흘러 황하로 들어간다. 산 속에는 비(羆)라는

짐승이 사는데, 큰 사슴처럼 생겼으나 항문이 꼬리 위쪽에 붙어 있다.

다시 북쪽으로 500리를 가면 갈석산(碣石山)에 닿는다. 승수(繩水)가 이 산에서 발원하여 동쪽으로 구불구불 흐르다가 황하로 들어간다. 그 물 속에는 포이어(蒲夷魚)가 많다. 이 물고기는 뱀처럼 생겼으며 다리가 여섯에 눈은 말처럼 생겼다. 사람이 이놈을 먹으면 악몽을 꾸지 않는다. 산 위에는 수정같이 맑은 옥이 많고 산 밑에도 청옥과 벽옥이 많다.

다시 북쪽으로 물길 따라 500리를 가면 안문산(雁門山)이 나온다. 산 위는 황폐하고 민둥민둥해서 식물이 자라지 않는다.

다시 북쪽으로 물길을 따라 400리를 가면 태택에 닿는다. 태택은 매우 넓어 그 끝이 보이지 않고, 푸른 물살이 높이 일렁인다. 태택 한 복판에 거대하게 우뚝 솟아 있는 산을 제도산(帝都山)이라고 한다. 이 산은 사방 100리가 될 정도로 넓지만 산 위는 황량해서 식물이 자라지 않는다. 산에는 광물이 풍부한데 황금이 제일 많고, 산 위쪽에는 순도 높은 옥이 많이 있다.

다시 북쪽으로 500리를 가면 순우무봉산(錞于毋逢山)이라는 큰 산이 있다. 이 산은 가파르고 험준하며 절벽을 이룬 채 우뚝 서 있다. 이 산의 꼭대기에서는 북쪽으로 계호산(鷄號山)의 풍광이 한눈에 들어오며, 북쪽에서 몰아치는 강한 바람에 몸이 덜덜 떨린다. 또 서쪽으로는 유도산(幽都山)의 경치가 한눈에 펼쳐진다. 욕수(浴水)가 여기서 발원하여 분출하듯 세차게 흐른다. 이 산 속에는 큰 뱀 한 마리가 사는데, 머리는 붉고 몸은 희며 소가 우는 듯한 소리를 낸다. 이 뱀이 나타나면 큰 가뭄이 든다는 징조다.

북차3경은 태행산에서 시작하여 무봉산까지 모두 48개의 산이 장장 1만 2,350리에 걸쳐 구불구불 이어진다. 이 산에 사는 신령 중에서 20명은 말의 몸에 사람얼굴을 하고 있다. 사당에서 이들에게 제사지낼 때는 붕어마름을 쓰고 향초로 제물을 만들어 땅에 묻는다. 그 외 14명의 신은 모두 돼지 몸에 정교한 옥으로 만든 장식물을 차고 있다. 이 14명의 신에게 제사를 지낼 때는 옥으로 만든 제기를 사용해야 하지만 땅에 묻지는 않는다. 또 다른 10명의 신은 돼지 몸에 발이 여덟이고 뱀 꼬리가 달린 모습을 하고 있

신령한 거북
무명씨, 청대

옛날 홍수 신화들은 여러 신기한 생명체들을 창조해냈다. 오구(烏龜), 즉 거북은 치수 시대에 혁혁한 공을 세운 상서로운 징조의 하나다. 여와가 큰 거북이의 네 다리를 잘라서 하늘의 네 기둥으로 받쳤다고 한다. 곤이 치수할 때 식양(息壤)을 지키는 은하수의 신령한 거북은 곤을 위해 식양을 업어다 주어 인간의 홍수를 막았다고 한다. 인도 신화에서 비슈누 신도 바다거북으로 변해서 산 밑바닥을 받쳤다.

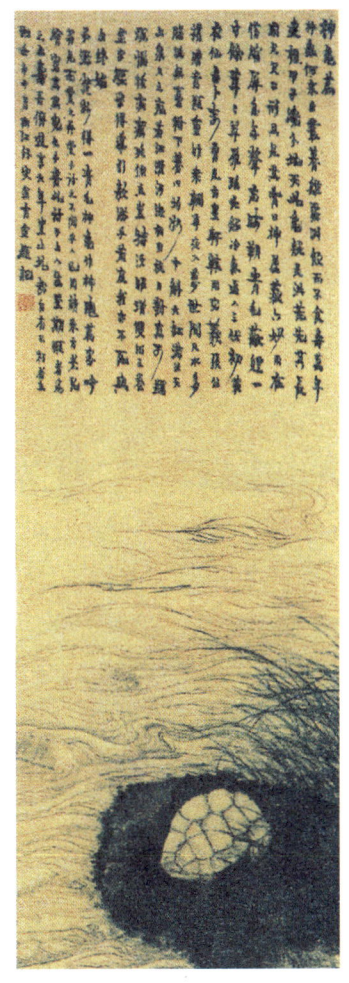

다. 이 신들에게 제사지낼 때는 아름다운 옥을 땅에 묻는다. 지금까지 언급한 모든 신들에게 제사지낼 때는 엄선된 쌀을 사용하는데, 이 신들은 모두 생식을 하고 불로 끓이거나 구운 젓 등의 익힌 음식은 먹지 않는다.

지금까지 기록한 북산경에는 총 2만3,230리에 걸쳐 모두 88개의 큰 산이 구불구불 이어져 있다.

제 4 장

동산경

東山經

● ── 동산경(東山經)

동쪽지방의 첫 번째 산줄기는 속주산(㵐䗴山)에서 시작된다. 이 산은 북쪽으로 건매산(乾昧山)과 이웃하고 있다. 식수(食水)가 이 산에서 발원하여 동쪽으로 흘러 바다로 들어간다. 그 물 속에는 용어(鱅魚)가 많은데, 모습은 이우(犁牛)라는 소처럼 생겼으며 돼지 울음소리를 낸다.

남쪽으로 300리 떨어진 곳에 큰 산이 있는데 유산(藟山)이라고 한다. 산 속에는 아주 좋은 옥이 많고 산 밑에는 황금이 많이 묻혀 있다. 호수(湖水)가 이 산에서 솟아나와 동쪽으로 세차게 흐르다가 식수로 들어간다. 그 물 속에는 올챙이가 많이 살고 있다.

남쪽으로 300리를 더 가면 순상산(栒狀山)이 나온다. 산 위에는 번쩍거리는 황금과 수정처럼 맑은 옥이 많고 산 밑에는 화려한 청벽석(青碧石)이 많다. 이 산 속에 종종(從從)이라고 하는 짐승이 산다. 생김새는

군무(群巫) 제사(祭祠)
관걸 · 오학소, 현대

이 그림은 여러 무사(巫師)들이 각종 괴수(怪獸)로 분장하고 제사를 진행하는 장면을 담았다. 무(巫)로 명명된 인물, 국가, 산봉우리가 군무도의 주요 내용이다. '무(巫)' 자는 두 사람이 하늘을 오르내리는 모습 혹은 두 사람이 손에 기구를 들고 천지를 측량하는 모습 같다. 이 둘은 무사의 2가지 직능으로, 하나는 인간과 천지의 신귀를 소통하게 하는 것이고, 다른 하나는 무술 이외에 과학과 기술발전에 종사하는 것이다.

동산경
명각본삼도

이 그림은 북에서 남으로 4개의 산맥을 그리고 동차1, 2, 3, 4경으로 구분했다. 산맥의 지리적 위치는 현재 산동성 전역과 강소성과 안휘성 중남부 및 황해, 동해의 일부 섬들, 동쪽 끝으로 일본열도까지 닿는다. 동산경은 이 지역의 자연지리와 인문지리에 관한 내용을 담았다. 고대 문헌의 기록을 바탕으로 이 지역을 해독하려면 현재의 지형과 고대의 지형을 잘 비교하면서 보아야 한다. 기호학적으로도 고문자의 기호를 해독하는 데 여러 객관적인 자료가 필요한 만큼 자연환경의 변화를 염두에 둘 필요가 있다.

개를 닮았으나 다리가 여섯에 짖는 소리는 자기 이름을 부르는 듯하다. 산 속에는 자서(蚩鼠)라는 새가 사는데, 모습은 닭과 비슷하지만 쥐꼬리 같은 꼬리를 지녔다. 이 새가 나타나면 강우량이 줄어 가뭄이 든다. 지수(泜水)가 이 산에서 분출하듯 솟아나와 북쪽으로 세차게 흘러 호수로 들어간다. 그 물 속에는 잠어(箴魚)가 많이 사는데, 모습은 피라미 같지만 주둥이가 바늘같이 생겼다. 사람이 그것을 먹으면 체력이 증강되고 면역력이 강해져서 전염병에 걸리지 않는다.

다시 남쪽으로 300리를 가면 발제산(勃齊山)이 있다. 이 산은 황량한 민둥산으로 초목이 자라지 않고 물줄기나 폭포도 없다.

다시 남쪽으로 300리를 가면 번조산(番條山)이 나온다. 산 위는 황량해서 식물이 자라지 않고 모래와 자갈뿐이다. 감수(減水)가 여기서 솟아나와 북쪽으로 기운차게 흘러가다 바다로 들어가는데, 그 물 속에는 자가사리(鮖魚)가 많다.

다시 남쪽으로 400리를 가면 고아산(姑兒山)에 닿는다. 산 위에는 옻나무가 울창하게 우거져 있고, 산 밑에는 뽕나무와 산뽕나무가 빽빽하다. 고아수(姑兒水)가 여기서 발원하여 북쪽으로 흘러 바다로 들어가며, 그 물 속에는 자가사리가 많다.

다시 남쪽으로 400리를 가면 닿는 곳이 고씨산(高氏山)이다. 산 위

신가(神家) '편약(鞭藥)'

태양신 염제 신농씨는 농업 신일 뿐만 아니라 의약의 신이었다. 태양은 건강의 원천으로 의약에도 많은 영향을 준다. 전설에서 그는 '자편(赭鞭)'이라는 신기한 채찍으로 각양각색의 약초를 휘둘러서 독성의 유무와 차고 뜨거운 성질을 알아냈다. 여러 약초들의 성질은 원래 타고난 것으로, 신농씨는 이런 서로 다른 약초의 성질을 잘 활용해서 사람들의 병을 치료했다.

쩍 벌린 입과 한 아름인 코로 먹을 것을 기다리는 돼지를 표현했다

물 붓는 구멍

두껍고 짧은 네 다리

새끼 돼지 모양 호리병(猪匜壺)
붉은 토기

원시인은 작고 부드러운 붓으로 그들이 보는 세계를 그려냈는데, 작은 도기들에 그려진 동물이나 식물 및 인간은 당시 사람들의 세계와 아름다움에 대한 인식을 잘 보여준다. 도기는 입을 벌린 돼지 모습으로 꼬리에 물을 붓는 둥근 구멍이 있고, 마침 입을 벌리고 있어서 물 따르기 쉽다. 등에 손잡이가 달려서 사용하기도 편리하다. 실용적인 그릇이면서도 예술적인 진품(珍品)이다.

에는 수정처럼 맑은 옥이 많고, 산 밑에는 종기를 치료하는 돌 침을 만드는 데 쓰이는 잠석(箴石)이 많다. 제승수(諸繩水)가 여기서 발원하여 동쪽으로 흘러 큰 호수로 들어간다. 이 물줄기의 양쪽 언덕에는 황금과 아름다운 옥이 많다.

다시 남쪽으로 300리를 가면 악산(岳山)이 나온다. 산 위에는 뽕나무가 울창하고 산 밑에는 가죽나무가 빽빽하다. 낙수(濼水)가 이 산에서 발원하여 동쪽으로 흘러 호택(湖澤)으로 들어가는데, 이 물이 지나가는 길에는 황금과 아름다운 옥이 많다.

다시 남쪽으로 300리를 가면 시산(豺山)이라는 큰 산이 있다. 산 위는 황량한 민둥산이라 식물이 자라지 않으나 산 밑에는 물이 많이 흐른다. 그 물 속에는 물고기가 많이 사는데, 그중에서도 감서(堪𧕅)라는 물고기가 가장 많다. 산 속에는 과보(夸父)를 닮았으나 돼지 털이 나 있는 짐승이 산다. 이놈의 소리는 마치 사람이 고함치는 소리와 비슷한데, 이것이 나타나기만 하면 큰비가 내려 물난리가 난다.

다시 남쪽으로 300리를 가면 독산(獨山)이 있다. 산 위에는 빛나는 황금과 수정같이 맑은 옥이 많고, 산 밑에는 갖가지 색깔의 돌이 많다. 말도수(末涂水)가 여기서 발원하여 동쪽으로 세차게 흘러 면수(沔水)로 들어간다. 그 물 속에는 조용(鯈鰫)이 많다. 이놈은 노란 뱀 비슷하게 생겼으나 물고기 같은 지느러미가 있으며 물에서 뛰어 오를 때마다 섬광이 번쩍인다. 이 뱀이 나타나면 강우량이 줄어 가뭄이 든다.

다시 남쪽으로 300리 떨어진 곳에는 구름을 뚫을 기세로 높이 솟은 산이 있다. 이를 태산(泰山)이라고 한다. 산 위에는 금이 많이 묻혀 있고

산 밑에는 수정같이 맑은 옥이 많다. 이 산에 동동(狪狪)이라고 하는 짐승이 사는데, 생김새가 돼지와 비슷하나 구슬을 몸 안에 품고 있다. 이 짐승은 자기 이름을 부르는 듯한 소리를 낸다. 환수(環水)가 여기서 발원하여 동쪽으로 흘러 바다로 들어가는데, 그 물 속에는 수정이 많다. 사람들이 습관적으로 아내의 아버지를 태산(泰山)이라고 부르는 이유는 태산에 장인봉(丈人峰)이 있기 때문이다. 개원(開元) 13년에 황제가 태산에서 봉선하며 삼공(三公) 이하를 한 등급 올리라고 명했다. 이 일로 사위 정(鄭)씨가 9품에서 5품으로 오르자, 이 사실을 알게 된 황제가 놀라서 대신들에게 물었다. 그러나 다들 묵묵부답인 가운데 시종 황백(黃伯)이 이렇게 아뢰었다. "이는 태산의 힘입니다." 이후로 장인을 태산이라고 하고 장모는 태수(泰水)라고 하게 된 것이다.

다시 남쪽으로 300리를 가면 죽산(竹山)이 나온다. 이 산은 회수(淮水) 가에 솟아 있으며, 산 위는 민둥민둥해서 식물이 자라지 않으나 좋은 옥이 많다. 격수(激水)가 여기서 발원하여 동남쪽으로 세차게 흘러 취단수(娶檀水)로 들어간다. 그 물 속에는 자줏빛 소라가 많다.

동산경에 속하는 산들은 속주산에서 죽산까지 총 12개의 산으로 거리가 3,600리에 달한다. 이 산에 사는 신들은 모두 사람 몸에 용 머리를 하고 있다. 사당에서 그들에게 제사를 지낼 때는 털이 풍성한 개 한 마리의 피를 통째로 받아서 제물에 칠한다. 물고기의 피를 제물에 칠하기도 한다.

● ── 동차2경(東次二經)

동쪽지방의 두 번째 산줄기는 공상산(空桑山)에서 시작된다. 이 산의 북쪽은 식수와 접해 있고, 동쪽에서는 저오(沮吳)가 멀리 보이며, 남쪽은 사릉(沙陵)과 마주하고 있고, 서쪽으로는 민택(㟭澤)과 접해 있다. 이 산에 영령(軨軨)이라는 짐승이 사는데, 소처럼 생겼으나 몸에 호랑이 같은 무늬가 있으며 사람이 신음하는 듯한 소리를 낸다. 이 짐승이 우는 소리는 마치 자기 이름을 부르는 듯하다. 이놈이 나타나면 큰비가 내려 수재

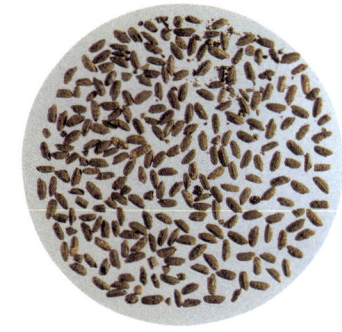

탄소연대 측정한 벼

장강(長江) 중하류 지역은 중국사에서 쌀을 재배했던 흔적이 가장 잘 남아 있는 곳이다. 회하 유역도 오래 전부터 벼농사 농업을 했던 지역이다. 사진은 하모도 유적지에서 발견된 곡식 알갱이로 벼 알갱이들이 대부분 원형 그대로 보존되어 있으며 볍씨의 솜털까지도 선명해서 재배한 벼가 선아종만도형(秈亞種晚稻型) 논벼임이 감정되었다. 고대에는 제사에 벼를 사용해서 하늘에 공양을 드렸다.

제비 모양 호리병
주대 이전

이 작품을 보면 찍찍거리며 먹이를 기다리는 어린 제비의 모습이 생생하게 드러난다. 호리병은 주사로 붉게 구운 실용적인 물그릇으로 주 이전 시기에 제기로 사용되었다. 이 그릇은 홍산문화에서 도자기 제조업이 상당히 발달되었으며 공예수준도 높았음을 보여준다.

고개를 들고 입을 벌린 모양

작은 꼬리

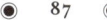
살짝 볼록한 두 날개

가 발생한다.

다시 남쪽으로 600리를 가면 조석산(曹夕山)이 나온다. 산 밑에는 닥나무가 무성하게 자라지만, 산 위에는 물이 없으며 새와 짐승이 무리지어 다닌다.

다시 남쪽으로 400리 떨어진 곳에 역고산(嶧皋山)이 있다. 산 위에는 빛나는 황금과 수정같이 맑은 옥이 많고, 산 밑에는 흰색 흙이 많다. 역고수(嶧皋水)가 이 산에서 솟구쳐 나와 동쪽으로 기운차게 흐르다가 격녀수(激女水)로 들어간다. 그 물 속에는 신(蜃)과 요(珧)가 많다. 신은 대합이고 요는 작은 민물조개인데, 그 껍질로 칼자루와 활의 장식품을 만든다.

남쪽으로 물길 따라 500리를 가다가 다시 300리에 걸친 유사(流沙)를 지나면 갈산(葛山) 끝자락에 이른다. 이 산은 민둥산으로 식물이 자라지 않으나 숫돌로 쓰는 돌이 많다.

다시 남쪽으로 380리 떨어진 곳이 갈산의 머리 부분이다. 산 위는 황량하고 민둥민둥해서 초목이 자라지 않는다. 예수(澧水)가 이 산에서 발원하여 동쪽으로 세차게 흘러 여택(余澤)으로 들어간다. 그 물 속에는 주별어(珠鱉魚)가 많다. 마치 사람 허파의 폐엽(肺葉)처럼 생겼으나 눈이 4개에 다리가 6개 달려 있으며, 항상 발에서 푸른 옥빛 구슬을 토해낸다. 이 물고기는 육질이 새콤달콤한데, 사람이 먹으면 전염병에 걸리지 않는다.

다시 남쪽으로 380리를 가면 여아산(餘峨山)이 나온다. 산 위에는 가래나무와 녹나무가 무성하고 산 밑에는 가시나무와 구기자나무가 많다. 잡여수(雜余水)가 이 산에서 발원하여 동쪽으로 흘러 황수로 들어간다. 산 속에 구여(犰狳)라고 하는 짐승이 살고 있는데, 토끼처럼 생겼으나 새의 부리에 부엉이 눈을 하고 있으며 뱀 꼬리를 달고 있다. 사람을 보면 죽은 척하는 이놈은 자기 이름을 부르는 듯한 소리를 내며 운다. 이 짐승이 나타나면 메뚜기 떼가 곡식을 남김없이 먹어버리는 재난이 일어난다.

다시 남쪽으로 300리를 가면 두보산(杜父山)에 닿는다. 산 위는 황량한 민둥산이라서 초목이 자라지 않는다. 그러나 산 속에는 물줄기가

산귀(山鬼)
진홍수(陳洪綬), 명대

굴원(屈原)의 《구가》 '산귀'란 시에 이런 구절이 있다. '곁눈질하면서 또 웃네. 그대는 착하고도 아름답고 정숙하구나. 그러나 사람들은 이미 '귀(鬼)'를 괴물로 인식하며, 그림의 산귀도 아주 무시무시한 얼굴을 하고 있다.

동차1경
명각본살도

《오장산경》에 기록된 26조의 산맥은 '가까운 데서 먼 곳으로, 안에서 밖으로, 중심에서 주변으로' 분포되어 있다. 동차1경은 동산경의 가장 서쪽이고 중산경의 동쪽이자 북산경의 남쪽 산맥과 인접해 있다. 이 구역의 여러 승수(繩水)의 '승(繩)'자는 고대에 신성한 기물이었다. 줄을 꼬아서 사건을 기재하기도 했고 토지를 측정하는 데도 사용했다. 고대 이집트에서는 측량 기사를 '줄을 잡은 사람'이라고 했는데, 줄에 황토를 발라 사람을 만든 여와도 줄을 잡은 사람인 셈이다. 줄은 뱀과도 비슷해서 손에 뱀을 쥐고 귀에 뱀을 꽂은 것 역시 줄을 잡은 무당의 신분과 권력을 나타낸다. 7,400년 전 해수면이 심하게 상승했을 때 이곳 태산(泰山) 일대도 바다 가운데 외로운 섬으로 변했으며, 주변 지역에서 도망 온 사람들이 목숨을 보전하는 곳이었다고 한다. 태산의 동동(狪狪)이라는 짐승이 북차3경에 나오는 사람 몸에 옥을 차고 있는 돼지 신과 닮은 사실은 두 지역 주민이 동일한 문화를 공유했을 가능성을 시사한다.

세차게 흘러 폭포를 이루고 있다.

　다시 남쪽으로 300리 떨어진 곳에 경산(耿山)이 있다. 산 위는 황량한 민둥산이어서 초목이 자라지 않지만 비취빛 수정이 많고 큰 뱀이 많이 산다. 산 속에 주유(朱獳)라고 하는 짐승이 사는데 모양은 여우와 비슷하지만 물고기 지느러미가 있다. 이놈은 자기 이름을 부르는 듯한 소리를 낸다. 주유가 나타나면 천하에 무서운 일이 생긴다.

　다시 남쪽으로 300리를 가면 노기산(盧其山)이 나온다. 이 산도 황량한 민둥산이어서 초목이 자라지 않고, 산 아래에는 모래가 많다. 사수(沙水)가 여기서 발원하여 남쪽으로 세차게 흘러 잠수(涔水)로 들어간다. 이 산 속에는 제호(鵜鶘)라는 새가 많다. 이놈은 원앙처럼 생겼지만 사람의 발을 달고 있으며 자기 이름을 부르는 것 같은 소리를 낸다. 제호가 나타나면 토목공사를 벌이고 수리시설을 정비해야 한다.

　다시 남쪽으로 380리 떨어진 곳에 고야산(姑射山)이 있다. 이 산도 황량해서 초목은 자라지 않지만 산 속에 물줄기는 많이 있다. 장자(莊子)가 《소요유(逍遙游)》에서 '고야산에 신선이 사는데, 피부가 얼음과 눈처럼 희고 몸맵시는 처녀같이 아름답다. 오곡을 전혀 먹지 않고 바람과 이슬을 들이키며 구름을 타고 비룡(飛龍)을 몰아 사해의 바깥에 가서 노니는데, 그가 신기를 모으면 전염병에 걸리지 않고 곡식이 잘 여문다'고

동차3경
명각본삽도

이 그림은 동차3경의 모든 지리경관과 자연환경을 그렸다. 여러 산들은 동차3경의 동쪽에 있는데, 앞쪽 2개의 산은 현재 산동 반도 교래(膠萊) 평원 일대에 해당된다. 사실 이미 7,400년 전에서 4,200년 전 사이에 교래 평원이 바닷물에 잠긴 적이 있으며 높은 지역만 해수면에 나와 산이 되고 섬이 되었다고 한다. 동차3경에서 묘사한 것은 바로 그 시기의 지형으로, 원문의 여러 곳에서 '사방 100리에 달한다'는 표현이 바로 바다 섬에 대한 정확한 표현이다.

했다.

　　남쪽으로 물길 따라 300리를 간 후에 다시 100리의 유사를 지나면 북고야산(北姑射山)이라는 커다란 산이 보인다. 황량한 민둥산이라 초목은 자라지 않고 여러 가지 돌이 많이 있다.

　　다시 남쪽으로 300리를 가면 남고야산(南姑射山)이 나온다. 이 산도 황량하여 초목은 자라지 않지만 계곡에는 물이 많이 흐른다.

　　다시 남쪽으로 300리 떨어진 곳에 벽산(碧山)이 있다. 이 산도 황량한 민둥산이어서 초목은 자라지 않는다. 그러나 큰 뱀이 많이 살고 있으며 갖가지 색깔의 옥과 수정이 많다.

　　다시 남쪽으로 500리를 가면 구씨산(緱氏山)에 닿는다. 이 산도 황량한 민둥산이어서 초목은 자라지 않지만 찬란한 황금과 수정같이 맑은 옥이 많이 있다. 원수(原水)가 여기서 발원하여 동쪽으로 흘러 사택(沙澤)으로 들어간다.

　　다시 남쪽으로 300리를 가면 고봉산(姑逢山)이 나온다. 산 위는 황량하여 초목이 자라지 않으나 산 속에는 황금과 아름다운 옥이 많다. 산 속에 폐폐(獙獙)라는 짐승이 사는데, 여우와 비슷하게 생겼으나 날개가 2개 달려 있다. 이 짐승이 내는 소리를 들어보면 기러기 울음소리 비슷하다. 이놈이 나타나면 천하에 큰 가뭄이 든다.

다시 남쪽으로 500리 떨어진 곳을 부여산(鳧麗山)이라고 한다. 산 위에 황금과 옥이 많고 산 속에는 잠석이 많다. 이곳에 농질(蠪蛭)이라 하는 짐승이 있는데, 모양은 여우와 흡사하나 꼬리와 머리가 아홉이고 호랑이 발톱이 나 있다. 이놈은 애기 울음소리 같은 소리를 내며, 사람을 잡아먹는다.

다시 남쪽으로 500리를 가면 진산(硾山)이 나온다. 아주 험준한 이 산은 남쪽으로 진수(硾水)와 맞닿아 있고, 동쪽으로는 호택(湖澤)을 바라보고 있다. 산 속에 유유(狢狢)라고 하는 짐승이 산다. 말처럼 생겼으나 눈은 양의 눈이고 머리에는 뿔이 4개 있으며 소꼬리를 하고 개처럼 짖는다. 이 짐승이 나타나는 나라에는 교활한 손님들이 많이 찾아온다. 산 속에는 결구(絜鉤)라고 하는 특이한 새가 사는데, 모양은 들오리 비슷하지만 쥐꼬리가 달려 있고 나무를 잘 탄다. 이 새가 나타나는 나라에는 전염병이 돈다.

동차2경은 공상산에서 시작해서 인산까지 17개의 큰 산들로 구불구불 6,640리에 걸쳐 이어진다. 이곳에 사는 신들의 모습은 짐승 몸에 사람얼굴을 하고 있으며, 머리에 사슴처럼 뿔이 나 있다. 사당에서 이 신들에게 제사를 지낼 때, 털 있는 짐승으로는 닭 한 마리의 피를 뽑아서 제물에 바르고, 옥 종류로는 벽옥을 한 조각 땅에 묻는다.

● ── 동차3경(東次三經)

동쪽지방의 세 번째 산줄기는 시호산(尸胡山)에서 시작된다. 이 산의 정상에서는 북쪽으로 상산(䍧山)이 바라보인다. 산에는 황금과 옥이 많고, 산 밑에 키 작은 멧대추나무가 많다. 산 속에는 원호(妴胡)라고 하는 짐승이 사는데, 모습은 큰 사슴처럼 생겼으나 물고기 눈을 하고 있다. 이놈의 소리는 마치 자신의 이름을 부르는 듯하다.

다시 남쪽으로 물길 따라 800리를 가면 기산(岐山)이 나온다. 산 위에는 숲이 빽빽한데, 그중에 복숭아나무가 많고 자두나무도 숲을 이룬

응준(鷹尊)
채색 도기

채색 도기는 회화와 조소가 완벽하게 결합된 독특한 예술작품이다. 이 매 모양 준은 중국 선사시기 문화가 발달했음을 알려주는 증거로 문화적인 가치가 뛰어나다. 동물은 원시인의 주요한 먹을거리였으니 동물 모양으로 도기를 만든 것이 제일 흔하다. 예를 들면 매로 만든 정(鼎)과 개와 돼지로 만든 세발달린 규(鬹)는 원시 예술가의 뛰어난 감각을 보여준다. 이런 실용적이면서 종교적인 의식용 그릇을 만들 때, 어떤 것은 직접 동물이나 식물을 모방했고 어떤 것은 여기에 상상력을 더하고 과장해서 신비한 색채로 그려냈다.

다. 이 산에는 들짐승이 떼를 이루어 사는데 그중에서도 호랑이가 제일 많다.

다시 남쪽으로 500리에 뻗어 있는 물길을 따라가면 제구산(諸鉤山)에 닿는다. 산 위는 황량한 민둥산이어서 초목이 자라지 않으며, 온 산에 모래와 자갈이 층층이 쌓여 있다. 이 산은 평지에 우뚝 서 있으며 사방이 100리나 된다. 계곡에 흐르는 물 속에는 곤들매기가 많다.

다시 남쪽으로 물길을 따라 700리를 가면 중보산(中父山)이 있다. 산 위는 황량한 민둥산이어서 초목이 자라지 않고 온 산에 모래와 자갈이 깔려 있다.

또 남쪽으로 1,000리에 뻗어 있는 물길을 따라가면 호야산(胡射山)에 닿는다. 산 위는 황량한 민둥산이어서 초목이 자라지 않고 온 산에 모래와 돌멩이가 널려 있다.

다시 남쪽으로 물길을 따라 700리를 가면 맹자산(孟子山)이 나온다. 이 산에는 초목이 울창하고 가래나무와 오동나무가 빽빽하게 들어서 있는데 가지와 잎이 무성하다. 복숭아나무와 자두나무도 많으며, 열매도 주렁주렁 열려 있다. 풀은 자주색 푸성귀가 가장 많다. 산 밑에는 짐승들이 많은데 그중에서도 고라니와 사슴이 가장 많다. 이 산은 평지에 우뚝 솟아 있으며 사방이 100여 리에 달한다. 산 속에는 폭포가 거꾸로 걸려 있는 듯 흘러내려 물길을 이루니, 이를 벽양수(碧陽水)라 한다. 그 물 속에는 갖가지 빛깔의 물고기가 사는데 그중 두렁허리와 철갑상어가 가장 많다.

다시 남쪽으로 물길을 따라 500리를 가면 하얗고 끝이 보이지 않는 유사에 닿는다. 여기서 다시 500리를 육로로 가면 기종산(跂踵山)이 나온다. 이 산은 넓디넓은 땅을 차지한 채 우뚝 솟아 있는데 사방이 200리나 된다. 산 속에는 나무나 풀이 그리 울창하지 않고 큰 뱀들만 출몰하며 산기슭에는 수정처럼 맑은 옥이 많다. 산 밑에는 사방 40리에 달하는 널찍한 호수가 있어 푸른 파도가 일렁이는 장관을 연출한다. 심택(深澤)이라고 하는 이 호수 속에는 거북이 많이 산다. 호수에는 또 여러 종류의 물고기가 사는데, 그중 한 가지는 잉어처럼 생겼지만 다리 여섯에 긴 새 꼬리를 가졌다. 갑갑어(鮯鮯魚)라고 하는 이 물고기는 마치 자기 이름을

열명(噎鳴)

열명은 시간의 신으로, 땅을 관장하는 대신 려(黎)의 아들이자 황제의 후예다. 태양과 달이 들어가는 곳에 살며 아버지를 도와 일월성신(日月星辰)의 운행 횟수를 관리한다.

부르는 듯한 소리를 낸다.

다시 남쪽으로 물길을 따라 900리를 가면 닿는 곳이 무우산(䱾隅山)이다. 산 위에는 풀과 나무가 울창하고 황금과 옥이 많이 있으며 붉은 흙, 즉 자석(赭石)이 많이 난다. 산 속에 정정(精精)이라 하는 짐승이 사는데, 생김새는 소 같으나 말꼬리가 달려 있다. 이놈은 자기 이름을 부르는 듯한 소리를 낸다.

다시 남쪽으로 500리 물길을 지나서 300리 유사를 건너면 무고산(無皋山)에 닿는다. 산꼭대기에 서면 남쪽으로 발해[2]가 보이고, 동쪽으로 부목(榑木)이 바라다 보인다. 부목은 바로 부상(扶桑)으로 옛날 일본국을 가리킨다. 산 위는 민둥민둥해서 초목이 자라지 않고 산꼭대기에는 광풍이 몰아친다. 이 산은 아주 넓게 퍼져 있어 사방 100리에 달한다.

수렵 도구

구석기시대 중기부터 수렵과 채집경제에서 생산경제로 오면서 남녀는 확실하게 분업을 했다. 남자는 사냥과 고기잡이에 종사하고 여자는 채집과 음식조리, 집안일을 관리하고 후손을 양육하는 과중한 노동을 담당하게 된 것이다.

그림은 사슴뿔로 만든 작살이다. 이것은 중국에서 발견된 유일한 구석기시대의 작살이다. 이 작살은 끊고 톱질하고 깎고 가는 기술로 제작된 것으로, 소고산(小孤山) 사람들의 도구제작 기술이 상당히 발달했으며 그들이 첨단 작살로 고기를 잡았음을 보여준다.

> 동차3경에 속하는 산들은 시호산에서 시작해서 무고산까지 모두 9개의 산으로 구불구불 6,900리에 달한다. 이 산의 신들은 모두 사람 몸에 양 뿔이 달린 모습을 하고 있다. 사당에서 신들에게 제사를 지낼 때는 숫양 한 마리와 엄선한 기장쌀을 제물로 쓴다. 이런 양의 뿔이 달린 신이 나타나면 바람이 불고 비가 몰아치며 큰물이 넘쳐흘러 논밭이 다 못쓰게 된다.

● ── 동차4경(東次四經)

동쪽지방의 네 번째 산줄기에서 제일 첫머리에 있는 산을 북호산(北号山)이라 한다. 이 산은 북해의 해변에 우뚝 솟아 있다. 산 속에 특이한 나무가 있는데, 모습이 버드나무처럼 생겼으나 붉고 화려한 꽃이 피며 열매도 풍성하게 맺는다. 그 열매는 붉은 대추 같지만 씨가 없고 시큼하면서도 달다. 사람이 그것을 먹으면 학질을 예방할 수 있다. 식수의 푸른 물결이 이 산에서 세차게 나와 동북쪽으로 흘러가서 바다로 들어간다.

---

[2] 고전《산해경》에는 이 부분을 '유해(㓽海)'라고 하였다. 그러나 이 책의 저자는 그것을 발해(渤海)로 표기하며 그 이유에 대해서는 밝히지 않고 있다. - 역자 주

이 산에는 또한 기이한 짐승 한 가지가 사는데, 이리처럼 생겼지만 붉은 눈썹에 쥐의 눈을 하고 있으며 돼지 같은 소리를 낸다. 이름이 갈저(獨狙)라는 이 짐승은 상당히 흉폭하며 사람을 잡아먹는다. 산 속에는 기작(蚑雀)이라고 하는 특이한 새도 사는데, 그 모습이 닭처럼 보이지만 머리에 하얀 털이 나 있고, 발은 쥐의 발과 흡사하나 호랑이 발톱이 나 있다. 이 새도 잔인해서 사람을 해치고 잡아먹기도 한다.

다시 남쪽으로 300리를 가면 초목이 전혀 없는 산이 하나 우뚝 솟아 있다. 이 산을 모산(旄山)이라 한다. 창체수(蒼体水)가 이 산에서 세차게 발원하여 큰 물길을 이루며 서쪽으로 흘러가 전수(展水)로 들어간다. 그 속에는 각양각색의 물고기들이 사는데, 그중에 추어(鱃魚)가 제일 많다. 이 물고기는 잉어처럼 보이지만 머리가 유난히 크다. 사람이 이놈을 먹으면 혹이 생기지 않는다.

다시 남쪽으로 320리 떨어진 곳에 동시산(東始山)이 우뚝 솟아 있다. 산 위에는 수정같이 맑은 창옥이 많다. 산 속에는 기(芑)라고 하는 특이한 나무가 있다. 버드나무처럼 생겼지만 붉은 무늬가 있으며, 줄기와 가지에서 피처럼 붉은 진액이 나온다. 이 나무는 꽃도 피지 않고 열매도 맺지 않는다. 이 나무의 수액으로는 말을 길들일 수 있다. 자수(泚水)가 여기서 발원하여 구불구불 흐르다가 큰 물결을 이루어 동북쪽으로 흘러

동차4경
명각본삽도

이 그림에 묘사된 산맥은 동차3경의 동쪽에 위치한다. 방위는 현재 교래 평원 동쪽의 산동 반도로, 그중에 북애산(北艾山), 서대택산(西大澤山), 동곤륜산(東崑崙山), 남로산(南㠑山)이 여기 속한다. 이곳의 북호산(北号山)과 애산(艾山)은 봉우리가 해발 814m로, 부근의 서하현(栖霞縣)과 초원현(招遠縣)에서는 황금이 난다는 소문이 자자하다. 진시황이 동쪽으로 순수할 적에 산동 반도의 동쪽 끝에 있는 성산에 두 번이나 올라 동쪽을 바라보면서 동해에 경계를 박고 싶어 했다. 이 구역의 무사(巫師) 장식과 관련해서 《오장산경》의 무사 장식 및 무술 기록을 보면, 당시 사람들은 괴이한 동물로 분장하기를 즐겼고 평소에도 유난히 튀어나온 꼬리 장식을 달고 다녔다. 하나라 이전의 암각화와 채색 토기 도안의 복식을 보아도 역시 장식물이 많은데, 가령 청해성 대통현(大通縣)에서 출토된 채색 무늬 토기에도 나부끼며 춤추는 사람들이 전부 꼬리 장식을 달고 있다.

서는 바다로 들어간다. 푸르고 맑은 강물에는 다채로운 조개들이 많고, 물 속에는 자어(茈魚)가 많이 산다. 자어는 붕어처럼 생겼지만 머리가 하나에 몸이 10개 붙어 있다. 이 물고기는 궁궁이 같은 냄새를 풍긴다. 사람이 그것을 먹으면 방귀를 뀌지 않는다.

　다시 동남쪽으로 300리를 가면 평지에 여중산(女烝山)이 우뚝 솟아 있다. 산 위는 황량해서 식물이 자라지 않으며, 석고수(石膏水)가 여기서 나와 서쪽으로 흘러 격수(鬲水)로 들어간다. 그 물 속에 박어(薄魚)가 많은데, 모습은 두렁허리와 비슷하지만 눈이 하나뿐이다. 이 물고기는 사람이 토하는 소리를 내는데, 이놈이 나타나면 비가 거의 오지 않아 천하에 가뭄이 든다.

　다시 동남쪽으로 200리를 가면 흠산(欽山)이 있다. 산 위에는 갖가지 빛깔의 다채로운 황금과 옥은 있지만 다른 돌은 없다. 사수(師水)가 여기서 발원하여 파도를 일으키며 흘러내리 큰 물결을 이루어서는 북쪽으로 흐르다가 고택(皋澤)으로 들어간다. 그 물 속에 추어가 많으며, 신비한 광채를 뿜는 꽃무늬 조개가 있다. 산 속에는 당강(當康)이라 하는 괴이한 짐승이 사는데, 생김새가 돼지와 비슷하지만 예리한 어금니가 있다. 이 짐승은 자기 이름을 부르는 듯한 소리를 낸다. 이놈이 나타나면 풍년이 든다.

　다시 동남쪽으로 200리를 가면 자동산(子桐山)이 우뚝 솟아 있다. 산 속에서 분출하는 물결이 하천을 이루니, 그 물길을 자동수(子桐水)라 한다. 그 물결이 서쪽으로 도도히 흘러 여여택(餘如澤)으로 들어간다. 그 물 속에 활어(䱉魚)가 많이 사는데, 그냥 물고기처럼 보이지만 새의 날개가 있어 수면을 오르내린다. 이놈은 태양빛을 받으면 번쩍번쩍 빛을 내며, 원앙이 우는 소리를 낸다. 이놈이 나타나면 비가 적게 내려 가뭄이 든다.

　다시 동북쪽으로 200리를 가면 염산(剡山)이 있다. 산 속에는 갖가지 색깔의 옥과 빛을 발하는 황금이 묻혀 있다. 산 속에는 괴이한 짐승이 하나 있는데, 생김새가 돼지 비슷하지만 사람얼굴에 꼬리가 붉고 몸에는 누런 털이 나 있다. 이름을 합유(合窳)라고 하는 이놈은 마치 애기 울음소리 같은 소리를 낸다. 이 짐승은 아주 흉악해서 사람을 해치며 잡아

상고시대 점복 각부(刻符)

묘지는 사자의 영혼이 잠든 곳이다. 묘지 매장은 살아 있는 사람들이 지인의 시체를 묻으려는 의식이 시작되었으며, 영혼 숭배 관념이 생겼음을 말해준다. 장례절차를 까다롭게 행하는 것은 영혼 숭배 관념이 더욱 발전한 결과다. 사람은 자연의 위력을 두려워하면서 초자연적인 신령의 보호를 받고 싶어 했으니 '용'도 이런 과정에서 생겨났다. 최초의 문자는 점복과 관련이 깊은데 이때 나타난 새기거나 그린 부호들은 원시문자와 함께 연구할 필요가 있다.

　부호를 새긴 이 석기는 하남성 무음 가호(舞陰賈湖) 유적지에서 출토된 거북 껍질과 돌 자루에 간단한 부호를 새긴 것이다. 이런 부호는 은허(殷墟) 갑골문, 주의 금문(金文) 중에 몇몇 글자와 형태가 비슷해서 한자의 기원을 연구하는 데 진귀한 자료가 되고 있다.

먹기도 한다. 평소에는 주로 곤충이나 뱀을 잡아먹고 사는데, 이것이 나타나면 홍수가 일어난다.

다시 동쪽으로 200리를 가면 우뚝 솟은 큰 산이 있으니, 바로 태산(太山)이다. 산 위에는 화려한 옥과 금빛 찬란한 황금이 묻혀 있다. 산 위에는 수목이 무성하게 자라며 그중에서도 여정수(女貞樹), 즉 당광나무가 가장 많다. 산 위에는 비(蜚)라고 하는 짐승이 있는데, 소와 비슷하게 생겼으나 머리가 하얗고 눈 하나에 뱀 꼬리가 달려 있다. 비는 매우 불길한 녀석이라 이놈이 강물 근처를 걸어 다니면 강물이 마르고, 숲을 걸어 다니면 초목이 말라죽는다. 또 이 짐승이 나타나면 천하에 전염병이 돈다. 구수(鉤水)가 이 산에서 발원한 뒤 큰 물결을 이루며 북쪽으로 흘러서는 노수(勞水)로 들어간다. 그 물 속에는 물고기가 많이 사는데 그중에 추어가 가장 많다.

동차4경에 속하는 산들은 북호산에서 시작하여 태산까지 모두 8개의 산으로 구불구불 1,720리에 달한다.

제 5 장

중산경

中山經

중산경·나수(洛水)

● ── 중산경(中山經)

중앙의 첫 번째 산줄기를 박산(薄山)이라 하는데, 이 산줄기는 감조산(甘棗山)에서 시작된다. 공수(共水)가 이 산 속에서 졸졸 흘러나와서 강물을 이룬 후에 서쪽으로 흘러 황하로 들어간다. 산 위에는 수풀이 울창하고 특히 감탕나무가 무성하다. 산 밑에는 잡초가 우거져 있는데, 그중에 특이한 풀 한 포기가 있다. 줄기는 해바라기 줄기 비슷하고 잎은 앵두나무 잎 같은데, 화려한 노란 꽃이 피며 깍지에 속이 꽉 찬 열매가 열린다. 그 열매를 탁(籜)이라고 하며, 민간에서는 순각(筍殼)이라고도 한다. 이 풀은 약재로 쓰이며 눈병을 치료하기 때문에 맹인의 시력을 되살릴 수 있다. 이 산에는 나(難)라고 하는 이상한 짐승이 사는데, 생김새가 독서(默鼠) 같지만 이마에 얼룩무늬가 있다. 사람이 이 짐승을 잡아먹으면 목덜미의 사마귀를 치료할 수 있다.

우임금의 산하도
판걸·오화소, 회화, 현대

우임금이 산과 강의 자연 자원을 조사했던 일은 역사상 최초의 대규모 지리조사 작업이었다. 《산해경·오장산경》에서 재제를 취해서 동, 서, 남, 북 중 5대 구역의 26개 산맥을 그렸는데, 총 447개의 산과 수계 258곳, 지명 348곳, 광물 673곳, 식물 525곳, 동물 473곳 및 인문 활동 95곳으로 면적은 100만m²가 넘는다. 과연 우임금이 살았던 시대의 국토 자원 고찰 백서라고 할 만하다.

다시 동쪽으로 20리 떨어진 곳에 역아산(歷兒山)이 있다. 산속에는 수목이 울창하며 참죽나무와 여목(欄木)이 숲을 이룬다. 여목의 줄기는 네모나며 잎은 동그랗고 푸르다. 또 화려한 노란 꽃이 피고 가느다란 털이 나

있으며 열매는 멀구슬 나무 열매와 비슷하다. 사람이 이 열매를 먹으면 기억력이 좋아져서 잘 잊어버리는 법이 없다.

다시 동쪽으로 15리를 가면 높은 산이 우뚝 솟아 있는데, 이곳이 거저산(渠豬山)이다. 산꼭대기에는 비취빛 대나무가 빽빽하다. 거저수(渠豬水)가 이 산에서 발원하여 남쪽으로 흐르다가 황하로 들어간다. 그 물속에 호어(豪魚)가 많은데, 다랑어처럼 생겼으나 주둥이가 붉고 꼬리에는 붉은 깃털이 나 있다. 이 고기는 약재로 쓰여서, 사람이 먹으면 버짐이 핀 것 같은 피부 백선(白癬)이 낫는다.

다시 동쪽으로 35리를 가면 총롱산(葱聾山)이 나온다. 이 산 속에는 계곡이 종횡으로 뻗어 있는데, 계곡마다 하얀 흙이 많으며 흑색, 청색, 황색이 섞여 있는 흙도 있다.

다시 동쪽으로 15리를 가면 와산(溰山)이 우뚝 솟아 있다. 이 산에는 붉은 구리가 많고, 응달진 북쪽 기슭에는 철이 많이 묻혀 있다.

다시 동쪽으로 70리 떨어진 곳에 탈호산(脫扈山)이 있다. 산 속에는 갖가지 풀이 무리지어 자란다. 그중 식저(植楮)라고 하는 풀은 해바라기 잎처럼 생겼으며 붉은 꽃을 피운다. 이 풀에서 깍지가 자라고 그 깍지 안에는 열매가 여는데, 그 열매가 마치 종려나무 깍지처럼 생겼다. 사람이 이 열매를 먹으면 우울증이 낫고 악몽도 꾸지 않는다.

다시 동쪽으로 20리를 가면 금성산(金星山)이 우뚝 솟아 있다. 이 산에는 천영(天嬰)이라는 풀이 많은데 생김새가 용골(龍骨)과 비슷하다. 천영으로 여드름을 치료할 수 있다.

다시 동쪽으로 70리를 가면 태위산(泰威山)에 닿는다. 산 속에 효곡(梟谷)이라는 깊은 골짜기가 있는데, 그곳에는 철이 많이 묻혀 있다.

용마(龍馬)가 하도(河圖)를 짊어지고
무명씨

하도는 《계사상전(繫辭上傳)》의 '하늘은 하나요 땅은 둘이고, 하늘은 셋이고 땅은 넷이며, 하늘이 다섯이면 땅은 여섯, 하늘이 일곱이면 땅은 여덟, 하늘이 아홉이면 땅은 열'을 기본으로 만들어졌다. 하늘의 수 1,3,5,7,9와 땅의 수 2,4,6,8,10을 배열하면 '1과 6은 아래로 가고 2와 7은 위로 가며 3과 8은 왼쪽, 4와 9는 오른쪽, 5와 10은 중앙에 온다'. 6과 8이 발이 되고 5는 중앙의 '거북이 형' 방위에 있으니 거북의 모습을 딴 것이다. 그림의 흰 점은 홀수(양), 즉 하늘의 수이고 검은 점은 짝수(음), 즉 땅의 수이다.

이 그림은 용마가 하도를 짊어진 채 황하에서 뛰어오르는 모습이다. 복희씨는 강과 하천, 산천 및 바다와 호수와 저수지를 표시하고 지역과 왕국 및 천자와 성인들의 공적을 구분해서 이 그림을 그렸다고 한다.

별(鼈)

별은 '갑어(甲魚)'나 '단어(團魚)'라고도 하며 파행강으로 자라과에 속한다. 입은 가늘고 길게 튀어나왔고 몸은 뾰족한 뿔이 없는 판으로 부드럽고 약한 가죽 피부가 숨어 있다. 등껍질은 길이가 34cm로 보통 감람색이며 가장자리가 두껍고 배는 젖처럼 희다.

중산경 · 낙수
명각본삼도

중산경에는 열두 산맥이 있으니 《오장산경》에서 가장 산맥이 많은 구역이다. 그 범위는 현 호북(湖北), 사천, 중경(重慶), 하남 및 섬서 남부, 안휘(安徽) 동부, 호남 북부, 강서 북부를 포괄한다. 이 구역의 낙수는 지리적으로 현재 하남의 서부 및 섬서의 동남부인 화산(華山)의 동쪽, 호산의 서쪽, 황하 이남, 복우산(伏牛山) 북쪽 지역에 위치하고 있다. 구역 내 주요 산맥은 효산(崤山), 웅이산(熊耳山), 복우산이고 주요 하류는 황하, 낙하, 이하가 있다. 이 주변은 중국의 주요 문명 발상지로, 유명한 앙소문화가 바로 승지현(澠池縣)의 성북 앙소촌의 선사문화 유적지에서 이름을 딴 것이다. 이는 지금으로부터 5,000~6,000년 전의 일이다. 이 유적지는 30만 평에 달하며, 출토된 문물로는 돌도끼, 돌낫, 돌 호미, 베틀, 뼈침, 뼈송곳 및 채색도안이 있는 도기 등이 있다.

다시 동쪽으로 15리를 가면 곡산(谷山)이 있다. 이 산에는 붉은 구리가 많다.

다시 동쪽으로 120리를 가면 오림산(吳林山)이 나온다. 이 산에는 여러 가지 풀이 많은데 그중에서도 난초가 가장 많다.

다시 북쪽으로 30리를 가면 우수산(牛首山)이라고 하는 높은 산이 하나 솟아 있다. 산 속에는 비취빛 풀이 무리를 이루는데, 그중 잎은 해바라기 잎 같으나 줄기는 붉으며, 벼이삭의 꽃솜 같은 귀초(鬼草)라는 풀이 핀다. 사람이 이 풀의 열매를 먹으면 낙관적이 되면서 우울함을 잊게 된다. 노수가 이 산에서 나와 서쪽으로 흘러 휼수(潏水)로 들어간다. 이 물줄기가 지나는 곳에는 일렁이는 푸른 물결 사이로 비어(飛魚)가 뛰어 오르고, 그때마다 빛이 번쩍거린다. 마치 붕어처럼 생긴 이놈은 약재로 쓸 수 있어, 사람이 먹으면 치질이 낫고 설사가 멎는다.

다시 북쪽으로 40리를 가면 곽산(霍山)에 닿는다. 산 속에는 초목이 우거져 있는데, 특히 닥나무가 많다. 이 산 속에는 굴굴(朏朏)이라는 짐승이 살고 있는데, 이리 고양이처럼 생겼으나 하얀 꼬리에 말갈기같이 털이 나 있다. 사람이 이 짐승을 기르면 근심이 사라진다.

다시 북쪽으로 52리를 가면 합곡산(合谷山)이 솟아 있다. 산 위에는 여러 가지 풀이 무리지어 자라며 천문동(天門冬)이 많이 난다.

다시 북쪽으로 35리를 가면 음산(陰山)이 나온다. 이 산 속에는 숫돌이 많고 빛깔이 화려한 화문석도 난다. 이 산에서 물이 콸콸 쏟아져 나와 아래에서 큰 물길을 이루니, 그 물길을 소수(少水)라고 한다. 산 속에는 나무가 울창하게 우거져 있는데, 그중에서도 조당수(雕棠樹)가 제일 많다. 그 잎은 느릅나무 잎과 비슷한데 모나게 생겼고, 열매는 팥처럼 생겼다. 이 열매는 약재로 쓰며 귀머거리를 치유한다.

다시 동북쪽으로 400리를 가면 고등산(鼓鐙山)에 닿는데, 이곳에는 붉은 구리가 많다. 산 속에는 영초(榮草)가 있는데, 잎은 버들잎 같고 대는 계란 같다. 이 풀은 약재로 쓰이며, 사람이 먹으면 풍이 낫는다.

중산경의 첫 번째 산줄기인 박산은 감조산에서 시작하여 고등산까지 모두 15개의 산으로 구불구불 6,670리에 걸쳐 이어져 있다. 역아산은 여러 산의 종주로, 이 산의 신에게 제사를 지낼 때는 털 있는 희생양으로 소, 양, 돼지의 3가지 희생을 갖춘 태뢰(太牢)를 제수로 쓰고, 아름다운 옥고리로 감아서 제상을 차린다. 나머지 13개의 산에서 제사를 드릴 때는 털 난 희생양으로 양 한 마리를 쓰고, 주변을 장식하는 옥으로는 조규(藻珪)를 쓰며, 제사를 끝낸 후 모두 땅에 묻는다. 그런 다음에 젯메쌀로 다시 제사를 지내지는 않는다. 조규는 일종의 빛나는 옥으로, 아래는 모나고 위는 뾰족하게 생겼으며, 중간에 구멍을 뚫은 후 금속조각을 위에 붙여 장식한 것이다.

● —— 중차2경(中次二經)

중앙의 두 번째 산줄기는 제산(濟山)이라 하며, 이 산줄기의 첫머리에 있는 산이 휘제산(輝諸山)이다. 산 위에는 나무가 우거져 있는데, 그중에서도 뽕나무가 제일 무성하다. 산 속에는 짐승도 많은데 그중에서도 사향노루와 고라니가 제일 많다. 새도 많이 사는데 할조(鶡鳥)가 제일 많다. 싸움을 잘하는 할조는 한 번 싸우기 시작하면 절대 물러서지 않고 죽을 때까지 싸운다. 옛날 무사들은 모자 위에 할조 2마리의 꼬리를 좌우 양쪽으로 꽂아 전장에서 죽을 때까지 싸우겠다는 의지를 드러냈다. 전

과릉형(瓜棱形) 공기
붉은 칠, 상고시기

장강 유역은 중국 고대 문헌에서 원시적이고 낙후된 황량한 지역으로 여겨졌다. 하지만 고고학의 발굴로 인해 장강 유역에 신석기 문화가 출현한 시기가 황하 유역에 비해 결코 늦지 않으며 문화 수준도 황하 유역보다 낮지 않다는 사실이 밝혀졌다. 절강에서는 기원전 5000~3300년에 하모도문화가 만들어졌고 수공업과 농업 모두 상당히 높은 수준으로 발전했으니, 장강 유역도 중화민족의 요람이었음이 증명된 것이다.

붉은 칠을 한 이 과릉형 공기는 원시 사람들이 음식을 담았던 그릇이다. 안과 밖에 모두 주홍빛 염료가 발려 있는데 성능과 칠이 일치한다. 일찍이 원시사회에서도 칠한 그릇을 이미 생활용품으로 생산했었음을 알 수 있다.

우인(羽人) 등좌(燈座)
청동

전형적인 남조 시기 평민의 복식을 입었으며 연화좌(蓮花坐)에 서 있는 것으로 보아 이 우인의 신분은 선인(仙人)이다. 연화좌는 불교적인 의미를 지니고 있다.

'山' 자형 모자는 선인과 천신이 교통하는 상징이다

등 받침 동그라미

IOI

뼈 보습 골사(骨耜)
원시인의 생산도구

원시사회에서 뼈로 만든 기구는 생산의 중요한 도구였다. 이 그릇은 사슴, 물소의 견갑골을 가공해서 만든 것이다. 밭을 경작할 때 쓰는 가래와 비슷해서 땅을 파고 깊게 가는 농구라고도 하고 땅을 평평하게 다지고 풀을 뽑는 도구라고도 한다. 하모도문화의 전형적인 농기구다.

목안화(木案畵) 주작도(朱雀圖)
무명씨, 나무 채색, 동한(東漢)

주작은 참새과로 주작에 속하는 새들의 통칭이다. 중국 고대신화의 남방 신으로 나중에 도교에서 신봉하는 청룡(青龍), 백호(白虎), 현무(玄武)와 함께 사방의 네 신으로 함께 칭해지며, 사상(四像)의 하나다. 남방 칠숙(七宿)은 정숙(井宿), 귀숙(鬼宿), 유숙(柳宿), 성숙(星宿), 장숙(張宿), 익숙(翼宿), 진숙(軫宿)으로 새 모양을 이룬다.

국(戰國) 시대에 초(楚)나라 사람 하나가 깊은 산에 은거하면서도 할조의 깃털을 모자에 꽂고 호를 '관자(冠子)'라고 하여 그 명성이 멀리까지 전해졌다고 한다.

다시 서남쪽으로 200리를 가면 발시산(發視山)이 솟아 있다. 산 위에는 노랗게 빛나는 금과 수정같이 맑은 옥이 많고, 산 밑에는 각양각색의 숫돌이 많다. 산 속에서 계곡물이 콸콸 흘러내려 큰 물길을 이루니, 그 물길을 즉어수(卽魚水)라고 한다. 이 물줄기는 서쪽으로 흘러 이수(伊水)로 들어간다.

다시 서쪽으로 300리를 가면 호산(豪山)이 나온다. 산 위에는 노랗게 빛나는 금과 수정같이 맑은 옥이 많다. 산꼭대기는 황량하고 민둥민둥해서 식물이 자라지 않는다.

다시 서쪽으로 300리를 가면 선산(鮮山)에 닿는다. 산 위에는 번쩍이는 황금과 수정같이 맑은 옥이 있다. 산꼭대기는 황폐하고 민둥민둥해서 식물이 자라지 않는다. 산 속에서는 계곡물이 세차게 흘러나와 강줄기를 이루니, 그 강을 선수(鮮水)라고 한다. 이 강은 산 밑에서 북쪽으로 흘러 이수로 들어간다. 이 산 속에는 특이한 뱀이 산다. 명사(鳴蛇)라는 이놈은 보통 뱀처럼 생겼지만 날개가 4개 달려 있으며 경쇠를 두드리는 소리와 비슷한 소리를 낸다. 명사가 나타나면 비가 오지 않아 가뭄이

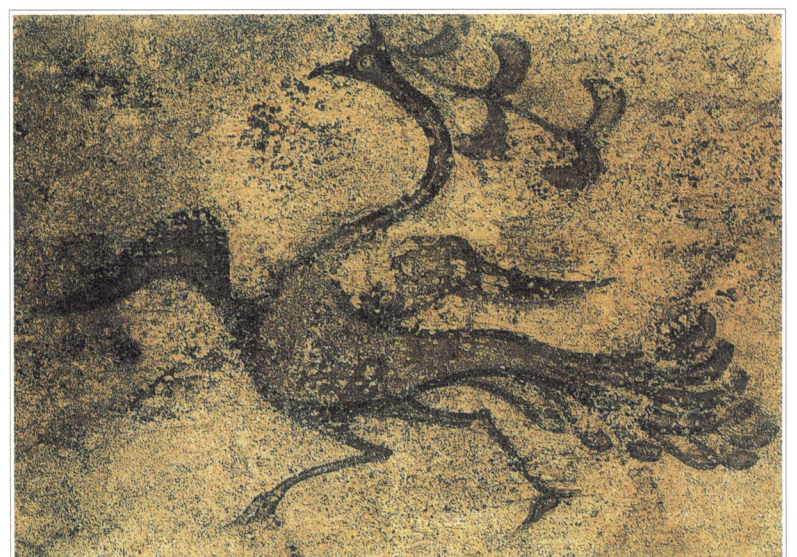

든다.

다시 서쪽으로 300리 떨어진 곳에 양산(陽山)이 있다. 산 속에는 바위가 널려 있으며, 산꼭대기는 황량해서 식물이 자라지 않는다. 양수(陽水)가 이 산에서 발원하여 북쪽으로 흘러 이수와 합쳐진다. 이 산 속에는 화사(化蛇)라는 뱀이 사는데, 몸통은 승냥이 같으나 사람얼굴을 하고 있으며 새의 날개를 지녔으나 보통 뱀처럼 기어 다닌다. 이 뱀이 내는 소리는 마치 사람이 욕하는 것처럼 들린다. 이놈이 나타나면 비가 많이 와서 수해가 발생한다.

다시 서쪽으로 200리를 가면 곤오산(昆吾山)에 닿는다. 이 산에서는 특별한 구리가 난다. 또 산 속에는 농질(𧲣蛭)이라고 하는 짐승이 있는데, 생김새는 돼지 비슷하나 머리에 뿔이 나 있고 사람이 통곡하는 듯한 소리를 낸다. 사람이 이놈을 잡아먹으면 악몽에 시달리지 않는다.

다시 서쪽으로 120리 떨어진 곳에 간산(蔘山)이 있다. 이곳 계곡에서 흘러나온 물이 큰 강물을 이루는데, 산의 이름을 따서 간수(蔘水)라고 한다. 간수는 북쪽으로 흘러 이수로 들어간다. 산 위에는 찬란하게 빛을 뿜는 붉은 금과 수정같이 맑은 옥이 많고, 산 밑에는 청색 계관석이 난다. 산 속에는 나무가 울창한데, 그중 어떤 나무는 명자나무 비슷하게 생겼으나 잎이 붉다. 망초(芒草)라고 하는 이 풀은 독을 가지고 있어서 물고기를 죽일 수 있다.

다시 서쪽으로 150리를 가면 독소산(獨蘇山)이 나온다. 산꼭대기는 민둥민둥해서 식물이 자라지 않지만 계곡물이 이리저리 흐르기 때문에 물이 많다.

다시 서쪽으로 200리를 가면 만거산(蔓渠山)에 닿는다. 산 위에는 찬란하게 빛나는 붉은 금과 수정같이 맑은 옥이 많다. 산 밑에는 대나무가 무성한데, 특히 전죽이 숲을 이룬다. 이수가 여기서 발원하여 동쪽으로 흘러 낙수(洛水)로 들어간다. 산 속에 짐승이 한 가지 사는데 이름을 마복(馬腹)이라 한다. 아주 기괴하게 생긴 이놈은 사람얼굴에 호랑이 몸을 하고 있으며 애기 울음소리 비슷한 소리를 낸다. 이 짐승은 사납고 잔인해서 사람을 해치고 잡아먹기도 한다.

어진 현군 요임금

《역경(易經)》에 '옷깃을 드리우고 천하를 다스린다'고 했으니, 요임금 때 복식 제도가 이미 확립되었음을 알 수 있다. 그림 속 요임금의 관복(冠服)은 위가 검은 색이고 아래는 금색이다. 요임금은 몸이 길고 여위었으며 팔자 눈썹이다. 부계 씨족사회 후기의 부락 연맹의 수령으로, 백성을 자식처럼 사랑해서 모든 것을 다 바쳐 일했다고 한다. 그는 역법(曆法)을 제정했고, 절기마다 관원을 두어 관리했으며, 현명한 사람을 관리로 임명했고, 어질고 덕 많은 순에게 제위를 선양한 현명한 군주였다.

제산의 첫머리는 휘제산에서 시작하여 만거산에서 끝나며, 모두 9개의 산이 구불구불 1,670리에 걸쳐 이어져 있다. 이 산에 사는 신들은 모두 사람 얼굴에 새의 몸을 하고 있다. 사당에서 이 신들에게 제사를 지낼 때는 털빛이 좋은 소, 양, 돼지 등을 사용하고, 길옥을 산 속에 던지며 젯메쌀은 쓰지 않는다.

● ── 중차3경(中次三經)

중앙의 세 번째 산줄기를 부산(萯山)이라고 하는데 그 첫머리에 오안산(敖岸山)이 있다. 이 산의 양지바른 남쪽 언덕에는 저부라는 옥이 많고, 응달진 북쪽 기슭에는 자석(赭石)과 황금이 많다. 이 산에서 아름다운 옥이 많이 나오는 이유는 신 훈지(熏池)가 이곳에 살고 있기 때문이다. 이 산 꼭대기에서 북쪽으로는 황하가 굽이쳐 흐르는 것이 보인다. 황하가 흘러가는 주변에는 숲이 울창하게 우거져 있는데, 그 모습이 꼭두서니 같기도 하고 거목(欅木) 같기도 하다. 산 속에는 부제(夫諸)라고 하는 짐승이 사는데, 흰 사슴을 닮았으나 뿔 4개가 달려 있다. 이놈이 나타나면 비가 많이 와 홍수가 일어난다.

다시 동쪽으로 10리를 가면 청요산(靑要山)이 솟아 있다. 이 산은 황제가 비밀리에 지상세계에 두고 있는 도읍이다. 이 산의 북쪽으로는 황하 강물이 구불구불 흐르는 가운데 야생거위들이 떼 지어 나는 것이 보인다. 산 정상에 서면 남쪽으로 선저(墠渚)가 보인다. 선저는 우(禹)의 아버지 곤(鯀)이 누런 곰으로 변했던 곳으로, 달팽이와 소라가 많이 산다. 신 무라(巫羅)가 청요산을 관리하는데, 무라는 사람얼굴을 하고 있으나 몸에는 표범 무늬가 있고 가는 허리에 이는 하얗다. 무라가 차고 있는 금은 귀고리는 짤랑거리면서 옥이 부딪힐 때 나는 소리를 낸다. 이 산은 여자가 살기에 적합하다. 진수(畛水)가 이 산에서 나와 북쪽으로 흘러 황하로 들어간다. 이 산 속에 새가 한 가지 있는데 이름을 어교(魚鴢)[3]라고 한다. 이 새는 생김새가 들오리 같으나 몸은 청색이며, 눈동자는 선홍색이고 꼬리는 붉다. 사람이 이 새를 잡아먹으면 자손이 번성한다. 이

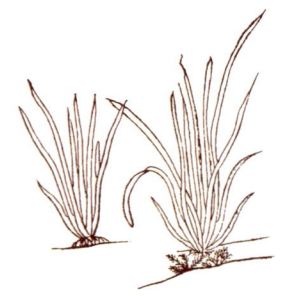

축여(祝余)

축여는 소요산에서 자라며 부추처럼 생겼다. 잎이 가늘고 길고 편평하면서 부드러우며 푸른 꽃이 핀다. 배고플 때 이 열매를 먹을 수 있다.

산에는 순초(蓴草)라고 하는 풀이 있는데, 모양은 간초(藼草)와 비슷하나 줄기가 모나고 노란 꽃을 내며 열매는 붉고 뿌리는 서궁(西芎) 뿌리 비슷하다. 사람이 이것을 먹으면 피부색이 매끄럽고 예뻐져 미인이 된다.

다시 동쪽으로 10리를 가면 괴산(騩山)에 닿는다. 산 위에는 대추나무가 무성하고, 응달진 북쪽 기슭에는 저부옥이 많다. 산 속에서 계곡물이 흘러나와 강을 이루니, 그 물줄기를 정회수(正回水)라고 부른다. 이 강물은 북쪽으로 흘러 황하로 들어간다. 그 물 속에 사는 비어(飛魚)라는 물고기는 돼지처럼 생겼지만 몸에 무늬가 있다. 사람이 그것을 먹으면 담력이 세지고, 천둥소리를 두려워하지 않으며, 전쟁의 화를 피할 수 있다.

다시 동쪽으로 40리를 가면 의소산(宜蘇山)이 나온다. 산 위에는 찬란한 옥과 황금이 많고 초목이 무성한데, 모형(牡荊)류의 떨기나무가 특히 많다. 산 속에서 계곡물이 흘러나와 강물을 이루니, 이 물줄기를 장천수(長泉水)[4]라고 한다. 이 강물은 북쪽으로 흘러 황하로 들어가는데, 그 물 속에는 황색 조개가 많이 산다.

다시 동쪽으로 20리를 가면 닿는 곳이 화산(和山)이다. 산 위는 황량해서 풀과 나무가 자라지 않지만 수정같이 맑은 요와 벽 등의 옥이 많다. 이곳이 바로 황하의 아홉 강이 숨어 있다는 구도(九都)다. 이 산은 구불구불 다섯 굽이를 하고 있으며, 이 산에서 발원한 아홉 줄기의 물길이 하나의 큰 물결을 이루어 북쪽 황하로 들어간다. 그 물 속에는 진귀한 창옥이 많다. 이 산을 관할하는 길한 신 태봉(泰逢)은 사람처럼 생겼지만 호랑이 꼬리를 달고 있다. 태봉신은 부산의 양지바른 남쪽에서 살며 자주 이 산을 드나드는데, 그때마다 신비한 광채를 발한다. 또한 변화막측한 법력으로 천지의 기운을 움직인다.

부산은 오안산에서 시작해서 화산까지 모두 5개의 산이 440리로 이어진

3_ 고전 《산해경》에는 '요(鴞)'라고 되어 있는데, 이 책의 저자가 어교라고 한 이유를 정확히 알 수 없다. - 역자 주

4_ 고전 《산해경》에는 '용용수(溶溶水)'라고 되어 있는데, 저자가 장천수라고 한 이유를 정확히 알 수 없다. - 역자 주

새털구름 무늬 청동 가면

이 가면은 촉나라 사람의 툭 튀어나온 눈을 특징적으로 보여준다. 새털구름 무늬는 아마도 영혼이 하늘로 날아간다는 함축적인 의미를 담고 있는 것 같다.

상승하는 새털구름 무늬

돌출된 눈

거대한 입

다. 이 산의 사당에는 태봉, 훈지, 무라 등의 신을 모시고 있다. 이 신들에게 제사지낼 때는 다리를 찢은 숫양 한 마리를 제물로 쓰고 맑은 옥으로 옥기를 만든다. 나머지 두 산에 사는 신들에게 제사지낼 때는 수탉 한 마리를 땅에 묻고 제사용 곡식으로는 쌀을 쓴다.

● ── 중차4경(中次四經)

중앙의 네 번째 산줄기는 이산(釐山)인데, 그 첫머리에는 녹제산(鹿蹄山)이 있다. 이 산 위에는 찬란한 옥이 많고 산 밑에는 황금이 많이 묻혀 있다. 산 속에서 흘러나온 계곡물이 강을 이루는데, 이를 감수(甘水)라고 한다. 감수는 북쪽으로 흘러가다가 낙수(洛水)로 들어간다. 그 강물 속에는 진흙처럼 보드라운 돌이 많다.

다시 서쪽으로 50리 떨어진 곳에 부저산(扶猪山)이 있다. 산 위에는 연석(礝石)이 많은데, 이것은 옥 다음 가는 가치를 지닌 돌이다. 산 속에는 구환(狗獾)[5]이라는 짐승이 사는데, 오소리와 비슷하게 생겼으나 사람 얼굴을 하고 있다. 이 산에서도 계곡물이 흘러나와 강을 이루니, 이를 괵수(虢水)라고 한다. 이 강은 북쪽으로 흘러 낙수로 들어간다. 이 강물 속

중차3경
명각본삼도

《오장산경》에 따르면 이 지역은 우임금 때의 후궁으로, 하나라 민족이 선조 곤과 황하의 신에게 제사 드렸던 성지다. 지리적으로는 현재 낙수와 황하가 교차되는 곳이며 낙양(洛陽), 맹진(孟津), 언사(偃師)가 이에 속한다. 맹진현의 부도리(負圖里)는 바로 용마가 복희에게 하도를 바친 장소다. 민간 전설에 따르면, 황하 신은 우에게 하도를 건네주었다. 언사현 서남쪽에 유명한 이리두(二里豆)문화 유적지가 있다. 이리두문화 1기는 하남 용산(龍山)문화와 맞닿는다. 2기에서는 구리와 구리잔이 출토되었는데, 이는 중국에서 가장 오래된 청동그릇이다(이상의 두 시기는 하 문화에 속한다). 3기에서는 대형 궁전의 터가 발견되었는데 면적은 1만㎡에 달한다. 4기는 상나라 이전인 정주(鄭州) 이리강(二里岡)문화로 이어진다.

에도 연석(瑌石 : 앞의 연석과 같은 것임)이 많다.

다시 서쪽으로 120리 가면 이 산이 나온다. 이 산의 양지바른 남쪽 기슭에는 찬란한 옥이 많고, 응달진 북쪽 기슭에는 꼭두서니가 우거져 있다. 산 속에 짐승이 하나 뛰어 다니는데, 소와 비슷하게 생겼으나 몸뚱이가 푸르다. 이 짐승은 마치 애기가 우는 듯한 소리를 낸다. 이 짐승은 잔인하고 탐욕스러워서 사람을 잡아먹기도 하는데, 이름을 서거(犀渠)라고 한다. 용용수(滽滽水)가 이 산에서 발원하여 남쪽으로 흘러 이수로 들어간다. 이 산 속에는 또 다른 짐승이 하나 사는데 이름을 혈견(獙犬)이라 한다. 생김새는 성난 개처럼 생겼으나 몸은 비늘로 덮여 있으며, 비늘과 비늘 사이에 돼지털 같은 털이 길게 돋아 있다.

다시 서쪽으로 200리를 가면 기미산(箕尾山)이 있다. 산 위에는 닥나무가 우거져 있고, 기슭에는 진흙처럼 부드러운 도석(涂石)이 많다. 또 산꼭대기에는 저부옥이 많이 묻혀 있다.

다시 서쪽으로 250리를 가면 병산(柄山)에 닿는다. 산 속에는 아름다운 옥이 많이 묻혀 있고 산 밑에는 붉은 구리가 많다. 계곡물이 콸콸 흘러 강물을 이루니, 이름을 도조수(滔雕水)라 한다. 이 강물은 북쪽으로 흘러 낙수로 들어간다. 이 강물이 지나는 곳에는 암양이 많다. 산 속에는 수목이 무리지어 우거져 있어 푸른빛이 가득하다. 그 숲 속에 가죽나무 비슷하게 생겼으나 오동잎 같은 잎이 달린 나무가 있다. 그 나무의 긴 깍지 속에는 열매가 열리는데 발(茇)이라고 한다. 이 나뭇잎과 열매에는 독이 있어 어류를 죽일 수 있다.

다시 서쪽으로 200리를 가면 백변산(白邊山)이 나온다. 산 위에는

우가 치수의 명을 받들다

우는 순임금으로부터 치수의 명을 받들어 몇 명의 관리들을 데리고 각지를 다니면서 실제 조사와 측량에 나섰다. 비록 결혼한 지 4일밖에 되지 않았지만 조금도 거리낌없이 금방 결혼한 아내에게 작별을 고했다. 우는 치수를 위한 조사 중에 그의 부친이 '둑을 쌓아서 치수에 실패'한 교훈을 늘 마음에 새겼다. 그래서 그는 물길을 터서 엄청난 양의 물을 이끄는 방법을 사용했다. 우는 정식으로 치수를 시작하면서 산맥의 지형에 따라 오랜 기간 동안 물길을 정비해서 불어난 물이 시원스럽게 콸콸 흘러 바다로 빠지도록 했으니, 그의 치수작업은 많은 성과를 냈다.

5_고전《산해경》에는 '은(䴷)'으로 되어 있는데, 이 책의 저자가 구환으로 적은 이유를 정확히 알 수 없다. - 역자 주

네 다리 짐승 모양 질그릇

가장 일찍 만들어진 질그릇은 일상용구인 젓가락, 조롱박 등의 모습을 본뜬 것이다. 신석기시대 중기에는 기물의 용도에 따라 식기, 굽는 용기, 저장용기와 도구로 나누어 제작되었다. 기본적인 일상생활의 수요를 충당할 정도의 규모가 된 것이다. 손으로 만든 이 그릇은 고개를 들고 입을 벌리고 배를 곧게 펴고 꼬리를 흔드는 괴수의 모양을 닮았다.

황금과 옥이 많고 산 밑에는 푸른 계관석이 많다.

다시 서쪽으로 200리를 가면 웅이산(熊耳山)이 있다. 산 속에는 나무가 울창하고, 산꼭대기에는 옻나무가 숲을 이루며, 산 밑은 온통 종려나무로 덮여 있다. 계곡물이 흘러나와 강을 이루니, 이를 부호수(浮濠水)라고 한다. 이 강은 서쪽으로 흘러가다가 낙수로 들어간다. 그 강물 속에는 아름다운 옥이 많고 인어가 많이 산다. 산중에 무성히 자라는 초목 가운데 특이한 풀이 있는데, 차조기처럼 생겼지만 붉은 꽃이 핀다. 이 이름을 정녕(葶薴)이라고 하는 이 풀에는 독이 있어 물고기를 죽일 수 있다.

다시 서쪽으로 300리를 가면 모산(牡山)이 나온다. 산꼭대기에는 갖가지 색깔의 화문석이 많고 산 밑에는 숲이 울창하다. 여기에는 줄기가 가늘어 화살을 만드는 대나무와 비를 만드는 작은 대나무가 많이 자란다. 산 위에는 짐승이 많은데, 그중 작우와 암양이 많다. 또한 새도 많이 날아다니는데, 특히 붉은 꿩이 많다.

다시 서쪽으로 350리를 가면 총령산(冢岭山)[6]이 있다. 낙수가 이 산에서 발원하여 동북쪽으로 흘러 현호수(玄扈水)로 들어가는데, 그 물에 마장(馬腸)이라는 짐승이 많이 산다. 총령산과 현호산(玄扈山) 사이로 낙수가 흘러간다.

> 이산 첫머리에 있는 녹제산에서 시작하여 현호산까지는 모두 9개의 산이 1,670리에 걸쳐 구불구불 이어진다. 이 산에 사는 신들은 모두 사람얼굴에 짐승의 몸을 하고 있다. 이 신들에게 제사를 지낼 때는 털 난 짐승으로 흰 닭 한 마리의 피를 뽑아 젯상에 바르고, 색깔이 화려한 물건으로 닭을 장식하며, 젯매쌀은 쓰지 않는다.

6_고전《산해경》에는 이 산이 '환거산(讙擧山)'으로 되어 있는데, 이 책의 저자가 총령산으로 표기한 것은 잘못으로 보인다. - 역자 주

● ── 중차5경(中次五經)

중앙의 다섯 번째 산줄기를 박산(薄山)이라 하는데, 그 첫머리에 구림산(荀林山)이 있다. 산 위는 민둥민둥해서 초목이 자라지 않고, 온 산 가득 괴상한 돌이 많다.

다시 동쪽으로 300리를 가면 수산(首山)이 나온다. 이 산의 응달진 북쪽 언덕에는 닥나무와 떡갈나무가 자라고, 풀이 빽빽이 자라는 사이사이로 엉겅퀴와 팥꽃나무가 많이 있다. 또 양지바른 남쪽 기슭에는 저부옥이 많고, 나무로는 홰나무가 많이 자란다. 이 산의 북쪽에는 계곡물이 종횡으로 흐르는데, 그중 궤곡(机谷)이라는 깊은 계곡이 있다. 이 궤곡에는 새가 많은데 그중에서도 대조(馱鳥)가 많다. 이 새는 올빼미처럼 생겼으나 눈이 3개에 귀도 있다. 이 새는 사슴 우는 소리와 비슷한 소리를 내는데, 사람이 이놈을 잡아먹으면 습기 때문에 생기는 병을 고칠 수 있다.

다시 동쪽으로 300리를 가면 현착산(縣斶山)이 있다. 산 위는 황량해서 초목이 자라지 않는다. 그리고 온 산이 화려한 화문석으로 덮여 있다.

다시 동쪽으로 300리를 가면 총롱산(葱聾山)에 닿는다. 이 산도 황량한 민둥산이어서 초목은 자라지 않으나, 온 산에 패물을 만들 수 있는 아름다운 옥이 많다.

다시 동북쪽으로 500리를 가면 조곡산(條谷山)이 우뚝 솟아 있다. 산 위에는 나무가 울창한데, 특히 홰나무와 오동나무가 많다. 풀도 빽빽이 자라고 있는데, 그중에서도 작약(芍藥)이 요염한 자태를 뽐내며 천문동과 맥문동(麥門冬)도 파릇파릇하다.

다시 북쪽으로 10리를 가면 닿

큰 곰이 산을 열다

우는 홍수를 성공적으로 다스리기 위해 스스로 곰으로 변했다. 아내 아교(阿嬌)는 처참한 남편의 모습에 놀라 흐느끼다가 너무 고통스럽고 실망스러워 온몸이 마비되면서 뻣뻣해졌고 결국 차가운 돌로 변해버렸다. 화가 나서 그녀를 쫓아오던 우는 숭산(嵩山)에 이르러 아내가 돌로 변한 것을 보더니 부랴부랴 고함을 질러댔다. 참을 수 없이 분노한 우는 석상을 뒤흔들면서 소리쳤다. "내 아들은 내놓으시오!" 그랬더니 갑자기 석상이 흔들흔들 요동치다가 쩍 갈라지면서 구멍으로 갓난아기를 휙 던졌다. 이 아기가 바로 훗날 백익과 왕위를 다투게 되는 계다.

중산경 · 형산(荊山)과 대홍산(大洪山)
명각본삽도

이 그림은 현재 호북성 경내에 해당하는 지역의 자연지리와 인문지리를 나타냈다. 대홍산의 남쪽 끝이 바로 옛 운몽택(雲夢澤)의 북쪽 경계로, 그곳에 유명한 굴가령(屈家岭)문화 유적지가 있다. 운몽택은 물이 점점 줄어 지금 동정호나 홍호로 되었으며, 광활하던 못이며 습지는 이미 호수 주변의 평원으로 변했다. 굴가령에서 출토된 다량의 생산도구와 볍씨로 보아 당시 농업이 상당히 발달했으며, 함께 출토된 남성 숭배 도자기는 이미 당시 부계씨족사회였음을 말해준다. 고대 채광에 대한 일화 중에 화씨지벽(和氏之璧)으로 알려진 변화씨(卞和氏)의 옥 이야기가 유명하다. 형산 산맥의 북쪽 기슭에 포박암(抱璞岩)이 있는데 그 높이가 100m나 되고 병풍처럼 깎아지른 듯하며 위아래에 천연 석실(石室)이 2개 있다. 아래 석실은 200여㎡로 원래 변화씨의 석상이 있었고, 위의 석실은 200여 명이 들어갈 수 있을 정도로 넓다. 그 해에 변화씨가 보옥을 발견해 황제에게 바쳤다. 하지만 뇌물을 주지 않아서인지 '옥 캐는 일을 맡은 관리인'은 한낱 돌멩이라고 보고를 올렸고 황제를 기만한 죄로 변화씨는 두 다리까지 잘린다. 얼마 후 초(楚)왕이 친히 이 일을 조사해보니 변화씨의 보옥은 천금에 달했고, 이로부터 변화씨의 벽옥(碧玉)으로 세상에 알려지게 되었다.

는 곳이 초산(超山)이다. 이 산의 응달진 북쪽 기슭에는 아름다운 창옥이 많고, 양지바른 남쪽 기슭에는 우물이 있다. 이 우물은 겨울에는 물이 고이지만 여름에는 말라버린다.

다시 동쪽으로 500리를 가면 성후산(成侯山)이 있다. 산꼭대기에는 수풀이 우거져 있는데, 특히 수레의 끌채를 만들 수 있는 목재인 참죽나무가 많다. 풀도 무성한데 약초인 진교(秦芁)가 제일 많다.

다시 동쪽으로 500리를 가면 조가산(朝歌山)이 나온다. 산 속에는 계곡이 종횡으로 흐르는데, 그곳에는 여러 빛깔의 고운 흙이 있다.

다시 동쪽으로 500리를 가면 괴산(槐山)에 닿는다. 이 산 속에는 협곡이 종횡으로 나 있으며 그 속에는 황금과 주석이 많다. 괴산은 바로 직산(稷山)으로, 이 산 아래에서 후직이 백성들에게 씨앗 심는 법을 가르쳤다고 한다. 산 위에는 후직의 사당이 있다.

후직은 기(棄)라고 하며, 그의 어머니 강원(姜原)은 제곡(帝嚳)의 부인이다. 강원이 들에서 노닐다가 거인의 발자국을 보고 기뻐서 그 발자국을 밟은 후 임신하여 아들을 낳았으니, 그가 바로 후직이다. 그는 밭을 갈고 씨앗 뿌리는 일을 잘해서 백성들이 그의 방법을 본받았으며 요임금은 그를 농사(農師)로 임명하기까지 했다. 그의 손자 숙균(叔均) 때에 이르러 모든 사람들은 소를 사용하여 경작했다고 한다.

후직이 어머니에게 버림을 당한 후 농사에 능한 사람이 되었다는 이야기는, 제곡이 공공을 평정한 후에 서북을 순수한 이야기에서 시작된다. 제곡이 강원을 데리고 태산 일대를 여행하던 어느 날이었다. 제곡은 멀리 동남쪽 모퉁이에 있는 산을 바라보게 되었다. 그 산에는 숲이 우거져 있었고 숲 속에는 집 한 채가 있었다. 그런데 집이 매우 크고 지붕이 높이 솟아 있었기에 제곡은 그곳 백성들에게 이렇게 물어보았다.

"도대체 저곳에는 누가 살고 있는가?"

백성들이 대답했다.

"그곳은 용반산(龍盤山)이라고 하는데, 산 위에 비밀 궁전이 하나 있습니다."

제곡이 다시 물었다.

"비밀 궁전이라니, 그게 무슨 뜻인가?"

백성들이 대답했다.

"그곳은 사당입니다. 제사지낼 때뿐만 아니라 중요한 일이 생기면 저희는 그곳에 모여 의논을 합니다. 저 집 문은 지금 같은 때만 열려 있고, 다른 때는 늘 닫혀 있습니다. 그래서 저 집을 비밀 궁전이라고 하는 것입니다."

제곡이 다시 물었다.

"저곳에서 모시는 신은 어떤 신인가?"

백성들이 대답했다.

"여와낭낭(女媧娘娘)입니다. 아들 없는 사람이 그 신에게 성심으로 제사를 드리면 아들이 생긴답니다. 정말 용하지요."

이 말을 들은 제곡은 강원을 한 번 돌아보고는 아무 말도 하지 않았다. 큰길에 이르러 제곡과 강원이 수레에 오르자 시종들이 백성들에게 비단을 하사했다. 그러자 사람들은 신바람이 나서 춤을 추며 돌아갔다.

그날 밤 객사에 머물게 된 제곡이 강원에게 말했다.

"예부터 사람들은 여와낭낭을 신매(神媒)라 불렀다 하오. 즉 세상 남녀가 결혼하는 일을 주관하는 신이라는 뜻이오. 남녀가 혼인을 하면 아들이 있어야 하는 법이니, 이에 그 신이 혼인대사를 주관할 뿐만 아니라 필시

오채조(五彩鳥)

오채조는 신령한 새의 이름이다. 봉황류의 신조로 늘 무리지어 다니며 얼굴을 맞대고 나풀나풀 춤춘다. 현조(玄鳥)의 짝 제준이 하늘 정원에서 속세로 내려와 오채조와 친구로 지냈다. 제준이 내려오는 곳에 단이 있는데 이 단을 오채조가 관리한다.

강원(姜嫄), 거인의 발자국을 밟고 후직을 낳다

강원(姜原)이라고도 한다. 전설에서 그녀는 중국 주나라의 시조인 후직의 어머니이자 제곡의 아내요 유태씨(有邰氏)의 딸이다. 강원은 친구와 들로 놀러갔다가 거인 발자국을 보았다. 당시 그녀는 열여덟 아홉의 소녀였으니, 이런 거대한 발자국을 남긴 이라면 분명히 키가 큰 영웅일 것이라는 생각에 속으로 그를 흠모하게 되었다. 그리하여 자신의 발을 거인의 발자국에 대면서 자기 발보다 얼마나 큰지 알아보려는데 밟자마자 뜻밖에 기분이 이상해지면서 임신을 했다. 후직은 이렇게 태어났다.

아들을 점지하는 일까지 맡고 있는 모양이오. 아까 백성들한테 들은 것처럼 그렇게 영험하다면 믿을 만하지 않겠소. 당신 나이 마흔이 넘도록 자식이 없어서 짐이 내심 걱정을 하고 있었소. 그래서 내일 아침부터 사흘간 목욕재계하고 함께 그 궁으로 가서 아들을 청해보려 하는데, 당신 생각은 어떻소?"

그러자 강원이 웃으며 대답했다.

"이 미천한 몸이 마흔여섯 살로 이토록 늙었사온데 어찌 아들을 낳을 수 있겠습니까?"

제곡이 말했다.

"그렇지 않아요. '진심은 하늘을 감동시킨다'는 말도 있지 않소? 나이 쉰여섯인 부인도 아들을 낳은 일이 있었다 하오. 하물며 당신은 아직 오십도 안 되지 않았소? 게다가 여와낭낭은 전무후무한 여걸로, 살아서는 영웅이었고 죽어서는 신이 되었다 하오. 짐의 생각에 진심으로 바란다면 효험이 없지는 않을 것 같소."

이야기를 마친 후 제곡은 곧바로 강원에게 목욕재계를 시키고, 털이 까맣디까만 소 한 마리를 제물로 뽑았다. 그런 후 2대의 작은 수레를 번갈아 타면서 용반산을 향했다. 산 위에 도착해서 보니 비밀 궁전은 남쪽을 바라보며 서 있었는데, 그 뒤로는 온통 숲이었고 앞으로는 바로 태산이 솟아 있었다. 알고 보니 용반산은 바로 태산 아래쪽의 작은 언덕이었다.

제곡과 강원은 수레에서 내려 나란히 사당으로 발길을 옮겼다. 사당문에 이르러 몇 걸음 떼지 않았을 때 길 옆의 진흙에 엄청나게 큰 발자국이 찍혀 있는 게 보였다. 발자국은 모두 5개였는데, 발길이가 8척이나 되고 엄지발가락만 해도 보통 사람의 그것보다 컸다. 발꿈치는 뒤에 있고 다섯 발가락은 사당 문을 향한 것으로 보아 분명 들어갈 때 낸 자국이었다.

제곡은 고개를 들고 사당의 구조를 자세히 살피느라 발자국에는 신경을 쓰지 않고 있었다. 그러나 강원은 고개를 숙이고 걸어가다가 발자국을 발견하고는 호기심을 억누를 길이 없었다. 그녀는 생각했다. '세상에, 이렇게 발이 큰 사람이 정말 있을까? 그렇다면 그 사람은 도대체 얼마나 큰 사람일까?' 강원은 그토록 거대한 사람을 한 번도 본 일이 없다는 생각에 아쉬움을 느꼈다.

강원이 이런 생각을 하면서 사당의 문을 들어서니 중앙에 놓인 여와 낭낭의 신상이 보였다. 복식이 장엄하고 풍채가 당당하기 짝이 없었다. 이때 시종들이 제곡 부부에게 제사상을 다 차렸다고 알리며, 정성을 다해 빌라고 아뢰었다. 제곡이 절을 다 하고 일어나보니 사방의 벽이 너무 허름해서, 이곳 백성들의 풍속이 아주 소박하다는 생각이 들었다.

제곡과 강원은 제사를 드린 후 사당 뒷편을 다시 한 번 둘러보았다. 그리고 그 많은 나무들이 모두 뽕나무라는 것을 발견하였다. 뽕나무 숲 너머 조금 떨어진 곳에는 언덕이 하나 있었는데 그 위로 집들이 여럿 있었다.

다시 앞쪽으로 발길을 돌리면서 사당 문을 나설 때, 강원은 제곡에게 거인의 발자국에 대해 말하려 하였다. 그러나 제곡은 고개를 들어 계속 태산만 바라보다가 손으로 그 산을 가리키면서 강원에게 이렇게 말했다.

"한 번 보구려. 저기 제일 높은 봉우리가 바로 태산 정상이라오. 저기 서로 기대고 있는 봉우리가 두 번째 봉우리지요. 저 산 속 평지에 바로 우리 숙소가 있는데, 그 많은 집들이 모두 산에 가려서 보이지 않는구려. 어제 짐과 당신이 산꼭대기에서 동쪽으로는 바다를, 서쪽으로는 하택(菏澤)을 바라보았으며, 북쪽으로는 대륙을, 남쪽으로는 회수를 바라보았으니, 정말이지 이 눈으로 천하를 모두 본 것이나 다름없구려. 하지만 그때는 그렇게 높다는 생각을 못했는데, 오늘 아침 여기 서서 보니 그 장엄한 기상이 절로 느껴지오. 정말 보고 또 봐도 끝이 없구려!"

제곡이 이리저리 가리키면서 이야기를 하는 동안, 강원은 그가 가리키는 곳을 따라 보며 대답을 하였다. 그러면서 자기도 모르게 발을 천천히 옮겨 그 커다란 발자국을 밟게 되었다. 묘하게도 그녀가 밟은 곳은 그 발자국의 엄지발가락 부분이었다. 그 커다란 발자국을 밟자마자 강원은 마치 전기가 통한 듯 짜릿함을 느꼈으며, 날아갈 듯 황홀하다가 온몸이 나른해져왔다. 마치 남자와 사랑을 나눌 때처럼 하반신이 취한 듯, 멍한 듯, 깨어 있는 듯하다가도 꿈을 꾸는 듯하기도 해서, 아예 땅에 드러눕고 싶었다. 제곡이 하는 말도 들리지 않았을 뿐만 아니라 자기가 도대체 어디에 있는지조차 잊어버릴 지경이었다.

강원이 계속 아무런 말도 하지 않자 이상하게 생각한 제곡은 그녀를 돌아보았다. 그녀의 눈은 게슴츠레 감은 듯 뜬 듯하였고, 양 볼은 취한 듯

훼(虺)

훼는 살무사로 어금니가 있고 독이 있는 뱀이다. 《집전(集傳)》에서 '훼는 뱀과로 목은 가늘고 머리는 크며 무늬가 있고 큰 것은 7, 8척에 달한다'고 했다.

예가 하백에게 화살을 쏘아 복비(宓妃)를 아내로 맞이하다

복비는 낙수의 신으로 동방 목덕(木德)의 황제인 복희의 딸이자 황하의 수신(水神) 하백의 아내다. 그림은 하백의 아내 복비가 예와 사이좋게 지내는 것을 보고 하백이 흰 용으로 변해 확인하러 왔다가 예가 쏜 화살에 결국 왼 눈을 맞고 마는 장면이다. 화가 난 하백이 천제에게 뛰어가 고했지만 천제는 평소 하백의 품행을 매우 잘 알고 있었기에 그의 소송은 유야무야되었다.

부끄러운 듯 발그레해져 있었으며, 몸은 흐물흐물 바람에 흔들리는 듯하였다. 놀란 제곡이 물었다.

"왜 그러시오, 부인? 혹 몸이 불편한 것 아니오?"

연이어 몇 번을 물어도 강원은 아무 말이 없었다. 그러자 제곡이 말했다.

"큰일이로다, 나쁜 바람을 맞은 모양이다."

제곡은 급히 시종들에게 강원을 부축하게 한 후 자신의 옷을 벗어 강원을 덮어주면서 사람들을 시켜 그녀를 수레에 태우게 했다. 수레에 오른 후 제곡이 다시 물었다.

"도대체 어찌 된 거요? 몸이 편찮은 거요?"

재차 묻는 제곡의 목소리에 강원은 정신이 돌아왔지만 여전히 몸이 나른해서 움직일 수 없었다. 강원이 계속해서 아무런 말이 없자 제곡이 다시 물었다. 그러자 강원은 방금 겪은 일들이 떠오르면서 부끄러움에 얼굴이 새빨개지다 못해 목까지 빨개졌다. 그녀는 한마디도 못하고 고개만 끄덕거렸다. 제곡도 더 이상 캐묻지 않고 시종들에게 얼른 수레를 달려 하산하라고 분부를 내렸다. 얼마 후 객사에 이르러 수레에서 내리자 제곡이 말했다.

"지금은 어떻소, 좀 나아졌소? 약을 좀 먹을 테요?"

강원은 마음이 안정되었지만 입을 열기가 민망해서 억지로 답했다.

"좀 나아졌으니 약은 필요 없습니다. 조금 전에는 몸에 열이 있었나 봅니다."

이 말을 들은 제곡은 더 이상 아무 말 하지 않고 강원에게 일찍 들어가 쉬도록 시켰다.

그날 밤 강원은 꿈을 꾸었다. 꿈속에서 커다란 사람이 나타나더니 그녀에게 이렇게 말하는 것이었다.

"나는 하늘의 창신(蒼神)으로, 비밀 궁전 앞에 있던 큰 발자국은 내 것이오. 당신은 내 엄지발가락을 밟음으로써 나와 인연을 맺게 되었소. 여와낭낭의 명을 받들어

우리는 부부가 되었으니, 당신은 이제 곧 잉태할 것이오."

강원은 꿈속에서 이 말을 듣고는 부끄럽기도 하고 무섭기도 해서 잠을 깨고 말았다. 생각할수록 기이했지만 제곡에게 말할 엄두는 나지 않았다. 그래서 그냥 마음속에 숨겨둘 수밖에 없었다.

다음날, 강원이 평상시나 다름없자 제곡은 출발을 명한 후 서북쪽으로 계속 나아갔다. 그 길은 지세가 낮아서 습지가 많고 여기저기 호수와 연못이 가로놓인 곳으로, 일대에 사는 사람이 극히 드물었다. 대륙택(大陸澤)에 이르러서는 배를 타야만 했다. 배로 북쪽 기슭에 당도하니 비교적 많은 사람들이 있었다. 그들은 왕의 일행이 온다는 소식을 듣고는 달려나와서 그들을 맞이했다. 제곡은 평소와 마찬가지로 그들을 위로하면서 고충은 없는지 물었다. 그러나 아무도 말을 하지 않았다.

며칠 후 제곡은 시종으로부터 이기후(伊耆侯)라는 노인이 알현을 청한다는 말을 들었다. 제곡은 크게 기뻐하며 그를 들어오라 일렀다. 이기후가 바로 이장유(伊長孺)인데, 그는 자신의 딸 경도(慶都)를 제곡의 비로 들인 사람이었다. 제곡은 그가 비범한 사람임을 알아보고 이수(伊水) 부근 후국(侯國)의 군(君)으로 봉한 바 있었다. 그는 예상대로 재주가 출중해서 백성을 잘 보살폈다. 공공의 난이 일어났을 때 이장유는 급히 현명한 관리를 찾아 좋은 정책을 펴서 백성을 안정시키는 데 성공하였다. 이에 제곡이 이장유를 기주(冀州)의 후군으로 봉했으니, 그리하여 그를 이기후라 부르게 된 것이다.

이기후가 예를 올리고 나자 제곡이 물었다.

"그대는 무슨 일로 이곳에 있소?"

이기후가 대답했다.

"신은 친구를 방문하러 수일 전에 이곳에 당도했습니다. 그러던 중 어가가 도착한다는 소식을 듣고 일부러 마중 나온 것입니다."

제곡이 물었다.

"그대 친구는 어떤 사람이오?"

"신의 친구는 이름이 전상공(展上公)이고 최근에 도를 깨우친 선비입니다."

"그대의 친구가 바로 전상공이란 말이오? 내 오래전부터 그 명성을

소 모양 준(尊)
서상(西商)

제례가 성행했던 서상의 주요 산업이었던 목축업은 귀족들의 일상적인 음식물과 순장이나 제사에 필요한 희생양들을 제공해왔다. 귀족들은 세발솥을 늘어놓고 먹었는데 솥 안의 고기는 주로 소, 양, 돼지 등이었다. 특히 소는 당시 제사에 빠져서는 안 되는 희생양이었다.

뚜껑의 사슴과 등 뒤의 고리주물

술이 흘러나오는 곳

옥룡(玉龍)

용은 상제의 사자라고 한다. 상 왕조에서부터 용은 천자의 화신으로 물을 다스렸다. 용봉은 바로 바람과 물에 해당된다.

적송자

적송자는 중국 신화에 등장하는 신선이다. 신농 시대의 우사(雨師)로 일설에는 제곡의 스승이라고 한다. 후대 도교에서 그를 모셨다.

《한서(漢書)·장량전(張良傳)》을 보면 유방(劉邦)의 유명한 장수인 장자방(張子房)이 적송자를 들먹이는 대목이 나온다. 한과 초의 싸움이 끝난 뒤 유방이 공신들을 차례로 죽인다. 하지만 장량 자신에게는 오히려 풍요로운 진류(陳留) 땅을 책봉해주자, 장량 즉 장자방은 자신의 목숨도 위험하다는 것을 느낀다. 그리고 이렇게 말한다. "원하옵건대 소신은 인간 세상의 모든 것을 버리고 그저 적송자를 따라 노닐고 싶을 따름입니다."

듣고 만나보고 싶었으나 그가 여기 살고 있는 줄은 몰랐소. 그대가 소개를 해주면 좋겠소."

"아쉽게도 바로 어제 다른 곳으로 가버렸습니다."

제곡이 황망히 물었다.

"아니, 도대체 어디로 갔단 말이오?"

"그는 본시 구름처럼 떠도는 사람입니다. 이번에는 해외로 가서 선문자고(羨門子高)와 적송자 등을 방문한다고 들었습니다. 한 번 가면 몇 년이 지나야 돌아올지 모릅니다. 신이 이번에 온 것도 그가 멀리 갈 예정이라기에 특별히 그를 배웅하기 위해서였습니다."

이기후는 말을 마치고 안타까워 어쩔 줄을 몰라 했다. 제곡은 이기후를 객사에 머물며 야참을 들게 했다. 이기후는 치적이 있는 제후였기에 특별히 융숭한 대접을 받았다. 또한 예를 행할 때는 강원도 한편에 배석하였다. 옛날에는 남녀 간에 분별이 있다고 해도 지금처럼 엄격하지는 않았으니, 이렇게 야참을 대접하는 예식에도 왕후가 배석했던 것이다. 후에 주대(周代)에 이르러 양국(陽國)의 제후가 무후(繆侯)의 나라를 찾았다. 이에 무후는 부인을 배석시킨 채 예를 갖추어 양국의 제후를 대접했다. 그런데 양국의 제후가 무후 부인의 미모에 끌려 흑심을 품고는 무후를 살해한 후 부인을 빼앗았다. 이 사건을 계기로 그 후로는 부인을 배석하는 예절이 폐지되었으며, 이것은 청대(淸代)까지 지속되었다. 집에 손님이 오면 주인이 접대를 하지만 안주인은 나오지 않게 된 것이다.

제곡이 예를 갖추어 이기후를 대접하고 예가 끝난 후 연회가 시작되자 강원은 안으로 들어갔다. 제곡이 이기후에게 물었다.

"요새 그대가 다스리는 곳의 사정은 어떠하오? 공공씨(共工氏) 유민들은 모두 개과천선하였소?"

이기후가 말했다.

"신은 기 땅에 도착한 뒤 황제의 어명을 받들어 백성들에게 뽕나무 농사에 전념하게 하여 땅의 이로움을 다하게 했습니다. 또 그들로 하여금 근검절약하게 하였습니다. 가난하여 일할 수 없는 사람에겐 재화를 빌려주어 구제하고 있습니다. 지금까지는 백성들이 즐겁게 생활하고 별 근심이 없습니다. 게다가 민심도 점점 후하고 선해져서 서로 아끼고 사랑합니다. 음식이 생기면 다들 나누어 먹고, 어려운 일이 생기면 서로 도우며, 병이 나면 서로 의지할 줄 알게 되었으니, 이전과는 많이 달라졌습니다. 신이 다스리는 기국에는 본래 공공의 유민들이 그리 많지 않습니다. 그곳에 살고 있는 사람들은 모두 착하게 지내고 있으니 황제께서는 마음을 놓으십시오."

제곡은 그 말에 기뻐하여 이렇게 덧붙였다.

"본래는 이번 북행길에서 먼저 그대의 지역을 들렸다 태원(太原)을 거쳐 항산(恒山)으로 가려던 참이었소. 지금 그대를 만났으니 다시 들를 필요가 없겠구려. 탁록, 부산에서 항산으로 갔다가 태원으로 가겠소."

그러자 이기후가 말했다.

"황제께서 항산으로 가신다면 저도 따르겠습니다."

이에 제곡이 만류하며 말했다.

"그럴 필요는 없소. 다음에 또 만나게 되겠지요."

제곡의 말에 이기후는 물러갔다.

며칠 후 제곡이 그곳을 떠나려 할 때쯤, 이기후가 전송하러 와서는 이렇게 말했다.

"신이 요즘 늙고 병약해져서 여식 경도가 꽤 그립습니다. 황제께서 도읍지로 돌아가시면 사람을 보내 여식을 맞아 왔으면 하는데 윤허해주시

중산경·숭산
명각본삽도

숭산은 옛날에 방산(方山) 혹은 숭산(崇山)이라 했다. 이 산맥의 태실산(太室山)은 최고봉이 해발 1,440m이고, 소실산(少室山)은 해발 1,512m에 달한다. 동남쪽 기슭의 고성진(告成鎭)은 고서에서 말하는 '우의 도읍 양성(陽城)'으로 주공이 경치를 감상했던 유명한 관경대(觀景臺)와 별을 보는 관성대(觀星臺)가 있다. 태실산과 소실산의 유래에 대해 그 지역의 재미난 이야기가 전해진다. 우임금이 치수 중에 도산(塗山)에 왔다. 그 해가 다 지나도록 아내가 없자 도산 백성들이 그곳에서 제일 멋진 처녀를 골라 우에게 시집을 보냈다. 우는 도산교(塗山嬌)와 도산요(塗山姚) 자매와 결혼하여 숭(嵩) 땅으로 갔다. 도산교는 숭산 자락에 살았고 도산요는 계산(季山) 자락에 살았다. 나중에 도산교는 용문(龍門)의 환원관(轘轅關)을 파는 작업 중에 곰으로 변한 남편 우의 모습에 놀라 도망치다가 돌이 되어 버린다. 그러자 우는 돌녀가 된 교의 돌 틈으로 아들을 빼내 도산요에게 기르도록 했다. 그래서 사람들은 도산요가 살았던 계산을 소실산이라고 하고 도산교가 살았던 숭산을 태실산이라고 부르는 것이다.

나뭇잎을 입은 시조
무명씨

복희는 상고시대 전설에서 고대 삼황오제의 처음에 위치한다. 그는 누이 여와와 혼인해서 중화민족을 번성하게 했으며 고기를 잡고 사냥하는 등 여러 생산적인 기술을 전파했다. 고대 사상과 생활에서 빼놓고 논할 수 없는 팔괘도 그의 발명품으로 전해진다.

추(樞)

추는 느릅나무라고도 하는데 줄기에 가시가 돋아 있고 산뽕나무처럼 생겼다. 잎은 타원형으로 느릅나무와 비슷하다.

겠습니까?"

제곡이 말했다.

"그야 인지상정, 짐이 윤허하지 않을 까닭이 있겠소? 짐이 떠나고 나면 사람을 보내 데려오도록 하시오."

이 말을 마지막으로 제곡과 헤어진 후, 이기후는 기국으로 돌아갔다.

제곡과 아내 강원은 먼저 탁록에 이르러 황제의 옛 도읍을 둘러보았으며, 부산에 도착해서는 천하의 제후들을 모두 소집하여 회맹(會盟)하던 유적을 찾아보았다. 그런 후 마침내 항산에 이르렀다. 항산은 오악(五岳) 중의 북악(北岳)으로 산세가 험하고 숲에는 탱자나무, 가지나무, 박달나무와 산뽕나무 종류가 많다. 제곡은 생각했다.

'공공씨의 화살이 날카롭다 말하는 데는 다 이유가 있었도다. 활을 만드는 데 좋은 재료가 되는 산뽕나무가 이렇게 많이 있다니.'

제곡이 이런 생각에 빠져 있을 때 멀리서 누군가 살려달라고 외치는 소리가 들려왔다. 앞줄에 서 있던 시종들이 그 소리를 듣고는 웅성거렸다.

"짐승이 사람을 해치나 보다."

그리고 모두들 위험에 닥친 사람을 구하고자 무기를 들고 소리가 들려온 곳을 향해 달려가기 시작했다. 먼 데서 많은 사람들이 달려오는 것을 본 짐승은 잡아먹던 사람을 포기하고 뒤로 달아나기 시작했다. 그 짐승은 달아나며 기러기 울음소리 같은 큰 소리를 내었다. 시종들은 그놈을 놓칠까봐 얼른 화살을 쏘았다. 순식간에 열 몇 대의 화살을 맞은 짐승은 한참을 계속 달아나다가 결국 고꾸라져 죽었다.

사람들이 달려와 사고 현장에 몰려들었다. 짐승에게 당한 사람을 봤더니 얼굴이 없어졌고 장기는 터져 나와 이리저리 널려 있었으며 숨은 이미 끊어져 있었다. 사람들은 어쩔 수 없이 구덩이를 파서 그 사람을 묻어주고는 제곡 앞으로 짐승을 끌고왔다.

그 짐승은 소와 비슷하게 생겼으되 뿔이 4개 달려 있었고, 눈은 사람

눈동자와 흡사했으며, 두 귀는 돼지 귀 같았다. 제곡은 한참을 봐도 이놈이 무슨 짐승인지 알 수가 없었다. 그래서 시종들에게 그 짐승을 메고 산 위로 올라가서 그곳 토박이들에게 물어보라고 명했다. 시종들이 산을 반쯤 올랐을 때 한 떼의 사람들이 내려오다가 짐승을 보고는 소리쳤다.

"잘됐군, 잘됐어. 또 제회 한 마리가 죽었군."

시종들이 그들을 데리고 제곡에게 갔다. 제곡 앞에 선 사람들은 군주를 알아보고는 황망히 머리를 조아렸다. 그러자 제곡이 물었다.

"이 짐승을 아는가? 이름이 무엇인가?"

백성들이 아뢰었다.

"이 짐승은 제회란 놈으로 매우 흉악해서 사람을 잡아먹습니다. 이곳 사람들이 얼마나 많이 그놈에게 당했는지 모릅니다. 올 초에 저희가 한 마리 죽였는데 오늘 또 한 마리가 죽었으니, 정말 잘된 일입지요."

제곡이 다시 물었다.

"제회는 모두 이 산에 사는가?"

사람들이 대답했다.

"예, 이 산 서쪽에 제회수가 흐릅니다. 이 강 양쪽 우거진 숲 속에 동굴이 많은데 이놈들이 그 동굴에서 살고 있습니다. 그래서 제회라고 부릅니다."

제곡의 질문이 이어졌다.

"또 다른 짐승들도 있는가?"

"호랑이, 표범, 승냥이, 이리 같은 것이 있으나 별로 특별한 짐승은 없습니다. 제회수에 지어라는 물고기가 있는데, 물고기 몸에 머리는 개처럼 생겼고 애기 우는 소리를 냅니다. 정말 신기한 놈이지만 그놈으로 놀람증이나 미쳐서 벌벌 떠는 병을 고칠 수 있으니, 이롭기만 하고 해는 없습니다."

제곡은 말을 다 들은 후 그들을 위로하고 산으로 올라갔다. 최고봉에 오르니 북악사(北岳祠)가 있었다. 사당 문 밖에 영롱하고 투명한 바위가 2장이나 되는 높이로 우뚝 서 있었다. 바위에는 '안왕(安王)'이란 두 글자가 크게 새겨져 있는데 무슨 뜻인지, 언제 누가 새겼는지를 알 수 없었다. 제곡은 무척 궁금했지만 달리 할 일이 없어 그저 그 바위 옆에서 쉬어 가기로

제곡

제곡의 호는 고신씨(高辛氏)다. 황제의 증손자인 제곡은 15세에 전욱의 신하로 일했으며, 30세에 재위에 올랐다.

간적(簡狄)

간적은 간우(簡遇)라고 하는데 상의 선조인 설(契)의 생모이자 유융씨(有娀氏)의 딸이고 제곡의 아내다. 그녀는 현조, 즉 제비의 알을 삼키고 회임하여 설을 낳았다.

큰 거북이 선산(仙山)을 짊어지다

본 그림은 거대여(巨岱輿), 부산교(負山喬) 등 오대 선산에 관한 재미난 이야기에서 소재를 취했다. 새처럼 자유롭게 나는 선인이 오대 선산을 오가며 친구를 방문하면서 즐겁고 행복하게 살았다. 그런데 문제가 하나 있었다. 오대 선산은 뿌리가 없는 탓에 풍파를 만나면 물결 따라 끊임없이 흔들흔들 움직였던 것이다. 황제는 북신(北神) 우경(禺京), 진조(秦朝) 등 여러 선인들에게 이 일을 잘 해결하도록 청했다. 우경과 진조는 15마리의 거대한 바다거북을 보내 물 밑에서 오대 선산을 머리로 이고 있도록 했다. 거북들이 3마리씩 한 조가 되어 차례로 순번을 서며 받쳤더니 오대 선산이 꿈쩍도 하지 않았다고 한다.

했다. 그런 후 북악에 예를 올리고 강원과 여기저기를 둘러본 뒤 하산하여 태원으로 갔다.

그곳에는 대태(臺駘)가 미리 마중을 나와 있었다. 제곡이 그 지방의 상황을 물었더니 대태가 아뢰는 내용 또한 이기후의 말과 같았다. 제곡은 곧 이곳저곳을 순시하기 시작하였다. 제방과 도랑 등이 잘 정비되어 있었고, 분수(汾水)의 물길 옆으로 평원이 널찍하게 자리 잡혀 있었다. 이에 제곡은 대태를 칭찬하였다.

마침 더운 여름이어서 길을 가기가 불편했기 때문에 제곡은 태원에 눌러앉기로 작정하였다. 그러면서 한가할 때는 대태와 치수(治水)에 관한 이야기를 나누었다. 대태에게는 윤격(允格)이라는 친형이 있었다. 윤격도 자주 제곡을 찾아와 이야기를 나누곤 했다. 대태는 자신이 제후를 오래 지냈으나 형은 아직도 서인(庶人)으로 있는 것이 늘 마음에 걸렸었다. 그리하여 윤격에게 지역을 봉해주십사 하고 제곡에게 청을 넣었다. 그러자 제곡이 말했다.

"그대의 형은 공을 세우지는 못했으나 그대의 부친 현명사(玄冥師)가 나라에 공이 있고 그대 또한 백성을 위해 힘을 다하고 있으니, 이런 관계를 봐서 그에게 한 곳을 봉하기로 하겠소."

그런 후 제곡은 즉시 윤격을 약(鄀)에 봉했다. 윤격은 머리를 조아리며 감사의 절을 올리고 떠났다. 며칠 후, 제곡은 갑자기 악부(握裒)의 편지를 받았다. 그 편지에는 다음과 같은 내용이 있었다.

'둘째 비 간적(簡狄)의 부모가 딸이 그리워 사람을 보내 영접하고자 하옵니다. 허락해도 좋을는지요?'

제곡은 편지를 읽고 즉각 답신을 보내 그것을 허락하도록 했다. 사신이 편지를 들고 떠난 후 수일이 지나자 추분이 되었다. 제곡은 일행과 함께 분수를 따라 양산(梁山)으로 향했다. 제곡이 강원에게 말했다.

"짐이 양산에 대해 오래 전

중산경 · 파산(巴山)
명각본삼도

파산은 현재 사천 경내의 민산(岷山) 산맥과 대파산(大巴山) 산맥 및 섬서성 남부의 진령(秦岭) 남쪽 기슭을 포괄한다. 옛날 파산 촉수(蜀水)라 하면 고대에 파인(巴人)과 촉인(蜀人)이 살던 곳을 말한다. 이 구역에서는 200만 년 전 무산(巫山) 사람이 생존했음을 보여주는 유적이 출토되었으며 다량의 구석기문화 유적이 남아 있다. 그중 광한(廣漢)의 삼성퇴에서 출토된 대형 청동기는 보기 드문 매력을 지녔다. 전욱, 곤, 우 모두 사천성 서부에서 살았으며 촉인의 선조인 잠총(蠶叢), 백관(柏灌), 어부(魚鳧), 두우(杜宇)와 파 사람의 선조 늠군(廩君)도 여기에 살았다. 파산 지역의 신농가(神農架)에 있는 최고봉인 신농정(神農頂)은 해발 3,105m에 달한다. 신농이 여기서 온갖 풀을 맛보았는데 산세가 험준하여 사다리를 만들어 높은 봉우리에 올랐다고 해서 이런 이름이 붙었다. 자료를 보면 지금 신농가 지역에는 야생 식물이 2,000여 종이 넘고 야생동물은 570여 종이나 되며 백금사(白金絲) 원숭이, 백사(白蛇), 백곰 등 하얀색의 희귀동물들이 많다고 한다. 이 산에는 야인(野人)도 출몰한다고 한다. 파산 지역에 사는 사람들은 말 몸에 용 머리를 한 신을 모시며 제수용품으로 수탉과 쌀을 쓴다. 그중 풍우산(風雨山), 귀산(騩山), 문산(文山), 구니산(勾檷山)은 선조들의 묘지로, 벌초하고 성묘할 때 맛좋은 술과 좋은 옥과 양이나 돼지 같은 소뢰(小牢)를 희생양으로 바친다.

부터 듣기를, 샘이 하나 있는데 여름이나 겨울이나 항상 따뜻하여 목욕을 할 수 있다 하오. 이번에 그곳을 지나가니 목욕을 한번 꼭 해봐야 할 것이오."

그러자 강원이 말했다.

"소첩이 듣기로 샘은 산에서 흘러오기 때문에 늘 차가운 법인데, 어떻게 따뜻한 샘이 있다고 말씀하십니까? 참으로 이해할 수 없습니다."

"세상이 이리 넓으니 어찌 이상한 것이 없을 리 있겠소? 짐이 듣기로 몇몇 지방에 있는 샘은 따뜻할 뿐 아니라 어떤 것은 펄펄 끓기도 해서 닭이나 돼지를 삶을 수도 있다니 더 기괴하지 않소? 짐이 보기에는 옛 사람들 말대로 땅에는 물, 불, 바람 3가지가 있소. 이 샘들의 물은 땅속을 흐르다가 불이 펄펄 끓는 곳을 지나면서 열을 받아 뜨거워졌을 거라고 하니 그럴 법도 하오."

며칠이 지나 양산에 도착한 그들은 곧바로 수소문한 끝에 온천을 찾아내었다. 서남쪽으로 수백 리 밖에 있는 원천(源泉) 3개가 흘러내려 칠저수(漆沮水)로 들어가고 있었다. 제곡은 즉시 옷을 벗고 그곳으로 들어가 몸을 씻었다. 누가 알았으랴? 그 후 이 물이 매우 유명해져서 사람들로부터 제곡천(帝嚳泉)이라고 불리게 되리라는 것을.

한편 제곡은 강원이 임신하여 곧 출산에 임박했음을 알게 되었다. 그

금룡(金龍)

진(秦)대의 이 금룡은 머리가 이리처럼 생겼는데, 진의 선조가 서부로 이주한 뒤에 숭배했던 천랑(天狼)을 응용해서 만든 작품이다. 진인의 선조는 상 왕조에서 공을 쌓아 서부 변경을 지키는 명을 받고 서융에 주둔하게 되었다. 상조 말기 주(紂)왕의 대장군이었던 비겸(蜚謙)과 악래(惡來)가 바로 진의 선조 중에 싸움을 잘했던 명인들로 결국 주 무왕에게 주살되었다. 주공(周公)이 동으로 정벌을 나갔을 때도 동이의 성씨가 영(嬴)인 부족을 없앴고 영씨 성을 가진 생존자들을 서부로 이주시켜 변방을 지키면서 죄 값을 치르게 한 적이 있다. 진나라 사람들은 동서의 두 부락을 하나로 합했다. 진이 다시 역사의 무대로 올라가려면 악래의 손자 택고랑(宅皐狼)을 기다려야 한다. 택고랑의 손자 조보(造父)가 수레를 몰고 공을 세워 조(趙) 땅에 봉해져 조씨의 시조가 되었다. 또 다른 친족 비자(非子)는 대구(大丘)에서 말을 길러 공을 세웠으며 진 땅에 봉해져 호를 진영(秦嬴)이라고 하니, 이로부터 진 나라 사람은 다시 흥하기 시작한다.

리하여 강원에게 말했다.

"짐은 본디 북쪽 교산(橋山)으로 가서 증조고 황제의 능묘를 알현하려 했소. 그런데 지금 당신이 출산을 하려 하니 먼 길을 돌아가는 것이 불편할 듯하오. 여기서 당신의 친정이 멀지 않으니, 우선 친정으로 가서 아이를 낳고 설을 지낼 준비를 하는 게 좋을 듯싶소."

강원이 웃으면서 대답했다.

"그것 참 좋은 생각입니다."

제곡은 즉시 시종들에게 유태국(有邰國)으로 출발할 것을 명했다. 그러나 길을 떠난 지 며칠 되지 않아 갑자기 날씨가 추워지고 큰 눈까지 내리면서 길이 막혀버렸다. 결국 눈발이 걷히고 날이 개기를 기다리느라 여러 날이 지체되었다.

그러던 어느 날, 빈읍(豳邑) 지방을 지날 때였다. 한쪽으로는 저수(沮水)가 흐르고 또 다른 쪽으로는 칠수(漆水)가 흐르는 곳에 이르렀을 때, 강원은 뱃속이 불편해지는 것을 느꼈다. 제곡은 그녀가 아이를 낳으려는 줄 알고는 즉시 수레를 세우게 한 후 조용히 출산을 기다렸다.

그렇게 며칠이 지났다. 때는 이미 한 해가 끝나가는 시절이라 한기가 견딜 수 없을 정도로 심했다. 빈읍 백성들을 살펴보니 모두 땅에 굴을 파고 살고 있었다. 어떤 집은 한 층뿐이지만 두 층으로 된 집도 있어, 위에는 밭과 큰 길이 있고 아래에는 사람들이 사는 집이 있었다. 그들은 매일 석양이 짙어지면 굴로 들어가 누워 쉬면서 다음날 해가 3장이나 높아질 때까지 절대 나오지 않았다. 토굴 안은 넓이가 불과 몇 장에 불과했지만 앉아서 밥 짓고 몸을 담고고 씻는 도구가 모두 있었다. 게다가 매우 깜깜해서 밤은 물론 낮에도 햇빛과 공기가 부족할 정도였다. 그렇지만 토굴 안은 매우 따뜻했으며, 특히 두 층으로 된 토굴은 아래가 더 따뜻했다. 그러니 그 지방의 특성에 맞추어 겨울이 되면 모두 토굴에 들어와 사는 것이지, 누가 억지로 시켜 그렇게 하는 것이 아니었다. 제곡은 그러한 모습을 며칠에 걸쳐 살피면서 속으로 생각했다.

'이곳 사람들은 아득한 옛날에 그랬던 것처럼 여전히 혈거의 풍속을 따르고 있다. 궁실을 짓고 제도를 만드는 것의 이점을 모르다니 정말 해괴한 일이도다. 그렇지만 모두 소박하고 화목해서 사치하려는 욕심도, 경쟁하

려는 생각도 전혀 없다. 진실로 사랑스럽고 부럽도다.'

이런 생각에 잠겨 있을 때 누군가 말했다.

"둘째 비 간적 마님이 오셨습니다."

제곡은 그 말을 듣고 크게 기뻐하며 간적을 맞아들이라 했다. 간적이 들어와 제곡을 만날 즈음에 강원도 소식을 듣고 나와 그녀를 맞이했다. 제곡이 간적에게 물었다.

"그대는 친정으로 돌아가는 길이 아니었소?"

간적이 대답했다.

"예, 친정에서 사람을 보내왔기에 황제의 성은을 입고 출발했습니다. 길을 떠난 지 3개월이 되었는데, 뜻밖에 여기서 황제와 황후마마를 마주치게 되었군요. 그런데 두 분은 어이하여 이런 황량하고 추운 곳에서 겨울을 나고 계십니까?"

이에 제곡은 강원이 출산에 임박했음을 알려주었다. 간적이 얼른 축하 인사를 하자 강원은 얼굴이 새빨개졌다. 그러자 제곡이 간적에게 말했다.

"마침 잘 왔소. 이 황량한 곳에서 정비가 출산을 하려는데 돌볼 사람이 마땅치 않아 걱정하고 있던 참이었소. 궁녀가 몇 있긴 하지만 마음을 놓을 수가 없구려. 그대가 여기 머물렀다가 황후가 출산한 후 친정으로 가는 게 어떻겠소?"

간적은 주저 없이 대답했다.

"당연히 그리 해야지요. 소첩 또한 황후마마를 보살피기 위해 이곳에 온 것입니다."

제곡은 유융국(有娀國)에서 간적을 맞이하러 보낸 사람을 먼저 출발하게 해서 유융후(有娀侯) 부부가 걱정하지 않도록 했다. 간적이 잠깐 앉아 있으려니 강원이 간적의 손을 잡고는 방으로 이끌었다. 그리고 그간의 모든 이야기를 털어놓았다. 밤이 되자 간적이 제곡에게 말했다.

"황후께서 연세가 많으신데 초산이라 위험할까 걱정입니다. 명의를 대

매 머리 권장(權杖)
촉인의 제기(祭器)

상고시대에 권장은 무사의 법장(法杖)에서 연역된 것이다. 이 권장은 상 문화의 특징을 흡수하여 제작된 보조적인 제사 도구다. 촉나라 제사의식에서 권장은 왕의 권력을 상징했다.

채미도(採薇圖)
이당(李唐), 비단 채색, 송대

채미도, 즉 '고사리를 캐는 그림'은 은나라 말기에 백이(伯夷)와 숙제(叔齊)의 '주나라 곡식을 먹지 않는다' 는 이야기에서 소재를 취했다. 《사기》에 보면 백이와 숙제는 은상(殷商)의 제후로 고죽군(孤竹君)의 후예다. 고죽군의 아들 셋 중 숙제가 후계자였지만 형제 모두 자리를 이어받지 않았다. 나중에 주 문왕이 노인을 공경한다는 말을 듣고 백이와 숙제는 주로 들어간다. 무왕이 주왕을 공격할때 간언을 올렸으나 결국 무왕이 상을 멸망시키자, 둘은 수양산(首陽山)에 은거하면서 주의 곡식을 먹지 않고 굶어죽는다.

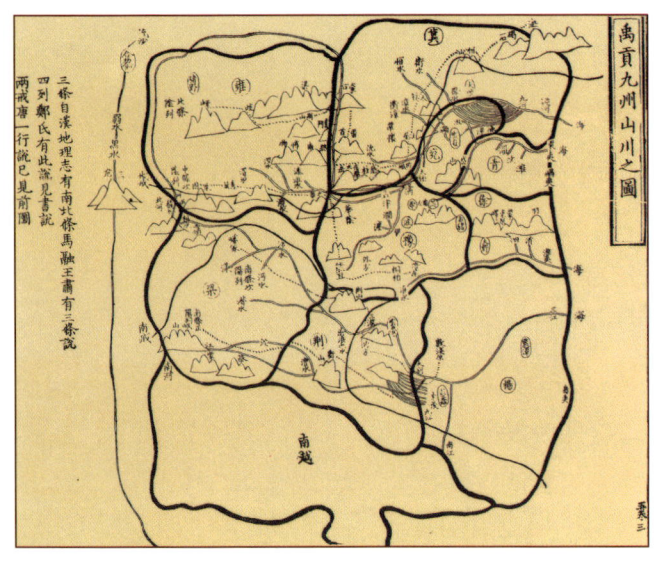

우공(禹貢)의 구주산천도(九州山川圖)

이 지도는 《우공》의 구주 분포 및 산천의 형세를 표현한 것이다. 이 밖에도 남월(南越), 도이(島夷), 우이(嵎夷), 내이(萊夷) 등 변방의 부족들도 있다. 지도의 여러 요소들은 중국 고대 지도의 전통을 따르고 있다. 이 지도는 중국 고대 지리를 연구한 명저 《우공》과 《한당(漢唐)》 등 지리학 사상의 중요한 문헌들을 참조해서 제작되었다. 한대 이전에는 땅의 여러 지역들이 하늘의 여러 별자리와 서로 상응한다고 믿었으며 그에 따라 지역을 나누었다. 당송(唐宋) 간에는 이에 관한 학문이 더욱 발전했다. 지도에는 경성(京城), 주군(州郡), 산과 강 및 그와 상응하는 별의 위치와 별자리가 등장한다. 이 지도는 천문과 지리가 결합된 특수한 지도로, 해당 지점을 표기하고 문자로 설명을 덧붙였다.

기시켜 일이 났을 때 속수무책이 되지 않도록 하시지요."

제곡이 말했다.

"맞는 말이오. 짐도 진삭부터 그런 생각을 하고 있었소. 그래서 여기서 출산하기로 결정한 뒤 곧바로 황후의 친정에 소식을 보내면서 좋은 의사를 찾아 보내라고 했소. 내일이면 도착할 것이오."

이틀이 지난 뒤 과연 유태국에서 의사 2명이 도착했다. 바로 그날 강원이 진통을 시작하더니 얼마 안 되어 아기가 태어났다. 강원은 전혀 고통을 느끼지 않았다. 두 의사 모두 할 일이 없을 지경이었으며, 모두들 의외라면서 기뻐했다.

제곡이 자세히 들여다보니 태어난 아이는 사내아이였다. 기분이 더욱 좋아진 제곡은 여와낭낭에게 열렬히 감사를 올렸다. 그러나 강원은 기뻐하기는커녕 불쾌한 기색을 드러냈다. 많은 사람들이 축하의 말을 전하는데 그녀는 시큰둥한 대답만 할 뿐 미소조차 보이지 않았다. 사람들이 영문을 몰라 수군거리는 와중에 궁녀 하나가 말했다.

"갓 태어난 아기는 우는 법인데 세자께서는 태어나서 지금까지 울지를 않는군요. 황후마마께서 기뻐하시지 않는 게 이 때문 아닌가요?"

사람들은 그 궁녀의 말이 옳다고 생각했다. 아이가 울지 않을 뿐 아니라 아무 소리도 내지 않으니 해괴한 일이었다. 하지만 아이를 안아보면 두 눈도 똘망똘망하고 손발도 휘젓는 것이 아파 보이지는 않았다. 참으로 이상하기 짝이 없었다. 이에 간적이 황망히 강원을 위로하여 말했다.

"어찌하여 기뻐하지 않으십니까? 아기가 울지 않아서 그러십니까? 아기가 이렇게 예쁘니 안아주시면 곧 울 것입니다."

그런데 강원은 간적이 하는 말은 듣지도 않고 이렇게 소리쳤다.

"이 아기 필요 없어요. 사람을 불러 아기를 내다버리라고 하세요."

간적은 농담이라 생각하여 웃으면서 말했다.

"힘들게 아기를 낳으셨는데, 그 마음에 어찌 아기를 버리시겠습니까?"

그러나 강원은 이 말을 듣더니 더욱 화를 내어 얼굴이 벌겋게 되어서는 아기를 내다버리라는 말만 되풀이하였다. 이유는 말하지도 않았다. 이렇게 되자 간적도 강원의 말이 농담이 아니라 진심이라는 생각이 들었다. 그렇지만 황후가 무슨 심사로 그러는지는 알 수 없었다. 그녀는 생각했다. '평소 강원의 성격은 지극히 온화하고 인자하였다. 그런데 오늘 아침에는 어째서 갑자기 저토록 잔인해졌을까? 더욱이 자기가 낳은 친자식에게 어찌 저럴 수 있을까?' 아무리 생각해도 모를 일이었다. 그러다 얼마 지나서 문득 이런 생각이 났다. '그렇다! 무슨 병이 생긴 것이 틀림없다. 혹 신경쇠약증이 아닌가?'

생각이 이에 미친 간적은 급히 제곡에게 달려가 상황을 알렸다. 이에 제곡은 즉시 의사를 보내 강원을 살펴보게 했다. 의사는 황후의 맥을 짚고 증세를 자세히 물어본 후 제곡에게 돌아왔다. 그리고 황후에게는 아무런 병세가 나타나지 않으며 병이 든 것도 아니라고 보고했다. 제곡으로서도 영문 모를 일이었다. 그저 강원이 계속 궁인들에게 아기를 내다버리라고 하는 소리를 듣고만 있을 뿐이었다. 그러다 갑자기 어떤 생각이 떠올라 간적에게 말했다.

"짐이 보기에는 황후 말씀대로 아기를 버리는 게 좋겠소. 그 말을 듣지 않으면 산후에 화가 치밀어 병이 날 수도 있으니 도리어 몸에 안 좋을 수도 있소. 또 그대가 말했듯이 이 아이는 태어나서 지금까지 아무 소리도 내지 않으니 바보천치 아니면 난치병이 있는지도 모를 일이오. 만약 그렇다면 키운다고 해도 무슨 소용이 있겠소? 짐은 태어나자마자 말을 했다는데 지금 이 아이는 울거나 소리치는 것도 못하니 불초하기 짝이 없는 녀석이오. 이런 아이를 키운들 무슨 소용이 있겠소? 사람을 불러 내다버리라고 하시오."

간적은 차마 내키지 않았다. 그러나 제곡까지 이런 분부를 내리는데다 무슨 수를 써도 강원을 설득하기는 어려울 것 같았다. 그저 아기를 안고 나오라고 시키는 수밖에 다른 방도가 없었다. 그러면서 그녀는 생각했다. '날씨가 이리 추운데 막 태어난 아이를 밖에 버리면 어찌할꼬? 일각도 못되어 얼어 죽고 말 것이다. 아, 이 아이는 정말 명이 짧구나!'

간적은 비단옷으로 아기를 싸고 또 싸주었지만 흐르는 눈물을 멈출

풍백(風伯)이 바람을 두드리다

풍백은 '풍사(風師)' 또는 '기백(箕伯)'이라고 하는 고대의 바람신이다. 풍백은 천제의 하위 신으로 그의 역할은 2가지다. 하나는 천제의 명으로 바람을 불게 하거나 바람을 멎게 하는 것이고, 다른 하나는 천제의 소식을 전하는 일이다. 천제의 소식을 전하는 사신 역할에 대해서는 은대 갑골문에도 기록되어 있고 다른 서적에도 기록이 있다. 치우는 기주(冀州)의 들에서 전쟁할 적에 풍백과 우사(雨師)를 청해 바람을 보내고 비를 내리게 하여 황제의 군대를 해산시켰다.

예(鱧)

예는 가물치로 '오어(烏魚)' 혹은 '흑어(黑魚)' 혹은 '오례(烏鱧)'라고도 한다. 경골어강(硬骨魚綱)으로, 몸이 길고 원통형으로 길이는 50cm 이상이다. 청갈색으로 흑색 반점이 세 줄 옆으로 나 있으며, 입이 크고 어금니는 뾰족하다. 등지느러미와 가슴지느러미 모두 길고, 후두에 넓은 아가미 구멍이 있어서 공기를 호흡할 수 있다. 맑은 물 아래쪽에 산다. 고기 맛이 좋아서 즐겨 먹는다.

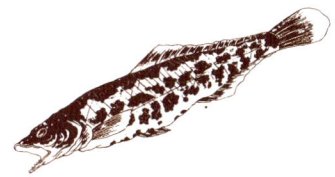

중산경 · 남양(南陽)
명각본삼도

남양의 지리적 위치는 대체로 현재 하남성 경내의 남양 지역 및 남양 지역의 북쪽과 동쪽을 두르는 복우산에 있다. 복우산은 원래 항아(嫦娥)를 위해 땅을 경작하는 신령한 소였는데, 왕모낭낭(王母娘娘)에게 쫓겨 인간계로 도망쳐 땅속으로 들어갔다가 복우산 산맥으로 변했다고 한다. 그 지역에 전해지는 항아와 후예(后羿)의 전설을 보면 다들 항아를 진심으로 동정하고 있다. 복우산은 진령의 동쪽에 속하며 길이는 250km이고 넓이는 40~70km로, 동남으로는 동백산(桐柏山)에 접해 있고 서북으로는 웅이산에 닿아 있다. 회하와 한수가 만나는 분수령으로 최고봉인 노군산(老君山)은 해발 2,192m에 달한다.

동(桐)
삼재도회(三才圖繪)

동은 오동과에 속하는 녹색 나무다. 잎이 졌다가 봄에 다시 나는 낙엽교목으로 잎은 손바닥처럼 갈라졌고 잎자루가 길다. 여름에 꽃이 피고 자웅이 한 그루이며 꽃은 단성으로 황록색이다. 나무는 하얗고 줄기는 강해서 악기나 다른 기구를 만들 수 있다. 씨앗은 먹을 수 있으며 기름을 짜기도 하고 잎은 약재로 쓰거나 농약을 만드는 데 쓴다.

수 없었다. 그녀는 아기를 보며 말했다.

"아가! 네가 만약 운이 좋아 오늘밤 얼어 죽지 않는다면 내일 아침에는 누군가 너를 발견해 안고 갈 것이다. 그러면 목숨은 건질 수 있으리라."

간적은 사람을 시켜 아이를 내다버리라고 이른 다음 강원이 있는 방으로 들어갔다. 강원은 눈물을 흘리며 통곡하고 있었다. 간적은 더더욱 이해할 수가 없어 속으로 생각했다. '기어코 아기를 내다버리라 하시더니 이제는 또 애통해하시는구나. 저렇게 마음이 아프다면 어째서 아까는 그토록 완강하게 버리라고 하셨을까? 참으로 알 수 없는 일이로다, 이해할 수가 없어.'

간적이 방 안으로 들어오는 것을 본 강원은 눈물을 그쳤다. 간적은 그런 강원에게 아기의 이야기는 꺼내지 않고 다른 이야기만 늘어놓았다. 그러다 제곡에게 가서 상황을 알렸다. 자초지종을 들은 제곡 또한 도무지 영문을 알 수 없긴 마찬가지였다.

다음날 아침, 아이 생각을 떨칠 수 없었던 간적은 간밤에 아기를 내다버린 사람을 불러 이렇게 물어보았다.

"어제 아기를 버린 곳이 어디더냐?"

"부근에 있는 동네 길 어귀에 버렸나이다."

그러자 간적이 말했다.

"어서 가서 그 아이가 살았는지 죽었는지 아니면 누가 안고 갔는지 보고 오너라."

잠시 후 아이를 보러간 사람이 황급히 돌아와서 보고했다.

"기이한 일입니다! 정말 기이한 일입니다!"

마침 간적은 제곡의 방에 앉아 있던 참이었다. 제곡이 그 말을 듣고 물었다.

"무슨 일이냐?"

"이게 어찌된 일입니까? 방금 후비께서 소인에게 어제 내다버린 아이가 얼어 죽었는지 아닌지 보고 오라고 하시기에 가보았습니다. 그런데 소와 양떼가 젖을 물리며 아이를 따뜻하게 해주고 있는 것이 아니겠습니까? 이런 기이한 일이 또 있겠습니까!"

제곡이 그 말을 듣고 말했다.

"그런 일이 어찌 있겠느냐?"

제곡은 말을 마친 후 다른 사람을 시켜 아이를 보고 오라고 했다. 그 사람도 잠시 후 돌아와 보고했다.

"틀림없는 사실입니다. 소인이 갔을 때는 마침 소가 엎드려 아이에게 젖을 주고 있었습니다. 지금 이 사실을 전해들은 백성들이 모두 모여 구경하고 있습니다. 모두들 신기한 일이라고 합니다. 정말 기이한 일입니다!"

간적이 그 말을 듣고 기쁨을 참지 못하며 제곡에게 말했다.

"이런 기이한 일이 생기는 것을 보니 틀림없이 아이는 장래에 큰 인물이 될 것 같습니다. 황제께서는 얼른 사람을 보내시어 아이를 데리고 돌아오게 하십시오."

제곡의 생각에도 간적의 말이 옳은 듯했다. 그리하여 사람을 시켜 아기

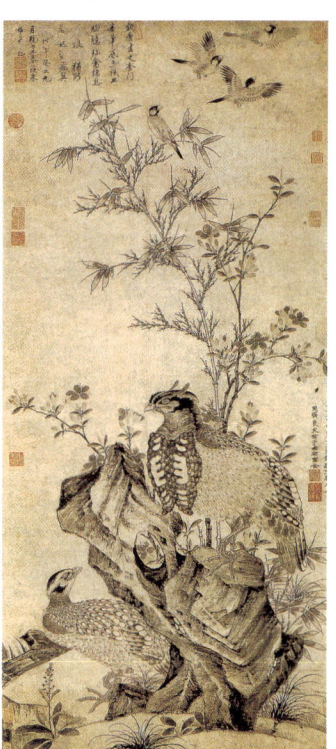

응(鷹)

왕연(王淵), 종이에 수묵, 원대(元代)

응은 매과류의 새를 통칭한다. 부리는 굽어 있고 날카로우며 네 발에 발톱이 있다. 응은 성질이 사납고 육식을 하며 낮에 활동하는데 주로 숲이나 평원지대에 서식한다.

그림에서 수컷 매는 바위 위에서 눈을 시퍼렇게 뜨고 있는데, 색채가 화려한 가슴 부위의 깃털은 철갑처럼 보인다. 암컷 매는 돌 뒤에 반쯤 숨어서 몸을 빼고 있으며 고개를 들어 위엄 있고 멋진 숫놈을 바라보고 있다.

훤화(萱花)
〈삼재도회〉

훤화는 훤초(萱草)로 백합과에 속하며 여러해살이 뿌리를 지닌 초본 식물이다. 뿌리는 비대하고 긴 원뿔 모양이다. 잎이 모여 나며 가늘고 길다. 여름과 가을에 국자 모양으로 주홍 또는 주황빛의 꽃이 피는데, 향기가 없으며 관상용이다. 뿌리와 줄기로는 농약을 만든다.

를 데려오게 했다. 잠시 후 밖으로 나갔던 사람이 아이를 안고 돌아왔다. 아이를 보니 두 눈이 또렷한 것이 어젯밤 나갈 때와 다를 바가 없었고 추위나 배고픔에 떨었던 흔적이 없었다. 그렇지만 여전히 울지 않기는 마찬가지였다. 제곡은 신기한 일이라고 생각하여 간적에게 아이를 강원의 처소로 데려다주게 했다. 그러면서 지금까지의 일을 알려주라 일렀다.

아이를 본 강원의 반응은 매한가지였다. 아기를 한 번 흘깃 보고는 곧바로 화를 내며 다시 내다버리라고 하였다. 간적이 아이에게 소와 양이 젖을 먹인 이야기를 들려주어도 믿지 않았다.

"다 꾸민 이야기입니다. 세상에 그런 일은 있을 수가 없습니다. 어젯밤에 아기를 내다버리라는 내 말을 듣지 않은 것이 아닙니까?"

간적은 별다른 수가 없어 아기를 안고는 제곡에게 돌아가 사정을 말했다. 제곡은 한참동안 생각에 잠겼다가 이렇게 말했다.

"별 수 없지요, 다시 사람을 시켜 아기를 내다버리는 수밖에. 이번에는 좀 먼 곳으로 내다버리도록 합시다."

그러자 간적은 대경실색하여 제곡에게 애원했다.

"아니 됩니다. 갓 태어난 아기가 어찌 그런 고초를 이겨내겠습니까? 하물며 멀리 내다버리라 하심은 산 속으로 내다버리라는 말씀인데, 그곳에는 승냥이, 이리, 호랑이, 표범도 많지 않겠습니까? 이야말로 아기를 죽이자고 하시는 말씀 아닙니까? 소와 양이 아이에게 젖을 준 일을 황후는 믿지 않지만 황제께서도 아시고 백성들도 다 아는 일입니다. 소첩의 생각으로는 황후께 잘 말씀하셔서 잠시 아기를 키우다가, 황후가 달이 차서 방을 나설 수 있게 되면 지금까지 일어난 일을 직접 조사해보시게 하는 것이 좋겠습니다. 지금까지의 일이 만약 꾸민 이야기로 밝혀지면 그때 다시 아기를 버려도 늦지 않을 것입니다. 황후께서도 아기에게 그런 신기한 일이 있었다는 것을 아신다면 절대 내다버리려 하시지 않을 것입니다. 황제께서는 어찌 생각하시는지요?"

그러자 제곡이 말했다.

"짐은 그렇게만 생각하지 않소. 소와 양이 아이에게 젖을 물린 일은 짐도 의심스럽단 말이오. 그대는 결코 거짓을 꾸밀 사람이 아니라고 믿지만 저 궁인들이 거짓말을 하지 않는다는 보장은 없소. 누군가 아이를 불쌍

히 여겨 어젯밤에 버리지도 않고 있다가 아침에 그대가 그 일에 관해 묻기 시작하니까 그제야 데리고 나갔을 수도 있소. 아니면 야심한 밤에 집에 있던 소와 양들이 무슨 수로 풀려 나왔겠소? 그러니 이번에는 좀더 먼 곳에다 버릴 것이오. 어디 한번 봅시다. 만약 이 아이가 장래에 비범한 인물이 될 것이라면 반드시 구원을 받아 죽지 않을 것이오. 그러나 죽는다면 어젯밤 일은 믿을 게 못되는 것이오. 설령 사실이었을지라도 우연일 뿐이지 신기한 사건은 아니오."

황제의 말을 들은 간적은 더 이상 아무 말도 못했다. 사람을 불러 아기를 내다버리라고 하는 수밖에 없었다. 반나절이 지나 아이를 내다버린 사람이 돌아왔다. 제곡이 아이를 어디에 버렸느냐고 묻자 그가 말했다.

"3리 밖에 있는 숲 속에 버렸습니다."

제곡은 그 말을 듣고 아무런 말도 하지 않았다. 또한 그 말을 함께 들은 간적은 아이가 불쌍하다는 생각에 밤새 잠을 이루지 못했다. 그래서 날이 밝기가 무섭게 일어나 제곡에게 부탁해 아이 있는 곳으로 사람을 보내려 하였다. 그런데 제곡 또한 같은 생각으로 이미 사람을 보낸 후였다. 반나절이 지나 제곡이 보낸 사람이 돌아와 말했다.

"정말 기이한 일입니다. 소인이 그곳에 도착했을 때 수많은 사람들이 그쪽으로 뛰어가기에 무슨 일인지 물었더니 어떤 사람이 이런 말을 하였습니다. '아침 일찍 밥을 하려고 나무를 베기 위해 저 숲에 가보니 이리 한 마리가 엎드려 있지 않겠습니까? 놀라서 칼로 찌르려다가 자세히 보니 그

우의 구주 순수(巡狩)

우임금은 치수를 감독하면서 자신이 관장하는 지역을 돌아보았는데, 그 순행길은 기주에서 시작되었다. 우는 호구에서 물길을 정비하고 다시 양산(梁山)과 산지산(山支山)으로 간 후 태원(太原)을 다스리고 다시 태악산(太岳山)의 남쪽에 이르렀다. 그런 다음 담회(覃懷)를 다스리고 다시 물길이 하수로 들어가도록 장수(漳水)를 정비했다. 이리하여 상수(常水)와 위수(衛水)가 소통된 후 대륙의 물 흐름이 모두 잡혔다.

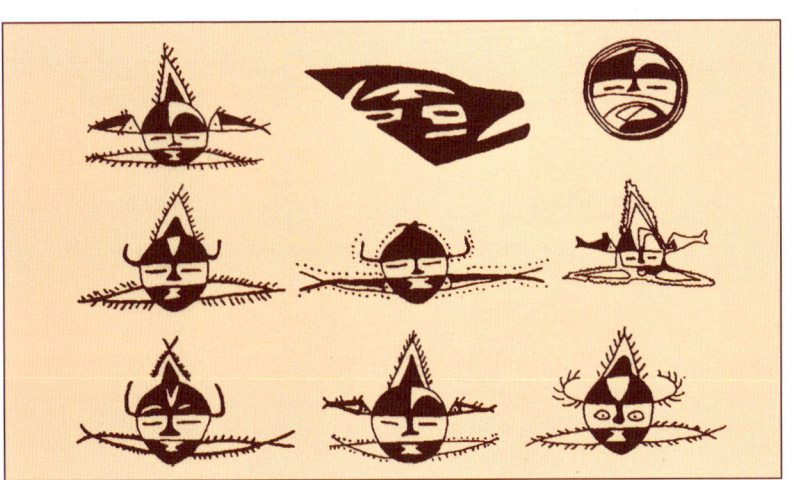

사람얼굴 물고기 문양
앙소문화

앙소문화 채색 토기의 사람얼굴과 물고기 무늬에는 은밀한 비밀이 담겨 있어서 학자들이 아무리 고민을 해봐도 답이 나오지 않는다.

중산경 · 강한(江漢)
명각본삽도

강한은 현재 호북, 호남 및 인근의 하남, 안휘, 강서 일대로 한수(漢水)와 장강의 교차점이 그림의 중심이다. 이 구역에 있는 동백산은 회하의 발원지로 우임금이 여기서 물길을 정비하면서 회하의 수괴인 무지기(無支祁)를 항복시켰다. 무지기는 오기(吳昆)라고도 하는데 용 알을 잘못 먹고 회하의 수신으로 변했다고 한다. 이곳에 구룡산(九龍山)이 있는데 반고가 이 산에 앉아서 구룡을 항복시켜 홍수를 막았다는 이야기와 반고의 창세신화, 그리고 반고 남매의 결혼 이야기 등이 전해진다. 이 지역의 대별산(大別山) 산맥은 예(豫), 악(鄂), 환(皖)이 교차하는 지대로 산의 해발 고도가 500~1,000m에 달한다. 이곳은 새의 천당으로 불릴 정도로 200여 종이 넘는 새들이 살고 있다. 그중에 하얀 관이 달렸고 꼬리가 긴 꿩인 백관장미치(白冠長尾雉)는 중국의 천연기념물로, 은색 털로 온몸이 덮였고 꼬리털이 특히 길어서 봉황처럼 보인다. 이 지역에는 무릉산(武陵山), 동정산(洞庭山), 막부산(幕阜山), 구령산(九岭山), 노산(盧山) 등이 있다. 동정산은 요임금의 두 딸이자 순임금의 두 아내인 아황(娥皇)과 여영(女英)이 사는 곳이다. 노산은 옛날에 자상산(紫桑山)이라고 했으며 파양호(鄱陽湖)의 요충지로 삼국시대에 오국(吳國)의 수사(水師) 도독(都督) 주유(周瑜)의 지휘부가 여기에 설치되었다. 무릉산은 호남 상서(湘西) 지방에 있으며 저명한 장가계(張家界)가 바로 이 지역이다.

이리가 갓난아이에게 젖을 물리고 있는 것이었어요. 하도 신기해서 돌아와 사람들을 데리고 가보는 길입니다. 아직도 그곳에 있을지 모르지만 말입니다' 그래서 저도 그들을 따라 가보았습니다. 숲 속에 도착해보니 정말 이리가 아이에게 젖을 물리고 있었는데, 그 젖먹이가 바로 아기씨였습니다. 잠시 후 사람들이 점점 몰려들고, 또 개중에는 이리를 쫓으려고 하는 자도 있었습니다. 그러자 이리는 천천히 일어나 꼬리를 흔들며 아기 얼굴에 주둥이를 대고 냄새를 맡아본 후 나는 듯 산으로 달려갔습니다. 이것은 소인이 직접 본 것이라 틀림없는 사실입니다."

제곡이 물었다.

"그래서 어떻게 하였는가? 아기는 다시 안고 왔는가?"

"많은 백성들이 모두 신기해하는데 그중 두 사람이 내막을 알고 있었습니다. 그들은 이렇게 말했습니다. '이 아기는 어제 마을에 버려진 황제의 아들이오. 그런데 어제는 소와 양이 젖을 먹여서 신기하다고 했는데 오늘은 또 이리가 젖을 먹이고 있소. 정말이지 예부터 듣도 보도 못한 일이오. 이는 황제의 아들이 대단한 복을 타고 나서 천신이 보호하심이 틀림없소. 내 아들이었다면 진즉에 이리가 먹어버렸을 것은 물론이고, 이 산에서 밤을 보냈으니 애초에 얼어 죽었을 것이오.' 그러자 또 다른 사람이 이렇게 말했습니다. '황후께선 이처럼 잘생긴 아들을 어째서 내다버리셨는지 모르겠군. 우리가 아이를 데려가서 황제에게 돌려드리는 게 어떻겠소? 만약 황제께서 굳이 키우기 싫다면 내가 키울 테요. 여러분 생각엔 어떻소?' 사람들은 그의 말을 듣고 아기를 데리고 이곳으로 왔습니다. 소인은 그들을 막을 도리가 없어서 그저 함께 올 수밖에 없었습니다. 지금 밖에서 사람들이 황제를 기다리고 있습니다."

제곡이 말했다.

"그렇다면 아기를 안고 들어오라. 그리고 그들에게는 감사하다고 전하라."

잠시 후 궁인이 아기를 안고 들어왔다. 제곡이 보니 아이는 여전히 보채거나 울지도 않고 두 눈만 초롱초롱했다. 제곡은 그 모습이나 기색이 어제와 같은 것으로 보아 아이가 장차 큰 인물이 되리라 생각했다. 그리하여 간적을 불러 아이를 강원에게 데려다주며 자초지종을 설명해주라 일렀다.

간적은 아이를 데리고 강원을 찾았다. 그리고 강원에게 여태까지의 일을 모두 말해주었다. 그렇지만 강원은 여전히 믿으려 하지 않았다. 마음이 다급해진 간적은 이렇게 말했다.

"황후마마, 이제 그만 고집을 부리시어요! 소첩이 거짓말을 한다고도 할 수 있겠지만 설마 황제께서 황후를 속이시겠습니까?"

그러자 강원이 말했다.

"난 밖에서 일어난 모든 일을 믿을 만하다고 여기지 않소. 이 아기한테 정말 그렇게 신기한 일이 일어났다면 내가 직접 시험을 해봐야 믿을 수 있겠소."

간적이 물었다.

"어떻게 시험을 하신단 말씀이십니까?"

강원은 고개를 숙이고 생각에 잠겨 있다가 입을 열었다.

"방문을 나서면 뜰에 연못이 하나 있소. 지금은 밑까지 얼어붙어 있을 것이오. 나는 아이에게 속옷만 입혀서 얼음 위에 눕혀놓고 여기 앉아서 지켜볼 생각이오. 만약 북을 한 번 칠 동안 아이가 얼어 죽지 않으면 그때는 아이를 키우겠소."

이 말을 들은 간적은 또 하나의 난관이 닥쳤구나 하는 생각이 들었다. 이런 추위에는 어른이 옷을 겹겹이 입어도 견디기 힘든데, 갓 태어난 아이

매화록(梅花鹿)

매화록, 즉 매화사슴은 '꽃사슴'이라고도 한다. 포유류로 우제목(偶蹄目)이고 사슴과에 속한다. 몸길이는 1.5m로 하얀 얼룩이 많아서 매화처럼 보이기 때문에 매화사슴이라고 한 것이다. 수컷은 2년 차에 뿔이 나는데 뿔은 매년 한 깍지씩 자란다. 5살이 되어 뿔이 네 깍지가 되면 성장을 멈춘다. 숲의 구릉지대에 서식하며 한 번에 새끼를 한 마리씩 낳는다.

를 속옷만 입혀 얼음에 눕혀놓다니? 하지만 강원을 막을 도리가 없었다. 그래서 앞일을 의논하기 위해 다시 제곡에게 갔다.

간적의 말을 모두 들은 제곡이 말했다.

"황후의 말을 따릅시다. 이리도 잡아먹지 않은 아이가 아니오? 차가운 얼음 역시 아이를 어찌하지 못할 것이오."

그리하여 사람들은 속옷만 입힌 아이를 얼음 위에 놓아두기로 했다. 아이를 얼음 위에 눕혔을 때였다. 갑자기 공중에서 파닥파닥하는 소리가 들리더니 온 뜰이 컴컴해졌다. 모두 대경실색하였으나 무슨 일인지 아는 사람이 없었다. 그러다 자세히 보니 셀 수 없이 많은 커다란 새들이 연못에 내려앉고 있었다. 어떤 놈은 큰 날개를 펼쳐 아이의 아래를 받치고, 어떤 녀석은 아이 위를 덮어주었다. 그리고 나머지 새들은 바람이 통하지 못하도록 둥글게 모여 엎드려서는 꼼짝도 하지 않았다. 제곡을 비롯한 사람들은 이 모든 광경을 한참 동안 보고 있었다.

강원도 방 안에서 이 신비한 광경을 보고는 전에 일어난 두 사건이 거짓이 아님을 믿게 되었다. 그녀가 후회하는 사이에 새들은 다시 파닥파닥하는 소리를 내며 일제히 날아가 버렸다. 그러자 얼음 위에 누워 있던 아이는 추위를 견디지 못하고 소리를 내며 울기 시작했다. 울음소리가 너무 크게 울려서 담 밖을 지나는 사람에게도 들릴 정도였으니, 이제는 소리를 내지 못하는 아이라고 말할 수 없게 되었다.

제곡 역시 밖에서 이 모든 상황을 보고는 기쁨을 이기지 못하며 당장 아이를 안고 오라고 명했다. 그 말이 끝나기도 전에 제일 먼저 날 듯이 뛰어가 아이를 안고 온 사람은 간적이었다. 그녀는 제곡의 명령이 떨어지기 훨씬 전부터 옷을 풀어 헤치고 아이를 데려올 준비를 하고 있었다. 그러다 제곡의 말이 떨어지자마자 한걸음에 달려가 아이를 안아서는 가슴에 품고 방 안으로 들어왔다. 그런 후 강원에게 말했다.

"황후마마! 얼른 안아주시지요. 아이가 거의 얼어 죽을 지경입니다."

강원은 한편으론 부끄럽기도 하고 한편으론 감격스럽기도 했다. 또 그간 자신의 행동이 후회스러워 가슴이 쓰려왔다. 강원은 자기도 모르게 구슬 같은 눈물방울을 흘렸다. 그새 누군가 아이에게 옷을 입혀주고는 아이를 강원 품에 안겼다.

이때부터 강원은 자식을 잘 보살폈다. 제곡은 이 아이가 세 번 버려졌다고 해서 '버려진 아이, 기(棄)'라고 이름을 지었다가 나중에 '도진(度辰)'이라는 호를 붙여주었다.

강원이 아이를 낳은 지 한 달이 지났다. 그 사이 제곡은 자주 강원의 방에 와서 아이를 보았다. 어느 날 밤, 간적이 옆에 없을 때 제곡이 강원에게 물었다.

"그대는 나이도 많은데 아주 쉽게 사내아이를 낳았구려. 아이가 이렇게 잘생겼고 잘못된 곳도 없으니, 처음에 울지 않았다 하여 그리 걱정할 일은 아니지 않았소? 그런데 그때는 어째서 그렇게 내다버리려고 했었던 거요? 짐은 그때 그대가 어찌하여 금방이라도 아이를 죽일 듯했는지 그 이유를 모르겠소. 그대의 평소 행동을 보면 그렇게 잔인한 사람도 아니고, 성격이 갑자기 돌변할 리도 없는데 말이오. 필시 무슨 연유가 있을 터인즉, 그것을 짐에게 말해보시오."

제곡의 말을 들은 강원의 얼굴이 새빨개졌다. 말하자니 입을 열기 어렵고, 말을 하지 않으려니 제곡의 추궁이 계속될 것이었다. 강원이 이러지도 저러지도 못하고 있는데 제곡이 다시 말했다.

"그대가 무슨 말을 하든 전혀 개의치 않을 테니 마음 놓고 말해보시오."

강원은 하는 수 없이 거인의 발자국을 밟은 날 꿈에 창신이 나온 경위를 대강 이야기했다. 제곡이 듣고는 크게 웃으면서 말했다.

"그런 일이 있었구려. 그래서 그날 이후로 그대가 늘 우울한 표정을 했고, 짐이 회임 이야기만 꺼내면 얼굴을 붉힌 것이로군. 그런 일이 있었다면 어째서 진작 짐에게 말하지 않았소? 진작 말했더라면 지난 몇 달간 그렇게 번민하지 않아도 되었을 것이고, 저 아이 기도 그렇게 고초를 겪지 않았을 터인데 말이오. 사실을 말하자면 그것은 요사스러

자고도(鷓鴣圖)
조길(趙佶), 종이 수묵, 송대

자고는 꿩과에 속하는 새로, 몸길이는 대략 30cm이고 깃털 빛은 홍갈색에 검은 빛이 서로 섞여 있다. 특히 등과 가슴, 배 등에 눈알 모양의 하얀 얼룩이 선명하다. 자고는 관목이 자라고 나무가 성기게 들어선 산에서 서식하며 잡식성으로 곡식과 콩류나 다른 식물의 씨앗 및 벼메뚜기와 개미 같은 곤충을 먹기도 한다. 수컷은 싸움을 잘한다.

이 그림은 3마리 자고새가 균형을 이루고 있는 구도로 서로의 기색과 자태가 똑 닮았다.

계모석(啓母石)

계모석은 우임금의 아들 계가 태어난 출생지라고 할 수 있는 돌을 말한다. 앞에 소개한 신화에서 우의 부인이 도망가다가 돌로 변했고 그 사이에서 계가 나왔으니, 계모석이란 바로 엄마가 변한 돌인 셈이다. 계의 아버지인 우는 원래 하 부락의 수령이었는데 치수에 성공해서 선양으로 순을 계승하여 부락 연맹의 수장이 되었다. 우는 말년에 선양제도를 없애고 부락 연맹 수령의 위치를 자신의 아들 계에게 물려준다. 계는 중국 역사상 최초의 국가인 하 왕조를 세우면서 새로운 시대를 열었다.

운 일이 아니라 오히려 상서로운 징조라오. 예전에 복희(伏羲) 태호(太皥)의 어머니 화서(華胥)도 당신처럼 거인 발자국을 밟고 임신했다오. 짐의 어머니가 짐을 낳을 때 역시 거인 발자국을 밟고 임신했다 하오. 당신이 못 믿겠으면 호도(毫都)로 돌아가서 직접 여쭤보면 알게요. 그러니 이제 마음을 놓으시오. 다시 말하지만 그것은 상서로운 징조지 절대로 요괴의 장난이 아니라오."

그런 후 제곡은 기를 안고 이렇게 말했다.

"기야! 나는 갓 태어나서 보채지도 울지도 않는 너를 보고 불초한 녀석이라고 생각했다. 그런데 네 어머니가 발자국을 밟고 너를 낳았다고 하니 너는 착한 아들임에 분명하다. 지금까지 내가 너를 괴롭힌 셈이로구나."

강원은 제곡의 말에 모든 것을 깨달았으며 마음속이 시원해짐을 느꼈다.

괴산(槐山)에서 동쪽으로 10리를 가면 푸르디푸른 봉우리가 우뚝 솟아 있다. 이 산을 역산(歷山)이라고 한다. 무성하게 우거져 있는 숲에는 홰나무가 가장 많고, 이 산의 양지바른 남쪽 언덕에는 아름다운 옥이 많다.

동쪽으로 10리를 가면 시산(尸山)이 있다. 산 속에는 창옥이 많고, 짐승 중에는 물사슴이 가장 많다. 시수(尸水)가 이 산에서 흘러나와 큰 물길을 이루며 남쪽으로 흐르다 낙수로 들어간다. 그 속에는 아름다운 옥이 많이 묻혀 있다.

다시 동쪽으로 10리를 가면 양여산(良餘山)이 나온다. 산 위에는 숲이 푸르게 우거져 있으며, 닥나무, 떡갈나무, 작은 대추나무가 특히 무성하다. 돌이나 바위는 별로 없다. 계곡물이 산의 북쪽에서 흘러나와 큰 물길을 이루니, 그 물길을 여수(餘水)라 한다. 이 여수가 북쪽으로 흘러가서 황하로 들어간다. 또 다른 계곡물이 이 산의 남쪽에서 흘러나와 물길을 이루니 그 물길을 유수(乳水)라 하는데, 동남쪽으로 흘러 낙수로 들어간다.

다시 동남쪽으로 10리를 가면 닿는 곳이 고미산(蠱尾山)이다. 이 산에는 숫돌과 붉은 구리가 많다. 계곡물이 흘러나와 큰 물길을 이루니 용여수(龍餘水)라 하는데, 이 강은 동남쪽으로 흘러 낙수로 들어간다.

다시 동북쪽으로 20리를 가면 승산(升山)에 닿는다. 산 위에는 수풀이 우거져 있으며, 닥나무, 떡갈나무와 가시나무가 많다. 풀로는 마와 혜초(惠草)가 많고 구탈초(寇脫草)도 많다. 계곡물이 흘러나와 큰 물길을 이루니 황산수(黃酸水)라고 하며, 북쪽으로 흘러 황하로 들어간다. 그 물 속에는 옥에 버금가는 아름다운 돌이 많다.

다시 동쪽으로 12리를 가면 양허산(陽虛山)이 나온다. 산 속에는 찬란한 황금이 많다. 이 산은 현호수(玄扈水)를 가운데 두고 고용산(高箕山)을 마주보며 솟아 있다. 전하는 바에 의하면 창힐(倉頡)이 황제가 되어 남방을 순수하며 사냥할 때, 고용산과 양허산의 정상에 오르며 친히 현호수를 건넜다고 한다. 이때가 바로 청문(靑文)이 신서(神書)를 창힐에게 전해준 때라고 한다.

문자의 신 창힐
한대, 벽돌

창힐은 이름이 유소씨(有巢氏)로 수인씨, 열산씨, 신농씨의 이름 취하는 방식과 비슷하게 지어졌다. 창힐이 문자를 만든 내용을 다룬 이야기들은 창힐의 생김새와 그의 업적에 대해 심하게 과장하는 경향이 있다.

박산의 첫머리는 구림산에서 시작하여 양허산까지 모두 15개의 산이 구불구불 2,892리에 걸쳐 이어진다. 이중 승산은 여러 산의 종주다. 이 산의 사당에서 제사를 지낼 때는 소, 돼지, 양 등의 털 있는 짐승을 통째로 쓰고, 좋은 옥으로 만든 그릇을 사용한다. 수산의 신에게 제사를 지낼 때는 쌀과 소, 양, 돼지 등의 털 달린 짐승을 통째로 쓰고, 좋은 곡식으로 빚은 맛좋은 술도 곁들이며, 북을 치며 창을 잡고 춤을 추면서 좋은 옥을 바친다. 시수는 천신이 거주하는 지역으로, 이 천신에게 제사지낼 때는 살찐 가축 한 마리와 검은 개 한 마리를 위에 놓고, 암탉 한 마리를 아래에 놓는다. 그리고 소와 양을 죽여 그 피를 받은 후 혈제(血祭)를 지낸다. 제기는 아름다운 옥돌로 만들어야 하며, 오색비단으로 제사용품을 장식해야 하고, 축원을 드리며 신선들에게 제물을 흠향하도록 권해야 한다.

● —— 중차6경(中次六經)

중앙의 여섯 번째 산줄기는 호저산(縞羝山)이라 하며, 그 첫머리에는 평봉산(平逢山)이 있다. 평봉산 정상에서 남쪽으로 이수와 낙수가 보이고, 동쪽으로는 곡성산(谷城山)이 보인다. 평봉산은 초목이 자라지 않는 황

구리 광석을 캐다

구리는 사천과 귀주(貴州), 호광(湖廣), 무창(武昌), 강서 광신(廣信)에서 많이 나며 그중에서도 사천과 귀주에서 많이 난다. 구리 광석을 캘 때는 땅을 돌로 여러 장 깊이로 파고 내려가야 광석을 얻을 수 있다. 만약 광물이 섞여 있어서 자갈도 있고 구리도 있으면 그것이 바로 구리덩어리다. 제련하면 구리가 흘러나오기 때문에 은광처럼 폐기하지 않는다.

량한 민둥산이며, 물도 없이 기슭에 모래와 돌만 깔려 있다. 이 산에 신이 사는데, 사람과 비슷하게 생겼지만 머리가 둘이다. 그 이름을 교충(驕蟲)이라고 한다. 이 신은 절석충(切螫蟲)의 우두머리이며, 그가 사는 평봉산은 벌이 모여 사는 곳이다. 이 신에게 제사를 지낼 때는 암탉을 희생양으로 쓰며, 재해를 제거하고 벌과 벌레들이 사람을 쏘지 않도록 해달라고 기원한다. 제사에 쓴 닭은 죽이지 않고 기도가 끝난 후에 그냥 놓아준다.

서쪽으로 40리를 가면 호저산이 솟아 있다. 산 위는 황량해서 초목이 자라지 않으나, 온 산에 황금이 빛을 발하고 있으며 옥도 많이 있다.

다시 서쪽으로 10리를 가면 외산(廆山)이 나온다. 이 산에는 저부옥이 많다. 산의 북쪽에는 협곡이 하나 가로로 놓여 있는데, 이름을 관곡(藿谷)이라고 한다. 이 계곡에 푸르게 우거져 있는 나무 중에는 버드나무와 닥나무가 많다. 이 산에는 영요(鴒䳟)라고 하는 새가 있는데, 산닭과 비슷하게 생겼지만 꼬리가 아주 길다. 이 새의 깃털은 단화(丹火)처럼 무척 빨갛고 부리는 푸른색이다. 이놈이 우는 소리는 마치 자기 이름을 부르는 듯하다. 사람이 이 새의 고기를 먹으면 가위에 눌리지 않는다. 이 산에서 계곡물이 흘러나와 강물을 이루니, 교상수(交觴水)라고 한다. 이 강물은 산의 남쪽 기슭에서 발원하여 남쪽으로 흘러 낙수로 들어간다. 또 유수수(俞隨水)가 이 산의 북쪽에서 발원하여 북쪽으로 흘러 효수(孝水)로 들어간다.

다시 서쪽으로 30리를 가면 첨제산(瞻諸山)이 나온다. 이 산의 양지바른 남쪽 언덕에는 황금이 많고, 응달진 북쪽 언덕에는 무늬난 돌이 갖가지 색깔을 뽐내고 있다. 사수(渺水)가 여기서 발원하여 동남쪽으로 흘러 낙수로 들어간다. 또 이 산의 북쪽 기슭에서 물이 솟아나와 강물을 이

루니, 소수(少水)라고 한다. 이 강은 동쪽으로 흘러 효수로 들어간다.

다시 서쪽으로 30리를 가면 누탁산(婁涿山)이 있다. 산꼭대기는 민둥민둥해서 초목이 자라지 않으나, 산기슭에는 황금과 옥이 많다. 첨수(瞻水)가 이 산 남쪽에서 발원하여 동쪽으로 흘러 낙수로 들어간다. 피수(陂水)는 이 산의 북쪽에서 발원하여 북쪽으로 흘러 곡수(穀水)로 들어간다. 그 물 속에는 붉은색 돌과 무늬 있는 돌이 많이 있다.

다시 서쪽으로 40리를 가면 백석산(白石山)이 나온다. 혜수(惠水)가 이 산의 남쪽 기슭에서 발원하여 남쪽으로 흘러 낙수로 들어간다. 그 물에는 옥이 많다. 또한 간수(澗水)가 이 산의 북쪽 기슭에서 발원하여 서북쪽으로 흘러 곡수로 들어가는데, 그 물 속에는 화미석(畵媚石)과 흑단(黑丹)이 많다.

다시 서쪽으로 50리를 가면 곡산(谷山)에 닿는다. 산꼭대기에는 닥나무가 무성하고 산 밑에는 뽕나무가 우거져 있다. 계곡물이 흘러나와 강물을 이루니, 상수(爽水)라고 한다. 이 강은 서북쪽으로 흘러 효수로 들어간다. 그 물 속에 공작석(孔雀石)이 많다.

다시 서로 72리 떨어진 곳에 밀산(密山)이 있다. 이 산의 양지바른 남쪽 기슭에는 옥이 많고, 응달진 북쪽 기슭에는 철이 많이 묻혀 있다. 물줄기 하나가 이 산에서 흘러나와 강물을 이루니, 호수(豪水)라고 한다. 이 강은 남쪽으로 흘러 낙수로 들어간다. 그 물 속에는 선구(旋龜)가 많은데, 새의 머리를 하고 있으나 자라 꼬리를 달고 있다. 이 거북이 내는 소리는 마치 나무토막을 쪼개는 소리 같다. 밀산 꼭대기는 민둥산이라 초목이 자라지 않는다.

다시 서쪽으로 100리를 가면 장석산(長石山)이 나온다. 산꼭대기는 민둥민둥해서 초목이 자라지 않는 대신 금과 옥이 많이 난다. 이 산의 서쪽에는 깊은 협곡이 산 앞으로 가로지르며 놓여 있는데, 이름을 공곡(共谷)이라고 한다. 이 협곡 안에는 대나무가 무성하다. 공수(共水)가 이 산

여와가 사람을 만들다
전지공예

여와가 황토로 사람을 빚은 뒤에 숨결을 불어넣었더니 진흙이 말을 하면서 진짜 사람이 되었다고 한다. 이 그림은 감숙성 농동(隴東) 민간의 전지공예 작품으로 여와가 진흙을 빚어 사람을 만드는 장면을 표현했다.

제사용 돼지 머리 옥그릇

홍산문화의 옥그릇은 제사 유적지에서 많이 보이는 종교적 의미가 풍부한 유물이다. 저룡(猪龍)이나 갈고리 구름의 모습을 묘사한 허리에 차는 옥기를 보더라도 상당히 넓은 범주 안에서 발견된 조형들이 서로 일치한다. 이 사실은 원시 시대의 예기가 일정한 규격과 모양으로 제작되었음을 알려준다. 특히 산꼭대기에 큰 묘가 있고 그 묘 주인의 손에 옥 거북이 들려 있는 사실을 통해, 당시 씨족 구성원들의 등급이 나뉘었고 집단의 수령이 이미 존재했으며 옥기에 특별한 의미가 부여되었음을 알 수 있다. 돼지는 원시사회에서 주요 가축의 하나였으며, 사람들은 돼지를 함께 매장하기도 하고 옥 장식에 돼지 모양을 즐겨 제작하기도 했다.

상체(常棣)

상체는 자두인 욱리를 말한다. 《설문해자(說文解字)》에서 체(棣)는 백체(白棣)라고 했으며 상체(常棣)는 적체(赤棣)를 말한다고 했다. 백체와 적체 모두 자두인 욱리 종류다.

중산경·낙신(洛神)
명각본삽도

낙신은 낙수의 여신 복비(宓妃)로 '낙빈(洛嬪)'이나 '낙신(洛神)'으로 불린다. 그녀는 본래 복희의 딸로 낙수를 건너다가 빠져 죽어서 물의 신이 되었다. 《문선(文選)·낙신부(洛神賦)》에서 시인들은 '낙신은 아름다운 여신'이라며 가슴 가득 열정을 담아 그녀를 찬미하는 주를 달았다. 조식(曹植)의 《낙신부》는 한층 감동적이다. '그 자태 날렵하기가 놀라 퍼덕이는 기러기 같고 부드럽기는 노니는 용 같으며 가을 국화처럼 찬란하고 봄날 소나무처럼 무성하니 구름이 달을 가리는 듯하고 바람결에 눈발이 날리는 듯하구나.' 낙신부는 복비의 용모와 자태와 옷차림을 어마어마한 편폭으로 그려낸 작품으로, 복비의 다정다감한 성격까지 뛰어나게 그려냈다. 하지만 여신의 운명은 얄궂기도 하여, 그녀의 남편 하백은 정이 헤픈 바람둥이였으니 그녀도 고민이 많았을 것이다.

에서 흘러나와 서남쪽으로 흘러 낙수로 들어간다. 그 물 속에는 명석(鳴石)이 많다. 명석을 두드리면 7, 8리 밖에서도 그 소리가 다 들린다.

다시 서쪽으로 140리를 가면 부산(傅山)이 있다. 산 위는 민둥민둥해서 초목이 자라지 않지만 수정같이 맑은 옥이 많다. 염염수(厭染水)가 이 산의 남쪽 기슭에서 흘러나와 남쪽으로 흐르다가 낙수로 들어가는데, 그 물 속에 인어가 많이 산다. 부산 서쪽에는 숲이 울창한데, 이 숲을 일러 번총(墦冢)이라고 한다. 곡수가 이 산에서 발원하여 동쪽으로 흘러 낙수로 들어가며, 그 물 속에는 옥이 많다.

다시 서쪽으로 50리를 가면 탁산(橐山)에 닿는다. 산꼭대기는 수풀이 우거져서 푸르기 짝이 없으며, 특히 가죽나무와 오배자나무가 많다. 이 산의 양지바른 남쪽 언덕에는 금과 옥이 많고, 응달진 북쪽 기슭에는 철이 많으며 쑥도 많이 자란다. 탁수(橐水)가 이 산에서 나와 북쪽으로 흘러 황하로 들어간다. 그 물 속에는 수벽어(修辟魚)가 많이 산다. 이 물고기는 생김새가 개구리 비슷하나, 주둥이가 하얗고 부엉이 우는 소리와 비슷한 소리를 낸다. 사람이 이 물고기를 먹으면 피부 백선을 치료할 수 있다.

다시 서쪽으로 90리를 가면 상증산(常烝山)이 나온다. 산꼭대기는 황량해서 초목이 자라지 않고 온통 하얀 흙만 가득하다. 초수(潐水)가 이

산에서 발원하여 동북쪽으로 흘러 황하로 들어간다. 그 물 속에는 아름다운 옥이 많다. 치수(菑水)도 이 산에서 발원하여 북쪽으로 흘러 황하로 들어간다.

다시 서쪽으로 90리를 가면 과보산(夸父山)에 닿는다. 산꼭대기에는 수풀이 울창한데, 종려나무와 녹나무가 가장 많다. 또 대나무가 숲을 이루고 있어서 푸르기 짝이 없다. 이 산에는 짐승과 새가 많이 사는데, 짐승으로는 작우와 겸양이 많고 새로는 붉은 꿩이 많다. 이 산의 양지바른 남쪽 언덕에는 옥이 많고, 응달진 북쪽 기슭에는 철이 많이 묻혀 있다. 과보산의 북쪽은 수풀이 산을 덮고 있는데, 그중에 도림(桃林)이라는 숲이 있다. 이 숲은 매우 넓어서 사방 300리에 뻗어 있다. 그 숲 속에는 말이 많은데, 유명한 화류(驊騮)와 녹이(綠耳)라는 준마를 여기서 구할 수 있다. 이 산에서 가느다란 물줄기가 흘러나와 산 밑에 이르러 강물을 이루니, 호수(湖水)라고 한다. 이 강은 북쪽으로 흘러 황하로 들어가는데, 그 물 속에는 옥이 많다.

다시 서쪽으로 90리를 가면 양화산(陽華山)이 있다. 이 산의 양지바른 남쪽 기슭에는 황금과 옥이 많고, 응달진 북쪽 기슭에는 계관석이 있다. 이 산에는 풀이 무성하게 우거져 있는데, 마가 제일 많고 고신(苦辛)도 많다. 고신은 생김새가 가래나무 비슷하지만 열매가 오이처럼 생겼고 맛은 새콤달콤하다. 이 열매를 먹으면 학질이 낫는다. 이 산에서 계곡물이 흘러나와 강물을 이루니 양수(楊水)라고 한다. 이 강은 서남쪽으로 흘러 낙수로 들어가는데, 그 물 속에는 인어가 많이 산다. 문수(門水)도 양화산에서 발원하여 동북쪽으로 흘러 황하로 들어가는데, 그 물 속에 검은 숫돌이 많다. 적고수(緇姑水)도 양화산의 북쪽에서 발원하여 구불구불 동쪽으로 흘러 문수로 들어가며, 양쪽 언덕에 구리가 많이 묻혀 있다. 문수는 황하에 이르렀다가 다시 구불구불 790리를 흘러 낙수로 들어간다.

여와가 돌을 다듬다
임백년(任伯年), 비단 채색, 청대

여와가 돌을 다듬어서 하늘을 메우는 이야기는 나중에 여러 형태의 이야기로 변모된다. 《홍루몽(紅樓夢)》에서 가보옥(賈寶玉)의 전신인 통령보옥(通靈寶玉)도 바로 여와가 하늘을 메우고 '남은' 돌들이 변한 것으로 소개된다.

호저산은 첫머리의 평봉산에서 시작하여 양화산까지 모두 14개의 산이 구불구불 790리에 걸쳐 이어진다. 중악은 그 한가운데 자리 잡고 있으며, 매 해의 가운데, 즉 6월 전후에 이 산에서 여러 신들에게 제사를 지내야 한다. 제사의식은 다른 산들의 제사와 형식이 같으며, 축원을 드리고 나면 천하가 태평해진다.

신농이 여러 풀을 맛보다
기와 벽돌 문양, 한대

신농은 전설에서 농업, 상업, 음악과 의약의 발명자로 소개되는 아주 오랜 옛날의 성인이다.

후예(后羿)
칠화, 한대

후예는 유궁국(有窮國)의 국왕이다. 후예는 농민의 아들로 천신 예의 양궁술을 흠모하다가 자기도 모르게 활쏘기를 즐기게 되었다. 그래서 이름을 '예(羿)'라고 지었고 나중에 국왕이 되었는데 사람들이 '후예'라고 높여 부른 것이다.

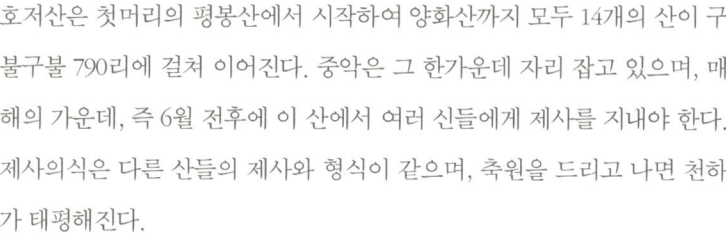

● ── 중차7경(中次七經)

중앙의 일곱 번째 산줄기는 고산(苦山)인데, 이 산줄기는 휴여산(休輿山)에서 시작된다. 휴여산 위에는 작은 돌이 한 가지 있는데, 제대의 바둑돌(帝臺之棋)이라고 한다. 이 돌은 오색이 섞여 있어 아름답기 짝이 없고, 생김새는 메추라기 알과 비슷하다. 제대는 어느 한 방향의 지역을 다스리는 천제 중 한 명이다. 제대의 돌은 뭇 신들에게 기도할 때 쓰이며, 사람이 이 돌을 지니면 나쁜 기운을 막을 수 있다. 이 산에서 자라는 풀 중에는 시초(蓍草)처럼 생긴 것이 있는데, 잎이 붉고 뿌리가 모여 자란다. 숙조(夙條)라고 하는 이 풀로는 화살대를 만들 수 있다.

동쪽으로 300리를 가면 고종산(鼓鍾山)이 있다. 신 제대가 팔찌와 북을 두드리며 여러 신들과 연회를 행한 곳이다. 산 속에는 초목이 무리지어 사는데, 그중에 한 가지 특이한 풀이 있다. 이 풀은 모난 줄기에 노란 꽃을 피우며 둥근 잎을 지녔다. 이 풀로는 독을 치료할 수 있다. 이 산의 위와 아래에는 숫돌이 많다.

다시 동쪽으로 200리를 가면 고요산(姑瑤山)이 나온다. 염제의 딸 여시(女尸)가 죽은 뒤 여기 묻혔다. 그녀는 죽어서 요초(瑤草)가 되었는데, 요초는 잎이 겹쳐져 있고 노란 꽃이 피며 열매는 실새삼 같다. 이 풀을 먹으면 사람을 좋아하게 된다.

다시 동쪽으로 20리를 가면 고산에

닿는다. 이 산 속에는 산고(山膏)라는 짐승이 살고 있는데, 돼지와 비슷하게 생겼으나 털이 단화 불꽃처럼 붉고 특히 사람 욕하기를 좋아한다. 이 산에는 나무도 무성하게 우거져 있는데, 그중 황극(黃棘)이라는 나무가 있다. 이 나무는 노란 꽃을 피우며 둥근 잎에 난초 열매 같은 열매를 맺는다. 그것을 먹으면 생식능력이 없어진다. 또 무조(無條)라는 특이한 풀이 있는데, 잎은 둥글고 줄기가 없으며 붉은 꽃이 피고 열매는 열리지 않는다. 사람이 이 풀을 먹으면 목에 사마귀가 생기지 않는다.

다시 동쪽으로 27리를 가면 푸르고 큰 산이 우뚝 솟아 있으니 도산(堵山)이라고 한다. 신 천우(天愚)가 이 산에서 살면서 늘 괴상한 바람과 비를 일으킨다. 산 위에는 천편(天楄)이라는 나무가 있는데, 줄기가 모나고 모습은 해바라기 같다. 이 나무의 잎을 먹으면 음식이 목에 걸리지 않는다.

다시 동쪽으로 52리를 가면 방고산(放皐山)이 있다. 계곡물이 흘러나와 강물을 이루니 명수(明水)라고 한다. 이 강은 남쪽으로 흘러가다가 이수로 들어가는데, 그 물 속에 창옥이 많다. 방고산에는 몽목(蒙木)이라고 하는 나무가 있는데, 잎은 홰나무 잎과 비슷하고 노란 꽃이 피지만 열매는 열리지 않는다. 이 나무의 잎을 먹으면 어리석지 않게 된다. 또한 이 산에는 문문(文文)이라는 짐승이 사는데, 벌과 비슷하게 생겼으나 꼬리가 갈라져 있으며 혀가 거꾸로 말려 있다. 이 짐승은 소리를 잘 지른다.

다시 동쪽으로 57리를 가면 솟아 있는 산이 대고산(大苦山)이다. 이 산에는 아름다운 저부옥이 많고 갖가지 색깔을 한 돌도 많이 있다. 산 속에 우상(牛傷)이라고 하는 풀이 있는데, 잎은 느릅나무 잎처럼 생겼으나 줄기가 모나고 줄기 위에는 푸른 가시가 돋아 있으며 뿌리에는 푸른 무늬가 있다. 사람이 이 풀을 먹으면 정신이 혼미해지지 않게 되고 체력이 증강된다. 또 전쟁의 피해를 막을 수 있다. 광수(狂水)가 이 산 남쪽에서 발원하여 서남쪽으로 흘러 이수로 들어간다. 물에 세 다리 거북(三足龜)이 자라는데, 이 거북을 잡아먹으면 큰 병에 걸리지 않고 종기도 사라진다.

다시 동쪽으로 70리를 가면 반석산(半石山)이 나온다. 이 산에는 가

옥 부엉이(玉鴞)와 옥새(玉鳥)

홍산문화의 옥기(玉器)는 말기 작품이 특히 좋은데 보통 부락이 모여 사는 유적지에서 정교한 옥들이 출토된다. 《시경(詩經)·상송(商頌)·현조(玄鳥)》를 보면 '하늘이 현조에게 명해서 내려와 상을 낳았네'라고 했다. 현조는 제비다. 고대 사람들은 새를 부락 토템으로 모셨다. 옛날에는 북경을 '연(燕)'이라고 했고 북경 뒤의 산맥을 '연산(燕山)'이라고 했는데, 이는 옛날 연자족(燕子族)이 남으로 이주한 사실과 관련이 있다.

영(嘉榮)이라고 하는 이상한 풀이 있는데, 키가 1장이나 된다. 잎이 붉고 꽃도 붉지만 열매는 열리지 않는다. 사람이 이 풀을 먹으면 번개를 두려워하지 않게 된다. 내수수(來需水)가 반석산의 남쪽 기슭에서 발원하여 서쪽으로 흘러가다 이수로 들어간다. 이 강에 많이 사는 윤어(鯩魚)는 몸에 검은 무늬가 있고 붕어와 비슷하게 생겼다. 사람이 이 물고기를 잡아먹으면 생각이 많아져서 쉽게 잠들지 못한다. 합수(合水)가 반석산 북쪽 기슭에서 발원하여 북쪽으로 흘러서는 낙수로 들어간다. 이 강에는 등어(䲢魚)가 많다. 이 고기는 쏘가리처럼 생겼지만, 물 속 동굴에 숨어 살고 몸에는 푸른 무늬가 있으며 붉은 꼬리를 흔들어댄다. 이 물고기를 잡아먹으면 종기가 나지 않고, 목덜미의 종기로 인한 큰 병을 치료할 수 있다.

다시 동쪽으로 50리를 가면 소실산(少室山)에 닿는다. 이 산에는 갖가지 풀이 무성하며 수풀도 울창해서 멀리서 보면 둥근 곡식더미처럼 보인다. 이 산 위에는 제휴(帝休)라는 나무가 있다. 그 잎은 버들잎 비슷하나 가지가 서로 얽혀 다섯 방향으로 뻗쳐 있으며, 노란 꽃이 피고 열매는 까맣다. 사람이 그 열매를 먹으면 마음이 평화로워져 성을 내지 않는다. 산 위에는 옥이 많고 산 아래에는 철이 많이 묻혀 있다. 휴수(休水)가 이 산에서 발원하여 북쪽으로 흐르다가 낙수로 들어간다. 이 강에는 인

중차7경
명각본삽도

이 그림에 묘사된 산들은 현재 하남 경내의 황하 이남, 이수의 동쪽, 북여하(北汝河)의 북쪽 구역에 있다. 주요 산맥은 숭산(嵩山)으로, 고대에는 숭산(崇山)이라고 했으며 그 땅을 숭(崇) 땅이라고 했다. 요임금 때 숭 땅의 수령을 숭백곤(崇伯鯀)이라고 했으며, 곤이 치수에 실패해서 살해되자 우가 곤의 배에서 태어나 계속 치수하여 성공했다. 이 일대도 황제가 활동했던 지역으로, 황제는 대홍산(大鴻山, 즉 大騩山)에 군대를 주둔시켰으며, 산 위에는 황제가 피서하던 동굴이 있다. 또 화개(華蓋) 동자가 황제에게 주었다는 신령한 버섯 그림과 헌원묘 등의 유적도 있다. 여기 사는 사람들은 머리가 셋 달린 조상신에게 제사를 지내며 소와 양과 돼지와 길옥을 바친다. 나머지 16좌의 산신은 모두 돼지 몸에 사람얼굴을 하고 있으며, 제사 때는 양 한 마리를 바치고 조옥(藻玉)을 땅에 묻는다.

어가 많이 산다.7 이 물고기는 긴꼬리원숭이와 비슷하게 생겼으나 발톱이 기다랗고, 발은 하얗지만 발끝이 서로 마주보고 있다. 이놈을 먹으면 의심증이 사라지고 용감해지며 체력이 좋아지고 전쟁의 피해를 피할 수 있다.

다시 동쪽으로 30리를 가면 태실산(太室山)이 나온다. 산 속에 욱목(枏木)이라는 나무가 있는데, 잎은 배나무 잎 비슷하나 나무는 붉은색을 하고 있다. 이 나무의 가지와 잎을 먹으면 수양이 쌓여 다른 사람을 질투하지 않게 된다. 이 산에는 요초(蓇草)라고 하는 특이한 풀도 있는데, 모양은 삽주같이 생겼으나 꽃은 희다. 열매는 까맣고 윤이 나는 것이 산포도와 비슷하다. 사람이 이 풀을 먹으면 편안하게 잠을 자고 악몽을 꾸지 않는다. 이 산 위에는 아름다운 돌이 많다.

황산도(黃山圖)

황산은 안휘성 남부 황산시에 있는 화강암으로 된 산으로 청익강(青弋江) 상류의 발원지다. 남북으로 약 40km 정도, 동서로 약 30km 정도 되는데 중국에서 가장 유명한 관광지의 하나다. 황산에는 3개의 봉우리가 있는데 연화봉(蓮花峰), 광명정(光明頂), 천도봉(天都峰)이다. 풍경이 수려하고 기이한 소나무와 괴석(怪石), 운해(雲海), 온천으로 유명하여 '황산사절(黃山四絶)'로 불린다. 명대의 저명한 여행가 서하객(徐霞客)은 "세상에 안휘의 황산만한 것이 없다. 황산에 오르면 천하에 다른 산은 안 보이니 정말 더할 나위 없이 훌륭하다"고 찬탄해 마지않았다. 황산은 주요한 풍경 명승지로 세계자연문화유산 목록에 등록되었다. 이곳의 특산품으로는 황산모봉차(黃山毛峰茶)와 영지버섯이 있다.

전하는 바에 의하면, 우가 홍수를 다스릴 적에 헌원산(軒轅山)을 지나면서 곰으로 변했다고 한다. 그는 아내 도산씨(涂山氏)에게 "밥 먹을 때가 되면 내가 북을 칠 테니, 북소리가 들리면 그때 밥을 가져다주시오"라고 일렀다. 그런데 우가 산꼭대기로 뛰어오르다가 잘못하여 북을 밟았고, 그래서 북이 울리는 바람에 도산씨가 밥을 가지고 왔다. 곰으로 변한 우를 본 도산씨는 창피하고 당황해서 달아났다. 우가 뒤를 쫓자 도산씨는 숭산(嵩山) 밑에 이르러 돌로 변해버렸다.8 그곳에 도착한 우는 하는 수 없이 "내 아들을 돌려주시오!" 하고 소리를 질렀다. 그러자 도산씨가 변한 돌이 갈라지며 아이가 나왔다고 한다. 그래서 아이의 이름을 계(啓)라고 한 것이다. 그의 아버지는 천신 우임금이고 어머니는 도산씨로, 신과 인간이 결합하여

계가 왕위를 찬탈하다

계는 하나라의 임금이다. 성은 사(姒)씨고 우의 아들이다. 원래 우는 동이족의 백익을 계승자로 지목했다. 우가 죽자 계는 스스로 왕위를 계승하고 백익과 싸워 백익을 죽였으며 아들에게 왕위를 물려주는 세습 제도를 확립했다고 한다. 유호씨(有扈氏)가 불복하자 그도 없애버렸다. 일설에 의하면 우가 죽자 백익이 양보를 해서 계가 추대 받고 왕위를 계승했다고도 한다. 이 그림은 계가 왕위를 찬탈했다는 이야기에서 소재를 취했다.

7_고전 《산해경》에는 '제어(鯑魚)'라 되어 있는데, 이 책의 저자는 인어라고 한 이유를 알 수 없다. - 역자 주

8_이 책의 저자가 빠뜨린 부분을 보충하여 번역하였다. - 역자 주

응룡(應龍)이 우임금을 보좌하다

응룡은 고대 신의 이름으로 황제의 공신이다. 응룡은 황제와 치우의 전투에서 구름을 몰아 비를 내리는 큰 공을 세웠다. 응룡은 첫 번째 전투에서 중상을 입고 천당으로 돌아갈 힘조차 없어지자 초연히 남방으로 와서 산택에 침거했다고 한다. 용은 수성에 속하므로 그 거주지는 구름 기운과 수분이 자연히 모여드는 곳이어야 했다. 그리하여 남방에서 침거에 든 것이다. 여러 해 뒤에 응룡은 회복되었고 우가 수맥을 찾는 일을 도와 물길을 열어 다시 치수의 공신이 된다.

낳은 아기라서 계도 신성(神性)을 지녔다. 그는 일찍이 세 번 하늘에 초대받아 천궁(天宮)의 《구변(九辯)》, 《구가(九歌)》를 인간에게 전했으며 비룡을 타고 천궁에 오를 수 있었다. 하지만 나중에 음란하고 게으르게 살다가 망국에 이르고 말았다고 한다.

다시 북쪽으로 20리를 가면 강산(講山)이 있다. 이 산에는 아름다운 옥이 많고 푸른 소나무와 비취빛 잣나무, 산뽕나무가 무성하다. 산 속에는 제옥(帝屋)이라 하는 특이한 나무가 있다. 이 나무의 잎은 후추나무 잎 비슷하게 생겼고, 줄기에는 갈고리처럼 생긴 가시가 돋아 있으며, 붉은 열매가 열린다. 이 나무를 사용하면 맹수의 습격을 막을 수 있다.

다시 북쪽으로 30리를 가면 영량산(嬰梁山)에 닿는다. 이 산에는 창옥이 많은데, 이 옥은 까만 돌에 붙어 있다.

다시 동쪽으로 30리를 가면 부희산(浮戲山)이 있다. 이 산에 항목(冗木)이라는 나무가 있는데, 잎은 참죽나무 잎처럼 생겼고 붉은 열매가 열린다. 사람이 이 열매를 먹으면 나쁜 기운을 막을 수 있다. 사수(汜水)가 이 산에서 발원하여 북쪽으로 흘러 황하로 들어간다. 또 이 산 동쪽에는 깊은 계곡이 있다. 계곡에 뱀이 많아서 사곡(蛇谷)이라고 하며, 이곳에는 세신(細辛)이라는 약재가 많다.

우와 후직, 백익에게 조배 드리다
벽화

우, 후직, 백익은 도교신도들이 신봉하는 신선들이다. 도교는 다신교로, 역사에 중대한 영향을 끼친 인물이면 누구나 도교의 신으로 존중받는다.

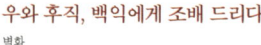

다시 동쪽으로 40리를 가면 소형산(少陘山)에 닿는다. 산 속에는 강초(䒷草)라고 하는 특이한 풀이 있는데, 그 잎은 해바라기 잎처럼 생겼으나 줄기가 붉고 흰 꽃을 피우며 열매는 산포도 같

중차8경
명각본십도

중차8경에 있는 23개의 산을 나타낸 그림이다. 11개의 산에서 금(은과 동을 포함한 개념)이 나고, 그밖에 용산에서 붉은 주석이 나며, 환산(護山)에서 하얀 주석이 나니, 이 일대가 채광작업(염료, 청동기를 제작하고 무역을 하는 데 사용됨)이 발달한 곳으로 보인다. 현재 호북 대야현(大冶縣) 경내의 동록산(銅綠山)이 바로 옛 광산 지역으로, 지금도 산에는 붉은 철광, 공작석, 자연 구리 등이 가득하여 비가 내릴 때마다 구리가 콩알처럼 흙이나 돌 위로 푸르게 흘러내린다. 고고학적 검증을 거친 결과 이미 서주(西周), 춘추 시대 및 한대에 이 지역에 채광굴이 수백 개였고 깊이도 50여m나 되었으며 부근에 은상, 서주 및 송대의 구리를 제련했던 유적지가 많았다. 이곳에 사는 사람들은 새 몸에 사람얼굴인 신을 섬기며 제사 때 수탉과 무늬 홀, 쌀 등의 제물로 신령을 봉양했다.

다. 사람이 이 풀의 열매를 먹으면 지혜로워진다. 효난수(囂難水)가 소형산에서 발원하여 북쪽으로 흘러 역수(役水)로 들어간다.

다시 동남쪽으로 10리를 가면 태산(太山)이 솟아 있다. 산 속에 이(棃)라는 풀이 있는데, 잎은 쑥 잎처럼 생겼으나 붉은 꽃이 핀다. 이 풀은 약재로 쓰이며 큰 종기를 치료할 수 있다. 이 산의 양지바른 남쪽에서 계곡물이 흘러나와 강물을 이루니, 태수(太水)라고 한다. 이 강은 동남쪽으로 흘러 역수로 들어간다. 이 산의 북쪽에서는 또 다른 물줄기가 흘러나와 승수(承水)를 이루어 동북쪽으로 흘러 역수로 들어간다.

다시 동쪽으로 20리 떨어진 곳에는 말산(末山)이 있다. 산 위에는 붉은 금이 많다. 계곡물이 흘러나와 강물을 이루니 말수(末水)라 하며, 북쪽으로 흘러 역수로 들어간다.

다시 동쪽으로 25리를 가면 역산(役山)이 나온다. 산 위에는 백금이 많고 철이 많이 묻혀 있다. 계곡물이 흘러나와 강을 이루니 역수라고 하는데, 북쪽으로 흘러 황하로 들어간다.

다시 동쪽으로 35리를 가면 민산(敏山)에 닿는다. 산 위에는 나무가 울창하게 들어서 있다. 그중 계백(葪柏)이라는 특이한 나무가 있는데, 모양은 가시나무처럼 생겼고 하얀 꽃이 피며 열매는 붉다. 사람이 이 열매를 먹으면 몸에 열이 많아져 추위를 타지 않는다. 이 산의 양지바른 남쪽

언(鰋)

《소아·여(鱅)》에서 '여는 메기로 잉어(鯉)다'라고 했다. 언은 지금의 메기를 뜻하는 것으로 회백색이고 비늘이 없으며 점액질이 미끌미끌하다.

기슭에는 저부옥이 많다.

다시 동쪽으로 30리를 가면 대괴산(大騩山)이 있다. 이 산의 응달진 북쪽 기슭에는 철이 많고, 수정같이 맑은 옥도 많이 있으며, 하얀 흙도 많다. 산 속에는 풀이 무성한데 그중 이상한 풀 한 포기가 있다. 모양은 시초처럼 생겼으나 솜털이 많이 나 있고, 푸른 꽃이 피며 흰 열매가 열린다. 이름을 낭(蒗)이라고 한다. 사람이 이 열매를 먹으면 오래 살 수 있고 위장병을 고칠 수 있다.

고산이라 불리는 산줄기는 휴여산에서 시작해서 대괴산까지 모두 19개의 산봉우리가 1,184리에 걸쳐 이어진다. 이 산에 사는 신들 중에서 16명의 신은 모두 돼지 몸에 사람얼굴을 하고 있다. 이 신들에게 제사지낼 때는 털이 난 희생물로 양 한 마리를 바치고 오색 무늬의 옥그릇을 묻는다. 고산, 소실산, 태실산은 여러 산의 종주이다. 이 세 곳의 신에게 제사를 지낼 때는 털 있는 희생물로 소, 양, 돼지 등을 쓰며 영롱한 옥으로 만든 옥기를 사용한다. 이곳의 세 신은 사람얼굴을 하고 있으나 머리가 셋 달려 있고, 다른 16명의 신은 돼지 몸에 사람얼굴을 하고 있다.

● ── 중차8경(中次八經)

중앙의 여덟 번째 산줄기인 형산(荊山)은 경산(景山)에서 시작된다. 경산 위에는 황금과 수정처럼 맑은 옥이 많다. 산 속에는 수풀이 푸르게 우거져 있는데, 떡갈나무와 박달나무가 제일 많다. 산 속에서 계곡물이 흘러나와 강물을 이루니, 저수(睢水)라고 한다. 이 강은 동남쪽으로 흘러 큰 강[9]으로 들어간다. 그 물 속에 붉은색의 가는 모래가 쌓여 있고 무늬 있는 물고기가 많이 산다.

동북쪽으로 100리를 가면 형산이 있다. 이 산의 응달진 북쪽에는 철

9_고전 《산해경》에는 그냥 '대강(大江)'으로 되어 있는데 양자강(揚子江)이 아닌가 생각된다.
 - 역자 주

이 많이 묻혀 있고, 양지바른 남쪽 기슭에는 황금이 많다. 짐승으로는 모우가 많고, 호랑이와 표범도 많이 산다. 산 위에는 푸른 소나무와 잣나무, 대나무가 숲을 이루며, 귤나무와 유자나무도 우거져 있다. 계곡물이 흘러나와 강을 이루니, 장수(潭水)라고 한다. 이 강은 동남쪽으로 흘러 저수로 들어간다. 그 물 속에는 황금이 많고 교어(鮫魚)가 많이 산다. 산 위에는 짐승이 무리지어 사는데, 산당나귀와 사향노루가 제일 많다.

다시 동북쪽으로 150리를 가면 교산(驕山)이 나온다. 산 위에는 옥이 많고 산 밑에는 청확이 많이 난다. 산 속에는 수풀이 울창하게 우거져 있는데, 소나무와 잣나무, 도지와 구단처럼 키 작은 대나무가 모여 자란다. 신 타위(鼉圍)가 이 산에 살고 있다. 이 신은 사람얼굴에 양 뿔이 달렸고 호랑이 발톱이 나 있는 모습을 하고 있다. 이 신은 저수와 장수의 깊은 심연에서 노니는데, 물 밖으로 드나들 때면 빛이 번쩍거린다.

다시 동북쪽으로 20리를 가면 여궤산(女几山)에 닿는다. 산 위에는 수정같이 맑은 옥이 많고 산 밑에는 황금이 많다. 산 속에는 맹수가 무리지어 사는데, 호랑이와 표범은 산꼭대기까지 출몰한다. 또 사향노루와 검은 양, 노루 등이 무리지어 다닌다. 수풀도 울창하며 그 안에는 많은 새들이 살고 있다. 특히 꿩과 독이 있는 짐조(鴆鳥)가 제일 많으며 긴 꼬리가 달린 꿩도 있다.

다시 동북쪽으로 200리를 가면 의제산(宜諸山)이 나온다. 산 위에는 황금과 옥이 많고 산 밑에는 염료로 쓰는 청확이 난다. 위수(洈水)가 이 산에서 발원하여 남쪽으로 흘러 장수로 들어가는데, 그 물 속에도 수정같이 맑은 옥이 많다.

다시 동북쪽으로 350리를 가면 윤산(綸山)이 있다. 이 산에는 나무가 울창하게 우거져 있는데, 가래나무, 녹나무, 도지죽, 산앵두나무, 밤나무, 귤나무, 유자나무 등 여러 나무가 있다. 짐승으로는 산당나귀, 사향노루, 영양 등이 많다.

다시 동쪽으로 200리를 가면 육귀산(陸郇山)이 나온다. 산 위에는 저부옥과 수정이 많고 산 밑에는 여러 색깔의 흙이 많다. 이 산에는 수풀이 울창하게 우거져 있는데, 감탕나무와 참죽나무가 서로 얽혀 자라고

황제 부락의 호각

곡(穀)

곡은 닥나무라고도 하는 낙엽교목이다. 잎은 타원형이고 나무껍질로는 베를 짜고 종이를 만들 수 있다. 흰색 즙으로 단사(丹砂)를 만든다.

하방일람도(河防一覽圖)
반계순, 채색 모본, 명대

명대 치수 전문가 반계순이 제작한 황하를 다스리는 설계도인 치황공정도(治黃工程圖)는 중국에 현존하는 최고 오래된 지도다. 이 지도는 황하를 중심으로 남북의 대운하와 황하를 나란히 그렸는데, 자연 요소 외에도 하방의 공정을 상세하게 표시한 것이 특징이다. 비교적 거친 선으로 황하 양쪽의 각종 제방 공정 및 수문, 다리 등을 아주 뚜렷하게 그렸다. 물이 넘치는 시간과 지점, 제방을 쌓은 시점과 제방 길이 및 하류의 험한 지점을 문자로 세밀하게 남겨 후대에 전했다.

있다.

다시 동쪽으로 130리를 가면 닿는 곳이 광산(光山)이다. 산 위에 벽옥이 많고 산 밑에는 넓은 못이 자리 잡고 있다. 이 산에 살고 있는 신 계몽(計蒙)은 사람 몸에 용 머리를 하고 있다. 이 신은 장수의 깊은 못에서 노니는데, 이 신이 물에서 드나들 때는 바람이 불고 비가 내리며 번개와 우레까지 친다.

다시 동쪽으로 120리를 가면 기산(岐山)에 닿는다. 이 산의 양지바른 남쪽 기슭에는 황금이 많고, 응달진 북쪽 기슭에는 아름다운 백민석(白珉石)이 눈을 부시게 한다. 산꼭대기에는 금과 옥이 많고 산 밑에는 화려한 청확이 많다. 숲이 빽빽하게 우거져 있으며 참죽나무가 가장 많다. 이 산에 살고 있는 신 섭타(涉鼉)는 사람 몸을 하고 있으며 얼굴은 네모지고 다리가 셋이다.

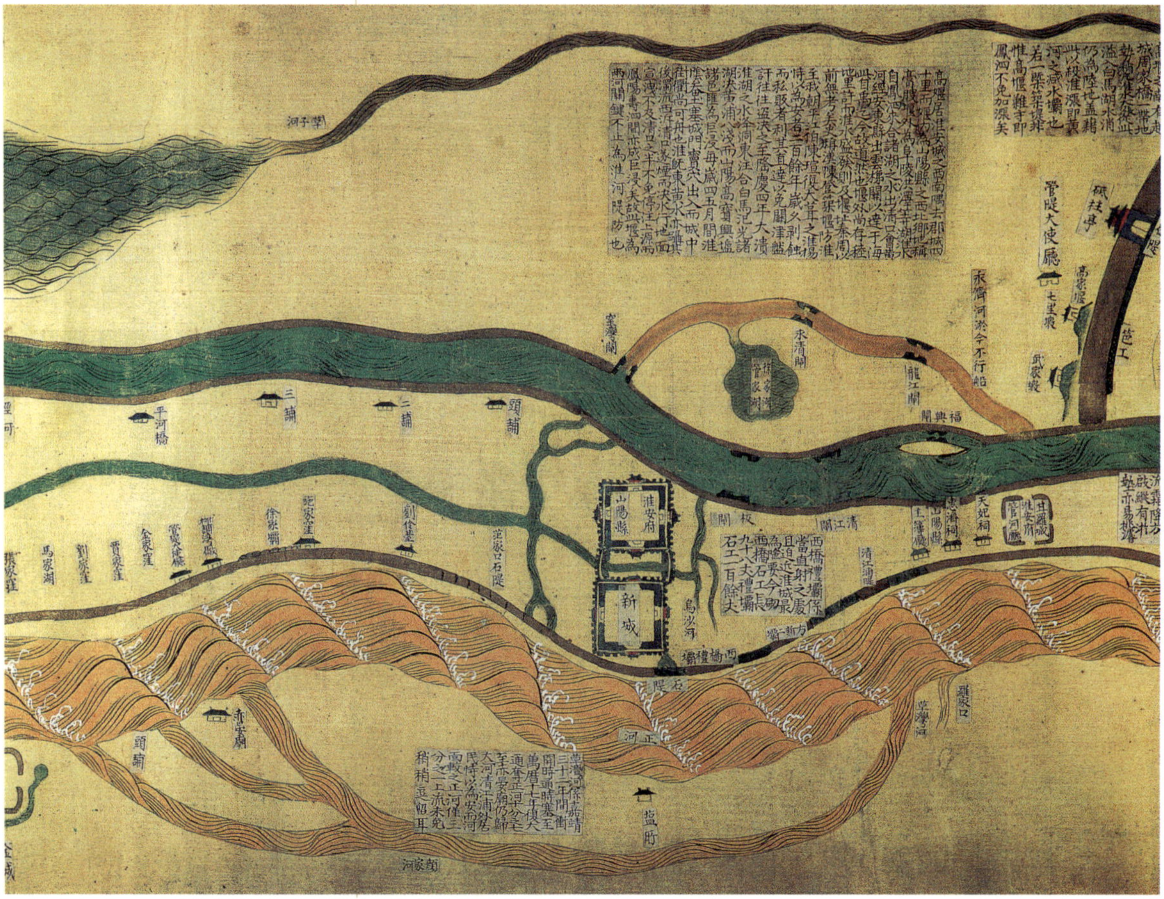

다시 동쪽으로 130리를 가면 동산(銅山)이 있다. 산 속에는 황금과 백은, 철이 많이 묻혀 있다. 이 산에는 숲이 무성하게 우거져 있는데, 닥나무, 떡갈나무, 풀명자나무, 밤나무, 귤나무와 유자나무가 특히 많다. 짐승도 많은데 그중에서도 작(豜)이 제일 많다. 이 짐승은 몸에 표범 무늬가 있다.

다시 동북쪽으로 100리를 가면 미산(美山)이 나온다. 이 산에도 짐승이 많은데 특히 들소, 사향노루, 고라니, 산돼지, 사슴이 많다. 산 위에는 찬란히 빛나는 황금이 많고, 산 밑에는 오색이 화려하게 섞인 청확이 많다.

다시 동북쪽으로 100리를 가면 대요산(大堯山)에 닿는다. 산 위에는 소나무, 잣나무, 가래나무와 뽕나무가 무성하게 우거져 있으며, 그밖에도 여러 가지 나무가 있다. 대나무도 무리를 이루어 자란다. 이 산에는 표범, 호랑이, 영양 등 짐승도 여러 가지가 산다. 또 모습이 토끼와 비슷하나 사슴 발을 가진 작(㲋)이라는 짐승도 있다.

다시 동북쪽으로 300리를 가면 닿는 곳이 영산(靈山)이다. 산 위에는 금과 옥이 많고 산 밑에는 갖가지 색깔의 청확이 많다. 수목도 울창하게 우거져 있으며, 복숭아, 자두, 매실, 살구 나무들이 서로 뽐내듯 울긋불긋하게 들어서 있다.

다시 동북쪽으로 70리를 가면 용산(龍山)이 나온다. 산꼭대기에는 다른 나무에 기생하는 나무[10]가 많다. 산 속에는 옥이 많으며 산 밑에는 순도 높은 붉은 주석이 난다. 풀이 무성하게 자라며 도지죽과 구단등(鉤端藤)이 많다.

다시 동남쪽으로 50리 떨어진 곳에 형산(衡山)이 있다. 산 위에는 기생수(寄生樹), 닥나무, 떡갈나무가 많고 황색과 백색 흙이 많다.

다시 동남쪽으로 70리를 가면 석산(石山)이 나온다. 산 위에는 황금이 많고 산 밑에는 청확이 많다. 기생수가 모여서 울창한 숲을 이룬다.

다시 남쪽으로 120리를 가면 약산(若山)이 있다. 이 산에는 저부옥, 자석(赭石), 그리고 약재로 쓰는 봉석(封石)이 많다. 기생수와 산뽕나무

석경(石磬)

석경은 하 왕조에서 제전을 거행할 때 두드렸던 악기다. 묘에서 출토되었을 때 석경과 한 쌍의 악어 가죽으로 된 북이 발견되었으니, 분명 함께 연주되었던 예제(禮制) 악기일 것이다.

10_담장이로 번역할 수 있을 듯하다. - 역자 주

옥황대제
수륙화(水陸畵)

옥황대제의 완전한 이름은 '호천금궐지존옥황대제(昊天金闕至尊玉皇大帝)'이고 '현궁고상제(玄穹高上帝)'라고도 하고 간단하게 '옥제(玉帝)'라고 한다. 북극대제(北極大帝), 천황대제(天皇大帝), 토황지지(土皇地祇)와 같은 순위로 삼청(三淸)의 아래에 위치하며 제2급 서열의 천신에 속한다. 탁탑이천왕(托塔李天王) 부자(父子)가 모두 그의 수하다. 옥제는 지금도 위엄 있는 최고의 신이다.

달 속의 항아

월궁(月宮)으로 도망간 항아는 결코 기괴한 생물로 변하지는 않았다. 하지만 월궁의 차가움은 그녀가 전에 상상할 수도 없던 것이었으며, 그 안에는 약을 짓찧고 있는 토끼와 계수나무뿐 다른 아무 것도 없었다. 오랜 세월이 흘러 겨우 '학선(學仙)으로 죄를 지은' 벌로 월궁으로 와서 계수나무를 베어야 하는 오강(吳剛)이 더해졌을 뿐이다. 그러나 계수나무는 오강과 사이가 좋지 않아서 오강이 나무를 베자마자 난 상처를 바로 아물게 해버렸다. 오강이 아무리 베고 또 베어도 나무는 절대 넘어지지 않았다.

의 가지와 잎이 무성하고 울창하게 자란다.

다시 동남쪽으로 120리를 가면 체산(虒山)이 나온다. 이 산에는 화려하고 아름다운 돌이 많고, 산뽕나무가 울창하게 우거져 있다.

다시 남쪽으로 150리를 가면 옥산(玉山)에 닿는다. 산 위에는 금과 옥이 많고 산 밑에는 벽옥과 철이 많다. 이 산에는 숲이 울창하게 우거져 있으며 소나무와 잣나무가 많다.

다시 동남쪽으로 70리를 가면 닿는 곳이 환산(讙山)이다. 산 위에는 나무가 빽빽한데 그중 박달나무가 많다. 이 산에는 또 봉석과 하얀 주석이 많이 있다. 계곡물이 흘러나와 강물을 이루니, 욱수(郁水)라고 한다. 이 강은 산 아래로 흘러가다 산 밑에서는 땅 속으로 숨어 흐른다. 그 물 속에는 숫돌이 많다.

다시 동북쪽으로 150리를 가면 인거산(仁擧山)이 나온다. 수목이 온통 산을 덮고 있으며, 닥나무와 떡갈나무가 우거져 있다. 이 산의 양지바른 남쪽 언덕에는 붉은 금이 많고, 응달진 북쪽 기슭에는 자석(赭石)이 많다.

다시 동쪽으로 50리를 가면 사매산(師每山)이 솟아 있다. 양지바른 남쪽 기슭에는 각양각색의 숫돌이 많고, 응달진 북쪽 기슭에는 다채로운 청확이 많다. 이 산에는 나무가 울창한데, 소나무와 잣나무가 많고 박달나무와 산뽕나무도 무성하다. 또 대나무 숲이 빽빽하게 들어차 있다.

다시 동남쪽으로 200리를 가면 닿는 곳이 금고산(琴鼓山)이다. 이 산에도 수풀이 울창한데, 닥나무, 떡갈나무, 산초나무와 산뽕나무가 특히 많다. 산 위에는 아름다운 하얀 옥, 즉 백민석이 많이 나고, 산 밑에는 세석이 많다. 산에 사는 짐승으로는 산돼지, 사슴, 하얀 무소가 가장 많다. 새로는 짐조가 가장 많다.

형산으로 불리는 산줄기는 경산에서 시작해서 금고산까지 모두 23개의 산이 구불구불 2,890리에 걸쳐 이어진다. 이 산에 사는 신들은 모두 새 몸에 사람얼굴을 하고 있다. 이 신들에게 제사를 지낼 때는 수탉에서 피를 뽑아 제사상에 바른 후 그 수탉을 땅에 묻는다. 또 좋은 옥을 조각해서 만든 조규 옥기를 사용하며, 제사용 곡식으로는 쌀을 쓴다. 교산은 여러 산의 종주로, 이 산의 신에게 제사지낼 때는 잘 거른 술을 쓰고, 소, 양, 돼지 등을 제물로 사용하여 피를 취해 바른 뒤에 땅에 묻는다. 또 투명하고 아름다운 옥으로 제사를 올린다.

● ── 중차9경(中次九經)

중앙의 아홉 번째 산줄기는 민산(岷山)이라 하며, 여궤산(女几山)에서 시작된다. 이 산에는 석널이 많다. 산꼭대기에는 수목이 울창한데 감탕나무와 참죽나무가 많다. 또 여러 가지 풀도 무리지어 자라는데 국화와 삽주가 특히 많다. 낙수(洛水)가 이 산에서 발원하여 동쪽으로 흘러 양자강(揚子江)으로 들어간다. 산 속에는 웅황이 많고, 호랑이와 표범이 무리지어 산다.

다시 동북쪽으로 300리를 가면 민산이 있다. 강수(江水)가 이 산에서 발원하여 동북쪽으로 흘러 바다로 들어간다. 이 물 속에는 검은 거북과 도마뱀같이 생긴 양자악어가 많은데, 이놈은 사람 말을 알아듣는다. 일찍이 황제 전욱이 양자악어에게 음악을 연주하라고 했더니, 이놈이 드러누워 꼬리를 들어 올려 자기 뱃가죽을 긁으며 '잉잉' 소리를 냈다고 한다. 그밖에도 민산 꼭대기에는 금과 옥이 많고, 산 밑에는 백민석이 많다. 수목도 울창하게 우거져 있는데,

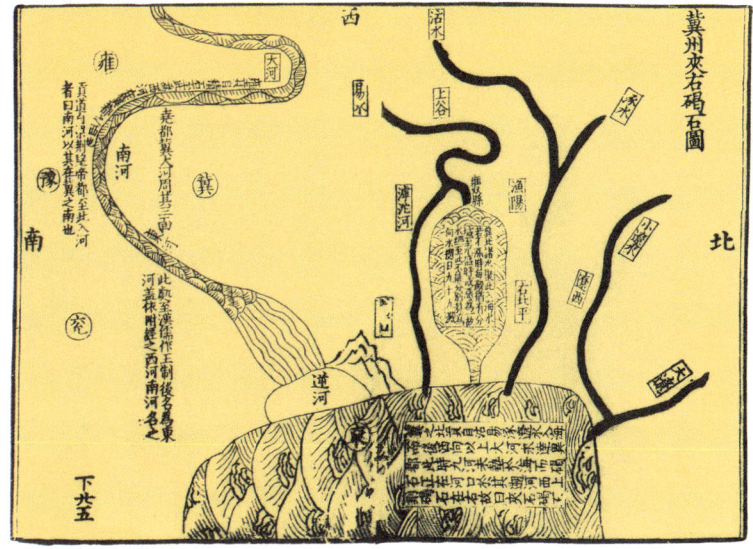

기주협우갈석도(冀州夾右碣石圖)
조판(雕版), 묵인(墨印)

이 지도는 《우공산천지리도》에서 뽑은 것이다. 이 책은 남송 순희(淳熙) 4년 (1177년)에 정대창(程大昌)이 편찬했고 순희 8년(1181년)에 팽춘년(彭椿年)이 천주(泉州) 학관(學官)에서 목판에 새겼다.

매화나무와 명자나무가 많다. 이 산에는 여러 가지 짐승들도 살고 있는데, 무소와 코끼리, 기우(夔牛)가 가장 많다. 이 산에 사는 새로는 흰 꿩과 붉은 꿩이 제일 많다.

다시 동북쪽으로 140리를 가면 내산(崍山)이 나온다. 공수(邛水)가 여기서 발원하여 동쪽으로 흘러 양자강으로 들어간다. 이 산의 양지바른 남쪽 기슭에는 황금이 많고, 응달진 북쪽 기슭에는 고라니와 큰 사슴이 많이 산다. 산에는 수풀이 우거져 있는데, 박달나무와 산뽕나무가 섞여 자라고 있다. 풀도 무성한데, 그중 부추와 구릿대와 구탈이 제일 많다.

다시 동쪽으로 150리를 가면 거산(崌山)에 닿는다. 계곡물이 흘러나와 강을 이루니, 말수(沫水)라고 한다. 이 강물은 동쪽으로 흘러 양자강으로 들어간다. 그 물 속에 이상한 뱀이 한 가지 있는데, 강변에 있는 소나 말 또는 사람을 꼬리로 걸어서 삼켜버린다. 이 강에는 물고기도 많다.[11] 이 산에는 수풀이 우거져 있는데, 졸참나무와 감탕나무가 많고 매화나무와 가래나무도 숲을 이룬다. 짐승도 많이 사는데, 기우와 영양, 작(㸲), 무소와 외뿔들소가 가장 많다. 숲에는 새도 많은데, 그중 절지(竊脂)라고 하는 이상한 새가 있다. 이놈은 올빼미 비슷하게 생겼지만 몸에 붉은 털이 있으며 머리가 하얗다. 절지는 화재를 미리 알려주므로 이 새를 이용해서 불이 나는 것을 막을 수 있다.

다시 동쪽으로 300리 떨어진 곳에 고량산(高粱山)이 있다. 산 속에는 백색 흙이 많고 산 밑에는 숫돌이 많다. 산꼭대기에는 숲이 무성하고 도지죽과 구단등이 특히 많다. 이곳에는 풀도 무성하게 자란다. 그중 한 가지는 모양이 해바라기처럼 생겼으나 붉은 꽃이 피고 흰 꽃받침이 있으며 깍지에 열매가 열린다. 말이 이 풀을 먹으면 더욱 건장해지고 훨씬 빨리 달리게 된다.

다시 동쪽으로 400리를 가면 사산(蛇山)에 닿는다. 산 위에는 황금이 많고 산 밑에는 하얀 흙이 쌓여 있다. 수목이 울창하고 나무 종류도 많은데, 가름대나무, 예수(樣樹)와 녹나무 등이 많다. 풀도 무성하고 종

유(楡)

유는 느릅나무과에 속하는 낙엽교목이다. 잎은 계란형이고 이른 봄에 잎이 먼저 나고 꽃이 피는데 꽃에 작은 가시가 있다. 열매는 거꾸로 달린 계란형으로 유전(楡錢)이라고 통칭한다. 나무는 관상용이고 어린 잎과 어린 열매는 먹을 수 있다.

11_ 고전《산해경》에는 '지어(鱕魚)'가 많다고 되어 있는데, 이 책의 저자는 그냥 '물고기가 많이 노닌다'라고만 썼다. – 역자 주

류도 많으며 가영초와 족두리풀 등이 많다. 이 산에는 시랑(狼狼)이라고 하는 특이한 짐승이 있는데, 여우처럼 보이지만 꼬리가 하얗고 귀가 크며 길다. 불길한 짐승인 이놈이 나타나면 국가에 내란이 발생하고 전쟁이 일어난다.

다시 동쪽으로 500리를 가면 격산(鬲山)이 있다. 이 산의 양지바른 남쪽 기슭에는 황금이 많고, 응달진 북쪽 기슭에는 백민석이 많다. 포몽수(蒲鸏水)가 이 산에서 발원하여 동쪽으로 흘러 양자강으로 들어간다. 그 물 속에는 흰색 옥이 많다. 짐승으로는 무소와 코끼리, 작은곰, 큰곰 등이 많다. 또 긴꼬리원숭이도 산다.

다시 동북쪽으로 300리를 가면 우양산(隅陽山)이 나온다. 산 위에는 황금과 옥이 많고 산 밑에는 각양각색의 염료로 쓰이는 청확이 많이 난다. 이 산에는 숲이 울창하게 우거져 있으며 가래나무와 뽕나무가 많다. 풀도 무성하며 자줏빛과 푸른 풀이 섞여 있다.12 서수(徐水)가 여기서 발원하여 동쪽으로 흘러 강수(江水)로 들어간다. 그 물 속에는 좁쌀 같은 단사(丹砂)가 많이 있다.

다시 동쪽으로 250리를 가면 기산(岐山)에 닿는다. 산 위에는 백금이 많고 산 밑에는 철이 많다. 나무가 무성하게 우거져 있는데, 특히 매화나무와 가래나무가 많고 풀명자나무와 졸참나무도 빽빽하다. 감수(減水)가 기산에서 나와 동남쪽으로 흘러 양자강으로 들어간다.

다시 동쪽으로 300리를 가면 구니산(勾欄山)이 있다. 산꼭대기에 수정같이 맑은 옥이 많고 산 밑에는 황금이 많다. 수풀도 울창하

12_ 고전 《산해경》에는 '자(苴)가 많다'라고 되어 있는데 이 책의 저자는 어째서 이렇게 해석했는지 궁금하다. - 역자 주

고분 속의 'Z'자
거북 등껍데기(龜甲)

인간이 자연의 위력을 완전히 이해하기는 어려운 일이다. 그러다 보니 사람들은 '만물에 영혼이 있다'고 믿게 되었다. 용은 자연적인 존재라기보다는 사람이 여러 동물들의 특징을 종합한 뒤 상상력을 더해 만든 것으로 보인다. 용에 대한 숭배는 사람들이 이미 구체적인 신에 대한 숭배를 넘어서 추상적인 존재를 숭배하기 시작했음을 말해준다. 인간이 자신의 운명을 장악할 수 없음을 깨닫고 초능력을 빌려 미래를 예측하려 하면서 점복이 생겨났다. 지금도 남아 있는 점복 도구는 그에 대한 좋은 증거다. 하남 무양 가호 묘지에서 출토된 귀갑은 거북의 등껍데기로 위에 'Z'자가 새겨져 있다. 이것은 점복으로 사건을 기록하는 형식이며 상왕조 갑골문의 전신이기도 하다. 상의 거북 등껍데기에 문자를 새긴 지 오랜 세월이 흘렀고 이제 점복이 종교적인 의미를 지닌다는 사실도 증명되었다.

여러 신선이 함께 생일을 축하하다
무명씨

매년 왕모낭낭의 생일잔치에 여러 존신과 크고 작은 신선들이 왕모낭낭의 초대에 응해 요지(瑤池)로 달려온다. 그들이 함께 모여 천도복숭아를 맛보며 왕모낭낭의 생일을 축하하는 행사는 이미 천계의 성대한 의식으로 자리잡았다.

며 가죽나무와 산뽕나무가 많다. 화초도 우거져 있으며, 그중에서도 작약(芍藥)이 빼어난 모습으로 사람을 유혹한다.

다시 동쪽으로 150리 떨어진 곳에 풍우산(風雨山)이 있다. 산 위에는 백금이 많고 산 밑에는 석녈이 많다. 나무도 무성한데, 섶나무, 회양목, 버드나무가 많다. 선여수(宣余水)가 이 산에서 발원하여 동쪽으로 흘러 강수로 들어가는데, 그 물 속에는 물뱀이 많이 산다. 산꼭대기에는 짐승이 많이 사는데, 사향노루, 사슴, 큰 사슴, 표범과 호랑이 등이 많다. 새로는 흰 긴꼬리꿩인 백교(白鷮)가 가장 많다.

다시 동쪽으로 200리를 가면 옥산(玉山)이 나온다. 양지바른 남쪽 기슭에는 구리가 많고 응달진 북쪽 기슭에는 황금이 많다. 이 산에는 수풀도 무성하게 우거져 있으며 특히 예수, 녹나무, 졸참나무, 감탕나무 등이 많다. 짐승도 많이 살고 있으며 그중에는 산돼지, 사슴, 영양 등이 많다. 새 중에는 독이 있는 짐조가 제일 많다.

다시 동쪽으로 150리 떨어진 곳에 웅산(熊山)이 솟아 있다. 이 산에는 동굴이 많은데, 곰이 사는 곳이지만 신이 이 동굴에 나타나기도 한다. 이 동굴들은 여름에는 열려 있다가 겨울이면 닫힌다. 겨울이 와도 동굴이 열려 있으면 큰 난리가 나서 전란의 피해가 생긴다. 산꼭대기에는 수정같이 맑은 옥이 많고 산 밑에는 백금이 많다. 숲도 울창하게 우거져 있는데 참죽나무와 버드나무가 제일 많으며, 풀로는 구탈초가 많다.

이해도(洱海圖)
채색 회화, 당대

이해는 옛날의 엽유택(葉楡澤)이다. 운남성 대리시(大理市)와 이원시(洱源市) 사이에 있는 이해는 호수가 귀처럼 생겼다고 해서 얻어진 이름이다. 단층호로 길이는 약 40km이며 동서의 넓이는 평균 7~8km에 달하고 면적은 249m²이다. 호수면은 해발 1,973m로 가장 깊은 곳이 20.7m로 저수량은 25억3,100만m³다. 양쪽에서 창산(蒼山) 기슭의 물이 흘러들어 북으로 미자하(彌茨河)로 들어가며, 호수의 물은 서이하(西洱河)에서 흘러나와 양비강(漾濞江)과 합류하여 난창강(瀾滄江)으로 들어간다. 수산물이 풍부해서 활로 쏘아도 물고기가 마구 잡힌다. 호숫가에 창산이 있어서 호수에 산의 빛이 어리는 풍경이 아주 아름답다. 전국의 주요 관광명승지에 속한다.

이 그림은 당대 대대로 전해오는 불교의 두루마기 그림 《남조중흥이년화권(南詔中興二年畵卷)》에 실린 지도다. 당대 광화(光華) 2년(889)에 완성되었다.

다시 동쪽으로 140리를 가면 괴산(騩山)에 닿는다. 이 산의 양지바른 남쪽 기슭에는 붉은 금이 많고 응달진 북쪽 기슭에는 철이 많다. 울창한 숲에는 도지죽이 많고 모형과 구기자도 많이 있다.

다시 동쪽으로 200리를 가면 갈산(葛山)이 나온다. 산꼭대기에는 붉은 금이 많고 산 밑에는 감석(瑊石)이 많이 있다. 이 돌은 옥과 비슷하며 아주 예쁘다. 숲이 울창하게 우거져서 나무 종류도 많은데, 자두나무, 밤나무, 귤나무, 유자나무, 감탕나무 등이 많다. 또 짐승으로는 영양과 토끼가 제일 많으며, 풀로는 가영이라는 들풀이 제일 무성하다.

다시 동쪽으로 170리를 가면 가초산(賈超山)이 있다. 이 산의 양지바른 남쪽 기슭에는 황토가 많이 있고, 응달진 북쪽 기슭에는 아름다운 자석(赭石)이 많다. 이곳에는 수목이 무성한데, 풀명자나무, 자두나무, 밤나무, 귤나무, 유자나무가 제일 많으며, 풀로는 돗자리를 짜는 용수초(龍鬚草)가 많다.

유황을 뽑아내다

유황은 화학원소다. 자연계에는 자연 유황, 유화물(硫化物), 석고(石膏)나 사리염(瀉利鹽) 같은 유산염(硫酸鹽) 등이 존재한다. 유황은 황색으로 공업용으로는 흑색 화약, 살충제, 염료, 성냥 등을 만든다. 중의학에서는 천연 유황 광석을 가공해서 약품으로 만든다. 이 그림은 유황을 가열하여 뽑아내는 과정을 보여준다.

민산의 첫머리는 여궤산에서 시작하여 가초산까지 모두 16개의 산이 구불구불 3,500리에 걸쳐 이어져 있다. 이 산의 신들은 모두 말과 비슷하게 생긴 몸에 용 머리를 하고 있다. 이 신들에게 제사지낼 때는 털이 온전한 닭 한 마리를 잡아 땅에 묻고, 제사용 곡식으로는 엄선한 쌀을 쓴다. 민산, 구니산, 풍우산, 괴산은 여러 산들의 종주인데, 이 산의 신들에게 제사지낼 때는 소와 양 같은 가축을 쓰고 정교하고 아름다운 길옥을 사용해야 한다. 웅산은 여러 산의 수령이다. 이 산의 신에게 제사지낼 때는 맛 좋은 술과 소, 양, 돼지 같은 가축을 써야 하고, 아름다운 옥도 사용해야 한다. 재앙을 없애기 위한 제사에서는 사람들이 방패와 도끼, 창을 들고 춤을 춘다. 상서로운 복을 내려달라고 빌 때는 면복(冕服)을 입고, 손에는 좋은 옥을 들고 아름답게 춤을 추어 신을 기쁘게 한다.

● ── 중차10경(中次十經)

중앙의 열 번째 산줄기는 수양산(首陽山)에서 시작된다. 이 산에는 황금과 옥이 많지만, 산꼭대기는 민둥민둥해서 초목이 자라지 않는다. 수양산은 뇌수산(雷首山)이라고도 한다. 이 산에 관해서는 유명한 전설이 전해져온다.

주(周) 무(武)왕이 은(殷)의 주(紂)왕을 토벌할 때, 은상(殷商)의 백이(伯夷)와 숙제(叔齊)는 인의(仁義)에 어긋나는 짓을 하지 말라며 토벌을 말렸다. 무왕이 두 사람을 죽이려 하자 강태공(姜太公)이 그들을 죽이지 말라고 청했다. 후일 무왕은 주를 침략하여 승리를 거두었다. 그러나 백이와 숙제는 은상에 대한 충성을 표하기 위해 주나라의 양식을 먹지 않은 채 수양산에 숨어서 산나물만 먹고 살았다.

하루는 밭에서 한 여인을 만났는데 그녀가 두 사람에게 말했다. "당신들은 인의를 따지느라 주나라의 양식은 먹지 않는다 들었습니다. 하지만 당신들이 먹는 산나물도 결국은 주나라의 것이 아닙니까?"

그래서 둘은 산나물도 먹지 않다가 결국 산 속에서 굶어죽었다고 한다.

이곳에서 서쪽으로 50리를 가면 호미산(虎尾山)이 나온다. 이 산에는 숲이 무성하며, 그중에

직(稷)

직은 예전부터 중국에서 자라온 곡물이다. 서(黍)의 변종으로 보통은 줄기에 털이 없고 이삭이 떨어지며 씨앗이 실하고 점성이 아예 없거나 서만큼은 점성이 없는 것을 직이라고 한다. 주의 시조는 이름이 기(棄)인데 농사를 잘 지어 농업 관리직인 직(稷)으로 추대되었다. 하대에 직의 자손들 십 수대가 농업 관리직을 세습했지만 각각의 이름은 전하지 않는다.

옥토끼가 항아를 위해 약을 찧다

남편을 배신한 항아에게는 넓고 추운 광한궁(廣寒宮)이 유일한 안식처였다. 천추의 세월 동안 그녀는 극심한 후회 속에 매일 밤 불면의 나날들을 보낸다. 광한궁에서는 옥토끼만이 항아의 유일한 벗이자 지기지우였다.

이 그림은 옥토끼가 항아를 위해 약을 찧는 모습이다.

서도 산초와, 지팡이를 만들 수 있는 거수(椐樹)가 특히 많다. 또 봉석도 많다. 이 산의 양지바른 남쪽 기슭에는 황금이 많고 응달진 북쪽 기슭에는 철이 많다.

다시 서남쪽으로 50리를 가면 번궤산(繁繢山)이 있다. 이 산에는 수풀이 울창하게 우거져 있으며, 졸참나무와 감탕나무, 도지죽과 구단등이 많다.

다시 서남쪽으로 20리를 가면 용석산(勇石山)에 닿는다. 산꼭대기는 민둥민둥해서 초목이 자라지 않지만 산 속에는 백금이 많다. 이 산에서는 계곡물이 폭포를 이루며 떨어진다.

다시 서쪽으로 20리 떨어진 곳이 복주산(复州山)이다. 이 산에는 숲이 울창하고 박달나무가 많으며, 양지바른 남쪽 기슭에는 황금이 많다. 이 산에는 기종(跂踵)이라고 하는 새가 있는데, 부엉이와 비슷하게 생겼으나 다리가 하나고 돼지 꼬리가 달려 있다. 이 새는 불길한 짐승이라서 이놈이 나타나면 온 나라에 전염병이 돈다.

다시 서쪽으로 30리를 가면 저산(楮山)이 나온다. 이 산에는 기생수와 산초, 거수, 산뽕나무 등이 많고 하얀 흙이 많이 있다.

다시 서쪽으로 20리를 가면 우원산(又原山)이 나온다. 이 산의 양지바른 남쪽 기슭에는 갖가지 색깔의 청확이 많이 있고, 응달진 북쪽 기슭에는 철이 많다. 숲에 사는 새 중에는 팔가조(八哥鳥)가 가장 많다.

다시 서쪽으로 50리를 가면 탁산(涿山)에 닿는다. 이 산은 숲이 울창하고 닥나무와 떡갈나무, 감탕나무가 많이 있다. 양지바른 남쪽 기슭에는 저부옥이 많다.

다시 서쪽으로 70리를 가면 병산(丙山)이 나온다. 우거진 숲에 가래나무와 박달나무가 많고, 키가 큰 감탕나무도 많다.

수양산은 첫머리의 수산(首山)에서 시작하여 병산까지 모두 9개의 산이 구불구불 267리에 걸쳐 이어져 있다. 이 산에 사는 신은 모두 용의 몸에 사람 얼굴을 하고 있다. 이 신들에게 제사지낼 때는 수탉 한 마리를 땅에 묻고, 엄선한 서(黍), 직(稷), 쌀, 수수 등의 곡식을 바친다. 저산(楮山)은 여러 산의 종주로, 이 산의 신에게 제사지낼 때는 소, 양, 돼지 등의 제물을 쓰고,

무사(巫師)의 상
청동 인물상

상 왕조의 촉 문화는 하나라와 상나라 문화의 영향을 받아서인지, 촉 사람의 종교 세계와 상 사람의 종교 세계는 매우 유사하다. 역시 다신숭배지만 토지 숭배와 조상신 숭배가 핵심이다. 촉나라 사람은 토지신 외에도 조상신, 천신 및 각종 자연의 신령을 전부 다 숭배했다. 이 사실은 고성의 유적지에서 출토된 대량의 사람 머리 상, 구리 나무, 서 있는 사람 상 등 제사와 관련된 문물을 통해서 짐작할 수 있다.

이 청동 인물상은 대중이 참가하는 종교의식에서 촉 나라의 지도자이자 무사였던 인물의 모습으로 추정된다. 무사의 입상은 키가 1.7m로 진짜 사람과 똑같으며 가장 큰 청동 주물상의 하나다. 그는 '여러 무사들의 수장'이거나 1대 촉왕의 형상을 상징하며, 모든 제사의식을 총괄하고 지휘하는 존재다.

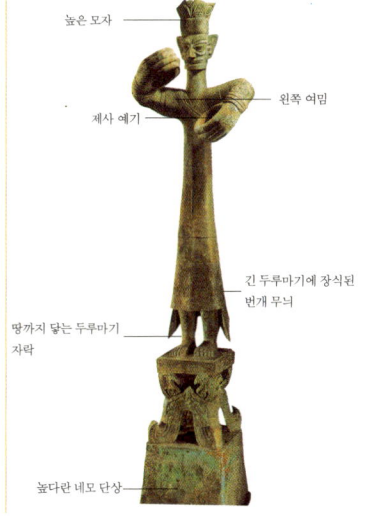

높은 모자
왼쪽 여밈
제사 예기
긴 두루마기에 장식된 번개 무늬
땅까지 닿는 두루마기 자락
높다란 네모 단상

맛좋은 술을 바치며, 정교하고 아름다운 옥을 사용한다. 괴산(騩山)은 여러 산의 수령으로, 이 산의 신에게 제사지낼 때는 맛좋은 술을 바치며, 돼지, 양, 소 등 털 있는 짐승을 희생양으로 쓴다. 또 아름다운 옥그릇을 갖추며, 무당과 축관이 신 앞에서 춤을 춘다.

● ── 중차11경(中次十一經)

중앙의 열한 번째 산줄기는 형산(荊山)이라고 하며 그 첫머리에 익망산(翼望山)이 있다. 단수(湍水)가 이 산에서 발원하여 동쪽으로 흘러 제수(濟水)로 들어간다. 황수(貺水)도 이 산에서 발원하여 동남쪽으로 흘러 한수(漢水)로 들어간다. 그 물 속에는 뱀 같지만 발이 4개 달린 교룡(蛟龍)이 많이 산다. 산 속에는 소나무, 잣나무가 많고 산 밑에는 옻나무와 가래나무가 많다. 양지바른 남쪽 기슭에는 황금이 많고 응달진 북쪽에는 민석이 많다.

다시 동북쪽으로 150리를 가면 조가산(朝歌山)이 있다. 무수(潕水)가 이 산에서 발원하여 동남쪽으로 흘러 여수(汝水)로 들어간다. 물 속에는 인어가 많이 산다. 이 산 위에는 숲이 울창하며 가래나무와 녹나무가 많다. 짐승으로는 영양과 사불상이 제일 많은데, 사불상은 사슴뿔에 나귀 꼬리를 갖추었으며 소 발굽에 낙타 목이 달린 사슴류 짐승이다. 이 산에는 망초(莽草)라고 하는 특이한 풀이 있는데, 이 풀은 독성이 있어서 물고기를 죽일 수 있다.

촉인의 가면

촉인과 상인 모두 신령과의 교통을 중시했으며 제사를 철저하게 지냈다. 촉의 도성(都城: 현 사천 廣漢市 南興鄉의 삼성퇴 고성에 위치)에서 제사와 관련된 구덩이가 여럿 발견되어 촉나라 사람들이 제사에 열광적이었다는 사실을 드러냈다.

이 가면은 금박 입힌 사람얼굴을 표현한 것으로, 매우 존귀한 모습으로 보아 상당한 사회적 권력자임을 알 수 있다. 이 가면은 아주 귀중한 제기 유물이다.

장군애(將軍崖)의 원시 암각화

문자가 생기기 전에는 그림 형식으로 생활의 여러 사물들을 기록했는데 이것은 후대의 문자 형성에 중요한 의미를 지닌다. 옛 사람은 큰 돌을 골라 그 위에 그림을 그렸으니, 이는 아마도 국가가 반석처럼 견고하라는 의미를 담고 있었던 것 같다. 이것도 역시 제사의식의 일환이었을 가능성이 크다.

식물과 사람얼굴이 서로 이어져 있다. 옛날 사람들은 동식물과 사람을 똑같이 생명이라고 여겼으니, 이 관념은 대대로 전해져왔다

사람얼굴 도안은 신령을 나타낸다

다시 동남쪽으로 200리를 가면 제균산(帝囷山)에 닿는다. 이 산의 양지바른 남쪽 언덕에는 저부옥이 많고, 응달진 북쪽 기슭에는 철이 많다. 제균수(帝囷水)가 산 정상에서

수천 년에 한번 열리는 복숭아, 반도(蟠桃) 잔치
무명씨

천국에서 가장 유명하고 시끌벅적한 잔치는 왕모낭낭의 반도회다. 이때 여러 신선들은 요지에 가득 모여 잔치를 연다. 사람은 결코 맛볼 수 없는 장생불로의 반도는 신선이 되려는 환상에 젖은 사람들조차 생각해볼 수 없는 귀한 물건이다.

솟아나 아래로 흐르는데, 그 속에는 날개가 넷 달리고 소리를 내는 물뱀이 많이 산다.

　다시 동남쪽으로 50리를 가면 시산(視山)이 나온다. 이 산에는 부추가 많다. 또한 이 산에는 깊은 우물이 있는데[13], 여름에는 물이 가득 차고 겨울에는 말라버린다. 산 위에는 뽕나무가 무성하고, 산기슭에는 빛깔고운 흙과 황금과 옥이 많다.

　다시 동남쪽으로 200리를 가면 전산(前山)에 닿는다. 이 산은 숲이 울창하며 소나무와 잣나무, 종가시나무가 많다. 양지바른 남쪽 기슭에는 황금이 많고 응달진 북쪽 기슭에는 자석(赭石)이 많다.

　다시 동남쪽으로 300리를 가면 풍산(豊山)이 있다. 이 산에는 옹화(雍和)라 하는 짐승이 사는데, 원숭이와 비슷하게 생겼으나 눈과 입이 빨갛고 몸에 노란 털이 나 있다. 이 짐승이 나타나면 나라에 대란이 일어나 혼란에 빠지게 된다. 신 경보(耕父)가 이 산에 살면서 자주 청령연(淸泠淵) 근처를 노니는데, 이 신이 수면에 등장할 때마다 빛이 번쩍거린다. 신 경보가 나타나는 나라는 패망한다. 이 산에는 큰 종이 9개 있는데 서리가 내릴 때마다 댕댕댕 울린다. 산꼭대기에는 황금이 많고, 산 밑에는 물이 많이 흐르며 숲이 울창하다. 숲에는 닥나무, 떡갈나무, 감탕나무와

모란
《삼재도회》

모란은 낙엽소관목으로 초여름에 크고 진홍이거나 분홍 혹은 하얀 꽃이 핀다. 유명한 관상식물로 '꽃의 왕'으로 불리며 뿌리는 약재로 쓴다. 《본초강목(本草綱目)》도 '여러 꽃 중에 모란이 제일이니 세상에서 '꽃 중의 왕'이라고 하는 것이다'라고 했다.

---

[13]_고전 《산해경》에서는 이 우물의 이름을 '천정(天井)'이라고 하였는데 여기서는 그냥 깊은 우물이라고 하였다. - 역자 주

새 토템 예기
옥규(玉圭)

이 신석기시대 말기의 옥규는 표면에 매 문양이 있으며 원시인의 새 토템 숭배 관념을 반영한다. 독특한 장인정신으로 정교하고 세밀하게 조각해서 지금 봐도 감탄이 절로 나올 지경이다. 만물의 정화를 머금은 옥기는 옛 사람들이 종교의식을 치를 때 중요한 제사 예기로 사용되었다. 이 고옥(古玉)은 청의 건륭(乾隆) 황제가 가장 아끼던 것으로 황제의 친필로 제를 하였다.

구리주사를 일어서 깨끗하게 하다

구리주사는 광물 형태가 같지 않아서 크기도 하고 작기도 하고, 빛이 나기도 하고 어둡기도 하며, 운반석 같기도 하고 강철 같기도 하다. 흙 찌꺼기를 씻어낸 뒤 화로에 넣고 가열하면 훈증으로 흘러 나오는 황색 액체가 자연산 구리, 즉 석수연(石髓鉛)이다.

박달나무가 많다.

다시 동북쪽으로 800리를 가면 토상산(兎床山)에 닿는다. 이 산의 양지바른 남쪽 기슭에는 철이 많다. 숲이 무성한 이 산에는 밤나무가 제일 많으며 풀도 무성한데 그중 포공영(蒲公英)이 제일 많다. 포공영 뿌리는 달걀같이 생겼으며 맛은 새콤달콤한데, 사람이 먹으면 체력이 좋아지고 오래 산다.

다시 동쪽으로 60리 떨어진 곳에 피산(皮山)이 있다. 이 산에는 하얀 흙과 붉은 흙이 많다. 숲도 울창하게 우거져 있으며, 소나무와 잣나무가 많다.

다시 동쪽으로 60리를 가면 요벽산(瑤碧山)이 나온다. 이 산에는 숲이 울창하며 가래나무와 녹나무가 많이 있다. 응달진 북쪽 언덕에는 염료로 쓰는 청확이 많고, 양지바른 남쪽 기슭에는 백금이 많다. 이 산에는 짐(鴆)이라고 하는 새가 있는데, 모양이 산닭과 비슷하며 풍뎅이 같은 벌레를 잡아먹고 산다.

다시 동쪽으로 40리를 가면 지리산(支離山)이 있다. 제수(濟水)가 이 산에서 발원하여 남쪽으로 흘러 한수로 들어간다. 이 산에는 영작(嬰勺)이라는 새가 있는데, 까치와 비슷하게 생겼지만 붉은 눈에 붉은 부리를 하고 있으며 몸에는 하얀 깃털이 자란다. 또 꼬리는 술 뜨는 국자처럼 생겼으며, 자기 이름을 부르는 듯한 소리를 낸다. 이 산에는 작우와 겸양도 많다.

다시 동북쪽으로 50리를 가면 질초산(秩簡山)이 나온다. 이 산은 숲이 울창하며 잣나무와 소나무, 궤나무와 환나무가 많다. 궤나무와 환나무는 바로 무환자(無患子) 나무로, 때를 없애거나 옷을 빨 수 있다.

다시 서북쪽으로 100리 떨어진 곳에 근리산(堇理山)이 있다. 이 산에는 숲이 울창하게 우거져 있으며 잣나무, 소나무, 가래나무가 많다.

이 산의 응달진 북쪽에는 염료로 쓰는 형형색색의 단확(丹臛)이 많고 황금도 많다. 이 산에는 맹수들도 많으니, 호랑이와 표범이 무리지어 산다. 또 이 산에는 청경(靑耕)이라 하는 특이한 새가 있는데, 까치와 비슷하게 생겼으나 몸에 푸른 털이 나며 부리와 눈, 꼬리가 하얗다. 이놈은 자기 이름을 부르는 듯한 소리를 낸다. 청경은 또한 전염병이 유행하는 것을 예지하는 능력이 있어서, 이놈을 기르면 역병을 예방할 수 있다.

다시 동남쪽으로 30리를 가면 의고산(依軲山)이 나온다. 이 산에도 숲이 무성하게 우거져 있으며, 그중에서도 감탕나무, 참죽나무, 풀명자나무가 많다. 이 산에는 인(獜)이라는 특이한 짐승이 사는데, 개처럼 보이지만 몸에 비늘이 있고 발에는 호랑이 발톱이 나 있다. 이 짐승은 잘 뛰어오르거나 높은 곳으로 잘 기어오른다. 사람이 이놈 고기를 먹으면 중풍에 걸리지 않게 된다.

다시 동남쪽으로 30리를 가면 즉곡산(卽谷山)이 나온다. 이 산에는 옥이 많고, 사나운 흑표범이 무리지어 뛰어다니며, 사향노루, 고라니, 영양과 토끼 등도 많다. 이 산의 양지바른 남쪽 기슭에는 다채로운 옥이 많고, 응달진 북쪽 기슭에는 여러 빛깔의 청확이 난다.

다시 동남쪽으로 40리를 가면 계산(鷄山)에 닿는다. 이 산에도 숲이 울창하며, 아름드리 가래나무가 많고, 가지와 잎이 무성한 뽕나무 숲이 산기슭에 펼쳐져 있다. 부추도 무리를 이루어 자란다.

다시 동남쪽으로 50리를 가면 고전산(高前山)이 있다. 산 속 계곡물은 매우 맑고 차갑다. 신 제대가 남긴 경장(瓊漿)이라고 하는데 달콤하기 그지없다. 사람이 이 물을 마시면 마음 아픈 병이 낫는다. 광물이 매우 풍부해서 이 산기슭

원시시대에 사건을 기록하던 각부(刻符)

인류는 문자를 발명하기 전에 결승(結繩)으로 기록하는 시대를 거쳤다. 옛 사람은 기억을 돕기 위해 결승을 크고 작게 만들어 사건이나 사물의 대소사를 표시했으니, 결승의 많고 적은 것으로 사물의 많고 적음을 나타냈다. 결승 기록을 이어서 나무에 새기는 목각 기록이 등장했다. 이 밖에도 옛날 사람들은 늘 무기나 도구 및 생산품에 여러 부호를 새기고 그려 넣어서 표기를 했다.

문자를 창조한 창힐(倉頡)

창힐은 황제 때 사람으로 지혜가 아주 뛰어나서 신명에 통달했는데 모습은 좀 이상하게 생겼다. 눈이 4개라서 그중 둘은 하늘을 향해 별들의 움직임을 살피고, 나머지 둘은 아래로 내리깔고 땅의 거북이나 새의 흔적을 관찰했다. 자연의 조화에서 계시를 받아 문자를 창조했다고 한다. 문자는 당연히 한 사람이 일시에 만든 것이 아니라 무수한 사람들의 시혜가 보여서 이루어진 것이다. 그러니 창힐은 아마 그 무수한 사람들 중에 문자를 정리했던 사람이었던 것 같다.

한자의 원조 상형문자

원시의 각부 중에 가장 관심을 끄는 것은 서안 반파(半坡)에서 출토된 채색토기의 많은 도형 표기들로, 호랑이, 개, 양, 소, 거북, 풀, 나무, 산 등 여러 가지가 있다. 이런 사물을 그린 도안을 후대 학자들이 '상형(象形) 지사(指事) 한자의 선조'라고 기념했다.

그림의 도기 위에 새겨진 해와 달과 산 문양에는 특별한 상징적인 의미가 있다. 자연을 모방한 도안은 옛 사람의 토템 숭배와도 관련이 깊으며, 이런 사건을 기록한 도안은 원시 상형문자와 더욱 관련이 깊다.

에는 황금이 많고 산 밑에는 자석(赭石)이 많다.

다시 동남쪽으로 30리를 가면 유희산(遊戲山)이 솟아 있다. 이 산도 수풀이 울창하며 감탕나무, 참죽나무, 닥나무가 특히 많다. 이 산에는 옥과 정교한 봉석이 많이 있다.

다시 동남쪽으로 35리 떨어진 곳에 종산(從山)이 있다. 이 산에도 수풀이 우거져 있으며 소나무와 잣나무가 많다. 산 밑에는 대나무가 모여 자란다. 이 산에서 실개천이 흘러 나와 강을 이루니, 이 강을 종수(從水)라고 한다. 이 강은 산 밑에 이르면 땅 속으로 숨어 흐른다. 그 물 속에 세 발 자라가 많은데, 꼬리가 갈라져 있다. 이 세 발 자라는 약재로 쓰이며 사람이 먹으면 신경착란증에 걸리지 않는다.

다시 동남쪽으로 30리를 가면 영진산(嬰碨山)이 나온다. 산 위에는 나무가 우거져 있으며 소나무와 잣나무가 많다. 산 밑에는 가래나무와 참죽나무가 숲을 이룬다.

다시 동남쪽으로 30리를 가면 필산(畢山)에 닿는다. 산에서 흘러 온 물이 강을 이루니, 이 강을 제원수(帝苑水)라고 한다. 이 강은 동북쪽

화산(華山)의 다섯 신선이 바둑을 두다
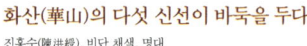
진홍수(陳洪綬), 비단 채색, 명대

바둑은 허허롭고 아득한 천상 세계에서나 인적이 드문 심산유곡(深山幽谷)에서 신선들이 즐겨 하던 놀이였다.

으로 흘러 친수(瀙水)로 들어간다. 그 물 속에는 교룡이 많이 살고 수정도 많이 있다. 필산에도 영롱한 옥이 많다.

다시 동남쪽으로 20리를 가면 낙마산(樂馬山)이 있다. 이 산에는 여(猰)라고 하는 짐승이 살고 있는데, 고슴도치처럼 생겼으나 몸에 붉은 털이 나 있다. 여는 불길한 짐승이어서, 이놈이 나타나는 나라에 전염병이 발생하여 사람들의 생명을 위태롭게 한다.

다시 동남쪽으로 25리를 가면 침산(葴山)에 닿는다. 산에서 계곡물이 흘러나와 강을 이루니, 친수라고 한다. 이 강은 동남쪽으로 흘러 여수(汝水)로 들어간다. 그 물 속에는 교룡과 인어가 많이 살고, 검은 개와 비슷한 힐(頡)이 많다. 힐은 아마도 수달일 것이다.

다시 동쪽으로 40리를 가면 영산(嬰山)이 있다. 산 밑에는 갖가지 색깔의 청확이 많고 산 위에는 황금과 옥이 많다.

다시 동쪽으로 30리 떨어진 곳이 호수산(虎首山)이다. 이 산은 수풀이 울창하며, 풀명자나무와 겨울을 견디는 상록수의 일종인 주수(椆樹), 지팡이를 만드는 거수(椐樹)가 많다.

다시 동쪽으로 20리를 가면 영후산(嬰侯山)에 닿는다. 산꼭대기에는 봉석이 많고, 산 밑에는 순도 높은 붉은 주석이 깔려 있다.

다시 동쪽으로 50리를 가면 대숙산(大孰山)이 있다. 계곡물이 흘러내려 강을 이루니, 살수(殺水)라고 한다. 이 강은 동북쪽으로 흘러 친수로 들어간다. 산에는 하얀 흙이 많다.

다시 동쪽으로 40리를 가면 비산(卑山)이 나온다. 이 산은 수

방(尨)

방은 털이 많은 개다. 《모시전(毛詩傳)》에서 '노(盧)는 방(尨)'이라고 했으니, 사나운 사냥개를 말한다.

우임금

마린(馬麟), 비단 채색, 송대

우는 치수에 공을 세워 순에게 선양받아 염황(炎黃) 부락 연맹의 수령이 된다. 우는 순의 치수 명령을 받고 세 번이나 집 앞을 지나면서도 들어가지 않았다. 그림에서 우임금은 곤룡포를 입고 면류관을 쓰고 있는데, 이는 고대 천자의 예복으로 면복(冕服), 면관(冕冠), 앞에 늘어뜨려 무릎을 가리는 폐슬(蔽膝), 넓은 띠, 폐슬의 끈 패수(佩綬) 등으로 이루어진다. 면류관은 대대로 전해내려오며 일부 모양만 변했다.

이 그림에서 우는 손에 여의홀을 잡고 머리에 왕관을 쓰고 몸에 용포를 두르고 화면의 정중앙에 서 있다. 화가는 하우의 자상하고 부드러운 모습과 성격을 생동적으로 그려내는 데 성공했다.

사흉(四凶)이 죄를 인정하다

요임금 재위 후기에 홍수가 범람했다. 여러 대신들의 추천을 받아 곤에게 치수업무를 맡겼지만 효과도 없고 수재는 더 심각해졌으니, 강둑이 연달아 무너져 사람들의 생명과 재산 손실이 엄청났다. 순이 각지를 돌며 조사해본 결과 곤의 작업에 치명적인 결함이 있다는 것을 발견하고 화가 나서 곤을 우산(羽山: 현재 산동 봉래 동남쪽)에서 죽이도록 명했다. 그림은 곤, 환두, 공공, 삼묘 넷이서 죄를 인정하는 장면이다.

풀이 울창하며, 복숭아와 자두가 많고, 풀명자나무와 가래나무도 무성하다. 이 산에는 보라색 꽃이 피는 등나무도 많이 있다.

다시 동쪽으로 30리를 가면 의제산(倚帝山)에 닿는다. 산 위에는 옥이 많고 산 밑에는 황금이 많다. 이 산에 저여(狙如)라고 하는 이상한 짐승이 있는데, 생김새는 폐서(獙鼠)와 비슷하나 귀가 하얗고 입도 하얗다. 저여는 불길한 짐승이어서, 이놈이 나타나는 나라에 난리가 나서 전쟁의 피해를 본다.

다시 동쪽으로 30리를 가면 닿는 곳이 예산(鯢山)이다. 예수(鯢水)가 이 산 정상에서 발원하여 계곡으로 흘러내리다 땅으로 스며든다. 물가에는 아름다운 하얀 흙이 많다. 산 정상에는 황금이 많고, 산 밑에는 청확이 화려한 빛깔로 눈길을 끈다.

다시 동쪽으로 30리를 가면 아산(雅山)이 있다. 예수(澧水)가 여기서 발원하여 동쪽으로 흘러 친수로 들어간다. 그 물 속에는 큰 고기가 많다. 산꼭대기에는 뽕나무가 많고, 산 밑에는 풀명자나무가 많으며 붉은 금도 많다.

다시 동쪽으로 55리를 가면 선산(宣山)이 나온다. 윤수(淪水)가 이 산에서 발원하여 동쪽으로 흘러 친수로 들어간다. 이 강물에는 교룡이 많다. 이 산에는 거대한 뽕나무가 한 그루 있는데, 둘레가 5장이나 되고 가지가 서로 교차하며 자란다. 뽕잎의 크기도 1척을 넘는다. 나무는 붉은색이며 푸른 꽃송이에서 노란 꽃이 핀다. 이 뽕나무를 '황제의 딸 뽕나무'라는 뜻에서 제녀상(帝女桑)이라고 한다. 전설에 따르면 남방 동제(東帝)의 딸이 득도하여 신선이 된 뒤 남양(南陽)의 선산(宣山) 뽕나무 위에서 살았는데, 동제가 불로 뽕나무를 태우려 하자 딸이 하늘로 올라가 버렸다고 한다. 그래서 이 뽕나무를 후일 제녀상이라고 부른 것이다.

다시 동쪽으로 45리 떨어진 곳에 형산(衡山)이 있다. 이 산에는 오색찬란한 청확이 많고 수풀이 울창하며 뽕나무가 숲을 이룬다. 이곳에는 팔가조도 많이 살고 있다.

다시 동쪽으로 40리를 가면 풍산(豊山)이 나온다. 이 산에는 봉석이 많고 온 산 가득 수풀이 울창하며 뽕나무와 양복숭아가 제일 많다. 이 양복숭아나무는 보통 복숭아나무처럼 보이지만, 줄기가 모나고 나무껍질을 약재로 써서 피부의 종기를 치료할 수 있다.

다시 동쪽으로 70리를 가면 구산(嫗山)이 있다. 산에는 수정같이 맑은 옥과 황금이 많다. 풀도 무성하게 우거져 있으며 포공영이 많이 산다.

다시 동쪽으로 70리를 가면 선산(鮮山)이 나온다. 이 산에는 나무가 울창하고 졸참나무, 감탕나무와 풀명자나무가 특히 무성하다. 풀도 무성한데 문동초(門冬草)가 특히 많다. 양지바른 남쪽 기슭에는 황금이 많고 응달진 북쪽 기슭에는 철이 많이 묻혀 있다. 이곳에는 이즉(移卽)이라고 하는 이상한 짐승이 사는데, 생김새는 서양의 셰퍼드 같으나 입과 눈이 붉고 꼬리는 하얗다. 이즉은 불길한 짐승으로, 이놈이 나타나면 화재가 발생한다.

다시 동쪽으로 30리를 가면 장산(章山)이 있다. 양지바른 남쪽 기슭에는 황금이 많고, 응달진 북쪽 기슭에는 아름다운 돌이 많다. 고수(皋水)가 이 산에서 발원하여 동쪽으로 흘러 예수(澧水)로 들어간다. 그 물속에는 얇고 잘 부서지는 취석(脆石)이 많다.

다시 동쪽으로 25리 떨어진 곳에 대지산(大支山)이 있다. 이 산의 양지바른 남쪽 기슭에는 빛나는 황금이 많다. 이 산에는 나무가 울창한데 닥나무와 떡갈나무가 많다. 그러나 풀은 별로 없다.

다시 동쪽으로 50리를 가면 닿는 곳이 구오산(區吳山)이다. 이 산에는 나무가 울창하며 풀명자나무가 특히 많다.

다시 동쪽으로 50리를 가면 성흉산(聲匈山)에 닿는다. 이 산에도 나무가 울창하며 닥나무가 특히 많다. 산꼭대기에는 옥과 봉석이 많다.

다시 동쪽으로 50리를 가면 내괴산(大騩山)이 있다. 이 산의 양지바른 남쪽 기슭에는 황금이 많고 응달진 북쪽 기슭에는 숫돌이 많다.

다시 동쪽으로 10리 떨어진 곳에 종구산(踵臼山)이 있다. 이 산에는

과일을 따는 원숭이
비단 채색, 송대

원(猿)은 포유강이고 영장목 동물이다. 모습은 후(猴)와 비슷한데 사람과 비슷한 점이 있으니 꼬리와 볼 주머니가 없다. 성성이, 까만 성성이, 큰 성성이와 긴팔원숭이가 모두 그렇다.

이 그림은 아주 세밀한 필법으로 깊은 산에서 3마리 원숭이가 나무에 올라 과일을 따고 노는 장면을 그렸다.

초목이 자라지 않는다.

다시 동북쪽으로 70리를 가면 역석산(歷石山)이 나온다. 이 산에는 나무가 울창하며, 모형과 구기자가 무리를 이루어 살고 있다. 양지바른 남쪽 기슭에는 황금이 많고 응달진 북쪽 기슭에는 숫돌이 많다. 이 산에 양거(梁渠)라고 하는 짐승이 사는데, 생김새는 살쾡이와 비슷하지만 머리가 하얗고 발톱은 호랑이 발톱을 하고 있다. 이놈이 나타나는 나라에는 전쟁이 일어난다.

다시 동남쪽으로 100리를 가면 구산(求山)에 닿는다. 구수(求水)가 산꼭대기에서 솟아나와 땅 밑으로 숨어 흘러 산 아래에 이른다. 이 산에는 아름다운 자석(赭石)이 많고, 숲이 울창하게 우거져 있는데 풀명자나무와 대나무가 많다. 양지바른 남쪽 기슭에는 황금이 많고 응달진 북쪽 기슭에는 철이 많다.

다시 동쪽으로 200리 떨어진 곳에 축양산(丑陽山)이 있다. 이 산에는 숲이 울창하며 영수목과 궤목이 잘 자란다. 이곳에는 지도(鳥鯈)라는 새가 사는데, 생김새는 까마귀와 비슷하지만 다리가 붉다. 이 새는 불기운을 알기 때문에 사람이 이놈을 기르면 화재를 예방할 수 있다.

다시 동쪽으로 300리를 가면 오산(奧山)이 나온다. 이 산에는 수풀이 울창하며 감탕나무와 참죽나무가 많다. 양지바른 남쪽 기슭에는 저부옥이 많다. 오수가 이 산에서 흘러나와 동쪽으로 흐르다가 친수(澬水)로 들어간다.

뇌신(雷神)이 번개를 치다

뇌신은 '뇌공(雷公)'이나 '뇌사(雷師)'라고도 한다. 고대 신화에서 번개를 관장하는 신으로 중국 민간에 전해지면서 도교에서 신봉하게 되었다. 뇌신 숭배는 번개라는 자연현상에 대해 두려워하고 곤혹스러워하면서 시작된 자연숭배의 일종이다. 민간신앙에서는 바로 요사스러운 것을 진압하고 물리칠 수 있으며 불효막심한 악인을 징벌할 수 있다고 믿는다. 그래서 사당을 많이 세우고 제사를 지내면서 권선징악을 바랐던 것이다.

다시 동쪽으로 35리를 가면 복산(服山)에 닿는다. 이 산에도 숲이 울창하며 특히 풀명자나무가 많다. 산꼭대기에는 봉석이 많고 산 밑에는 순도 높은 붉은 주석이 많이 있다.

다시 동쪽으로 110리를 가면 묘산(杳山)이 솟아 있다. 이 산에는 초목이 무성하며 특히 가영초가 많다. 또 황금과 아름다운 옥이 많이 있다.

다시 동쪽으로 350리를 가면 궤산(几山)에 닿는다. 이 산도 수풀이 울창하며 졸참나무, 참죽나무, 감탕나무가 특히 많다. 이 산에 문린(聞獜)이라고 하는 짐승이 있는데, 생김새는 돼지 같지만 몸에 황색 털이 나 있으며 머리와 꼬리가 하얗다. 문린은 큰 바람 기운을 감지하므로 이놈이 나타나면 광풍이 몰아닥친다.

형산이라 불리는 산줄기는 익망산에서 시작하여 궤산까지 모두 48개의 산이 구불구불 3,732리에 걸쳐 이어진다. 이 산의 신들은 모두 돼지 몸에 사람 머리를 하고 있다. 이 신들에게 제사를 지낼 때는 털 달린 짐승으로 수탉 한 마리를 잡아서 피를 뽑아 제물에 바른 뒤 땅에 묻는다. 곡식으로는 엄선한 쌀을 쓰며, 아름다운 옥을 한 조각 땅에 묻어야 한다. 화산은 여러 산들의 수령으로, 여기서 제사지낼 때는 다른 산에서와는 달리 소, 양, 돼지 등 털 달린 짐승을 희생물로 쓰고, 제사가 끝나면 땅에 거꾸로 묻는다. 어떤 때는 소를 쓰지만 어떤 때는 쓰지 않으며, 아름다운 옥을 한 조각 사용한다. 도산(堵山)과 옥산(玉山)은 여러 산의 종주로, 이 산의 신에게 제사지낼 때는 털 달린 가축과 영롱하고 아름다운 옥을 제물로 바친 후 땅에 거꾸로 묻는다.

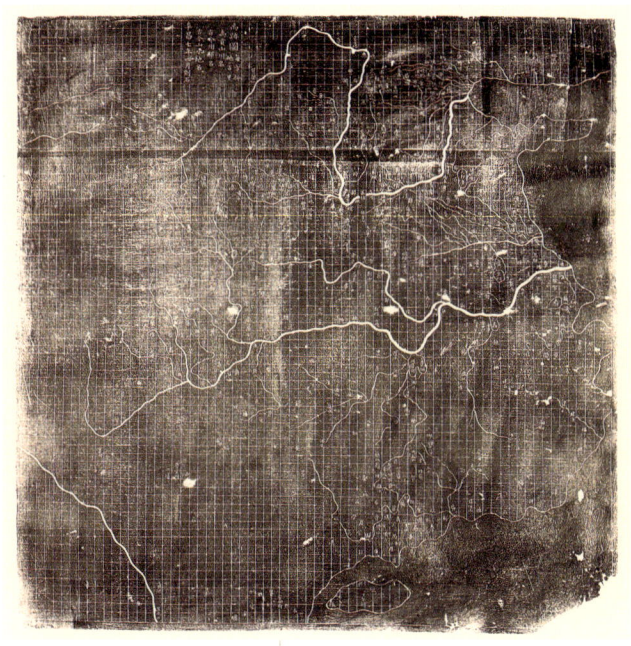

우종도(禹踪圖)
탁본(拓本)

이 지도는 주로 수계 항목을 표시했다. 해안선, 황하, 장강 및 그 지류, 태호(太湖), 동정호, 반양호(鄱陽湖) 등이 잘 드러나 있다. 그 위치와 형태의 윤곽이 《화이도(華夷圖)》보다 정확하다. 당대의 지명을 보존하고 있는, 중국에 현존하는 가장 오래된 눈금 종이로 제도한 지도다. 지도에는 격자가 5,110칸(가로 70칸, 세로 73칸)이다. 격자 길이는 1.1cm 정도 되고 지도 밑에 '매 칸이 땅 100리'라는 주석이 있다.

● ── 중차12경(中次十二經)

중앙의 열두 번째 산줄기를 동정산(洞庭山)이라 하는데, 이 산줄기는 편우산(篇遇山)에서 시작된다. 이 산의 꼭대기는 황량해서 초목이 자라지 않지만 황금이 많다.

동남쪽으로 50리를 가면 운산(雲山)이 나온다. 이 산의 꼭대기는 민둥민둥해서 초목이 자라지 않지만 계죽(桂竹)만은 자란다. 이 대나무의 잎과 열매에는 모두 독이 있어서 사람이 잎이나 열매를 먹으면 독으로 고생하고 죽기도 한다. 산 위에는 황금이 많고 산 밑에는 옥이 많다.

다시 동남쪽으로 130리 떨어진 곳에 구산(龜山)이 있다. 이 산은 수풀이 울창하며 닥나무, 영수목, 궤목이 특히 많다. 산 위에는 황금이 많고, 산 밑에는 청웅황이 있는데 이를 계관석이라고 부르기도 한다. 산 밑에는 또한 노인들 지팡이를 만들 수 있는 부로죽(扶老竹)이 푸르게 우거져 눈길을 끈다.

다시 동쪽으로 70리를 가면 병산(丙山)에 닿는다. 이 산에는 계죽이 자라며 황금과 구리와 철이 많다. 그러나 다른 나무는 자라지 않는다.

다시 동남쪽으로 50리를 가면 풍백산(風伯山)이 나온다. 이 산에는 황금과 옥이 많고, 산 밑에는 산석(瘦石)과 무늬 있는 돌이 많으며 철도 많이 묻혀 있다. 숲이 울창하여 버드나무, 감탕나무, 박달나무, 닥나무가 많다. 이 산의 동쪽에는 빽빽한 숲이 있는데, 망부림(莽浮林)이라고 한다. 이 숲에는 향초와 좋은 나무가 모여 자라며 온갖 새와 짐승이 살고 있다.

다시 동쪽으로 150리 떨어진 곳에 부부산(夫夫山)이 있다. 산 꼭대기에는 황금이 많고 산 밑에는 화려한 색깔의 계관석이 많다. 이 산은 숲이 울창하며, 뽕나무와 닥나무가 많고, 대나무가 무성하게 자라며, 포공영이 그 사이로 자라니 경치가 빼어나다. 이 산에 사는 신 우아(于兒)는 사람처럼 생겼으나 손에 뱀 2마리를 쥐고 있다. 이 신은 자주 양자강과 그 주변의 호수를 돌아다니는데, 물에서 출몰할 때마다 온몸에서 신비한 광채를 내뿜는다.

다시 동남쪽으로 120리를 가면 닿는 곳이 동정산이다. 산꼭대기에는 황금이 많고 산 밑에는 하얀 은과 까만 철이 많다. 이 산에는 숲이 울창하여 풀명자나무, 귤나무, 유자나무가 많다. 풀도 모여 자라는데, 향초인 간초(藗草)와 궁궁이 싹인 미무(蘼蕪), 작약이 많다. 요제(堯帝)의 두 딸이 여기 살면서 자주 외출하여 양자강 주변을 돌아다

삼관대제(三官大帝)
수륙화

삼관대제는 천관(天官), 지관(地官), 수관(水官)으로 총칭하여 '삼관(三官)'이라고도 하고 '삼원(三元)'이라고도 한다. 천관은 당요(唐堯), 지관은 우순(虞舜), 수관은 대우(大禹)라고 한다. 도교에서는 천관사복(天官賜福 : 천관이 복을 내림), 지관사죄(地官赦罪 : 지관이 죄를 사함), 수관해액(水官解厄 : 수관이 액을 없앰)이라고 한다. 삼관은 도교에서 비교적 일찍부터 모셔온 신령이다.

닌다. 예수(澧水)와 원수(沅水)의 맑은 바람을 벗해서 돌아다니며 소수(瀟水)와 상수(湘水)가를 노닐다가 구강(九江)으로 돌아온다. 그들이 지나가는 곳은 늘 광풍과 폭우가 따른다. 동정산과 그 주변에는 신과 기괴한 것들이 많이 산다. 이들은 사람처럼 생겼지만, 머리에 뱀을 이고 있고 양 손에도 뱀을 쥐고 있다. 강가와 호수 주변에는 각양각색의 이상한 새들이 날아다닌다.

옥청원시천존(玉淸元始天尊)
수륙화

원시천존은 반고진인(盤古眞人)으로, 천지를 개벽하고 천황(天皇), 지황(地皇), 인황(人皇)인 삼황을 낳았다. 도교에서 신봉하는 최고의 천신으로 '원시천왕' 혹은 '허황도군(虛皇道君)'으로 불린다. 무상(無上)의 청미(淸薇)한 옥청성지에 거주하는 삼청 중 으뜸이다. 원시천존은 일체의 천신이며 지선(地仙)이자 인간들의 시조이다. 그는 우주가 혼돈 상태였던 처음과 음양이 나뉘기 전 제1세기, 즉 도교에서 말하는 '혼원 시기(混元時期)'를 주재하고 상징한다.

다시 동남쪽으로 180리를 가면 폭산(暴山)이 나온다. 이 산에는 숲이 울창하고, 종려나무, 녹나무, 모형, 구기자나무, 죽전(竹箭)과 가느다란 대나무인 미(䈽)와 균(箘) 등이 가장 많다. 산꼭대기에는 황금이 많고 옥이 땅에 깔려 있어서 투명하고 화려한 색채로 눈길을 끈다. 산 밑에는 다채로운 화문석과 철이 많다. 이 산에 사는 짐승으로는 사불상과 큰 노루 등이 많으며, 새로는 매와 수리가 가장 많다.

다시 동남쪽으로 200리를 가면 즉공산(卽公山)이 있다. 산 위에는 붉은 금이 많고 산 밑에는 아름다운 옥이 많다. 이 산에는 숲이 무성한데, 버드나무, 감탕나무, 박달나무, 뽕나무가 많다. 이곳에는 또한 궤(蛫)라고 하는 기이한 짐승이 사는데, 생김새는 거북이와 비슷하나 몸은 하얗고 머리는 빨갛다. 궤는 화재의 발생을 미리 알려주는 신비한 능력을 가졌기 때문에 이놈을 기르면 화재를 막을 수 있다.

다시 동남쪽으로 159리를 가면 요산(堯山)에 닿는다.[14] 이 산의 응달

14_ 원서에서는 '구의산(九嶷山)'으로 되어 있으나 고전《산해경》에는 요산으로 되어 있다. 내용상 구의산은 요산의 잘못이며 내용 일부가 다른 것과 섞여 있으므로, 원서와 관계없이 고전에 충실했다. - 역자 주

홍수가 범람하다

천제는 백마신(白馬神) 곤이 자기를 무시하고 권위를 멋대로 행사하며 보물을 훔치자 곤에게 사형선고를 내렸다. 축융의 후예인 불의 신 축융 2세가 열화 전차를 몰고 불꽃 창을 날려 우산에서 식양을 훔친 곤을 살해했다. 홍수가 다시 범람하자 사람들은 찬바람과 장대비 속에서 통곡을 하니, 그들이 흘리는 눈물은 바로 불행한 곤을 위한 것이었다.

진 북쪽 기슭에는 노란 흙이 많고, 양지바른 남쪽 기슭에는 황금이 많다. 수풀도 울창하게 우거져 있으며, 모형, 구기자, 버드나무, 박달나무가 많다. 또 풀로는 마와 삽주가 제일 많다.

다시 동남쪽으로 100리를 가면 강부산(江浮山)이 있다. 산꼭대기에는 은과 숫돌이 많다. 이 산은 민둥산이라 초목이 자라지 않지만 멧돼지와 사슴 등 짐승이 많다.

다시 동쪽으로 200리를 가면 진릉산(眞陵山)에 닿는다. 산꼭대기에는 황금이 많고 산 밑에는 수정같이 맑은 옥이 많이 있다. 숲이 우거져 있으며 닥나무, 떡갈나무, 버드나무와 감탕나무가 많다. 풀도 무성한데 영초(榮草)가 제일 우거져 있다.

다시 동남쪽으로 120리를 가면 닿는 곳이 양제산(陽帝山)이다. 이 산에는 붉은 구리가 많다. 또 수목이 우거져 있으며 참죽나무, 닥나무, 감탕나무와 산뽕나무 등이 무성하다. 짐승으로는 영양과 사향노루가 많다.

다시 남쪽으로 90리를 가면 시상산(柴桑山)에 닿는다. 산꼭대기에는 은이 많고, 산 밑에는 수정같이 맑은 벽옥이 많으며 부드러운 돌과 자석(赭石)이 많다. 또 숲이 울창하며 버드나무, 구기자나무, 닥나무, 뽕나무가 많다. 짐승으로는 사슴이 제일 많다. 이 산에는 흰 뱀이 많으며, 구름과 안개를 타고 하늘을 가른다는 비사(飛蛇)도 많이 산다. 옛날 황제가 귀(鬼)와 신(神)을 서태산(西泰山) 위로 모이게 한 일이 있었는데, 그때 날아다니는 뱀은 모두 땅 밑에 엎드려 있게 했다고 한다.

오동(梧桐)

오동은 일명 '청동(靑桐)'이라고 하며, 오동과에 속하는 낙엽교목이다. 어린 나무껍질은 녹색으로 평평하고 매끄럽다. 잎은 3~7조각으로 갈라진다. 여름에 꽃이 피고 자웅이 한 그루로, 꽃은 담황녹색이고 원추꽃차례다. 열매는 5개로 나누어지며 익으면 앞이 갈라져 작은 배 모양이 된다. 씨앗이 그 둘레에 열리는데 씨는 공 모양이다. 중국과 일본에서 자란다. 오동나무 껍질은 섬유질이라 종이를 만들 수 있다.

다시 동쪽으로 230리를 가면 영여산(榮余山)이 있다. 산 위에는 구리가 많고 산 밑에는 백은이 많다. 숲이 우거져 있으며 버드나무와 구기자나무가 많다. 이 산에는 괴상한 뱀과 벌레들이 기어 다닌다.

동정산의 산줄기는 편우산에서 시작하여 영여산까지 모두 15개의 큰 산들이 구불구불 2,800리에 걸쳐 이어져 있다. 이 산들의 신은 모두 새의 몸에 용 머리를 하고 있다. 이 신들에게 제사지낼 때, 털 달린 짐승으로는 수탉 한 마리, 수퇘지 한 마리를 잡아 피를 뽑아 제물에 칠하고, 제사용 곡식으로는 쌀을 쓴다. 그중에 부부산, 즉공산, 요산, 양제산은 여러 산의 종주로, 그 신들에게 제사를 지낼 때는 가축과 아름다운 옥으로 상을 차린 후 땅에 묻는다. 제사 때는 맛좋은 술을 써야 하고 털 달린 짐승으로 양과 돼지 등을 쓰며 아름다운 옥기를 사용해야 한다. 동정산, 영여산에도 신들이 사는데, 이 신들에게 제사지낼 때는 털 달린 짐승과 아름다운 옥기로 상을 차린 뒤에 땅에 묻는다. 맛좋은 술로 복을 빌고 15개의 옥 조각을 엄선해서 청, 황, 적, 백, 흑으로 오색 장식을 한다.

자주가시꽃
〈삼재도회〉

자주가시는 콩과에 속하며 잎은 원형을 이루고 표면이 매끄럽다. 꽃은 자줏빛이며 열매 꼬투리는 편평하다. 관상용이고 나무와 껍질 모두 약재로 쓴다.

제 6 장

해외남경

海外南經

● ── 해외남경(海外南經)

대지는 상하와 사방의 사물을 싣고, 해와 달은 사해의 안을 비추고 있다. 별들은 하늘에서 반짝이고, 봄, 여름, 가을, 겨울이 1년을 사계절로 나누고, 또 연세(年歲)가 있어 천시(天時)를 바르게 잡는다. 이 대지에서 자라난 모든 사물은 서로 다른 모습으로 요절하기도 하고 장수하기도 하니, 성스럽고 명철한 사람만이 그 속의 오묘한 비밀을 알 수 있다.

해외는 서남쪽 모퉁이에서 동남쪽 모퉁이에 이르는 지역을 가리킨다.[15]

결흉국(結胸國)[16]은 해외의 서남쪽에 있는데, 그곳 사람들은 가슴이 뭉쳐져서 툭 튀어나와 있다.

남산(南山)이 그 동남쪽에 있다.[17] 이 산에서 온 사람은 벌레를 뱀이라 하고, 뱀을 물고기라 한다.

우임금 부락도
관걸·오화소, 회화, 현대

이 그림은 《산해경》의 우임금 및 그 후예와 관련된 이야기에서 소재를 가져왔다. 우임금이 수해(豎亥)에게 대지를 측량하게 하고 홍수를 막은 일, 공공의 신하 상류(相柳)가 죽은 일, 여러 황제의 누대를 세운 일, 우가 운우산(雲雨山)을 공격하자 여러 황제들이 약을 캔 일, 공공을 공격했던 일들이 잘 묘사되어 있다. 우의 후손에 관해서는 《대황북경(大荒北經)》에 '우가 균국(均國)을 낳았고 균국이 역채(役采)를 낳았고 역채가 수협(修鞈)을 낳았다'고 했다.

비익조(比翼鳥)는 그 동쪽에 살고 있다.[18] 비익조에는 붉은 털이 나 있는 것과 푸른 털이 나 있는 것이 있는데, 모두 아름답기 짝이 없다. 그러나 비익조는 날개가 하나밖에 없고 눈도 하나뿐이라서, 혼자서는 날아오를 수 없고 2마리가 몸을 합쳐야 비로소 날아오를 수 있다.

우민국(羽民國)이 그 동남쪽에 있다. 우민국 사람들은 새처럼 긴 머리를 하고 있으며 몸에는 새 털이 나 있다. 또 다른 이야기에 의하면, 이곳 사람들은 얼굴이 뾰족하고 길어서 새처럼 생겼다고 한다. 사람이 도를 얻으면 깃털이 난다고 하는데, 이런 이야기를 생각하면 우민국이 바로 선인(仙人)들의 나라일 수도 있겠다.

우민국의 동쪽에 이팔신(二八神)이라는 신인이 산다.[19] 이팔신은 얼굴이 좁고 작으며, 붉은 어깨에 두 손이 서로 이어져 있다. 그는 천제를 위해 이곳에서 밤 시간을 관리한다. 이팔신은 낮에는 볼 수 없고 밤에만 나타난다. 남방에서는 그를 밤에만 다닌다고 해서 야유신(夜遊神)이라고 부른다.

요임금
무명씨, 인물화

요임금은 중국의 전설적 제왕으로 부계 씨족사회 후기 염황 부락 연맹의 수령이자 제곡의 작은 아들이다. 요는 성씨가 이기(伊耆)이고 이름은 방훈(放勛)이며 호는 도당씨(陶唐氏)로, 역사에서는 요임금이나 당요(唐堯)로 불린다. 그는 공정하게 일을 처리하고 백성을 긍휼히 여기며 근검하고 소박하고 어진 임금으로 정평이 나 있다. 요는 관부(官府)를 설치해서 국정을 다스렸으며 희(羲)와 화(和) 두 사람에게 시령(時令)에 따라 역법을 제정하여 백성들이 시령에 맞춰 농사를 짓도록 했다. 요가 재위에 있을 때 자주 홍수가 범람한 탓에 곤을 치수사업 책임자로 임용했다. 만년에 사방 부락의 수령인 사악의 의견에 따라 순을 계승자로 천거했다. 그 후 3년을 시험적으로 살펴본 뒤 순에게 재위를 물려주었다. 역사에서는 이를 '선양(禪讓)'이라고 한다.

15_ 이 부분은 고전 《산해경》을 중심으로 번역했다. 이 책의 저자는 이 부분에 해당하는 해외경의 특징을 잘 모르고 있는 듯하다. - 역자 주

16_ 저자는 이 나라를 '계흉국(鷄胸國)'으로 표기하였는데, 그 이유를 알 수 없다. 따라서 결흉국으로 되어 있는 고전을 따랐다. - 역자 주

17_ 원서에서는 이 부분을 앞의 결흉국 부분에 이어 기술했으나 고전에 의하면 이 부분이 독립되어 있다. 그래서 독립된 하나의 문장으로 처리했다. - 역자 주

18_ 원서에서는 비익조가 해외의 동쪽에 있다고 했으나 고전에서는 그냥 '그 동쪽', 즉 남산의 동쪽이라고만 했다. 그래서 고전을 따라 그 동쪽으로 번역하였다. 이후부터 나오는 것은 대부분 비슷하다. - 역자 주

19_ 이팔신에 관해서는 해석이 엇갈린다. 정재서 교수는 '16명의 신인'이라 했고, 이 책의 저자는 신인의 이름이라 했다. 여기에서는 저자의 기술을 그대로 번역하였다. - 역자 주

해외남경 · 남산
명각본삽도

이 그림은 서남에서 동남에 이르는 각 부락의 풍속과 인문지리, 자연특산물 등을 그렸다. 남산은 종남산으로 우민국의 동남쪽에 있다. 우민국 사람의 특징 중 하나는 털옷을 입거나 털로 자신을 꾸민다는 점이다. 또 다른 하나는 머리가 길수록 아름답다고 여긴다는 점인데, 심지어 변형 기술까지 사용했던 것 같다. 지금부터 1만8,000년 전의 주구점(周口店) 산정동인과 1만 년 전의 찰뇌낙이인(扎賚諾爾人), 6,400년 전의 대문구인(大汶口人)의 두개골에서 모두 명백한 인공적인 두개골 변형 흔적을 발견했으며 그중 대문구인의 두개골 변형 비율은 80%가 넘는다.

필방조(畢方鳥)가 그 동쪽에 사는데, 이 새가 사는 곳에 있는 물길을 청수하(靑水河)라고 한다. 필방조는 사람얼굴을 하고 있으며 다리가 하나뿐이다.

환두국(讙頭國)이 그 남쪽에 있다. 이곳 사람들을 보면 얼굴은 사람얼굴과 비슷하지만 새부리가 달려 있어 고기를 잡기에 좋다. 환두국이 비익조의 동쪽에 있다고도 하고, 또 환주국(讙朱國)이라고 부르기도 한다. 환두국의 선조는 환두(驩兜)라는 사람인데, 죄를 짓고는 부끄러운 나머지 스스로 남해에 몸을 던져 죽었다. 요임금이 그를 불쌍히 여겨 그의 아들을 남해에 살게 하였으니, 그 자손이 번창하여 환두국이 되었다고 한다.

염화국(厭火國)이 그 남쪽에 있다. 염화국 사람은 생김새가 원숭이와 비슷하고 검은 꼬리가 달렸으며 입에서 불을 뿜는다. 염화국이 환두국 동쪽에 있다고도 한다. 염화국에는 불을 먹는 화두(禍頭)라는 짐승이 산다.

명대 풍몽룡(馮夢龍)은 《정사(情史)》 19권에서 《백라천녀(白螺天女)》의 이야기를 소개한 적이 있다. 이 이야기에 따르면 오감(吳堪)이라는 사람은 어릴 적에 부모를 여의었다. 그는 훗날 하얀 소라를 주워 집으로 갔는데 소

낭(狼)

낭은 이리를 말하는데, 포유강이고 식육목이며 개과에 속한다. 몸길이는 1~1.6m이고 꼬리 길이는 33~50cm로, 발이 길고 말랐으며 꼬리는 뒷다리 사이에 늘어져 있다. 입술이 뾰족하고 입이 넓으며 눈은 째지고 귀는 구부러지지 않고 우뚝 솟아 있다. 평원의 산지나 숲에 서식한다.

라가 선녀로 변해서 밥도 하고 집안일도 도와주었다. 이렇게 하얀 소라가 변한 선녀, 즉 백라녀는 오감의 아내가 되었다. 그런데 그가 사는 현(縣)의 관리 중에 여색을 탐하는 늙은이가 있어서 오감의 아내를 뺏으려고 했다. 그는 오감에게 두꺼비 털과 귀신 팔을 가져오라고 하더니, 그 다음에는 또 화두를 요구했다. 이에 백라녀가 원숭이처럼 생긴 짐승을 끌고 와서는 그 관리에게 주었다. 이 짐승은 불을 먹고 뱉고 하더니 결국 그 관리와 그의 집을 몽땅 태워버렸다고 한다.

3그루의 주수(珠樹)가 염화국 북쪽에 있으며, 적수하(赤水河)의 상류에서 자란다. 주수는 송백(松柏)처럼 생겼으나 잎 하나하나가 진주 같다. 어떤 사람은 이 나무의 모양이 빗자루 같다고 말하기도 한다. 황제가 천하를 순수할 때 적수하 북쪽에 이르러서는 곤륜산의 언덕에 올랐다가 돌아간 일이 있는데, 그때 실수로 까만 진주 하나를 그곳에 떨어뜨렸다고 한다. 그래서 여러 차례 사람을 보내 찾아오게 하였지만 찾지 못했다. 결국 마지막으로 보낸 상거(象去)가 까만 진주를 찾았다고 한다. 이것이 3그루의 주수를 둘러싼 전설의 하나이다.

삼묘국(三苗國)이 적수하의 동쪽에 있다. 이곳 사람들은 외출할 때 어린이를 데리고 어른을 부축한 채 무리지어 길을 간다. 삼묘(三苗)와 삼모(三毛)는 소리가 비슷해서 이 나라를 삼모국(三毛國)이라고 부르기도 한다. 예전에 요임금이 순에게 천하를 선양하려 할 때, 삼묘 부락의 우두머리가 이 결정에 반대하자 분노한 요임금이 그를 죽였다. 이 일로 삼묘 부락 백성들이 반란을 일으켰다. 그들은 떼를 지어 남해로 옮겨와 살았고, 나중에 삼묘국을 이루었다고 한다.

질국(載國)이 그 동쪽에 있다. 질국 사람은 피부가 노랗고 활로 뱀을 잘 맞힌다.

관흉국(貫胸國)이 그 동쪽에 있다. 관흉국 사람은 가슴에 구멍이 뚫려 있다. 옛날 우임금이 방풍씨(防風氏)를 죽였고, 아들 계가 하후씨(夏后氏)의 왕조를 세워 덕으로 천하를 다스렸다. 그러자 용 2마리가 나타나 그 앞에 엎드렸다고 한다. 우는 범(范) 성을 가진 사람을 보내 천하를 순수할 때 자신을 보호하게 했다. 남방의 어떤 지역을 지나갈 때 공교롭

석기시대의 농구

신석기시대 중기에는 농업이 일찍 발전한 편이었다. 중국 남북방의 지리적 환경과 기후 차이 때문에 각 지역의 농업발전 속도도 차이가 있다. 신석기시대 중기에 이미 화전 농업 단계에서 호미로 밭을 가는 서경(鋤耕) 농업 단계로 옮아갔다. 황하와 장강 유역은 북방 한작 지구와 남방 벼농사 지구라는 2개의 농업지구로 구분되었다.

그림의 왼쪽은 돌낫으로, 돌낫과 돌사귀는 농업이 발달했음을 일러주는 유물이다. 오른쪽은 뼈 보습으로, 이것은 황하와 장강 유역 사람들이 땅을 갈던 농기구다.

하얀 도자기

하 왕조의 하얀 도자기 술그릇은 하남 공의시(鞏義市)에서 출토되었다. 이 그릇은 고산(高山)의 검은 흙을 구워서 만들었는데 제작 솜씨가 아주 좋아 표면이 매끄럽고 질감도 단단하다. 원시 도자기 산업의 과도기에 제작된 대표작으로 왕실에서 사용했던 고귀한 예기다.

옛날 동물
벽화

동굴벽화는 석굴 내벽에 그려진 그림을 말한다. 석굴은 보통 불상을 만들기 위해 만드는 경우가 많았으며 동굴 내부의 벽화도 자연히 불교적인 내용과 관련이 깊을 수밖에 없었다. 중국에는 지금도 역사적이고 예술적으로 중요한 가치를 지닌 동굴벽화가 비교적 온전하게 보존되어 있다. 신강 배성현(拜城縣) 경내의 파무커리 천불동 벽화, 감숙 돈황(敦煌) 막고굴(莫高窟) 벽화, 감숙 천수맥적산(天水麥籍山) 동굴벽화 등이 그러하다.

이 그림은 돈황 벽화에 나오는 야생동물이다. 가장 아랫부분은 구불구불 기복이 있으면서 멀리 이어지는 산맥으로 이리, 양, 들소, 여우 등 야생동물이 그 사이로 나왔다가 들어갔다가 한다. 화가는 간단한 붓 터치로 동물의 모습과 자태를 생생하게 표현했는데, 그림 전체에 상상력과 열정이 가득하다.

게도 우와 마주친 방풍신(防風神 : 방풍씨의 혼이 변한 것)은 즉시 활로 우를 쏘았다. 우가 타고 있던 2마리 용이 갑자기 청천벽력 같은 소리를 내며 하늘로 날아올라갔다. 덕분에 우는 화살을 피할 수 있었다. 방풍신은 분노로 부들부들 떨다가 화를 참지 못하고 칼로 자기 가슴을 찔러 죽고 말았다. 그를 불쌍히 여긴 우는 불사약을 써서 그를 살려내었다. 이후로 그의 가슴에는 구멍이 남게 되었으니, 그의 후손들이 사는 나라를 관흉국이라고 하는 것이다.

교경국(交脛國)이 그 동쪽에 있다. 이 나라 사람은 양 발이 좌우로 엇갈려 있어서 걸을 때도 두 다리가 교차된다. 교경국 사람들은 남정현(南定縣)에 산다. 이 사람들은 다리뼈에 관절이 없고, 몸에 긴 털이 나 있으며, 눕거나 넘어졌을 때 다른 사람이 일으켜줘야 일어설 수 있다.

불사민국(不死民國)은 그 동쪽에 있다. 이곳 사람은 피부가 숯처럼 까맣고 장생불사한다.

반설국(反舌國)[20]이 그 동쪽에 있다. 이곳 사람들이 하는 말을 우리는 알아들을 수 없지만 그들끼리는 서로 알아듣는다. 사람들은 그들의 혀뿌리가 앞에 있고 혀끝이 목 쪽에 있다고 해서, 그들이 사는 곳을 반설국이라고 부른다.

20_고전《산해경》에서는 이 나라를 '기설국(岐舌國)'이라 했는데 이 책의 저자는 어째서 반설국이라 하였는지 알 수 없다. - 역자 주

제6장 해외남경

곤륜허(崑崙虛)는 곤륜허(崑崙墟)라고도 쓰는데, 그 바닥이 사방팔방으로 멀리 뻗어 있다. 또 곤륜허가 해외의 동쪽에 있다고도 하고, 반설국 동쪽에 있다고도 한다.

예(羿)와 착치(鑿齒)는 남방의 수화(壽華)라는 들판에서 서로 죽이려고 싸웠는데, 결국에는 예가 용감하게 착치를 죽였다. 이 싸움에서 예는 화살을 사용했고 착치는 창과 방패를 사용했다. 착치가 창을 잡고 싸웠다는 설도 있다. 요임금 때 하늘에 10개의 태양이 한꺼번에 떠올라 논밭을 다 태워 초목이 말라 죽고, 백성들도 배고프고 목말라 죽을 지경이 되었다. 설상가상으로 착치와 구영(九嬰) 등 맹수들까지 나타나 백성을 괴롭혔다. 요임금은 예를 보내 백성을 위해 해악을 없애도록 했다. 예는 수화의 들에서 착치를 죽였고, 흉수하(凶水河)에서 구영을 죽였으며, 백성을 괴롭히는 다른 맹수들도 다 죽이고, 화살로 하늘에 뜬 9개의 태양을 쏘아 떨어뜨렸다. 그러자 모든 백성이 기뻐하며 요임금을 천자로 떠받들었다.

삼수국(三首國)이 그 동쪽에 있다. 이 나라 사람들은 모두 이상하게 생겨서 몸은 하나인데 머리가 셋이나 달려 있다. 삼수국 사람들은 숨을 한 번 쉬어도 여러 콧구멍으로 들이마시며, 한 머리에 달린 눈이 본 물건

금계(錦鷄)
주지면(周之冕), 비단 채색, 명대

금계는 꿩과로 각종 금계류를 총칭한다. 그중에 홍복(紅腹) 금계는 '금계(金鷄)'라고도 한다. 수탉은 몸길이가 1m나 된다. 머리에 금황색 깃털관이 있는데 어깨에 두르는 숄처럼 생겼다. 몸 주위의 털은 검은빛을 띠며 등 쪽은 진한 녹색이다. 혼자서 또는 무리를 지어서 바위가 많은 산언덕이나 키 작은 나무 혹은 대나무 사이에 서식한다.

불교 벽화에 나타난 신화적 인물

불교 벽화에는 불교신자가 아닌 사람들도 많은데 그들은 민간신앙에서 숭배되다가 불교로 들어온 경우이다. 가령 복희와 여와는 중국 신화 속의 인물로 일월신이면서 창세신이다. 옛날 사람들은 하늘이 둥글어서 '컴퍼스가 없으면 원을 그릴 수 없기 때문에' 복희와 여와가 손에 컴퍼스와 자를 들고 만물을 창조했다고 여겼다.

전어(鱣魚)

전어는 '황(鱑)'이라고도 한다. 《이아·석어(釋魚)》는 전에 대해 이렇게 말한다. '큰 물고기로 담과 비슷한데 코가 짧고 입이 턱 밑에 있으며 비늘이 없고 고기가 노랗다. 큰 것은 2, 3장이나 된다.' 요즘은 황어(黃魚)라고 한다.

은 나머지 두 머리에 달린 눈도 같이 본다. 입 하나가 무엇을 먹으면 다른 입들도 서로 먹겠다고 야단이 난다.

주요국(周饒國)이 그 동쪽에 있다. 주요국 사람은 키가 작고 매우 말랐지만 의관을 갖추는 데는 보통사람들처럼 매우 신경을 쓴다. 주요국은 사람들이 흔히 이야기하는 소인국이다. 소인국 사람은 키가 7~8치밖에 되지 않지만 모두 행동거지가 훌륭하고 예의가 바르며, 300세까지 사는 사람도 많다. 그들은 무척 빨리 걸어서 하루에 1,000리를 가며, 어떤 야수도 감히 그들을 해치려 들지 않는다. 이 사람들은 해곡(海鵠)이라는 새만 무서워한다. 왜냐하면 해곡은 그들을 보기만 하면 이유를 불문하고 삼켜버리기 때문이다. 그렇지만 소인은 해곡의 뱃속에 들어가도 죽지 않는다. 그들은 수레와 말을 타고 다니는데, 사람이 그를 잡아먹으면 신선이 될 수 있다.

장비국(長臂國)이 그 동쪽에 있다. 장비국 사람은 물고기를 잡아먹고 사는데, 고기 잡는 기술이 아주 좋아서 양손으로 동시에 물고기를 한 마리씩 잡는다. 장비국 사람은 두 손이 땅에 닿을 정도로 팔이 길다.

천하의 치수 상황을 돌아보던 우가 군자국(君子國)에 들른 후에 어느 섬에 도착했을 때의 일이다. 나무가 울창하고 바위가 험했으며 한참을 가도 사람 그림자 하나 보이지 않았다. 시종이 은근히 걱정이 되어 아뢰었다.

"아무래도 무인도인가 봅니다."

말이 채 끝나기도 전에 횡혁(橫革)이 이상한 것이 보인다고 외치면서 날 듯이 앞으로 달려갔다. 이에 다른 사람들은 영문도 모른 채 일제히 그를 따라갔다. 얼마 후 횡혁이 숲에서 나오는 것이 보였다. 그는 무언가를 잡고 있었는데 자세히 보니 엄청나게 작은 사람이었다. 눈, 코, 입, 눈썹, 손발 어느 하나 없는 것이 없었으나, 마치 아이들 장난감처럼 얼른 봐도 8~9치에 지나지 않았다. 잡혀 있는 사람은 움직이지도 않았다. 우가 말했다.

"땅에 내려놓고 살펴보시오."

횡혁이 분부대로 그 작은 사람을 땅에 내려놓았지만 여전히 움직이지 않았다. 우가 다시 말했다.

"다 같이 숲속으로 가서 더 찾아봅시다."

숲속으로 들어가자 과연 작은 집들이 보였다. 집들은 작은 돌과 나뭇가지로 층층이 쌓여 있었으며, 높은 집과 낮은 집, 큰 집과 작은 집 등 다양하게 있었다. 큰 집은 5, 6척이 넘지 않았고 작은 집은 3, 4척 정도 밖에 되지 않았는데, 인기척이 거의 없었다.

곽지(郭支)가 그 조그마한 집들 사이로 들어가서는 어느 집 앞에서 몸을 굽히고 작은 문을 통해 안을 들여다보았다. 그 안에는 여러 명이 숨어 있었는데, 두려워하는 기색이 역력했다. 곽지가 호기심에 손으로 지붕을

해외남경 · 곤륜허
명각본삽도

곤륜허는 사방 누대형 건축이다. 예와 착치(鑿齒)가 격렬한 전쟁을 치렀다. 그 이유는 10개의 태양이 함께 떠올라 생존환경을 심하게 파괴하는 바람에 부락간의 이동 및 심한 충돌을 야기한다는 것이었다. 사실 '착치'는 나이든 사람처럼 꾸미는 습속으로 옆니나 송곳니, 가운뎃니를 뽑는 것이다. 이런 습속은 근대까지도 여러 민족들에게 남아 있었다. 고고학 사료에 따르면 중국 대문구 문화에서 이 습속이 가장 먼저 생겼으며 성별이나 지위에 관계없이 옆니 2개를 다 뽑았다고 한다.

열어젖히자 사람들이 모두 와서 함께 들여다보았다. 그 안에는 작은 사람들이 공포에 사로잡혀, 어떤 녀석은 어두운 곳에 엎드려 있고, 어떤 녀석은 상 밑에 숨어 있기도 했다. 상은 아주 정교하게 제작되어 있었다. 그중 덩치가 비교적 큰 몇몇이 땅에 꿇어 앉아 계속 절을 하면서 아주 작은 소리를 내는데, 마치 기원을 드리는 것처럼 보였다. 우는 차마 더 보기가 민망해서 곽지에게 지붕을 다시 잘 고쳐주고 그들을 더 놀라게 하지 말라고 했다.

숲을 돌아 나오면서 자세히 보니 작은 사람들이 숲 속에 잘 만들어놓은 도로가 있었고, 물이 흐르도록 판 도랑과 전답도 있었다. 또 칼을 하나 발견했는데, 반 치도 안 되는 이 칼은 돌을 잘 갈아서 만든 것이었다. 음식을 저장하는 용기도 있었는데, 조개껍질로 만들었으며 그 속에는 개미와 개미 알이 가득 담겨 있었다. 아마도 작은 사람들의 음식인 모양이었다. 처음 장소로 다시 돌아오니 전에 잡았던 소인은 여전히 누워 꼼짝도 하지 않았다. 놀라 죽은 것 같아서 다들 애석해했다.

우의 일행은 다시 큰 거북인 원타(黿鼉)의 등을 타고는 앞으로 나아갔다. 잠시 후에 다시 그 작은 사람이 화제에 떠오르자 백익(伯益)이 말했다.

"예전에 어떤 책을 본 적이 있습니다. 그 책에는 동북쪽 끄트머리에 쟁인국(崢人國)이 있으며 그 나라 사람들 키가 9척이라고 나와 있었습니다. 방금 그 소인이 바로 쟁인과 같은 종류가 아닌가 합니다."

그러자 곽지가 말했다.

"아까 그 소인 몇 명을 데리고 와 키우면 어떨까 하고 생각했습니다. 재미있는 일이 되지 않을까 합니다."

그러자 백익이 말했다.

"옛날 책에서 그런 신기한 일을 읽은 적이 있습니다. 예전에 표해(飄海)라는 사람이 저런 소인들을 만난 일이 있지요. 한 집안 사람들을 모두 잡아서 그 사람들 방식대로 집을 지어 살게 해주었더니 안심하고 잘 살았다고 합니다. 그러던 어느 날 지붕을 열어젖히고 안을 들여다보니, 그때 마침 부부관계를 맺고 있더랍니다. 이전에 한 번도 본 적이 없는 일을 보게 된 것이지요. 그래서 아주 자세히 보니 두 사람이 벌떡 일어나서는 자살을 해버렸다고 합니다. 아마 수치와 분노를 참지 못해 자살한 모양입니다. 얼마 안 가서 다른 소인들도 하나하나 죽더니 결국 한 명도 남지 않게 되었답

여지(荔枝)
《마태화보(馬駘畫寶)》, 청대

여지는 용안(龍眼)이라고도 하는데 무환자(無患子)과에 속한다. 상록교목으로 깃털 모양의 겹잎이 나며 작은 잎은 타원형이거나 긴 타원형이다. 황백색 꽃은 특이한 향기가 나며 열매는 둥글고 열매 껍질은 갈색이나 자주색이며 과육은 연하고 즙이 많아 달고 맛좋다. 품종이 아주 여러 가지다.

채도(彩陶)의 새 문양

묘지 바닥의 채도에 있는 새 무늬는 처음에는 사실적이었는데 점점 추상적으로 변했다.

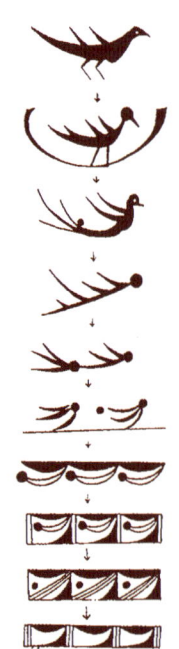

니다. 어쩌면 비통해서 그랬는지 모를 일입니다. 하지만 그들도 성질이 있고 정감을 느끼는 면에서는 우리와 다를 것이 없음을 알 수 있지요."

하루가 지나 일행은 또 다른 곳에 도착했다. 그곳에는 배를 타고 가던 여러 명의 백발노인들이 이제 막 뭍에 오르고 있었다. 자세히 보니 사람들의 체구가 커서 배 안에 앉아 있을 때는 뱃전 밖으로 2장 정도 되어 보였지만 일어서니 3, 4장은 되는 것 같았다. 우 일행은 장인국(長人國)에 도착한 것이 아닐까 생각했다.

이때 배 안의 노인들이 모두 뭍으로 올랐는데, 뭍으로 오르는 모습이 보통사람과는 달랐다. 그들이 발걸음을 옮길 때마다 발밑에 흰 구름이 가로놓여 마치 구름을 타고 오르는 것처럼 보였다. 얼마 후 그 노인들이 다 같이 안쪽으로 움직이는데, 흰 구름이 움직이는 것만 보이고 두 다리는 전혀 보이지 않는 것이었다. 그 광경을 목격한 사람들은 모두 신기해하며 그들이 신선이라고 생각했다.

그때 원타 등에 타고 있던 일행도 함께 육지로 올라갔다. 숲을 돌아보니 백발의 체구가 큰 노인들이 활을 들고 짐승을 사냥하고 있었다. 다가가서 자세히 보니 키가 훌쩍 큰 것이나 발밑에 흰 구름이 있는 것이나 방금 본 사람들과 똑같았다. 그들이 끼고 있는 화살을 보니 철화살촉 하나가 7척은 되는 것 같았다.

해외남경
명각본삽도

이 지역의 지명들은 남산, 적수(赤水), 수화(壽華)의 들, 곤륜허, 적산(狄山) 혹은 포어해중(捕魚海中), 사야차야(司夜此野) 등이다. 이런 지명으로는 현재의 해당 지역을 명확히 가려낼 방법이 없다. 게다가 옛날에는 사람들이 나쁜 곳으로 이사를 가도 옛 고향의 산 이름이나 물 이름을 새로운 지역의 산과 강에 붙였기 때문에 더욱 파악하기 어렵다.

우 일행은 다시 앞으로 나아갔다. 그러자 멀리서부터 엄청나게 높은 집이 다가오는 것이 보였다. 높이는 30장이 넘고 문 높이만도 6장이 넘는 듯했다.

다시 먼 곳을 바라보니 높은 산이 하나 우뚝 솟아 있고, 많은 사람들이 그 산 위에 개미처럼 모여 모두들 바삐 움직이고 있었다. 일행도 그 높은 산에 올랐는데, 다 오르고 나서야 비로소 그곳이 시장이라는 것을 깨달았다.

그곳에는 의복과 기구 등 없는 것이 없었다. 국을 담는 사발은 보통사람의 목욕통으로 써도 될 만큼 컸고, 밥 먹는 젓가락은 보통사람이 옷을 널어놓는 데 써도 될 정도였다. 장사하는 상인들은 모두 귀가 컸으며, 땅에 쭈그리고 앉아 손님을 기다리고 있었다. 이상하게도 해안에서 시장으로 오는 길에 마주쳤던 수천 수백의 남자와 여자 중에 백발 아닌 사람이 하나도 없었다. 더욱 이상한 것은 우 일행을 보고도 이상하게 여기면서 다가와 말을 건네는 사람이 하나도 없었다는 점이다. 키가 너무 커서 우 일행이 보이지 않는 것인지, 아니면 그렇게 작은 사람들은 안중에도 없어서 궁금하지도 않은 것인지 도통 알 수가 없었다. 도리어 우 일행이 안달이 나서 땅에 쭈그려 앉은, 비교적 체구가 작은 장사꾼을 골라서 물어보았다.

"귀국은 대인국이오?"

그는 쭈그려 앉아 있었는데도 일행보다 훨씬 컸다. 일행이 다가와 묻자 그는 몸을 낮추면서 대답했다.

"우리나라는 대인국이고 이곳은 대인의 시장이자 대인의 집이오. 당신들은 물건을 사러 오셨소?"

우가 대답했다.

"아닙니다. 우리는 중국에서 바다로 만 리길을 오다가 귀국을 지나게 되었습니다. 풍속을 살필 겸 가르침을 청하려고 하는데, 괜찮겠습니까?"

그러자 상인이 말했다.

"우리 대인과 당신들 소인이 이야기를 한다는 것은 정말 힘든 일입니다. 몇 년 전에 이웃 나라 사람들이 온 적이 있습니다. 주인으로서 그들을 대접하지 않을 수 없었지요. 그래서 허리를 구부리고 등을 굽히면서 하루 내내 접대했더니, 모두들 등도 아프고 허리도 아프고 피곤하기 짝이 없었습니다. 그 다음부터 우리는 어떤 나라에서 사람이 오건 일체 대접하지 않고, 그 사람들 편한 대로 놔두기로 결정했습니다. 그러니 오늘 물어보신 말씀에도 한두 마디로야 대답하겠지만, 묻는 것이 많으면 어렵겠습니다."

그 말을 들은 우는 한 가지를 골라 물었다.

"귀국에는 노인이 많고 젊은이는 없는데 무슨 이유라도 있습니까?"

"그 이유는 잘 모르겠습니다. 다만 우리는 옛날에도 그랬고 지금도 마찬가지입니다. 우리나라 노인들께서 다른 나라에 가서 알아보고 말씀하신 바에 의하면, 타국 사람들은 어머니 뱃속에서 열 달도 안 되어 출생한다지요. 하지만 이곳 사람들은 36년이 지나야 비로소 세상에 나옵니다. 혹시 이것이 이유가 아닌가 합니다."

이때 마침 손님이 물건을 사러 온 바람에 상인이 몸을 일으켰다. 하도 커서 기어 올라가기도 어려울 정도였다. 그 후로 상인은 질문에 대답을 하지 않았다.

우는 하는 수 없이 하산하기로 했다. 해안으로 돌아가서 막 원타의 등에 타려 할 때였다. 웬일인지 원타들이 일제히 해안을 향해 머리를 조아리더니, 다음에는 우를 향해 연신 고개를 숙이는 것이었다. 사람들이 영문을 모르고 있는 와중에 우는 문득 한 가지 생각을 떠올리고는 물었다.

"이곳이 남해에서 가까워 이제 너희들이 더 이상 갈 수 없는 것이 아니냐?"

원타가 이 말을 듣더니 연신 고개를 끄덕였다. 그러자 우가 말했다.

"그러면 여기서 그만 돌아가거라. 수십일 동안 수고한 너희에게 정말 고맙구나. 이번에 돌아가면 나를 대신해서 동해신(東海神) 아명(阿明)에게 감사하다고 전하도록 하라. 이제 그만 가보아라."

우의 말이 끝나자 원타 무리가 일제히 떠났다. 이제 우의 일행은 더 이상 여행을 계속할 수 없게 되었다. 곽지가 말했다.

"용 2마리가 여정 내내 따라오고 있습니다. 이제는 몸이 거의 다 나은 것 같으니 타고 가셔도 좋을 듯합니다."

"그러는 수밖에 없겠소."

누군가 입으로 휘파람을 불자 용 2마리가 바다 속에서 파도를 일으키며 나왔다. 곽지는 그들을 모래사장에 엎드리게 하고 자세히 살펴보았다.

토끼 모양 준(尊)
청동 주물

토끼 모양의 준은 술잔이면서 제기다. 준의 복부에 토끼가 누워 있는데 지금 출토된 서주의 청동 준 중에 유일한 토끼 모양 술잔이다.

황제가 길을 묻다
무명씨, 선묘(線描)

황제는 만년에 선인 광성자(廣成子)와 용성공(容成公)을 스승으로 삼고 자연의 법칙을 따라 삼계(三界)를 잘 다스렸다. 공과 명예를 이루고 나니 물러나고 싶은 생각이 들었다. 그는 인부를 보내 수산(首山)의 동광을 캐서 형산에서 보정(寶鼎)을 주조하게 했다. 보정이 주조된 날 하늘 밖에서 큰 용이 날아와 수염을 드리우고 황제를 맞이했다. 황제는 그가 유능하다고 믿는 증손자 전욱에게 주재신의 보좌를 맡기고 자신은 용을 타고 구중천(九重天) 밖으로 날아갔다.

그림은 황제가 퇴위한 후에 광성자에게 불로선단(不老仙丹)을 구하는 장면이다.

몸에 난 상처가 아직 아물지 않았지만 다른 방법이 없어 한번 타보기로 했다. 일행은 용을 타고 공중으로 올랐다. 아래를 보니 망망대해에 파도만 일렁이는데, 전에 탔던 원타와는 또 다른 느낌이었다.

한참 지나 멀리 섬 하나가 나타나자 우는 섬에 착륙하라고 명령을 내렸다. 이는 아직 상처가 아물지 않은 용이 피로할까 하는 배려이기도 했지만 용을 타는 것과 원타를 타는 것이 달랐기 때문이기도 했다. 원타의 등에 타고 있으면 바다 어디서든 밤을 보낼 수 있었지만 용을 타고서는 그럴 수가 없었기 때문이다. 바닷물이 넘실거려 쉽게 머물 곳을 찾기 어려울 것 같았다. 그런데 마침 높은 산에서 구름이 뭉게뭉게 피어오르더니 비까지 세차게 내렸다.

일행은 급히 천막을 치고 하룻밤을 지새웠다. 다음날에도 비는 그치지 않았고 설상가상으로 용들까지 병이 났다. 이 지경에 이르자 아무리 생각해도 묘책이 떠오르지 않았다. 그러다가 문득 온 산에 숲이 울창한 것을 보고는 저 나무들을 베어 뗏목을 짜면 바다를 건널 수 있지 않을까 하는 생각이 들었다. 뗏목을 타고 바다를 떠 다녔다는 옛 성현들의 방법을 따라보는 것도 나쁘지 않으리라. 그리하여 우는 세상에서 가장 출중한 14명의 장수에게 명하여 병기를 들고 나무를 베러 가게 했다. 백익이 말했다.

"뗏목을 타고 바다로 나가는 것이 옛 사람들의 행적이라고는 하나 그것은 옛날 일이며, 더욱이 파도가 이렇게 세차니 어려운 일이 아닐까 합니다. 전에 동해신 아명이 남해에 도착하면 남해신에게 도움을 청하라고 했는데, 폐하께서는 어찌 남해신을 청해 상의하지 않으십니까?"

우가 말했다.

"내 그 생각을 못한 것이 아니오. 그러나 남해신에게 상의해봤자 또 원타 종류의 도움을 받게 될 것이오. 내가 볼 때 이 용이나 원타는 본래 물에서 유유자적하고 살아야 하는데 우리를 위해 갖은 고생을 하고 있소. 사람이야 세상을 구하고 백성을 구해서 역사에 공적이 남겠지만, 동물들은 무엇 때문에 그 고생을 한단 말이오? 도저히 그들을 고생시킬 수 없어서 남해신에게 청을 넣지 않기로 했소."

그 말을 듣고 백익이 말했다.

"그러면 한편으로는 나무를 베면서 또 다른 한편으로 남해신에게 상의해봄이 어떠하신지요? 만약 전처럼 원타 종류를 보내준다면 그때 뗏목을 만들어도 좋지 않겠습니까? 물론 남해신이 또 다른 방편을 알려준다면 더욱 좋겠지요."

우는 그 말에 일리가 있다는 생각이 들어서 즉시 주문을 외우며 외쳤다.

"남해신 축융(祝融)은 어디 있소?"

그러나 아무런 대답도 들리지 않았다. 우가 이상하다고 생각하면서 다시 소리를 질렀다. 그러자 신군(神君) 하나가 붉은 옷을 입은 채 용을 타고 와서는 인사를 올렸다. 우는 약간 노기 띤 어조로 말했다.

"존신(尊神)이 남해신 축융이시오? 어찌 처음 청했을 때 오시지 않고 이 몸으로 하여금 재차 부르게 하셨는지요?"

신군이 말했다.

"저는 남해군 축적(祝赤)이라 합니다. 남해신 축융은 일이 있어 천궁에 가셨기에 제가 대신 오느라 늦었습니다. 무슨 분부가 있으신지요?"

우가 말했다.

"이 몸은 상제의 명을 받들어 해외의 치수를 담당하고 있습니다. 그런데 우리가 타고 왔던 용이 다쳐서 여행을 계속하기 어렵게 되었습니다. 존신께서 도와줄 방법이 있으신지 모르겠습니다."

축적이 말했다.

"어려운 일이 아니지요. 마침 이 산에 좋은 약이 있으니, 그 약초를 뜯어서 용에게 먹이면 무슨 병이든 다 나을 것입니다."

우가 이 말을 듣고 매우 기뻐하며 약초가 어디 있는지를 물었다. 축적은 손으로 어떤 나무를 가리키면서 말했다.

"바로 이것입니다."

이에 장군들이 당장 나무를 베려고 하자 축적이 황급히 말렸다.

"나무를 베어버리면 안 됩니다. 이 나무들은 모두 구하기 힘든 양약이라 베어버리면 아깝습니다."

우가 자세히 보니 줄기는 노랗고 가지는 붉으며 푸른 잎이 달려 있었다. 그 나무의 이름을 알 수 없어 축적에게 물으니 이렇게 대답했다.

"난수(欒樹)라 하며, 매우 어렵게 자랍니다. 동해에 까만 잉어가 사는데 마치 고래처럼 길이가 1,000척이나 되며 자주 남해로 날아옵니다. 그것

옥인(玉人)

태자의 패옥(佩玉) 장식인 옥인은 반투명하며, 전체적으로 보면 쭈그리고 있는 사람의 모습이다. 서주에서 많이 유행했던, 사람과 용이 함께 있는 장식품이다.

순임금

무명씨, 인물화

순은 성씨가 요이고 이름은 중화(重華)며 호는 우순(虞舜)으로, 상고의 제왕이다. 규예(嬀汭 : 현 산서성 永濟)에서 태어나 20세 때 효자로 이름을 드날렸다. 요임금이 연로하자 사악의 의견에 따라 순을 천거하여 섭정하게 했다. 순이 사방을 순수하면서 곤, 공공, 환두, 삼묘의 '사흉'을 제거했다. 요가 서거하고 나서 순은 정식으로 제위에 올라 포판(蒲坂 : 현 산서 영제 서쪽)에 도읍을 정했으며, 우, 후직, 고요(皐陶), 수(倕), 익(益) 등이 나누어 정사를 보았다. 순이 연로하자 홍수에 공이 있는 우를 후계자로 추대했으며 남쪽으로 순수를 나갔다가 창오(蒼梧)의 들(현 호남 寧遠 남쪽)에서 운명을 다했다. 순임금은 구의산(九嶷山 : 현 영원 동남쪽)에 안치되었다.

이 죽어 골육이 다 스러져도 쓸개는 썩지 않고 남아 돌이 되는데, 그것을 적석(赤石)이라고 합니다. 이 난수는 바로 적석 위에서만 자라는 좋은 약으로, 못 고치는 병이 없습니다. 온 세상의 여러 신과 땅 귀신, 임금들이 모두 여기 와서 채취해가는 것도 이 나무가 귀하기 때문입니다."

우가 다시 물었다.

"복용법을 알려주시겠습니까?"

축적이 말했다.

"가지든 꽃이든 열매든 따서 먹으면 됩니다."

옆에서 이 말을 들은 곽지는 용을 아끼는 마음에 얼른 나뭇잎을 잔뜩 따서 용에게 먹였다. 우가 다시 축융에게 물었다.

"이 산의 이름은 무엇입니까?"

"구름과 비가 많다 하여 운우산(雲雨山)이라고 합니다."

우가 깊은 감사의 마음을 전하자 축적은 인사를 마친 후 떠났다. 2마리 용은 난수 잎을 먹은 지 반나절도 되지 않아 기력을 완전히 회복했고, 우 일행은 그것이 정말 좋은 약이라고 굳게 믿게 되었다.

다음날 그들은 다시 용을 몰고 출발했다. 어느 곳에 이르니 많은 사람들이 해변에 흩어져 두 손을 바닷물에 담그고 있었다. 그들이 무엇을 하는지 알 수 없어 일행은 용에서 내려 알아보기로 했다. 가까이 다가가서 보니 사람들이 멀리서 두 손을 바닷물 속으로 뻗고 있는데, 손마다 큰 고기가 들려 있었다. 손을 자세히 보니 어깨에서 3장 정도 될 만큼 길었다. 주변을 둘러보니 다른 사람들도 다 그렇게 팔이 긴 것으로 보아 분명히 장비국 백성인 것 같았다. 우가 말했다.

"사람의 두 팔이 저렇게 길면 정말 편리하겠구나. 땅에 물건이 떨어

져도 엎드릴 필요 없이 주우면 될 터이고, 높은 데 있는 것도 멀리 있는 것도 다 그러하니 얼마나 편리하겠나!"

국애(國哀)가 말했다.

"꼭 그렇지도 않습니다. 멀거나 높고 낮은 곳의 물건을 잡을 때는 편해도 가까운 곳이라면 쉽지 않을 것입니다. 더욱이 어깨는 둘 뿐인데 팔이 너무 길면 어깨 근처가 아파도 주무를 수 없으니 얼마나 고생스럽겠습니까?"

그 말을 들은 진규(眞窺)가 말했다.

"소신이 보기에는 그렇지 않습니다. 그들도 손은 둘이니까, 이 손이 닿지 않는다면 저쪽 손을 돌려서 주무르면 되니 별로 힘들 일이 없을 것입니다."

횡혁이 말했다.

"제 생각으로는 세상의 모든 일이 습관 아닌 것이 없습니다. 습관이 된 후에는 힘들거나 힘들지 않은 것도 없게 되고, 편리하거나 불편한 것도 없게 됩니다. 설령 불편하다고 해도 반드시 다른 방법이 있기 때문에 힘들다고 할 수만은 없을 것입니다."

모두들 그의 말에 일리가 있다고 생각했다. 곽지가 다시 말했다.

"세상 사람들은 다 똑같은 법이며 저 사람들의 몸도 우리와 큰 차이가 없는데, 어째서 두 팔만 저렇게 긴 것일까요?"

백익이 말했다.

"사람의 사지와 오장 육부는 다 각각의 쓰임이 있어서, 그것을 적절히 사용하면 알맞게 자랍니다. 그런데 한 기관만 계속 쓰면 나중에는 당연히 그 기관만 특별히 발달하게 되겠지요. 맹인은 귀만 쓰니 귀가 특히 잘 들립니다. 장인은 손을 많이 쓰니 손

우신(雨神)
벽화

이 그림은 하늘을 날면서 인간을 향해 비를 뿌리고 있는 전통적인 우신의 모습이다. 불교가 들어온 후로는 구름을 만들고 비를 뿌리는 능력을 지닌 용왕이 중국 고유의 우신과 수신인 하백을 대체하였다.

이 다른 사람보다 크고 거칩니다. 북방의 동굴에 사는 사람들은 날이 추우면 먹을 것을 구하기 어려워, 하루 종일 이곳저곳 살피며 새나 짐승을 찾느라 눈을 많이 쓰기 때문에 시력이 매우 좋습니다. 낮에도 하늘의 별을 볼 수 있고 평지에서 먼 산에 있는 짐승을 볼 수 있는 것도 그 때문입니다. 이곳 장비국 백성들의 경우, 살기 위해서는 물고기 잡는 것밖에 다른 방도가 없습니다. 게다가 물고기를 잡을 만한 특별한 기구도 없지요. 그래서 항상 손을 사용하다 보니 오랜 세월이 지나 저렇듯 두 손이 길게 변한 것입니다."

우가 말했다.

"그 말씀이 옳습니다. 사지와 오장육부의 일부를 계속 사용하면 특별히 자라나고 사용하지 않으면 점점 사라지는 법이지요. 옛날에는 사람 몸에 털이 있어서 바람과 추위를 막았는데, 옷을 지어 입은 후부터 털이 없어졌다고 합니다. 원래는 몸의 가죽도 말처럼 파리나 모기를 쫓을 수 있게 절로 움직였다고 하지요. 그런데 손으로 어디든지 긁을 수 있게 되자 가죽의 움직임이 사라졌다고 합니다. 마음 쓰는 능력도 마찬가지입니다. 사람이 만물의 영장이라는 이유는 바로 한 가닥 마음이 의(義)와 리(理)를 밝히고 시비를 가리고 이해를 따지고 득실을 살피면서 신령스러워지기 때문이니, 이 모든 것이 마음의 작용입니다. 마음은 쓸수록 영험해지는 법이지요. 성인이나 현인이 보통사람보다 뛰어난 것은 바로 마음을 잘 사용하기 때문입니다. 마음이 특별히 발달해서 아주 영험하고 민감해진 것이지요. 마음을 사용하지 않는다면 점점 어리석어질 것입니다. 옛 성현은 '산의 계곡도 자주 다니면 길이 되듯이, 사람의 마음도 자꾸 묻지 않으면 잡초로 막히게 되네. 지금 잡초가 그대의 마음을 막고 있네'라고 하셨습니다. 또 이런 말씀도 있지요. '하루 종일 배부르게 먹고 아무 것에도 마음을 쓰지 않으면 곤란하도다! 바둑이라도 둘 수 있지 않은가? 바둑을 두는 것이 안 두는 것보다는 현명하니' 이는 바로 마음을 사용하지 않아서는 안 된다는 말씀입니다. 두 팔만 써도 모두 팔이 길어져서 생계를 유지하게 되었으니, 마음을 쓴다면 더욱 좋지 않겠소!"

모든 사람들이 정말 옳은 말이라고 생각했다.

삼묘족 도인(陶人)

용산문화 시기에 남방 강한(江漢) 지구에서 석가하(石家河)문화가 생겨났다. 석가하문화는 한때 전성기를 맞아 화려한 업적들을 만들어냈다. 문헌의 기재에 따르면 석가하 백성은 순과 우가 여러 번 토벌했다는 삼묘족일 가능성이 크다.

위가 평평하면서 살짝 굽은 모자를 쓰고 긴 두루마기를 입은 두 사람이 무릎을 꿇고 손으로 큰 물고기를 잡고 있다. 오른손으로 물고기 머리를 누르고 왼손으로 꼬리를 잡고 있는 것이 마치 종교 의식을 거행하는 것처럼 보인다.

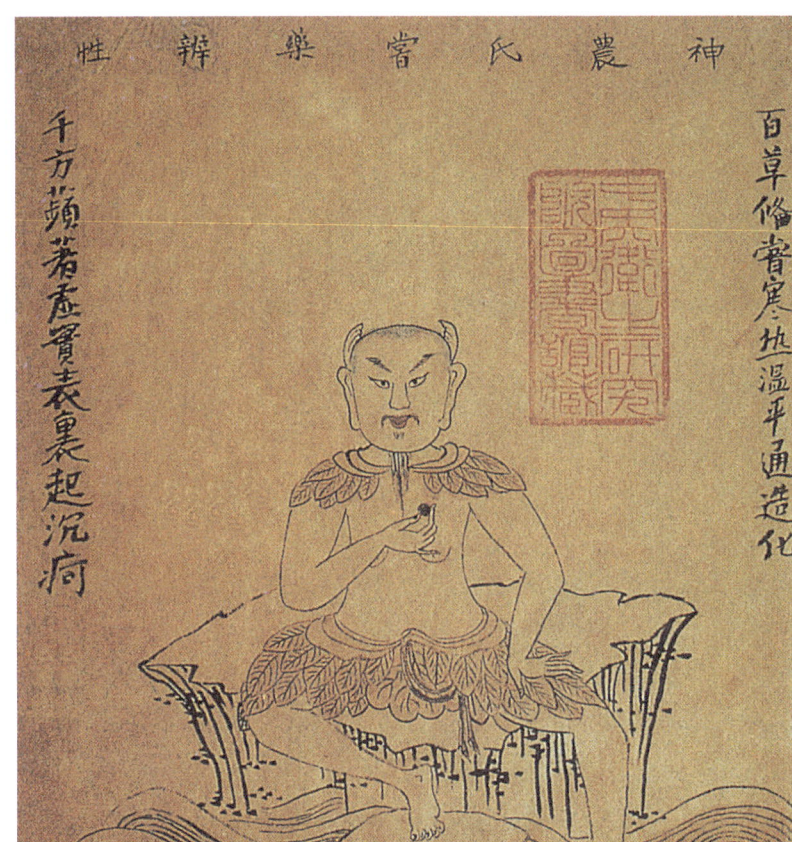

신농씨가 온갖 풀을 맛보다

신농씨는 중국 고대신화에서 농업과 의약을 발명했으며 쟁기와 보습 등 농기구를 만들어 사람들에게 경작을 가르쳤다. 그는 직접 여러 풀을 맛보고 약물을 만들어 사람들을 치료했다. 이 풀 저 풀 맛보다가 다리가 100개인 벌레를 먹게 되었는데 끝까지 해독이 안 되어 결국 죽고 말았다. 신농씨에 관한 전설을 통해 우리는 중국 원시시대에 채집, 수렵 단계에서 농업문화로 넘어오는 과정을 엿볼 수 있다.

북적(北狄) 지방에는 뭇 산의 종주인 숭산(崇山)이 있는데 험준하기 짝이 없다. 요임금은 적산(狄山)의 남쪽에 매장되었고 제곡은 적산의 북쪽에 묻혔는데, 그곳에는 곰, 말곰, 몸에 얼룩이 있는 호랑이, 원숭이, 이주(離朱)와 시육(視肉) 같은 야수들이 살고 있다. 우인(吁咽)과 문(文)왕도 그곳에 묻혔다고 한다. 탕산(湯山)에 매장되었다고도 하는데, 그곳에는 위에서 말한 야수들이 많다. 둘레에 범림(氾林)이 있는데 사방 300리에 달한다.

남방에 축융이라는 신이 있는데 짐승 몸에 사람얼굴을 히고 용 2마리를 타고 다닌다. 축융은 황제의 아들이다.

제 7 장

해외서경

海外西經

형천(形天)과 황제(黃帝)의 싸움

● ── 해외서경(海外西經)

이제 해외의 서남쪽 모퉁이에서 서북쪽 모퉁이까지 살펴보기로 하자.

멸몽조(滅蒙鳥)가 결흉국(結胸國)의 북쪽에 있다. 이 새의 털은 푸르지만 꼬리는 붉다. 멸몽조는 바로 맹조(孟鳥)다. 진(秦)의 선조는 전욱 황제의 손녀로 이름을 수(修)라고 했다. 그녀가 베를 짤 때 현조(玄鳥)가 알을 낳았고, 수가 그것을 삼킨 후 아들을 낳아 대업(大業)이라고 이름 지었다. 대업은 소전(少典)의 딸인 소화(少華)를 아내로 맞았다. 소화는 또 대비(大費)를 낳았다. 대비는 두 아이를 낳았는데 하나는 대렴(大廉)으로 바로 조속씨(鳥俗氏)다. 다른 하나는 약목(若木)으로 바로 비씨(費氏)다. 대렴의 현손(玄孫)은 맹희(孟戱), 중연(仲衍)이라고 하는데, 이들의 몸은 새처럼 생겼지만 사람 말을 할 줄 안다. 이들이 바로 멸몽조의 백성이 되었다.

대운산(大運山)은 높이가 300길이나 되는데, 멸몽조의 북쪽에 있다. 그곳에는 대악(大樂)의 들이 있는데 계가 여기서 《구대(九代)》라는 악곡에 따라 춤을 추었으며, 용 2마리를 타고 구름과 안개 속을 오르내렸다고 한다. 그는 왼손에 깃털로 만든 화려한 덮개를 들고, 오른팔에는 옥

오장산경·방위도
관걸·오환소, 회화, 현대

우임금 시대에 실시했던 국토자원 조사 작업의 성과는 《산해도》로 제작되었으며 《오장산경》으로 기록되었다. 《산해도》가 이미 사라진 것은 불행이지만 《오장산경》이 지금까지 전해지는 것은 정말 다행이다. 기원전 516년에 왕자 조(朝)가 주 왕실의 전적을 들고 초로 도망갔다. 그 후 원래 주나라 왕실 도서관의 학자와 그 후손들은 우임금 시대의 《오장산경》과 하대의 《해외사경(海外四經)》, 상대의 《대황사경(大荒四經)》, 주대의 《해내오경(海內五經)》을 편집해서 《산해경》 한 권으로 만들었다.

이 지도는 동서남북 중 5개 구역의 26조 산맥, 447산 및 그 수계를 그렸고 언급된 지리 방위는 중화 문명권과 들어맞는다. 26조의 산맥에 지리 방위 중심점이 존재한다. 모두 9조의 산맥은 지금 위수와 황하가 교차하는 곳에 위치하며, 구체적으로 화산, 중조산, 효산이 교차하는 동관 부근에 해당된다.

팔찌를 차고 있으며, 허리에는 벽옥을 차고 있다. 이 대악의 들은 대운산 북쪽에 있으며 대유(大遺)의 들이라고도 한다.[21]

삼신국(三身國)은 계가 있던 지역의 북쪽에 있다. 삼신국 사람은 머리가 하나에 몸통이 셋 달려 있다. 용성씨(庸成氏)에게 색을 밝히는 어린 아들이 있었는데, 대낮에 대청마루에서 사람들이 보는 가운데 음란한 짓을 하였다. 이를 본 용성씨가 격노하여 그를 서남쪽의 먼 곳으로 보내버렸다. 그와 암컷 말 사이에서 아들이 태어났다. 이 아들은 사람 몸에 말발굽과 말꼬리가 자라났으니, 그들이 삼신국을 이루었다.

삼신국 북쪽에 일비국(一臂國)이라는 곳이 있다. 일비국 사람은 팔이 하나뿐이고 눈도 하나에 콧구멍도 하나다. 그곳에는 누런 말이 있는데, 몸에 호랑이 무늬가 있다. 이 말도 눈이 하나에 다리도 하나뿐이다. 일비국을 반체국(半體國)이라고도 한다. 반체국 사람은 비록 팔은 하나지만 2명이 몸을 나란히 붙이면 비목어(比目魚)와 비익조처럼 함께 걸을

대만전해도(臺灣全海圖)

이 지도는 청대 건륭 연간에 제작된 대만 전해지도로, 손으로 그린 가장 오래된 대만 지도의 하나다. 위에 육지를 그리고 아래에 바다를 그려서 지도의 방위도 위가 동쪽이고 아래가 서쪽이다. 이 지도에는 대만도 북쪽의 계롱산(鷄籠山)에서 남쪽의 홍두서(紅頭嶼), 소류구(小琉球) 산계(山系)와 부, 현과 대만에서 최초로 흥기한 항구도시와 읍을 포함한 거주지 및 산지 소수 민족의 번사(番社) 거주지가 잘 나와 있다. 산은 중국 전통적인 형상화법으로 표시했다. 그밖에도 포대(炮臺)와 같은 군대 관련 내용이 들어 있어 군사적인 가치도 높다.

21_ 고전 《산해경》에는 대운산과 대악지야(大樂之野), 즉 대악의 들이 별도의 문장 안에 나와 있으나 이 책의 저자는 그 둘을 한 문장 안에서 설명했다. 여기서는 고전에 따라 별도로 처리한다. – 역자 주

형천과 황제의 싸움
명각본삽도

고대의 신으로 '형천(邢天)' 또는 '형천(形天)'이라고도 한다. 전설에 의하면 형천은 염제의 신하로 치우와 함께, 거병해서 황제에게 원수를 갚자고 염제에게 간언했다. 결국 치우는 패전하고 피살되지만 그의 입지는 황제와 자웅을 겨루게 된다. 황제가 형천의 머리를 잘라 상양산(常羊山)에 묻자 젖으로 눈을 삼고 배꼽으로 입을 삼아 창과 방패를 들고 춤을 추었다. 형천의 신화는 황제와 염제 신화의 일부로 전해지니, 형천은 머리가 잘렸어도 게을러지지 않았고 죽음을 당했어도 죽지 않았다. 지리멸렬했던 긴 전쟁에서 황제는 염제, 치우, 과보, 형천을 모두 이겼다. 《노사(路史)·후기(後記)》에 따르면 '염제가 형천에게 쟁기질을 도와 풍년을 노래하는 음악을 만들라고 하자 여러 번 노력한 끝에 《하모(下謀)》를 지었다'고 한다. 형천은 음악을 좋아했고 염제를 위해 악곡을 쓰고 가사를 지었다.

돌화살촉과 돌칼

이것은 하 왕조 유적지에서 가장 많이 발견된 돌화살촉과 돌칼로 모두 병기에 속한다. 특히 돌칼은 아주 빈번하게 사용되었다.

수 있다.

기굉국(奇肱國)이 일비국 북쪽에 있다. 그곳 사람은 팔 하나에 눈이 3개 달렸다. 눈에는 음과 양이 있어서 음은 위에, 양은 아래에 있으며, 항상 길량(吉良)이라는 말을 타고 다닌다. 이곳에는 새가 한 가지 있는데, 머리가 둘이고 털은 붉은빛이 도는 황색이다. 기굉국 사람은 손은 하나뿐이지만 손재주가 좋아서 새 잡는 여러 기구를 만들어 새를 잡는다. 또 날아다니는 수레인 비차(飛車)를 만들어 바람을 타고 멀리까지 다닌다. 탕(湯)왕 시절, 그곳에서 세찬 서풍이 불어 비차와 사람이 함께 하남 일대로 날려간 적이 있었다. 탕왕은 힘센 장사들을 보내 백성들이 보기 전에 얼른 비차를 부수도록 했다. 10년 후 다시 동풍이 불자 그들은 비차를 다시 만들어 타고 자신들의 나라로 돌아갔다. 기굉국은 옥문관(玉門關)에서 4만 리나 떨어져 있다.

기굉국 백성이 사용한 비차는 정말 신기한 물건이다. 우는 물길을 살피는 길에 기굉국을 지나다가 비차 등 여러 가지를 보게 되었다. 당시 우는 방산(方山)을 뚫어 물길을 열어놓고 삼신국을 지나 서쪽으로 가던 중이었다. 하루는 돌연 먼 하늘에 새 같지만 새가 아닌 수레가 나타났다. 그러자 함께 길을 가던 백익이 말했다.

"정말 괴상한 물건입니다. 도무지 무엇인지 알 수가 없습니다. 모두 저쪽으로 가서 저 물건이 내려오는 것을 보도록 하십시다."

일행 모두가 그 말에 찬성하였다. 그리하여 곽지는 2마리 용에게 방향을 돌려 그 수레를 따라가게 했다. 얼마 가지 않으니 수레가 점점 내려가기 시작했다. 용들도 수레를 따라 하강했다. 우 일행이 다가가 수레가 내린 곳을 멀리 보니 번화한 곳에 시장이 열리고 있었다. 수레는 이미 땅에 내려앉았는데, 그 옆으로 수많은 수레들이 서 있었다. 우 일행이 타고 있던 용은 너무 커서 착지할 수 없었기에 바닷가 빈터로 방향을 돌릴 수밖에 없었다.

그들이 용의 등에서 내릴 즈음, 부릉부릉 하는 기계음이 들리더니 수레 2대가 창공을 가르며 날아오르는 것이 보였다. 그리고 연이어 또 한 대가 날아올랐다. 우 일행은 모두 신기해했다.

우는 곽지 등에게 짐을 지키라고 명한 후 백익, 황마(黃魔), 홍몽씨(鴻濛氏), 지교(之交)와 함께 그 나라로 걸어 들어갔다. 길에서 만난 사람들은 모두 외팔에 눈이 3개였는데, 눈 하나는 위에 있고 둘은 밑에서 품(品) 자를 이루고 있었다. 모습이 같은 사람 몇과 마주쳤는데, 그들은 온몸이 하얗지만 갈기는 붉고 눈은 황금 같은 무늬 있는 말을 타고 있었다. 백익이 그 말을 가리키며 우에게 말했다.

"저 말을 예전에 견봉국(犬封國)에서 본 적이 있습니다. 한 번 타면 1,000살까지 산다는 길량마입니다. 혹시 이곳 사람들이 모두 장수하고 죽지 않는 사람들인지 모르겠습니다."

그때 길 옆 수풀에서 꽉꽉 하는 소리가 크게 나더니 곧이어 짐승이 울부짖는 소리가 연달아 들려왔다. 모두 깜짝 놀라 자세히 살펴보았다. 사냥꾼 2명이 숲 속으로 뛰어 들어가는가 싶더니, 어느 틈에 벌써 여러 마리 짐승을 잡은 모양이었다. 우 일행이 그들을 따라 숲속으로 들어가 보니 어떤 기구가 설치되어 있었고 짐승 3마리가 그 안에 잡혀 있었다. 그러나 무슨 짐승인지는 알 수 없었다. 두 사냥꾼은 짐승 셋을 하나씩 묶더니, 이전처럼 기구를 열어놓은 후 짐승을 메고 갔다. 한 손뿐인 두 사람이 처음부터 끝까지 전혀 힘들지 않게 함께 짐승을 메고 가는 모습이 매우 신기했다. 우 일행은 그들에게 다가가 물었다.

물고기 항아리
채색 토기

기원전 5, 6,000년 전 황하 일대에 살던 선조들은 이미 섬세하고 붉은 진흙으로 토기를 구워서 각종 그릇을 만들어 사용했다. 위쪽에는 항상 물고기, 새, 개구리 같은 동물 무늬를 넣었는데 이것을 '앙소 채도문화(仰韶彩陶文化)'라고 한다. 이런 동물 도안은 오랜 옛날 도대체 어떤 의미를 지녔던 것일까? 그것은 원시 토템 숭배와 밀접한 관련이 있다. 원시 유물의 소박하고 유치하고 신비로움이야말로 중국 고대 문명의 근원이 오래되었다는 증거이며 중화 문명의 원시적인 분위기를 잘 드러낸다는 것은 의심할 여지없는 사실이다. 물고기는 고대 의식에서 생식력이 강한 축복을 상징한다. 앙소 시기에 섬서성 반파(半坡) 지역에서 출토된 채색 토기에 물고기 문양이 자주 보이는데, 이것은 선조들이 씨족 자손들이 오래도록 끊이지 말고 번창하라는 염원을 담아 만든 것이다. 토기의 무늬는 예술적인 장식이었을 뿐만 아니라 씨족 토템이나 다른 숭배의 표식이었다.

해외서경 · 무사(巫祀)
명각본삽도

역사 기록에 신농씨, 황제, 요임금, 은의 시균(時均) 모두 무함(巫咸)이라는 이름이 있는 것으로 보아, 무함은 부락이나 관직 명으로 추정된다. 상고시기의 무사는 절대 권력을 지녔지만 재앙이나 이변을 의식으로 제거하지 못할 경우에는 자신의 목숨을 바쳐야 했다. '폭무(暴巫)'는 기우제의 효과가 없을 경우 무사를 뜨거운 햇볕 아래 두었다가 비가 내려야 풀어주는 악습으로, 비가 오지 않으면 무사는 그대로 타 죽었다. 심지어 땔나무 위에 무사를 눕히고 불사르며 하늘에 비를 구하는 제사를 지내기도 했다.

불사민

남방의 황량한 들판에 죽지 않는 사람들인 불사민 부족이 있다. 이들의 피부는 까맣다. 근처에 원구산(員邱山)이 있는데 그 산에 '감목(甘木)'이라는 죽지 않는 나무가 자란다. 이 불사수의 열매를 먹으면 사람도 죽지 않는다. 산 밑에 샘이 하나 있는데 적천(赤泉)이라 하며, 이 샘물을 한 모금만 마셔도 오래오래 산다.

"귀국은 무슨 나라라고 하는지요?"

"기굉국이라고 합니다. 멀리서 우리나라를 살피러 오셨나본데, 지금 저희는 이야기를 나눌 만큼 한가하지 않습니다. 여기에서 몇 십 보 가면 남향으로 놓인 오래된 집이 하나 있습니다. 그 댁 노인께서 외국도 많이 다녀봤고 또 마침 팔이 부러져 한가하게 지내고 계시니, 그분께 가서 물어보시지요."

그들은 말을 마친 후 짐승을 메고 가버렸다. 우 일행은 그들의 말대로 그 오래된 집을 찾아갔다. 그랬더니 정말 팔이 부러진 노인이 걸어오는 일행을 보고는 먼저 일어서서 물었다.

"당신들은 중화(中華) 사람들 아니오? 어렵게 여기까지 오셨겠습니다. 들어와 앉으시지요."

우 일행은 집안으로 들어가 예를 차렸다. 노인이 말했다.

"이 늙은 몸이 병이 깊어 예를 차리지 못함을 이해해주십시오."

일행은 자리를 잡고 앉은 후 노인에게 물었다.

"노인께서는 중화에 와보신 적이 있습니까? 어떻게 저희가 중화 사람인지 아셨습니까?"

"이 늙은이가 항상 중화를 문화예의지국으로 앙모해왔으나 복이 없어 아직 가보지는 못했습니다. 몇 년 전에 다른 나라에 갔다가 중화 사람을

적잖이 만났는데, 지금 귀객의 복식을 보니 그들과 같아서 중화에서 오신 분들인 줄 알았습니다. 이곳에는 무역을 하러 오셨는지, 아니면 여행을 오신 것인지 궁금합니다."

우가 말했다.

"어느 쪽도 아닙니다."

그리고 곧바로 비차를 목격하고는 일부러 찾아왔다는 설명을 곁들였다. 노인이 그 말을 듣고 신기해하며 말했다.

"이 나라에 있는 비차는 매 시진마다 400리를 가는데, 귀객들은 어떤 배를 타고 오셨는지요? 비차를 보고 따라오셨다면 그 역시 매우 빠른 배가 아닌가 싶습니다."

"저희가 타고 온 것은 배가 아니라 용입니다. 그래서 비차를 따라올 수 있었지요."

노인이 그 말을 듣고 더욱 신기해하면서 다시 물었다.

"용을 탈 수 있다니요! 역시 중화로군요. 그에 비하면 비차는 아무 것도 아닙니다."

우가 말했다.

"저희가 용을 타게 된 것은 우연한 일일 뿐, 모든 사람이 탈 수 있는 것은 아닙니다. 귀국의 비차는 모든 사람이 이용하고, 더욱이 사람이 만든 것이지 않습니까? 우리는 비차에 대해 좀 더 알고 싶습니다."

그러자 노인이 말했다.

"그러시다면 이 늙은이가 귀객들에게 구경을 시켜드리지요."

노인이 먼저 몸을 일으켜 밖으로 나가자 우 일행은 그 뒤를 따랐다.

1리쯤 가니 널찍한 광장에 적지 않은 비차가 세워져 있는 것이 보였다. 마침 두 사람이 수레에 들어가 앉아서는 무엇인가를 손가락으로 잡아당기고 있었다. 잠시 후 기계소리가 웅웅 들리면서 비차가 천천히 떠올랐다. 그리고 7, 8장 정도 올라가더니 평형을 잡으며 앞을 향해 나아가기 시작하는데, 두 사람이 앉아 있는 모습이 매우 편안해 보였다.

노인은 우 일행을 땅에 서 있는 비차 옆으로 인내했다. 우는 그 비차가 어떻게 생겼는지 자세히 살펴보았다. 비차는 모두 잡목과 모형나무, 버드나무, 가시나무로 짜여 있었다. 또 안팎 사방에는 바퀴가 가지런하게 있

자미화(紫薇花)
〈삼재도회〉

자미화는 굴래과에 속하며 일반적으로 '만당홍(滿堂紅)' 또는 '백일홍(百日紅)'이라고 한다. 낙엽소교목으로 나무줄기는 매끄럽고 타원형인 잎은 이어져 있다. 여름에 꽃이 피며 꽃잎은 작고 주름져 있다. 자색, 홍색, 백색, 황색 등 색깔이 다양하고 꽃이 피어 있는 시기도 상당히 길어서 관상용으로 적합하다.

었는데 큰 것, 작은 것이 셀 수 없이 많았다. 둘레는 한 장이 채 되지 않아 한 대당 두 사람만 탈 수 있었다. 노인은 좌석 앞에 꽂혀 있는 긴 장대를 가리키며 말했다.

"이 수레는 저 혼자서 오르내릴 수 있지만 바람의 힘을 얻게 되면 속도가 더욱 빨라집니다. 이 장대가 바로 돛을 달기 위한 것입니다."

그는 또 비차 안의 어떤 기관을 가리키면서 설명했다.

"이것은 상승을 맡은 것이어서, 올라가려면 이것을 잡아당기면 됩니다."

또 다른 것을 가리키면서는 이렇게 말했다.

"이것은 내려갈 때 쓰는 것이지요. 내려가려면 이것을 잡아당깁니다. 또 이것은 앞으로 갈 때 쓰고, 저것은 뒤로 갈 때 씁니다."

다시 그는 비차 앞에 툭 튀어나온 둥근 판을 가리키며 말했다.

"이것은 방향을 바꿀 때 쓰는 것으로 배의 키와 같은 역할을 하지요."

일행은 보고 들으면서도 그 원리를 자세히 알 수는 없었다. 그러나 속으로는 그 창조력에 탄복하였다.

이야기를 나누던 중에 부릉부릉 하는 소리가 들려왔다. 올려다보니 비차 한 대가 또 공중에서 내려와 광장에 착지했다. 잠시 후 그 안안에서 두 사람이 걸어나와 우 일행이 있는 곳과는 다른 쪽으로 걸어갔다. 우가 노

금신(金神) 욕수
명각본삼도

욕수는 서방의 신이자 금신이며 가을의 신이자 죽음과 형벌의 신이다. 기원전 513년 가을에 강현(絳縣)의 교외에 용이 나타났다. 위헌자(魏獻子)와 태사(太史) 채묵(蔡墨)이 용의 출현에 대해 이야기를 나누면서 사직(社稷) 오사(五祀)를 풀었다. "목정(木正)은 구망(句芒)이고 화정(火正)은 축융이고 금정(金正)은 욕수이고 수정(水正)은 현명(玄冥)이고 토정(土正)은 후토(后土)입니다…. 소호씨(少皞氏)에게 4명의 숙(叔)이 있는데 중(重), 해(該), 수(修), 희(熙)로 금과 목과 수를 관장할 수 있습니다. 중이 구망을, 해가 욕수를, 수와 희가 현명을 맡으니 대대로 실직하지 않았고, 마침내 궁상(窮桑)을 건너니 이들이 3사(祀)입니다. 전욱씨에게 려(黎)라는 아들이 있는데 그가 바로 축융입니다. 공공씨에게 구룡(句龍)이라는 아들이 있으니 그가 후토입니다. 이들 둘이 2사(祀)에 해당됩니다. 후토는 사(社)가 되었고 직(稷)은 전정(田正)입니다. 열산씨(烈山氏)의 아들 주가 직이 되니 하대부터 그에게 제사를 지냈습니다. 주의 기(棄)가 또 직이 되니 상 이래로 그에게 제사를 지냈습니다."

인에게 물었다.

"이 비차들은 조정의 소유입니까? 아니면 백성들이 가지고 있는 것입니까?"

"잘사는 집안에는 모두 비차가 있습니다. 중하위층은 비차를 갖출 능력이 없어서 여기서 빌려 쓰지요. 이 많은 비차들은 영업하는 상인들이 쓰는 것입니다. 매일 빌려가는 사람들이 적지 않지요."

"귀국의 비차는 외국에 갈 때만 씁니까?"

"국내에서도 씁니다. 왜냐하면 이곳 사람들은 하늘의 제한을 받아 팔이 하나밖에 없습니다. 그래서 무슨 일을 하든 다른 나라 사람들처럼 할 수 없으니 시간을 아끼는 수밖에요. 먼 곳을 오갈 적에 비차를 타면 시간을 절약할 수 있습니다. 그래서 비차를 사용하는 것이지, 게으름을 부리는 것은 절대 아닙니다."

"사람들은 보통 무슨 일로 외국에 나갑니까?"

"외국을 나가는 대부분이 상인들입니다. 이곳에서 만든 물건이 정교해서 외국 사람들이 좋아하기 때문에 항상 큰 이익을 봅니다. 이곳 사람들이 믿을 만한 것은 바로 그런 장사밖에 없지요."

"귀국 백성은 팔은 하나지만 눈은 3개입니다. 다른 나라 사람보다 눈이 많으니, 반드시 무슨 특별한 용처가 있지 않겠습니까?"

"저희는 3개의 눈을 음양으로 나누는데, 위에 있는 것이 음이고 아래에 있는 것이 양입니다. 양은 낮에 쓰고 음은 밤에 쓰기 때문에, 저희는 밤에도 일할 수 있고 굳이 불을 밝힐 필요가 없습니다. 그것이 저희들의 장점입니다."

노인은 이런저런 이야기를 나누면서 일행을 자신의 집으로 데려갔다. 집에 이르러 우가 다시 물었다.

"노인께서는 다른 나라에 많이 가보셨다는데 얼마나 많은 나라에 가보셨는지요?"

노인은 자신이 가본 나라들을 하나씩 우에게 말해주었다.

형천(刑天)과 황제가 신(神)의 자리를 놓고 서로 죽고 죽이는 싸움이 일어났다. 결국 황제가 형천의 머리를 베고 그를 상양산(常羊山) 자락에 묻었다. 형천은 '목 잘린 장군'이 되었지만 포기하지 않았다. 그는 젖꼭지를 눈으로 삼고 배꼽을 입으로 삼아서, 손에는 방패와 큰 도끼를 들고 연신 춤을 추며 다시 황제와 자웅을 겨루려 했다. 형천과 황제가 전쟁을 벌인 곳 북쪽에 두 줄기 작은 강물이 흐르고, 그 강물 사이에 2명의 여신(女神)이 살고 있다. 한명은 여제(女祭)이고 다른 한명은 여척(女戚)이다. 여척은 손에 선어(鱓魚)를 들고 있고, 여제는 손에 도마를 들고 있다. 그래서 그들의 모습은 여자 무당이 신에게 제사를 지내는 것처럼 보인다.

차조(鵸鳥)와 첨조(鶬鳥)는 여제가 있는 곳의 북쪽에 산다. 차조와 첨조는 청색이거나 황색인데, 이 새들이 지나가는 나라는 모두 망해버린다. 차조는 신기(神氣)가 서린 사람얼굴을 하고 산 위에서 사는데, 어떤 사람은 이 새를 유조(維鳥)라고도 한다. 청색과 황색의 유조 모두 그곳에 모여 산다.²²

장부국(丈夫國)이 유조가 모여 사는 곳의 북쪽에 있다. 장부국 사람들은 의관을 정제하고 옥검을 차고 다녀서 영웅의 기개를 풍긴다. 은(殷) 황제 태무(太戊)가 서왕모산에 왕맹(王孟)을 보내 약을 캐오게 한 일이 있다. 왕맹은 서왕모산에 도착하기는 했지만 음식과 물이 다 떨어져 더 이상 산 속으로 들어갈 수가 없었다. 그래서 나무열매를 따서 허기

하후계(夏后啓)
명각본삽도

우임금은 하나라의 개국 군주이고 아들 계가 제위를 계승했다. 계는 신과 사람의 딸 사이에서 태어난 아들로 완전한 신은 아니지만 신성을 지닌 영웅이다. 그는 기이하게 생겼는데, 귀에 2마리 푸른 뱀을 걸고 2마리 용을 몰며 삼층 구름에 둘러싸여 있다. 왼손에는 우산을 들었고 오른손에는 옥반지를 끼었으며 몸에 옥황(玉璜)을 지니고 있다. 그는 일찍이 비룡을 타고 하늘의 천제궁으로 세 번 올라간 적이 있는데, 그때 하늘의 음악 '구변(九辯)'과 '구가(九歌)'를 몰래 기록해서 인간계로 가지고 내려왔다. 그 음악을 고쳐 '구초(九招)'를 만들었으니 '구소(九韶)'가 바로 그것이다. 높이가 1만6,000척이나 되는 대목(大穆)의 들에서 처음으로 악사들이 이 음악을 연주했다. 나중에 이 곡조를 바탕으로 가무극을 써서 대운산(大運山) 북쪽 대악(大樂)의 들에서 노래하고 춤추는 남녀에게 소꼬리를 잡고 공연하게 했다.

를 달래고 나무껍질을 벗겨 옷 대신 걸쳤다. 왕맹은 깊은 산 속에서 평생 아내도 없이 살았는데, 나중에 겨드랑이에서 두 아들이 태어났다. 왕맹이 죽은 후 두 아들이 장부국의 첫 백성이 되었다. 장부국은 옥문관에서 2만 리나 멀리 떨어져 있다.

장부국의 북쪽에 여축(女丑)의 시체가 있다. 그는 하늘에 10개의 태양이 한꺼번에 떠올라 뜨겁게 비추는 바람에 죽게 되었다. 그녀는 죽은 후에도 오른손으로 얼굴을 가리고 있다. 10개의 태양은 하늘에 떠서 이글거렸고, 여축은 산 위에 누워 있었다.

무함국(巫咸國)이 여축의 시체가 있는 곳 북쪽에 있다. 무함국 사람은 오른손으로 푸른 뱀을, 왼손으로는 붉은 뱀을 잡고 있다. 그곳에 등보산(登葆山)이 있는데, 무함국 사람은 등보산으로부터 천상과 인간 사이를 왕래할 수 있다.

병봉(幷封)이라는 짐승이 무함국 동쪽에 있다. 이 짐승은 생김새가 돼지와 비슷하나, 앞뒤로 모두 돼지 머리가 달려 있고 몸은 온통 까만 털로 덮여 있다.

여자국(女子國)은 무함국의 북쪽에 있다. 이곳에는 두 여자가 함께 살고 있으며, 사면이 연못으로 둘러싸여 있다. 어떤 사람은 두 여자가 한 집에 산다고도 한다. 여자국의 사방을 흐르는 연못을 황지(黃池)라고 하는데, 여자들이 이 연못에서 목욕을 한다. 이 연못에서 목욕하고 나오면 임신을 하게 된다. 남자아이는 3살이 되기 전에 죽어버리기 때문에 이 나라에는 여자만 살고 남자는 없다. 여자국은 구의산(九嶷山)에서 2만 4,000리나 떨어져 있다.

22_고전 《산해경》에는 '유조, 청조, 황조가 모이는 곳이라고도 한다'라고 되어 있다. - 역자 주

요임금의 두 딸이 순에게 시집가다

요는 정치를 잘하고 백성을 사랑했던 현명한 군주의 모범이다. 그는 만민의 사랑을 받았으며 사람들이 화목하게 지내도록 노력했지만 하늘과 땅의 이치를 꿰뚫어 자연재해를 막는 데 실패했다. 집정기간에 엄청난 가뭄이 들었고 만년에는 전무후무한 대홍수가 온 세상을 잠식했다. 당시 요는 이미 늙어서 과중한 정무를 돌볼 여력이 없었다. 그는 다수의 의견을 모아 평민인 순에게 선양했으며 자신의 친딸인 아황과 여영까지 순에게 시집보냈다.

두형(杜衡)

두형은 '남세신(南細辛)' 혹은 '고엽세신(苦葉細辛)'이라고도 한다. 마두령(馬兜鈴)과에 속한다. 여러해살이풀로 뿌리는 줄기마디처럼 짧고 아래에 여러 개의 살찐 뿌리가 모여 있다. 잎 1, 2장이 줄기 끝에서 나오며 긴 자루가 달려 있다. 두형을 옷 장식으로 차고 다니면 심신이 맑고 청결해져 더러움이 사라진다. 또 두형을 복용하면 목덜미의 혹이 치료된다. 두형을 말이 자주 먹으면 천리용구(千里龍駒)가 될 수 있다.

여자국의 북쪽에 있는 헌원국(軒轅國)은 궁산(窮山)이라는 곳에서 가깝다. 헌원국 사람은 장수해서 800살까지 산다. 이 사람들은 사람 머리에 뱀의 몸을 하고 있으며, 꼬리가 머리 위까지 닿을 정도로 길다.

궁산은 헌원국 북쪽에 있다. 화살을 쏘는 사람은 황제의 위엄을 경외하는 마음에 감히 서쪽을 보고 쏘지 않는다. 그것은 서쪽에 황제가 사는 헌원구(軒轅丘)가 있기 때문이다. 헌원구는 네모반듯한 산으로, 4마리 큰 뱀이 사방을 지키고 있다.

4마리 뱀이 있는 북쪽에 제옥(諸沃)의 들이 있다. 제옥의 백성이 여기 산다. 이곳에는 난새와 봉황이 자유자재로 노래하고 춤추며 날아다

곤여만국전도(坤輿萬國全圖)
리마두(利瑪竇), 채색 모본, 명대

이 지도의 원본은 이탈리아 선교사 리마두가 중국에서 제작한 것이다. 이것은 남경박물관에 소장된 명대의 채색 모본이다. 여섯 폭의 병풍을 펼치면 한 폭의 큰 지도가 만들어진다. 이 타원형의 세계지도에서 중국은 한가운데 위치하며 네 모서리에는 남반구, 북반구, 구중대(九重大), 천지의(天地儀) 등의 작은 지도가 따로 달려 있다. 이 지도는 등적(等積) 투영(投影)을 사용했으며, 위도는 평행한 직선으로 긋고 경도는 동경 170도 자오선에 대칭으로 선을 그었다. 각 주계는 삼색으로 나타냈으니 아시아는 황토색, 남북 미주와 남극은 연한 분홍색, 유럽과 아프리카는 백색에 가깝다. 산맥은 남색, 바다 물결은 진녹색으로 그렸다. 각 대륙의 이름은 홍색 글씨로 썼다. 바다마다 범선과 고래, 바다사자 등 해양생물을 그려 넣었다. 남극대륙에는 무소, 코끼리, 사자, 타조 등 육상 동물을 그려 넣었다.

닌다. 제옥의 백성은 봉황의 알을 먹고, 감로(甘露)를 마시며, 생각하는 것은 뭐든지 얻을 수 있다. 이곳에서는 짐승과 사람이 화목하게 산다. 제옥의 백성이 양손에 새 알을 들고 먹으며 그 앞에서 새 2마리가 춤을 추는데, 마치 새들이 제옥의 백성을 앞으로 인도하는 것처럼 보인다.

용어(龍魚)가 제옥의 들 북쪽에 있다. 이 물고기는 물에서도 살 수 있고 산언덕에서도 살 수 있다. 그 모습은 잉어와 비슷하며, 대예(大鯢)라고도 부른다. 신인이 이 물고기를 타고 어디든지 날아다니는데, 별어(鱉魚)라고도 부른다.

백민국(白民國)은 용어가 사는 곳 북쪽에 있다. 백민국 사람들은 피

욕수(蓐收)

욕수는 금(金)의 신으로, 서방 금덕(金德)의 제왕 소호의 둘째 아들이다. 욕수는 사람얼굴에 호랑이 발톱이 났으며 몸은 하얀 털로 덮여 있고 손에는 커다란 도끼를 들고 2마리의 용을 타고 있다. 요산(坳山)에 살면서 서방 36국을 관리한다.

부가 눈처럼 하얗고 머리를 산발한 채 다닌다. 그곳에 사는 승황(乘黃)이라는 짐승은 여우처럼 생겼고 등에 긴 뿔이 있다. 그것을 타면 2,000살까지 장수한다.

숙신국(肅愼國)이 백민국 북쪽에 있다. 이곳에는 웅상(雄常)이라는 나무가 있다. 나라에 현명한 천자가 제위를 이으면 이 나무껍질이 쭉쭉 자라서 백성들이 옷을 지어 입을 수 있다고 한다. 이곳 백성들은 평소에 옷을 입지 않고 산다.

장고국(長股國)은 숙신국의 북쪽에 있다. 이곳 사람들은 머리를 풀어헤치고 산다. 또 이곳을 장각국(長脚國)이라고 부르는 사람도 있다. 장각국 사람은 두 다리가 아주 길어서, 바닷가에 나가면 다리만 쭉 뻗어도 고기를 잡을 수 있다. 그것은 두 다리에 나무를 묶기 때문인데, 그 때문에 여러 놀이를 하기도 한다. 그것은 마치 지금의 높은 나무다리를 타는 춤(踩高蹺)과 비슷하다.

서방에 2마리 용을 타고 다니는 욕수라는 신이 있다. 그의 왼쪽 귀에는 작은 뱀이 있다. 욕수는 금신(金神)으로, 사람얼굴에 호랑이 발톱을 하고 온몸에 흰 털이 나 있으며, 손으로 대성(大鉞)을 잡고 하늘에서 형벌을 주관한다.

제 8 장

해외북경

海外北經

해외북경·우강(禺強)

● ── 해외북경(海外北經)

이제 해외의 동북쪽 모퉁이에서 서북쪽 모퉁이까지 살펴보자.

무계국(無啓國)이 장고국의 동쪽에 있다. 이 나라 사람들은 종아리가 없다. 또한 그들은 진흙을 먹으며 동굴에 살고 후손을 낳지 않는다. 죽으면 매장하는데, 심장과 간은 죽지 않고 있다가 100년 뒤에 다시 살아 있는 사람으로 변한다.

종산(鍾山)의 산신은 촉음(燭陰)이라고 하는데, 무계국 동쪽 종산 자락에 산다. 그가 눈을 뜨면 낮이 되고 눈을 감으면 깜깜한 밤이 된다. 입으로 바람을 세게 내뿜으면 세상은 겨울이 되고 천천히 내쉬면 여름이 된다. 물을 마시지 않고 음식도 먹지 않으며 숨도 잘 쉬지 않는데, 숨을 쉬면 바람이 된다. 그의 몸은 1,000리 정도로 길다. 사람얼굴에 뱀의 몸을 하고 있으며 온몸이 불긋불긋하다.

일목국(一目國)이 종산의 동쪽에 있다. 일목국 사람은 얼굴 가운데에 눈이 하나 달려 있다. 그밖에는 손도 있고 발도 있어서 보통사람과 다를 바가 없다.

일목국 동쪽에 유리국(柔利國)이 있다. 이곳 사람은 팔과 다리가 각

순임금 부락도
관결·오화소, 회화, 현대

순임금 부락도는 《산해경》의 기록 중 순임금 및 그 후손과 관련된 이야기에서 소재를 취했다. 순과 제준의 사적 중 여러 군데가 일치하며 명칭과 모습도 비슷하다. 어떤 학자는 순임금은 황제 부락 은상 사람의 선조이고, 제준이야말로 정통 은상 사람의 선조라고 한다. 순의 이야기는 주로 황제의 두 딸이 사는 곳, 순임금의 누대, 순의 아내 등비씨(登比氏) 및 그의 두 딸 소명(宵明)과 촉광(燭光), 순임금이 목욕한 곳인 종연(從淵), 순임금이 희(戲)를 낳았고 희가 요민(搖民)을 낳았으며 순이 무음(無淫)을 낳은 내용들이다.

각 하나뿐이다. 무릎은 바깥쪽으로 말려 있고, 다리도 위로 말려 올라가 있어서 부러진 것처럼 보인다. '유(留)'와 '유(柔)'는 소리가 같아서 유리국(留利國)이라고 부르는 사람도 있다.

공공의 대신 중에 상류(相柳)가 있었다. 그는 머리가 9개인데, 아홉 머리가 제각기 9개의 산에서 먹을 것을 찾아 먹는다. 상류가 지나간 곳은 골짜기가 파이면서 습지로 변해버렸다. 후에 우가 상류를 죽였는데, 상류의 피비린내가 너무 심해서 그 피가 흘러간 지역은 씨를 뿌려도 싹이 나지 않았다. 우는 상류의 피로 얼룩진 땅을 파고는 다른 곳의 흙으로 메웠는데, 여러 차례 그 땅을 파고 메워도 다시 무너져 내렸다. 땅이 너무 습했기 때문에 결국 그 습한 흙을 쌓아 올려 여러 황제들의 대를 지을 수밖에 없었다. 그 흙으로 지은 대는 곤륜산의 북쪽, 유리국 동쪽에 있다. 상류의 모습은 흉하기 짝이 없으며, 푸른 뱀의 몸을 하고 있다. 활 잘 쏘는 사람은 공공대(共工臺)의 신령함을 두려워하여 북쪽으로는 활을 쏘지 않는다. 공공대는 유리국 동쪽에 있는데, 네모진 모서리마다 호랑이 무늬를 한 뱀이 있다. 그것들이 바로 상류로, 머리는 늘 남방을 향해 있다.

대만전해지도(臺灣全海地圖)

이 지도는 대만도, 팽호(澎湖) 열도와 구산도(龜山島), 난서(蘭嶼), 녹도(綠島), 팽위서(彭偉嶼), 조어도(釣魚島) 등을 포함한다. 대만은 예로부터 중국의 영토였으나 나중에 지형이 변하면서 섬이 되었다. 고고학적 발굴에 의하면 대만의 옛 인류는 중국 대륙에서 건너간 것이다. 진한(秦漢) 이후로는 대만 관련 기록이 아주 구체적으로 남아 있다. 전에는 이주(夷州)라고 했고 수(隋)대에는 유구(琉球)라고 했다.

해외북경 · 공공
명각본삼도

이 그림에 나오는 공공의 부락은 하 이전에 유명했던 곳이다. 상류는 이 부락의 주요 구성원으로 아홉 민족으로 이루어졌으며 아홉 지역으로 옮겨가 살았다. 상류가 살던 곳은 전부 습지와 연못으로 변했다. 우가 상류를 죽이자 그의 피가 밭을 붉게 물들였고 씨앗조차 뿌릴 수 없었다. 여러 차례 밭을 갈아엎었으나 결국 실패로 끝났다. 이런 옛날 이야기에는 귀중한 정보가 숨어 있다. 옛날에 사람은 적고 땅은 넓어서 부락 간에 충돌이 발생하거나 멀리 있던 부락이 이사를 오면 항상 생태계에 변화가 생겼다. 그러므로 '피비린내로 오곡이 자라지 않았다'는 말은 토질이 심하게 나트륨화 되었을 가능성을 시사한다.

전설에 의하면 요임금 때 공공의 신하 상류가 옹주(雍州) 서쪽을 점거하고는 백성을 잔혹하게 해치고 제후를 침략했다. 우는 치수를 위해 공공의 번국(藩國) 내 상류의 영지에 도착했다가 잔악무도한 상류를 보고 그를 제거하기로 결심했다.

공공이 상류에게 자신의 영지를 지키도록 하면서부터, 상류는 공공의 가르침을 따라 자신은 숨어 있고 대신 흉악한 사람 몇을 수하에 두었다. 그리고 그들로 하여금 밖에 나가서 살찐 백성을 잡아오도록 시킨 후 잡아먹었다. 상류는 어질고 의로운 척하며 수척한 백성들에게 자비를 베풀거나 식량을 베풀기도 했다. 살찐 백성의 몸에서 몰래 빼온 것 중 반은 자신의 배를 채우고 나머지 반은 수척한 백성에게 나누어주며 자신이 약자를 돕는 사람이라고 여겼다. 그러나 상류가 진심으로 약자를 측은히 여긴 것은 아니었다. 그저 사람들을 살찌워 잡아먹으려는 것뿐이었다. 그렇게 거짓과 위선으로 가장된 어질고 의로운 인상은 수척한 사람들로부터 칭송을 받으면서 살찐 백성을 골라 잡아먹는 잔혹함을 감추기에 충분했다. 그래서 수십 년간 먼 곳의 사람들은 상류의 본래 모습을 알지 못한 채 그저 공공의 신하 중 하나라고만 여겼다. 그의 수완이 교묘하기 짝이 없었던 것이다. 지난 수십 년간 몸집이 커진 것뿐 아니라 기름기가 돌며 뱃살이 두둑한 것으로 보아, 상류가 얼마나 많은 사람을 먹어치웠는지 알 수 있었다.

공공은 직무를 그만둔 후 자신의 영지로 돌아와 상류와 함께 지내게 되었다. 공공은 여전히 임금이고 상류는 신하였지만 상류의 안중에 공공이 들어올 리 없었다. 공공은 어쩔 수 없이 상류에게 고개를 숙이고 교언영색(巧言令色)하는 장점을 살려 하루하루를 무사히 지낼 수 있었다.

상류의 세력은 날로 커져서 백어산(白於山) 부근까지 이르렀다. 그때 그곳에는 우의 일행이 머물고 있었다. 상류는 원래 경험도 많고 수련을 쌓은 영험한 땅 귀신이라 1,000리 안의 일을 모두 볼 수 있고 알 수 있었다. 맹문산(孟門山)과 호구산(壺口山)이 뚫릴 때 그는 공공에게 이렇게 말한 적이 있다.

"안 될 일입니다! 우라는 조그만 녀석이 제법 능력이 있어서 맹문과 호구 두 산을 뚫는다면, 물길을 거슬러 올라와서 우리와 대적하지 않는다고 보장할 수 있겠습니까?"

공공이 그 말을 듣고 다급하게 물었다.

"그러면 어떻게 하는 것이 좋겠는가?"

상류가 말했다.

"걱정하실 것 없습니다. 이 몸은 입이 9개에 커다란 꼬리도 있으니 충분히 그를 상대할 수 있습니다. 그자가 혼자 온다면 한 명이 죽게 되고, 둘이 온다면 한 쌍을 죽이게 될 것입니다. 주군께서는 제가 어떻게 하는지 지켜보기만 하십시오."

공공은 그의 말에 마음을 놓았다. 그러던 어느 날 상류가 공공에게 말했다.

"드디어 우라는 조그만 녀석이 왔습니다. 벌써 많은 사람을 데리고 이 나라 안으로 들어왔다 하는군요. 제가 배를 가득 채울 수 있게 되었습니다."

공공이 물었다.

"어떻게 그를 대적할 것인가?"

"그들이 좀 더 가까이 다가올 때까지 기다릴 것입니다. 그리고 그들이 나라 복판에 이르면 직딩한 곳에서 이 몸으로 사방을 둘러싼 다음 하나하나 목을 졸라 죽일 것입니다. 두려워할 일이 무엇이겠습니까?"

상류는 이렇게 말하면서 몸을 일으켜 세웠다. 그 높이가 족히 7, 80장

봉황(鳳凰)

봉황(鳳皇)이라고도 하며, 고대 전설 속의 신조다. 수컷이 봉(鳳)이고 암컷이 황(凰)이다.

이나 되었지만 그 꼬리는 아직도 땅에 감겨 있었다. 공공은 그런 모습을 자주 보아온 터라서 그리 신기할 것이 없었다. 상류는 몸을 공중으로 뻗어서 18개의 눈을 둥그렇게 뜨고 동쪽을 바라보다가 갑자기 내려와 똬리를 틀며 공공에게 말했다.

"이상한 일입니다. 그들이 제 경계 밖으로 나갔는데 이유를 모르겠군요. 우의 수하 중에 제 계책을 읽을 줄 아는 놈이 있는 모양입니다."

공공은 그 말을 듣고 걱정이 되어서 참을 수가 없었다. 그러나 상류는 계속해서 말했다.

"무엇을 그리 겁내십니까? 생각해보니 저놈들은 물러가면 갔지, 절대 다시 들어오지는 못합니다. 두려워할 것이 무엇입니까?"

바로 그때 동쪽 하늘에서 까만 그림자가 날아오는 것이 보였다. 상류는 웃으면서 말했다.

"저놈들이 죽으러 온 모양입니다. 주군께서는 보고만 계십시오."

공공이 고개를 들어 보니 정말 공중에서 네 사람이 오고 있었다. 그중 한 사람은 나무자루 끝에 둥근 철공이 달린 쌍추(雙錘)를 들고 있었고, 그 다음 사람은 큰 칼을, 또 한 사람은 쌍 거울을, 그리고 마지막 사람은 끝이 둘로 갈라진 큰 창을 들고 있었다. 그들은 황마(黃魔), 대예(大翳), 오목전(烏木田), 경진(庚辰) 등의 천장(天將)이었다.

그들은 우에게 백어산 뒤로 물러난 후 일행을 두 대열로 나누도록 권했다. 첫 번째 대열은 동률(童律), 광장(狂章), 요여(繇余), 두씨(兜氏), 이루씨(犁婁氏), 도신씨(陶臣氏)의 여섯으로, 사람들을 보호하면서 예측하지 못한 변화에 대비하는 책임을 맡았다. 다른 대열은 황마 등 장수 4명 및 오도씨(烏涂氏), 노씨(盧氏), 장상씨(章商氏), 홍몽씨의 네 사람으로, 반은 공중에서 반은 땅에서 나타나 정탐하기로 했다.

그러나 뜻하지 않게 그들을 먼저 발견한 상류가 황마 일행이 도달하기도 전에 공중으로 뛰어올라 네 장수를 향해 돌진했다. 경진, 오목전은 상류의 기세가 맹렬한 것을 보고는 소리도 지르지 못하고 급히 위로 날아올라 공격을 피했다. 성질이 급한 황마와 침착하면서도 용감한 대예는 이 기회에 상류를 치려고 했다. 그래서 대예는 큰 칼을, 황마는 쌍추를 휘두르며 상류를 공격했다. 그렇지만 상류는 커다란 입이 많아서 한 입으로는 대예

태양 아들을 목욕시키는 희화(羲和)

희화는 제준의 아내다. 그녀는 10개의 태양을 낳은 후, 항상 동남해 밖의 감연(甘淵)에서 깨끗하고 달콤한 샘물로 갓 태어난 태양 아들들을 씻겼다. 태양을 하나씩 깨끗하게 씻겨 밝게 빛나게 한 뒤 순번대로 가서 일하게 하여 열두 아들들이 직분을 다할 수 있도록 도왔다.

의 큰 칼을 물고, 또 두 입으로 황마의 쌍추를 물어버렸다. 그러고도 입이 여섯이나 남아서 주둥이를 길게 뻗어 두 사람을 삼키려 했다. 두 장수는 급히 무기를 버리고 몸을 날려 달아났다.

상류는 하늘을 날 수 없어 더 이상 그들을 쫓을 수 없었다. 그때 오도씨 등 지장(地將) 4명이 땅 속에서 튀어나와 이런 상황을 보고는 병기를 뽑아 상류의 꼬리를 마구 찌르고 베었다. 누가 알았으랴. 상류는 그들의 공격에 전혀 개의치 않고 상처도 입지 않은 채, 순식간에 몸으로 그들을 누르기 시작했다. 상류의 몸이 태산처럼 무겁게 느껴졌다. 그러나 다행히도 장수들은 워낙 땅에서 싸우는 기술이 뛰어났기 때문에 땅 밑을 파고 들어가서 상류에게 눌리지는 않았다.

그러다 상류가 갑자기 큰 꼬리를 내리치며 전력으로 땅을 연거푸 치기 시작했다. 땅이 몇 장이나 움푹 꺼져버렸다. 이렇게 되자 장수들도 머리에 상처를 입어 후퇴할 수밖에 없었다. 그때 경진 등 네 천장이 돌아와 우에게 보고했다.

"참패하고 말았습니다. 상류란 놈은 정말 대단합니다."

그러자 우가 크게 놀라면서 말했다.

"그렇다면 이제 어찌해야 하는가?"

황마와 대예가 말했다.

"병기를 잃어 더 이상 싸울 수가 없으니 부인께 가서 도움을 청해야겠습니다. 전하께서 잠시 여기서 기다리시면 저희가 다녀오겠습니다."

우가 허락하자 둘은 바람을 타고 떠났다. 남아 있는 우와 여러 사람들은 그 상황에 대해 논의하기 시작했다. 그때였다. 갑자기 비린내가 가득한 바람이 휙 불어왔다. 동률이 큰 소리로 알렸다.

"큰일 났습니다. 상류가 왔으니 전하와 다른 분들께선 얼른 피하십시오."

모든 사람들이 이 말을 듣고 후퇴하려는데 경진이 급히 소리쳤다.

초나라 사람의 무사(巫事) 습속
칠화, 거문고 조각

이 그림을 보면 무사가 머리 꼭대기에 새 모양 관을 꽂고 두 손에 뱀을 한 마리씩 잡은 채 큰 소리로 포효한다. 그러자 좌우 양쪽에 있던 두 여자가 황망히 도망친다. 무사의 형상은 초나라 문물에서 자주 발견된다. 이것은 초나라 사람들이 무사를 중시했고 귀신을 믿었다는 것을 보여준다. 이 그림에서는 무사가 거문고를 잡고 법사를 행하는 장면을 볼 수 있다.

"상류란 요괴가 너무 빨라서 도망가기는 늦었습니다. 전하께서 지니신 붉고 푸른 2개의 신통한 옥홀을 제게 주시면 어떻게 막아볼 수 있겠습니다."

그때 상류는 이미 진영으로 들어와 우가 있는 쪽으로 다가오는 중이었다. 그의 몸이 지나는 곳마다 깔려 넘어진 사람이 부지기수였다. 그들은 죽거나 부상을 당했다. 이윽고 상류의 아홉 머리가 눈앞에 다가왔다. 경진이 2개의 옥홀을 붙여서 급히 상류에게 비추니 두 갈래 빛이 아득히 펼쳐지며, 노을 같기도 하고 불꽃 같기도 한 빛줄기와 눈이나 은처럼 흰 빛줄기 두 갈래가 곧장 상류를 향해 뻗어 나갔다. 상류의 큰 눈 18개가 순간 아득해지며 안 보이게 되었다. 상류는 저도 모르게 몸을 움츠리며 뒤로 물러났다가 다시 머리를 들이밀고 다가왔다. 경진이 급히 옥홀을 들고 다시 비추자 상류는 자신이 이길 수 없음을 알고 물러났다.

우의 일행이 사람들을 살펴보니 대림(大臨), 국애, 중감(仲堪), 계중(季仲), 횡혁, 용강(龍降) 등이 모두 크게 다쳤고 그 외에도 죽거나 다치거나 행방이 묘연한 자가 7,800여명에 이르렀다. 경진이 우를 향해 말했다.

"여러 정황으로 볼 때 이곳은 싸우기에 좋은 곳이 아닙니다. 상류라는 저 요물이 다시 오지 않는다고 장담할 수 없으니, 전하께서는 사람들을 이끌고 물러나 계시다가 부인이 오시면 다시 계책을 세우시지요. 저희는 여기서 뒤를 차단하겠습니다."

우는 그 말대로 무리를 이끌고 호구산 부근까지 나아갔다. 그런 후 더

고진금도(古珍禽圖)
황전(黃筌), 오대(五代)

이 고진금도는 전체적인 구도나 배치가 없어 보인다. 왼쪽 아래 귀퉁이에 작은 글씨로 '부자거채습(付子居寀習)'이라고 적혀 있는 것으로 보아 아들의 거채(居寀)를 위한 습작인 것 같다. 금조(禽鳥)와 곤충 24마리를 그렸는데, 새로는 참새, 밀화부리, 알락할미새 등이 나오고 곤충으로는 벌, 풍뎅이, 작맹 등이 나온다. 새 깃털이 가늘고 부드러우며 곤충의 날개가 투명해서 살아 있는 듯 생생하다.

이상 물러나지 않았다.

한편 황마와 대예는 무산(巫山)에 있는 운화부인(雲華夫人)을 만나러 갔다. 그렇지만 그 산을 지키는 팔대영관(八大靈官)은 이렇게 말했다.

"부인께서는 나가시고 이곳에 안 계십니다."

황마가 황급히 물었다.

"어디로 가셨는지요?"

"우리도 모릅니다. 부인께서는 나가시면서 누가 오면 여기서 기다리게 하라고 하셨습니다."

그 말을 들은 황마와 대예 두 사람은 산에서 조용히 기다리는 수밖에 없었다.

다음날이 되어서야 운화부인이 산으로 돌아왔다. 황마 등이 알현하자 부인이 말했다.

"그대들이 상류의 일로 왔다는 것을 알고 있네. 어제 외출도 그 일 때문이었네. 그대들은 돌아가 전하에게 내가 곧 간다고 전하게."

둘은 운화부인의 명을 받들고 백어산으로 돌아왔다. 인적은 고요하고 경진 등 다섯 장수만 산에 있었다. 황마 등은 우가 어디 있는지 급히 물었다. 경진 등은 상류가 공격해온 상황을 말해주었고 황마 등은 운화부인이 곧 오신다는 말을 전했다. 경진이 말했다.

"그렇다면 얼른 전하에게로 갑시다."

그리하여 일곱 장수가 일제히 우에게 갔다. 우는 운화부인이 직접 온다는 말에 마음이 놓였다. 한참 후에 아름다운 색깔의 구름 한 줄기가 하늘에 나타나더니 선녀 하나가 내려와서 우에게 예를 갖추었다. 우는 이 선녀를 어디에선가 본 적이 있다는 생각이 들었지만 정확히 기억이 나지 않았다. 예를 갖춰 인사를 받은 뒤 막 운화부인에 관해 물어보려는데 선녀가 말

꼬리를 감아 꼬는 복희와 여와
비단 채색, 당대

상고 신화가 비록 상상 속의 허구일지라도 이런 '불경한 이야기' 속에 원시사회의 참모습이 담겨 있다. 모계씨족사회에서 부녀는 부족을 모으는 핵심인물이었으니, 여와, 희화, 서왕모 같은 인류의 창조자인 여성들은 모계사회의 특징을 잘 보여준다. 곤과 우 부자가 2대에 걸쳐 홍수를 다스린 이야기는 '엄마만 알고 아버지는 모르는' 사회에서 벗어나 부계혈통을 확립했다는 사실을 확인해준다. 고대 신화에서 복희는 화서씨(華胥氏)가 뇌택(雷澤)에서 뇌신(雷神)의 발자국을 밟고 낳은 아들로 나중에 동방의 천제가 된다. 그는 '팔괘(八卦)'와 고기 잡는 그물 등을 발명했다. 여와는 창세여신이다. 전설에서 복희와 여와는 남매이나 둘이 결합하여 인류를 만들었으니, 그들이 인류의 시조다.

그림에서 복희와 여와는 사람 머리에 뱀 몸으로 상반신은 안고 있고 하반신은 꼬고 있다. 자를 든 복희의 왼손이 직각으로 굽어 있으며, 컴퍼스를 든 여와의 오른손은 위를 향하고 있다. 여와는 머리를 높게 틀어 올렸으며 가는 눈썹과 깊은 눈매에 입술을 칠하고 장식을 붙였다. 복희는 머리꼭대기에 두건을 썼고 깊은 눈매와 높은 코에 수염이 더부룩하다. 넓은 소매에 깃이 열린 옷을 입었고 짧은 바지를 함께 입고 있는 둘의 모습에서 서역 민족의 풍모가 강하게 풍긴다. 그리고 그들 머리 위로는 해를, 꼬리 밑에는 달을, 둘레로 별들을 그려 인류의 시조라는 신분을 드러냈다. 이 그림은 복희와 여와가 꼬리를 감고 인류를 잉태한 모습을 상징하고 있다.

했다.

"저의 주인 운화부인께서 이미 백어산 앞에 와 계십니다. 전하께 사람들을 이끌고 오시라 하셨습니다."

우는 그 말을 듣고 매우 공손히 감사를 표했다. 잠시 후 선녀는 구름을 타고 먼저 떠나갔다. 우는 사람들로 하여금 출발준비를 서두르라 독촉하면서 광장에게 물었다.

"방금 그 선녀가 누구였던가?"

광장이 대답했다.

"운화부인의 시녀로 옥녀(玉女)라 합니다. 지난번에 부인이 준 보록(寶錄)을 가져왔던 바로 그 선녀입니다."

우는 그 말을 듣고서야 비로소 기억이 났다.

잠시 후 우 일행이 백어산 밑에 도착하니 산 위에서 상서로운 기운이 뿜어 나오고 깃털 달린 깃발과 신선의 장막이 부지기수였다. 여러 신선들이 모였다고 생각한 우는 사람들을 산 밑에 머무르게 하고 자신은 천지 14장군만 이끌고 산으로 올라갔다. 산 위는 넓고 평평해서 전에 본 험준한 형세와는 달랐다. 땅에는 화려하고도 향긋한 자리가 무수히 깔려 있고, 운화부인은 아래쪽 주인 좌석에 앉아 있었으며, 상석에는 다섯 선인이 의관을 정제하고 황제처럼 근엄하게 앉아 있었다. 선인들의 의복 빛깔은 청, 황, 적, 흑, 백의 5가지로 각각 구별되었다. 곁에는 또 수십 명의 위용을 갖춘 괴상한 형상의 신장(神將)들이 서 있었는데 모두 우가 모르는 자들이었다.

우는 장수들과 앞으로 나아가 운화부인을 알현했다. 그러자 부인이 웃으면서 말했다.

"전하께서 오셨군요. 이분들은 당신과 함께 요괴를 잡기 위해 이곳에 오신 천신들이십니다. 이 몸이 소개하도록 하지요."

그녀는 중앙의 현복(玄服)을 한 사람을 가리키며 말했다.

"이 분은 일중황제(日中黃帝)로 수일부(壽逸阜)라 하며 호는 소룡도(昭龍韜)라 하십니다."

다음에는 청의(靑衣)를 입은 사람을 가리키며 말했다.

"이분은 일중청제(日中靑帝)로 원상무(圓常無)라고 하고 호는 표휘

영산(靈山) 십무(十巫)

곤이 죽자 그 시체에서 노란 곰이 나오더니 궁산(窮山)의 암벽을 넘어 서방으로 가서 무사에게 부활하게 해달라고 빌었다고 한다. 그 지역에는 무사가 아주 많았으며, 각종 진귀한 약물이 나는 영산에는 무함(巫咸), 무즉(巫卽), 무반(巫盼), 무팽(巫彭), 무고(巫姑), 무진(巫眞), 무례(巫禮), 무저(巫抵), 무사(巫謝), 무라(巫羅)라는 10대 무당들이 있어 산 위아래를 다니며 급히 약물을 채취했다. 곤륜산 개명수(開明獸)의 동쪽에도 무팽(巫彭), 무저(巫抵), 무양(巫陽), 무리(巫履), 무범(巫凡), 무상(巫相) 등 몇몇 무사가 있었는데, 마침 죽지 않는 나무에서 불사약을 취해서 이부신에게 죽은 곤을 치료하게 했다고 한다.

상(颵暉像)이십니다."

또 적의(赤衣)를 입은 사람을 가리키며 말했다.

"이분은 일중적제(日中赤帝)로 단령치(丹靈峙)라고 하며 호는 녹홍영(綠虹映)이십니다."

다시 백의(白衣)를 입은 사람을 가리키며 말했다.

"이분은 일중백제(日中白帝)로 호욱장(浩郁將)이라고 하고 호는 회금하(回金霞)라 하십니다."

다시 흑의(黑衣)를 입은 사람을 가리키며 "이분은 일중흑제(日中黑帝)로 징증정(澄增停)이라 하고 호는 현록염(玄綠炎)이십니다"라 소개했다.

그런 후 이어서 옆에 서 있는 여러 신장들을 소개했다.

"여기 이분들은 28숙(宿)의 신들이십니다. 이분은 각성(角星)으로 이름은…"

이런 식으로 운화부인은 28명의 신장을 모두 소개하였다. 아무리 자질이 뛰어나고 기억력도 출중한 우였으나 그렇게 많은 이름을 모두 기억할 수는 없었다. 다만 묘성(昴星)의 성이 비야니(鞞耶尼)이며, 자성(觜星)은 성이 비리거야(毗梨佉耶)이고, 니삼성(尼參星)과 유성(柳星)은 성이 모두 천파사실회(天婆斯失緖)이고, 정성(井星)은 삼(參), 귀성(鬼星)은 포파라비(炮波羅毗), 성성(星星)은 빈가야니(賓伽耶尼), 장성(張星)은 구담(瞿曇), 익성(翼星)과 허성(虛星)은 진여(陳如), 진성(軫星)은 가차연(迦遮延), 각성(角星)은 화다라(貨多羅), 항성(亢星)은 가염연(迦㮈延), 저성(氐星)은 다라니(多羅尼), 방성(房星)은 아람파(阿藍婆), 심성(心星)은 가라연(迦羅延), 미성(尾星)은 차야니(遮耶尼), 기성(箕星)은 지부가(持父迦), 두성(斗星)은 막가환(莫迦環), 우성(牛星)은 범강마(梵崗摩), 여성(女星)은 제리가차야니(帝利迦遮耶尼), 위성(危星)은 단라니(單羅尼), 실성(室星)은 정부도가(淨浮都迦), 벽성(壁星)은 변의도(隱疑闍), 규성(奎星)은 아슬질(阿瑟均叱), 누성(婁星)은 아함파(阿含婆), 위성(胃星)은 태가비(駄迦毗)라는 것을 기억할 뿐, 다른 이름은 다 잊어버렸다.

우가 걸어오는 것을 본 일중오제(日中五帝)는 하나하나 일어나 자리를 양보했다. 자리를 잡고 앉은 운화부인이 먼저 우에게 말했다.

길신(吉神) 태봉(泰逢)

태봉은 옛날의 길신으로, 화산(和山：東首陽山)의 주신(主神)이다. 사람처럼 생겼으며 기괴하지도 않고 그저 몸에 호랑이 꼬리 혹은 참새 꼬리만 하나 더 달려 있다. 바람을 불게 하고 비를 내리는 그의 신력은 천지를 감동시키기에 충분하다.

계(季)

계는 독수(櫝樹)라고도 하며 낙엽교목이다. 잎은 타원형이고 나무껍질로는 종이를 만들거나 베를 짤 수 있다. 나무의 즙은 하얗고 약재로 쓴다.

"상류란 요괴는 수년간 수련을 해서 정말 흉악하기 짝이 없습니다! 그의 피부는 칼도 들어가지 않아서 죽이기 여간 어려운 것이 아닙니다. 그녀석은 서방 순음(純陰)의 기운으로 만들어졌기 때문에 순양(純陽)의 기운이 아니면 이기기 어렵습니다. 그러니 일중오제를 모셔서 순양의 불기운으로 태워 죽인다면 손바닥 뒤집듯 쉬운 일이 될 것입니다."

그런 후 운화부인은 오제를 향해 말했다.

"이제 우 전하도 오셨으니 모두 시작하시지요."

오제는 일제히 "예"라고 대답하며 일어났다. 수일부가 중앙에 서서 총지휘를 맡기로 하고 먼저 28숙에게 말했다.

"너희 28명의 장수들은 이곳에서 북쪽으로 가서 1,000리 안에 각자의 방위를 정하고 큰 원을 치도록 하라. 각, 항, 저, 방, 심, 미, 기 일곱은 원상무군의 통솔 하에 동방을 막고, 두, 우, 여, 허, 위, 실, 벽 일곱은 징중정군의 통솔 하에 북방을 막고, 규, 누, 위, 묘, 필, 자, 삼 일곱은 호욱장군이 통솔하여 서방을 사수하고, 정, 귀, 유, 성, 장, 익, 진 일곱은 단령치군의 지휘 하에 남방을 막으라. 협공하여 요괴가 절대 도망가지 못하게 하라. 운화부인의 휘하 일곱 장수는 나를 따라 요괴를 공격한다."

여러 제수 별들은 호령에 따라 각자의 위치로 갔다. 그런데 황마와 대예 두 사람은 떠나지 않고 남아 이렇게 아뢰었다.

해외북경 · 태양을 좇는 과보
명각본삼도

과보는 옛 신의 이름으로 염제의 후예이며 후토의 손자다. 태양을 좇다가 결국에 태양으로 들어간 과보는 갈증이 나서 하수와 위수를 다 마셨다. 그럼에도 해갈이 되지 않아 북쪽으로 가서 대택을 마시려다가 갈증이 심해져 도중에 죽게 된다. 그가 버린 지팡이가 등림(鄧林)이 되었다. 이 이야기를 중국학자들은 과보가 일체를 돌보지 않고 태양을 좇아가 잡으려고 했다는 점에서 자연을 정복하는 영웅적인 모습으로 이해한다. 과보추일(夸父追日)의 전설은 지금도 널리 전해진다.

태양을 쏘는 후예

옛 사람들은 인류의 기원에 대해 신기한 생각을 많이 했던 것 같다. 여러 신화들 중에 '흙으로 사람을 만든 여와' 이야기가 유명하다. '태양을 좇는 과보'나 '태양을 쏘는 후예' 혹은 '곤과 우의 치수' 같은 신화에는 대자연을 정복하려던 옛 사람의 염원이 담겨 있다. 활을 발명했으며 활을 잘 쏘았던 후예는 활과 화살로 9개의 태양을 쏘아 떨어뜨렸다. 이 신화에 따르면 하늘에 태양이 하나라서 우리가 편안하고 행복하게 살 수 있는 것은 모두 예의 은덕이다.

"저희는 병기를 잃어 싸움에 임할 수가 없습니다."

수일부가 대답했다.

"그거야 어려운 일이 아닐세."

그는 손을 들어 태양을 불러 말했다.

"추 2자루와 칼 한 자루를 가져오너라."

그러자 순식간에 삼족오(三足鳥)가 태양 속에서 날아오는데, 색깔은 선홍빛이고 크기는 봉새만한 것이 입에 칼과 추를 물고 있었다. 수일부는 두 장수로 하여금 그 무기를 받아 사용하도록 했다. 두 사람이 한눈에 봐도 전에 쓰던 것보다 백배는 좋은 무기였다. 기쁨을 감추지 못한 두 사람은 황망히 절을 하며 감사했다. 삼족오는 다시 태양 속으로 사라졌다.

그런 후 수일부는 일곱 장수에게 하늘로 올라 칠면으로 된 둥근 거울을 가져오라고 일렀다. 그 거울은 각 면마다 색깔이 달랐다. 수일부는 홍색 거울은 동률에게, 샛노란 거울은 오목전에게, 누런 거울은 경진에게, 녹색 거울은 대예에게, 청색 거울은 광장에게, 쪽빛 거울은 황마에게, 자주색 거울은 요여에게 주면서 분부했다.

"그 거울을 가슴에 대고 있으면 그대들은 상류를 볼 수 있지만 그 괴물은 그대들을 보지 못하게 될 것이다. 내가 먼저 그를 계곡의 넓은 곳으로 쫓을 테니, 그대들은 그때 움직이도록 하라. 그놈이 그 육중한 체구로 살아

옥종(玉琮)

이 옥종, 즉 옥홀은 하남 언사 이리두 궁전에서 출토된 것으로, 하 왕조의 제사용 예기다.

있는 생명체를 해치지 못하도록 조심하라."

말을 마친 후 수일부가 가슴에서 투명하고 둥근 물건을 꺼내 서북방을 비추니 한 줄기 빛이 뻗어나가는데 그 위세가 대단했다. 알고 보니 바로 태양에서 뽑은 불 양수(陽燧)였다.

한편 상류는 백어산에서 후퇴한 뒤로 분을 삭이지 못하고 있었다.

'우라는 놈이 이상한 보석으로 내 눈을 어지럽혀 헛걸음치게 만들다니, 정말 괘씸하도다! 밤이 되면 저놈이 방비를 느슨히 할 때를 틈타 그 수백 명 되는 놈들을 모두 먹어치워야겠다.'

이윽고 밤이 되었다. 상류는 몸을 솟구쳐 멀리 내다보고는 우 일행이 벌써 호구산으로 물러났음을 알았다. 상류는 섣불리 진영을 떠나 움직일 엄두를 내지 못했다. 또한 우 일행을 추격할 생각도 하지 못한 채 이전처럼 동쪽을 쳐서 세력을 키울 방안만 공공과 논의하였다.

그러던 어느 날, 상류가 공공에게 말했다.

"큰일 났습니다. 우라는 녀석이 제법 수완이 좋아서 원군을 데려왔습니다. 도저히 대적하지 못할 것 같으니 어서 도망가는 게 좋겠습니다."

공공이 이 말을 듣고 대경실색하며 물었.

"어찌하면 좋은가? 어찌해야겠나?"

상류가 말했다.

"지금은 각자 도망가 살 길을 찾아야 하겠습니다. 제 자신도 지키지 못할 지경이니 어찌 주군을 도울 여유가 있겠습니까? 예전 군신간의 정을 생각해서 주군을 잡아먹지는 않을 터이니 어서 몸을 피하십시오."

그렇게 말하면서 상류는 9개의 큰 머리를 쳐들고는 몸을 돌려 큰 원을 그러더니 근처에 기르던 사람들과 평소 호랑이처럼 키워왔던 난폭한 사람들을 한꺼번에 교사(絞死)시켰다. 그리고 그들의 피와 살을 배불리 들이킨 후 큰 몸을 솟구쳐 서북쪽으로 뚫고 나아갔다. 그 빠르기가 마치 바람 같아서 순식간에 어디로 갔는지 모를 지경이었으며, 그가 지나간 자리마다 초목과 집들이 다 무너져 내렸다.

공공은 그 기세로 인해 넘어질 뻔하다가 급히 집으로 숨어들었다. 정신을 차려 생각해보니, 여태까지 믿던 구석이라고는 상류뿐이었는데 이제 상류가 도망가 버렸으니 우의 군대가 언제라도 들이닥칠 것이었다. 그렇다면 이곳도 안전하지 않으니 한시 바삐 도망치는 것이 좋겠다는 생각이 들었다. 하지만 어디로 가야 할 것인가? 곰곰 생각해보니 북방이 좋을 것 같았다. 남방의 환두와 삼묘는 비록 평소에 사귄 정이 있기는 하지만 진실로 의지할 수 있을지는 미지수였다. 더욱이 자신이 잘 아는 곳을 다른 사람들이라고 모를 리 없었다. 북방은 황량하고 인적이 드문데다 동굴도 하나 있어서, 그곳에 숨으면 목숨은 보전할 수 있을 것 같았다.

생각이 여기에 이른 공공은 귀중한 물건들만 챙기기 시작했다. 나머지 물건은 가져갈 수 없으니, 그 이유는 첫째로 시간을 지체하게 되고, 둘째로는 길을 가는 데 불편하며 사람들의 이목을 끌 수 있기 때문이었다. 불쌍하게도 평소에 백성들을 쥐어짜며 편히만 살다가 그 모든 영화를 하루아침에 다 내던지고 예전에 쌓아둔 공을 포기하자니 마음이 서글프지 않을 수 없었다. 그러나 공공은 나름대로 계산이 빨랐다. 지금과 같은 상황에서는 생명부지가 우선이기에 모든 것을 의연히 버리고 처첩 및 자식들과 심복 둘만 데리고 북방으로 도망가기로 했다.

그런데 의외의 일이 생겼다. 공공의 큰아들이 도주하기를 거부하며, 북방이 남방으로 가느니만 못하다고 주장하는 것이었다. 이래서 부자지간에는 한참 동안 논쟁이 계속되었다. 공공의 아들은 본래 아버지보다 더한지라, 간교를 써서 못하는 일이 없었으며 공공에게 거역하는 일도 많았다. 이번에 그는 공공이 큰 죄를 지었기 때문에 관군이 닥치면 목숨도 부지하기 어렵다고 생각하고 있었다. 그는 또 자신의 죄상이 다 드러날까 걱정이 되었다. 집안을 수색당한다면 백성들로부터 착취해 모아놓은 것이 다 몰수될 것이고, 그렇게 되면 자신도 벌을 받을 수밖에 없을 것이

주석을 캐다

주석은 주석광물을 함유한 돌로 원래 금을 얻어내는 돌이다. 백석, 회석 및 괴석의 3가지 동소이형체다. 자주 보이는 것은 백석으로, 은백색 금속으로 전도성이 풍부하지만 차가워지면 분말 상태의 회석이 된다. 161도 이상이 되면 백석이 위석으로 변한다. 백석으로는 주방기구를 만들기도 하고 구리와 철 위에 도금하기도 한다. 도금하는 조각을 '마구철(馬口鐵)'이라고 한다. 도자기나 염료 등 공업용으로 광범위하게 사용된다.

라 생각했다. 공공은 하는 수 없이 아들이 자신의 몫을 챙겨서 남방으로 가게 내버려두었다.

한편 서북방으로 곧장 5,600리를 내달리던 상류는 이제 적들의 손아귀에서 벗어났다고 생각하며 잠시 쉬었다. 그러나 다시 몸을 곧추세워 뒤를 돌아보고서는 "안 되겠군" 하는 소리를 연발하며 이번에는 서쪽을 향해다.

상류가 그렇게 내달리며 어느 곳에 이르렀을 때였다. 칠원신(七員神)이 길을 막고 있는데 그 가운데 제군(帝君) 하나가 서 있었다. 호욱장이 통솔하는 규, 누, 위, 묘, 필, 자, 삼 등의 칠숙이 그곳에서 고함을 지르고 있었던 것이다.

"상류 이 역적 요괴 놈아, 죽고 싶다면 우리 군의 장비를 보거라!"

상류가 보아하니 그들의 무기와 경진 등이 쓰던 무기는 완전히 달랐다. 상류는 도저히 상대가 되지 않는다 싶어 몸을 돌려 북쪽으로 움직이려 했다. 그런데 고개를 들어보니 그곳에는 또 다른 7명의 장군을 대동하고 길을 막아선 제군이 고함을 질러대고 있었다.

"상류 이 역적아, 도망가지 말고 우리 무기를 보거라."

그들은 바로 징중정이 지휘하는 두, 우, 여, 허, 위, 실, 벽 등의 칠숙이었다. 상류는 그들과 대적하기 어렵겠다 싶어서 다시 동쪽으로 움직였다.

해외북경 · 상류
명각본삽도

상류는 뱀 몸에 머리가 아홉인 괴물로 수신 공공의 신하다. 우가 홍수를 평정하고 신통력으로 상류를 죽이자 아홉 머리 괴수의 몸에서 폭포처럼 비릿한 핏물이 쏟아져 냄새가 심하게 역겨웠다. 피가 흘러간 곳마다 오곡이 자라지 않았고 물에서도 맵고 쓴 괴이한 맛이 나서 전혀 사람이 살 수 없었다. 우가 이 지역을 흙으로 메워보았지만 허사였다. 우는 곤륜산의 북쪽에 누대를 세우고 요마를 진압하는 데 사용했다.

그렇지만 그곳에도 원상무가 각, 항, 저, 방, 심, 미, 기 등의 칠숙을 이끌고 상류를 기다린 지 오래였다. 그들은 상류가 기어오는 것을 보자마자 무기로 그의 머리를 아프게 찔러댔다. 상류는 감히 저항하지 못하고 다시 남쪽으로 내달렸다. 남방에는 단령치가 정, 귀, 유, 성, 장, 익, 진 등의 칠숙을 이끌고 기다리고 있다가 고함을 쳤다.

"상류 이 역적 요괴 놈, 오늘 죽을 날인데 아직도 안 죽었느냐!"

이 말이 끝나자 창과 칼이 모두 상류를 향했다. 상류는 하는 수 없이 다시 서쪽으로 내달리다가 규, 누와 마주쳐 창과 칼에 머리를 다쳤다. 잠시 후 갑자기 하늘에서 한 줄기 밝은 빛이 불같이 뜨겁게 번득이더니 상류의 몸에 꽂혔다. 상류는 칼에 베인 듯한 아픔을 느꼈다. 다시 북쪽으로 도망가던 상류는 두, 우와 마주쳤다. 상류는 겹겹이 둘러싸인 포위망으로부터 도망가려는 마음에 필사적으로 그들과 부딪쳤다. 그때 실수로 그만 머리 하나가 두에 의해 잘려버렸다. 그리고 그 틈을 타 실성이 나와 손에 잡고 있던 칼을 휘둘러 다른 머리 하나를 또 베어버렸다.

상류가 아픔을 참지 못하고 있는데 양광 한 줄기가 그의 몸을 옥죄어 왔다. 그러자 상류는 큰 몸뚱어리를 구부렸다가 폈다가, 이리 구르고 저리 구르면서 비명을 질러댔다. 그 고통이 몸을 꿰매거나 도끼로 찍을 때보다 심했다. 갑자기 상류의 큰 꼬리가 꼿꼿이 솟구치더니 땅을 두드리기 시작했다. 그러자 좌우 수백리가 움푹 패여 깊은 못이 되어버렸다. 그러나 땅을 치는 힘은 점점 약해져갔다. 갑자기 한 줄기 붉은 빛이 상류의 머리 근처를 번쩍하고 지나가자 상류는 큰 소리를 치며 몸을 더욱 뒤틀었고, 머리 하나가 또 떨어져나갔다. 다음에는 자줏빛 광선이 번쩍하고 지나가자 또 다른 머리 하나가 떨어졌다. 연이어 누런빛, 푸른빛, 쪽빛, 샛노란빛, 초록빛이 어지럽게 번쩍이며 지나가자 남은 머리 5개가 한꺼번에 떨어졌다. 이는 칠원 천장들이 손을 쓴 것이었다. 그럼에도 끈질긴 상류는 아직 살아 있었다. 그러나 몸뚱어리가 요동을 치고 떼굴떼굴 구르며 이글이글 내리쪼이는 태양빛을 참지 못하더니, 칠원 천장과 28숙의 무기가 여기저기를 찔러대자 점점 그 움직임이 줄어들었다. 그리고 얼마간 시간이 흐르자 완전히 숨이 끊어졌다. 수일부가 하늘에서 큰 깃발을 펄럭이며 말했다.

"큰 사건을 마무리 지었으니 군대를 철수한다."

괴(槐)
〈삼재도회〉

홰나무인 괴는 깃털 모양의 겹잎이 나고 여름에 꽃이 피며 나비 같은 꽃부리에 꽃은 황백색이다. 꼬투리로 열매가 열리는데 원통 모양이다. 꽃으로 황색 염료를 만들며 꽃과 열매와 뿌리껍질은 약재로 쓴다.

소호(小昊)

소호는 성씨가 희천(姬天)으로 황제의 아들이다. 전설적인 오제의 한 사람으로 태오(太昊)와 구별해서 소호라고 했다. 소호는 상고시대 동이족의 수령이었다. 이 지역은 새를 숭배해서 여러 관직의 명칭도 새의 이름을 따서 지었으며 봉새를 고귀하고 신비하게 여겼다. 소호는 84년간 재위에 있었고 100살까지 살았다.

백(柏)

측백나무를 뜻하는 백은 '수백(垂柏)'이라고도 하며, 상록교목으로 높이가 30m에 달한다. 작은 가지는 가늘고 아래로 드리워진다. 잎은 작고 비늘처럼 끝이 날카롭고 뾰족하다. 열매는 공 모양이고 씨 주머니는 비늘 모양으로, 나무가 다 자라면 갈라지는데 비늘마다 5, 6개의 씨앗이 들어 있다. 씨앗은 작고 양쪽에 작은 날개가 달려 있다.

신인수면형(神人獸面形) 옥 장식

신인은 머리에 높은 관을 썼고 짐승 얼굴을 하고 있는데, 낭도(良渚)문화의 옥 신인과 꽤 닮았다.

그는 먼저 양수를 거두어 백어산으로 돌아갔다. 호욱장, 단령치, 원상무, 징중정의 네 제군과 28숙, 그리고 칠원 천장도 연이어 돌아갔다. 칠원 천장은 수일부에게 일곱 빛 거울을 반납했다. 운화부인은 우에게 다섯 제군과 28숙에게 감사를 드리라고 일렀다. 그러나 그들은 모두 겸손하게 말했다.

"별로 큰 일을 한 것도 아니니 굳이 말씀하실 필요가 없습니다."

수일부가 우에게 말했다.

"역적 요괴가 제거되었으나 그곳은 아직 어지럽기 짝이 없으니, 전하께서 수습하시려면 아마도 여러 날과 노력이 필요할 것입니다."

말을 마치자 그들은 단령치 등과 함께 몸을 일으키며 작별을 고했고, 28숙도 그들을 따라 떠났다. 운화부인도 우와 잠깐 이야기를 나눈 후에 그곳을 떠났다.

우는 사람들을 이끌고 요괴를 참수한 곳을 향해 나아갔다. 얼마 가지 않자 비린내가 진동하더니 나중에는 피비린내와 썩는 냄새까지 더해져 정말 견디기 힘들 지경이 되었다. 다들 구역질을 했고 우 역시 토하고 말았다. 사람들은 그곳에서 더 나아갈 엄두를 내지 못했다. 그러자 우가 말했다.

"이래서는 안 되오…. 상류가 죽은 지 얼마 되지 않아 아직 더러운 기운이 약할 때 빨리 수습해야 덜 힘들 것이오. 여러 날이 지체되면 몸 전체가 썩고 문드러져 나라 안뿐 아니라 천하에 비린내가 진동하지 않는다는 보장이 없소. 그렇게 되면 어디로 피할 수 있겠소? 더욱이 이런 냄새는 눅눅하게 퍼져서 전염병을 퍼뜨리기 십상이니, 그렇게 되면 무서운 일이 생길 것이오. 어서 빨리 치워야 합니다. 인간된 도리로서 우리는 스스로를 희생하여 다른 이를 구하려는 정신을 가져야 합니다. 이런 곤란한 일을 보고 피해버린다면 무슨 일을 더 할 수 있겠소?"

그러자 횡혁이 말했다.

"저희는 죽음을 무서워하는 것이 아닙니다. 이 냄새를 맡고 있자니 죽기보다 더 괴롭습니다. 모든 사람이 토하고 밥도 못 먹을 지경인데 무슨 일을 할 수 있겠습니까? 전하께서는 다른 좋은 방법을 생각해주십시오."

우는 사람들이 정말 힘들어한다는 것을 알고 망설였다. 그러자 경진이 앞으로 나오더니 말했다.

"묘책이 하나 있습니다. 상류의 시체가 이렇게 빨리 썩는 것은 그놈 배에 기름이 가득 찬데다 태양빛에 뜨거워진 탓입니다. 전하께옵서 방금 언급하신 몇 가지 일은 정말 무서운 일입니다. 재앙을 면하기 위해서, 또 일을 쉽게 처리하기 위해서는 우선 전하께서 서리와 눈의 신을 불러 상의하시어 서리와 폭설과 얼음을 얻는 것이 좋을 듯합니다. 그렇게만 된다면 이놈의 시체와 머리가 잠시라도 얼어서 부패하지 않을 것이며, 그렇게 되면 모든 어려움이 해결될 것입니다."

그 말에 일리가 있다고 생각한 우는 즉시 하늘에 대고 소리쳤다.

"서리의 신이여, 눈의 신이여, 어디에 계십니까?"

그러자 홀연히 하늘에서 갑옷과 투구를 갖춘 무사와 젊은 여자가 나타나 동시에 우에게 예를 올리며 말했다.

"상신 청녀(霜神靑女), 설신 등육(雪神滕六)이 함께 뵙기를 청합니다. 전하께서는 무슨 일로 저희를 부르셨는지요?"

우는 그들에게 상류의 시체를 잠시 얼려달라고 청했다. 그러자 등육이 말했다.

"소신의 직분은 눈을 내리는 것이지만 운사(雲師)와 연계되어 있습니다. 구름이 생겨야만 눈을 내릴 수 있사오니, 전하께서 운사를 불러주시면 함께 상의해보겠습니다."

이에 우는 다시 소리쳤다.

"운사께서는 어디에 계십니까?"

그러자 삽시간에 상서로운 구름이 공중에 피어나더니 도사가 내려왔다. 그는 깃털 옷을 입고 별 모자를 쓰고 있었다. 운사가 우에게 머리를 숙이고 말했다.

"운사 병예(屛翳)가 뵙기를 청합니다."

우는 자신의 계획을 운사 병예에게 말해주었다. 그러자 병예가 이렇게 대답했다.

"가능합니다. 소신과 등육이 바람의 신 손이(巽二), 우사(雨師)인 풍수(馮修)와 함께 처리하겠습니다. 바람과 비와 천둥 각 부에 전갈을 보내 모든 것을 책임지고 처리하겠습니다."

말을 마치자 그는 등육과 함께 인사를 하고는 그곳을 떠났다. 상신 청

종(縱)

종은 한 살배기 새끼 돼지인데, 6개월 된 돼지나 돼지 전체를 두루 칭하기도 한다.

초(苕)

초는 능소(凌霄) 혹은 자위(紫葳)라고도 한다. 넝쿨식물로 오래된 측백나무에 기어올라 나무 꼭대기까지 간다. 오뉴월에 노란 꽃이 핀다.

해외북경 · 우강(禺强)
명각본살도

우강은 우경(禺京)이라고도 하며 바다의 신이자 바람의 신으로, 황제의 적손이다. 《여씨춘추 · 유시(有始)》를 보면 '우강이 그의 날개를 퍼덕이니 둥둥둥 소리가 울리며, 맹렬하게 불어오는 바람결에 전염병과 독이 실려와 사람들이 부스럼에 시달리다가 죽기도 했다'고 한다. 우강은 사람얼굴에 새 몸을 하였으며, 귀에 2마리 푸른 뱀을 걸고 발로 2마리 푸른 뱀을 밟고 있는 위엄 있고 용맹한 신이다.

녀도 할 일이 없자 인사하고 사라졌다.

이날 오후, 일행은 여정을 멈추고 겨울옷을 준비하면서 조용히 바람과 서리를 기다렸다. 역겨운 냄새에 토하는 사람이 많아서 이동이 불가능했다.

날이 저물 무렵, 휘이잉 하는 바람 소리가 들리며 날씨가 갑자기 추워지기 시작했다. 서북쪽에서 큰 바람이 불어온 탓에 비린내는 더 심해져만 갔다. 조금 지나니 악취는 조금씩 희미해졌지만 날은 더 추워져 겹이불을 덮어도 충분히 따뜻하지 않았다. 하늘을 올려다보니 붉은 구름이 몰려와 빽빽이 하늘을 덮고 있었고, 눈발이 춤추듯 날리는데 그리 많이 쌓이지는 않았다. 역한 냄새가 완전히 사라지자 사람들이 모두 기뻐했다.

다음날, 우는 사람들을 데리고 눈을 밟으며 추위를 뚫고 앞으로 나아갔다. 갈수록 눈발이 세지고 눈이 점점 두껍게 쌓였으며 한기도 한층 심해졌다. 상류의 시체가 있는 곳으로 오니 1장 넘게 눈이 쌓여 시체마저 덮고 있었다. 상류의 몸뚱이는 정말이지 거대했다. 그 부근의 땅은 상류에게 짓밟혀서 여기저기 높게 치솟거나 푹 꺼져버린 상태였다. 높은 곳은 몇 장이나 올라갔고 꺼진 곳 또한 몇 장이나 내려간 터라 땅이 전체적으로 울퉁불퉁했다. 더욱이 눈이 잔뜩 쌓여서 앞으로 나아가기가 어려웠다. 우는 사람들에게 높은 곳에 올라 잠시 쉬면서 눈이 녹기를 기다려 다시 방법을 강구해보자고 말했다. 소경(少頃), 풍정(風定), 설지(雪止), 운개(雲開)가 붉은 해를 비추니 쌓였던 눈이 점점 녹아들었다.

눈이 녹자 상류의 시체가 완전히 드러났다. 역한 냄새는 나지 않았지만 비린내는 여전했다. 그중 반은 상류의 몸에서 원래 나던 비린내였고 나머지 반은 피비린내였다. 우가 사람들을 데리고 자세히 살펴보니 그 모습이 정말 괴물이었다. 몸길이가 족히 1,000장은 될 듯싶었고, 9개의 머리가 도처에 널려 있었으며, 눈은 무섭게 치뜨고 있었다. 누워 있는 몸을 세워놓으면 그 높이가 1장도 넘을 것 같았다.

주변 100리 안은 곳곳이 못으로 변해버렸다. 못에 고여 있는 상류의 피는 눈과 섞였다 해도 비린내가 여전했다. 우는 곳곳을 둘러보았다. 그러나 그 괴물을 묻는 수밖에 별 도리가 없었다. 우는 우선 시체를 수백 조각 내고 다시 땅을 24척 깊이로 판 다음, 시신 조각을 줄줄이 옆으로 세우고 9개의 머리도 넣어 같이 묻게 했다. 그래놓고도 후에 시신이 썩어서 기름이 흘러 넘쳐 땅이 물러지면 더러운 냄새가 새어나올까 걱정이 되었다. 그래서 사람들에게 여기저기 진흙을 더 북돋아 겹겹이 그 위에 쌓아서 삼중으로 만들게 하고서야 안심할 수 있었다.

이렇게 해서 상류의 일은 대충 마무리가 되었다. 근처에서는 항상 피비린내가 나서 오곡이 자라지 못했다. 하지만 큰 대나무는 많이 자라게 되었다. 주변에 못이 많아서 물은 풍부했으나, 물에서도 피비린내가 나서 사람이 마실 수 없었다. 아무도 그곳에 와서 살 생각을 못했기에, 수백 리 밖까지 대나무 숲만 울창하고 인

신선 천중상(天衆像)
무명씨, 비단 채색, 명대

중국의 오래된 신선은 고대인의 자연에 대한 경외감과 조상의 영혼에 대한 숭배를 잘 보여준다. 가령 황제, 서왕모, 동왕공, 적송자, 팽조, 왕자교, 광성자, 불의 신 축융, 뇌공 우사등은 한족의 조상신이거나 제사와 숭배의 대상이거나 신화적 인물들이다. 이들은 종교적이며 인간 세상과 멀리 떨어진 아득하고 신비한 색채로 둘러싸여 있다.

그림 속 일곱 천신은 모두 왕후장상으로 분장하고 손에 홀을 들고 있으며 장엄한 표정을 하고 있다. 중간에 수염이 긴 사람이 옆 사람에게 귓속말 하는 모습은 더욱 생동감을 불어넣는다. 그들의 몸 뒤로 상서로운 기운이 가득하고 안개가 스멀스멀 피어올라 신령스럽기 그지없다.

태극선인 하후(何侯)

하후는 요임금 때 창오산에 은거하고 있었다. 그는 장생의 도를 구했으며 300여 명의 식구들은 전부 경작에 종사하고 있었다. 순임금이 남쪽으로 사냥을 갔다가 하후의 집에 머물렀다. 그날 밤 순의 꿈에 다섯 노인이 나타나 말했다. "승천의 날이 왔습니다." 과연 다음날 정말로 다섯 노인이 내려와 순을 데리고 승천했다. 그런 일이 있고 나서 하우 시대에 다섯 노인이 다시 나타나더니 하후에게 약을 한 포 주면서 술에 타라고 했다. 시키는 대로 했더니 술이 확 불어서 집안 사람들 300여 명이 다 마셔도 남아돌았다. 하후가 남은 술을 집 둘레에 뿌렸더니 집 전체가 두둥실 떠올랐다. 하후는 나중에 태극선인으로 봉해졌다.

적은 끊어져버렸다.

상류를 묻은 곳은 아주 높아서 후일 사람들이 그곳에 누대를 몇 개 세웠다. 하나는 제곡의 대이고, 다른 하나는 단주(丹朱)의 대이며, 또 하나는 순임금의 대였다. 세 사람의 위패를 함께 모시고 제사를 지내니 요마를 진압하는 효과도 있었다.

심목국(深目國)이 공공의 누대 동쪽에 있다. 심목국 사람은 눈이 움푹 패여 눈자위 안으로 들어가 있다. 그들은 한 손을 번쩍 쳐들기를 좋아하는데, 그럴 때면 꼭 알은 척하는 것처럼 보인다.

심목국 동쪽에 무장국(無腸國)이 있다. 이 나라 사람은 머리가 크고 높은데, 창자가 없이 뱃속이 대롱처럼 비어 있어서 무엇이든 먹으면 곧장 배설된다.

무장국 동쪽에 섭이국(聶耳國)이 있다. 이 나라 사람들은 모두 큰 꽃무늬 호랑이 2마리를 부린다. 섭이국 사람의 귀는 너무 커서 보통 때는 두 손으로 귀 끝을 받치고 있어야 된다. 잘 때는 한쪽 귀를 요 삼아 깔고 다른 쪽 귀를 이불 삼아 덮고 잔다. 그들은 바다 한복판의 외딴 섬에 사는데, 바다에 들어가 여러 가지 신기한 물건들을 가져오는 능력이 있다.

과보국(夸父國)은 섭이국 동쪽에 있다. 과보국 백성은 키가 크고 체격이 좋으며, 오른손에 푸른 뱀 한 마리를 들고 왼손에는 누런 뱀 한 마리를 들고 있다. 과보가 죽은 후 그가 들고 다니던 지팡이가 복숭아나무 숲으로 변했는데 이 숲이 과보국 동쪽에 있다. 복숭아나무 숲이라고는 하지만 나무는 단지 2그루뿐이다. 그러나 나무가 워낙 커서 2그루만으로도 숲이 우거져 사방 300리나 된다. 과보는 태양을 좇다가 태양을 거의 잡을 즈음에 하도 목이 말라서 단숨에 황하와 위수(渭水) 두 강줄기

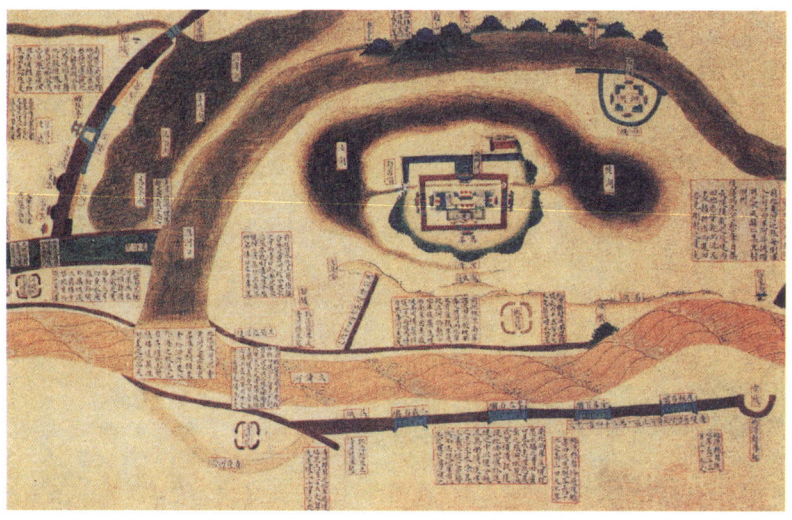

황하수문룡맥도(黃河水文龍脈圖)
무명씨, 채색 모본, 명대

황하는 청해에서 발원하여 사천, 감숙, 영하, 내몽고, 섬서, 산서, 하남을 지나 마지막으로 산동에서 바다로 흘러들어간다. 전설에서 황하는 양(陽)과 강(剛)의 이미지로 그려지며 황하와 함께 잘 알려진 인물로는 하백과 용신이 있다.

중국 역대 제왕들이 황하에게 봉호를 하사했으니 그 봉호의 역사만 해도 유구하다. 하, 은, 주 삼대로부터 민국(民國) 이전까지 줄곧 원래 있던 봉호에 새로운 봉호를 더하는 바람에 황하신의 봉호는 점점 길어졌다. 그래서 청나라 말 광서 황제 때는 봉호의 길이가 이미 29자에 달했으니, 바로 '영우양제현혜찬순호국보리소응부택수정보화선인보민성감황대왕(靈佑襄濟顯惠贊順護國普利昭應孚澤綏靖普化宣仁保民誠感黃大王)'이다. 천천히 읽어보면 꽤 재미있다.

를 들이켰다. 그럼에도 갈증이 완전히 풀리지 않자 북방에 있는 대택(大澤)의 물을 마시려고 했다. 그러나 미처 그곳에 닿기도 전에 길에서 갈증이 나 죽었다.

  과보국 동쪽에 우소적석산(禹所積石山)이라 불리는 산이 하나 있다. 이곳은 황하의 강물이 흘러들어가는 곳이다.

계(桂)
《삼재도회》

계는 진귀한 관상용 방향식물로 목서(木犀)과에 속한다. 상록소교목(常綠小喬木)이거나 관목으로 잎이 마주 나며 타원형이다. 가을에 꽃이 피는데 담황색, 백색, 오렌지색 세 종류가 있다. 향기가 특별하여 향료로도 사용된다.

우소적석산 동쪽에 구영국(拘瘿國)이 있다. 구영국 백성은 다닐 때 항상 한 손으로 자신의 목에 돋은 사마귀를 받치고 다닌다.

심목(尋木)은 아주 커다란 나무로 높이가 1,000리나 되어 구름 위로 뻗어 있으며, 구영국 남쪽, 황하가 흐르는 서북방에서 자란다.

기종국(跂踵國)이 구영국 동쪽에 있다. 기종국 백성은 키가 크고 두 발이 유난히 커서 이 나라를 대종국(大踵國)이라고도 한다.

구사(歐絲)의 들이 대종국 동쪽에 있다. 그곳에서는 한 여자가 큰 나무에 기댄 채 꿇어앉아 실을 토해내고 있다.

옛날 어느 집안의 가장이 먼 곳으로 출정하게 되자 집에는 딸만 남게 되었다. 딸은 집에서 기르고 있던 수말 한 마리를 벗 삼아 세월을 보냈다. 그녀는 혼자 살면서 늘 멀리 있는 아버지를 그리워했다.

어느 날 그녀가 말에게 농담 삼아 이야기를 건넸다.

"네가 만약 우리 아버지를 집에 모시고 오면 내가 너한테 시집가지."

말은 이 말을 들은 후 매어놓은 줄을 끊어버리고 나는 듯이 달려가 처녀의 아버지를 찾았다. 아버지는 말을 보고 놀랍기도 하고 기쁘기도 했다. 하지만 피로에 지쳐 힘이 빠진 말은 고개를 돌리고 슬피 울부짖었다. 부친은 이상한 생각이 들었다.

'집에 무슨 일이 있는 것일까?'

그는 급히 말을 타고 날 듯이 집으로 돌아왔다. 집에 온 후로 아버지는 말이 사람의 정을 이해한다는 것을 알고는 좋은 풀과 먹이를 주었다. 하지만 말은 아무것도 먹으려 하지 않았다. 말은 딸을 볼 때마다 말굽으로 흙을 차면서 화를 냈다가 기뻐했다가 했다. 이런 일이 한두 번이 아니었다. 그러자 아버지는 이상하게 여기다가 어느 날 몰래 딸에게 물어보았다. 딸은 사실대로 고백했다.

"말이 아무래도 그 약속 때문에 기뻤다 슬펐다 하는 것 같아요."

그 말을 들은 아버지가 말했다.

"절대로 이 일이 새어나가서는 안 된다. 만약 그렇게 되면 가문의 치욕이 될 것이다. 그러니 당분간은 함부로 나다니지 말거라."

그런 후 아버지는 말을 활로 쏘아 죽인 다음 가죽을 벗겨 집 앞에서 말린 뒤에 다시 출정 길에 올랐다.

그러던 어느 날, 딸이 옆집 처녀와 함께 그 말 가죽 위에서 놀고 있었다. 딸은 발로 가죽을 밟으면서 말했다.

"짐승인 네가 어찌하여 사람을 아내로 맞고 싶어 했을까? 결국 이 꼴로 도살되어 가죽이 벗겨지고 말 것을, 왜 그렇게 스스로를 힘들게 했는지…."

그때였다. 그녀의 말이 채 끝나기도 전에 말가죽이 갑자기 날아오르더니 딸을 둘둘 말고 뛰기 시작했다. 옆집 처녀는 겁에 질려 친구를 구할 엄두도 내지 못하고, 허겁지겁 뛰어가서는 그녀의 아버지에게 그 일을 알렸다. 처녀의 아버지가 황망히 와보았지만 딸은 이미 어디로 갔는지 알 수 없었다.

며칠 뒤, 큰 나무 아래에서 딸과 말가죽이 발견되었는데, 이미 누에로 변한 딸은 나무 위에서 바쁘게 기어 다니고 있었다. 옛날 구사의 들에서 일어난 일이다.

구사의 들 동쪽에 뽕나무가 3그루(三桑樹) 있다. 이 뽕나무들은 키가 100장에 달하지만 가지와 잎이 없고 민둥한 줄기만 있다.

삼상수의 동쪽에 있는 우거진 숲을 범림(氾林)이라고 한다. 사방 300리나 되는 이 숲은 바다 한복판의 모래톱에서 자라고 있다.

천제 전욱이 무우산(務隅山)의 남쪽에 묻혔고 9명의 빈(嬪)과 비(妃)가 이 산 북쪽에 묻혔다. 무산에는 개, 곰, 얼룩 호랑이, 이주, 부엉이 그리고 먹어도 먹어도 계속 불어나는 시육 등이 산다고도 한다.

평구(平丘)가 삼상수의 동쪽에 있다. 그곳에는 1,000년 된 옥, 푸른 말, 시육, 버들가지, 달콤새콤한 배인 첨사리(甛柤梨), 감화수(甘華樹) 등 각종 과일나무가 자란다. 두 산 사이의 계곡에 큰 언덕이 있는데 그것이 바로 평구다.

북해(北海) 안쪽의 지방에 도도(騊駼)라는 짐승이 살고 있다. 생김새는 말과 비슷하다. 또 다른 짐승이 한 가지 있는데 이름을 박(駁)이라 한다. 생김새는 백마와 비슷하지만 톱니 같은 날카로운 어금니가 있어서 호랑이와 표범을 주로 먹고 산다.

근(菫)

근은 바로 오두(烏頭)라는 것으로 독이 있다. 들판 여기저기서 자라며 4월에 싹이 난다. 자홍색 서슬이 있고 잎 가장자리가 뾰족뾰족하며 앞면은 푸르고 뒷면에는 흰 가루가 있다. 줄기는 부드러우며 잎 뒷면은 완전 백색이다. 8월과 9월에 씨앗이 생긴다.

제사계시기(祭祀計時器)
청동기, 주대

그림은 주나라 제사 때 사용하던 청동 네 모진 받침이 있는 원통형 계시기로, 제사에 소요되는 시간을 재는 기구다.

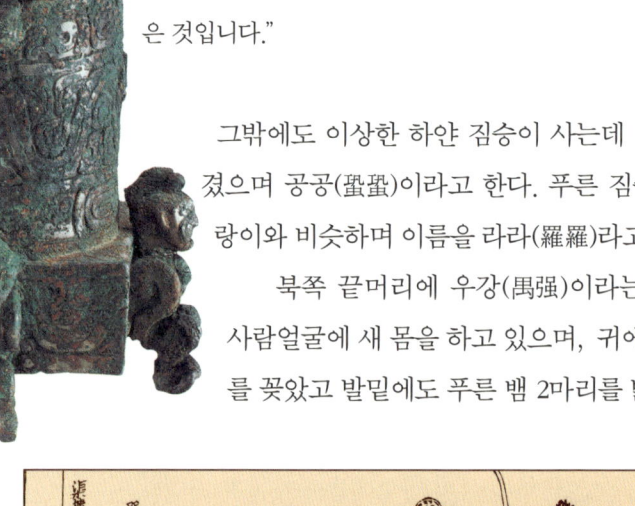

- 새 모양 손잡이
- 큰 것과 작은 것을 걸어 맞추는 자물통 덮개
- 사람 모양 발
- 발가벗은 몸
- 무릎을 꿇고 물건을 받치고 있다

춘추전국 시대에 제(齊)나라 환공(桓公)이 말을 타고 가는데 멀리서 그를 보고 놀란 호랑이가 황망히 땅에 엎드렸다. 환공이 관중(管仲)에게 물었다.

"호랑이가 나를 보고 감히 도망을 가지 않으니 무슨 연유에서요?"

관중이 대답했다.

"공께서 타신 준마는 태양을 향해 치달리지 않습니까?"

환공이 대답했다.

"그렇소."

"그것은 바로 박이라는 녀석이 뛰기 시작하는 모습입니다! 박은 호랑이와 표범만 먹고 살기 때문에 호랑이가 보자마자 겁을 먹은 것입니다."

그밖에도 이상한 하얀 짐승이 사는데 역시 말처럼 생겼으며 공공(蛩蛩)이라고 한다. 푸른 짐승도 있는데 호랑이와 비슷하며 이름을 라라(羅羅)라고 한다.

북쪽 끝머리에 우강(禺强)이라는 신인이 산다. 사람얼굴에 새 몸을 하고 있으며, 귀에 푸른 뱀 2마리를 꽂았고 발밑에도 푸른 뱀 2마리를 밟고 있다. 이것

우공이 기재한 산천도(山川圖)
조판 목인, 송대

이 지도는 서쪽 곤륜산부터 동쪽으로 바다까지, 남해의 해남도(海南島)와 베트남 및 라오스 북부, 북쪽으로 사막까지 포함하고 있다. 우공의 구주 및 송대 주군(州郡)과 산천 호수, 섬과 바다, 장성 및 관문과 요새, 변경 민족과 이웃국가 등이 등장한다. 산악과 하류 및 장성은 형상화법으로 표현했고 다른 항목들은 문자로 주를 달았다.

은 그가 바람의 신일 때의 모습이다. 그가 수신(水神)일 때는 물고기 몸체에 손과 발이 달렸으며 2마리 용을 타고 다닌다.

제 9 장

해외동경

海外東經

● ─── 해외동경(海外東經)

이제 해외의 동남쪽 모퉁이에서 동북쪽 모퉁이까지 살펴보도록 하자.

차구(嗟丘)가 있다. 이 언덕에는 옥, 푸른 말, 시육이 있으며, 버들가지, 달콤새콤한 배인 첨사리, 감화수 등 100여 가지 과일 나무가 무성하게 우거져 있다. 차구는 동해를 바라보는 두 산의 사이에 있다. 차구(嗟丘)라고도 하며 요임금이 묻힌 적산(狄山)의 동쪽에 있다.

대인국(大人國)은 차구의 북쪽에 있다. 이 나라 백성은 키가 보통사람보다 훨씬 크고 배를 잘 다룬다. 대인국의 태아는 엄마 뱃속에서 36년을 자란 후에야 태어나는데, 갓 태어날 때 이미 백발이 성성하고 몸집도 매우 크다. 이 사람들은 구름과 비를 타고 날아다니지만 걸어 다닐 수는 없으니, 아마도 용과 비슷한 종류인 것 같다.

전욱의 부락도
관걸·오화소, 회화, 현대

전욱 부락도는 《산해경》의 전욱 및 후손과 관련된 이야기에서 소재를 취해 만들었다. 전욱과 관련한 내용으로, 계우국(季禺國)에 전욱의 아들이 있는데 기장을 먹는다, 우민국 백성은 깃털이 난다, 난민국(卵民國) 사람은 모두 알을 낳는다, 전욱이 백복(伯服)을 낳았고 기장을 먹는다, 전욱이 노동을 낳았다, 노동이 축융을 낳고 축융이 태자장금을 낳았다, 노동이 중(重)과 려(黎)를 낳으니 제가 중을 하늘에 보내고 려는 땅을 다스리게 하였다, 이에 려가 땅에 내려와 열(噎)을 낳아 서쪽 끝에 두었다는 이야기들이 있다.

원시인의 머리
암각화

이렇게 머리꼭지에 둥근 장식을 단 가면은 신비하고 종교적인 사람얼굴로, 영하 중위현(中衛縣) 황평만(黃平灣)에서 발견된 암각화의 주인공이다. 인물의 머리 부분만 그려낸 것은 중국 북방 암각화의 특수 기법에 해당한다.

사비시신(奢比尸神)[23]이 대인국 북쪽에 있다. 사비의 몸은 짐승같이 생겼으나 사람의 머리가 달려 있고 귀가 아주 큰데, 귀에 푸른 뱀 2마리가 걸려 있다. 간유시(肝榆尸)라고도 한다.

군자국(君子國)이 사비시신의 북쪽에 있다. 이 나라 사람들은 의관을 정제하고 다니며 짐승을 잡아 그 고기를 주식으로 한다. 그들이 다닐 때는 좌우에 큰 호랑이 2마리를 시종으로 데리고 다닌다. 그들은 서로 존중하고 양보하며 싸우지 않는다. 그곳에서는 훈화(薰華)라는 식물이 자라는데, 이 풀은 아침에 자라나서 저녁에 시들어 죽는다.

홍홍(虹虹)은 군자국 북쪽에 있는데 한쪽 끝에 머리가 2개 달렸다.

조양곡(朝陽谷)에는 신이 하나 살고 있는데, 그 이름을 천오(天吳)라고 한다. 그가 바로 물의 신 수백(水伯)이다. 조양곡은 홍홍 북쪽에 있는 두 갈래 물길 사이의 골짜기를 말한다. 천오라는 이 신수(神獸)는 사람 머리가 8개 달렸고 팔과 꼬리도 8개 달려 있으며 등에는 파랗고 노란 털이 자란다.

청구국(靑丘國)이 조양곡 북쪽에 있다. 청구국 백성은 오곡과 잡곡을 먹고 살며 비단실로 짠 옷을 입는다. 그곳에 여우 한 종류가 있는데 다리가 4개에 꼬리는 9개 달려 있다. 꼬리가 아홉인 이 짐승은 삼수(三壽)라고도 하고 왕수(王壽)라고도 한다.

옥저룡(玉猪龍)

내몽고 홍산문화에서 출토된 옥저룡은 입이 긴 편이고 코는 앞이 뾰족하며 날개가 서슬 푸르게 올라가 있고 두 콧구멍이 나란히 뚫려 정말 돼지 같다. 중국에서 발굴 시기가 꽤 빠른 편인 용 모습의 하나로 상고시대 사람들이 용을 숭배했음을 보여주는 상징물이다.

23_고전《산해경》에는 '사비지시(奢比之尸)'라 해서 시신 자체를 언급하는데, 이 책의 저자는 이것을 사비시신이라며 신으로 생각하고 있다. – 역자 주

우는 서른이 되도록 아내가 없었다. 그는 도산(塗山)에 도착한 뒤에 결혼할 시기를 놓쳐서 백성들이 따를 제도가 없어질까 걱정되어 이렇게 말했다.

"내가 아내를 맞으려면 반드시 좋은 징조가 있어야 한다."

말이 끝나자마자 하얀 구미호 한 마리가 우의 앞으로 걸어왔다. 그러자 우가 매우 기뻐하며 말했다.

"흰색은 내가 입어야 할 옷을 가리키고, 아홉 꼬리는 내가 왕이 될 증거다."

그 후 우는 도산에서 아내를 맞이했으니, 여교(女嬌)와 여수(女脩)가 그들이다. 그때 나타났던 구미호는 바로 청구국의 신수였다.

우가 푸른 용을 몰고 천하를 순수하며 치수에 힘쓰던 어느 날이었다.

경항 운하도(京杭運河圖)
무명씨, 비단 채색, 청대

경항 운하는 대운하로 간단히 운하라고도 한다. 중국 고대에 큰 규모의 수리공사로 만들어진 운하이다. 북으로 북경에서 남으로 항주까지, 북경과 천진(天津) 두 도시 및 하북, 산동, 강소, 절강 네 성을 거쳐 흐르며 총 길이는 1,747km다. 기원전 5세기 무렵, 춘추 말에 오 왕 부차(夫差)가 판 도랑에서 시작해서 7세기 수나라와 13세기 원나라 때 다시 대규모 공사를 두 번 실시해 원래의 물길들을 서로 트고 잇는 확장공사 끝에 이 운하를 완성했다. 전 공사 과정은 여섯 구간으로 구분된다. 통주(通州)에서 천진 구간은 북(北)운하, 천진에서 임청(臨淸)까지는 남(南)운하, 임청에서 대아장(臺兒庄)까지는 노(魯)운하, 대아장에서 회음(淮陰)까지는 중(中)운하, 회음에서 양주까지는 이(里)운하, 진강(鎭江)에서 항주까지는 강남(江南)운하라고 한다. 대대로 중요한 뱃길로 사용되면서 남방과 북방의 경제 및 문화 교류에 기여해왔다.

이 지도는 북경에서 항주까지의 대운하를 지형에 따라 회화처럼 표현했다. 상응하는 지리방위도 있고 산수의 풍경과 도시의 교량, 강을 지나는 선박들이 생생하게 보이며 사람들이 밧줄을 끌거나 걷는 모습도 살아 있는 듯 생생하다. 모든 도시와 산맥과 하류마다 금 글씨로 주를 달았다. 지도와 그림이 완벽하게 만난 구하기 힘든 대작으로 실용적인 가치도 높다.

갑자기 기다란 명주 한 필이 그의 앞에 가로 놓였다. 그러더니 그 명주가 놓인 곳으로 용이 하강하는 것이었다. 우가 자세히 살펴보니 그것은 한 줄기 큰 강물이었다. 강물을 지난 후에도 용은 계속해서 아래로 내려갔다. 그러자 이윽고 집들이 눈에 선명히 들어오고 사람 소리도 들려오기 시작했다. 누군가 큰 소리로 외치는 것이 들렸다.

"사위 되실 분이 용을 타고 도착했습니다! 모두 빨리 나와 환영합시다."

푸른 용이 땅에 내려앉고 우도 용의 등에서 뛰어내렸다. 주위를 둘러보니 그들이 내린 곳은 널따란 들판 한가운데였고, 큰 소리를 친 사람은 바로 구미호가 변한 노인이었다. 노인 뒤로는 의관을 정제한 사람들이 무수하게 서 있었다. 구미호가 먼저 우에게 손을 들어 예를 표하며 말했다.

"이렇듯 우리나라에 광림해주시다니 더없는 영광입니다."

그는 이렇게 말하면서 진규, 횡혁 등에게 다가가 인사를 건네었다. 그때 다섯 사람은 이미 수레에서 내려 짐을 옮기던 중이었다. 구미호는 황급히 자기 쪽 사람들에게 대신 짐을 옮기게 했다. 짐을 다 옮기자 짐수레와 푸른 용은 다시 서쪽을 향해 날아갔다.

그곳에는 벌써 도산후(涂山候)가 수레 6, 7대를 가지고 마중을 나와 길 왼쪽에 열을 지어 서 있었다. 구미호가 다시 다가와서는 우에게 말했다.

"객사가 마련되었으니 그곳으로 가서 쉬시지요."

그리하여 우 일행 6명은 모두 수레에 올라 숙소로 향했다. 수레 위에서 살펴보니 길가의 경치가 깨끗하고 아름다워서 절로 감탄이 나왔다.

'강남의 풍경이 정말 수려하구나!'

우가 이런 생각에 잠겼을 때 갑자기 수레의

수인씨(燧人氏)가 나무를 뚫어 불을 취하다
무명씨, 선묘

수인씨는 고대 제왕이다. 수인씨가 나무를 뚫어 불을 취했다는 이야기에, 기왕에 나무를 고르려면 커다란 나무를 뚫어야 불이 잘 일어날 것이라는 상상을 더했다.

채색 도기의 물고기 문양
앙소문화

앙소문화의 채색 도기 물고기 문양은 갈수록 삼각형이 되어간다.

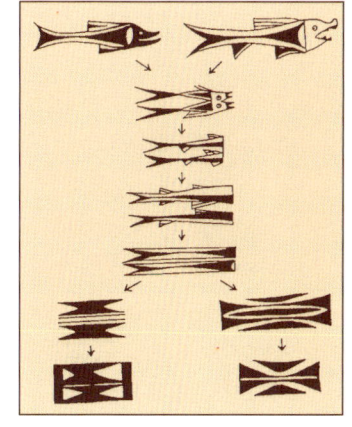

사해의 용왕
무명씨, 수륙화

사해의 용왕은 동해 용왕, 서해 용왕, 북해 용왕, 남해 용왕을 말한다. 사해 안을 모두 용왕이 다스리면서 구름을 일으키고 비를 뿌린다.

속도가 느려지는 듯했다. 이미 산기슭에 도착했는데, 양쪽이 죽유황(竹幽篁)으로 꾸며져 있어서 속세의 모습이 결코 아니었다. 객사의 문 앞에 도착하여 수레가 멈추자 일행은 차례로 내렸다.

구미호를 찾아보았으나 어디로 갔는지 보이지 않고, 다만 의관을 정제한 사람 둘이 뒤따라오던 수레에서 내리더니 인사를 건네왔다. 우는 그들의 이름과 이력을 자세히 묻고서야 한 사람은 상대부(上大夫)고 다른 하나는 중대부(中大夫)로, 도산후가 보낸 사람들임을 알게 되었다. 두 사람은 사람들을 시켜 짐을 옮기게 하면서 일행을 객사 안으로 안내했다. 객사가 자리 잡은 모양을 자세히 살펴보니, 순박하면서도 속되지 않고 간단하면서도 초라하지 않은 것이 딱 좋았다. 아직 좌정하기도 전에 우가 상대부에게 물었다.

"방금 뵈었던 백발노인은 어디로 가셨는지요?"

상대부가 대답했다.

"그분은 우리나라의 선조신데 다들 노(老) 임금님이라고 부릅니다. 숨어 지내시다가 때때로 나타나시는데 아주 신비한 분입니다. 이번에는 갑자기 강림하셔서 저희 임금님께 이렇게 말씀하시는 것이었습니다. '그대에게 두 딸이 있는데 모두 비범하다 들었소. 이 몸이 그대를 대신해서 훌륭한 사윗감을 찾았으니, 바로 천자가 보내 치수를 하고 있는 우라는 사람이오. 그대 생각은 어떠신지?' 저희 임금님께서 '그렇게만 된다면 무슨 말이 더 필요하겠습니까? 단지 중화의 대신들이 찬성하지 않을까 걱정이니, 어찌하면 좋겠습니까?' 하고 말씀드리자 노 임금님께서는 '그들은 천생연분이니 내가 중매를 서면 성공 못할 리가 없소'라고 대답하셨답니다. 며칠 후에 노 임금님께서 다시 내려오셔서 '우가 이미 허락했으니 빨리 숙소를 준비해서 그가 이곳에 당도하면 바로 결혼을 시키십다'라고 하셨습니

능(菱)
〈삼재도회〉

능은 마름으로 기(芰)과에 속하는 한해살이 수생초본 식물이다. 늦여름 초가을에 흰색이나 담홍색 꽃이 핀다. 열매는 딱딱하고 닫혀 있으며 뿔 모양이 튀어나오는데 뿔이 2개인 것과 4개인 것이 있다. 씨앗은 먹을 수 있다.

다. 그리하여 저희 임금님께서 서둘러 여기에 숙소를 만든 것이지요. 오늘 새벽에 노 임금께서 또 나타나셔서 '우가 오늘 도착할 터이니 이런저런 사람을 보내서 맞이하도록 하시지요'라고 말씀하시어 저희들이 그분 말씀대로 나온 것입니다. 얼마 되지 않아 과연 전하께서 하늘에서 내려오시더군요. 그 순간 노 임금님께서는 다시 사라지신 것 같습니다."

우가 말했다.

"귀국은 모든 정사(政事)에 관해 노 임금님의 말씀에 따릅니까?"

중대부가 대답했다.

"작은 일은 관여하지 않으시지만, 큰 일이 있으면 반드시 나타나셔서 말씀해주십니다. 전에 우리나라는 회수(淮水)의 중류에 있었는데, 어느 해에 노 임금님께서 오셔서 꼭 이곳으로 옮겨야 한다고 하셨습니다. 후에 과연 회수가 범람해서 옛 땅이 물에 잠겨버렸답니다."

우가 두 사람과 대화를 나누고 있을 때 진규와 횡혁 등이 짐을 정리하고 와서는 배석했다. 그들의 이야기는 점점 이번 혼사 쪽으로 흐르기 시작했다. 우는 중매가 없어서는 안 되며 육례(六禮)를 어겨서도 안 된다고 주장했다. 지금은 첫 번째 예도 준비되지 않았으니 우선 중매부터 결정하기로 했다. 지교가 신랑 쪽 중매를 담당하고, 상대부가 신부 쪽 중매를 맡기로 했으며, 납채(納采), 문명(問名), 납길(納吉), 납정(納征), 청기(請期) 등

해외동경
명각본삽도

해외사경의 마지막은 해외동경으로, 이 지역의 동남쪽 귀퉁이에 요임금의 무덤이 있다. 이 지도는 모두 15곳의 장면으로 구성되었으며, 대부분은 나라로 이름을 정했고 경관이나 사건으로 명명한 곳도 있다. 이 지역의 군자국 북쪽에 미인 쌍무지개가 있다고 한다. 《모시정의(毛詩正義)》에서 '쌍무지개는 색이 선명한 것이 수컷으로 홍(虹)이고, 색이 어두운 것이 암컷으로 예(霓)'라고 했다. 옛사람은 홍을 사랑에 비유했고, 홍과 예가 함께 나타나면 '음양이 결합하는 것'으로 보았다. 무지개는 자연계의 흔한 현상이지만 '머리가 2개'인 쌍무지개 홍홍(虹虹)은 지역 사람들이 모시는 신으로, 중국식 혼인 신이거나 사랑 신이다.

여와가 하늘을 메우다

옛날 하늘의 네 기둥 중에 하나인 부주산(不周山)이 무너져 하늘이 서북으로 기울고 땅이 동남으로 꺼졌다. 그러자 서북 하늘에 큰 구멍이 뚫려 은하수가 폭포처럼 땅으로 흘러내렸다. 땅과 산이 요동치고 홍수와 불길이 치솟았고 맹수들은 포악해졌다. 여와가 오호(五湖) 사해(四海)로 달려다니며 색깔 있는 돌을 모아 불에 달군 다음 꺼진 하늘의 구멍을 막았다. 그녀는 또 포악해진 맹수를 베어버리고 홍수를 막아서 사람들이 평화롭고 조용한 나날을 보내도록 했다.

색깔 있는 돌
꽃 지팡이
용 꼬리

오례(五禮)는 중매인과 신부 쪽에서 맡기로 했고, 예절을 갖추되 번잡하게 하지 않기로 했다. 시간을 특히 아껴야 하므로 한시도 지체할 수 없었다. 치수의 명을 받든 몸이라 책임이 막중하므로 신부 쪽에 양해를 구하기로 했다. 지교와 상대부가 이러한 뜻을 받들고 함께 도산후의 궁중으로 향했다. 중대부도 인사를 하고 떠났다.

우와 국애 등은 숙소를 설치하고 신부를 맞이해 결혼식 올릴 준비를 했다. 객사를 둘러보니 앞에는 방 5칸이 있었고 그 옆에 이사(耳舍)가 딸려 있었으며, 그 뒤로는 큰 정원이 있었다. 그 정원 뒤에는 다시 방 7칸이 있고 그 뒤에는 또 다른 정원이 놓여 있었다. 5칸짜리 건물의 동쪽에는 다시 건물이 있었는데 역시 5칸이었으며, 그 뒤로는 정원이 있었다. 5칸짜리 건물의 서쪽에도 건물이 있는데 역시 5칸이었으며, 그 뒤에는 정원이 있고 그 사이로 욕실, 취사실 등이 있었다. 우는 전부 돌아보고는 한가운데 있는 5칸짜리 건물을 예식을 거행하는 장소로, 뒤의 7칸 건물을 신방으로 삼기로 했다. 또 동쪽에 있는 5칸짜리 건물에는 지교와 수해(竪亥) 등 5명을 머무르게 하고, 서쪽 5칸은 손님을 대접하는 거실로 사용하기로 했다.

이런 차에 공중에서 세 사람이 내려왔다. 수해는 별 생각 없이 있다가 놀라서 소리를 질렀다. 우가 나가보니 그들은 경진, 황마, 대예였다. 우가 황망히 물었다.

"무슨 일로 이곳까지 왔는가?"

경진이 말했다.

"전하께서 출발하신 후 마침 곤륜산에 계시던 부인께서 사람을 보내 저희 세 사람을 부르셨습니다. 그래서 저희는 곤륜산으로 가서 부인을 알현했습니다. 부인께

우의 순수
무명씨, 선묘

우는 부락의 수령으로 두려울 것이 없는 영웅이었다. 신화에서 드러난 우의 형상은 고대 그리스의 반인반수 영웅과 비슷하게 초인적인 기상이 돋보인다. 역사적인 실존 인물인 그에게 옛 사람들의 상상과 창조가 더해진 점이 돋보인다.

그림은 우가 순을 계승한 뒤에 순수를 나선 정경이다.

서는 이렇게 말씀하셨습니다. '회수에 사는 요괴 무지기(無支祁) 부자 4명의 신통력이 자못 강해서 가볍게 봐서는 안 되니, 그대들은 조심해야 할 것이오' 그리고 저에게 신소보검(神霄寶劍) 한 자루를 주시며 분부하셨습니다. '그대가 무지기와 교전하게 될 때 이렇게만 하면 사로잡을 수 있을 것이오' 그리고 또 이런 말씀을 덧붙이셨습니다. '무지기가 악하기는 해도 그 역시 하늘의 뜻으로 그리 된 것이지요. 게다가 그도 수천 년을 수련해서 지금의 경지에 이른 것이니 역시 가련한 요괴입니다. 그대들이 그를 사로잡으면 하늘의 덕을 실현하도록 하시오. 전하에게 청해서 죽이지 말고, 이 철쇄로 묶어서 땅 밑에 눌러놓아 그가 다시는 문제를 일으키지 않도록 하면 될 것이오' 저희가 모든 물건을 들고 떠나려는데 부인께서 다시 말씀하셨습니다. '전하께서 지금 도산에서 혼인을 치르시는데 무지기 부자가 그분을 노리고 있소. 그곳은 무지기의 세력권이니 그가 몰래 전하를 해칠지도 모르오. 그대들이 먼저 가서 전하를 보필하는 것이 좋겠소' 그리하여 저희는 부인의 명을 받들어 이곳으로 온 것입니다."

우가 이 말을 듣고 입을 열려는데 황마와 대예가 온갖 진귀한 보석을 가져와 쌓으며 말했다.

"왕모와 부인께서 저희 두 사람을 시켜 전하의 혼사에 예물을 보내왔습니다."

타(鼉)

타는 '양자악어'로 속칭 저파룡이라고 하는데, 파행강으로 악어과에 속한다. 큰 것은 2m에 달하고 등에 뿔 비늘이 여섯 가닥 횡렬로 있으며 등은 암갈색이다. 연못 아래 굴에서 혈거하면서 물고기, 소라, 개구리, 작은 새, 쥐 등을 먹고 산다. 겨울에는 굴에 칩거한다.

해외동경 · 목신(木神) 구망
명각본삽도

구망은 동방의 목신이다. 새 몸에 얼굴이 네모지며 2마리 용을 타고 있다. 《수소자(隨巢子)》를 보면 '옛날 삼묘가 난을 일으키자 천제가 아들에게 그를 돕도록 명을 내렸고 하후가 현궁(玄宮)에서 그 명을 받들었다. 사람얼굴에 새 몸을 한 대신이 내려와 복을 내렸다. 녹봉과 곡식을 내리니 백성이 굶주리지 않았고, 금과 재물이 많아지니 국가의 기강이 잡혔으며, 명을 받드니 해가 갈수록 백성들이 떠돌지 않고 사방으로 돌아갔다. 우가 삼묘를 평정하니 신과 백성 모두 떠나지 않았다'고 했다.

촌락
암각화, 상고시기

그림의 인물화는 '문(文)' 자 형태의 부호로, 손을 들고 발을 차는 동적인 모습과 정서적인 느낌이 모두 드러난다. 그림의 중심에는 서로 다른 양식의 휘장이 드리워진 집이 모여 있다. 집들의 기본 양식은 아래에 나무 기둥을 받친 난간식 가옥으로, 촌 중심에 씨족이 공동으로 사용하는 큰 집이 있고 사방 4채의 집이 중심을 향해 기울어지도록 지어졌다. 촌락 밖에는 도로가 사방으로 뻗어 있고, 길에는 인파가 끊이지 않는 모습이 전쟁에서 이겨 포로와 제물을 이끌고 개선하는 용사들을 표현한 것 같다. 그림의 구도와 표현법은 다소 유치하지만 공간감각은 아주 뛰어나다.

이 말에 우는 더욱 감동하여 몸을 서쪽으로 돌려 머리를 조아리며 감사를 표했다. 날은 벌써 어두워져 있었다. 얼마 지나지 않아 지교와 상대부 두 중매가 돌아와 대우에게 보고했다.

"도산후께서는 부인의 도리는 남편을 따르는 것이므로 전하께서 어떤 분부를 내리시더라도 말없이 따르시겠다고 하셨습니다."

그리하여 상의 끝에 납채와 문명은 같은 날에 하고, 납길과 납정 하루, 청기 하루, 친영(親迎) 하루로 결정했다. 이렇게 하면 나흘이 걸리므로 연이어서 한다면 다음날이 술일(戌日), 그 다음날이 기일(己日), 그 다음날이 경일(庚日), 그 다음날이 신일(辛日)이 된다. 그리하여 신일을 혼인날로 잡았다. 그런데 보수적인 수해는 이러한 결정이 타당하지 않다며 다음처럼 말했다.

"혼인은 인륜지대사로 백년가약이니 반드시 길일을 택해야 합니다. 이처럼 급하게 하시면 너무 혼례를 존중하지 않는 것이니, 지금이라도 점치는 사람에게 택일을 부탁해야 합니다."

이에 우가 말했다.

"혼사에 택일은 당연한 순서지요. 그러나 세상일에는 일반적인 도리가 있는가 하면 임시변통의 계책도 있는 법이오. 나는 지금 직무를 유기하고 몰래 혼인하는 셈이니, 빨리 치르는 것이 최선이오. 변통을 따를 수밖에 없고 도리를 고집할 수 없는 처지란 말이오. 세상에 합혼(合婚)할 때 길일을 택하지 않는 사람이 누가 있겠소? 하지만 결과적으로 모두가 백년해로하고 서로 아끼고 공경하는 것은 아니지 않소? 도중에 헤어지거나 서로 반목하는 부부가 얼마나 많으냐 말이오. 그렇게 보면 합혼에 택일하는 것도 반드시 믿을 만한 것은 아니라고 생각되오. 나는 지금 변통을 구하여 마음의 안정을 얻었으니 천하의 이치에 맞는 셈이오. 날이 길하지 않더라도 길일로 변할 수 있는 법이니 굳이 택일할 필요가 있겠소!"

우의 말에 수해는 더 할 말이 없었다.

그때 도산후는 벌써 사람을 불러 음식과 고기를 대접하고, 여러 관리를 불러 수시로 살피는 등 지극정성을 다했다. 다음날 오전에 지교와 상대부가 도산후의 처소로 가서 납채의 예를 행했고, 오후에는 문명의 예를 행했다. 그제야 도산후의 장녀 이름이 교이고 차녀의 이름은 수라는 것을 알게 되었다. 그 다음날 오전에는 납길의 예를 행하고 오후에는 납정의 예를 행했다.

우는 워낙 보물에 관심이 없는 편이어서 모아둔 것도 없었고, 손님 쪽에도 별다른 예물이 없어서 고심이 되었다. 그때 마침 서왕모와 운화부인이 보낸 선물이 떠올랐다. 그 선물을 꺼내보니 화제(火齊), 명주(明珠), 백벽(白璧) 등 진귀한 보석이 아닌 것이 없었다. 그중에는 무소뿔도 하나 있었다. 그 광택이 매우 보기 좋아 남겨두었다가 허리띠를 만들어 서왕모와 운화부인의 은덕을 기리기로 했다. 그리고 나머지는 모두 예물로 삼아 도산후의 처소로 보냈다. 사람들은 이런 선가(仙家)의 보물을 본 적이 없었다. 정말이지 풍성한 예물이었다.

다음날, 지교와 상대부는 다시 도산후의 처소로 가서 청기의 예를 행했고, 진규, 횡혁, 국애, 수해 등은 준비를 하느라 정신없이 바빴다. 옛 사람들은 혼례를 밤에 치렀다. 우 또한 유시(酉時)가 지난 후 신랑 옷을 입고 오색 수레를 타고는 직접 채찍을 들고 중매의 인도를 받아 도산후 궁으로 가서 아내를 맞이했다. 궁 앞에는 정자가 하나 있는데, 그 안에는 흰 기러기 2마리가 놓여 있었다. 우가 수레에서 내리자 중매가 먼저 안으로 들어가 알리고, 하인들이 2마리 기러기를 꺼내서 단상 위에 올려놓았다. 우가 안으로 들어가니 예식을 진행하는 사람들이 그를 인도했다.

옥면인(玉面人)
신석기시대

이 옥면인은 이목구비가 뚜렷하고 조각이 섬세해서 예술적인 가치가 높다. 이 수준 높은 공예품은 신석기시대의 작품으로 호북성 천문(天門) 석상하(石象河)에서 출토되었다.

들소
흑산(黑山) 암각화

이 암각화는 고대 유목민의 역사와 문화를 보여준다. 그림 속에 사람, 동물, 수레 2대를 새겼는데 사람과 들소가 가장 뚜렷하다. 이 들소는 이미 사라진 품종이다. 흑산 암각화에 대한 연구 작업은 원시시대의 기후와 생태 및 당시 사람의 삶을 살피는 데 아주 중요한 의미를 지닌다.

　우가 단상에 오르자 예식이 시작되었다. 우는 위를 향해 합장하고 머리를 조아리면서 극히 공경한 태도로 대례를 행하였다. 잠시 후 도산의 두 딸들이 꽃가지로 치장하고 시녀의 부축을 받으며 나왔다. 우가 앞으로 나아가 그들에게 각각 큰 절을 올리고 몸을 돌려 문을 나서니 준비된 꽃수레가 보였다. 우는 두 신부가 수레에 오를 때까지 기다렸다. 각각 왼쪽과 오른쪽에 자리를 잡고 앉자 우 자신도 수레에 올라 중앙에 서서는 고삐를 손에 쥐었다.

　말 4필의 다리 16개가 다그닥다그닥 움직여 꽃수레를 신혼집으로 이끌고 갔다. 뒤이어 두 중매와 친지 및 식솔들이 다른 수레를 타고 줄줄이 따라왔다. 일시에 수레가 물 흐르듯 이어지니 화려하기 짝이 없었다. 도산의 백성들은 우의 명성을 익히 들어온 터라 수레를 우러러보면서 그가 천신처럼 생겼으리라 상상했다. 그들이 만약 우의 거무튀튀하고 초췌한 외모를 보았더라면 무척 실망해서 말했을 것이다.

　"저런 사람이 그처럼 대단한 능력을 지녔다니. 정말 사람은 겉모습 보고는 모른다는 말이 맞아!"

　이윽고 우는 두 여인을 데리고 신혼집에 도착하여 혼인의 예를 행하였다. 때는 이미 신일(辛日) 축시(丑時)가 되어 있었다. 그들은 서둘러 신방으로 들어가 잠자리에 들었다. 밖에서는 진규, 횡혁, 수해, 국애 등이 연회를 베풀어 두 중매와 친지들을 대접하고 있었다. 그들은 경진, 황마, 대예

세 사람도 배석하도록 불렀지만 그들의 모습은 어디에서도 찾을 수가 없었다. 이렇게 온 집안에 손님들이 웅성거리고 또 황제의 연회보다 과할 수는 없다고 해도, 세 사람이 보이지 않는 것은 의아한 일이 아닐 수 없었다.

알고 보니 경진, 황마, 대예 세 사람은 무지기가 몰래 습격할 수 있다는 운화부인의 말 때문에 도산에 도착한 후로 철통수비 중이었다. 특히 오늘은 길한 날 밤이니 더욱더 그것들이 몰려올까봐 걱정이 되어 어두워진 후로 더 철저한 경비태세에 들어갔다. 날이 저물자 더욱 경비태세를 강화했다. 우가 부인들을 맞이하여 돌아갈 때도 몰래 우를 따랐다.

우가 신방에 든 후로 세 사람은 신방 앞뒤를 지키며 헌원보경(軒轅寶鏡)을 든 채 잠시도 쉬지 않고 순찰을 돌았다. 인시(寅時) 초가 되자 아니나 다를까 서북쪽에서 야차처럼 생긴 요괴가 날아들더니 신방으로 서서히 접근했다. 경진이 황마와 대예에게 일렀다.

"그대들은 이곳을 지키면서 절대 자리를 뜨지 말고 전하께서 놀라시지 않도록 하시오. 저놈은 내가 가서 잡아오겠소."

그는 큰 창을 집어 들고 달려갔다. 요괴는 경진이 쫓아오는 것을 보고 무기를 들어 몇 차례 휘두르다가 뒤로 물러섰다. 경진이 추격하자 요괴는 더욱 빨리 달아났지만, 경진이 멈추면 다시 돌아와 병기를 흔들어댔다. 경진이 웃으며 말했다.

"호랑이를 꼬드겨 산을 떠나게 하는 조호리산(調虎離山) 계책이로구나! 내가 넘어갈 성싶으냐?"

이렇게 말하면서 그는 창을 들고 몸을 급히 돌렸다. 그랬더니 대예와 싸우던 요마가 달아나자 대예가 그 뒤를 쫓는 것이 보였다. 경진이 급히 저지하며 말했다.

"안 되오! 그들이 호랑이를 꼬드겨 산을 떠나게 하는 조호리산 계책으로 우리 셋을 유혹해서 자리를 비우게 한 뒤 일을 치르려는 것이오."

그 말을 들은 대예는 홀연히 깨닫고는 더 이상 요마를 쫓지 않았다. 요마는 경진이 자기 계략을 꿰뚫고 있음을 알고 돌아갔다. 경진이 대예에게 물었다.

"황마는 어디로 갔소?"

대예가 말했다.

"요마를 쫓아갔습니다."

경진이 말했다.

"그는 벌써 계략에 말려들었으니 남은 건 이제 우리 둘뿐이오. 우리는 절대 떨어져서는 안 되오."

대예는 그렇게 하겠다고 다짐했다. 두 사람이 지키고 있는 사이에 묘시(卯時)가 되자 황마가 돌아와서는 마구 욕을 해대었다.

"그 요마라는 놈 참으로 짜증스럽게 구는군. 차륜전법(車輪戰法)으로 날 유인하다니 말이야. 하지만 싸움도 제대로 못해보고 죽음을 당했다오."

그러자 대예가 말했다.

"계략에 말려든 사람이 아직도 그리 허풍을 떨고 있소?"

황마는 잠깐 생각하다가 뭔가 잘못되었다 싶어 소리쳤다.

"아이고, 내가 속았구나!"

경진이 말했다.

"지금부터 우리 셋은 절대로 자릴 뜨면 안 될 것이오."

황마가 말했다.

"그놈들이 낮에는 문제를 일으키지 못할 듯하오. 날이 밝기를 기다려 이 몸이 가서 동률 등을 모두 불러오는 것이 어떻겠소?"

그러자 경진이 대답했다.

"그것 역시 한 방법이지요."

세 사람은 그렇게 신방 위 공중에 떠서 경비를 보고 있었다. 잠시 후 아래쪽에서 수레와 말소리가 들려서 내려다보니 상대부와 친지들이 연회를 마치고 돌아가고 있었다.

날이 밝자 신방 문이 열리고 우가 일어났으며, 그제야 경진 등도 공중에서 내려왔다.

그때 진규 등은 아직 자고 있었기 때문에 경진 등은 그들이 놀라지 않도록 숙소 앞뒤로 순찰을 돌았다. 경진이 황마에게 말했다.

"동률 등을 부르러 가신다 하였는데, 지금이 좋겠소."

황마가 대답하고는 몸을 공중으로 날려 순식간에 동원(東原) 땅에 닿았다. 그때 백익 등은 우의 계획에 따라 그곳에 남아 사수(泗水)를 정비하는 중이었다. 도구(陶邱) 지역에서 제수(濟水)의 한 줄기를 사수로 끌어들

이고, 그 다음에는 사수를 통해 회수로 바로 들어가게 물길을 트는 일이었다. 동률 등은 그 공사를 돕고 있었다. 황마가 온 것을 보고 그들이 물었다.

"운화부인이 무슨 일을 시키셨습니까? 경진과 대예는 어찌해서 안 왔습니까?"

황마는 그간의 일을 모두 이야기하고, 그쪽에 사람이 너무 적어서 동률 등을 데리러 왔다고 말했다. 그러자 동률이 말했다.

"지금 곧 떠나기로 합시다."

그는 우선 황마, 오목전, 광장, 요여와 함께 백익에게 가서 이번 일을 설명했다. 백익은 우의 사정이 급하다는 말을 듣고 그들의 청을 기꺼이 허락해주었다. 칠원 지장(七員地將) 또한 이야기를 듣고는 함께 가자고 하였다. 황마가 말했다.

"함께 가는 건 상관없습니다. 그러나 그 요마가 지리정(地理精)이라 지하세력이 득실댄다고 들었습니다. 우리는 공중으로 날아가니 해를 입지 않겠지만 그대들은 땅으로 가게 되니 매우 조심해야 할 것이오."

홍몽씨 등은 명심하겠노라 했다. 그들은 몇 갈래로 나뉘어 도산으로 향했다. 오원 천장들은 빨리 날아갔기 때문에 어느새 경진과 대예를 만났으며, 그들로부터 지난밤에 우가 신방에 화촉을 밝히느라 밖에서 요마와

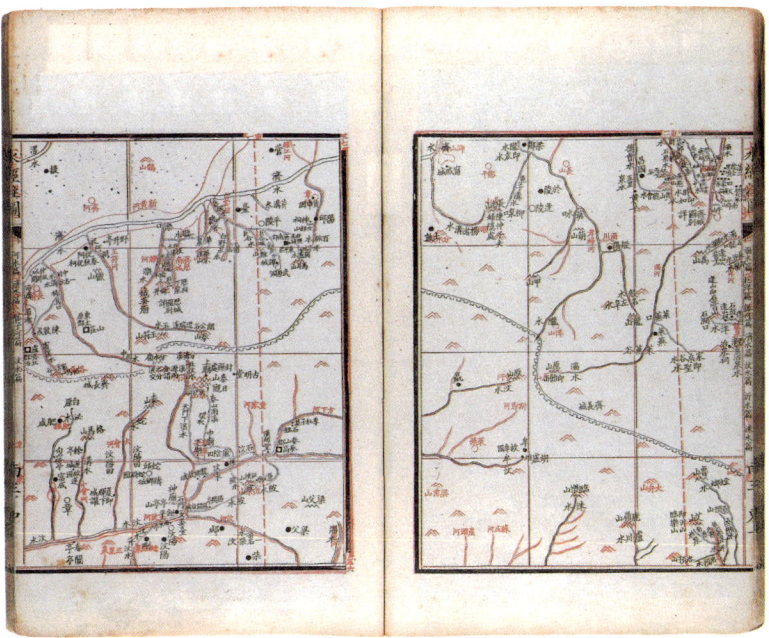

수경주도(水經注圖)
양수경(楊守敬), 청대

이 지도는 황하와 장강 유역의 물길을 잘 나타내고 있다. 옛것은 묵으로 표시했고 지금 것은 붉은색으로 표시했다. 지도는 리(里) 단위로 측정해서 그렸으므로 매 방위마다 50리다. 1~5권은 하수 편이고 6~32권은 분수, 위수, 낙수, 회수, 제수 편, 33~35권은 강수(장강) 편, 36~40권은 상수, 공수(贛水) 편이다. 끝에는 낙양, 장안 등 13폭의 성읍도가 있고 '우공산수택지소재도(禹貢山水澤池所在圖)'로 끝을 맺었다. 지도에는 물, 하수도, 못, 골짜기 및 북위(北魏)의 주, 군, 현과 청대의 주, 군, 현, 향(鄕), 정(亭) 등이 나온다. 《수경주도》는 청대 말 양수경 등이 명청대 여러 역학 연구의 성과를 총괄해서 편찬한 《수경주소(水經注疏)》와 동시에 그려서 간행한 것으로, 《수경주》의 물길로 지세를 논한 역사지리 도록이다.

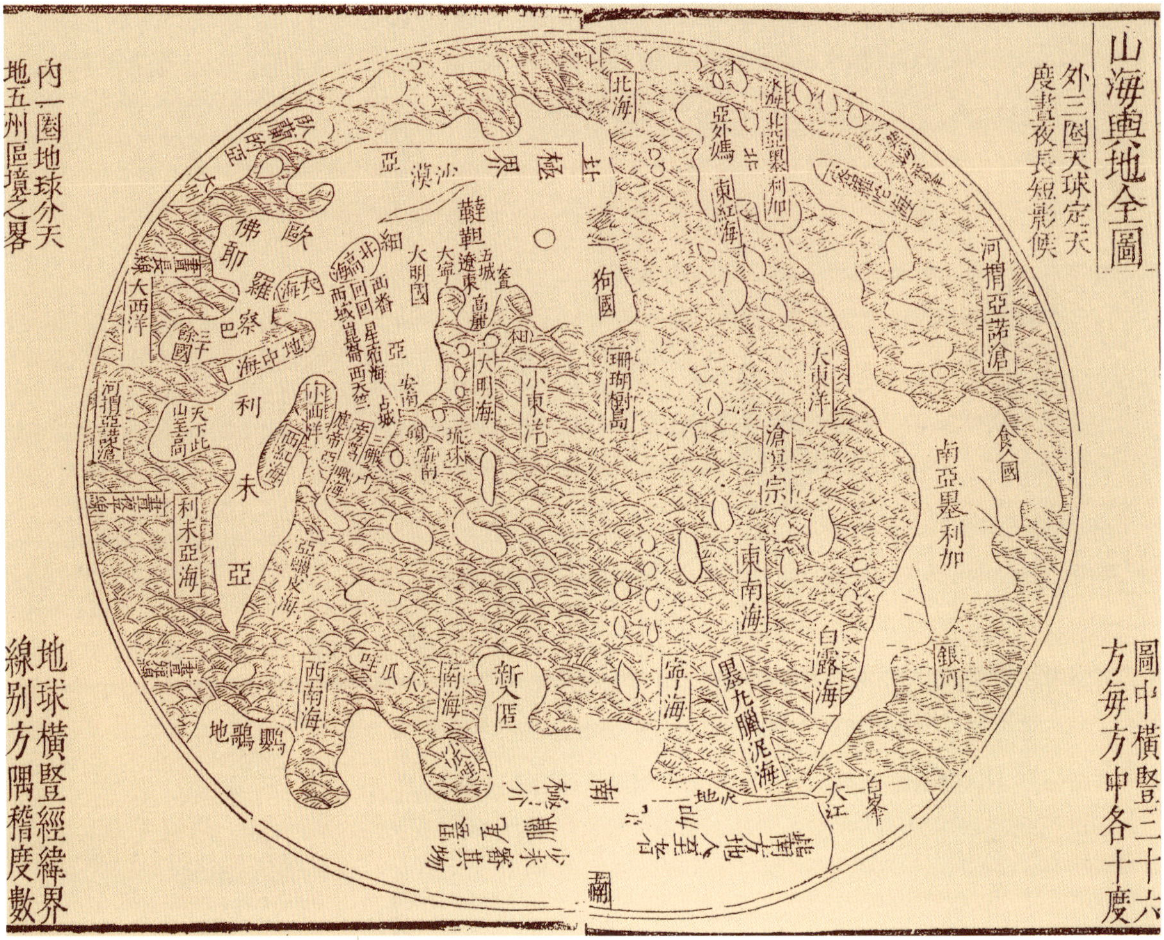

산해여지전도(山海輿地全圖)
풍응경(馮應京), 명대

이것은 《삼재도회》에 있는 원형의 세계지도로, 리마두가 만력 28년(1600)에 제작한 남경판 세계지도다. 이 지도는 세계를 육대주로 나누었는데 아세아(亞細亞 : 아시아대륙), 구라파(歐羅巴 : 유럽대륙), 리미아(利未亞 : 아프리카대륙), 북아묵리가(北亞墨利加 : 북미주), 남아묵리가(南亞墨利加 : 남미주), 묵와랍니가(墨瓦臘尼加 : 남극대륙)가 그것이다. 도판의 네 귀퉁이에 간략하게 우주 천지와 지구의 경도와 위도를 기재해두었다. 지도를 제작할 때 경도와 위도는 눈금 종이를 사용했던 것 같고 판각기술은 알아낼 방법이 없다.

싸움을 벌이는지도 몰랐고, 황마가 북쪽으로 떠난 것도 물어보지 않았다는 사실을 들었다. 혼례를 축하하기 위해 온 도산의 높고 낮은 관원들이 들락거려 우가 진규와 횡혁 등과 함께 접대하느라고 바빠서 그런 일에 신경 쓸 틈도 없었기 때문이다. 오후가 되어서도 처가에 장인, 장모를 뵈러 가느라 경진 등의 거동을 물어볼 겨를이 없었다. 다만 지교 등이 어젯밤에 경진 등을 못 봤기 때문에 이상한 생각이 들어, 오후에 우가 나간 후에 그들을 찾아갔다. 그랬더니 칠원 천장이 밖에서 은밀히 이야기를 나누면서 무엇인가 의논하는 듯한 모습이 보였다.

횡혁이 급히 동률 등에게 물었다.

"그대들은 언제 왔소?"

동률이 대답했다.

"오전에 왔습니다."

횡혁이 말했다.

"그거 잘되었소! 우리 편 지원군이 많이 늘었구려."

진규가 대예에게 물었다.

"어젯밤 그대들은 어디에 갔었소? 아무리 찾아도 보이지 않던데."

대예가 말했다.

"우리는 아무데도 안 가고 집 주변에 있었소이다."

진규가 물었다.

"축하주도 마시지 않고 밖에서 무엇을 하신 거요?"

황마가 웃으면서 말했다.

"그대들은 축하주를 마시느라 바빠서 어젯밤에 얼마나 위험했는지를 모르시는군요."

그는 어젯밤의 상황을 이야기해주었다. 지교가 이야기를 듣고는 저도 모르게 혀를 차며 말했다.

"그랬었군! 우리는 전혀 몰랐소."

경진이 말했다.

"이 일을 절대로 전하에게 알리지 말도록 하시오. 전하께서는 단꿈 같은 신혼에 계시니 전하와 부인들이 놀라시면 좋지 않소."

수해가 말했다.

"오늘밤에 요괴가 또 오면 어찌하오리까?"

경진이 말했다.

"아마 그럴 것이오. 그래서 동률 등을 데려온 것이니 우리 일곱 사람이 보호하면 절대 해를 끼치지 못할 것이오."

그들이 모여 이런 이야기를 나누는 중에 우가 돌아왔다. 사람들은 모두 그를 맞이하러 나갔다. 우는 동률 등 네 사람을 보더니 물었다.

"그대들은 언제 왔소? 무슨 일이오?"

동률이 대답했다.

"백익 일행이 전하를 뵙고 싶다고 저희에게 소식을 가져오라 하였습니다. 그래서 축하를 드릴 겸 해서 왔습니다."

우가 말했다.

우의 개산(開山) 치수(治水)
옥 조각, 청대

우는 산을 뚫어 물길을 만든 후 물을 소통시키는 방법으로 치수를 했다. 이 옥기는 원래 이름이 '대우개산도(大禹開山圖)'이며 지금까지 세상에 전해지는 옥기 중에 가장 거대하다.

옥결(玉玦)

옥결은 고대 제사에 쓰였던 아주 귀한 물건으로, 옥벽과 비슷하지만 터진 입구가 하나만 있어서 귀에 걸 수 있다. 이 옥결은 흥륭청(興隆清) 유적지에서 출토된 것으로, 지금까지 중국에서 발견된 옥 유물 중에 가장 오래된 진품이다. 맑은 비취빛으로 질이 아주 뛰어나다.

헌원이 길을 묻다
석예(石銳), 비단 채색, 명대

이 그림은 황제 헌원이 공동산(崆峒山)에서 광성자에게 길을 물어보는 정경이다. 그림을 보면 산이 병풍처럼 둘러져 있고 푸른 소나무가 울창하며, 산 사이로 보이는 숲 속에는 집이 한 채 숨어 있다. 황제와 광성자가 마주 앉아 길에 대해 이야기하는 둘레로 시종들이 모시고 섰다. 어떤 하인들은 식사를 준비하느라 분주하다. 구도가 다소 띄엄띄엄하지만 인물들의 모습이 엄숙하면서 장엄한 분위기를 자아낸다.

"그대들에게 큰 수고를 끼치는구려. 돌아가거든 백익과 사람들에게 결혼식이 끝났으므로 곧 돌아가 치수에 임하겠다고 전해주시오. 또 게으러지지 않도록 열심히 하시라고 전해주시오. 모두들 잘 있겠지요?"

오목전이 말했다.

"모두 잘 지내고 있습니다."

우는 더 이상 묻지 않고 안으로 들어갔다. 이날 밤 경진 등이 보초를 섰지만 요괴는 나타나지 않았다. 다음날에도 요괴는 오지 않았지만 천장들은 밤새 철통같이 수비를 섰다.

사흘째 되던 날, 도산후의 군신들이 연회를 열어 우를 초대했기 때문에 우와 부인들은 연회에 참석하러 갔다. 7명의 천장은 별 일이 없어 여기저기를 한가롭게 돌아다니다가, 멀리 산꼭대기에서 사람이 걸어오는 것을 보았다. 요여가 가만 보니 오도씨와 도신씨 같았다. 광장에게 손으로 가리키며 보라고 하니 정말 그들 두 사람이었다. 오도씨와 도신씨가 가까워졌을 때 요여가 물었다.

"어째서 이제야 오십니까? 다른 다섯 분은 어디 계시는지요?"

도신씨가 한숨을 쉬면서 말했다.

山海經

"큰일 났습니다, 큰일 났어요. 모두 요마한테 잡혀갔습니다."

모두들 놀라서 어쩌다가 그런 일이 벌어졌는지 물었다. 오도씨가 말했다.

"오는 길에 회수 밑을 지나다 뜻밖에 어떤 궁전 앞에 이르렀습니다. 궁전 문 앞에는 작은 요괴들이 무리지어 지키고 있더군요. 그놈들과 싸울 필요가 없다고 생각해서 그곳이 누가 사는 곳이냐고 물어보았습니다. 그랬더니 그곳이 수괴(水怪)인 무지기의 둘째아들이 사는 소굴이라더군요. 우리가 또 무지기의 둘째아들이 어디에 있느냐고 물었더니 어제 도산국에 누군가를 잡으러 갔다고 했습니다. 그때 우리 일곱 사람은 서로 상의를 하며 '도산에 가서 누군가를 잡는다면 분명히 전하에게 좋은 일이 아닌데, 큰일이로구나' 하는 생각이 들었습니다. 그래서 우선 그 소굴을 부수어버리기로 했지요. 그렇게 결정한 후 한 사람씩 차례로 돌아가며 문을 지키는 요괴들을 모두 쳐 죽이고 궁전 안으로 들어갔습니다. 그런데 의외로 도망갔던 요괴들이 구원병을 데려왔더군요. 우리는 이미 궁전 안에 들어가 있었고, 그놈들은 문을 걸어 잠근 채 겹겹이 우리를 에워쌌습니다. 우리가 알아차리고 후퇴하려 했지만 이미 퇴로가 차단되어서 위로도 못 뚫고 나가

강채(姜寨) 촌락
복원도

강채 유적지는 지금 섬서 서안 임동구(臨潼區)에 위치하며, 남으로 여산(驪山)에 기대고 북으로 위수와 하수에 닿아 있다. 강채는 풍수지리상 명당인 배산임수(背山臨水)의 지세에 해당된다. 멀리 숲에는 풀과 나무가 무성하고 아래로는 위수와 하수가 감돌아 흐르는 아름다운 자연경관을 자랑한다. 촌락 둘레로 강물이 감아 돌고 그 안에 사람 사는 거주지가 자리 잡았다. 강채 지역은 자원이 풍부해서 숲으로 가면 따먹을 과일이 주렁주렁 열렸고 사냥할 짐승도 많다. 강에서는 물고기와 게를 그냥 건져서 맛있게 먹기만 하면 면 된다.

고 아래로도 못 파고 나가니, 일곱 사람이 힘을 모아 그들과 죽도록 싸울 수밖에 없었습니다. 까마귀 얼굴을 한 선봉장 한 놈이 우리 손에 죽자, 거대한 요괴 하나가 또 들어왔습니다. 이놈은 몸체가 거대하고 어금니가 길쭉하게 입 밖으로 툭 튀어 나온데다가 가락지같이 큰 눈에 눈동자가 황금처럼 번쩍이더군요. 그 요괴들이 그놈을 향해 셋째 태자님이라고 불렀습니다. 그놈은 정말 두려운 놈이었습니다. 우리 일곱 사람을 한꺼번에 대적할 힘이 있는데다가 두려운 기색이 전혀 없었지요. 게다가 우리는 이미 지쳐 있었고 또 그놈들 소굴에 들어가 있었으니, 지세도 그놈들 아는 만큼 따라갈 수 없었습니다. 또 숫자도 그놈들이 더 많아서 어찌할 바를 모르고 있는 차에 노씨가 땅에 엎어져서는 요괴 일당에게 산 채로 잡혀가고 말았습니다. 우리는 내심 당황해서 그를 구하려 했지만 또 이루씨와 두씨가 고꾸라져 잡혀가고 말았습니다. 그제야 우리는 도망가지 않으면 전멸하리라는 것을 알았습니다. 하지만 죽기로 싸우는 수밖에 도리가 없었습니다. 네 사람이 일시에 밖을 향해 달렸습니다만 놈들이 워낙 많아서 어쩔 수가 없었습니다. 홍몽씨와 장상씨가 앞에서 분투하며 죽인 요괴가 적지 않았지만 밑에다 덫을 묻어놓아서 모두 넘어지고 말았지요. 요괴들이 급히 덤벼들어 잡으려고 하는데 우리 둘은 용을 쓰며 밀쳐내고 운 좋게 도망 나왔습니다. 다른 다섯 사람이 살았는지 죽었는지도 모르겠습니다. 그저 전하와 여러분들께 빨리 계책을 세워 그들을 구하러 가자고 부탁할 따름입니다."

경진이 말했다.

"전하께서 신혼이시라 심려를 끼쳐드릴 수 없습니다. 며칠 지나고 말씀드리도록 하십시다. 이 몸의 생각으로는 다섯 분이 목숨을 잃으실 걱정은 없어 보입니다."

그들은 구원책을 논의했지만 좋은 방안이 얼른 떠오르지 않자 미적미적 돌아갔다.

이때 우 부부가 연회를 마치고 돌아왔다. 그러자 진규, 횡혁 등이 바쁘게 짐을 싸며 말했다.

"내일 출발하십시다."

황마가 급히 물었다.

"부부가 함께 가시는지, 아니면 전하 혼자 가시는지요?"

진규가 말했다.

"전하만 가십니다."

황마는 그 말을 듣고 경진 등과 상의했다.

"전하는 우리가 보호할 테니 염려하지 않아도 됩니다. 부인께서 이곳에 남아 계시다가 요마의 공격을 받는다면 어찌합니까? 제 생각으로는 그날 밤 상황을 전하께 말씀드리는 게 나을 것 같습니다. 그러면서 부인도 데려가시라고 하면 일은 간단히 해결되지 않겠습니까!"

사제(社祭)

상대에는 하늘을 향해 기원하는 제사의 식을 거행하면서 신령에게 공양하는 희생양으로 사람을 쓰기도 했고 사람을 순장시키기도 했다. 제사용 희생으로 쓰인 사람의 신분에 대해서는 2가지 의견이 있다. 한 의견은 주로 노예를 썼으며 가끔 친척이나 주변 사람으로 대신하는 특별한 경우가 있었다는 것이다. 다른 의견은 포로를 주로 썼고 일부는 노예를 썼으며 극소수의 경우에 귀족을 썼다는 것이다. 은 갑골문의 기록을 보면 제사 때 주로 '강(羌)', '간(艮)', '해(奚)', '신(臣)', '부(仆)'를 사용했다고 한다. 춘추전국 시대에는 사람을 희생양으로 쓰는 일이 흔했지만 그런 악습에 반대하는 사람이 날로 많아지자 점점 그 추세가 약해질 수밖에 없었다. 그럼에도 불구하고 사람을 제물로 바치는 제사는 아주 오랫동안 유지되었으니, 군대에서 포로를 바치거나 죽이는 일도 사실은 인간 희생제물의 변형된 모습이라고 할 수 있다.

모두 그 생각이 옳다고 했다. 그러자 경진이 말했다.

"전하께서 부인을 데리고 가지 않겠다면 필시 이유가 있을 터인즉, 오늘밤 상황을 지켜본 뒤 내일 말씀드립시다."

그날 밤, 요마가 다시 쳐들어왔다. 이번에는 계략을 쓰지 않았다. 맨 앞에 나선 두 요괴는 체구가 거대했는데, 어두운 밤이라서 어떻게 생겼는지는 잘 보이지 않았다. 하나는 이리 어금니로 만든 곤봉을 들었고 다른 하나는 큰 작두를 휘두르며 수십 명의 요괴를 거느리고 구름과 안개를 일으키면서 들이닥쳤다. 경진이 급히 동률 등에게 일렀다.

"이 몸이 황마와 앞으로 나가 맞설 것이니 그대들은 이곳을 잘 지키고 계시오. 무슨 일이 있어도 자리를 비워서는 안 되오."

동률 등은 그렇게 하겠다고 답했다.

경진과 황마는 앞으로 나아가 요괴들을 대적했다. 의외로 두 요마의 무공이 비범해서 반 시진이 지나서야 그들을 물리칠 수 있었다. 따라온 작은 요괴들 중에서 2마리가 기회를 노려 우의 신방을 공격하려다가 광장과 오목전 등에게 맞아서 정원 바닥으로 떨어졌다.

마침 날이 밝은지라 우는 이미 잠에서 깨어 두 부인과 이야기를 나누고 있던 참이었다. 그런데 갑자기 지붕에서 꽝 하는 소리가 들리면서 기왓장이 우르르 쏟아져 떨어지더니 곧이어 또 꽝 소리가 나면서 기왓장이 쏟아져 내렸다. 그들이 황급히 문을 열고 나와 보니 땅바닥에 시체 둘이 널려 있어 놀라움을 금할 수 없었다. 그때 대예가 지붕에서 내려오더니 우에게 물었다.

"놀라셨습니까?"

우가 이유를 묻자 대예는 간밤의 일들을 소상히 아뢰었다. 날도 완전히 밝아 요괴도 모두 사라졌다. 경진 등도 모두 내려왔고 신방 앞을 지키며 자던 진규 등도 소리를 듣고 나왔다. 황마는 그 틈을 타 우에게 여기 남아 있다가 요마에 놀라는 일이 없도록 부인도 함께 데려가라고 청을 넣었다. 그랬더니 우가 말했다.

"그대들이 이렇게 관심을 가지고 돌봐주니 정말 기쁘오. 그러나 함께 가는 것은 도리에 맞지 않소. 나는 명을 받들고 치수에 나선 몸인데 어찌 임무를 수행하면서 내키는 대로 집에 갈 수 있겠소? 다시 의논하도록 하시

일월수화신(日月水火神)
무명씨, 비단 채색, 명대

해, 달, 물, 불의 천신을 상하좌우에 세우고 서로 겹치지 않게 그렸다. 구도가 독특하며 네 신의 기색과 자태도 각기 다르다. 왼쪽 위에 있는 신은 도끼를 잡고 있는데 손끝 구름에 태양이 걸려 있고 위에는 금계가 있으니 태양신이다. 오른쪽 위는 검을 잡고 있는데 손끝에 구름과 달이 걸려 있고 위에는 옥토끼가 있으니 달의 신이다. 아래 둘은 각각 도와 검을 잡고 있는데 손 끝에 물이 나타난 쪽은 수신이고 불이 나타난 쪽은 불의 신이다.

오."

그는 진규 등에게 당장 요괴의 시체를 메고 가서 묻으라고 한 뒤 안으로 들어가 몸을 씻었다.

여교와 여수 두 부인은 요괴의 시체를 보고는 그들이 얼마나 흉악한지 알게 되었으며, 지금까지 일어난 일들을 듣고 나니 너무나 무서웠다. 그러나 내색은 하지 않았다. 우가 들어와서는 그녀들에게 말했다.

"내가 당신들을 데리고 가는 것도 도리가 아니고, 남겨 두고 가자니 마음이 편치 않소. 정말이지 난감하게 되었소."

그러자 여교가 말했다.

"첩들로 인해 고민하지 마십시오. '죽고 사는 것은 타고 나고 부귀는 하늘에 있다'는 옛말이 있다 들었습니다. 첩들이 요마의 손에 죽어야 한다면 비록 전하를 따라가도 그 운명을 면치 못할 것이니, 더 이상 괜한 걱정을 하실 필요가 없습니다. 만약 저희들이 요마의 손에 죽지 않을 운명이라면 여기에 있어도 무사

풍년을 기원하는 춤
벽화

이 그림은 운남 지역 와족(瓦族)의 원시 벽화다. 운남은 소수 민족이 많기로 유명한 성으로 오랜 역사 속에서 풍부하고 다채로운 문화예술을 창조해왔다. 이 그림은 붓끝이 거칠고 호방하며 느낌이 강렬하다. 원시시대에 풍년을 기원하던 농경 사회의 춤을 그린 그림이다.

할 것입니다. 원컨대 전하께서는 편안히 여행하시어 요마를 멸하시고 하루라도 빨리 큰 공을 이루시기 바랍니다."

실로 우는 사흘간 신혼생활을 보낸 후 길을 떠나려니 두 부인이 난감해할까 걱정이었다. 그런데 이렇게 이야기를 꺼내자마자 그녀들이 자신을 막지 않을 뿐 아니라 모든 것을 이해한다는 말까지 듣고 보니 크게 위로가 되었다. 특히 위험한 일을 당한 직후라 아직 두려움도 가시지 않았을 터인데, 전혀 겁내는 기색이 없이 자신의 생각을 받아주는 마음에 감동해서 말했다.

"두 부인 말씀이 지극히 옳으시오. 떠나기 전 장인께 작별인사를 드리러 갈 때 호위할 병사들을 많이 보내도록 청할 터이니, 그렇게 하면 걱정할 일이 없을 것이오."

우는 아침을 먹은 다음 진규 등에게 짐을 정리하도록 분부하고, 도산후 댁에 가서 인사를 드린 후 돌아와서 곧 출발하기로 했다. 그렇지만 밖에서는 이미 사람들 소리, 수레소리가 시끌벅적했다. 어젯밤 요괴의 침범 소식을 들은 도산후가 전송도 할 겸 급히 달려온 것이다. 우는 도산후를 맞아들인 후에 두 부인의 안전에 대해 상의했다. 도산후가 말했다.

"전하께서는 잠시만 기다리시지요. 이 몸이 노 임금님을 모셔오면 해결할 수 있을 것입니다. 그분은 도술이 뛰어나 앞일을 내다보시니, 그분이 같이 가라 하시면 전하께 두 딸을 데리고 가달라 청하겠습니다. 만약 그분이 남으라고 하시면 아무 일도 없을 것입니다."

도산후는 말을 마치자 총총히 사라졌다가 오후에 다시 와서 우에게 말했다.

"노 임금님께서 말씀하시기를 같이 갈 필요가 없다고 하십니다. 딸들이 여기 남아도 그분께서 보호하시니 요괴는 절대 오지 않으리라 하십니다."

그 말을 듣고 우는 기뻐하며 도산후에게 거듭 감사를 표했다. 그러나 출발하기에는 이미 늦어서 하루를 더 머무르게 되었다.

다음날 새벽, 우는 먼저 도산후에게 작별인사를 하고는 곧 출발했다. 전송하러 나온 도산후와 여러 관료 및 백성들이 수도 없이 많았다. 우의 결혼으로부터 출발까지 겨우 신(辛), 임(壬), 계(癸), 갑(甲) 4일이 지났으니, 일이 급하게 진행되는 와중에 여수는 벌써 회임을 했다. 이것이 우가 도산에서 아내를 맞이한 내막이다.

우는 수해에게 중국 전역을 측량하라고 지시했다. 수해는 동쪽 끝부터 서쪽 끝까지 모두 5억10만9,800 걸음으로 계산했다. 수해는 오른손에 계산용 홀을 잡고 있고 왼손은 청구의 북쪽을 가리키고 있다

흑치국(黑齒國)은 수해의 북쪽에 있다. 흑치국 백성은 치아가 까맣다. 그들은 쌀을 주식으로 하고 뱀으로 요리와 안주를 만든다. 붉은 뱀과 푸른 뱀이 그의 옆에 있다. 수해의 북쪽에 흑치국이 있는데 이곳 사람들은 머리가 까맣고 벼와 뱀을 먹는다고도 한다. 몸 옆의 붉은 뱀은 그들을 위한 사환이다. 이곳 사람들은 풀로 이를 까맣게 물들인다.

흑치국 북쪽에 탕곡(湯谷)이 있다. 탕곡에는 부상(扶桑)이라는 커다란 신수(神樹)가 서 있는데, 10개의 태양이 목욕하는 곳이다. 부상은 반쯤 물에 잠겨 있고, 가지는 물 위로 나와 있다. 9개의 태양은 물 밑의 아래쪽 나뭇가지에 머무르고, 태양 하나가 물 위로 솟은 가지에 머물고 있다.

홍수를 막기 위해 회의를 열다
무명씨, 선묘

곤은 숭(崇 : 혹은 有崇이라고도 함)에서 나라를 세우고 호를 숭백으로 했다. 요임금이 사악의 추천을 받아서 곤에게 치수를 하도록 하자 곤은 제방을 쌓아 물을 막는 방법으로 홍수를 잡으려 했다. 그렇게 9년이 흘렀지만 여전히 물길이 잡히지 않자 그 실책으로 인해 우산에서 순에게 피살된다. 신화에서는 곤이 노란 곰으로 변했다고 했다.

이 그림은 곤이 현자들을 모아놓고 구주의 홍수를 막을 대책을 논의하고 있는 장면이다.

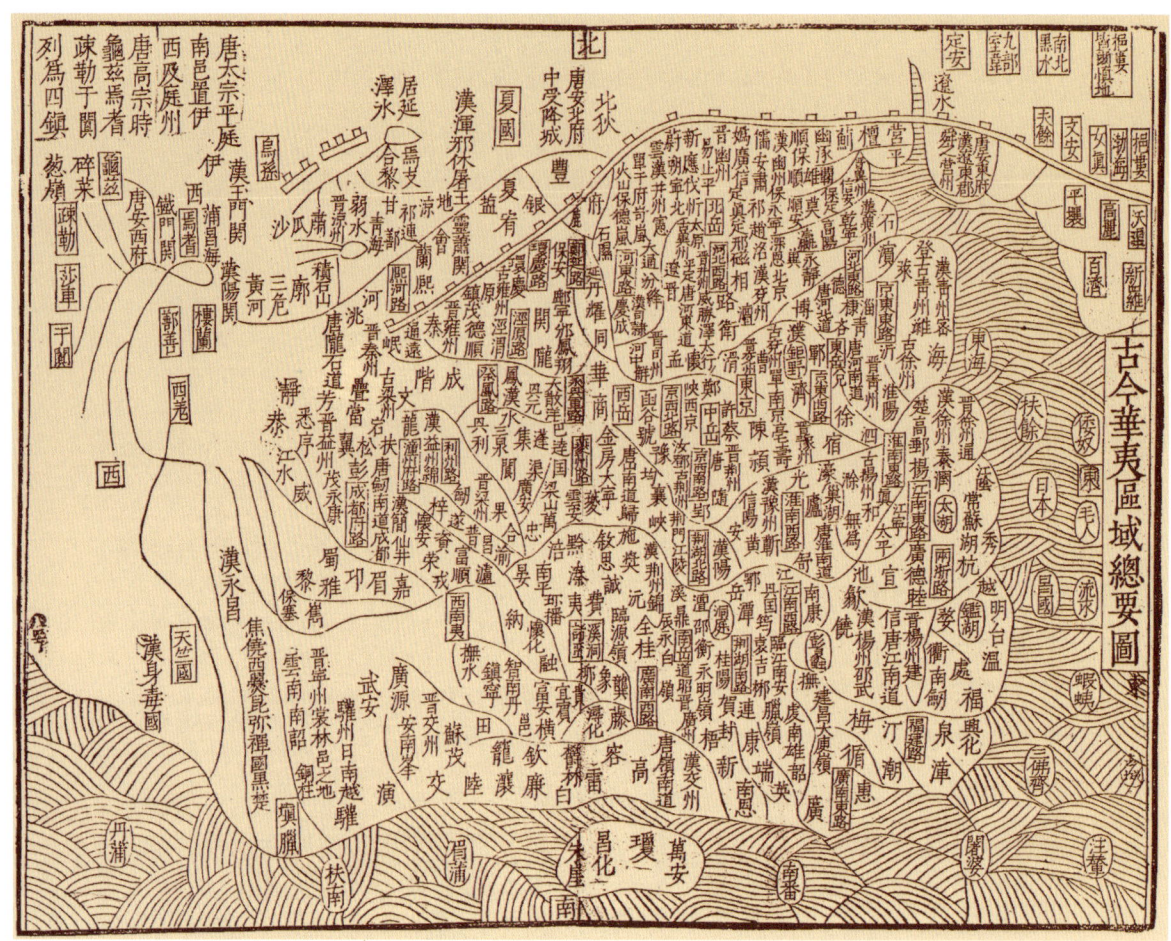

고금화이총요도(古今華夷總要圖)

이 화이 구역 총요도는 송대 전국의 27로 및 고금 주군의 대략적인 분포도를 표시한 것이다. 그림의 해안선, 하류, 장성 등의 모습과 화법은 《화이도》나 《동진단지리도》와 비슷하다. 《역대지리지장도(歷代地理指掌圖)·고금화이구역총요도》는 북송의 세안례(稅安禮)가 찬한 것으로 역사 연혁 위주로 나오는데, 제곡부터 시작해서 송대까지 총 44폭에 달한다. 앞에 차례가 나오고 뒤에 총론이 나와 있다. 개략적이기는 하지만 역사 지도의 효시라고 할 수 있다.

우사첩국(雨師妾國)이 양곡의 북쪽에 있다. 이곳 사람은 피부가 아주 검고 두 손에 뱀을 한 마리씩 잡고 있으며, 왼쪽 귀에는 푸른 뱀이, 오른쪽 귀에는 붉은 뱀이 있다. 우사첩국은 10개의 태양이 목욕하는 곳의 북쪽에 있는데, 그곳 사람은 몸이 검고 양손에 거북을 한 마리씩 들고 있다고도 한다.

현고국(玄股國)이 우사첩국의 북쪽에 있다. 이곳 백성은 물고기껍질로 옷을 지어 입고 바다 갈매기 같은 물고기를 먹고 산다. 그들은 2마리 새의 가운데에서 산다.[24]

모민국(毛民國)은 현고국 북쪽에 있다. 이곳 사람은 온몸에 검은 털이 나 있다. 지금의 임해군 동남쪽 2,000리 지역 해상의 어떤 섬에 털 난 사람들이 산다고 하는데, 그들은 체구가 작고 털로 덮여 있는 것이 마치 돼지나 곰 같다고 한다. 또 그들은 동굴에서 지내며 옷을 입지 않는다. 진(晉)의 영가(永嘉) 4년에 오(吳)나라의 사염도위(司鹽都尉) 대봉(戴逢)이 바다에서 배 한 척을 만났는데, 그 배에 탄 남녀 4명의 생김새가 이와 같았다. 말이 통하지 않은 탓에 대봉은 그들을 승상부(丞相府)로 호송했는데, 도착하기도 전에 그중 3명이 죽고 남자 한 명만 살아남았다. 관부에서 그에게 아내를 맺어주었는데, 그 후 아들을 하나 낳았다. 후에 그는 자주 저자거리에 나다니다가 사람들 말을 알아듣게 되었는데, 자신을 모민국 백성이라고 소개했다고 한다.

노민국(勞民國)은 모민국 북쪽에 있다. 그곳 백성은 우사첩국 사람처럼 피부가 새까맣다. 노민국은 또한 교민국(敎民國)이라고도 하며, 그곳 사람들은 눈과 손과 발이 시커멓다. 노민국 사람들은 야생과일과 풀 등을 먹고 산다. 그곳에는 머리가 둘인 새가 산다.

동방에 나무의 신 구망(句芒)이 있다. 그는 새의 몸에 사람의 머리를 하고 있으며 2마리 용을 타고 다닌다.

상고시대의 여운, 도훈(陶塤) 소리
상대

이 2개의 도훈은 까만 도자기로 바닥이 평평하고 배가 크며 머리 부분에 입을 대고 부는 곳이 있다. 배에 5개의 소리구멍이 있어서 연주할 때 서로 다른 구멍을 통해 다양한 음이 나온다. 훈으로 부는 음악은 처연하고 구성지게 이어진다. 훈은 중국에서 가장 오래된 악기의 하나다.

정(鄭)나라 목공(穆公)이 낮에 사묘(寺廟)에 들어간 적이 있었다. 어떤 신이 불쑥 들어왔는데, 새처럼 생겼고 네모진 얼굴을 하고 있었다. 목공이 놀라 도망가려는데 그 신이 말했다.

"무서워할 필요 없습니다. 천제가 당신의 어진 정치를 아시고 저를 보내 19년을 더 살게 하라고 하셨습니다. 당신의 나라는 날로 번창하고 육축(六畜)도 번성할 것입니다."

목공이 머리를 조아리면서 물었다.

"존성대명(尊姓大名)을 여쭈어도 되겠습니까?"

그가 대답했다.

"저는 구망이라고 합니다."

24_ 이 부분은 저자가 착오를 범한 것으로 보인다. 이 부분을 정재서 교수는 '2마리의 새가 부축하고 있다'라고 번역했다. 의미가 분명한 것은 아니나 적어도 고전을 본다면 정재서 교수의 번역이 더 타당함을 알 수 있다. - 역자 주

제10장

해내남경

海內南經

해내남경 · 코끼리를 삼키는 파사(巴蛇)

● ── 해내남경(海內南經)

이제 세상의 동남쪽 모퉁이에서 서쪽에 있는 나라들을 살펴보기로 하자.

동구(東甌)가 바다 한가운데 있다. 민(閩)도 바다 가운데에 있는데 그 서북쪽에 있는 산은 기복이 심하다. 민중(閩中)의 산들이 바다 가운데에 있다고 하는 사람도 있다. 중국 대륙은 사면이 바다로 둘러싸여 있어서 옛 사람들은 국경 안쪽이 해내이고 국경 밖이 해외라고 생각했다. 옛 사람은 민중 일대에서 우물을 파면 바다소라와 바다조개 같은 화석이 자주 발견되어서 동구(지금의 온주 일대), 민(지금의 절강), 복건성 일대가 해내에 있다고 여겼다.

삼천자장산(三天子鄣山)이 민의 서북방에 있다. 바다 한가운데에 있다고 하는 사람도 있다.

계림(桂林)에 있는 8그루의 나무숲이 번우(番禺) 동쪽에 있다. 나무 8그루가 숲을 이루었으니 나무가 얼마나 거대한지 알 만하다.

백려국(柏慮國), 이이국(離耳國), 조제국(雕題國)과 북구국(北朐國)이 모두 울수(鬱水) 남쪽에 있다. 울수가 상릉(湘陵)의 남쪽에 있는 산에서 흘러나온다. 상려국(相慮國)이라고도 한다. 그중 조제국 여자는 성년이 되면 이마에 세밀한 꽃문양을 새기므로 그들을 일러 자면녀(刺面女)라고도 한다.

효양국(梟陽國)이 북구국 서쪽에 있다. 효양국 백성은 사람처럼 생겼지만 사람얼굴에 입술이 크고 몸에 검은 털이 나 있으며 발이 거꾸로 붙어 있고 왼손에 죽 대롱을 들고 있다. 효양국 사람은 사람고기를 즐겨 먹는데 입이 유난히 크다. 누가 하하 웃는 것을 보면 자신도 웃는데, 입이 커서 이마까지 가려진다. 웃고 나면 그 사람을 잡아먹는다. 토박이들은 손에 죽 대롱 2개를 들고 다니다가, 어떤 사람과 마주치면 손을 죽 대롱 속으로 넣고 반대편으로 빼면서 자신의 입술을 이마까지 불어 올려 그 사람을 잡는다.

시(兕)는 순임금이 묻힌 곳의 동쪽, 상수(湘水)의 남쪽에 산다. 그 모습은 소처럼 생겼으나 온몸에 까만 털이 나 있으며, 뿔이 하나뿐이고 체

창조와 발명의 신 복희씨
무명씨, 인물화

복희씨는 삼황오제의 으뜸이다. 그림에서 복희씨는 머리를 어깨까지 늘어뜨리고 몸을 사슴 가죽으로 덮고 있다. 복희씨의 가장 저명한 발명품은 팔괘로 알려져 있다. 하늘을 살피고 땅을 굽어본 뒤 가깝게는 몸의 기관을 취하고 멀게는 천하의 만물을 취해서 한 가닥 긴 '―'자로 양을 표시하고 두 가닥 짧은 '--' 자로 음을 표시했다. 이 음과 양을 배합하면 8개의 서로 다른 도안이 만들어지므로 그것을 팔괘라고 했다. 팔괘는 하늘, 땅, 번개, 바람, 물, 불, 산, 못의 8가지 자연현상을 상징한다. 천신에게 제사지내고 사람들에게 알리고 만물을 나타낼 때는 언제나 팔괘를 사용했다. 복희씨는 사냥, 물고기잡이, 목축, 문화, 오락, 요리, 예의, 하늘 제사, 백성을 다스리는 등 다방면에서 뛰어난 능력을 보여주었다.

중은 3,000근 쯤 된다.

창오산(蒼梧山) 남쪽에는 순임금이 매장되어 있고, 북쪽에는 단주(丹朱)가 묻혀 있다. 단주는 요임금의 아들로 불효막심하고 사치스럽고 음란한데다가 온갖 나쁜 짓을 일삼았기에 요임금이 군대를 끌고 그를 정벌하였다. 단주는 군대가 패하자 스스로 죄를 뉘우치고 강물에 몸을 던져 죽었다. 요임금은 그를 불쌍히 여겨서 그의 아내를 남해로 가서 살게 했는데, 그 자손이 번성해서 환주국(讙朱國)을 이루었다.

범림(氾林)은 사방 300리로 성성이가 그곳의 동쪽에 산다. 성성이는 사람 이름을 알아맞힌다. 모습은 새끼 돼지처럼 생겼지만 얼굴은 사람과 비슷하며, 순임금이 묻힌 창오산의 서쪽에서 산다.

하후계의 대신(大臣) 맹도(孟涂)는 파(巴) 땅에서 소송(訴訟)하는 신의 역할을 하고 있다. 그 지역 사람들이 맹도에게 와서 고소하는데, 맹도는 몸에 피가 묻은 사람을 보면 불문곡직하고 그를 잡아들인다. 이는 그가 살아 있는 사람을 아끼면서 어진 정치를 베푸는 사례다. 맹도는 산에 사는데, 그곳은 무산(巫山)의 서쪽에 있다. 알유는 약수(弱水)에 살며, 머리가 용의 머리와 비슷하다. 옛날에 물길이 얕거나 그 지역 사람들이 배타고 노 젓는 것을 배우지 못해 뗏목만 타고 다닐 때에 배가 다닐 수 없다고 생각하여 약수라고 했다. 그곳은 성성이가 사는 곳의 서쪽에 있

옥효(玉鴞)
옥기(玉器)

효(鴞)는 '부엉이'로 부엉이류의 총칭이다. 부리와 발톱이 구부러진 갈고리 모양으로 예리하고, 부리 밑에 납막(cere)이 있다. 두 눈이 앞쪽에 있으며 눈의 사방에 화살 모양이 드러나서 면반(面盤)을 이룬다. 밤이나 황혼녘에 활동하며, 주식은 쥐 종류지만 농사짓는 지역의 부엉이는 새도 먹는다. 상 왕조의 왕실 귀족 무덤에서 예기가 많이 출토되었는데 모두 부엉이 모습이었다. 옥으로 만든 부엉이를 무슨 이유로 순장했는지는 밝혀지지 않았다.

해내남경 · 코끼리를 삼키는 파사(巴蛇)
명각본삽도

동정호에서 큰 구렁이가 물결을 일렁여 고기잡이배를 뒤집은 다음 사람들을 삼켜버린 일이 얼마나 많았을지 아무도 모른다. 물가에 살던 사람들은 무시무시한 공포에 벌벌 떨었다. 이 거대한 구렁이가 바로 파사인데 몸뚱이가 검고 머리는 파랗다. 파사가 코끼리를 한 번 뱃속으로 삼키면 3년 동안 소화를 시킨 후 뼈만 쏙 뱉어낸다. 이 구렁이가 뱉어낸 코끼리 뼈를 구해다 먹으면 가슴 통증과 복통이 낫는다.

다. 알유란 짐승은 아주 사납고, 사람을 잡아먹는다. 알유는 원래 뱀의 몸에 사람의 얼굴을 하고 있었는데, 이부(貳負)의 부하에게 살해된 뒤 사람을 잡아먹는 괴물로 변했다.

신령한 나무 한 그루가 있다. 그 모습이 마치 소처럼 생겼는데, 벗겨낸 나무껍질은 모자에 다는 술 같기도 하고 노란 뱀허물 같기도 하다. 잎은 그물 같고 열매는 모감주나무처럼 둥글며 줄기는 시무나무 같다. 이 나무를 건목(建木)이라고 하는데, 알유가 있는 곳으로부터 서쪽 약수의 물가에서 자란다. 여러 황제들이 이 나무를 통해 하늘과 땅을 오르내린다. 태양이 높이 떠올라도 이 나무 밑에는 그림자가 생기지 않고, 나무 밑에서 크게 소리쳐도 아무 소리도 들리지 않으니, 이곳은 하늘과 땅의 중심이다.

저인국(氐人國)이 건목의 서쪽에 있다. 저인국 사람의 모양은 사람 얼굴에 물고기 몸을 하고 있으며 다리는 없다. 엄밀히 말하자면 가슴 위는 사람이지만 가슴 아래는 물고기다.

파사(巴蛇)는 코끼리를 잡아먹고 3년이 지나면 상아와 뼈를 배설한다. 군자가 파사의 고기를 먹으면 가슴앓이와 배앓이를 없앨 수 있다. 파사 중에는 까만 것도 있고 푸르거나 노란 것도 있는데, 모두 오색 무늬가 현란하다. 까만 뱀에 푸른 머리가 달려 있다고도 하는데, 서우(犀牛)의

해내남경
명각본삽도

《해내남경》의 동에서 서남까지 16곳의 모습을 그린 것이다. 《해내사경》의 전도에 그린 남방의 내용은 이 그림을 보고 기록한 것이다. 해내란 온 천하이니, 왕발(王勃)이 시에서 '천하에 나를 알아주는 사람만 있다면 하늘 끝 저 먼 곳이라도 이웃집 같네(海內存知己, 天涯若此鄰)'가 바로 이 뜻이다.

이 지역 사람들은 신체의 각 부위를 꾸미는 습관이 있었으니, 문신이 그것이다. 문신은 몸에 그리는 데서 시작되었는데, 안휘성 방부현(蚌埠縣) 회하(淮河) 가에서 출토된 남자아이의 머리 모양 도기를 보면 하 이전에 이미 문신이 있었다는 것이 확실하다. 문신 과정은 이렇다. 우선 원하는 문양에 맞춰 돌, 뼈, 대나무, 목제 같은 날카로운 물건으로 피부를 찌른다. 그 뒤 식물의 즙, 재, 광물가루 등의 염료를 발라 피부에 자연스런 딱지가 생기면 문신을 오래 보존할 수 있다.

서쪽에 산다. 파사는 사실 커다란 구렁이로 몸길이가 10장이나 되고 몸둘레도 7, 8척이나 되며, 항상 나무 위에서 사슴을 엿보고 있다가 사슴이 지나가면 머리를 내려 그것을 칭칭 감는다. 잠시 후에 사슴이 죽으면 우선 침으로 촉촉하게 적신 후 꿀꺽 삼키고 사슴 뼈와 뿔은 비늘 사이로 발라낸다. 그래서 파사가 코끼리도 삼켜버린다는 이야기가 전해오는 것이다.

모마(旄馬)는 보통 말처럼 생겼으나 배와 무릎과 꼬리에 긴 털이 나 있다. 파사가 사는 곳의 서북쪽 높은 산의 남쪽 기슭에서 산다.

흉노(匈奴), 개제(開題), 열인국(列人國) 등도 모마가 사는 곳의 서북쪽에 있다.

제 II 장

해내서경

海內西經

해내서경 · 이주(離朱)

황제 부락도
관결·오확소, 회화, 현대

이 그림은 《산해경》에 기재된 황제 및 그 후예와 관련된 이야기에서 소재를 취한 것이다. 황제와 종산의 아들이 전쟁을 벌인 것, 황제와 치우의 전쟁 및 황제의 하계 도읍인 곤륜구, 헌원구에 대한 이야기 모두 황제 부락의 일들이다. 이외에 또 곤륜허, 개명수 등도 있는데 역시 황제 부락 문화에 속한다. 황제의 후예를 보면 아내 뇌조(雷祖)가 창의(昌意)를 낳았고 창의가 약수(若水)로 내려와 한류(韓流)를 낳았다. 한류는 긴 머리에 작은 귀가 달렸고, 사람얼굴에 돼지 입을 가졌으며, 전신에 비늘이 덮였고, 안짱다리에 돼지 발굽이 달렸다. 한류는 작자씨의 딸 아녀를 아내로 맞아 전욱을 낳았다. 황제는 낙명을 낳았고 낙명이 백마를 낳았는데, 백마가 바로 곤이다. 황제는 묘룡(苗龍)을 낳았고 묘룡이 융오(融吾)를 낳았으며 융오는 농명(弄明)을 낳았고 농명은 백견(白犬)을 낳았다. 백견이 빈모(牝牡)를 낳으니 그가 바로 견융(犬戎)이다.

● —— 해내서경(海內西經)

지금부터는 해내의 서남쪽 모퉁이에서 북쪽에 있는 나라들을 살펴보기로 하자.

이부에게 수하가 있는데 이름을 위(危)라고 했다. 위와 이부가 함께 알유를 죽이자 황제가 대노하여 그들을 소속산(疏屬山)에 가두었는데, 오른발에 족쇄를 채우고 두 손을 뒤로 한 채 나무에 묶어놓았다. 그곳은 개제국의 서북쪽에 있다.

그 후 한(漢)나라 선제(宣帝) 때 어떤 사람이 소속산의 돌 뚜껑 밑에서 여전히 묶여 있는 두 사람을 발견했다. 그들은 급히 두 사람을 장안(長安)으로 데려갔는데 두 사람은 이미 돌처럼 변해 있었다. 선제가 여러 신하들을 소집해서 자문을 구했으나 어찌해야 할지 아는 사람이 없던 터에 유향(劉向)이 이렇게 대답했다.

"이는 황제 시대의 알유국에 살던 이부의 신하가 대역죄를 범했을 때

황제가 차마 그들을 죽이지는 못하고 소속산에 가둔 것입니다. 만약 후대에 현명한 군주가 나오면 그들을 풀어줄 것이라고 여긴 것이지요."

황제
무명씨, 비단 채색

황제는 고대 부락의 훌륭한 수장이었고 한대 초기 통치자들에 의해 추앙받았다. 한대에는 황제의 통치력과 노자의 도가이론을 결합한, 역사적으로 저명한 황제와 노자의 황로학(黃老學)이 완성된다.

선제는 그의 말을 믿지 않고 요언(妖言)으로 사람들을 미혹시킨다고 하면서 유향을 옥에 가두었다. 유향의 아들 유흠(劉歆)이 나서서 그의 부친을 구하러 왔다. 그러자 아버지가 아들에게 말해주었다.

"어린 여자의 젖을 그들에게 먹인다면 살아날 것이다."

선제가 사람을 보내 그들에게 어린 여자의 젖을 먹이게 했더니 정말 죽었던 사람이 살아나서 말을 하는 것이 유향이 말했던 내용과 똑같았다. 선제는 무척 기뻐하며 유향을 중대부(中大夫)로 승진시키고 유흠을 종정경(宗正卿)에 봉했다.

대택(大澤)은 사방 100리로, 많은 새들이 알을 낳고 그 알을 어린 새로 부화시키며, 또 깃털을 가는 곳이다. 대택은 안문의 북쪽에 있다.

상군(湘君)과 상부인(湘夫人)
무명씨, 선묘

상군은 전설에서 요임금의 딸로 등장하는 우순의 아내 아황이다. 상부인은 전설 속의 부계씨족사회 후기 부락 연맹의 지도자였던 당요의 딸이자 우순의 아내인 여영이다. 《초사(楚辭)·구가(九歌)》의 상군과 상부인은 초나라 사람들 마음속에 동정호의 아내로 인식되었다. 이러한 인식은 옛날 순임금 신화를 바탕으로 만들어진 것이다. 순임금이 남방을 순시하다가 창오의 들에서 죽어 구의산에 묻혔다. 순의 두 아내인 아황과 여영이 동정호, 상수(湘水) 지역에 이르러서 순의 서거 소식을 듣고는 고통스럽게 울며 남쪽을 바라보더니 상수로 풍덩 뛰어들었다고 한다.

해내서경 · 이주(離朱)
명각본삼도

이주는 세 발 달린 까마귀(三足烏)로, 옛 날에는 준조(鵔鳥)라고 불린 태양 속의 신비한 새다. 한대 벽화에 항상 삼족오와 구미호가 상서로운 새와 짐승으로 서왕 모의 곁에 머무는 것도 이 신화에 근거한 것으로 보인다. 《동명기(洞冥記)》 4권에 서 삼족오가 선초(仙草)를 먹는데 '동북 에 지일초(地日草)가 있고 서남에 춘생초 (春生草)가 있으니, 삼족오가 내려와 여 러 차례 이 풀을 뜯어 먹었다. 회화가 새 를 잡으려고 손으로 새 눈을 가리자 다시 는 오지 않았다. 사람이 이 풀을 먹으면 늙지 않고 새나 짐승이 먹으면 멍하니 움 직이지 않는다'고 했다.

이 그림은 서남에서 서북으로 22가 지 장면을 기술했는데, 그중에는 역사적 으로 유명한 장면도 있고 당시에 보고 들 은 이야기도 있다.

안문산(雁門山)은 큰 기러기가 사는 곳이다. 안문산은 고류산(高柳 山)의 북쪽에 있다.

고류산은 대현(代縣)의 북쪽에 있다. 고류산은 산봉우리가 첩첩이 이어져 있으며, 안개와 구름으로 덮여 있고, 산에서 산으로 따라가다 보 면 동쪽으로 요새(遼塞)까지 이어진다. 이곳은 후직이 죽어 묻힌 곳으 로, 사방으로 산과 물이 둘러싸고 있다. 저인국(氐人國)의 서쪽에 있다.

유황풍씨국(流黃酆氏國)은 강역이 사방 300리에 달한다. 이 나라에 는 도로가 사통팔달로 뻗어 있으며 한가운데 큰 산이 하나 있다. 이 나라 는 후직이 묻힌 무덤의 서쪽에 있다.

유사(流沙)가 종산(鍾山)에서 흘러나와 서쪽으로 흐르다가 다시 남 쪽으로 흘러 곤륜허에 닿는다. 그 다음에는 서남쪽으로 흘러 바다로 들 어가 곧장 흑수산(黑水山)에 닿는다.

동호국(東胡國)이 대택의 동쪽에 있다. 고신씨(高辛氏)가 해변에 이 르러 사냥을 하다가 어린 아들 염월(厭越)을 북이(北夷)에 살도록 남겨 두니, 후에 국호를 동호라 했고 그 후손이 모용씨(慕容氏)다.

이인국(夷人國)은 동호국 동쪽에 있다.

맥국(貊國)은 한수(漢水)의 동북에 있다. 연(燕)나라에 접해 있었던 이곳은 결국 연나라에 의해 멸망했다. 맥국에서는 좋은 말과 옥과 담비

구멍 있는 옥기

이 옥기는 섬세하고 매끄러운 담녹색으 로, 큰 규모의 묘에서 출토된 유물이다.

의 가죽이 나며, 대추처럼 커다란 진주도 난다.

멸몽조가 맥국 동쪽에서 산다. 이 새의 몸에는 오색의 무늬가 있으며, 붉고 푸르고 노란 깃털들이 아름답기 짝이 없다.

해내의 곤륜허는 서북방에 있으며 황제가 하계에 두고 있는 도읍지다. 곤륜허는 둘레가 800리이고 높이는 8,000장에 달한다. 산꼭대기의 가장 높은 곳에 큰 벼가 자라는데, 높이가 4장이나 되고 두께는 다섯 팔아름이나 된다. 도읍지 앞에는 9개의 샘물이 있고, 9개의 문인 구선문(九扇門)이 있다. 도읍지에 있는 궁전 정문은 동향으로 나 있는데, 이는 아침 태양을 맞이하기 위한 것으로 개명문(開明門)이라고 한다. 문 앞에는 개명수(開明獸)라는 신수 한 마리가 늠름하게 버티고 서서 동쪽을 바라보며 '여러 신들이 계시는' 궁성을 호위하고 있다. 여러 신들이 사는 궁전 옆에 물길이 흐르는데 적수(赤水)라고 한다. 곤륜허의 산세는 험준해서 활 잘 쏘는 영웅인 예와 같은 재주가 없으면 올라갈 수가 없다. 예는 서왕모에게 장생불사약을 얻기 위해 이 산을 올라간 적이 있다. 그런데 예의 아내 항아(嫦娥)가 장생불사약을 훔쳐 먹고 월궁(月宮)으로 도망가 버렸다.

적수(赤水)가 곤륜허의 동남쪽 기슭에서 흘러나와 동북쪽으로 흘러간다.

구영(九嬰)

머리가 아홉인 구영은 목숨도 아홉이라고 으스대면서 무모하게 예(羿)에 맞섰다. 구영은 9개의 입을 쩌억 벌리고 독기 서린 화염을 뿜어내며 무시무시한 물과 불 그물로 예를 잡아가두려고 했다. 구영의 목숨이 아홉이라서 하나를 맞춰도 금방 살아난다는 사실을 안 예는 연환전법(連環箭法)을 쓴다. 9개의 화살을 거의 동시에 날려 구영의 아홉 머리를 맞힌 것이다. 구영의 아홉이나 되는 목숨이 남김없이 스러지는 순간이었다.

해내서경 · 개명수
명각본삽도

개명수는 황제의 행궁인 곤륜허의 문을 지키는 신이다. 곤륜허 위 궁전의 대문은 동쪽으로 나 있으며 개명문(開明門)이라고 하고 아침 햇빛을 맞는다. 문 앞에는 신수인 개명수가 있다. 개명수는 몸에 호랑이 무늬 얼룩이 있고 머리가 9개다. 아홉 머리마다 사람얼굴이 달렸으며, 위풍당당하게 문 앞 바위에 버티고 서서 '여러 신들이 계시는' 궁성을 지키고 있다. 개명수의 동서남북 풍경을 보면 알 수 있듯이 이곳은 황제의 무술, 종교, 제사, 의식 등의 중심지다. 개명의 서쪽은 시종과 신의 업무를 맡는 사람들이 거주하는 곳이고, 북쪽은 조상신에게 제사드리는 장소이며, 동쪽은 기사회생굴이나 무술을 행하는 곳이다. 이 구역의 '새'는 토템을 대표한다. 모든 토템의 새들이 지시하는 방향은 이 부락이나 씨족의 서식지며, 그 외에 새 토템은 시간을 가리키는 기능도 한다.

선녀가 난새를 타고
주문거(周文矩), 비단 채색, 오대

난(鸞)은 전설에 나오는 봉황 류의 새다. 그림에서 득의양양하게 노을을 째려보며 나는 난새의 자태는 가슴속 비밀을 확 드러내는 듯하다. 화가의 그림 솜씨가 그저 사물을 그려내는 단계를 뛰어넘은 것 같다.

하수(河水)가 곤륜허의 동북쪽 모퉁이에서 흘러나와 이 산의 북쪽을 지나 서남쪽으로 흘러 발해로 들어간다. 그랬다가 다시 해외로 흘러나가시는 서쪽으로 흐르다가 다시 북쪽으로 흘러 우가 소통시켰다는 적석산(積石山)으로 들어간다.

양수(洋水)와 흑수(黑水)가 곤륜허의 서북쪽에서 발원하여 동쪽으로 흐르다가 다시 동북쪽으로 흐르고, 그러다가 또 남쪽으로 흘러 바다로 들어가며, 우민국의 남쪽으로 흘러든다.

약수(弱水)와 청수(靑水)가 곤륜허 서남쪽에서 발원하여 동쪽으로 흐르다가, 또 북쪽으로 방향을 바꾸었다가 다시 서남쪽으로 방향을 바꿔 필방조의 동쪽을 지나 흐른다.

곤륜허의 남쪽에 큰 연못이 있는데 깊이가 300장에 달한다. 그곳에는 호랑이같이 생긴 신수가 사는데, 이름을 개명수라고 한다. 이 신수는 사람 머리 9개가 달려 있으며 항상 곤륜구 위에서 동쪽을 향해 서 있다.

개명수 서쪽에 봉황과 난새가 있는데, 둘 다 뱀을 머리에 이고, 발톱으로 뱀을 밟고 있으며, 가슴에 붉은 뱀 한 마리를 걸고 있다.

개명수 북쪽에 시육, 삼주수(三珠樹), 오색 빛깔의 옥나무(文玉樹), 붉은 옥나무(赤玉樹)와 불사약을 만들 수 있는 불사수(不死樹)가 있다. 봉황과 난새 머리 위에는 방패 같은 물건이 얹혀 있다. 거기에는 세 발 까마귀인 삼족오, 목화(木禾), 잣나무, 신령한 샘인 예천(醴泉), 먹으면 사람을 지혜로 충만하게 하는 성스러운 나무인 만태(曼兌)라는 성수(聖樹)도 있으며, 아름다운 옥나무인 선수(璇樹)도 자란다.

개명수의 동쪽에 무팽(巫彭), 무저(巫抵), 무양(巫陽), 무리(巫履), 무범(巫凡), 무상(巫相) 같은 무의(巫醫)들이 산다. 그들은 알유 주변을 에워싼 채 손에 불사약을 들고 죽은 알유를 다시 살리려 하고 있다. 알유는 사람얼굴에 뱀의 몸으로, 이부와 그의 수하에게 살해되었다.

복상수(服常樹)도 신령스런 나무인데, 그 나무 위에 머리 셋 달린 사람이 있다. 그는 두 눈을 크게 뜨고 근처의 낭간수(琅玕樹)를 응시하고 있다. 주옥같은 낭간이 열리기 때문에 낭간수라고 하는데, 낭간은 봉황을 위해 준비된 가장 좋은 음식이다.

개명수 남쪽에 나무새가 있는데 머리가 여섯이다. 그 외에도 뱀같이 생겼으나 다리가 넷 달린 교룡, 살모사, 뱀, 긴꼬리원숭이와 표범도 있다. 또 조질수(鳥秩樹) 몇 그루가 서왕모의 요지(瑤池) 주변에서 자란다. 그밖에 송조(誦鳥), 독수리 그리고 영원히 다 먹지 못하는 시육 등도 있다.

이부신부(貳負臣負)

이부신부는 뱀 몸에 사람얼굴을 한 신으로, 심술쟁이였다. 그는 주인과 짜고 뱀 몸에 사람얼굴을 한 다른 천신 알유(窫窳)를 죽였다. 황제가 이 사실을 알고 즉시 이부신부를 서방 소속산(疏屬山)에 가두어버렸다. 그리고 양손과 머리에 칼을 씌워서 산꼭대기 큰 나무에 묶어두어 그의 죄악을 벌했다.

275

제 12 장

해내북경

海內北經

해내북경 · 황하의 제사

정말 못생긴 서왕모

서왕모는 원래 표범 꼬리가 달렸고 호랑이 이빨이 나 있으며, 엉클어진 쑥대머리에 어울리지 않게 옥비녀를 꽂았으며, 휘파람을 잘 분다. 전염병을 관장하는 괴물신이다.

● ── 해내북경(海內北經)

여기에서는 해내의 서북쪽 모퉁이로부터 동쪽에 있는 나라들을 소개하고자 한다.

우선 사무산(蛇巫山)을 보면, 손에 큰 방망이를 든 사람이 기세도 흉흉하게 산 위에서 동쪽을 향해 서 있다. 이 산을 구산(龜山)이라고도 한다.

서왕모는 궤(几)에 몸을 기대고 있으며, 머리에는 번쩍이는 옥 꾸미개를 쓰고 있다. 그녀가 있는 곳의 남쪽에 크고 파란 새가 3마리(三靑鳥) 있는데 모두 용맹하고 건장하며, 오직 서왕모만을 위해 음식을 찾는다. 서왕모가 있는 곳은 곤륜허의 북쪽이다.

우는 명령을 받아 치수 작업을 하며 여러 지역을 지나가던 중 서왕모를 만난 적이 있고 천제의 궁전에 간 적도 있었다. 하루는 우가 봉래를 떠나 삼청조를 앞세우고 달려가는데 갑자기 도사가 앞에 나타나서는 합장을 하며 말했다.

"귀하가 하계의 우라는 분이 아니신지요?"

우가 황망히 그렇다고 대답하자 도사가 말했다.

"이 산은 태상진인(太上眞人)이 거처하시는 곳으로, 저는 그분의 명을 받들고 왔습니다. 귀하께서 계속 천제를 뵙고 싶어 하신다고 들었는데, 오늘 천제께서 종산(鍾山)으로 가셨으니 귀하는 그곳으로 가시면 됩니다."

우가 그 말을 듣고 그러마고 대답했다. 그러자 도사는 말 없이 바람처럼 사라져버렸다. 파란 새가 우에게 말했다.

"기왕에 태상진인이 그렇게 분부하셨으니 종산으로 가시지요."

우가 말했다.

"내가 기억하기로 종산은 밀산(崒山)의 서쪽에 있으며, 선제께서 그곳에 가서 구도하신 적이 있소. 그렇다면 우리가 방향을 돌려 가야 하지 않겠소?"

대려(大鵹)가 말했다.

"아닙니다. 그것은 하계의 종산이고 지금 말씀하신 곳은 상계의 종산이니, 그 둘은 서로 다른 곳입니다."

우가 물었다.

"상계의 종산은 어디에 있소?"

"곤륜의 북쪽, 북해의 자지(子地), 약수의 북쪽에서 1만9,000리 떨어진 곳이니, 북쪽으로 향하시지요."

이리하여 우는 다시 수레에 오르고, 천장과 파란 새의 호위를 받으며 북쪽으로 갔다. 그렇게 족히 반나절이 흘렀을 때 갑자기 앞에 우뚝 솟은 높

염(薕)

넝쿨식물로 잎은 많기도 하고 적기도 하며 열매는 까맣고 먹을 수는 없다.

대만지리전도(臺灣地理全圖)
청대

이 채색 지도는 세로 39.5cm이고 가로는 7m26cm다. 그림의 풋대는 청 건륭 28년(1763)에 적은 제첨(題簽)이다. 제작년도는 아래에 건륭 52년(1787)으로 기록되어 있다.

은 산이 나타났다.

소려(小鷖)가 말했다.

"다 왔습니다."

말이 채 끝나기도 전에 수레가 점점 내려가더니 땅에 닿았다. 우가 수레에서 내려 사방을 둘러보니 그곳의 경치가 봉래(蓬萊)와는 달랐다. 봉래는 단순한 선경인데 비해 이곳은 그윽하고 우아하면서도 엄숙한 기운이 느껴졌다. 옥과 버섯, 신령한 풀, 금 누대에 옥으로 난간을 만든 궁궐 등 모든 것이 그러했다. 우가 천제를 찾아 사방을 두리번거리고 있는데 털로 장식한 무사 하나가 다가와 물었다.

"귀하께서는 천제를 뵈러 오신 것이 아닌지요? 속세 사람은 아직 해탈하지 못해 천제를 뵐 수 없습니다. 귀하는 봉래에 가셨다가 이곳으로 오시다니 그 정성이 지극하십니다. 이제 목적을 이루신 셈이니 모든 것을 제가 대신 아뢰도록 하겠습니다."

우가 그 말을 듣고는 슬픔을 이기지 못해 간절하게 빌며 말했다.

"상선(上仙)께서 어리석은 이 몸의 뜻을 대신 아뢰어주신다니 지극한 행운입니다. 그렇지만 이 몸은 수만 리를 달려왔으니 천제를 뵐 수 없더라도 의식을 준비하지 않을 수는 없겠지요. 상선께서 한 곳을 정해주시면 저희가 의식을 거행하겠습니다. 그렇게 하면 보잘것없는 마음이라도 모두 아뢴 것으로 여길 수 있겠습니다. 상선께서 윤허하실는지요?"

그러자 무사가 웃으며 말했다.

"천제의 영령은 비추지 않는 곳이 없어 무릇 세간 사람의 마음 하나 하나도 모르시는 것이 없으니, 외면적인 의식은 중요하지 않습니다. 하지만 귀하는 범인(凡人)으로 의식을 중요하게 여기시니 제가 모시고 가도록 하겠습니다."

그리하여 무사가 앞장을 서고 우 일행은 놓칠세라 그를 바짝 따라서 산으로 올라갔다.

무사가 우에게 말했다.

"이 산은 높이가 1만 3,000리에 달합니다. 제일 높은 곳은 사면산(四面山)이라고 하는데, 사방 넓이가 7,000리이며 둘레는 3만 리입니다. 이곳은 천제의 궁성인데, 천제께서는 이 산 위에 계십니다. 사면산의 사면에 각각 산이 하나씩 있는데, 동면은 동목산(東木山)이고 서면은 경초산(勁草山)이며, 남면은 평사산(平邪山), 북면은 교룡산(蛟龍山)입니다. 이 네 산 모두 종산에서 갈라져 나갔기 때문에 전부 종산이라고 합니다. 사면산 위에 오르면 종산의 전모를 볼 수 있지만 귀하와 같은 속세의 인간은 오를 수가 없습니다. 귀하의 세상에서는 임금이 남쪽을 존귀한 자리라 해서 앉고, 신하는 북쪽을 보고 앉아서 공경함을 표한다고 하더군요. 지금 귀하를 남쪽 평사산으로 오르게 하면 속세의 의식과 부합될 것 같은데 어떠신지요?"

우가 매우 좋다고 대답했다. 다시 얼마 동안 걸어가니 수많은 신선과 진인들이 왕래하는 모습이 보였다. 그들은 우를 보고도 말을 건네지 않았다. 천제를 뵙고 싶은 마음이 간절했지만 아는 이도 없고 해서 우 역시 말을 건네지 않았다.

얼마 걷지 않아 갑자기 봉우리를 끼고 돌더니 동남쪽으로 석굴이 하나 나타났다. 그 석굴을 지나자 확연히 밝아지면서 멀리 금빛 성곽이 보였다. 그 성곽은 우뚝 솟아 있고 빛이 번쩍거려 자세히 볼 수가 없었다. 무사가 말했다.

"여기가 바로 종산 북쪽에 있는 아문(阿門) 밖입니다. 의식을 거행하시려면 이곳에서 하십시오. 천제께서는 위에서 보실 것입니다."

그 말을 듣고 우는 급히 천장 등을 멈추게 한 뒤 의관을 정제하고 몇 걸음 앞으로 나아가 하늘을 향해 공손하게 여덟 번 절을 올렸다. 그러면서 마음속으로 물길을 잡고 대지를 바로잡게 도와주신 은덕에 감사드렸다. 절을 마치고 일어나 몸을 돌리려는데 위에서 금갑신(金甲神)이 날아 내려오더니 우에게 말했다.

"천제께서 우에게 전하노라. '그대의 지극한 정성을 짐이 이미 살폈으니 이제 그대에게 한 가지 일을 명하노라. 돌아가는 길에 소속산을 지나게 될 터인데, 그 산 위에 형틀에 매인 시신이 한 구 있으니 왼쪽으로 가까

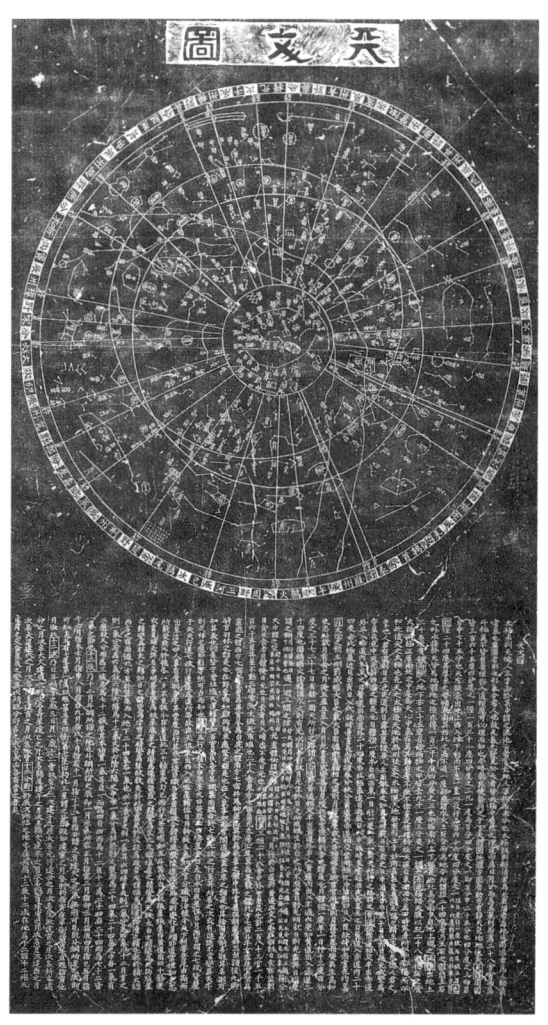

천문도
탁본, 황상(黃裳), 남송

이 천문도 비각은 높이 1m81.3cm, 너비 95.8cm다. 위쪽에는 원형 별자리를 그렸고 아래쪽에는 글자를 기록했다. 별자리는 내규, 외규, 황도, 적도, 은하 등이 있다. 외규인 큰 원의 직경은 85cm에 달한다. 별자리 아래에 천문에 관해 기록한 내용으로 당시 사람들의 우주에 대한 인식을 짐작해볼 수 있다. 모두 1,434개의 항성을 기록했다.

이 있는 석실에 잘 묻어서 드러나지 않도록 하라. 반드시 형틀에 매인 원래의 모습 그대로 묻을지어다. 절대로 풀어주면 안 되느니. 명심하고 그르침이 없도록 하라'."

우가 급히 머리를 조아려 명을 받들자 천제의 말을 전해준 금갑신은 갑자기 사라져버렸다. 우는 몸을 돌려 무사의 인도를 받아 천장을 데리고 왔던 길로 되돌아갔다. 무사가 물었다.

"방금 절할 때 천제를 뵈었습니까?"

"이 몸이 정성을 다해 절을 올렸으나 실제로 뵙지는 못했습니다. 다만 하늘에 푸른 구름 한 조각이 떠 있고, 그 속에 붉은 구름이 숨어 있는 것을 보았을 뿐입니다."

"그것이 바로 천제이십니다. 귀하께서 그것을 보셨다니 정말로 능력이 대단하십니다."

우는 그 말을 듣고도 무슨 뜻인지 이해가 되지 않았다. 무사가 계속 말했다.

"천제께서 거처하시는 곳은 푸른 구름을 땅으로 삼고 사면이 늘 붉은 구름으로 둘러싸여 있으니, 선인이나 진인들도 본 사람이 드뭅니다. 귀하께서 보신 푸른 구름과 붉은 구름이 어찌 천제가 아니겠습니까!"

우는 그제야 알아듣고는 이렇게 말했다.

해내북경 · 사무산(蛇巫山)
명각본삼도

사무산은 곤륜산과 인접해 있다. 곤륜산은 예가 서왕모에게 불사약을 구하러 간 곳이다. 예에 관한 신화로는 봉몽(逢蒙)이 예를 죽인 것과 예가 도부(桃棓)에서 죽었다는 이야기가 전해진다. 사무산은 구산(龜山)이라고도 하는데 원래 이름은 사구산(蛇龜山)이다. 중국 고대 사방의 신수는 동방 청룡(青龍), 남방 주작(朱雀), 서방 백호(白虎), 북방 현무(玄武)로, 현무가 바로 뱀과 거북이가 합체한 형상이다(사실 목이 아주 긴 거북으로 머리가 뱀과 비슷해서 뱀과 거북의 합체라고 한 것이다). 사무산 위의 '동쪽으로 서 있는' 것은 거북과 뱀을 잡은 북방 현무의 신상이다.

"상선께서는 이곳에 계시니 명망이 높으신 분임에 틀림없습니다. 그러면 상선께서는 항상 천제를 뵐 수 있습니까?"

무사가 대답했다.

"이 몸도 특별한 일이 없이는 천제를 뵙지 못합니다. 그저 사면산과 천궁성(天宮城) 안에서 마음대로 왕래할 수 있을 뿐이지요."

우는 무사에게 천궁성의 내부 모습을 물어보았다. 그러자 무사의 설명이 이어졌다.

"천궁성 안에는 504갈래 맥(陌)이 있지요. 맥은 세속에서 도로라고 부르는 것인데, 각각의 맥이 서로 통합니다. 그 안에는 선인이 거주하는 곳 외에 7개의 저자거리가 있는데 미곡시장, 의복시장, 중향(衆香)시장, 음식시장, 화만(華鬘)시장, 공교(工巧)시장, 음녀(淫女)시장입니다."

우가 이 말을 듣고는 도무지 이해할 수 없어 다시 물었다.

"천상의 신선은 모든 욕망을 이미 벗어나서 보통사람과 다를 터인데, 어째서 그토록 많은 저자거리가 필요합니까? 게다가 신선이라면 모두 대단한 능력을 지니고 있을 터이니 필요한 것이 있더라도 스스로 얻지 못하는 것이 없고 구비되지 않은 것이 없을 터인데, 어째서 시장을 세워 물건을 팔고 사야 하는 것입니까? 일곱 번째 음녀시장은 특히 이해할 수 없는 부분입니다. 신선도 방탕한 욕구가 있습니까? 천상의 신선도 부패한 인간처럼 양가집 규수를 팔아 천한 일을 시킵니까?"

그러자 무사가 웃으면서 말했다.

"귀하는 하나만 알고 둘은 모르십니다. 신선이 되기 전에는 신선이 되고 싶어 욕망을 끊습니다. 이미 신선이 된 뒤에도 심지가 굳지 못하고 도를 닦는 데도 집중이 안 되니 여전히 욕망을 없애야지요. 그렇지만 심지도 굳어지고 도를 터득한 후에는 어떤 상황에서도 타락하는 것이 두렵지 않게 됩니다. 그렇게 되면 음식과 남녀의 일이 세속의 사람과 다를 바 없어지지요. 신선들의 연회에 대해 들어보셨습니까? 용의 간, 봉황의 골수 아니면 맛좋은 술인 옥액경장(玉液瓊漿) 등등이 나오는데, 만약 음식에 대한 욕구가 없다면 어찌 그렇게 사치스럽겠습니까? 귀하도 서왕모를 아시겠지요. 만일 남녀 간의 욕망이 없다면 그분께서 어찌하여 아들과 딸을 그렇게 많이 낳았겠습니까? 이번에 봉래산에 와보시니 얼마나 화려하던가요? 또 여

고옥(古玉)

옥기는 고인이 종교의식에 사용했던 중요한 제기다. 신석기 말에 만들어진 이 옥규는 표면에 매의 무늬가 있는데, 이것은 원시시대의 새 토템 관념을 보여주는 사례다. 왼쪽은 옥규이고 오른 쪽은 건륭제가 아끼는 어필로 제사한 고옥이다.

기는 어떻습니까? 만약에 즐기려는 욕망이 없다면 이럴 필요가 있을까요? 솔직하게 한 말씀 드리자면 천상의 신선과 세속의 인간은 그리 큰 차이가 없습니다. 다만 신선은 위에서 살고 인간은 아래에 사는 것뿐이지요. 신선은 뜻을 얻었고 인간은 얻지 못했을 따름이지요. 정말로 욕망을 끊으려면 한층 더 위 무색계(無色界) 천중(天中)의 비상비비상처(非想非非想處) 천중에 가지 않으면 안 됩니다. 그 부분은 그리 쉽게 말씀드릴 일이 아닙니다."

그때 경진이 옆에 있다가 거들었다.

"맞습니다. 무색계천은 저도 가본 적이 있는데 정말 있는 것이 없어요. 있는 게 없으니 당연히 욕망도 없게 되지요."

무사가 다시 말했다.

"이곳은 도리천(忉利天)으로 욕계 10천 중 제6천입니다. 33천이라고도 하지요. 이곳도 아직 욕계(欲界)에 속해 있어서 욕망을 버리지 못하는 곳이죠."

우가 물었다.

"평범한 인간이 도리천에 오르려면 쉽게 이룰 수 있습니까?"

"아주 쉽지요. 살생과 도둑질만 하지 않는다면 도리천에 오를 수 있습니다."

"신선의 법력이 그리도 크다 하는데 그 힘은 어디에 쓰입니까?"

"갑자기 급한 일이 생길 때 쓰는 힘입니다. 그 힘은 환영(幻影)이거나 다른 것에서 옮겨온 것입니다. 환영은 실제로 사용할 수 없고, 다른 곳에서 옮겨온 것도 잠시 사용할 수는 있어도 항상 사용할 수는 없으며 반드시 돌려주어야 합니다. 그러지 않으면 도둑질이 됩니다."

"상선의 말씀에 따르면 신선도 욕망이 없을 수 없다지만, 음녀를 공공연히 시장에 내놓는다는 것은 아직도 이해가 되질 않습니다."

"남녀의 욕망은 천지변화의 근원인데 어디에선들 끊을 수

지리도(地理圖)
황상 그림, 탁본, 남송

이 비각 지리도는 남송의 황상이 소희(紹熙) 원년(1190)에 그린 것을 바탕으로 왕치원(王致遠)이 남송 순우(淳祐) 7년(1247)에 돌에 새긴 것이다. 비각의 높이는 2m2cm이고 위쪽 너비는 1m5cm, 아래쪽 너비는 1m8cm이다. 현재 소주(蘇州) 비각박물관에 소장되어 있다.

있겠으며 언제든 면할 수 있겠습니까? 금할 방법이 없지요. 시장이 생기면 분별이 생겨서 맑은 것은 스스로 맑아지고 탁한 것은 스스로 탁해져 서로 섞이지 않습니다. 숨어서 못된 짓을 꾸미거나 애매하고 불분명한 것보다 훨씬 낫지요. 천상에 방탕한 사람은 없지만 이것으로 수련의 근본을 삼는 신선은 많습니다. 예를 들면 예전에 용성자(容成子)가 음양채전법(陰陽采戰法)으로 신선이 되었습니다. 지금 하계에도 그의 저작이 한 권 있는데 《용성어녀술(容成御女術)》이라는 제목으로 각지에서 서로 전해보고 있습니다. 용성자는 기왕에 방중술(房中術)로 신선이 되었는데 신선이 된 후에 결연히 그것을 버렸을까요? 여전히 그 짓에 얽매여 있지 않겠습니까? 천상 신선 중에 그런 사람이 어찌 용성 한 사람뿐이겠습니까? 음녀의 거리를 만든 것은 바로 그런 사람들을 위한 것이지요."

"그러면 중향시장, 화만시장은 또 무엇입니까?"

"일곱 시장 중에 미곡과 의복을 다루는 두 시장을 빼면 전부 사치와 음락의 거리입니다. 중향시장에 진열된 것은 용연향(龍涎香)이나 백합향(百合香) 같은 것이고, 화만시장에 진열된 것은 여자, 남자, 진주, 금, 비취, 장식품 등이며, 음식시장에 진열된 것은 진귀하고 색다른 음식들이 아닌 것이 없고, 공교시장에 진열된 것은 기이한 도구들입니다. 아마도 천상 신선이 가장 하는 일 없이 자유로울 터인데, 일도 없이 소요하다 보면 사치스럽고 음탕한 일에 집착하게 되고, 그래서 이런 현상이 벌어지는 것입니다. 하계 사람들은 하루 종일 힘들게 일하고 고민도 많고 고생을 하는데도 결국 오래 살지 못하기 때문에 천상의 신선을 부러워한다 하니 당연한 일이 아닐 수 없지요."

이야기를 하다 보니 어느새 처음 출발했던 장소에 도착했다. 우는 아직 궁금한 것이 많았지만 더 이상 묻지 못하고 무사와 작별하였다. 무사는 수레에 올라 천장을 인솔하고는 곤륜을 향해 떠났다. 멀리 떨어진 곳에 하늘에 꽂혀 있는 기둥이 보였다. 그것은 대사농(大司農)이 전에 곤륜으로 갈 때 쓴 일기에서 우가 본 적이 있는 기둥으로, 바로 곤륜동주(崑崙銅柱)라는 것을 알 수 있었다. 수레가 천천히 아래로 내려가는가 싶더니 벌써 육지가 보였다.

조금 지나자 금빛 성곽이 눈앞에 현란하게 다가오고 대려가 "도착했

납작발 도정(陶鼎)
신석기시대, 양저문화

이 납작발 도정은 양저문화를 대표하는 그릇으로, 신석기시대 양저문화에서 문화 수준과 도기 제작술이 고도로 발달했음을 보여준다.

해내북경·종극지연(從極之淵)
명각본삽도

종극지연은 충극지연(忠極之淵)이라고도 하는데, 황하 호구 폭포를 말한다. 폭포만이 황하의 신령스러운 위엄을 충분히 드러낼 수 있다. 호구 폭포는 섬(陝), 진(晋), 예(豫)의 황토 고원 중심에 있으며, 그 북쪽으로 황하가 흐르는 오르도스 분지가 있다. 전설에서 하백은 황하 양쪽에 거주하는 부락이다. 왕해(王亥)가 유역(有易)으로 소와 양을 몰고 가서 손님 대접을 받은 이야기를 보면, 하백 부락은 왕해와 유역이 서로 사이좋은 이웃이 되도록 돕는다. 하백은 황하의 신으로, 낙수의 신과 황하의 신의 투쟁이란 낙수가 황하로 들어가서 두 물결이 맞부딪치는 것을 말한다. 황하 양쪽에 사는 사람들과 낙수 가에 사는 사람들이 물의 이익을 취하고 물의 피해를 피하기 위해 오랫동안 사이가 좋지 않았던 상황을 반영하는 것이다.

습니다"라며 아뢰는데, 수레는 벌써 땅에 내려앉고 있었다. 우가 바라보니 성문이 워낙 커서 양쪽 끝이 보이지 않을 정도였다. 성문 위에 가로 걸린 현판에는 '창합(閶闔)'이라는 두 자가 쓰여 있었는데 한 자가 족히 10장은 되어 보였다. 소려가 아뢰었다.

"여기는 곤륜산의 아래층이며 증성(增城)이라고 합니다. 지금 보시는 성문은 서문(西門)입니다."

바로 그때 성 안에서 무수한 선인과 도사들이 대오를 지어 나오고 있었다. 그들이 서왕모가 보낸 환영대열이라는 것을 알아차린 대려는 우에게 알렸다. 우가 황망히 몇 걸음 앞으로 나아가 뛰어가서는 맨 앞에 선 두 선인에게 말했다.

"천자의 명을 받들고 이곳에 왔습니다. 원래 서왕모께 감사를 드리려 한 것뿐인데 이렇게 서왕모의 배려로 여러분의 영접을 받게 되었으니 몸 둘 바를 모르겠습니다. 여러분께서 저를 서왕모께 인도해주신다면 천만다행이겠습니다."

그러자 두 선인이 말했다.

"서왕모께서 이렇게 지시하셨습니다. 전하께서는 여행으로 피곤하실 터이니 오늘은 우선 객사에서 쉬시고 내일 만나자고 말입니다."

우는 더 이상 당장 뵙고 싶다고 청하지 못하고 그대로 따르기로 하면

해내북경·황하의 제사
명각본삽도

중국 은허(殷墟) 복사(卜辭)에도 황하에 제사지내는 내용이 자주 나온다. 어린 소녀를 희생으로 바쳐 황하에 제사를 지내는데, 민간 전설에서는 하백이 아내를 맞이하는 것으로 표현했다. 이런 주술의식은 황하가 범람해서 수재가 발생하지 않기를 바라는 마음에서 거행되었다. 예가 하백을 쏘았다는 것도 사실은 주술의식으로 황하의 신을 핍박하는 상징적인 행위다. 《목천자전》을 보면 양우산(陽紆山)은 한산(汗山)이고 하종씨(河宗氏)는 황하에 제사지내는 책임을 맡은 세대로, 주 목왕은 벽옥, 소, 말, 돼지, 양 등을 황하에 제물로 바쳤다고 한다.

서 말했다.

"기왕에 서왕모께서 후하게 배려하셨으니 내일 알현하겠습니다. 오늘은 여러분들께서 변변찮은 저의 뜻을 대신 전해주시면 더 이상 바랄 것이 없겠습니다."

우는 말을 마친 후 일행과 더불어 깊이 예를 표했다. 앞의 두 사람이 삼청조에게 말했다.

"서왕모께서 그대들에게 전하를 모시고 행궁(行宮)으로 가서 쉬게 하시라 말씀하셨으니 함께 가도록 하라."

삼청조가 응답하고 환영 나온 사람들도 돌아갔다.

삼청조는 우와 천장 일행을 데리고 선인들과는 다른 방향으로 나아갔다. 그 도로는 무척 넓어서 양쪽이 서로 반 리가 넘게 떨어져 있고, 바닥은 백옥으로 깔아서 매끄럽게 빛나고 있었다. 집들이 들쭉날쭉 서 있지만 단정하지 않은 곳이 없었고, 모든 집들이 높고 컸으며 금빛 문과 옥으로 된 벽으로 치장되어 있어 그 부유하고 화려함을 형언할 길이 없었다. 집들 밖에는 요림(瑤林)과 경수(瓊樹)가 시야 가득 들어오는데, 사이사이에 선계의 풀과 기이한 꽃들이 섞여 있어 정말로 상계의 명승지였다. 오가는 선인과 진인들도 무척 많았다. 그들은 걸어가거나 난새나 학을 몰고 가다가 우 일행을 보고는 손을 흔들어 예를 표했다. 우는 일일이 답례를 하면서도 그

상부인
무명씨, 인물화

상부인은 요임금의 딸이자 순임금의 비다. 요의 두 딸 아황과 여영이 순의 비가 되어 상강 변을 지나다가 갑자기 순이 서거했다는 부음을 들었다. 마음이 상해 슬피 울다가 결국에는 상수 가의 대나무 숲에 눈물을 뿌린 채 상수로 몸을 던졌다. 이로부터 두 사람은 상수의 부인으로 일컬어진다.

옥잠(玉簪)

옥잠은 '백악(白萼)' 또는 '백학(白鶴)'이라고도 하는데 백합과에 속한다. 여러해살이풀로 잎은 모여 나며 계란 모양 심장형으로 광택이 난다. 가을에 하얀 꽃이 피거나 자색 꽃이 피며 향기가 좋다. 정원에 심는 관상식물로 신선한 꽃에서 향유(香油)를 짤 수 있다. 《군방보(群芳譜)》를 보면 '한 무제가 이(李) 부인을 총애하여 옥잠을 머리에 꽂아주었더니 후궁 나인들이 모두 따라서 옥잠화라는 이름으로 불리게 되었다'고 한다.

들이 어떤 사람들인지 몰라서 대려에게 물었다.

"이 산에 사는 선인들이 수만 명이나 되어 저희들도 일일이 알지는 못합니다."

우가 물었다.

"그들에게도 직무가 있습니까?"

"일부는 직무가 있고 직무가 없는 사람도 있습니다. 그렇지만 그들은 신선이라서 일정 시기가 되면 천제에게 조배를 드리고 함께 예를 행하기만 할 뿐입니다."

"그들은 왜 직무가 없습니까?"

"대개 최근에 득도했거나 공적이 적은 사람들입니다. 천제에 대해서는 별다른 직무가 없지만 분명히 섬기는 사람은 있을 것입니다."

"이미 신선이 되었는데 또 누구를 섬긴단 말이오?"

"이곳에서는 모두가 신선이지만 등급이 나뉘어 있습니다. 등급이 낮은 사람이 높은 사람을 돌보아야 함은 인간 세상에서 노비가 주인을 돌보는 것과 같습니다. 조금 전에 전하를 영접했던 사람들이 바로 서왕모를 섬기는 자들입니다. 그렇지만 서왕모를 섬기는 것은 얻기 어려운 직무에 속합니다. 다른 신선을 섬기는 것은 지위가 별로 높지 않은 일입니다만 반드시 해야 하고 게다가 아주 힘든 일입니다. 이렇게 한 계급이 다른 계급을 억압하는 것은 피할 수 없습니다. 그래서 하계에서 신선 수행하는 사람들이 이런 상황을 알고서는 서둘러 올라오지 않고 하계에서 1만8,000년을 살려고 합니다. 지위가 높은 선인을 섬기는 일을 피하려 하는 것입니다."

그 말을 들은 우는 더욱 천상의 신선과 진인이 속세 사람과 다르지 않다는 생각이 들었다. 좀 더 가니 중화 양식의 건물이 나타났다. 그것은 다른 건물에 비해 높이가 반도 안 되고 극히 소박했다. 나무로 지어진 그 건물에서는 금과 옥으로 조각한 장식 등의 사치스러움이 전혀 보이지 않았다. 파란 새가 아뢰었다.

"다 왔습니다. 주인님 분부대로 전하께서는 여기에 머무르십시오."

우는 수수하고 소박한 성격이라 그 집의 분위기가 마음에 들었다. 안으로 들어가 보니 모든 기물이 준비되어 있었는데, 소박하고 화려하지 않아 더욱 마음에 들었다. 그러나 잠시 후에는 이런 생각이 들었다.

'이곳 상계는 사방이 모두 화려한데 왜 이곳만 이렇게 수수할까? 혹시 서왕모께서 나를 위해 특별히 지은 것은 아닐까? 나무가 오래되지 않은 것을 보면 새로 지은 것이 분명하나 조금 전 영접 나온 사람들은 분명 행궁이라고 했다. 행궁은 천자가 거주

여와의 장(腸)이 열 사람으로 변하다

신화에서 여와는 인류의 시조다. 그녀는 인류를 창조한 위대한 어머니로 사람에게 깊은 애정을 지니고 있었다. 여와는 인류를 창조하는 작업을 끝내고 휴식에 들어갔다. 이런 휴식을 우리는 '죽음'이라고 한다. 하지만 여와의 죽음은 사라지는 것이 아니라 반고처럼 우주의 다른 사물로 바뀌는 것이다. 여와의 내장이 10명의 신인으로 변해서 율광(栗廣)의 들에 살았으니, 그들 이름은 '여와의 장(腸)'이었다. 그녀의 장 한 줄이 사람 10명으로 변했으니, 그녀의 전신은 도대체 몇 명의 사람으로 변할지 놀라울 따름이다.

하는 곳이니 결코 나를 머무르게 할 리가 없다. 그렇다면 원래부터 있었던 곳으로, 새로 지은 것이 아닐 것이다.'

우는 아무리 생각해도 도저히 의문이 풀리지 않자 소려에게 물어보았다. 그러자 소려가 말했다.

"이 집은 영고조(令高祖) 황제 헌원씨가 지은 것으로, 그의 행궁이었습니다. 뒤에 그의 초상이 있습니다."

우는 그 말을 듣고서야 무엇인가 깨달아 초상이 어디 있는지 물었다. 대려 등이 뒤로 안내해 따라가 보니 과연 황제의 초상화가 걸려 있었다. 우는 황급히 제단에 올라가 8배를 올린 후 파란 새에게 물었다.

"선대 고조께서 지으신 것이라면 이미 수백 년이 되었는데 어찌 이리 갓 지은 것 같소?"

"이 지역의 바람을 거진풍(袪塵風)이라고 합니다. 옷깃에 먼지나 오물이 묻어도 이 바람이 한 번 불면 곧 깨끗해집니다. 하물며 원래 먼지가 없었는데 어떻게 낡을 수 있겠습니까?"

우는 그 말이 옳다고 생각하면서 대사농의 일기에 언급되었던 것에 대해 다시 물어보았다.

"서왕모께서는 이 성 안에서 사시지 않습니까? 예전에 우리나라의 대사농이 이곳에 온 적이 있는지요?"

대려가 말했다.

"서왕모께서는 용월성(龍月城)에 사시는데, 이곳과는 멀리 떨어진 곳

곤이 우연(羽淵)으로 들어가다

강량(强良)은 호랑이 머리에 사람 몸으로 발굽이 4개며 정강이가 길고 뱀을 잡고 있다. 그러던 어느 날, 그는 곤이 죽어서도 썩지 않는다는 비밀을 알게 되었다. 이에 강량은 냉큼 하늘로 올라가 그 사실을 천제에게 알렸다. 천제는 썩지 않는 곤의 강시가 괴이한 일을 벌일까 걱정돼서 축융 2세에게 오도(吳刀)를 들고 속세로 내려가 곤의 시체를 갈라버리라고 했다. 오도로 배가 갈라진 곤의 시체가 한 마리 황룡(黃龍)으로 변해 우산 밑에 있는 우연으로 뛰어 들어갔다. 하지만 이미 곤은 아들 우에게 모든 정(精)과 기(氣)와 신(神)을 전수해버린 그저 평범한 한 마리의 용에 지나지 않았다. 이 노란색의 용은 초연히 연못의 깊은 곳에 침거했다. 그가 살아남은 유일한 이유는 아들 우가 아버지의 치수사업을 이어받아 온 세상 만민을 홍수의 피해로부터 구하는지 직접 보고 싶었기 때문이었다.

뼈 침으로 베를 짜다

중국은 일찍이 구석기시대에 방직기술을 발명하였고, 신석기시대에는 이미 방직업을 발달시켰으니, 세계 최초로 누에를 길러 방직하는 기술을 장악한 셈이다.

이것은 원시시대에 수공으로 베를 짜는 방법에 관한 그림이다. 날실을 가로대에 드리우고 뼈 침으로 씨실을 이동하면서 날실 위아래로 꿰면, 날실과 씨실이 교차하면서 베가 짜진다.

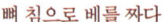

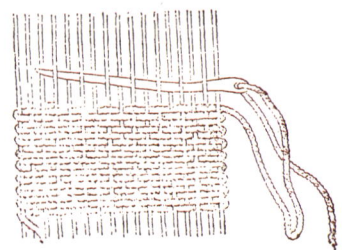

입니다. 전에 귀국의 대사농이 오셨을 때도 저희가 안내를 맡았었는데, 산 아래쪽을 지나간 일은 있지만 이 성에는 들어온 적이 없습니다."

우는 황제의 행궁에서 그날 밤을 지냈으며, 대려 등도 서왕모가 있는 곳으로 돌아가 명령을 기다렸다.

다음날이 되자 대려 등이 다시 와서 우에게 말했다.

"서왕모께서 전하를 초대하셨습니다만 여러 천장들은 여기 머무르시랍니다."

장군들은 그러겠다고 대답했다. 우가 삼청조를 따라 행궁을 나서니 입구에 수레가 대기하고 있었다. 대려는 우에게 수레에 오르라고 청했다. 우가 수레에 오르자 순식간에 수레 밑으로 구름이 피어나면서 수레를 들어 올리는 듯싶더니 높이 올라가기 시작했다. 큰 성 하나가 지나면 또 큰 성이 한 줄기 나오고, 이렇게 해서 모두 87층을 지나자 평평하고 양지바른 곳이 보였다. 그곳에는 옥으로 장식한 누대와 집들이 눈앞에 무수히 펼쳐져 있었다. 구름수레는 그곳에 이르자 멈추었고 우가 내리자 대려 등이 엄청나게 큰 궁전으로 그를 인도하며 들어갔다. 그 궁전은 남쪽에서 북쪽까지 한눈에 들어오지 않을 정도로 컸다. 그 넓이가 적어도 100묘(苗)는 족히 되어 보였으며 높이는 수백 장에 달했다. 그렇지만 궁전 안은 매우 밝고 어두운 구석이 전혀 없었는데, 그 빛이 어디서 오는지는 알 수가 없었다.

우가 여기저기 살피고 있는데 안쪽에서 홀연히 한 여자가 걸어 나와 대려 등에게 말했다.

"주인님께서 전하에게 후원에 앉으라 하셨습니다."

대려 등은 일제히 대답하고 우를 인도하여 그녀를 따라 큰 건물을 통과했다. 그러자 그 건물 뒤로 넓은 화원이 나타났는데 수백 묘는 충분히 되어 보였다. 그곳에는 기이한 금수들이 날거나 뛰어다니며 옥풀(瑤草)과 옥

하후계가 사방을 순수하다
무명씨, 선묘

계는 하나라 임금이다. 우임금이 동이족의 백익을 계승자로 정했지만 우가 죽고 계가 왕위에 올라 백익과 싸웠다. 계는 백익을 죽이고 아들에게 왕위를 물려주는 세습 제도를 확립했다. 유호씨(有扈氏)가 불복하자 그 또한 제거했다.

그림은 하후계가 용을 타고 천하를 순시하는 모습이다.

꽃(琪花)들이 도처에 피어 있었다. 우는 화려함에 눈이 어지러워 자세히 볼 겨를도 없었다.

멀리 앞을 바라보니 아주 높은 궁전이 하나 더 있는데, 진주로 엮은 주렴과 은막이 드리워져 있기도 하고 젖혀 있기도 하였다. 그 건물의 정면 계단에 무수한 신선들이 서 있다가 우가 가까이 걸어오는 것을 보고는 박수를 치며 일제히 환영인사를 건넸다. 우가 자세히 살펴보니 어깨와 등을 맞댄 남녀가 수백인데, 어떤 사람은 아는 사람이고 또 어떤 사람은 본 적이 있으나 누구인지는 알 수가 없었다. 우는 앞으로 나아가 몸을 굽혀 예를 표하며 말했다.

"재주도 없는 이 몸을 여러 존신들께서 이렇게 환대해주시니 어찌할 바를 모르겠습니다. 이 몸이 이번에 온 것은 천자의 명을 받들어 서왕모께 감사를 드리기 위함입니다. 지금 서왕모께서 어디에 계시는지는 모르겠으나, 이 몸은 서왕모를 뵌 후에 다시 여러분들께 감사의 인사를 올리겠습니다."

우의 말이 끝나자 듣고 있던 무리 중의 한 사람이 소리를 외쳤다.

"주인님! 주인님! 전하께서 먼저 주인님을 뵙고 감사를 드리겠답니다. 얼른 나오시지요."

그러자 묘령의 여선(女仙)이 무리를 거느리고 나와 우에게 예를 갖추

해내북경 · 봉래산
명각본삼도

봉래산은 지금 산동 봉래현 성북의 단애산(丹崖山)으로, 산 위에 봉래 선각(仙閣)이 있다. 서복(徐福)은 진시황의 명을 받들어 배를 타고 봉래, 방장, 영주(瀛洲)의 삼신산(三神山)을 찾아 들어간 후 일본으로 갔다가 돌아오지 않았다. 《습유기(拾遺記)》 10권을 보면 봉래산은 방구(防丘), 운래(雲來)라고도 하며 높이가 2만 리, 너비는 7만 리에 달한다. 또 금옥(金玉) 같은 가는 돌이 있는데 신선이 그것을 복용한다. 그 동쪽에는 욱이국(郁夷國)이 있는데 창문이 모두 북쪽을 향해 열려 있다. 그 서쪽에는 함명국(含明國)이 있는데 그곳 사람은 새털로 옷을 해 입는다. 그 위에는 얼음물과 끓는 물이 있어 마시면 1,000살까지 산다고 한다. 옛날 사람들은 소문을 믿고 먼 바다로 많이 나갔는데, 소문 중에는 신기루도 있고 사실도 있었을 것이다. 지금은 대부분 이해하기 어려운 일들이지만 파곡산(波谷山), 유파산(流波山), 봉래산은 이미 사라진 빙산으로 추정된다.

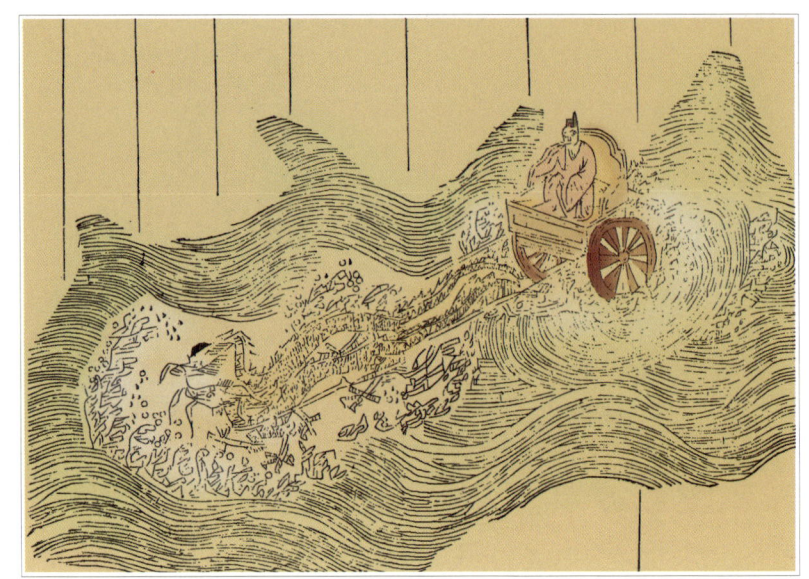

면서 말했다.

"전하께서 이미 종산에 오셨으니 그 공이 구천에 돌아갈 것입니다. 어머니는 천제의 명을 받들어 보잘것없는 노력을 하셨을 뿐인데 무슨 공이라 할 수 있겠습니까? 어찌 감사라는 말을 감당할 수 있겠습니까? 감사하다는 말씀만 하지 않으시면 어머니께서 곧 나오실 겁니다."

우는 그녀가 서왕모의 넷째 딸인 남극왕부인(南極王夫人) 임용진(林容眞)이라는 것을 알아차리고는 말했다.

"큰 공덕이 이루어진 것은 전부 서왕모의 은덕이라는 말씀은 천자께서 분부하신 바입니다. 이 몸이 비록 초야에 나와 있다 해도 어찌 감히 천자의 명을 거스르겠습니까? 부인께서 저의 사정을 대신 전달해주시어 군주의 명을 욕되게 하지 않도록 해주십시오."

그래도 임용진은 여전히 서왕모 대신 사양을 했고, 우는 극구 청하기를 수차례 하였다. 그러자 갑자기 군중 속에서 누군가 큰 소리로 외쳤다.

"주인님께서는 너무 겸손하시고 손님은 정성이 너무 지극하니 모두가 아름다운 덕입니다. 그러나 저희로서는 여기에 서서 먹지도 못하고 앉지도 못하고 이야기도 나누지 못하니 견디기 어렵습니다. '공경하는 것보다 말씀을 따르는 게 낫다'는 말도 있지 않습니까? 지금 궁전 안에는 연회 준비가 다 되어 있고 또 예를 행하지 않은 곳이 없습니다. 그러니 전하께서

주인님을 만나시면 마음속으로 감사하다는 말씀만 올리되 무릎 꿇고 절하는 격식만 행하지 않으신다면, 주인님 마음도 편하실 것이고 전하께서도 돌아가셔서 천자께 명을 수행했다고 아뢸 수 있겠습니다. 전하의 생각은 어떠신지요?"

이쯤 되자 우도 어쩔 수 없이 말했다.

"사정이 그렇게 되어 있다면 이 몸이 어찌 명을 따르지 않겠습니까."

그러자 사람들이 비로소 길을 내주면서 우로 하여금 안으로 들어가게 했다.

대행백(大行伯)이라는 신인(神人)이 있는데 손에 긴 창을 들고 있다. 그가 있는 곳의 동쪽에 견봉국(犬封國)이라는 나라가 있다. 이부의 시체도 대행백의 동쪽에 있다. 견봉국에 관해서는 이런 이야기가 전한다.

도모(陶模)

도모는 하 왕조에서 보편적으로 사용했던 거푸집이다. 이리두문화 유적지에서 돌 거푸집이 약간 발견되었는데, 당시 사람들은 거푸집으로 작은 기물을 제작했던 것으로 추정된다.

예전 고신씨(高辛氏) 시대에 방왕(房王)이라는 사람이 반란을 일으키자 제곡(帝嚳 : 고신씨)이 조서를 내려 선언했다.

"누구든지 방씨의 머리를 가져온다면 황금 1,000근을 상으로 내리고 미녀도 상으로 주리라."

여러 신하들은 방씨 군대가 매우 강력해서 방씨를 잡기 어렵다는 것을 알고 있었다. 제곡에게는 반호(盤瓠)라는 오색 털이 난 개가 있었는데 항상 제곡을 따라 궁중을 드나들었다. 하루는 이 개가 갑자기 사라지더니 3일이

별자리 성중상(星衆像)
무명씨, 비단 채색, 명대

별자리는 또 '별'이라고도 하며 초기에는 '칠성(七星)'이라고 했는데 28숙의 하나다. 《기천가(寄天歌)》에 성(星), 헌원(軒轅), 내평(內平), 천상(天相), 천직(天稷) 등의 별자리가 나온다. 천계의 별자리를 두루 칭하는 말이다.

이 그림은 총 13위의 성군(星君)을 그렸는데 포복을 입고 머리를 묶고 관을 썼으며 관 위에 별이 하나씩 있고 손에는 홀판을 잡고 줄맞춰 서 있다. 뒤 배경은 옅은 청색으로 하늘을 칠하고 옅은 자주색으로 구름을 칠했는데 빛깔이 맑고 옅다. 금장식된 옷을 입고 상서로운 구름에 몸을 실으니 신선의 기운이 물씬 풍긴다.

지나도록 나타나지 않아서 제곡이 매우 이상하게 여겼다. 알고 보니 개는 방왕에게 가 있었다. 방왕은 개를 보고 기뻐하면서 좌우의 사람들에게 말했다.

"고신씨도 죽을 날이 다가왔군! 개까지 그를 버리고 나한테 뛰어왔으니 우리는 반드시 크게 일어날 것이다."

방씨는 연회를 크게 베풀고 개가 온 것을 축하했다. 그날 밤 방씨는 만취해서 잠이 들었다. 그때 반호가 그의 머리를 베어 물고는 제곡의 궁으로 돌아왔다.

제곡은 반호가 반란군의 우두머리 방왕의 머리를 물고 온 것을 보고 매우 기뻐하며 산해진미를 차려 주었으나 반호는 전혀 먹지 않았다. 하루가 다 가도록 꼼짝 않고 제곡이 아무리 불러도 일어나지도 않았다. 그러자 제곡이 말했다.

"네가 먹지도 않고 불러도 오지 않으니, 너에게 상을 내리지 않는다고 원망하는 것 아니냐? 내가 지금 조서에서 말한 대로 너에게 상을 내리면 되겠느냐?"

그 말을 듣자 반호는 벌떡 일어나 펄쩍펄쩍 뛰었다. 제곡은 반호를 회계후(會稽侯)에 봉하고 다섯 미녀를 하사했다. 회계군에는 1,000 가구가 있었는데, 나중에 반호와 미녀들 사이에 아들 셋과 딸 여섯이 태어났다. 아들의 모습은 사람과 같았으나 개꼬리가 달려 있었다. 후에 그들의 자손이 번창하여 나라 이름을 견융국(犬戎國) 혹은 견봉국이라고 했다.

견봉국 사람들은 개처럼 생겼다. 옆에 여자가 무릎을 단정히 꿇고 앉아 남편에게 술을 올리고 있다. 견봉국에는 아름다운 무늬가 있는 말이 사는데, 털빛이 순백색이고 갈기는 붉으며 두 눈은 금빛으로 반짝인다. 이 말을 길량마라고 하는데 그 말을 타면 1,000살까지 산다.

귀국(鬼國)이 이부신 시체의 북쪽에 있다. 귀국 사람은 모두 눈이 하나만 있다. 이부신이 이 나라의 동쪽에 있다고 말하는 사람도 있다. 귀국 사람은 뱀의 몸에 사람얼굴을 하고 있다.

도견(蜪犬)은 개처럼 생겼는데 몸에 파란 털이 나 있다. 이 개는 사람을 잡아먹는데 머리부터 먹는다.

궁기(窮奇)는 호랑이처럼 생겼지만 날개가 둘 달렸고, 사람을 잡아먹을 때 머리부터 먹으며, 잡아먹힌 사람은 머리칼이 헝클어져 있다. 궁기는 도견의 북쪽에 있다. 어떤 이는 궁기가 사람을 잡아먹을 때 다리부터 먹는다고도 한다.

요임금의 누대, 제곡의 누대, 단주의 누대, 순임금의 누대는 모두 양좌(兩座) 누대로 되어 있으며, 동서남북을 향한 네모난 모양으로 곤륜허의 동북방에 있다.

대봉(大蜂)은 황충(蝗蟲)처럼 생겼는데 머리가 크다는 점이 다르다. 주의(朱蟻)는 보통 개미처럼 생겼는데 몸이 코끼리처럼 크다.

교국(蟜國)은 궁기의 동쪽에 있다. 그곳 사람들은 몸에 호피 무늬가 있고 장딴지에 정강이가 곧바로 붙어 있다. 교국 사람은 보통사람처럼 생겼고 곤륜허 북쪽에 산다고 말하는 사람도 있다.

탑비국(闒非國) 사람은 사람얼굴에 짐승의 몸을 하고 있으며 온몸이 푸른 털로 덮여 있다.

천신 거비(据比)는 그 시체의 목덜미가 잘려 있고, 머리털이 헝클어져 있으며, 손 하나도 어디로 갔는지 모른다.

환구국(環狗國)의 신인은 머리가 야수처럼 생겼으나 몸은 사람의 몸을 하고 있다. 노란 개처럼 생겼다고 말하는 사람도 있다.

미(袜)라는 신은 생김새가 사람 몸과 비슷한데, 머리가 까맣고 눈은 길게 툭 불거져 있다. 미는 도깨비다.

이융국(離戎國) 사람은 머리가 보통사람과 달리 삼각형이다.

임씨국(林氏國)에는 매우 진귀한 신수(神獸)가 살고 있

우가 요희를 만나다

요희는 상고시대의 신녀로 염제의 딸이다. 민간 전설을 보면, 요희가 무산을 지나는데 공교롭게도 그곳에 치수를 위해 온 우가 그녀에게 도움을 청한다. 그래서 요희는 우에게 귀신을 불러 모으는 책을 주고, 여러 대신들에게 우가 돌을 날라 물길을 소통시켜 재액을 막도록 도우라고 명령한다. 《장강만리행(長江萬里行)》을 보면, 요희 등 열두 천신이 무산에서 배가 잘 다니도록 항로를 인도하다 보니 오랜 세월이 흐르면서 열두 산봉우리로 변하게 되었다고 한다. 그중에 요희가 변한 신녀 봉우리가 제일 아름다웠으니 세속적 미의 수준을 넘어섰다. 이 이야기가 세상에 알려지면서 사람들이 무산에 신묘(神廟)를 세웠다고 한다.

데, 머리는 호랑이 같고 몸에는 오색찬란한 무늬가 있으며 꼬리가 몸보다 길다. 이 짐승은 이름을 추오(騶吾)라고 한다. 추오는 하얀 털에 까만 무늬가 있는 호랑이 같지만 살아 있는 짐승은 먹지 않는다. 이 짐승은 잘 달리기 때문에 그것을 타면 하루에 1,000리를 간다.

곤륜허의 남쪽에 넓은 숲이 있는데, 사방 300리에 달한다. 이것이 남범림(南氾林)이다.

종극연(從極淵)은 충극연(忠極淵)이라고도 한다. 매우 넓은 이 연못은 깊이가 300장이나 되고, 물의 신 하백이 사는 곳이다. 하백은 사람 머리에 물고기 몸을 하고 있으며 2마리 용을 타고 다닌다.

하백은 고대 황하의 수신으로, 방탕하고 풍류를 즐기는 신이었다. 언젠가 하백이 하얀 용으로 변신해서 물가에서 노니는데, 예가 그의 왼눈을 쏘아 맞추었다. 하백이 천제에게 하소연하였다.

"신을 위해 예를 죽여주십시오."

천제가 물었다.

"어찌하다 그의 화살에 맞았는가?"

하백이 대답했다.

"하얀 용으로 변해서 노닐다가 예에게 들켰습니다."

그러자 천제가 말했다.

"네가 수궁을 잘 지키고 있었더라면 예가 어떻게 너를 쏘았겠느냐? 네가 수면에 떠다니는 벌레나 다름없어서 예가 쏜 것인데 예한테 무슨 죄가 있느냐?"

하백은 항상 물 속에서 강 건너는 사람을 빠뜨려 죽이기 때문에 예가 그의 왼눈을 쏘아 맞힌 것이다.

신농이 약성(藥性)을 변별하다
임종(林鐘), 비단 채색, 청대

신농씨는 열산씨라고 하며 전설의 삼황에 속한다. 또한 그는 중의약의 발명자이기도 하다. 신농에 관한 유명한 전설은 바로 그가 친히 여러 풀을 맛보고 약성을 변별해서 병을 치료하는 이야기다.

비를 내리는 우사

우사는 '병예(屏翳)'나 '현명(玄冥)'이라고도 하며 옛날 비를 다스리던 신이다. 기상과 관련된 신들 가운데 비의 신이 가장 중요했다. 비는 생산력과 관련이 깊기 때문이다. 채소의 생장에도 빗물이 필요하고 방목하는 풀도 빗물이 있어야 윤택하게 자라며 빗물이 있어야 농작물에도 물을 댈 수 있는 것이다.

양오산(陽紆山)이 있는데 황하의 지류가 여기서 발원한다. 황하의 또 다른 지류는 능문산(陵門山)에서 발원한다.

왕자해(王子亥)의 시체는 두 손, 두 발, 가슴, 머리, 치아가 모두 잘려서 여기저기 흩어져 있다.

순임금의 아내 등비씨(登比氏)가 두 딸을 낳았는데 하나는 소명(宵明)이고 하나는 촉광(燭光)이었다. 그들은 황하가 넘쳐흘러 들어가는 대택 근처에서 산다. 두 딸은 신비스러운 빛으로 사방 100리를 비출 수 있다. 순임금의 아내를 등북씨(登北氏)라고 하는 사람도 있다.

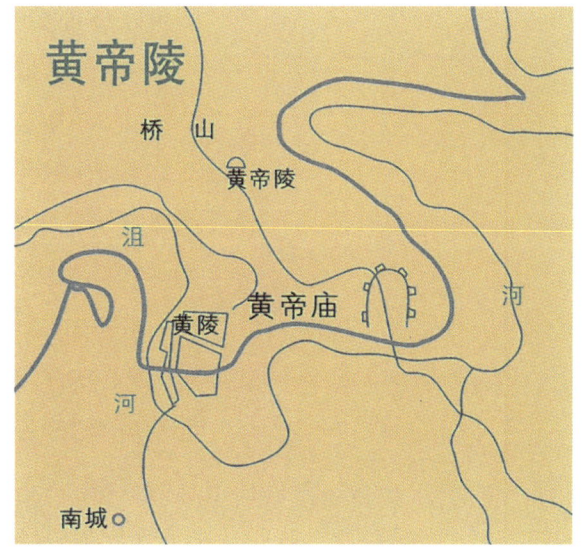

개국(蓋國)은 대연(大燕)의 남쪽, 왜국(倭國)의 북쪽에 있다. 왜국은 연나라의 관할 하에 있다. 왜국은 동쪽의 큰 바다 안쪽에 있으며, 여자가 가장 노릇을 한다. 그들은 단주(丹朱)로 몸을 칠하고 있으며, 질투를 하지 않아서 한 남자가 몇십 명의 부인을 맞을 수 있다.

조선(朝鮮)은 열양하(列陽河)의 동쪽, 황해(黃海)의 북쪽, 분려산(分黎山)의 남쪽에 있다. 열양하도 연국에 속한다.

열고야산(列姑射山)은 바닷가에 있는 모래섬에 있다. 이 산에는 신녀(神女)가 사는데 피부가 얼음처럼 희고 처녀처럼 매혹적이다. 오곡과 잡곡을 먹지 않고 바람과 이슬만 마시며, 나다닐 적에는 구름을 타고 비룡을 몰아 사해의 밖으로 왕래한다.

야고국(射姑國)은 바다 속에 있으며 열고야국의 일부다. 그 나라의 서남쪽은 산으로 둘러싸여 있고 동북쪽은 바다로 에워싸여 있다.

몸 넓이가 1,000리나 되는 큰 게가 해중(海中)에 산다.

능어(陵魚)는 사람얼굴을 하고 있으며, 손도 있고 발도 있지만 몸은 물고기의 몸을 하고 있다. 이 물고기는 바다에 사는데 그것이 바로 인어(人魚)다. 인어가 울면 눈물에서 진주가 떨어져 내린다. 그들은 또 육지에 사는 사람처럼 베를 짤 줄 안다. 그들은 가끔 물에서 나와 육지의 인가에 살면서 자신들이 짠 비단을 판다. 그들은 모두 아름다운 여인으로 피부가 옥처럼 희고 긴 머리를 어깨에 드리우고 있는데, 머릿결이 말꼬

황제릉 시의도(示意圖)

황제릉은 서북 황토 고원 지대 섬서성 능현(陵縣)의 교산(橋山)에 우뚝 서 있다. 반룡강(盤龍崗)은 교산의 최고봉으로 용머리처럼 생겼다. 그 아래로 북쪽은 높고 남쪽은 낮아서 남쪽으로 따라 내려가면 '용혈(龍穴)'이 있다. 황제릉의 남쪽 산은 엎드린 큰 호랑이의 모습을 하고 있고 동쪽의 봉황산은 봉황처럼 생겼다. '봉황의 부리'에 해당하는 언덕에는 봉관백(鳳冠柏)이 우거졌다. 서쪽의 옥선산(玉仙山)은 만년 된 신령한 거북처럼 생겼다. 용, 호랑이, 거북, 봉황은 하늘과 땅의 '사령(四靈)'으로, 주야로 황제릉을 지키고 있으니 '천하 용혈'의 기백을 여기서 확인할 수 있다. 황제릉은 이렇게 세상에 둘도 없는 풍수지리의 명당이며, 8만여 그루의 오래된 측백나무들은 그 풍수의 기운을 보좌해준다.

리처럼 검고 빛나며 5, 6척은 될 정도로 길다.

대편어(大鯿魚)가 바다에 산다.

명조읍(明組邑)도 바다 한가운데에 있다.

봉래산은 바다 한가운데서 우뚝 솟은 채 구름을 뚫고 서 있다. 이 산 위에 선인의 궁전이 있는데, 모두 금과 은으로 만든 것이다. 산에 사는 새나 짐승은 모두 하얀색이어서 올려다보면 흰 구름처럼 아름답다.

대인(大人)의 시장은 발해에 있다. 대인시(大人市)의 사람, 물건과 건축물은 모두 망망대해에 있으며, 이것이 바로 사람들이 늘 이야기하는 바다 속 도시 신기루이다.

제13장

해내동경

海內東經

해내동경 · 회계산(會稽山)

염제 부락도
관걸 · 오화소, 회화, 현대

염제 부락은 중국 고대의 저명한 부락의 하나다. 염제는 농업생산 기술을 발명했으며 약초의 효능을 발견한 공으로 신농씨라고 불렸다. 《역사(繹史)》에서 '염제는 황제와 어머니는 같고 아버지는 다른 이복형제로 각자 천하의 반을 두었다. 황제가 도를 행하는데 염제가 듣지 않아서 탁록의 들에서 전쟁을 벌이니 피가 흘러 방망이가 떠다녔다'고 했다. 나중에 염제와 황제 두 부락을 합해서 중국의 핵심으로 삼았다. 그래서 중국인을 '염황의 자손'이라고 하는 것이다.

이 염제의 부락도는 《산해경》에 기록된 염제와 그 후손들의 이야기에서 소재를 취한 것이다.

● —— 해내동경(海內東經)

이제 해내의 동북쪽 모퉁이부터 그 남쪽에 있는 여러 나라를 살펴보자.

거연국(巨燕國)이 동북쪽 모퉁이에 있다.

유사(流沙)에 있는 나라로는 돈단국(墩端國), 새환국(璽喚國)이 있는데 모두 곤륜허의 동남쪽에 있다. 해내군(海內郡)이라고도 하지만 군현(郡縣)이라고 하지 않는 이유는 유사에 있기 때문이다.

유사의 밖에 있는 나라로는 대하국(大夏國), 수사국(竪沙國), 거요국(居繇國)과 월지국(月支國)이 있다. 그중 대하국의 성은 사방 2,300리에 달하고 10개의 소국으로 나뉘어 있으며, 날씨가 따뜻해서 오곡이 자라기에 알맞다. 월지국에서는 좋은 말과 맛 좋은 과일, 큰 꼬리가 달린 양이 많이 나는데, 이 양을 암양이라고 한다.

서호(西胡: 옛사람의 서역 각국에 대한 총칭)의 백옥산국(白玉山國)은 대하국의 동쪽에 있고 창오국(蒼梧國)은 백옥산의 서남쪽에 있다. 이 두 나라는 유사의 서쪽, 곤륜허의 동남쪽에 있다. 곤륜산은 서호의 서쪽에 있으니 두 나라 모두 서북쪽에 있는 것이다. 그중 백옥산국에서는 아름다운 옥이 생산된다. 주나라 목왕 때 서호에서 옥배(玉杯)를 바쳐왔는데, 그것은 백옥 중 가장 좋은 것으로 밤이면 은빛이 찬란하다.

뇌택(雷澤)이라는 큰 호수에 뇌신(雷神)이라는 신수(神獸)가 산다. 용의 몸에 사람의 머리를 한 반인반수(半人半獸)의 괴물이다. 그는 뇌택에서 돌아다니며 자주 배를 두드리면서 논다. 그가 배를 두드리면 우르릉 쾅 하는 우레 소리가 난다. 뇌택은 오국(吳國)의 서쪽에 있다.

도주국(都州國)이 바다 한가운데 있다. 울주라고 하는 사람도 있다.

낭야대(琅邪臺)가 발해 가운데에 있으며, 낭야산(琅邪山)의 동쪽에 있다. 그 북쪽에도 큰 산이 있다. 낭야대가 바다 가운데 있다고 하는 사람도 있다. 낭야산은 월(越)나라의 왕 구천(勾踐)이 중국의 패권을 선언하면서 도읍을 일으킨 곳이기도 하다.

한안국(韓雁國)이 바다 가운데, 도주의 남쪽에 있다.

시구(始鳩)가 바다 가운데, 한안국의 남쪽에 있다.

회계산(會稽山)이 대월국 남쪽에 있다.

민산(岷山)에는 세 줄기의 큰 강이 있다. 대강(大江)이 민산에서 발원하고, 북강(北江)은 몽산(蒙山)에서 발원하며, 남강(南江)이 공협산(邛崍山)[25]에서 발원한다. 공협산은 성도의 서쪽에 있으며, 대강은 소주(蘇州)의 남쪽에서 바다로 들어간다.

전당강(錢塘江)은 안휘성(安徽省) 휴녕현(休寧縣)과 강서성(江西

동천8제(東天八帝)
무명씨, 수륙화

동천 8제는 신화에서 동방 천계를 관장하는 8명의 최고 천신들을 가리킨다.

25_ 고전《산해경》에는 '고산(高山)'으로 되어 있는데 이 책의 저자가 착각한 듯하다. – 역자 주

省) 무원현(婺原縣)이 만나는 곳에 있는 솔산(率山)에서 발원하여, 그 동쪽에서 복건성(福建省)의 서북방을 지나 절강(浙江) 소산(蕭山) 서쪽을 거쳐 바다로 들어간다.

어원수(廬源水)도 솔산에서 발원한다. 솔산은 천자장산(天子鄣山)이라고도 하며, 안휘성 황호현(黃湖縣) 서쪽에서 전당강으로 들어간다.

회수(淮水)는 하남성(河南省) 동백산(桐柏山)에서 발원하여 하남성 정현(鄭縣) 동부와 동백(桐柏)의 서부에서 강소성(江蘇省)의 연수(漣水)와 합쳐진다.

상강(湘江)은 순의 묘지 동남쪽에서 발원하여 서쪽으로 굽어 돌아 흐른 뒤 동정호로 들어간다. 동남쪽으로 해서 서택(西澤)으로 들어간다고 하는 사람도 있다.

한수(漢水)는 하남성 청풍(淸豊)의 광양산(廣陽山)에서 발원한다. 전욱 황제가 한수의 남쪽 해안에 묻혀 있고 그의 아홉 비빈은 북쪽 해안에 묻혀 있다. 4마리 뱀이 그들을 보호한다.

대도하(大渡河)는 한수의 서남쪽에서 발원하여 섭양(聶陽) 서부에서 민강(岷江)으로 들어간다.

온수(溫水)가 공동산(崆峒山)에서 발원하여 임분(臨汾) 남쪽을 지나 섬서(陝西) 상주(商州)에서 황하로 흘러든다.

해내동경 · 회계산(會稽山)
명각본삽도

회계산은 현재 절강 중부의 소흥(紹興), 승주(嵊州), 제기(諸暨), 동양(東陽) 등의 시와 현 사이, 전당강(錢塘江) 지류인 포양강(浦陽江)과 조아강(曹娥江)의 분수령에 있다. 남북으로 뻗어 있으며 유문암(流紋巖) 및 응회암(凝灰巖)으로 이루어져 있다. 회계산의 최고봉은 소흥 남쪽과 제기, 승주 두 시의 경계에 있다. 하우가 모산(茅山 : 혹은 防山)에서 제후들을 불러 공에 따라 작위를 주었기 때문에 회계산이라고 한다. 우가 죽어 이 산에 묻혔다. 이 지역에 있는 뇌택은 태호에 운석이 떨어져서 만들어진 것으로, 운석이 떨어질 때 천둥소리가 났거나 그 지역에 천둥이 많이 쳐서 뇌택이라고 했다. 《하도》에서 '뇌택에 큰 발자국이 있는데 화서씨가 그것을 밟고 복희를 낳았다'고 했다. 뇌택은 아들을 구하는 주술의식이 거행된 장소였으며 큰 발자국은 뇌신의 화신이다.

영수(潁水)가 소실산(少室山)에서 발원한다. 소실산은 하남 옹씨산(雍氏山)의 남쪽에 있다. 하남 언릉(鄢陵)에서 회수로 들어간다.

여수(汝水)가 하남 천식산(天息山)에서 발원하여 하남 여주(汝州)의 서남쪽, 회수 가에서 회수로 들어간다. 회수가 기사(期思)의 북쪽에 있다고도 한다.

경수(涇水)는 공동산 진장성(秦長城) 근처에서 발원한다. 공동산은 감숙(甘肅) 경양(慶陽), 진원(鎭原) 북부에 있으며 섬서(陝西) 임동(臨潼)의 동북에서 위수(渭水)로 들어간다.

위수는 감숙 위원(渭源)의 서쪽에 있는 조서동혈산(鳥鼠同穴山) ― 청작산(靑雀山)에서 발원하여 동쪽으로 흘러 섬서 화음(華陰)에서 황하로 들어간다.

백수강(白水江)은 사천(四川)에서 발원하여 동남쪽으로 흘러 가릉강(嘉陵江)으로 흘러들어 중경성(重慶城) 아래를 감아 돈다.

원수(沅水)는 광서(廣西) 서부, 귀주(貴州) 남부의 운무산(雲霧山)에서 발원한다. 동쪽으로 호남(湖南) 남부를 지나 동정호로 들어간다.

공수(贛水)는 강서 대여(大余)의 섭도산(聶都山)에서 발원하여 동북쪽 공강(贛江)으로 흘러든 후 마지막으로 팽택(彭澤) 서부로 들어간다.

사수(泗水)가 산동(山東) 동남쪽에서 발원하여 남쪽으로 흐르다가 서남쪽으로 방향을 바꾼 후, 어대(魚臺) 서부를 돌아 강소(江蘇) 회음(淮陰)의 북부를 지나 동남쪽 황해로 들어간다.

울수가 상군(象郡)에서 발원하여 수릉(須陵) 동남쪽을 지나 서남쪽 남해로 들어간다.

이수(肄水)는 호남 임무(臨武) 서남쪽에서 발원하여 광서(廣西) 서부를 지나 남해로 들어간다.

황수(潢水)가 계양(桂陽) 서북의 산에서 발원하여 돈포(敦浦) 서부를 지나 동남쪽 이수로 들어간다.

낙수(洛水)가 총령산(冢嶺山)에서 발원하여 하남 영양(滎陽) 서부를

당우구주십이주분계도(唐虞九州十二州分界圖)
왕광로(王光魯), 조판(雕版) 주묵(朱墨) 명대

이 지도는 명대 강역(疆域)에 설치한 기본 그림(붉은 글씨)으로, 검은 묵선으로 구주와 십이주의 분계선을 긋고 주의 이름을 적었다. 단선은 구주의 경계선이고 복선은 십이주의 경계선이다. 옛날에는 당우 구주와 십이주가 있었다. 지금은 성(省), 부(府), 주(州), 현(縣), 산천, 호수, 바다, 사막, 그리고 장성 등이 있다.

저(紵)
선묘

저는 마 종류로 땅 속에 여러해살이 뿌리가 있어서 매년 심을 필요 없이 봄에 절로 자라난다. 남월 사람은 그것의 속껍질 솜으로 베를 짰다.

공로를 축하하고 포로를 바치다

이 그림은 광서(廣西) 좌강(左江)에서 발굴되었다. 공로를 치하하고 포로를 종묘에 바쳐 전쟁 승리를 비는 장면을 그린 암각화다.

지나 동북쪽으로 흐르다가 황하로 들어간다.

분수(汾水)가 산서(山西) 영무(寧武)의 관잠산(管涔山)에서 발원하여 하남 무척(武陟) 서쪽을 지나 동북쪽으로 흘러 황하로 들어간다.

심하(沁河)는 하북(河北) 정형산(井陘山) 동쪽에서 발원하여 하남 무척 동남쪽을 지나 황하로 들어간다.

제수(濟水)가 왕옥산(王屋山) 남쪽 산언덕에서 발원하여 대야택(大野澤)을 가로질러 산동 동북쪽을 지나 발해로 들어간다.

요하(遼河)가 백차산(白岔山) 동쪽에서 발원하여 요양(遼陽)을 거쳐 동남쪽으로 흘러 발해로 들어간다.

호타수(虖沱水)가 산서 진양성(晉陽城) 남쪽에서 발원하여 서쪽으로 양곡(陽曲) 북부, 하북 장무(章武) 북부를 거쳐 다시 동쪽으로 흐르다가 발해로 들어간다.

장수(漳水)가 하남 산양(山陽) 동부에서 발원하여 장무성(章武城) 남쪽을 지나 동쪽으로 흐르다가 발해로 들어간다.

제14장

대황동경

大荒東經

대황동경·소호국(少昊國)

산해경 천문경관도(天文景觀圖)
관결·오화소, 회화, 현대

이 그림은 《산해경》에 기재된 천문 장면과 관련된 이야기에서 소재를 취해 창작한 것이다. 《산해경》은 옛 지리서일 뿐 아니라 다량의 천문 지식도 기록했다. 자료를 검토해보면 《오장산경》시대에 이미 천문 관측 기술이 발달했다. 《해외사경》시대에 혜성과 북극성을 관측하고 기록했으며, 이미 순(旬)이 열흘이라는 역법을 알았다. 상고시대 때 세상에 대 충돌 사건이 있었다는 기록도 있고, 황제들이 통치했던 시기에 대지 측량작업을 벌인 적이 있다. 《대황사경》시대에는 더욱 정확하고 복잡한 천문 관측 작업이 진행되어 이미 1년 12달의 역법을 사용했다. 그리고 여러 별자리가 북극성을 돌며 회전하는 현상을 관측했으며, 적도 지역의 태양빛이 수직으로 내리쪼이는 현상도 알아냈다.

● 대황동경(大荒東經)

동해 밖에 큰 협곡이 있는데 소호국(少昊國)이 이곳에 있다. 소호가 일찍이 여기서 전욱을 길렀는데, 전욱이 어렸을 때 가지고 놀던 기문고를 이곳에 버렸다. 이곳에는 산이 하나 있는데, 감산(甘山)이라고 한다. 이 산이 감수(甘水)의 발원지며, 이곳에 감연(甘淵)이라는 큰 연못이 하나 생겼다고 한다.

대황의 동남쪽 모퉁이에 큰 산이 있는데 피모지구산(皮母地丘山)이라고 한다.

동해 밖, 대황의 가운데에 대언산(大言山)이 있다. 해와 달이 드나드는 큰 산이다.

파곡산(波谷山) 근처에 대인국(大人國)이라는 나라가 있다. 대인국에는 대인시(大人市)가 있는데 대인들이 모이는 장소다. 또 파곡산은 집

대황동경 · 안룡
명각본삽도

안룡은 제준의 아들이다. 제준이 안룡을 낳고 안룡이 사유를 낳았으며, 안룡은 금슬(琴瑟)을 만들었다. 이에 따르면 안룡은 가야금과 거문고를 시작한 사람이다. 송 우여명(虞汝明)의 《고금소(古琴疏)》에서 '안룡은 제준의 아들로 좋은 가야금이 여섯이나 있는데, 하나는 균수(菌首)요 둘은 의보(義輔)이고, 셋은 봉명(蓬明), 넷은 백민(白民), 다섯은 간개(簡開), 여섯은 수칠(垂漆)이라고 했다'고 한다. 이 기록은 다소 조작되었을 수도 있지만 안룡이 악기 제작과 밀접한 관련이 있음은 분명하다.

처럼 생겨서 대인당(大人堂)이라고도 한다. 대인 한 사람이 산 위에 쭈그리고 앉아 두 팔을 펴고 있다. 대인국 사람은 키가 30장이나 되며 1만 8,000살까지 살 수 있고, 남녀 모두가 비단옷을 입는다.

소인국(小人國)이 있는데, 사람들은 그들을 정인(靖人)이라고 부른다.

신선이 하나 있는데, 사람얼굴에 짐승의 몸을 하고 있다. 이름을 이령(犁䰠)의 시체라고 한다.

흉산(㶒山)이 있으며 양수하(楊水河)가 여기서 발원한다.

부근에 위국(蔿國)이라는 나라가 있는데, 곡식만 생산되어서 백성들은 좁쌀만 먹는다. 그들은 호랑이, 표범, 곰과 말곰의 4마리 짐승을 길들일 수 있다.

대황의 가운데 합허산(合虛山)이라는 큰 산이 있는데 해와 달이 뜨는 곳이다.

중용국(中容國)이 있다. 중용국 백성은 제준(帝俊)의 후예들이다. 그들은 짐승과 나무열매를 먹으며, 표범과 호랑이, 곰, 말곰을 부릴 수 있다.

동구(東口)라는 산이 있는데, 산 속에 군자국(君子國)이 있다. 군자국 사람은 옷차림을 단정히 하고 보검을 차고 있으며, 우아하면서도 소박해서 군자의 기품이 강하다.

천오(天吳)

천오는 옛날 물의 신인 수백(水伯)이다. 그는 짐승 모습을 하였으며 머리가 여덟인데, 모든 머리에 사람얼굴이 달려 있고 다리와 꼬리가 8개다. 등은 파란색에 황색이 섞여 있으며 모습이 흉악해서 무시무시하다.

사유국(司幽國)이 있다. 제준이 안룡(晏龍)을 낳고, 안룡이 사유(司幽)를 낳았다. 사유국의 남녀는 결혼하지 않는다. 그러나 그들은 서로를 생각하면 기(氣)가 통하여, 결혼을 하지 않고도 아이를 낳을 수 있다. 사유국은 좁쌀을 주식으로 하고 4마리 짐승을 부릴 수 있다.

대아산(大阿山)이라는 산이 있다.

대황에 명성산(明星山)이 있는데 해와 달이 뜨는 곳이다.

백민국(白民國)이 있다. 그 선조로 거슬러 올라가 보면, 제준이 제홍(帝鴻)을 낳고, 제홍이 백민(白民)을 낳았다. 백민국 백성의 성씨는 소(銷)로, 오곡을 주식으로 하고 호랑이, 표범, 곰과 말곰을 부릴 수 있다.

청구국(靑丘國)이 있다. 이곳에 꼬리가 아홉 달린 여우가 산다.

유복민(柔僕民)이라 불리는 사람들은 영토국(嬴土國)의 백성이다.

흑치국(黑齒國)이 있다. 이 나라 백성들은 제준의 후예다. 그들의 성씨는 강(姜)이고, 오곡을 주로 먹으며, 호랑이, 표범, 곰과 말곰을 부릴 수 있다. 이렇게 볼 때 성인(聖人)이 신화(神化)하는 모습들은 일정하지 않아서, 낳아 기른 후세들도 기괴한 형태의 사람들이 많다.

두 나라가 있는데 하나는 하주국(夏州國)이고 또 하나는 개여국(盖余國)이다.

그곳에 신선이 산다. 그 모습을 보면, 사람 머리가 8개 달렸고 호랑이 몸에 꼬리가 10개 달려 있다. 이름을 천오(天吳)라고 한다.

대황의 가운데에 3개의 산이 있는데, 국릉우천(鞠陵于天), 동극(東極), 이무(離瞀)다. 그곳에서 해와 달이 떠오른다. 그 산에 신인이 사는데 이름을 절단(折丹)이라고 한다. 동방에서는 그를 절(折)이라고만 부르고, 바람이 불어오는 쪽에서는 준(俊)이라고 부른다. 그는 동극에서 바람이 불게 하고 또 멈추게 하는 일을 관장한다.

동해의 작은 섬에 신이 사는데 사람 머리에 새의 몸을 하고 있다. 또 귀에 노란 뱀 2마리를 걸고 발로는 노란 뱀 2마리를 밟고 있다. 이름을 우호(禺虢)라고 한다. 황제의 후대가 우호이고, 우호의 후대는 우강(禺强)이다. 우강은 북해에 살고 우호는 동해에 살면서 각각 한 방향을 통치한다.

소요산(招搖山)이 있는데 융수(融水)가 그곳에서 발원한다. 그곳에 현고국(玄股國)이라는 나라가 있는데, 이곳 사람들은 오곡과 잡곡을 먹

흑도두(黑陶豆)

도자기로 만들어 형태를 유지하면서 장식무늬를 투각한 검은 제기다. 고대 제사에 사용했던 기물로 호남성 성두산(城頭山) 유적지에서 출토되었다.

대황동경·소호국(少昊國)
명각본삽도

소호국은 발해의 동쪽에 위치한다. 전설에서 소호는 하 이전의 저명한 부락으로 오제의 하나다. 《습유기》 1권은 백제의 아들, 즉 태양의 신과 황아(皇娥)가 궁상의 뜰에서 사랑에 빠져 소호를 낳았으며, 호를 궁상씨(窮桑氏)라고도 하고 금천씨(金天氏)라고도 한다고 했다. 소호 부락은 태백 금성을 숭배하는데, 금성은 하늘의 밝은 별로 태양이 나오기 전에 동방에 나타나므로 밝음을 여는 계명(啓明)이라 한다. 또 해가 진 다음에 서쪽에 있으므로 장경(長庚)이라고 한다. 소호국은 새의 이름으로 관직을 명명했는데, 이는 서로 다른 관리들을 그에 상응하는 새 깃으로 표시를 했기 때문일 것으로 추정된다. 이로부터 '닭털로 화살인 척한다(拿鷄毛當令箭)'는 표현도 생겨났다.

고 호랑이, 표범, 곰과 말곰을 부릴 수 있다.

곤민국(困民國)[26]: 혹은 요민국(搖民國)이라고도 한다)이 있는데, 이 나라 사람들의 성씨는 구(勾)이고 오곡을 주로 먹는다. 곤민국에는 왕해(王亥)가 있는데 양손에 새 한 마리를 들고 새 머리를 먹으려 하고 있다. 왕해는 길들인 소와 양을 유역(有易)과 하백(河伯)의 처소에 맡겨두었다. 나중에 나쁜 마음을 품은 유역이 왕해를 죽이고 그의 소와 양을 차지했다. 하백은 본래 유역과 친구라서 어쩔 수 없이 유역을 도와 왕해를 해쳤다. 훗날 은나라가 쳐들어와 유역을 해치려 하자 그는 유역으로 하여금 몰래 빠져나가서 일수국(一獸國)을 이루도록 했다. 일수국은 요민국(搖民國)이라고도 한다. 순임금의 후예가 유역이고 유역의 후예가 요민이라는 설도 있다.

해내에 두 신인이 사는데 이름을 여축(女丑)이라 한다. 여축이 있는 곳에는 커다란 게가 있다.

대황 가운데 얼요군저산(孽搖頵羝山)이 있다. 이 산 위에 나무 한 그루가 있는데 이름을 부상(扶桑)이라고 한다. 이 나무는 높이가 300리나

26_ 저자는 '인민국(因民國)'으로 표기했으나 고전 《산해경》에는 곤민국으로 되어 있으므로 오기라고 생각하여 고전을 따랐다. – 역자 주

되고 잎은 겨자 풀 같다. 온원곡(溫源谷)이라는 계곡이 있는데 양곡(湯谷)이라고도 한다. 양곡에도 부상이 서 있다. 태양 하나가 막 돌아오고 다른 태양이 나가고 있는데, 모두 세 발 달린 까마귀 등에 실려 있다.

사비시(奢比尸)라는 신이 있다. 사람 머리에 귀가 유난히 크고, 몸은 짐승처럼 생겼으며, 귀에 2마리 파란 뱀을 드리우고 있다.

오색 깃털의 신령스런 새 2마리가 빙글빙글 돌면서 춤을 추고 있다. 이 새는 오직 제준과 사귀고 친구로 지낸다. 산 밑에 순임금의 제단이 둘 있는데 오색 깃털 달린 신조가 지킨다.

대황의 가운데에 의천소문(猗天蘇門)이라는 산이 있는데 해와 달이 나오는 곳이다. 그곳에 훈민국(壎民國)이 있다.

기산(箕山), 요산(搖山), 중산(䧹山), 문호산(門戶山), 성산(盛山), 대산(待山)도 있고, 오색 깃털 달린 새도 있다. 동황(東荒) 가운데 학명준질산(壑明俊疾山)이 있는데 해와 달이 나오는 곳이다.

동북쪽 해외에 청색 신수인 푸른 말 3마리와 적색 삼추(三騅), 그리고 감화(甘華)가 있다. 그곳에는 옥, 삼청조, 시육이 있고 달콤새콤한 배 같은 감사(甘柤)가 있으며 오곡이 무성하다.

여화월모국(女和月母國)에 사람이 하나 있는데 이름을 완(鋠)이라고 한다. 바람이 불어오는 지역에서는 그를 염(㹫)이라고 부른다. 그는

대황동경 · 백민국(白民國)
명각본삽도

백민국은 발해의 동쪽에 위치하지만 《해외서경》의 백민국은 서쪽에 있다. 두 곳이 우연히 같은 이름을 갖게 되었거나, 모종의 혈연관계나 천도한 내력이 있을 것이다. 고대에는 부족과 가정을 데리고 천도하는 일이 별로 어렵지 않았다. 유목민족이 소와 양을 몰아 풀을 따라 움직여도 한 달에 1,000km 밖의 지역으로 이동했다고 한다. 백민국의 성씨가 '소(銷)'인 것은 거주지가 '소(銷)', 즉 금속을 녹이는 것과 관계가 있기 때문이다. 고대에는 통상 자신이 거주하는 지역의 지명에 따라 성씨를 정했다.

하 왕
한대 벽돌

문명(文明) 시대의 문턱에 선 우는 하 왕조의 기틀을 마련했고 우의 아들 계로부터 하 왕조가 정식으로 세워진 셈이다. 하는 중국 역사상 최초의 노예제 국가로 기원전 21세기~기원전 17세기까지 장장 500년 동안 마지막 걸(桀)왕까지 총 13대 16명의 왕이 즉위했다.

왼쪽은 하우이고 가운데는 하의 걸왕, 오른쪽은 하의 계왕이다.

동북쪽 모퉁이에서 해와 달의 출입을 관장하며, 해와 달이 서로 겹치지 않게 하기 위해 드나드는 시간의 간격을 조정한다.

대황의 동북쪽 모퉁이에 흉려토구(凶犁土丘)라는 산이 있다. 응룡(應龍)이 이 산의 최남단에 있다. 응룡은 날개 달린 용이다. 당초 응룡이 치우(蚩尤)와 과보를 못 박아 죽여서 다시는 천계로 올라갈 수 없었다. 하늘에 비를 내리게 하는 응룡이 없어지자 해마다 가뭄이 들었다. 이때 사람들이 가짜 응룡을 만들면 오랜 가뭄 끝에 큰비를 내릴 수 있었다.

동해에 유파산(流波山)이 있는데, 해안에서 7,000리 떨어진 곳에 있다. 이 산에는 신수가 사는데 모습이 소와 비슷하고, 몸은 청회색이며 머리에 뿔이 없고 다리는 하나뿐이다. 이 짐승이 물을 드나들면 바람이 불고 비가 쏟아진다. 몸에서 광채가 눈부시게 뿜어져 나오니 그 빛이 햇빛과 달빛 같다. 이 짐승은 우레처럼 소리를 내는데 이름을 기(夔)라고 한다. 황제가 이 짐승을 잡아서 가죽으로 북을 만들고 뼈로 북채를 만들어 두드렸더니 그 소리가 500리 밖까지 들려서, 전쟁 때 이것으로 사기를 북돋우며 적군을 떨게 만들었다고 한다. 황제가 치우를 토벌할 때의 일이다. 치우는 구리처럼 단단한 머리로 돌을 부술 수도 있고 공중으로 날아오를 수 있으며 험한 산길을 달릴 수도 있었다. 황제는 기의 가죽으로 북을 만들어 아홉 번 북을 두드려 치우를 제지했더니, 치우 역시 날거나 달리지 못하고 결국 죽음을 당했다고 한다.

옥으로 만든 매
상고시기

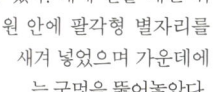

이 옥으로 만든 매는 대단히 정교하게 제작된 제사용품이다. 중국에서는 일찍부터 제사에 옥기를 사용했다. 하늘로 비상하는 듯한 이 옥 매는 꼬리로 받침을 삼고 두 날개는 돼지 머리처럼 조각했으며, 머리를 위로 들어올렸고 두 눈이 튀어나와 있다. 배에 원을 새긴 뒤 원 안에 팔각형 별자리를 새겨 넣었으며 가운데에는 구멍을 뚫어놓았다.

제15장

대황남경

大荒南經

대황남경・계우국(季禺國) 백성

● ── 대황남경(大荒南經)

남해 밖, 적수(赤水)의 서쪽, 유사(流沙)의 동쪽에 신수가 있다. 출척(跂踢)이라고 하는 이 짐승은 좌우에 머리가 하나씩 있다. 또 푸른 짐승이 3마리 있는데, 몸 하나에 머리가 둘 붙어 있으며 이름을 쌍쌍(雙雙)이라고 한다.

또 아산(阿山)이라는 산맥이 있다.

남해 가운데에 범천산(氾天山)이 있는데 이곳에서 적수가 끝난다. 적수의 동쪽에 창오(蒼梧)의 들이 있는데, 순과 그의 아들 상균(商均)이 이곳에 묻혀 있다. 여기에 자줏빛 조개, 이주, 휴원(鵂鶹), 창응(蒼鷹), 위사(委蛇)라는 괴상한 뱀, 곰, 코끼리, 호랑이, 표범, 이리와 시육이 있다.

소호 부락도
관걸·오화소, 회화, 현대

소호의 후손으로는 신벌(信伐), 함조(咸鳥), 승리(乘厘), 후조(后照), 파인(巴人), 대태(臺駘), 윤격(允格) 등이 있다. 《해내경》의 함조는 소호 부락과 혈연관계에 있다.

이 그림은 《산해경》에 기록된 소호 및 그 후손과 관련된 이야기에서 제재를 취한 것이다.

영산(榮山)이 있고 영수(榮水)가 그곳에서 발원한다. 흑수하(黑水河)의 남쪽에 검은 뱀이 있는데 사슴을 먹고 산다.

무산(巫山)이 있는데 이 산 서쪽에 노란 새가 산다. 이 산에는 천제의 선약이 있고, 곳간이 여덟 군데 있다. 노란 새가 무산에서 검은 뱀을 살피고 있다. 이는 검은 뱀이 탐욕스럽고 사슴을 먹기 때문에, 황제의 신약을 몰래 먹는 일이 없도록 감시하는 것이다.

대황 가운데 부정산(不庭山)이 있으며 영수가 이곳에서 끝난다. 이곳 사람은 몸이 셋이다. 이 삼신국(三身國) 사람들은 제준과 그의 아내 아황(娥皇)의 후손이다. 그들은 성씨가 요(姚)이고 오곡을 먹으며 4가지 짐승을 부릴 수 있다. 네모반듯한 큰 연못이 있는데, 네 귀퉁이가 각각 옆으로 통해 있다. 그 연못의 물이 북쪽으로 흘러서 흑수(黑水)에 닿고 남쪽으로 흘러 대황에 닿는다. 또 이 연못의 북쪽 가장자리를 소화연(少和淵)이라 하고, 남쪽 가장자리를 종연(從淵)이라고 한다. 이곳은 순임금이 목욕한 곳이다.

또 성산(成山)이 있는데 감수(甘水)가 여기서 끝난다.

그곳에 계우국(季禺國)이 있는데, 이곳 사람들은 전욱의 후손으로 오곡을 먹고 산다. 또 우민국(羽民國)이 있는데, 이 나라 사람들의 몸에는 깃털이 자란다. 또 난민국(卵民國)이 있는데, 이곳 사람들은 알에서 나오며 알을 낳는다.

대황 가운데 불강산(不姜山)이 있는데, 이곳이 흑수가 끝나는 곳이다. 그 부근에 가산(賈山)이 있고, 흘수(汔水)가 그 산에서 발원한다. 부근에는 언산(言山), 등비산(登備山), 개개산(恝恝山)이 있다. 또 포산(蒲山)이 있으며 예수(澧水)의 발원지다. 또 외산(隗山)이 있는데 그 서쪽에서 단(丹)이라는 붉은 염료가 나고, 동쪽에는 옥이 있다. 대황의 남쪽에도 산이 있으며 표수(漂水)의 발원지다. 근처에 미산(尾山)과 취산(翠山)이 있다.

영민국(盈民國)이 있는데, 이곳 사람들은 성씨가 어(於)로 오곡을 먹고 산다. 그러나 기근이 들 때는 나뭇잎을 모조리 먹어치우는 사람도 있다.

불사국(不死國)이 있는데, 이곳 사람들은 아(阿)라는 성을 가지고

우민국 백성

우민국 백성은 남방 해외의 서남 지역에 산다. 머리는 길고 머리카락은 하얗고 눈은 붉다. 새 모양의 뾰족한 부리가 있으며 등에 새 날개가 있어서 날 수 있다. 그들은 새들처럼 알에서 태어난다.

혼돈의 신 제강(帝江)

혼돈은 중국 고대신화에서 확실히 천신의 이름이다. 제강의 생김새는 노란 배주머니 같고 불꽃처럼 붉다. 다리가 여섯에 날개가 넷이며 눈코입귀 모두 없지만 춤을 잘 춘다.

교(鷦)

교는 들새의 일종이다. 《모시정의》는 《소(疏)》를 인용하여 '교는 참새보다 작고 걸으면서 교교 하고 운다. 꼬리가 길고 고기 맛이 좋다'라고 하였다.

있으며 불사수(不死樹)를 먹고 산다.

대황 가운데 거치산(去痓山)이 있다. "남극동(南極東), 북불성(北不成), 거치과(去痓果)"라고 무사(巫師)가 말했다.[27]

남해의 모래섬에 부정호여(不廷胡余)라는 신인이 있다. 그 모습은 사람처럼 생겼지만, 귀에 2마리 푸른 뱀을 걸고 있으며 발로 2마리 붉은 뱀을 밟고 있다.

인인호(因因乎)라는 신이 있다. 남방에서는 그를 인호(因乎)라고 부르며 바람이 불어오는 지역에서는 호민(乎民)이라고 부른다. 이 신은 남쪽 끝에서 바람이 일고 멈추는 것을 관장한다.

또 양산(襄山), 중음산(重陰山)이 있다. 들짐승만 먹고 사는 사람들이 있는데, 그곳을 계리국(季釐國)이라고 한다. 계리국 백성은 순임금의 후예다.

민연(緡淵)이라는 큰 못이 있다. 그곳에 사는 사람은 배벌인(倍伐人)이라고 하며 소호(少昊)의 후예다. 그곳에 작은 못이 있는데 모습이 네모지고 흙으로 쌓아올린 단처럼 보여서 준단(俊壇)이라고 한다.

질민국(載民國)이 있다. 순임금의 후손 중 무음(無淫)이 있었는데, 무음이 이곳에 내려와 살았으니 그 종족이 바로 무질민(巫載民)이다. 무질민 백성은 모두 반(盼)이라는 성씨를 가지고 있으며 오곡을 먹고 산다. 그 사람들은 베를 짜지 않아도 옷을 입을 수 있는데, 그 지역에서는 옷감 같은 물건이 자연적으로 생산되기 때문이다. 또 그곳에서는 오곡이 절로 자라기 때문에 씨를 뿌리지도 거두지도 않고 곡식을 먹을 수 있다. 질민국에는 노래 부르고 춤추는 새들이 있으며, 난새가 노래하고 봉황이 춤춘다. 각종 짐승도 있는데 모두 무리지어 산다. 그곳은 입을 것도 먹을 것도 풍부한 나라다.

대황 가운데 융천산(融天山)이 있고 바닷물이 이 산 남쪽에서 산 밑으로 흘러들어간다.

착치라는 신인이 있는데, 예가 화살로 쏘아 죽인 인물이다.

---

[27]_ 이 말은 고전 《산해경》에도 있지만 무슨 뜻인지는 불분명하다. 원가는 이것이 무당의 주문이 잘못해서 끼어들어간 것이 아닌가 생각했으며, 정재서 교수도 비슷한 주석을 달았다. - 역자 주

역산(蜮山)에 역민국(蜮民國)이 있다. 이 나라 사람들은 성씨가 상(桑)이고 오곡을 먹고 살며, 활로 역(蜮)을 잡아먹는다. 어떤 사람은 활로 누런 뱀을 쏘아 잡는데 이름이 역인(蜮人)이다. 역은 자라처럼 생겼는데, 모래를 머금었다가 사람에게 뿜어낼 수 있다. 그 모래를 맞은 사람은 금방 병들어 죽는다. 역인은 이런 해악을 제거할 수 있다.

송산(宋山)이 있는데, 이곳에는 육사(育蛇)라고 하는 붉은 빛 뱀이 산다. 이 산에 나무 한 그루가 있는데 풍목(楓木)이라고 한다. 풍목은 치우가 살해된 뒤에 황제가 그의 몸에서 뜯어낸 형구(刑具)가 변한 것이라고 한다.

조상시(祖狀尸)라고 하는 신인이 있는데, 날카로운 이가 네모꼴로 나 있고 엉덩이에 호랑이 꼬리가 달려 있다.

키가 아주 작고 왜소한 사람들의 나라가 있는데 초요국(焦僥國)이라고 한다. 초요국 사람의 성씨는 기(幾)로, 그들은 오곡을 먹고 산다.

대황 가운데 축도산(丑涂山)이 있으며, 청수(靑水)가 이곳에서 끝난다. 축도산 근처에 운우산(雲雨山)이 있는데 산 위에 난수(欒樹)가 있다. 우가 운우산에서 나무를 베다가 붉은 돌 위에서 자라는 난수를 발견했다. 난수는 줄기가 노랗고 가지는 붉으며 잎은 푸른데, 가지와 잎과 열매 모두가 여러 황제들의 신약(神藥)이다.

전욱(顓頊)이라는 나라가 있는데 그 후예를 백복국(伯服國)이라고 한다. 그곳 사람들은 오곡을 먹고 산다. 유성국(鼬姓國)이 있다. 또 초산(苕山), 종산(宗山), 성산(姓山), 학산(壑山), 진주산(陳州山)이 있고, 동주산(東州山)과 백수산(白水山)이 있다. 백수(白水)가 이 산에서 발원하는데, 황하의 물이 모여 백연(白淵)을 이룬다. 이곳은 곤오(昆吾)의 군대가 한꺼번에 목욕을 했다는 곳이다. 육종(陸終)이 귀방씨(鬼方氏)의 여동생인 여귀(女貴)를 아내로 맞이하였는데, 3년 동안 임신한 채로 아이를 낳지 못했다. 나중에 그녀의 왼쪽 겨드랑이를 갈랐더니 3명의 아기가 나왔고, 오른쪽 겨드랑이를 갈랐더니 또 3명의 아기가 나왔다. 오른쪽에서 나온 아기 중 첫째를 번(樊)이라고 했는데, 그가 바로 곤오다. 이를 보면 곤오도 고대 신성한 영웅 중 하나임을 알 수 있다.

장홍(張弘)이라는 사람들이 있는데 바다에서 고기를 잡으며 산다.

전쟁의 신 치우(蚩尤)

전쟁의 신 치우는 몸소 군대를 이끌고 황제와 싸웠다. 치우는 병기를 잘 만들었는데 날카로운 긴 창과 강한 방패, 가벼운 칼, 무거운 도끼, 센 화살 모두 그의 머리에서 나왔다. 치우의 형제는 81명으로 다들 키가 몇 장이나 되고, 구리 머리에 철이마로 눈이 4개에 팔이 여섯으로 소의 넓적다리에 사람 몸을 했으며, 입 안 가득 구리 어금니와 날카로운 이빨이 나 있고, 매 세 끼에 철과 돌멩이를 먹었다. 머리에는 쌍 뿔이 우뚝 솟았으며 귀밑머리가 거꾸로 자라는데 단단하고 날카로워 구리창보다 세다. 이들이 머리로 한 번 받으면 귀신도 줄행랑을 쳤다.

대황남경·계우국 백성
명각본살도

계우국 백성은 전욱의 후예다. 감수(甘水)의 발원지인 감산(甘山) 근처의 소호국에서 소호는 전욱을 키웠다. 감수는 남쪽으로 흐르는 물줄기로, 소호 부락은 감수의 상류에 살고 전욱 부락의 계우국은 감수의 하류에 살았던 것이다. 상고시기에 모든 나라 이름, 부족 이름, 사람이름마다 상응하는 정보가 있으니, 계우국도 이름에 의미가 있다. 이곳 계우국과 우민국, 난민국은 동일 지역의 이웃들이다. 이렇게 볼 때 계우국이란 이름은 필시 계우(系羽), 위우국(委羽國)의 오기다. 계우국은 사람들이 깃털을 채집해서 가공하고 깃털로 자신을 꾸미는 나라인 것이다. 우리가 기르는 닭, 오리, 거위 등의 가금류가 아마도 계우국이나 그 속국에서 길들여졌을 가능성이 있다.

그들의 나라는 바다 한복판에 있으며 장홍국(張弘國)이라 한다. 그곳 백성들은 물고기를 먹고 살며 호랑이, 표범, 곰, 말곰을 부릴 수 있다.

새의 부리가 나 있고 날개가 있어서 바다에서 자유롭게 고기를 잡고 사는 사람들이 있다.

대황의 한곳에 사는 사람들을 환두(讙頭)라고 한다. 곤이 맞이한 아내 이름이 사경(士敬)인데, 사경의 아들이 염융(炎融)이었고, 염융의 후예가 환두다. 환두는 사람얼굴에 새부리와 날개를 갖고 있다. 그들은 바다 고기를 먹고 살며, 날개가 있기 때문에 물 위에서 자유자재로 다닐 수 있다. 그들은 까만 좁쌀도 심어서 식량으로 삼는다. 그들이 사는 나라를 환두국이라고 한다.

요임금과 제곡과 순임금 모두 악산(岳山)에 묻혀 있다. 그곳에는 얼룩무늬 조개, 이주, 부엉이, 매, 머리 둘 달린 뱀, 시육, 곰, 말곰, 호랑이, 표범이 있다. 또 주목(朱木)도 있는데 붉은 나뭇가지에 푸른 잎이 자라고 검은 열매가 열린다. 그곳에는 신산(申山)이라는 산도 있다.

제곡, 요임금, 순임금은 다들 좋은 천자였다. 특히 순임금은 효자이기도 해서 아버지인 고수(瞽叟)의 눈을 핥아 다시 볼 수 있도록 하였다. 다섯 노인이 황하를 노닐며 하도(河圖)가 장차 올 것이라고 예언했다. 용마(龍馬)가 하도를 바쳤고 요임금이 《악하기(握河記)》를 지었다는 이야기는 역사서에도 자세히 기록되어 있다.

순이 요임금을 모시고 순수를 나갔다 고향에 도착했을 때의 일이다. 순은 요임금에게 말씀드리고 먼저 집으로 가서 이를 알렸다. 아버지 고수는 천자가 그를 직접 방문한다는 이야기를 듣고 인생에 이런 영광이 없다고 생각했다. 하지만 겉으로는 순에게 이렇게 말했다.

"이를 어찌하면 좋으냐? 어찌할꼬? 네가 나를 대신해서 사양을 해주어야겠다."

순이 말했다.

"저도 극구 사양했습니다만 천자께서 꼭 오시겠다고 하시어 더는 막을 수 없었습니다. 이제 곧 도착하실 터이니 제가 아버님을 모시고 마중을 나가지요."

"그럴 수밖에 없겠구나."

순이 고수를 부축하고 천천히 집을 나오려 할 무렵, 천자께서 오신다는 말을 들은 이웃사람들이 나와서 구경하느라, 환영하느라 시끌벅적했다. 그런데 오직 순의 이복동생 상(象)은 두려움에 떨면서 어머니와 함께 집 안에 숨어서 몰래 내다볼 뿐 감히 나오지 못하고 있었다. 요가 고수를 부축하고 막 대문을 나서는데 요임금의 수레가 도착했다. 순은 아버지에게 잠깐 서 계시라고 한 후 황제 앞으로 가서 보고를 드렸다.

"신의 부친이 황제의 어가를 마중 나왔습니다."

요임금이 수레에서 내려 순에게 말했다.

"그대의 부친은 눈이 불편하신데 어찌 이런 예절을 차리시는 것이오?"

순은 아버지를 부축하면서 요임금을 집안으로 모셨다. 순은 요임금에게 자리를 내주면서 아버지에게 예를 행하게 했다. 고수가 절을 올리자 순이 따라 절을 올렸다. 고수가 말했다.

"미천한 백성 우(虞)가 알현하옵니다."

요임금이 황망히 답례했다. 절을 마치자 순은 먼저 일어서 고수를 부축해 일으켰다. 그런 후 요임금이 윗자리에 앉기를 기다려 고수를 한쪽에 앉게 하고 자신은 아버지 뒤에 섰다.

유리(流離)

유리는 올빼미 종류의 새다.

순임금

순은 눈동자가 2개라서 이름이 '중화(重華)'가 되었다. 그는 즉위한 뒤에 천하를 잘 다스렸고 50년간 재위에 있었으며 110세까지 살았다. 순은 빈한한 가정에서 태어나 젊어서 부족장이나 관원조차 지낸 적이 없었지만 생각해보면 그는 늘 황제의 후계자였다. 요임금이 만년에 자신을 계승할 사람을 찾을 적에 평소 봐두었던 허유(許由)를 떠보았지만 허유는 사람도 아니고 신도 아닌 은자가 되어 왕위를 거절했다. 그래서 결국 순에게 선양하게 된 것이다.

광성자

광성자는 황제 시대의 신선이다. 황제는 만년에 광성자에게 신선술법을 물었다고 한다.

요임금이 입을 열어 고수에게 물었다.

"어르신, 실명하신 지 얼마나 되셨소이까?"

"30년 되었습니다."

"지금이라도 의원을 청하면 나을 수 있을지요?"

"전에 갖가지 약을 써봤고 아들놈이 처방해온 것도 적지 않습니다. 공청(空靑)이라는 것이 영험하다고 하여 써봤지만 고치지는 못했습니다. 이미 여러 해가 지나서 살아 있는 동안 다시 하늘을 보고 싶지만 안 될 것 같습니다."

요가 말했다.

"마음을 놓으세요. 짐이 보기에 어르신은 몸도 건강하고 정신력도 강하니 언젠가는 두 눈이 예전처럼 다시 밝아질지도 모릅니다."

고수가 이 말을 듣더니 자신도 모르게 몸을 일으켜 절을 하려 했다. 순이 다가와 무릎을 꿇고는 겨우 고수를 부축했다. 고수는 절을 하면서 말했다.

"미천한 백성이 삼가 천자의 금쪽같은 말씀에 감사를 드립니다. 제가 천자의 말씀대로 두 눈이 다시 보인다면 죽어도 한이 없겠습니다."

순이 옆에서 함께 감사의 절을 올렸다. 요임금은 답례를 하고 겸손하게 말했다.

"중화[28]가 저렇게 효성이 지극한 것도 다 어르신이 평소에 올바른 사람이 되는 가르침으로 이끄신 덕분이겠지요."

고수가 이 말을 듣고 저도 모르게 얼굴이 붉어져 중얼거렸다.

"이 미천한 몸이 어찌 올바른 사람이 되는 가르침을 알겠습니까? 저놈 순이 어렸을 때부터 이미 제 두 눈이 안 보였고 간의 화기(火氣)가 너무 성해서 잘 가르치기는커녕 도리어 학대만 했습니다. 그런데도 저놈은 전혀 원망하지 않고 이렇게 효성이 지극하니 모두가 다 이 미천한 몸의 잘못입니다. 이런 사정을 최근에야 알게 되었으니 한스러울 따름입니다. 지금 거룩하신 천자께서 오히려 이 몸에게 올바른 사람이 되는 가르침을 말씀하시니 죽고 싶을 정도로 부끄럽습니다."

28_순은 눈동자가 둘이어서 중화(重華)로 불렸다. - 역자 주

요임금이 말했다.

"하늘에 구름과 이슬만 있고 서리와 눈이 없을 수는 없는 법이지요. 부모 노릇 하는데 어찌 자애롭기만 할 뿐 꾸짖지 않고 지낼 수 있겠습니까? 노인께서는 눈병이 심해서 바깥일을 잘 알지 못하니, 설사 중화가 심한 말씀을 들었더라도 어쩔 수 없었을 것입니다. 그러니 중화가 어찌 원망을 품겠습니까! 노인께서 이렇게 겸손하신 것을 보니 역시 자애로운 아버지 밑에서 효자가 나온 것이로군요."

요임금은 몇 마디 덕담을 더 나눈 뒤 작별인사를 나누었다. 그리고 출발하면서 순에게 말했다.

"그대는 집에 며칠 더 머무르면서 천륜의 정을 누리시오. 짐은 수산(首山)이나 황하, 낙수 근처에서 그대를 기다리고 있겠소."

순은 대답을 한 후 고수를 부축하여 전송을 나갔다가 요임금이 수레를 타고 떠난 뒤에야 고수와 함께 안으로 들어왔다.

그때 순의 계모와 상, 매수(枚首)가 모두 나왔다. 매수가 먼저 말했다.

"우리는 오늘 아침에 천자를 뵈었습니다. 과연 풍채가 좋으시고 두 분 형수의 볼과 뺨이랑 좀 닮았더군요."

상이 말했다.

"그 눈썹이 여덟 무늬인 것 역시 특이하더군요."

추(鶖)

추는 대머리 독추(禿鶖)로 물새다. 물고기와 새우를 잡아먹는다.

대황남경・무질국(巫臷國) 백성
명각본삼도

무질국 백성은 순임금의 후예다. 그들은 천을 짜지 않아도 입을 옷이 있고 밭을 갈지 않아도 먹을 곡식이 있다고 한다. 또한 무질국에는 노래하고 춤 잘 추는 새가 많고 온갖 곡식들이 모여 자란다. 그야말로 인간계의 천당인 셈이다. 무질국 백성은 노래와 춤으로 생계를 유지하는 군무를 추는데, 성격이 활발하고 몸도 마음도 영원히 늙지 않으니, 집시의 유랑가무단처럼 베를 짜고 곡식을 심지 않아도 먹고 입을 수 있었다.

인류 기원도

중국도 세계의 여러 다른 민족들처럼 중화민족 초창기의 여러 감동적인 신화를 만들었다. 어떤 학자들은 신화가 생기고 유행된 지역의 차이에 따라 서부 곤륜신화 계열, 동부 봉래신화 계열, 남부 초(楚)신화 계열, 중원신화 계열 등으로 구분한다.

이 인류 기원도는 보살이 법술로 점화하여 신령한 원숭이를 사람으로 변하게 하는 이야기를 나타냈다. 장족(藏族)의 전설에서 신령한 원숭이는 인류의 시조로 등장한다.

계모가 거들었다.

"콧대가 아주 높고 기개와 도량이 비범하더군요. 나이가 8, 90은 되었을 텐데 아직도 정신력이 강하고 음성도 맑다니, 정말 범상한 사람은 아닙니다."

모두들 이렇게 왁자지껄하며 이야기를 나누는데 고수만은 한쪽 구석에 앉아 끼어들 생각도 없는지 한마디도 하지 않았다. 이상하게 여긴 순이 부드러운 음성으로 물었다.

"아버님! 조금 전에 예를 행하실 때 무릎을 꿇고 절을 하시고 이야기를 나누시느라 힘이 드셨군요?"

그러자 고수는 고개를 저으며 말했다.

"아니다, 아니야. 그저 내가 정말 사람됨이 못났다는 생각이 들어서 말이다."

순은 그 말을 듣고 당황해서 물었다.

"아버님, 마음에 안 드는 점이 있으면 무엇이든지 제게 말씀하세요. 제가 아버님 대신 방법을 강구해보겠습니다."

고수가 한숨을 쉬면서 말했다.

"네가 비록 나라를 다스리고 세상을 평정하는 재주가 있다지만 이것만큼은 방법이 없겠다는 생각이 드는구나. 너희는 오늘 아침에 천자를 뵈었고 그것도 아주 자세히 뵈었질 않느냐? 허나 나는 그분과 반나절을 대면하고 이야기하면서도 도대체 천자께서 어떻게 생겼는지 보지 못했으니, 네 생각에 괴로운 일이라고 생각되지 않느냐? 듣자하니 네가 지금 천자를 대신하고 있고 머지않아 천자가 될 것이라 하는구나. 그런데 네가 천자가 된 후의 모습이 어떤지, 어떻게 존대 받는지, 또 얼마나 위엄이 있는지를 내가 전혀 볼 수 없을 테니 텅 빈 거짓말과 다를 게 뭐란 말이냐? 죽어버리는 것과 또 다를 게 뭐 있겠느냐? 사람이 죽을 때가 되면 자손들에게 다시는 볼 수 없다고 말한다는데, 지금 너희들이 분명히 함께 있는데도 보이질 않으니 죽은 사람과 다를 게 없지 않느냐? 너희들이 비록 나에게 효도를 한다고 좋은 음식을 먹여주고 좋은 옷 입혀주고 좋은 집에서 살게 해주지만, 나는 맛있는 것도 보질 못하니 맛없는 것과 뭐가 다르겠느냐? 비단옷을 입었지만 베옷을 입은 것과 무에 다르겠느냐? 대궐에 살아도 초가삼간에 사는 것과 뭐가 다르겠느냐? 살아 있지만 죽은 것과 다름없고 깨어 있어도 종일 꿈속에 있는 것 같구나. 무슨 재미가 있겠느냐? 이렇게 살아서 죄를 받느니 얼른 죽는 게 낫겠다는 생각이 든다."

이야기가 여기에 이르자 슬픈 마음이 치밀면서 고수의 눈에서는 눈물이 흘렀다. 순은 아버지의 말을 듣고 마음 아파하며 이렇게 생각했다.

'하늘은 어찌 이리 불인(不仁)하시어 우리 아버님을 이런 병고에 시달리게 하십니까? 수년 전부터 아버지를 낫게 하려고 노력했으나 효험이

우사망국인(雨師妄國人)

우사망국인은 양곡(湯谷)의 동북쪽에 산다. 이 나라 백성은 흑인이다. 흑인들은 왼쪽 귀에 푸른 뱀을 걸고 오른 귀에 붉은 뱀을 차고, 두 손에 각각 뱀을 한 마리씩 잡았거나 뱀을 바치고 있다. 그들은 비를 구하는 춤을 추는 것으로 먹고살았다.

없으니, 이렇게 가다가 아버님의 상심은 말할 것도 없고 몸까지 상하신다면 앞으로 어떻게 합니까?'

순은 이런 생각에 자신도 모르게 눈물을 흘렸지만, 아버지에게 근심만 더해 드릴까봐 소리도 내지 못했다. 그리고 아버지를 위로해줄 어떤 말도 떠오르지 않았다. 순이 이렇게 주저하고 있는데 갑자기 고수가 손으로 자기를 때리면서 욕을 하기 시작했다.

"죽어도 할 말 없는 업보지, 자업자득이야! 고생을 더 해야 해!"

조금 전에 요임금에게 말했던 것처럼 순을 학대했던 죄를 후회하는 것인지도 몰랐다. 그러나 순은 아버지가 그처럼 자학하는 모습을 견디기 어려웠다. 그는 황망히 뛰어가서 땅에 무릎을 꿇고는 두 손으로 아버지의 몸을 껴안고 말했다.

"아버님, 이러지 마세요. 제발 이러지 마세요."

수가 이렇게 애원하며 보니 아버지의 두 눈에서는 눈물이 흘러내리고 있었다. 그 순간 수는 다른 생각을 할 겨를도 없이 혀를 내밀어 아버지의 눈물과 두 눈을 핥았다. 그런데 이게 웬일인가? 고수는 매우 시원해하면서 순이 자신의 눈에 무슨 약이라도 바르는 줄 알고 물었다.

동정호의 가을 달
왕소(王愫), 비단 채색, 청대

동정호는 호남성 북부, 장강의 남쪽에 있다. 중국의 2대 담수호로 땅이 꺼지면서 만들어졌다. 면적은 2.4325km²이고 호수는 해발 33m이다. 옛날에는 '팔백리동정(八百里洞庭)'이라고 했는데 지금은 동동정호(東洞庭湖), 남동정호(南洞庭湖), 대통호(大通湖) 등 여러 호수로 나뉘었다. 호수 가운데 군산(君山)이라는 섬이 홀로 아름답게 떠 있고 동쪽 물가에는 그 유명한 악양루(岳陽樓)가 있다.

그림은 노래한다. '흰 달빛이 환히 동정호를 비추며 그림자를 드리우니 하늘도 호수도 투명하구나.'

"아들아! 이건 무슨 약이냐? 바르니까 무척 시원하구나!"

순이 핥기를 멈추고 말했다.

"약을 바른 것이 아니라 혀로 핥은 것입니다."

"이것이 옛날부터 내려오는 비방이더냐?"

"아닙니다, 제가 방금 생각해 낸 것뿐입니다."

"혀로 핥다니, 내 생전 듣도 보도 못한 일이구나. 맹인을 혀로 낫게 한 일이 어디 있단 말이냐?"

"아버님께서 시원하다시니 괜찮으시다면 좀 더 핥는 게 어떻겠습니까? 주변에는 아무런 해가 없을 것입니다."

고수가 이 말을 듣고 고개를 끄덕였다. 그래서 순은 아버지 머리를 안고 미친 듯이 핥기 시작했다. 고수는 시원하다며 탄성을 연발하였다. 그러자 순은 더욱 정성스럽게 정신을 집중해서 좌우로 열심히 핥았다. 그렇게 반 시진 쯤 지났을 때 고수가 갑자기 소리를 크게 질렀다.

삼황성조(三皇聖祖)

삼황성조는 천계의 왕인 천황, 지계의 왕인 지황, 인계의 왕인 인황으로 나뉜다.

"이럴 수가! 눈이 조금씩 밝아지는 것 같구나."

순이 급히 살펴보니 정말로 오랫동안 막혀 있던 고수의 눈에 푸른 눈동자가 희미하게 드러나고 있었다. 그는 기쁨을 참지 못하며 말했다.

"아버님! 기왕에 효과가 있으니 쉬지 말고 이 기회에 완전히 낫도록 해보겠습니다."

그는 다시 아버지의 머리를 안고는 정신을 바짝 차리고 젖 먹던 힘까지 내서 정성을 다해 핥았다. 상과 계모는 이 모든 상황을 처음부터 보고 있었다. 처음에는 순을 바보천치라고 욕하며 뒤에 숨어서 키득거리고 있다가, 이제 효험이 있다는 말을 듣자 모두 가까이 다가왔.

순은 반 시진은 족히 되도록 계속 아버지의 눈을 핥았다. 그랬더니 혀와 입이 바짝 말라왔다. 고수가 몇 번이고 그를 막으며 잠시 쉬라고 했지만 순은 듣지 않았다. 얼마 후 고수가 또 말했다.

"됐다, 됐어. 이제 완전히 볼 수 있으니 너는 좀 쉬어라. 내가 한번 봐야겠다."

순은 그제야 물러났.

고수는 사방을 둘러보았다. 두 눈을 막고 있던 것이 완전히 없어지지는 않았지만 물건을 볼 수 있을 정도는 되었다.

30년 동안 암흑 속에서 지내며 아내와 자식들도 보지 못하다가 하루 아침에 광명을 찾았으니 그 기쁨을 말로 표현할 수가 없었다. 그러나 이상

청조공(青鳥公)
선묘

청조공은 팽조의 제자다. 화음산(華陰山)에 들어가 도를 닦은 지 471년이나 되었으며, 스승의 가르침 덕분에 선묘의 이치에 정통했다고 한다.

광한궁

전설에서 항아는 남편을 배신하고 광한궁으로 도망갔지만, 기나긴 세월을 후회하면서 불면증에 시달린다.

그림 속 궁전은 날 듯이 감도는 처마와 잘 조각된 들보와 용마루가 멋지지만, 광한궁의 차갑고 음습한 분위기는 감출 수 없어 보인다.

뼈로 만든 낫
원시시대

이 뼈로 만든 낫은 구멍이 하나로 고정된 자루를 사용할 수 있는데, 불규칙한 모습이 현대 농기구인 낫날의 원리와 같다. 하모도문화 유적지에서 출토되었다.

한 것은 평소에 함께 지내면서 익숙했던 사람을 이제 와서 보니 도무지 알아볼 수 없다는 사실이었다. 매수는 태어났을 때부터 본 적이 없었다. 순과 상을 본 것은 그들이 아주 어렸을 때였는데, 지금은 다 큰 어른이 되어버렸으니 알아볼 수가 없었다. 후처의 모습은 어렴풋이 기억하지만 지금 보니 많이 늙어 있었다. 고수는 다시 눈을 들어 사방을 둘러보았다. 사람들을 알아볼 순 없었지만 추측은 할 수 있었기에 이렇듯 순에게 물어보았다.

"아들아, 방금 천자께서 네가 효자라고 칭찬하시더니 그 말씀이 정말이로구나. 내가 눈을 다시 뜨게 된 것은 순전히 네 효도에 감응한 것이다. 내가 정말 복이 많아서 이런 효자를 낳았구나."

순은 아버지 말씀을 듣고 극구 사양했지만 마음만은 기쁘기 짝이 없었다.

며칠이 지나 순은 다시 아버지의 눈을 여러 번 핥아주었다. 그러자 고수의 눈을 막고 있던 것이 완전히 사라져 눈이 깨끗이 나았다.

순은 요임금이 오래 기다릴까봐 부모님께 하직인사를 드리고 수산으로 향했다. 그때쯤 아들이 눈을 핥아주어 고수가 다시 눈 뜨게 된 일이 각지에 알려졌다. 순의 효심을 칭송하지 않는 사람이 없었다.

오래지 않아 순이 수산에 도착했을 때 마침 요임금 일행도 남쪽에서 수산으로 왔다. 원래 요임금은 순의 집에서 나와 수산을 지나 하수와 낙수가로 갔었다. 그런데 어떤 사람으로부터 고수가 시력을 회복했다는 소식을 듣고는 기쁨을 금치 못하고 속으로 생각했다.

'전에 고수에게 위로 삼아 두 눈이 회복될 것이라고 말했었다. 이렇듯 곧 효험이 있으리라고는 생각지도 않았는데, 중화의 효성이 하늘을 움직여 효험을 보게 되었구나! 지금 중화는 얼마나 기쁠지 다시 가서 그를 만나봐야겠다.'

요임금이 이런 생각에 잠겨 수산으로 돌아오고 있던 차에 산에서 순과 마주친 것이다. 요임금 일행은 순에게 축하인사를 건네며 당시 상황을 물었다. 순의 설명을 들은 요임금 일행은 정말 신기한 일이라며 탄복했다.

그들은 즉시 수산을 내려가 다시 하수와 낙수로 향했다.

하루는 어떤 곳에 도착했더니 물가에 다섯 노인이 한가로이 노니는 모습이 보였다. 희끗희끗한 눈썹과 백발, 위엄 있는 의관, 기력과 행동거지를 보아하니 결코 보통사람들이 아니었다. 일행이 궁금해서 다가가 물어보려는데 갑자기 한 노인이 큰 소리로 노래를 했다.

"하도가 온다네, 내가 황제에게 기일을 알려주려 특별히 왔네."

두 번째 노인이 이어서 높은 목소리로 노래했다.

"하도가 온다네, 내가 황제에게 의논하러 특별히 왔네."

세 번째 노인이 연이어 높은 목소리로 노래했다.

"하도가 온다네, 내가 황제에게 그림을 가지고 특별히 왔네."

네 번째 노인이 연이어 높은 목소리로 노래했다.

"하도가 온다네, 내가 황제에게 부적을 가지고 특별히 왔네."

다섯 번째 노인이 연이어 높은 목소리로 노래했다.

"하도가 왔네, 용을 타고 오네. 입에는 옥 끈을 물었다네."

다섯 노인이 노래를 마쳤지만 그 뜻을 아는 이는 아무도 없었다. 태위(太尉)인 순이 문득 그 뜻을 깨닫고 입을 열려는데, 다섯 노인이 다시 한목소리로 노래 부르기 시작했다.

"하하하, 다들 우리를 모르네. 우리를 아는 이는 눈동자가 2개인 황요(黃姚)뿐이지."

노래가 끝나자 그들은 각자 유성으로 변해서는 빛을 반짝이며 하늘로 날아갔다. 자세히 그 방위를 보니 묘숙(昴宿)의 궁도(宮度)였다. 모두 신기해하며 순에게 물었다.

"그들이 태위가 안다 하던데, 저들은 도대체 어떤 자들인가요?"

그러자 순이 대답했다.

"제가 어젯밤에 별자리를 봤는데 금목수화토(金木水火土) 오성(五星)이 갑자기 사라지기에 이상하게 여겼습니다. 그런데 뜻밖에도 여기서 노닐고 있었군요. 그들은 오성의 정령입니다."

요임금이 물었다.

"그들이 노래한 하도라는 것이 이곳 하수의 중요한 보물이고, 짐에게 그것을 맞을 준비를 하라는 뜻이라 생각되는데 그대 생각에는 어떠한지?"

도(荼)

도에는 세 종류가 있는데 고도(苦荼), 위엽(委葉), 영도(荚荼)가 그것이다. 도는 씀바귀로, 산에 있는 밭이나 연못 습지에서 주로 자라며 서리가 내린 뒤에는 맛이 달콤하고 감미롭다.

옛사람이 철을 제련하다
무명씨, 선묘

철은 생(生)과 숙(熟)으로 나뉜다. 불가마에서 빼서 불질을 하기 전이 생이고 불질을 하고 나면 숙이다. 생과 숙이 서로 어울려 제련되면 강이 된다. 철을 제련할 때는 거푸집으로 주조하고 진흙과 겹쳐 쌓는다. 불가마 곁에 구멍을 파거나 큰 나무들을 만들어서 사용한다. 불가마에 부채를 부치고 풀무질을 하려면 반드시 여러 명이 달려들어 당기고 끌어야 된다. 흙이 철로 변하면 불가마 허리 구멍에서 흘러나온다. 가마 구멍은 우선 진흙으로 막아놓는다. 매일 아침과 낮에 여섯 차례, 한 번에 철이 한 타씩 나온다. 철이 나오면 가래 흙으로 막고 송풍한 뒤 주조한다.

순이 대답했다.

"그렇습니다. 오성의 정령이 인간계에서 노니는 것은 결코 우연이 아닙니다. 더욱이 그들이 하도가 올 것이라 분명히 말하면서 황제에게 기일과 방법을 알려주는 것은 바로 황제께 준비하시라는 의미입니다."

요임금이 물었다.

"하수가 이렇게 넓고 아득한데 도대체 하도가 어디서 온다는 것이오? 어디서 준비를 해야겠소?"

"소신의 어리석은 생각으로는 오성의 정령이 여기서 모습을 드러냈으므로 하도 역시 이곳으로 올 것 같습니다. 이 자리에서 준비를 하시지요."

"어떻게 준비를 하면 좋겠소?"

"신의 생각으로는 천지의 지극한 보물이 오면 반드시 정중한 예식으로 맞이해야 된다고 봅니다. 황제께서 목욕재계하신 후 길일을 택하여 제단을 쌓고 하수에 제사를 올려 정성과 경의를 표하시는 것이 좋겠습니다. 폐하의 의견은 어떠신지요?"

요임금은 머리를 끄덕이면서 그러겠다고 말했다.

이리하여 일행은 황하의 강변에 머무르게 되었다. 요임금은 군신을 이끌고 목욕재계한 후, 태사로 하여금 길일을 택해 제단을 쌓고 의식을 거행할 날짜를 택하도록 했다. 그렇지만 황하의 북쪽 강변은 산세가 급해서 모든 것이 불편했다. 그리하여 하수의 남쪽 강변으로 옮길 수밖에 없었으므로 하수와 낙수의 중간에 제단을 세우기로 했다. 의식을 치를 날짜는 2월 신축(辛丑)일 동틀 무렵으로 정했다.

이날 한밤중에 요임금은 여러 신하들을 데리고 단 아래에서 모든 준비를 갖추었다. 막 동이 트자마자 의식을 행하였으니, 모든 면에 정성과 공

경을 다했음은 말할 나위도 없다. 또 백옥 한 덩이를 하수에 던져 예물로 삼았다.

제사를 마치고 잠시 후 다시 제단에 올라 하수를 바라보았지만 하도가 어디에서 오는지 알 수가 없었다. 해가 중천에 떠오르자 하늘은 푸르고 구름 한 점 없는데 사방 촌락에서 연기가 피어올랐다. 하수를 바라보니 수세가 도도하게 콸콸 흐르는데 그 기상이 장대하면서도 고요했다.

한참을 바라보다가 해가 서쪽으로 기울자 제단에서 내려오려는데, 갑자기 하수에서 오색 빛 한 줄기가 뻗어 나왔다. 하도 찬란하고 눈이 부셔서 마주볼 수 없을 정도였다. 모든 사람들이 신기해하며 자리에 우뚝 섰다. 얼마 되지 않아 또 고운 기운이 하수에서 뿜어 나오는데, 자욱하기가 목화솜 같기도 하고 연기나 안개 같기도 했다. 그 기운은 가까워졌다가 멀어졌다가 하면서, 처음에 뻗어 나온 상서로운 빛과 서로 엇갈리며 더욱 돋보였. 눈 깜짝할 사이에 그 기운이 온 땅을 뒤덮더니, 요임금과 신하들은 거의 오리무중의 짙은 안개 속에 빠졌다.

다시 얼마쯤 지나 멀리 있는 4개의 산봉우리를 바라보니, 무수한 흰구름 덩어리가 뭉게뭉게 솟아서는 하늘로 올라가 푸른 하늘을 가리고 있었다. 그러더니 갑자기 맹렬한 바람소리가 들리고 온 산의 나무들이 우수수 떨리면서 만물이 흔들리는 기세가 느껴졌다.

무엇인가 이상하다는 느낌이 드는 순간, 갑자기 하수의 물이 용솟음치더니 거대한 동물이 머리를 쳐들고 나왔다. 자세히 보니 기다란 용이 눈을 치켜뜨고 있었다. 그러나 배 밑에 커다란 다리가 넷 붙어 있어서 얼핏 보기에 말과 비슷하였지만 도대체 무슨 짐승인지 알 수 없었다. 짐승의 입에는 붉고 푸른 물건이 물려 있었다.

짐승은 강둑에 오르더니 곧장 제단을 향해서 올라갔다. 제단 주변을 지키던 사람들은 놀라 뒤로 물러섰다. 요임금과 신하들은 두렵지는 않았지만 심한 비린내에 구역질이 났다. 짐승은 머리를 제단 위로 뻗더니 입에 물고 있던 물건을 뱉어내고는 바로 몸을 돌려 하수로 들어가 버렸다. 삽시간에 바람도 멈추고 구름도 걷히더니 아까처럼 하늘이 푸르고 사방이 밝아왔다. 다만 영롱한 기운은 여전했다.

채도(彩陶) 방륜(紡輪)

채도 방륜의 꽃무늬는 빙빙 도는 양식으로, 방륜이 돌아갈 때 위의 꽃무늬가 변하면서 아름다운 색채가 만들어진다. 이런 방륜은 당시 채도 예술의 극치이자 방직업이 발달했음을 보여주는 증거다.

주석을 제련하다
무명씨, 선묘

주석을 제련할 때는 용광로를 사용한다. 주사 수백 근을 넣고 목탄 수백 근을 걸고 구를 두드려 녹였다. 화력이 일정 온도에 올라 주사가 더 녹지 않으면 납 고리를 당겨 콸콸 흘러나오게 하거나 주석을 두드려 남은 재를 털어내고 용광로 바닥의 재, 도자기 가루 등을 평평하게 펴서 물을 담아두고 옆에 철관으로 작은 길을 만들어놓으면, 녹아서 용광로 밖으로 흘러 물판으로 들어간다. 처음 나올 때는 하얗다가 조금 지나서 추로 담금질을 하면 터지면서 갈라진다. 납을 넣으면 부드러워져 용기를 만들 수 있다.

요임금과 신하들은 하도가 왔다는 것을 알게 되었다. 다가가서 자세히 살펴보니 거북의 등껍데기 같은데 넓이가 9촌쯤 되었다. 백옥으로 봉함되어 있었으며, 붉은 흙으로 입구를 만들어 황금으로 칠하고 푸른 끈으로 묶어놓았다. 열어보니 과연 한 폭의 그림이 나왔다. 위에 여러 별자리의 위치와 두정(斗政)의 거리 및 지리 산천의 맥락과 제왕의 흥망성쇠에 대한 기록이 적혀 있었으며 다음처럼 두 구절이 새겨져 있었다.

'개수제당외(闓授帝黨外), 우당수처명(虞當受天命) : 황제의 혈족 밖 사람에게 제위를 물려주고자 하노니, 우는 하늘의 명을 받을 지어다.'

요임금이 이 구절을 먼저 본 후 다른 사람들에게 돌리면서 태위 순에게 물었다.

"짐이 그대에게 제위를 물려주려는데 어찌 사견이 있겠소? 그대가 지금 그 증거를 보고 있으니 이는 진실로 하늘의 명이오!"

순은 당황해서 머리를 조아리며 사양했지만 요임금은 뜻을 굽히지 않았다.

"하늘의 뜻이 이러한데 또 무슨 말을 할 수 있겠소?"

일행은 하도를 거두어 제단에서 내려가 행장을 갖추었다. 그리고 배를 띄워 남쪽 강둑에서 북쪽 강변으로 건너가기로 했다. 배가 강 한복판에 이르렀을 때 뱃머리에서 누군가 소리를 쳤다.

"봉황이 왔습니다. 봉황입니다!"

요임금과 군신들이 창문으로 머리를 내밀어보니 과연 봉황이 남쪽으로부터 날아오고 있었다. 그런데 입에 무엇인가를 물고 있었다. 새는 눈 깜짝할 사이에 뱃머리로 날아와 입에 문 물건을 떨어뜨리고는 몸을 휙 돌려 날아가 버렸다. 시종들이 급히 그 물건을 요임금에게 가져왔다. 요임금과 신하들이 보니 역시 한 폭의 그림이었는데, 그림에는 천지인의 일들이 기재되어 있었다. 요임금은 매우 기뻐하며 군신들을 향해 말했다.

"오늘 하루에 2가지 상서로운 일이 연달아 일어났도다. 용과 봉황이 이르러 천지의 밀서를 바치니, 짐이 보건대 이는 모두 순이 하늘의 명을 받은 징조로다!"

순이 당황해서 거듭 사양했지만 요임금은 더 이상 말하지 않았다. 북쪽 물가에 이르러 돌아보니 남쪽 하수와 낙수 가에 영롱한 빛이 그치지 않고 자욱하게 뿜어 나오는 것이 보였다. 모든 사람이 이 광경을 보고도 무슨 영문인지 알 수 없어 하는데 대사도(大司徒)가 말했다.

"또 엄청난 보물이 나타나려는 게 아닐까요? 다시 건너가 살펴보는 게 어떻겠습니까?"

요임금도 그 말이 옳다고 생각해서 다시 남쪽으로 건너가보니, 영롱한 빛이 뿜어나는 곳에 백옥 한 덩어리가 모습을 드러내고 있었다. 그것을 파보니 옥판(玉版)이었는데, 크기가 1척쯤 되고 위에는 많은 그림과 글이 새겨져 있었다. 자세히 살펴보니 천지의 형세를 그리고 천지조화의 시작을 적은 것이었다. 그러나 글이 완전하지 않아 해독이 불가능했다. 대사농 창의(倡議)가 다시 파보니 옥 한 덩이가 또 나왔는데 크기와 두께가 앞에 나온 옥판과 똑같았다. 2개의 옥판을 서로 맞춰보니 과연 한 쌍으로, 그제야 글의 의미가 분명해졌다. 다들 기뻐하면서 옥판을 잘 챙겼다.

그들은 다시 배에 올라 북쪽 강변으로 건너가 곧장 귀경길에 올랐다. 돌아오는 동안에는 별 다른 일이 없었다.

수도에 도착한 후, 요임금은 사람을 시켜 하도의 문자를 베껴서 동쪽 건물에 두고 다른 날 검사해보도록 했다. 또 하도가 상서로운 보물로 얻기 어려운 것인 만큼 정

갈고리 구름형 옥기
홍산문화

옥기는 중국 문명의 발달 과정에서 촉매제 역할을 했다. 옥은 왕권이나 신권 등의 권력과 긴밀하게 연관되었으니, 옥의 신비함과 고귀한 속성이 가장 멋지게 표현된 셈이다.

원시인의 신앙
암각화, 선사시기

구석기시대 말기와 신석기시대에는 암각 예술이 비약적으로 발전한다. 선사시기의 암각화는 당시의 경제 지수, 사회 모습, 원시신앙과 심미관을 다양하게 보여준다.

이 암각화는 유럽, 아시아, 아프리카, 미국, 호주 5개 주의 150여 국가와 지역에 분포되어 있다. 아마도 세계에 남아 있는 암각화 도상은 5,000만 개도 넘을 것으로 추정된다.

신을 가다듬어 문장을 한 편 지었는데 《악하기》라고 한다. 이 문장은 이미 소실되어 내용을 알 수 없다. 예부터 전해지기로는 그저 하늘의 역수(曆數)를 받은 뜻을 설명한 것이라 한다.

그밖에 대황 가운데 높은 산이 있는데 천대(天臺)라고 한다. 바닷물이 그 산의 남쪽으로 흘러 산으로 들어간다.

동해의 밖, 감수(甘水)가 흘러가는 곳에 희화국(羲和國)이 있다. 거기에 희화(羲和)라는 여인이 산다. 감연(甘淵)에서는 그녀가 아들인 태양들을 목욕시킨다. 희화는 제준의 아내로 10명의 태양을 낳았다.

개유산(蓋猶山)이 있는데, 산 위에는 달콤한 풀명자 나무가 있다. 이 나무는 가지와 줄기가 모두 붉고 잎은 노랗고 꽃은 희고 열매는 까맣다. 이 산의 동쪽에 감화수(甘華樹)가 있는데, 줄기는 붉고 잎은 노랗다. 이 산에는 푸른 말이 있다. 또 붉은 말이 있는데 삼추(三騅)라고 한다. 시육도 있다.

머리가 아주 작은 사람이 있는데, 균인(菌人)이라고 부른다. 균인은

키가 1촌에 지나지 않고 붉은 옷을 입으며 둥근 모자를 쓰고 하얀 마차를 타고 다닌다. 사람들이 소인의 수레와 마주치면 잡아먹어버린다. 맛은 시고 쓰지만 먹고 나면 1년 동안 작은 곤충에 물리지 않고, 여러 동식물의 이름을 알 수 있다. 이런 소인을 먹으면 뱃속의 3가지 벌레를 죽일 수 있는데, 그것들이 죽고 나면 선약(仙藥)을 먹어도 된다.

남류산(南類山)이 있는데, 산 위에는 유옥(遺玉), 푸른 말, 삼추라는 붉은 말, 시육, 감화수가 있다. 이곳에서는 온갖 곡식들이 무성하게 자란다.

상아로 만든 빗

상아로 만든 유물은 상당히 고급스러운 큰 무덤에서만 출토된다.

흙을 빚어 사람을 만들다
화상석, 한대

옛날 중국 사람들은 여와가 흙을 빚어 인류를 만들었다고 했다.

한대의 화상석 복희와 여와 상을 보면 복희와 여와 사이에 아기 하나가 놀고 있다.

제16장

대황서경

大荒西經

대황서경·하경(夏耕)

● ── 대황서경(大荒西經)

서북쪽 대해(大海)의 밖, 대황의 모퉁이에 산이 있는데, 한쪽이 부서진 은전처럼 생겼다. 이 산을 부주산(不周山)이라고 하며 황색의 신수가 그곳을 지키고 있다. 한서수(寒暑水)라고 하는 샘물이 있다. 이 샘물의 서쪽에는 습산(濕山)이 있고 동쪽에는 막산(幕山)이 있다. 또 이름이 아주 긴 산이 하나 있으니, 우공공공국산(禹攻共工國山)이라 한다.

숙사국(淑士國)이란 나라가 있는데, 전욱의 자손이 번창하여 이룬 나라다.

10명의 신인이 있는데, 여와(女媧)의 장(腸)이 변해 신인이 되었기 때문에 여와의 장이라고 부른다. 그들은 율광(栗廣)의 들이라는 황량한 곳에서 큰길 한가운데를 끊어버리고는 살고 있다. 여와는 고대의 신녀(神女)로, 제(帝)라 불린다. 사람얼굴에 뱀의 몸을 하고 있고 하루에 70번 모습을 바꾼다. 그의 배는 여러 신으로 변화한다.

역대여지도(歷代輿地圖)
양수경, 각본(刻本) 주묵(朱墨), 청대

이 지도는 역대의 정사 지리지를 고증해서 편찬한 것이다. 청대 초기에 실제로 측량한 지도를 저본으로 했기 때문에 내용이 정확하고 상세하다. 중국 역대의 국토, 행정구역, 도읍 등을 반영하고 있다. 중국 고대의 완벽한 역사 지리책으로 손꼽힌다.

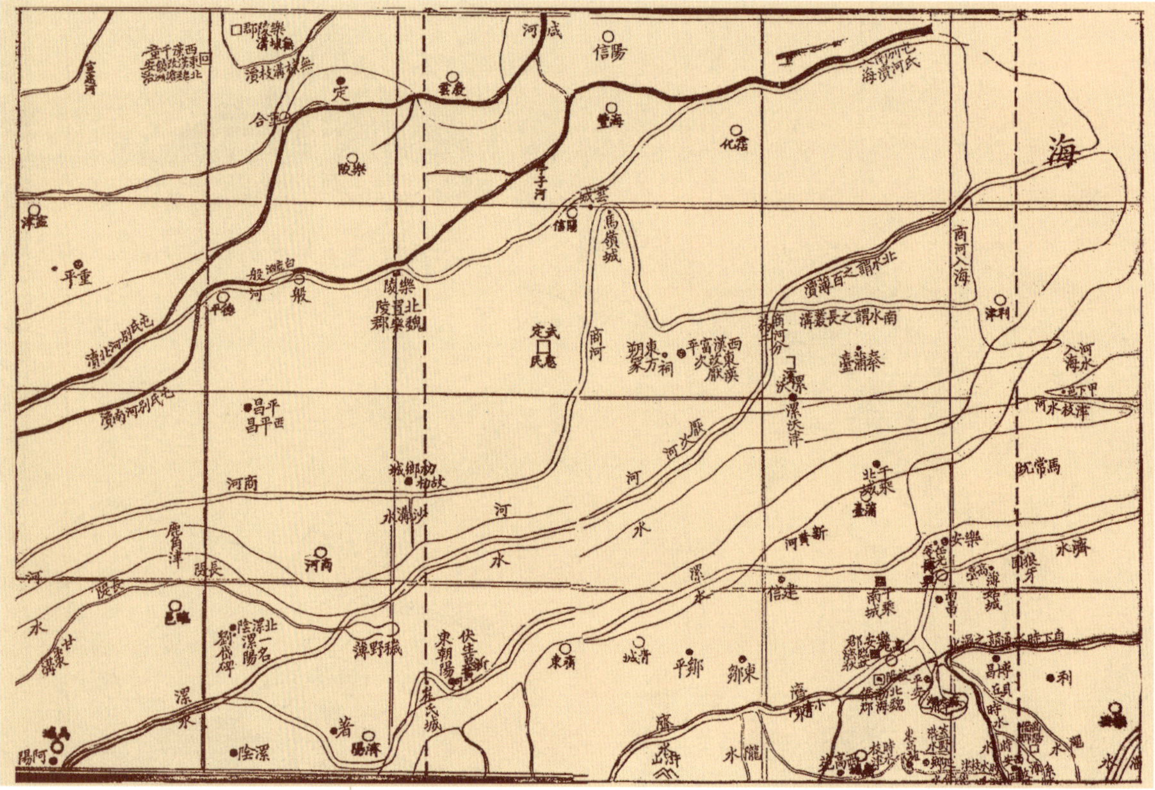

천지개벽의 초기에는 세상에 아무도 없었다. 이때 여와는 황토 흙을 빚어 사람을 만들었는데, 그렇게 하나씩 만들려니 너무 번거로웠다. 그래서 그는 밧줄을 진흙 속으로 던져 넣은 다음 그것을 힘껏 잡아당겨 묻어나온 진흙으로 사람들을 만들었다. 여와가 처음에 일일이 빚어낸 사람은 부귀한 사람이 되었고, 밧줄을 잡아당겨 만든 사람은 가난하고 평범한 사람이 되었다.

태초에는 여와 오누이가 곤륜산에 살고 있었을 뿐 온 천하에 아무도 없었다. 그래서 오누이 둘은 서로 부부가 되기로 했다. 그러나 부끄러워서 어찌하지를 못했다. 오빠 복희와 여동생 여와는 곤륜산 꼭대기에 올라 주문을 외웠다.

"우리 오누이를 부부가 되게 하려면 산 밑에서 연기가 피어올라 하나가 되게 하시고, 부부가 되지 않게 하려면 연기가 흩어지게 하소서."

잠시 후 산 밑에서 연기가 피어오르더니 하나로 합쳐졌다. 여와는 오빠와 결혼하기로 하였지만, 여전히 부끄러워 풀로 부채를 엮어 자기 얼굴을 가렸다.

석이(石夷)라는 신인이 있는데 서방에서는 그를 이(夷)라고 한다. 그는 대황의 서북쪽 모퉁이에 살며, 해와 달이 운행하는 시간의 간격을 주관하고 있다.

키가 크고 오색 털이 나 있는 신령스런 새가 있는데, 머리에는 관(冠)을 쓰고 있다. 이 새의 이름을 광조(狂鳥)라고 한다.

산이 하나 있으니 대택장산(大澤長山)이라 한다. 이 산에는 백민국(白民國)이 있다.

서북쪽 대해의 밖, 적수(赤水) 동쪽에 장경국(長脛國)이 있다.

서주국(西周國)이 있는데, 이 나라 사람들은 성씨가 희(姬)이고 오곡을 먹고 산다. 이곳에 어떤 사람이 밭을 갈고 있으니, 이름을 숙균(叔均)이라고 한다. 제준의 후예로 후직이 있었는데, 그는 하늘에 올라가서

삼묘국(三苗國) 백성
선묘(線描)

삼묘국은 삼모국(三毛國)이라고도 하고 묘민국(苗民國)이라고도 한다. 이른바 삼묘는 제홍씨(帝鴻氏)의 후대 혼돈(渾敦), 소호씨의 후대 궁기(窮奇), 진운씨(縉云氏)의 후대 도철(饕餮)을 말한다. 이 세 부족의 후예들은 요가 순에게 선양하는 것을 반대했으며 요임금이 그들의 군주를 죽이자 남해로 도주해서 국가를 세우고 살았다. 이곳 사람은 손발이 보통사람과 비슷한데 등에 쓸모없는 작은 날개 한 쌍이 달려 있다.

돼지 무늬의 검은 도자기 발(鉢)

신석기시대 중기 이후가 되면 중국 남북방의 대다수 지역에서 이미 농업의 기본이 세워지고 가축을 기르는 경제 기틀이 마련된다. 돼지 사육은 신석기시대 말기에 벌써 황하 유역과 장강 유역에 보편적으로 나타난다.

진주 캐기
무명씨, 선묘

진주는 조개의 배에서 나오니 달빛을 받은 해가 오래 될수록 귀한 보석으로 평가된다. 대개 진주를 캐는 선박은 옆으로 넓고 둥글게 만든다. 위에 짚자리를 많이 싣고 가서 물이 소용돌이치는 곳을 지날 때 짚자리를 던지면 배가 무사하다고 믿기 때문이다.

이 그림은 배에 달린 긴 밧줄로 진주 캐는 사람의 허리를 묶고 바구니를 들려서 물 속으로 들여보내 진주를 캐오게 하는 모습을 묘사했다.

각종 농작물의 씨앗을 가지고 인간 세상으로 돌아왔다. 후직의 동생 태새(台璽)가 숙균을 낳았다. 숙균은 아버지와 후직을 대신해서 각종 농작물을 심었고, 이로부터 천하에 농사가 시작되었다. 서주국에 적국처씨(赤國妻氏)가 있다. 서주국에는 또 쌍산(雙山)이라는 산이 있다. 제곡의 첫째 부인 강원이 거인 발자국을 밟고 기를 낳았다. 기가 바로 서주국의 선조다. 그는 어려서부터 농사일을 좋아해 어른이 된 후에는 백성들에게 오곡을 심어 기르는 방법을 가르쳤다. 그래서 그의 자손들이 그를 후직이라는 존칭으로 부르고 있다.

서해 밖 대황의 거친 들판에 방산(方山)이라는 산이 있다. 산에 푸른 소나무가 자라는데 거격송(柜格松)이라고 한다. 이곳은 해와 달이 드나드는 곳이다.

서북쪽 해외, 적수의 서쪽에 나라가 하나 있는데 선민국(先民國)이라 부른다. 이 나라 사람들은 오곡을 먹고 살며 4가지 짐승을 부릴 수 있다.

북적국(北狄國)이 있다. 황제의 손자는 시균(始均)인데, 시균의 후손이 북적 사람들이다.

북적국 근처에 망산(芒山)과 계산(桂山), 요산(榣山)이 있다. 산 위에는 신인이 하나 살고 있는데 이름을 태자장금이라 한다. 전욱이 노동을 낳았고, 노동은 축융을 낳았으며, 축융이 태자장금을 낳았다. 그는 요산에 산다. 태자장금이 노래를 만들기 시작하면서 인간 세상에 음악이 있게 되었다.

오색 털이 나 있는 새가 있는데 이름이 셋이나 된다. 황조(皇鳥)라고도 하고 난조(鸞鳥)라고도 하며 봉조(鳳鳥)라고도 한다.[29]

토끼와 비슷하고, 또 원숭이 같기도 한 짐승이 있다. 몸에 푸른 털이 길게 자라서 가슴 뒤쪽 두 다리는 가죽인지 털인지 구분되지 않는다. 대황 가운데 거저옥문산(車沮玉門山)[30]이 있는데 해와 달이 지는 곳이다.

영산(靈山)이 있다. 이 산에는 온갖 약초가 다 있다. 무함, 무즉, 무반, 무팽, 무고, 무진, 무례, 무저, 무사, 무라 10명의 신령한 무당들이 모두 이 산에서 약초를 캔다. 이 산에 사는 10명의 신무는 옛날 신의(神醫)들이다.

서왕모산(西王母山)이 있고, 학산(壑山)과 해산(海山)이 그 근처에 있다. 3개의 산 부근에 옥국(沃國)이 있는데 옥국 백성(沃民)이 살고 있다. 옥국의 들판, 즉 옥야(沃野)에 사는 백성은 봉황의 알을 먹고 감로를 마신다. 이곳에는 그들이 맛보려는 모든 미식이 구비되어 있다. 이곳에는 또 감화수(甘華樹), 달콤새콤한 풀명자 나무, 흰 버들, 시육, 삼추마, 선괴(璇瑰)라는 옥, 요벽이라는 마노(瑪瑙), 백목(白木)이라 불리는 하얀 나무가 있고, 낭간, 백단(白丹), 청단(靑丹)이 있으며, 은과 철도 풍부하다. 이곳에서는 봉황이 자유자재로 노래하고 난새가 즐거이 춤추며 온갖 짐승이 무리지어 다닌다. 이곳은 모든 것이 풍요롭게 넘쳐나는 비옥한 들, 옥야다.

파란 신조가 3마리 있는데 머리는 붉고 눈은 검다. 한 마리는 대려(大鵹), 또 한 마리는 소려(小鵹), 나머지 한 마리는 청조(靑鳥)라고 한다. 헌원대(軒轅臺)라는 흙을 쌓아 지은 큰 누대가 있는데, 활을 쏘는 사람은 황제의 신령을 공경하는 마음에 서쪽으로는 감히 활을 쏘지 못 한다.

대황 가운데에 용산(龍山)이 있는데, 이곳은 해와 달이 지는 곳이다. 3개의 큰 못이 있는데 삼뇨(三淖)라 하고 곤오가 봉록으로 받은 곳이다.

푸른 옷을 입은 사람이 있는데 소매로 얼굴을 가리고 있다. 이름을

부이(苤苢)

부이, 즉 질경이는 거전초(車前草)로 옛날에는 불임과 난산에 효험이 있다고 해서 많이 사용되었다.

홍애(洪崖) 선생
무명씨, 선묘

홍애 선생은 음악의 신 영윤으로, 득도하여 신선이 되어 떠났다. 그의 원래 성은 장(張)이라고도 한다. 요임금 때 그의 나이가 벌써 3,000살이었다고도 한다. 한대의 신선 위숙경(衛叔卿)이 종남산 정상에서 여러 사람과 바둑을 두는데 그 아들 도세(度世)가 위숙경에게 물었다. "아버지와 바둑 두는 사람들이 누굽니까?" 그러자 위숙경은 "홍애 선생 등이지"라고 대답했다.

29_ 이 부분은 이 책의 저자가 잘못 옮긴 듯하다. 정재서 교수의 번역대로 '오색 털이 난 새가 3마리 있는데, 한 마리는 황조, 또 한 마리는 난조, 그리고 마지막 한 마리는 봉조라고 한다'라고 해야 옳은 듯하다. – 역자 주

30_ 고전《산해경》에는 이 산이 '풍저옥문산(豊沮玉門山)'이라 되어 있는데 이 책의 저자가 잘못 옮긴 듯하다. – 역자 주

오(烏)

오, 즉 까마귀는 지금은 오아(烏鴉)로 통칭한다. 서정(徐鼎)은 《모시명물도설(毛詩名物圖說)》에서 '순흑색을 오(烏)라고 하고 작고 배밑이 하얀 것은 아(鴉)라고 한다'고 설명했다.

염연국(厭烟國) 백성

염연은 환두국(讙頭國) 남쪽에 있는데, 이 나라 사람은 피부가 까맣고 몸은 원숭이 같으며 입으로 불을 뿜을 수 있다. 염연국 근처에 나체국이 있다. 나체국 사람은 전부 나체로 지내며 1년 사계절 내내 옷을 입지 않는다. 치수하기 위해 이곳을 찾은 우임금은 그들의 풍속을 존중하기 위해 옷을 벗고 그 나라로 들어갔다고 한다.

여축시(女丑尸)라고 한다.

여자국(女子國)이 있다.

예전에 배타고 고기 잡던 사람이 큰 바람을 만나 수십 일을 떠돌아다니다가 동쪽의 한 나라에 도착했다. 그 나라는 바다 한가운데에 있었는데, 사람이라고는 여자뿐이고 남자는 없어서 여자국이라고 했다.

장부국(丈夫國)과 여자국에 관하여, 이 두 나라가 서로 인연을 맺을 뻔했다가 이루어지지 못했다는 이야기가 전해진다. 그것은 우임금 때의 일이다. 우가 사람들을 데리고 서쪽으로 가다가 어느 나라에 도착했는데 그곳이 바로 여자국이었다. 우가 그곳을 떠나 얼마 안 되어 다른 나라에 이르렀는데 장부국이었다. 우는 이 두 나라를 서로 맺어주고 싶어 했지만, 뒤에 하경(夏耕)이 반대해서 결국 이루지 못하고 말았다.

여자국에 도착한 우는 온통 여자뿐이고 남자는 한 명도 보이지 않아 이상하게 여겼다. 그곳 여자들은 우 일행이 도착하는 것을 보고는 크게 환영하면서, 한 사람 한 사람을 에워싸고 요란하게 맞이했다. 어떤 사람은 은근히 자기 집으로 같이 가자고 하는가 하면, 심지어는 잡아끌고 가려는 사람도 있었다. 우는 그 여인들이 동물적이고 선량하지 않다 여겨 엄한 말로 거절하려 하였다. 그러나 곧 그 나라의 풍속을 잘 알아봐야겠다는 생각이 들어서 부드러운 어조로 여인들에게 말했다.

"우리 일행에 속해 있는 사람은 혼자서 대열을 빠져나갈 수 없으니, 이야기를 하시려면 여기서 하십시오."

이 말을 들은 여인들은 몹시 실망하여 멍하니 서서 꼼짝도 하지 않았다. 우가 그들에게 물었다.

"귀국의 남자들은 지금 어디 있습니까? 어째서 한 분도 보이지 않습니까? 우리는 귀국의 남자들과 이야기를 나누고 싶습니다."

여인들은 그 말을 듣자 매우 기분 나쁜 기색을 보였다. 잠시 후에 누군가가 말했다.

"남자가 있기는 합니다만 아직 어린걸요."

그 말이 떨어지기 무섭게 어느 여인이 품에서 갓난아기를 꺼내 앞으로 나서면서 말했다.

대황서경 · 부주산
명각본삽도

부주산은 현재 황하의 오르도스 지역에 있다. 한서수(寒暑水)의 동서에 '습산(濕山)'과 '막산(幕山)'이 있는데, 그중 하나는 뜨거운 열산(熱山)으로 온천이 있고 다른 하나는 차가운 한산(寒山)으로 쌓인 눈이 녹아 흐른다. 수신 공공과 전욱이 싸울 때 노하여 부주산을 치는 바람에 하늘 기둥이 부러지고 땅이 끊겼다. 하늘이 서북으로 기울자 온 땅에 물이 가득 차올랐다. 고고학 전문가들은 이에 대해 상고시대에 우주 밖의 행성이 지구와 충돌한 대규모 사건이고, 부주산은 그 충격으로 남은 운석 구덩이라고 했다. 일월성신이 옮겨진 위치가 당시 발생한 지구 자전축의 이동을 설명해준다는 것이다. 여와가 하늘을 메우고 과보가 태양을 좇아가고 후예가 태양을 쏘는 등 민간에 떠도는 해와 달을 쏜 이야기들은 전부 이 사건과 관련이 있다고 한다.

"이곳 남자와 이야기를 하시겠다고요? 그렇다면 이 아기와 이야기를 나누시지요."

우 일행이 보니 채 몇 달도 안 된 아기였다. 눈썹에는 남자의 기개가 제법 서려 있었지만 젖비린내가 가시지도 않은 아기와 이야기를 나눌 수는 없는 노릇이었다. 우가 여인들을 보고 웃으며 다시 말했다.

"놀리지 마십시오. 우리는 귀국의 성인 남자와 이야기를 나누고 싶습니다."

말이 채 끝나기도 전에 또 한 여인이 두세 살쯤 되어 보이는 남자아이를 안고 사람들 사이를 비집고 나오며 말했다.

"이 아이가 제일 크니 이 아이와 이야기를 나누시지요."

정말 기괴한 일이었다. 우는 이 여자들이 어째서 자신을 놀리고 있는지 알 수가 없었다.

'내가 어디서 그녀들에게 죄라도 졌단 말인가?'

우가 이런 생각에 빠져 있는데 백익이 옆에서 손가락으로 그 아이를 가리키며 말했다.

"이 아이의 아버지를 만나고 싶습니다. 아니면 백부라도 괜찮습니다."

이 말을 듣자 여인들은 갑자기 얼굴이 벌게지더니 탄식을 하기 시작

박(駁)

박은 2가지로 해석한다. 하나는 야수로서 사납고 호랑이와 표범을 잡아먹는 동물이다. 다른 하나는 가래나무와 느릅나무 같은 신령한 나무다.

했다. 잠시 있으려니 한 여인이 말했다.

"그러지요, 모두 저희를 따라오십시오."

여인이 앞장서 걷자 다른 여인들 또한 우 일행을 둘러싸고는 구불구불 난 길을 걷기 시작했다. 잠시 후 그들은 큰 건물 앞에 도착했다. 그 건물은 3칸으로 되어 있었는데, 가운데에는 우 일행이 알지 못하는 어떤 신을 모시고 있었다. 건물 뒤로 돌아가니 매우 큰 정원이 있었고, 그 한가운데에 한쪽 길이가 3장이나 되는 네모난 연못이 있었다. 연못 한가운데에는 두 여인이 나체로 앉아 있었는데 무엇을 하는지 알 수 없었다. 여인들이 그 연못을 손가락으로 가리키며 우 일행에게 말했다.

"여기는 황지(黃池)로 태훼(台虺)의 물이라고도 합니다. 이 못이 바로 저 아이의 아버지입니다."

말을 마친 여인들은 다시 우 일행을 이끌고는 외따로 떨어져 있는 정원으로 갔다. 그곳에는 아무것도 없이 깊은 우물 하나만 있었다. 여인들은 그 우물을 가리키면서 우에게 말했다.

"이것이 저 아이의 백부라 할 수 있겠습니다. 그러나 저 연못과 이 우물은 아이의 부친이자 숙부이면서 동시에 할아버지, 큰할아버지도 되고, 증조부, 고조부, 시조부라 해도 안 될 것이 없습니다. 우리나라 사람은 전부 이 두 군데에 앉아서 둘러보다가 나온 것이죠. 가령 우리나라에 남자가 있다 해도 이 연못과 우물이 공공의 남편이랍니다!"

우가 그 말을 듣고 매우 이상해서 물었다.

"방금 두 분이 안고 있던 아이들은 모두 남자아이들 아니었습니까? 그 아이들이 자라면 남자가 생기겠지요."

여인들은 그 말을 듣더니 한숨을 쉬며 말했다.

"우리도 그런 바보 같은 생각으로 금이야 옥이야 아이들을 키우지요. 하지만 모두 일찍 죽어버린답니다."

이해할 수 없어 그 이유를 물었더니 여인들이 말했다.

"딸을 낳으면 다들 잘 자라는데 아들은 3살이 되면 반드시 죽으니 하늘이 정한 운명이 아니겠습니까?"

그때 아이를 안고 있던 한 여인이 말했다.

"제 아들은 이제 곧 3살이 됩니다. 더 키울 수 있을지 모르겠어요."

그러면서 그 여인은 통곡을 했다. 우 일행은 매우 안타까워하며 여인들을 위로했다.

그러자 갑자기 한 여인이 진지한 표정을 지으면서 말했다.

"여긴 여자뿐이고 남자가 없어서 고민이었는데 마침 여러분이 오셨으니 이는 하늘이 맺어준 인연이라고 하지 않을 수 없습니다. 여러분이 영원히 이곳에 머무르시면서 우리와 부부가 되어주시면 그 어찌 좋은 일이 아니겠습니까? 여러분은 모두 중화국 사람 아니십니까? 노인들 말씀을 들어보니 중화국의 귀인들은 처도 있고 첩도 있어서, 한 남자가 여자 백 수십 명도 취할 수 있다 하더군요. 지금 우리는 그리 많지 않으니 여러분 21명이 한 사람당 200명씩 취하면 될 듯합니다. 여러분 의견은 어떠신지요? 저희는 절대 시기나 질투를 하지 않으니 그 점은 안심하셔도 됩니다."

우는 이 뜻밖의 제안에 황망히 답했다.

"후한 은덕을 입어 감격스럽습니다만, 저희들 모두 할 일이 있고 황제의 어명을 받들고 있어서 이곳에 오래 머무를 수가 없습니다. 양해해주십시오."

여인들은 잠시 침묵을 지키다가 말했다.

"그렇다면 몇 분만이라도 이곳에 남으실 수는 없겠는지요?"

그러자 우 일행이 일제히 대답했다.

"우리는 모두 할 일이 있어서 도저히 이곳에 남을 수 없습니다."

이 말을 듣자 여인들은 모두 노기를 띠고 욕을 하기 시작했다.

"그럴 바에 여기는 무엇 때문에 오셨습니까? 우리

중천자미북극대제(中天紫微北極大帝)
무명씨, 수륙화

중천자미북극대제는 천계에서 옥황을 보좌하고 하늘을 대신하는 네 천제 중 하나다. 4명의 천제는 '사어(四御)'로 봉해졌는데 구진상관천황대제(勾陳上官天皇大帝), 중천자미북극대제, 승천효법후토황지지(承天效法后土皇地祇)와 남극장생천제(南極長生天帝)가 그들이다.

가 희망에 부풀어 고개 숙이고 반나절을 허비하게 하시다니요!"

우가 급히 여인들에게 사과했지만 어느 누구도 말을 들으려 하지 않았다. 그뿐 아니라 모두가 코웃음을 치며 계속 욕을 해대는 것이 마치 한을 품은 여인들 같았다. 우 일행은 우습기도 하고 또 한편으로는 그녀들이 불쌍하다는 생각도 들었다. 일행은 오던 길을 따라 돌아가면서 의논을 했다. 곽지가 말했다.

"제가 듣기로는 양이 홀로 자라지 못하고 음도 홀로 낳지는 못한다 했습니다. 지금 이곳에는 모두 여자뿐인데도 자녀를 낳고 키우니 정말 기이한 일입니다."

국애가 말했다.

"여인들이 연못과 우물에 앉아서 이리저리 둘러보면 임신을 한다는 것은 더욱 이상합니다. 제가 보기에 그 연못과 우물은 보통 연못이나 우물과 다를 바가 없었습니다."

우가 말했다.

"세상에는 일반 이치로 설명할 수 없는 일이 얼마나 많은지 모르오. '육합(六合)의 밖은 존재하지만 논하지는 않는 법이다'라는 말이면 충분하지 않겠소. 더 이상 이 일에 대해 신경 쓸 필요는 없을 것이오."

이야기를 하다 보니 어느새 해변이었다. 그들은 용을 타고 서북쪽으로 방향을 잡았다. 그런데 그들 앞으로 새 같으나 새가 아닌 물체가 동북쪽에서 서남쪽을 향해 날아가는 것이 보였다. 일행은 이상하게 여기면서 웅성거렸다.

"저것이 무슨 괴물인지 모르겠군요."

이에 광장은 용의 등에서 떠나 그 물체를 향해 날아갔다. 그리고 잠시 후 돌아와 이렇게 말했다.

"수레였습니다. 그 안엔 2명이 타고 있었는데, 신선에 속하는 사람 같습니다."

황마가 말했다.

태강(太康)이 음악을 연주하다
무명씨, 선묘

태강은 하후계의 아들로 계가 죽은 뒤에 황제로 즉위했다. 태강은 계보다도 더 음란하고 방탕하게 살았다. 그는 온종일 들에서 사냥하고 놀았지만 저녁이면 다시 도성으로 돌아와야 하고 그러면 사냥의 흥취가 깨지는 점을 싫어했다. 그래서 아예 낙수 남쪽으로 가서 사냥하고 놀며 돌아올 줄을 몰랐다. 이렇게 황제가 오랜 기간 도성을 비우자 황하 이북 유궁국의 방백(方伯) 후예가 공격할 기회를 엿보기 시작했다. 유궁씨 부락의 수령인 후예는 이런 좋은 기회를 틈타서 자신의 부락을 궁석(窮石 : 지금 하남 경내의 낙양 근처)으로 천도하는 데 성공했다. 태강에 대한 불만이 하늘을 찔렀던 하나라 백성들의 마음을 산 후예는 보기 좋게 태강의 정권을 탈취한다.

"신선일 리 없습니다. 신선의 수레는 훨씬 화려하며 곁으로는 항상 오색구름이 싸고 도는 법이지요. 게다가 신선의 수레는 더 빠릅니다. 저렇게 느릿느릿 가지 않아요."

요여가 말했다.

"혹시 도를 닦아 갓 득도하여 아직 능력이 부족한 신선인지도 모르겠습니다."

일행은 한동안 그에 대해 의논하였다.

한참 지나서 그들은 어느 큰 산에 닿았다. 산 남쪽으로는 집이 즐비하고 나무들이 무성해서 큰 마을이 있는 듯했다. 일행은 용에서 내려 잠시 쉬기로 했다. 그런데 갑자기 숲에서 매우 기이한 모습의 사람 하나가 나왔다. 얼굴이며 눈 등의 면모는 보통사람과 다름이 없었지만 몸이 가늘고 둥글면서도 길어서 꼭 뱀 같았다. 자세히 살펴보니 뒤에 확실히 뱀 꼬리가 달려 있었고, 밑에서부터 위로 머리 꼭대기까지 똬리를 틀고 있어서 사람인지 괴물인지 알 수가 없었다. 요여가 급히 나서서 물었다.

"이곳은 무슨 나라입니까?"

그러자 사람인지 괴물인지 모를 그가 대답했다.

"이곳은 헌원국입니다."

우는 그가 사람 말을 하는 것을 보니 그에게 악의가 없다는 생각이 들었다. 그래서 앞으로 나가 물었다.

"헌원을 국명으로 취한 데는 무슨 뜻이 있습니까?"

"말하자면 우스운 소리가 될 지도 모르겠습니다만 이곳 사람들은 원래 궁산(窮山)의 남쪽에 살았습니다. 그리고 본래 나라이름이라고는 없었습니다. 어느 해 공손씨라는 집안에서 아들을 낳았는데 아주 총명했습니다. 뒤에 그 아이가 동해로 가서 대업을 일으켰는데, 들리는 바로는 그 사람이 매우 위대해서 자신의 이름을 황제 헌원씨라고 했다 합니다. 후에 사방의 나라들이 전부 그를 두려워하면서 이곳이 그가 나서 자란 곳이라는 것을 알고는 헌원국이라고 부르게 되었지요."

우는 생각했다.

'내 고조가 태어나신 곳에 오늘 온 것이니, 정말 다행이라 하지 않을 수 없구나.'

푸른 옷을 입은 신 잠총(蠶叢)

잠총은 촉나라의 1대 국왕으로, 사람들에게 누에 기르는 법을 가르쳤다. '촉(蜀)'자의 갑골문은 한 마리 누에처럼 생겼다. 상고시기에 촉 지방인 사천 지역에서 누에를 기르는 양잠업이 아주 발달했다고 한다. 잠총의 다음 왕은 백관(柏灌)이다. 그 다음은 어부(魚鳧)인데 그는 처음에 도읍을 현 사천성 쌍류현(雙流縣)에 세웠다가 나중에 단현(郫縣)으로 천도했다. 잠총은 마지막에 사천성 관현(灌縣)에서 사냥을 하다가 신선이 되어 승천했다고 한다.

대황서경·하경
명각본삽도

하경은 하나라 걸왕 때의 군수통수권자였다. 그의 군대가 대패하자 결국 하 왕조도 멸망에 이르게 된다. 몸은 있고 머리는 없으며 창과 방패를 들고 서 있는 것이 하경의 시신이다. 이는 분명히 하경의 후예가 만든 조각상으로, 죽어도 굽히지 않는 하경의 절개와 귀신이 되어서도 여전히 싸우는 전투정신을 드높이려고 했을 것이다. 하경의 모습은 머리 없는 형천과 비슷하다. 고대 유럽에도 머리 없는 괴상한 인간에 대한 이야기가 전해지는데, 그들 역시 두 젖을 두 눈으로 그렸다. 이밖에 일본의 민간 무도에 머리 없는 차림의 춤이 있다.

고정반유화(古貞般有禍)
전형복갑(全形卜甲)

그리하여 다시 물어보았다.

"황제 헌원씨는 어떤 지역에서 태어나셨습니까? 아직까지 남아 있는 유적이 있습니까?"

"그 아이가 동방으로 간 후 한 번 돌아온 적이 있습니다. 그의 말로는 무슨 중화의 천자가 되었다고 했습니다. 그를 호위하는 사람들도 매우 삼엄했지요. 그렇지만 우리 같은 노인네나 어른들에게는 옛날처럼 공손히 예를 다하는 모습이 어릴 때 여기서 하던 것과 똑같았습니다. 저는 그가 어릴 때 이웃에 살았는데, 그 사람의 모친인 부보(附寶)는 아주 자상하고 착한 분이셨습니다. 우리도 자주 뵈었지요. 그래서 저도 어린 헌원을 자주 안고 다녔고, 그 녀석도 저와 친하게 지냈습니다. 그때 돌아왔을 때도 제가 어릴 때 개구쟁이였던 일들을 말해줬더니 기억하고 있더군요. 그리고 다시는 안 왔는데 나중에 들어보니 죽었다더군요. 그렇게 총명한 아이가 100살까지밖에 못 살고 요절했다니 정말 안타까운 일입니다. 어떻습니까, 그의 옛집에 가보시겠습니까? 여기서 멀지 않으니 함께 가십시다."

그 사람은 이렇게 말하면서 몸을 돌려 걸어가기 시작했다. 우 일행도 그를 따르며 마음속으로는 이렇게 생각했다.

'황제 헌원씨가 지금까지 어찌 5, 600년에 그치겠는가? 그런데 이 사람은 그를 안고 다녔다며 입만 열면 그를 일러 꼬마 녀석이라고 하니 이게

도대체 무슨 말인가? 게다가 100살까지 산 황제를 보고 요절했다니 이건 또 무슨 소린가?'

생각이 여기에 이르자 우가 물었다.

"선생께서는 연세가 어찌 되십니까?"

그 사람이 대답했다.

"어립니다. 아직 어린 나이지요. 올해로 겨우 780년 남짓 살았으니 아직 젊디젊습니다. 그러니 선생이라 부르시면 당치도 않습니다."

우 일행이 듣고는 다들 대경실색해서 물었다.

"그러면 귀국 백성 중에 최고령자는 몇 살입니까?"

"일정하지는 않지만 보통 1,000살은 넘습니다. 저희 형님께서는 어릴 때 병을 앓아서 다들 오래 못 살 것이라고 했는데 결국 800살까지 사셨으니 일찍 돌아가신 것이지요. 다른 사람들은 보통 3,000년에서 5,000년을 삽니다."

개 아빠와 인간 엄마
전지공예

묘족(苗族)의 시조는 개 아버지와 인간 어머니인데, 이것도 토템 신앙일 것이다.

이렇게 이야기를 하며 가다보니 멀리 언덕이 시야에 들어오기 시작했다. 그 언덕 위에 많은 집들이 들어서 있는 것도 보였다. 앞장을 서던 헌원국 사람이 손가락으로 가리키며 말했다.

"저 언덕 위가 바로 우리나라입니다."

얼마 지나지 않아 언덕에 도착해서 보니 집들이 오래 되었어도 기울어지지는 않았고, 남녀노소 많은 사람들이 그곳에 살고 있었다. 헌원국 사람이 말했다.

"헌원 그 아이는 자기가 살던 옛집을 아주 아꼈습니다. 그래서 오래 비워두면 폐가가 될까봐 특별히 아는 사람한테 부탁해 들어와 살면서 수리하라고 맡겼지요. 그때는 다시 오겠다고 했었는데 이제는 그럴 수가 없게 되었군요."

그러고는 감정을 억누르지 못해 한숨을 쉬었다. 우가 그 언덕의 모습을 자세히 살펴보니 한곳은 수레의 헌(軒) 같고, 또 다른 한곳은 수레의 원(轅 : 끌채)처럼 생겼다는 것을 발견했다. 그는 마음속으로 고조가 그 시절에 헌원이라고 스스로를 칭한 것이 바로 이곳에서 이름을 따오신 것이라 생각했다. 그러나 잠시 후 다시 생각해보니 꼭 그렇기만 한 것도 아니었다.

돌화살촉

돌화살촉은 원시 인류가 사냥할 때 사용했던 중요한 무기로, 석기를 숫돌에 놓고 갈아서 매끄럽게 만든 최초의 화살촉이다.

수레를 고조께서 처음 만드신 것도 아닌데 어떻게 언덕 모습을 보고 이름을 따올 수 있었을까? 혹시 고조께서 수레를 만드시면서 이 언덕 모양을 본뜬 것인지도 모르겠다는 생각이 들었다. 이런 생각을 하는데 그 사람이 여기저기 손으로 가리키면서 말했다.

"여기는 부보가 살던 곳이고, 여기는 소전씨(少典氏)가 책을 읽고 손님을 맞던 곳이고, 여기는 헌원씨가 태어난 곳입니다."

이렇게 그는 막힘없이 한참동안 설명했다. 우는 감개무량하기도 하고 추모의 정을 누를 길 없어 한참을 배회하며 고조의 생각에 잠겼다. 잠시 후 우는 그들의 의식주 생활을 자세히 물어보았다. 그리고 그들이 이슬로 갈증을 풀고, 배가 고플 때는 공기를 들이켜 배를 채우며, 곡식과 피를 먹지 않아서 이렇게 장수한다는 것을 알게 되었다. 얼마 후에 우 일행은 그 사람에게 감사를 표하고 헌원국을 떠나 궁산을 넘어 서북쪽으로 나아갔다.

어느 곳에 도착하니 그곳 사람들은 모두 노란 옷에 노란 관을 쓰고 허리에 보검을 차고 있었다. 모두 기개와 도량이 비범한 사람들이었다. 그들은 우 일행이 이국 사람인 것을 보고 다가와 말을 건넸다. 우가 자신들을 중화인이라고 밝혔더니 모두들 부러워했다.

"오, 중화에서 오신 분들이군요. 중화는 우리의 조국이랍니다!"

우가 그 말을 듣고는 그곳이 무슨 나라인지를 물었다.

"우리나라는 장부라고 합니다."

우는 그 말을 듣고 감탄하면서 말했다.

"귀국 백성의 풍채에 비추어볼 때 장부라는 명칭이 잘 어울립니다."

그런데 사람들 가운데 한 노인이 한숨을 쉬면서 말했다.

삼관대제(三官大帝) 사성진군(四聖眞君)
무명씨, 비단 채색, 명대

그림 위쪽의 두 무장은 천봉원수(天蓬元帥)와 천헌원수(天獻元帥)이고 아래쪽은 천(天), 지(地), 수(水)의 삼관대제다. 삼관대제는 도교의 신으로, 상원일품구기천관사복자미대제(上元一品九氣天官賜福紫微大帝), 중원이품칠기지관사죄청허대제(中元二品七氣地官赦罪淸虛大帝)와 하원삼품오기수관해액동음대제(下元三品五氣水官解厄洞陰大帝)다. 사성진군은 북극자미대제의 수하인 사원대장(四員大將)으로, 천봉옥진수원진군(天蓬玉眞壽元眞君), 천헌인집영복진군(天獻仁執靈福眞君), 성보덕저경진군(聖保德儲慶眞君)과 우성진무령응진군(佑聖眞武靈應眞君)으로 나뉜다.

"꼭 그렇지도 않습니다. 온통 남자만 있고 여자는 없어서 우리나라를 장부국이라고 하는 것이지요."

우가 이상히 여기며 또 물었다.

"그러면 자자손손 대가 이어지는 것은 어찌된 일입니까?"

그러자 노인이 또 한숨을 쉬면서 말했다.

"어른께 숨김없이 말씀드리지요. 우리나라는 건국된 지 불과 수백 년밖에 지나지 않았습니다. 우리 선조는 중화인이었는데 군주의 명을 받들고 서왕모가 있는 곳으로 약을 캐러 갔다가 길을 잃고 말았지요. 이곳에 도착했을 때는 양식이 다 떨어져서 같이 온 사람 수십 명이 여기 눌러 앉아 과일을 따서 양식을 대신하고 나무껍질을 짜서 옷을 대신하였다 합니다. 여러 해가 지나도록 목숨은 보전했지만, 시간이 더 지나면 한 사람씩 죽어갈 것이고, 그러면 마지막 몇 사람은 묻어줄 사람조차 없게 될 것이라는 걱정이 생겼지요. 그러니까 자손이 없는 것이 마음에 걸렸단 말씀입니다. 그런데 그 후로 사람들의 배가 점점 커졌습니다. 처음에는 병이 난 줄 알았지만 평소처럼 먹고 자고 다 하면서 병증이 없으니 그냥 지나갔지요. 그런데 뜻밖에도 열 달이 꽉 차니까 모두들 출산을 해 남자아이를 낳았습니다. 무척 아팠는데 시간이 많이 지나니까 습관이 되어버렸어요. 여러분들께서는 우리를 가리켜 장부의 기개가 있다고 하지만, 아이를 낳을 때가 되면 활개 치고 다니지 못하고 숨어 지낼 수밖에 없습니다. 한 몸에 아비와 어미를 겸하고 있으니 부끄러워 죽을 지경입니다."

노인은 말을 마치고는 또 한숨을 토했다.

우가 말했다.

"낳고 키우는 일은 비록 예부터 정해진 도가 있지만 돌연변이도 있는 법입니다. 저는 어머니 등에서 태어났고, 저의 동료 하나는 모친의 가슴에서 나왔다 합니다. 지금 남자가 아이를 낳는 것도 마찬가지로 자연스러운 현상입니다."

"우리 출산법은 대략 3가지가 있습니다. 하나는 일반적인 방법으로 등으로 낳는 것입니다. 또 겨드랑이에서 낳는 방법도 있습니다. 마지막으로 몸통으로 낳는 방법이 있는데, 이 경우에는 잘 때나 깨어 있을 때나 자신도 느끼지 못하는 사이에 아이가 이미 나와 있습니다. 아무 흔적도 없고

적장자여(赤將子輿)
무명씨, 선묘

적장자여는 황제 때 사람으로 오곡을 먹지 않고 여러 꽃과 풀만 날것으로 먹었다고 한다. 요임금 시대에 그는 오행의 관리 중에 경작과 파종을 책임지는 춘관(春官)인 목정(木正)을 맡아 바람과 비를 따라 오르내렸다. 늘 시장으로 가서 활에 매는 줄인 작(繳)을 팔았다고 해서 그를 '작교신(繳交神)'이라고도 한다.

부모도 고통을 느끼지 않는 이 방법으로 아이를 낳는 경우가 가장 드뭅니다."

"그렇게 낳은 아이들은 전부 남자입니까?"

노인이 또 한숨을 쉬면서 말했다.

"여자아이도 있습니다. 여자아이가 있고 옛날 전설도 들어서 세상에 남자 말고 여자란 것도 있으며 여자가 출산을 맡은 사람이라는 것을 알지요. 그렇지 않다면 우리가 어떻게 세상에 여자가 있고 남자가 출산하는 일이 수치라는 것을 알았겠습니까?"

"그러면 여러분께서 낳은 딸들이 자란 뒤에는 남녀가 혼인을 하지 않습니까?"

그 말을 듣자 노인은 발을 동동 구르며 연신 한숨을 내쉬었다.

"다 자랄 때까지 키우지를 못하니 문제입니다. 아직 네댓 살을 넘겨 산 여자아이가 없으니 정말 하늘이 우리를 버리신 모양입니다."

우는 그들이 어떻게 회임하는지 묻고 싶었는데 입을 열기가 어려워 생각만 하고 있었다. 그런데 갑자기 백익이 이런 질문을 하였다.

"아이가 태어나면 젖을 먹여야 하는데 귀국 백성이 젖도 먹입니까?"

"전에 선조께서 처음 아기를 낳았을 때는 젖이 없어서 고생이었지요. 그런데 나중에 생각해보니 남자의 양쪽 가슴에도 본래 젖꼭지가 2개 있는데, 비록 조그맣기는 하나 형태는 있더라는 겁니다. 예전에는 분명 사용되다가 나중에 젖먹이는 일을 여자들이 맡으면서 오래 사용하지 않아서 퇴화된 것이니, 다시 사용하면 본능이 회복될 것 같다는 생각이 들었다고 합니다. 그래서 아기한테 자주 빨게 했더니 정말 효과가 있었다는군요. 얼마 안 되어 젖이 흘러 나중에는 출산한 사람 젖이 여자와 똑같아졌다고 합니다."

우가 다시 물었다.

"그 선조의 존함이 무엇인지요? 중화의 어느 왕조에 사신 분이신지

요?"

"선조께서는 성이 왕(王)이요 이름은 맹(孟)으로, 중화의 어느 왕조였는지는 기억이 나지 않습니다."

"선조께서는 모두 몇 분의 자제를 두셨습니까?"

"아들 둘을 두셨습니다."

"지금 귀국에는 모두 몇 분이나 계십니까?"

"전부 2,000여 명 있습니다. 모두들 산고를 염려하여 늘 다른 곳에 가서 수천 명의 여자를 찾아 배필로 맞으려 하지만 그러지를 못하고 있습니다. 이 땅을 버리고 중화로 돌아가려고 해도 첫째는 너무 멀어 길을 잃을까 두렵고, 둘째는 생활기반과 조상의 무덤이 다 여기에 있으니 오래 살아온 땅을 쉽게 버리고 새로 옮겨가려고 하지 않습니다. 지금 여러분께서 기왕에 만 리 길을 지나 이곳까지 오셨으니, 같은 고향 사람의 정을 봐서 다음에 편리한 시간에 예쁘건 못났건 중화 여자를 여럿 데리고 오시면 저희는 감격을 금치 못할 것입니다."

말을 마친 노인은 엎드려 절을 했다. 우가 급히 답례를 하면서 말했다.

"이 몸이 세세히 따져서 방법을 찾기 위해 전력을 다하겠습니다."

그리고 다시 몇 가지 사항을 물어본 후에 일행은 그곳을 떠났다.

일행은 그날 밤 교외에서 머물렀다. 다 같이 문제를 해결할 방법을 의논하다가 여자국의 다급함과 장부국의 고충을 생각해보니 똑같이 한 가지 결함이 있다는 데 생각이 미쳤다. 만약 무슨 방법을 써서 두 나라가 연합할 수 있다면 안으로는 원망하는 여자도 없고 밖으로는 외로운 남자도 없어질 것이니 두 나라가 다 좋아질 것이 분명했다. 더욱이 두 나라는 궁산 하나를 두고 양쪽에 있어 길도 멀지 않으니 더욱 편리할 것이었다.

우는 계책을 세우고, 다음날 우선 이 방법을 장부국 사람들과 상의해서 그들의 동의를 얻은 후 다시 천장을 여자국에 보내어 동의를 얻기로 했다. 둘 중 하나라도 동의하지 않으면 더 말할 필요가 없을 것이다. 그러나 양쪽이 다 허락하면 여자국이 장부국으로 시집을 오거나 장부국 사람들이 그쪽으로 가서 데릴사위가 되거나, 그것도 아니면 일부는 시집을 오고 일부는 데릴사위로 가면 될 일이었다. 이 모든 일은 그들과 상의해서 결정해야 했다. 또 한 가지 신경 써야 할 점은 남자와 여자, 젊은이와 늙은이, 미

구봉(九鳳)
선묘

구봉은 새의 몸에 머리가 아홉인데 모두 사람얼굴이다. 그들은 섭이국(聶耳國) 근처의 북극천거라는 산에 산다.

삼청조(三靑鳥)
선묘

삼청조는 오직 서왕모만을 위해 음식을 구하는 새들이다. 그들은 곤륜산 서쪽 삼위산(三危山)에 산다. 삼청조, 즉 3마리 파랑새는 '대려(大鷯)', '소려(小鷯)' 그리고 '청조(靑鳥)'라고 한다. 모두 푸른 몸에 붉은 머리, 까만 눈동자로 힘이 좋아서 잘 날아다니는 맹금이다. 절대로 작고 영리하고 민첩한 애완용 새가 아니다.

남미녀와 추남추녀를 어떻게 짝지을 것인지에 대해서도 미리 말을 해두어야 한다는 것이었다. 그래야 짝지을 때 쟁탈전이 벌어져 서로 원망하는 일이 없을 것이기 때문이었다. 일행이 우의 이야기를 듣고는 모두 찬성했다. 의논을 마치자 백익이 웃으면서 말했다.

"이번 중매는 1,000쌍을 짝지으니 천고 제일의 중매가 될 것입니다. 전에 건수씨(蹇修氏)도 중매를 관장하는 관리였지만 한 번에 이렇게 많은 사람을 맺어준 적은 없습니다."

그 말에 모두 웃음을 터뜨렸다. 진규가 말했다.

"남자가 아이를 낳고 젖을 먹이는 것도 정말 천고에 듣기 어려운 일 아닙니까?"

백익이 그 말에 대답했다.

"그런 일이 우리 중국 역사에 다 있었는데 다만 많지 않았을 뿐입니다. 예전 어느 시대에는 채소를 파는 사람이 임신해서 아들을 낳았다고 하지요. 다만 그 사람이 어떤 방식으로 아이를 낳았는지, 또 아이가 그 뒤에 잘 자랐는지 등은 알 수가 없습니다. 또 어떤 노비가 있었는데 주인집에 화가 닥쳐 막 태어난 아기씨만 남았다고 합니다. 그 노비가 아기를 안고 도망가서 산중에 숨었는데, 젖이 없어 고생을 하다가 자기 젖을 빨렸더니 며칠 뒤에 젖이 흘러서 결국 아이를 키우게 되었다고 하지요. 그러니 그런 일도 절대 없는 것은 아닙니다."

다음날 일행은 다시 장부국으로 들어가서 자신들의 계책을 말해주었다. 그러자 장부국 사람들이 모두 감격하며 말했다.

"그렇게만 해주신다면 여러분이야말로 우리들에게 하늘보다 높고 땅보다 깊은 은혜를 베푸시는 것입니다. 하지만 망망대해에 1,000리나 떨어져 있으니 어떻게 오고갈지요? 우리 중에는 항해를 할 줄 아는 사람이 거의 없으니, 여러분께 이 일을 처음부터 끝까지 완전무결하게 성사시키도록 부탁드려야 하겠습니다."

우가 말했다.

"그야 당연한 일입니다. 다만 저는 여자국이 동의를 할지 염려스럽습니다. 가서 물어본 뒤에 다시 논의하십시다."

"그녀들은 반드시 원할 것입니다. 세상에 이렇게 큰 결함을 지니고 살아오다가 어렵사리 여러분의 자비로 우리를 맺어주신다는데 어찌 동의하지 않겠습니까?"

"그렇게만 된다면 제일 좋겠지요."

우 일행은 이야기를 마친 후 교외로 돌아갔다. 그리고 다음날, 황마와 대예를 여자국으로 보냈다. 우는 황마와 대예가 떠나기 전, 그들에게 어떻게 말을 해야 하는지 알려주었다. 두 장수는 허공을 가르며 떠났다. 장부국 백성들이 우 일행의 호의에 감동해서 음식과 예물을 보내는 수레가 끊이지 않았다.

우 일행은 조용히 좋은 소식을 기다렸지만 의외로 그 어느 쪽에서도 아무런 소식이 없었다. 반나절이 지나자 우뿐만 아니라 경진, 요여 등의 천장들도 의구심이 들어서 말했다.

"이곳에서 여자국은 멀어야 1,000여 리이니 우리가 날아다니는 속도로 보면 반 시진도 못 걸릴 텐데, 어째서 여태 오지 않는 것일까요?"

백익이 말했다.

"여자들은 의심이 많고 결단력이 부족해서 아마 한 번에 결정을 못하기 때문에 두 분 장수께서 기다리고 있는 것이 아닐까요?"

일행은 그 말에 일리가 있다고 생각했다. 그래서 더 이상 신경 쓰지 않고 조용히 두 사람을 기다렸다. 그렇지만 다음날이 되어도 그들은 돌아오지 않았다. 경진이 우에게 말했다.

"느낌이 좋지 않습니다. 황마와 대예 두 장수는 절대 일을 그르칠 리가 없습니다. 만약 여자국 사람들이 결정을 못하고 있다면 우선 돌아와서 보고를 해도 무방할 터인데, 어째서 바다에 돌이 가라앉은 듯 종무소식일까요? 이 몸이 가서 알아보는 게 어떻겠습니까?"

우가 동의하자 경진은 큰 창을 들고 공중에 날아갔다. 경진이 궁산 근처에 이르렀을 때였다. 공중에 머리 없는 사람 하나가 서 있는 것이 보였다. 그는 한 손에 창을 들고 또 한 손에는 방패를 들고 길을 막고 있었다. 경진이 마음을 가다듬고 살펴보니, 만만치 않아 보이는 그 요마는 전에 태진부인(太眞夫人)이 말하던 형천씨(刑天氏) 같았다. 경진은 천천히 자세를 잡고 겨루다가 아주 공손하게 물었다.

"이 몸은 귀하를 뵌 일이 없으며 원수진 일도 없는데, 어찌 하여 지금

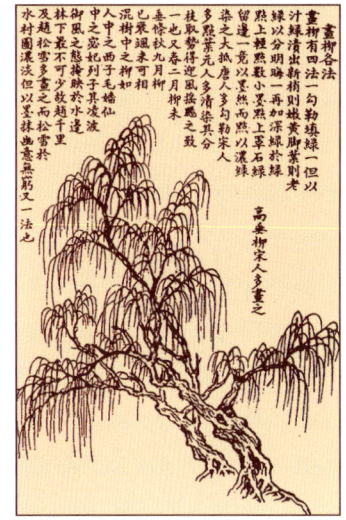

유수(柳樹)
《개자도화보(芥子圖畫譜)》, 청대

유는 버드나무로, 낙엽교목이거나 관목으로 양류(楊柳)과에 속하고, 가지는 부드럽게 드리워지며, 잎은 좁고 길며, 암수 나무가 다르다.

제 길을 막고 계시는지요?"

그러자 그 머리 없는 사람의 목구멍에서 소리가 흘러나왔다.

"이 몸은 성이 하(夏)요 이름은 경(耕)이올시다. 그대는 지금 어디로 가시는 길이오?"

"저는 여자국으로 가고 있습니다."

하경이 또 목구멍에서 소리를 내며 물었다.

"그곳에 가서 무슨 일을 하시려오?"

경진이 이유를 설명하자 하경이 말했다.

"내가 이런 일이 생길 줄 알고 여기서 기다린 것이오. 그대는 이곳에서 잠시 기다리시오. 이 몸이 빨리 돌아와 전해줄 테니 그대는 절대 여자국으로 가서는 안 될 것이오."

그렇게 말하면서 하경은 두 손으로 창과 방패를 들고 위세를 부렸다. 경진은 치밀어 오르는 부아를 가만히 삭이면서 물었다.

"이 몸이 여자국으로 가서 그들과 장부국을 결혼시키면 한쪽은 없던 남편이 생기고 한쪽은 없던 부인이 생기니, 이 보다 아름다운 일이 또 있으리오? 그런데 귀하는 어째서 이렇게 굳이 오셔서 이 몸을 막으시는지 모르겠습니다."

하경은 이 말을 듣더니 매우 화난 듯이 목구멍에서 그렁그렁하는 소

대황서경 · 영산의 십무(十巫)
명각본삽도

오늘날 우리가 보면 무당은 신과 귀로 분장하고 사람들 대신 기도하는 사람이다. 사실 무술은 인류 문명이 일정 단계에 이른 뒤에 생겨난다. 무술이 생기는 원인은 여러 가지고, 사회에 대한 기능도 다양하며 유익한 점도 있다. 한마디로 무사는 최초로 머리를 쓰는 일을 직업으로 삼았던 사람이다. 그들의 행위에는 과학적인 측면(약초를 캐고 의술을 행하며 별자리를 관측하는 일 등)도 있고 비과학적인 측면(용춤을 추며 비를 구하고 주술로 재앙을 없애는 등)도 있다. 민중을 위해 일한 측면(생활 상식과 역사를 전수하고 문화를 전파하는 등)도 있지만 사람들을 제압하고 압박하는 측면(무사와 수령이 짜고 권력으로 사리사욕을 꾀하는 등)도 있었다. 영산 십무 중에 무함은 수석 무사다. 그들의 명칭으로 볼 때 무즉은 천둥치고 바람을 불게 한다. 무반은 무술의식 중에 기구를 관리하거나 재물을 분배하는 일을 맡는다. 무팽은 몸집이 컸거나 장수하는 선술을 깨친 자이다. 무고는 여성이었을 것이다. 무진은 신선이 되어 승천하는 능력이 있었고 무례는 무술의식을 기획했다. 무저는 의식의 안전을 책임졌으며 무사는 공적인 관계를 담당했다. 또 무라는 사람들을 소집하는 일을 맡았다.

리를 내며 말했다.

"남녀를 맺어준다는 것은 애초부터 당치도 않은 무슨 천제인가 하는 작자가 만든 것이오. 애초에 혼돈이 처음 나뉘었을 때, 하늘에서는 회의를 열어 인간을 만드는 기준을 논의했소. 우리 당(黨)에서는 사람을 만들되 평등하게 하고 남녀를 구분해서 갖가지 폐단이 생기는 일은 절대 만들지 말자고 주장했지요. 그렇지만 천제가 말을 듣지 않고 궤변을 늘어놓으면서 '세상에는 남녀가 있어야 사랑이 있고 사랑이 우주에 넘쳐야 세계라고 할 수 있다'고 했습니다. 그런데 지금 와서는 그놈의 사랑의 감정이 외로움으로 변하여, 남자는 여자를 못 구하고 여자는 남자를 못 구해서 우울해하다가 병이 나서 자살하는 사람이 얼마나 많은지 모를 지경이 되었단 말입니다. 남자는 마음에 안 드는 여자를 맞아들이고 여자도 마음에 안 차는 남자에게 시집가서 서로 반목하고 질시하다가 죽는 일이 얼마나 많은가 말이오! 또 남자는 이미 아내가 있고 여자도 이미 남편이 있는데도 돌연 또 다른 남자나 여자가 마음에 들어서 몰래 정을 통하는 일도 많지 않습니까? 아내 말고도 아내가 있고 남편 이외에 또 남편이 있으니 서로 질투하고 죽이는 일은 또 얼마나 많은지! 설령 그렇지 않더라도 가정이 생기면 자유롭게 아내가 남편을 사랑하고 남편이 아내를 사랑할 수 없습니다. 인생에 얼마나 많은 일들이 가정을 지키느라 희생되는지, 인생에 얼마나 많은 책임이 가정으로 인해 더해지는지 모릅니다. 그래서 가정의 맛은 처음에는 달지만 나중에는 쓰고, 부부의 맛은 처음에는 진하지만 나중에는 옅어지지요. 만약에 남녀의 구분이 없다면 부부관계도 없고 모든 근심이나 알력이나 고통도 전부 사라지니 어찌 오묘한 일이 아니겠습니까? 아이를 낳지 못해서 대가 끊기는 것이 걱정일 따름이오. 이제 우리는 혁명을 해서 이전의 구법을 모두 없애고 우리 방법으로 바꾸려 하오. 아이를 낳는 일 또한 남녀가 결합할 필요 없이 혼자서 할 수 있소. 우리가 여러 번 해봐서 이미 상당한 성과를 거두었단 말이오. 천상에 여기씨(女歧氏)라는 여신이 계시오. 그 분은 남편 없이 아들 아홉을 낳았으니, 바로 우리 생각을 실현할 수 있는 표본이라 할 수 있소. 우리는 여기씨를 초대해서 이 방법을 하계에 전파하려고 여자국을 세웠고, 고심 끝에 왕맹을 고립시켜 남자들이 애를 낳고 기를 수 있도록 장부국을 세워 긴 세월이 흘러 효과를 보았지요. 이 방법과

삼관(三官)의 순유(巡遊)
마린, 송대

삼관은 천관, 지관, 수관이다. 삼관은 늘 각지를 돌며 선과 악을 살피고 중생을 보살폈으니 민간에서도 그들을 숭배했다.
　이 그림은 중국 고대 신화 속 '삼계(三界)'의 최고신이 천, 지, 인간 삼계의 정세를 돌아보는 모습을 담았다.

생각을 온 천하에 전파하여 인류의 근심, 알력, 고통을 없애서 우리의 방법과 생각이 좋은지, 아니면 당치도 않은 엉터리 천제의 옛날 방식이 좋은지 보게 하려고 했단 말입니다. 그런데 당신들이 그들을 결합시킬 방법을 모색하고, 우리 정책에 반기를 들고 우리 계획을 망치려 하니 어찌 용서할 수 있겠소? 빨리 이곳을 떠나시오. 그러지 않으면 죽음을 면치 못할 것이오."

　말을 마치자 그는 다시 창과 방패를 흔들며 위용을 과시했다.

　경진이 듣고 생각해보니 그가 입만 열면 천제에게 반대하는 것으로 보아 분명히 태진부인이 말한 천상의 흉악한 혁명분자임에 틀림없었다. 그렇다면 섣불리 대적하기보다 얼른 돌아가서 상의를 하는 것이 좋겠다는 생각이 들었다. 경진은 막 몸을 돌리려다가 궁금한 점이 떠올라 이렇게 물어보았다.

　"어제 우리 동료 둘이 이곳을 지나갔는데 혹시 보지 못했소?"

　"그 둘이 당신 동료였소? 재주라고는 없이 허풍만 대단한 자들이더군. 그들에 대해 물어본다면 해줄 말이 없소. 추를 휘두르고 손에는 칼 한 자루를 들고 겁도 없이 대들다가 나한테 잡혀버렸소. 그들과 한 패라면 당신 또한 좋은 사람은 아닌 것 같으니 한시라도 빨리 떠나는 게 좋겠소."

　말을 마치자 그는 창을 들어 공격할 태세를 취했다. 경진은 하는 수 없이 돌아와 방금 상황을 우에게 아뢰었다.

　우는 황마와 대예 두 장수가 포로로 잡혔다는 말을 듣고 무척 걱정이 되어 말했다.

　"어찌하면 좋겠소?"

　경진이 대답했다.

　"소신이 보기에는 이번 일이 중차대하니, 부인에게 가서 방법을 찾아보는 수밖에 없겠습니다."

　광장과 동률 등 네 장수는 황마와 대예가 사로잡혔다는 말을 듣고 이

를 갈며 분노하며 일제히 외쳤다.

"듣자하니 머리 없는 미친 귀신에 지나지 않은 것 같은데 그런 놈에게 무슨 재주가 있겠습니까? 우리 다섯이 먼저 가서 겨뤄보고 안 되면 그때 부인에게 가도 늦지 않습니다."

경진이 그 말을 듣고는 미심쩍어하면서 말했다.

"소신이 겁이 나서가 아닙니다. 태진부인께서 말씀하신 적이 있습니다. 천제께서 그들을 평정하시는 것도 쉬운 일이 아니라고 하셨는데 하물며 우리가 쉽게 그들을 이기겠습니까? 제가 보기엔 신중을 기하는 것이 좋을 듯합니다."

경진 등이 이런 이야기를 나누고 있을 때였다. 별안간 어디서 나타났는지 머리는 없고 손에 창과 방패를 든 자가 눈앞에 우뚝 서서는 목구멍으로 거대한 소리를 그르렁거렸다.

"어느 놈이 감히 나에게 머리 없는 미친 귀신이라고 욕을 하느냐? 정말 괘씸한 놈이로구나!"

그는 커다란 방패를 치켜들더니 광장, 동률, 요여, 오목전을 한꺼번에 사로잡고 경진을 가리키며 말했다.

"네놈같은 자잘한 녀석을 잡으려고 내가 온 것이 아니다. 네가 그 무슨 부인인지한테 도움을 청하겠다면 얼마든지 가서 청해라. 너희들이 섬기는 그 당치도 않은 엉터리 천제도 무섭지 않거늘 하물며 여자를 두려워할 것 같으냐?"

그는 말을 마치고는 순식간

섭이국 사람
선묘

섭이는 '담이(儋耳)'라고도 하는데, 이곳 백성은 귀가 매우 길다. 그 귀가 어깨 밑까지 내려와서 길을 걸을 때는 구루국(狗䝅國) 사람이 목의 혹을 잡는 것처럼 두 손으로 귀를 잡아야 했다. 모든 백성이 2마리의 얼룩 호랑이를 하인으로 부린다.

황제가 단약(丹藥)을 만들다
선묘

황제는 헌원대에서 단약을 만들 때 산처럼 쌓아둔 땔나무 더미를 먼저 불태웠다. 그러나 그것으로도 모자라 점점 단약을 만드는 누대 근처 나무들이 전부 땔나무로 사용되었다. 그래도 부족하자 황제는 자신의 다리를 쭉 뻗어 불로 뛰어들어 스스로 땔나무가 되었다. 그러자 갑자기 사방에 금빛이 번쩍이면서 선단(仙丹)이 완성되었다.

치우
전지공예

치우는 중국 고대 동방 구려족(九黎族)의 수령으로, 소머리를 하고 있고 등에 날개가 한 쌍 있으며 소와 새 토템의 합체다. 고증에 의하면 지금 중국 남방의 묘족은 바로 치우 부락의 후예다.

하경(夏耕)의 시체

하경은 장산(章山)을 지키는 대장으로, 왼손에는 창을, 오른손에는 자루가 긴 창을 들고 위풍당당하게 서 있다. 탕(湯)왕이 와서 한 칼에 머리를 베어버리자 아무리 땅을 기어봐도 자기 머리를 찾지 못한 하경은 몸을 돌려 뛰기 시작했다. 그러다가 무산에 이르러 발을 멈추고 조용한 곳을 찾아 숨어 지냈으며 다시는 나오지 않았다고 한다.

에 사라졌다.

우 일행은 무서워 벌벌 떨었다. 여기서 말한 것을 그가 어떻게 다 알고 있었을까? 쳐들어올 때도 아무 조짐 없이 갑자기 들이닥치더니, 가버린 다음에도 전혀 종적을 찾을 수 없었다. 게다가 천장 6명도 잡혀갔으니, 정말로 사람의 길흉화복을 알 수가 없구나 하는 생각이 들었다. 운화부인에게 가서 도움을 청해야 하나 모두들 생각을 하면서도 서로 얼굴만 마주볼 뿐 감히 말을 꺼내지 못했다.

그때 무장을 하고 은 갑옷을 입은 두 사람이 각각 백룡(白龍)을 타고 홀연히 동해로부터 오는 것이 보였다. 모두들 놀라 그들이 누구인지 물어보려는데 두 사람이 용의 몸에서 뛰어 내려와 우에게 예를 올리고 말했다.

"이곳은 더 머무르기에 적당치 않으니 전하께서는 어서 몸을 피해 저희를 따르시지요."

말을 마치자 그들은 급히 몸을 돌려 나갔다. 우가 그들에게 누구인지 물어보려 했지만 그들은 이미 용의 등에 타고 고개를 돌리며 말했다.

"빨리 따라오십시오!"

일행은 영문을 알 수 없었다. 그러나 악의가 있는 것 같지는 않아 다 같이 용의 등에 올라타고 두 사람의 백룡을 따라갈 수밖에 없었다. 용들은 곧장 화살처럼 서쪽을 향해 넓고 아득한 바다 위를 날아갔다.

3시진쯤 지나서 큰 산에 도착하자 용들이 땅으로 내려앉았다. 우 일행을 이끌던 두 사람이 다시 앞으로 나와 우에게 예를 행하며 말했다.

"여기서는 마음 놓고 이야기하실 수 있습니다."

우는 그들의 이름을 물었다. 그중 한 명은 서해신(西海神)으로 성은 축(祝)이고 이름은 량(良)이었고, 또 한 명은 서해군(西海君)으로 성은 구(句)이고 이름은 태구(太邱)였다. 우는 그들에게 감사를 표한 후 물었다.

"대체 이곳이 어떤 곳이기에 마음 놓고 이야기할 수 있다는 것이오?"

그러자 축량이 말했다.

"저쪽으로 1만 리 안쪽은 모두 놈들의 세력권이라 이야기를 나누면 그들이 다 들어서 일을 그르칠 수 있습니다. 그러나 여기는 저들의 이목이 닿지 않아서 안심하고 이야기할 수 있습니다."

"하경은 도대체 어떤 괴물이며 신통력은 얼마나 대단합니까? 천상에서 혁명을 꾀한다는 바로 그 형천씨가 맞습니까?"

"형천씨는 아닙니다. 형천씨의 잔당에 불과하지요. 당초에 천상에서 첫 번째 혁명이 일어났을 때 그도 격렬한 당원이었는데, 신통력으로 보면 형천씨에는 미치지 못합니다. 말하자면 형천씨는 우두머리고 그는 부하인 셈이지요."

곤륜산
선묘

지금의 곤륜산으로, 중국 서부의 산맥이다. 서쪽으로는 파미르 고원 동부에서 시작해서, 횡으로는 신강과 티베트 사이를 관통하여, 동으로는 청해 경내로 들어간다. 길이는 약 2,500km이고 눈 봉우리, 얼음 강, 불산, 온천이 많다. 철, 구리, 아연, 볼리브덴, 크롬, 니켈과 옥석 같은 광물도 풍부하다.

"형천씨의 신통력은 어느 정도로 대단합니까? 어떻게 그를 굴복시킬 수 있겠습니까? 우리 천장 여섯이 사로잡혔는데 생명이나 부지하고 있는지 모르겠군요."

"지금 천제께서 팔방의 신과 귀신을 보내 그들을 진압하고 있으니, 형천씨 일당의 신통력이 대단하다고는 해도 얼마 안 가서 붙잡힐 것입니다. 여섯 천장 또한 수난은 당했으나 목숨은 위태롭지 않으니 걱정 마십시오."

"이 몸이 우연히 좋은 일을 하자고 장부국과 여자국 두 나라를 짝지어주려 했다가 그들의 분노를 사서 큰 화를 자초했으니, 지금 생각하면 후회스럽기 짝이 없습니다."

구태구가 웃으면서 말했다.

"전하의 잘못이 아닙니다. 저들 일당이 음모를 꾸민 지 오래되어서, 설령 전하께서 도모하신 그런 일이 없었더라도 다른 일로 문제가 터졌을 것입니다. 단지 시간문제였을 뿐입니다. 그러니 개의치 마십시오."

우가 다른 일을 물어보려는데 축량과 구태구가 일제히 작별을 고해왔다.

"지금쯤 팔방의 신지(神祇)들이 그들을 소탕하고 있을 것입니다. 저희도 가서 힘을 더해야 하니, 더 이상 모시고 있을 수가 없습니다. 곧 돌아와 좋은 소식을 전하겠습니다."

그들은 각자의 백룡을 타고는 질풍처럼 날아갔다.

갖은 고초를 이겨낸 순임금
순묘

순임금은 어려서 어머니를 여의었다. 앞 못 보는 아버지와 간사한 계모 그리고 배 다른 남동생은 여러 차례 그를 해치려고 했다. 하지만 그때마다 매번 전화위복으로 다시 살아났으니 이는 신이 보우하신 덕분이다.

일행은 여섯 천장이 염려되어 다들 우울했지만 어쩔 수가 없었다. 홍몽 씨가 말했다.

"여기가 어디인지도 모르겠고, 이 산이 무슨 산인지도 모르겠군요. 방금 그들에게 물어보지 않은 게 아쉽습니다. 산 위로 올라가 살펴보는 것이 좋겠습니다."

우도 그 말이 옳다고 여겼다. 그러나 산이 너무 높아 걸어서는 도저히 오르기 어려울 것 같았다. 그래서 일행은 용의 등을 올라타고는 꼭대기로 올라갔다.

서쪽을 바라보니 산 뒤로 다른 산이 험준하게 이어져 두 봉우리가 우뚝 솟아 있었다. 위쪽은 합쳐져 있고 아래쪽은 갈라져 있는 모습이 마치 거대한 문 같았다. 그 안쪽은 깊고 어두워서 어떤 곳인지 알 수가 없었다. 그때 해는 이미 서쪽으로 기울어 햇살이 찬란하게 빛나 똑바로 쳐다보기도 어려웠다. 동쪽을 돌아보니 망망대해가 만 리 넘어 푸르게 펼쳐져 있었다.

우 일행은 비록 여행 중이었지만 여섯 장수의 걱정에 한참을 배회하면서도 모두들 말이 없었다. 한참 후에 다시 서쪽을 바라보니 태양이 두 봉우리 사이로 들어와 천천히 천문(天門) 중앙으로 가라앉으며 순식간에 하늘이 노을로 발갛게 물들었다. 그제야 일행은 이곳이 바로 해와 달이 들어가는 천문이자, 서쪽 끝이라는 것을 깨달았다. 그들은 산꼭대기에서 대충 하룻밤을 보냈다.

다음날 아침, 우 일행이 산 위의 먼 곳을 보니 사람이 누워 있는 것 같았다. 어제는 없었던 일이었다. 모두들 이상해서 가까이 가보니 상처를 입고 죽은 사람이었다. 두 팔은 잘렸고 두 다리는 꺾였으며 머리는 무엇인가에 부딪혀 심하게 일그러져 있었다. 부상당해 죽은 지 얼마 되지 않아 보이는데 어디서 왔는지 알 수가 없었다. 한참 궁리를 하는데 홀연히 구태구가 용을 타고 나타나서 우에게 말했다.

조(鯈)

조, 즉 피라미는 백조어(白條魚)로 조어(鯈魚)라고도 한다. 경골어강이고 잉어과에 속한다. 몸이 길고 납작하며 길이는 16cm에 달한다. 은백색으로 배는 울퉁불퉁하다. 등지느러미는 가시처럼 딱딱하고 잡식성이다.

"이미 악당 두목이 잡혔고 잔당은 소탕 중이니 이제 전하께서는 가보셔도 되겠습니다."

우가 급히 물었다.

"황마 등 여섯 장수는 무사합니까?"

"모두 구출되었고 부상도 없으며 지금 운화부인 편에서 싸우고 있습니다."

그 말을 듣고는 모두 더할 나위 없이 기뻐했다.

백익이 팔이 잘라져 나간 시체를 가리키며 구태구에게 물었다.

"저자는 누구입니까? 어디서 왔습니까? 어제는 보지 못했던 시신입니다."

구태구가 살펴보고는 대답했다.

"그는 허(噓)라는 자입니다. 형천씨 일당으로 어제 싸움에서 태극진인(太極眞人) 안도명(安度明)과 맞서 싸우다가 당해내지 못하고 서쪽으로 도망쳤는데 태극진인이 비도(飛刀) 2자루를 날려 팔을 잘라버렸습니다. 아마 여기까지 도망치다가 통증이 심해 공중에서 떨어져 다리뼈가 꺾여 죽은 모양입니다."

우 일행은 용을 탈 채비를 하면서 구태구에게 물었다.

"이 산은 무슨 산입니까?"

"일월산(日月山)이라고 합니다. 해와 달이 이 산 뒤에 있는 천문으로 들어가기에 그런 이름으로 부릅니다. 이곳은 서쪽의 끝, 천지의 중추입니다."

우 일행이 탄 용이 구태구가 타고 있는 용을 따라 하늘로 훨훨 날아 동쪽으로 가니, 사방에 오색구름이 피어오르고 기이한 향내가 가득했다. 그곳에서는 팔방의 신지가 승전고를 울리며 돌아가는 중이었다. 경진은 그들 대부분을 알고 있어 하나하나 우에게 알려주었다. 그들 중에는 우가 아는 이도 있고 모르는 이도 있었다.

대략 2시진쯤 지나니 멀리 산에서 상서로운 기운이 피어오르며 깃대와 고리들이 무성하게 모여들고 사람들이 개미떼처럼 웅성거리는 것이 보였다. 그러나 어떤 곳인지는 알 수 없었다. 구태구의 용이 갑자기 산기슭으로 내려가자 우 일행이 탄 용도 따라 내려갔다. 그곳에는 황마와 대예 등 여섯 장수가 미리 와 있다가 우 일행을 맞이했다. 일행은 그들을 만나자 기쁨을 감추지 못했다. 우가 그들을 위로하려는데 구태구가 여자 하나를 데리고 앞으로 와서는 예를 행하며 말했다.

"제 아내 영소간(靈素簡)입니다."

우가 급히 답례를 하며 물었다.

"부인께서도 전쟁에 참가하셨습니까?"

"아닙니다. 제 처는 힘도 없고 싸울 줄도 모릅니다. 어제 전투에는 서왕모, 운화부인, 구천현녀(九天玄女), 일중오제의 부인 및 선녀(仙女)들이 많이 와서 제 처가 시중을 드느라 여기 나와 있었습니다."

"서왕모와 운화부인도 모두 산 위에 계십니까?"

영소간이 대답했다.

"서왕모와 구천현녀는 일찍 떠나셨고 일중오제의 부인들도 방금 가셨으니 운화부인만 아직 위에 계십니다."

우는 서왕모가 떠났다는 말에 실망을 금치 못했다. 작년에 천자에게 작별인사를 올릴 때 천자께서 서왕모를 만나면 대신 감사를 드리라고 했는데, 이렇게 지척에서도 만나지 못했으니 아쉬운 일이 아닐 수 없었다. 그는 후일 여행길에 다시 곤륜산을 들러야겠다고 생각하면서 구태구에게 말했다.

"그러면 저는 운화부인께 가서 인사를 올리겠습니다."

구태구가 대답했다.

"그렇게 하시지요."

우는 백익 등에게 밑에서 기다리라고 분부했다. 그런 후 천지의 열네 장수를 데리고 구태구의 부인을 따라 의관을 정제하고는 천천히 산상으로 올라갔다. 막 산허리에 이르렀을 때 오색구름 덩이가 하늘로 뭉실뭉실 날아가는 광경이 보였다. 영소간이 말했다.

"팔방의 신지가 해산하려나 봅니다. 좀 더 빨리 가야겠습니다."

그 말을 듣고 모두가 급하게 산을 오르는데 홀연히 산세가 확 트이면서 넓은 평지가 나타났다. 동서남북 사방이 4개의 높은 봉우리로 둘러싸여 있었고 서쪽 봉우리가 특히 험준하게 우뚝 솟아 있었다.

운화부인은 많은 선녀들과 함께 동쪽 산봉우리 아래에 있었다. 북쪽

요지선악도(瑤池仙樂圖)
장악(張渥), 종이 채색, 원대

이 그림은 생일을 축하하는 의미를 담고 있다. 그림을 보면 요지 주위로 안개가 피어올라 아득하고, 물가에는 높은 봉우리가 우뚝 솟아 있으며 수목이 울창하다. 4명의 수성(壽星)은 모두 머리가 하얗고 얼굴빛이 붉고 반지르르하며 정신이 맑아 보인다. 하늘을 보며 기분 좋게 서왕모의 생일을 축하하는 중이다. 하늘에 상서로운 구름이 감돌고 서왕모가 옷깃을 나부끼면서 막 구름으로부터 내려선다. 곁에서 시녀가 쟁반을 받치고 있는데 쟁반 위에는 선도(仙桃) 4개가 담겨 있다.

거비(据比)의 시신
선묘

거비의 시신을 보면, 목이 잘려서 머리가 뒤로 젖혀져 풀어헤친 머리카락이 거꾸로 흘러내리며, 두 팔이 모두 잘려서 나무 밑동 같은 몸통만 남아 있다. 보아하니 다른 천신과 고집을 부리다가 한판 전투를 치르고 살해되어 낭패를 당한 모습이다.

봉우리 가까이에는 머리 없는 사람 2명이 거대한 두 줄의 철끈에 묶여 있었다. 그중 하나는 창과 방패를 들고 있어서 하경인지 알 수 있었다. 다른 하나는 한 손에 방패를 들고 다른 한 손에는 도끼를 들고 있는데, 젖꼭지가 눈이 되어 있고 배꼽이 입이 되어 있었다. 생각해보니 그가 바로 형천씨인데 그 모습이 정말 놀라웠다. 그곳에서 4장 떨어진 곳에는 또 다른 죽은 자가 누워 있었다. 그 모습은 여자 같았는데 누구인지는 알 수 없었다. 우는 그들을 구경하면서 천천히 운화부인 쪽으로 걸음을 옮겼다.

운화부인과 선녀들이 일제히 몸을 일으켜 우를 맞이하였다.

"전하, 오랫동안 못 뵈었군요. 치수사업에 고생이 많으십니다. 머지 않아 큰 공을 이루실 것입니다. 앉으시지요."

우는 잠시 사양하다가 자리에 앉았다. 살펴보니 여러 선녀들 모두 모르는 이들이었다. 운화부인이 하나하나 소개해주었다.

"이분은 옥녀(玉女) 이경손(李慶孫)이고, 이분은 서방(西方) 백소옥녀(白素玉女)고, 이분은 자허현군(紫虛玄君) 왕화존(王華存) 부인이고…."

운화부인이 차례로 선녀들을 소개해주었지만 우는 그 많은 사람을 모두 기억할 수 없었다. 그저 한 명 한 명 소개될 때마다 절을 하며 예를 올릴 뿐이었다. 운화부인이 말했다.

"어제 싸움은 제법 컸습니다. 생각해보니 도와준 분이 1,000명도 넘는군요. 이제 남자들은 하나하나 떠났고 여자들 중에도 이미 떠난 분이 적지 않습니다. 저의 어머니와 언니, 사매(舍妹) 등도 일이 있어서 돌아갔고 여기 몇 분들만 저와 남아 계십니다. 본래 일찍 떠나려고 했는데 두 포로가

선녀와 동영(董永)
선묘

이 그림은 전설을 희곡으로 제작한 《천선배(天仙配)》에서 소재를 취했다. 옥제(玉帝)의 일곱 번째 딸은 인간 세상으로 몰래 내려가 몸을 팔아서 아버지를 장사 지낸 머슴 동영(董永)과 결혼한다. 나중에 옥제가 하늘의 군대와 장수들을 보내서 그녀를 천계로 다시 끌고 오게 한다.

아직 적절하게 처리가 안 되어서 말입니다. 지금 막 서해신 축량에게 천상에 아뢰어 천제가 어떤 처분을 내리시는지 보아 달라 부탁했습니다. 이치를 따져보면 두 포로를 천상으로 보내는 게 맞겠지요. 그러나 그들은 본래 천상의 악신(惡神)들이지 않습니까. 천상에서 안분지족하지 않고 혁명을 일으켰다가 속세로 떨어졌으니, 다시 천상으로 올라가지 못하게 해야 천상을 더럽히고 제위를 거스르는 일을 면할 수 있을 것입니다. 그래서 천상으로 올려보내지 않았습니다.

서해군이 갔는데 아직 돌아오지 않았군요. 저는 이런 일을 속세에 알려야 한다고 생각해서 서해신을 이곳으로 청했습니다. 후일 전하께서 공을 이루신 후에 돌아가시어 이를 후세에 전해주시면 더욱 좋겠지요."

이렇게 이야기를 나누는데 서해신 축량이 용을 타고 하늘에서 돌아왔다. 모두 일어나 그를 맞이했다. 잠시 후 축량이 천제의 명을 전했다.

"형천씨와 하경은 모반을 꾀하고 수령이면서도 책임감이 없었으니, 물러나 은거하면서 잘못을 뉘우치고 이전의 죄를 속죄하는 것이 마땅하다. 그러나 여전히 하계에서 또 잘못을 저지르고도 회개하지 않고 잔당과 연결해서 교활하게 우쭐대니, 가히 미련하고 완고해서 융통성이 없고 죽어도 뉘우치지 못한다 하겠다. 범한 죄과를 볼 때 팔다리를 토막 내서 절대 다시 살아나지 못하도록 해야 마땅하고 절대 과중하다 할 수 없으나, 짐은 넓고 큰 천지에 포용하지 않은 바가 없으며 저들 일당도 이미 잡혔으니 더 심하게 할 필요가 있으랴? 저들 일당이 서쪽에서 사고를 쳤으니, 서방금모(西方金母)와 운화부인에게 관할하도록 해서 더 이상 난동을 부릴 수 없게 하면 세상이 영원히 안정될 것이다. 저들 역도의 무리는 지난번에도 엄청난 살육을 자행했고 이번에도 여럿을 죽였지만, 마지막으로 몸과 마음을 정화하면 죽은 자는 부활하고 고문당한 자도 다시 회복되며 지난 일을 추

궁하지 않고 새롭게 유신할 것이니, 푸른 하늘의 자애로움이 이와 같도다."

축량이 천제의 크신 뜻을 다 전하자 운화부인이 말했다.

"천제께서 이렇게 말씀하시니 두 악신은 제가 데리고 돌아가겠습니다."

운화부인은 우와 작별하는 순간에도 다시 만나자는 말을 되풀이했다. 그녀가 향기 나는 수레에 오르니 시종들이 형천씨와 하경 두 악신을 수레 뒤에 태우고 함께 갈 준비를 했다. 옥녀 이경손, 서방 백소옥녀, 왕화존 부인, 서해군 부인 등도 일제히 수레에 올라 사방으로 분주히 떠났다.

운화부인이 떠난 후 축량과 구태구는 우를 데리고 여러 곳을 돌면서 어제 일어났던 전투에 대해 자세하게 말해주었다. 그들은 또 땅에 누워 있는 여자 시체를 가리키면서 말했다.

"이 여자는 성이 황(黃)이고 이름은 거(姫)로 형천씨의 패거리인데 구천현녀에게 맞아 죽었습니다."

우가 물었다.

"이곳은 어디입니까? 이 산은 무슨 산이라고 합니까?"

구태구가 대답했다.

"여기는 대황의 한가운데로 이 산은 오오거산(鏊鏖鉅山)이라 합니다. 이 산 역시 해와 달이 지는 곳입니다. 동쪽 봉우리는 무산(巫山)으로 운화부인이 사는 산과 이름이 같지요. 북쪽 봉우리는 학산입니다. 남쪽 봉우리는 금문산(金門山)으로 산에 문이 있으며 금이 많아서 적금산(積金山)이라고도 합니다. 서쪽 봉우리가 오오거산의 정상입니다. 이 산의 모든 경치는 그야말로 선가(仙家)의 명승지인데 아쉽게도 형천씨가 점거한 뒤로 이용할 수 없게 되었지요."

백익 등은 아무리 기다려도 우가 내려오지 않자 산꼭대기로 올라왔다. 그때 그들은 몸 양쪽에 머리가 하나씩 달려 있는 이상한 짐승을 보게 되었다. 축량이 말했다.

"이것은 병봉(屛蓬)이라 하는데 제일 쓸모없는 동물이지요. 걸어 다니는 것조차 제대로 못하는 놈입니다. 세상에 모든 동물은 머리 하나가 몸 한쪽에만 달려 있어서 자신이 어디로 갈 것인가를 확실히 할 수 있지요. 그

산정동의 조개껍질 화석

조개는 용골산(龍骨山) 앞에 있는 강에서 나온다. 산정동인의 거주지에서 먹고 버린 조개껍질이 많이 나왔다. 이런 조개는 깎아서 도구와 장식품을 만드는 데도 좋은 재료다.

러나 저놈은 머리가 2개인데다가 몸 양쪽에 달려 있고, 각각의 머리가 생각하는 것도 서로 다릅니다. 그러니 길을 가려면 머리 하나는 이쪽으로 가지고 하고 다른 머리는 저쪽으로 가자고 해서, 티격태격 한참을 끌어도 결국 한 치도 못 갑니다. 먹을 것을 봤을 때도 이 머리가 가까우면 저 머리가 멀고 이 머리가 먹으면 저 머리는 못 먹으니, 그래서 두 머리가 항상 싸우고만 있습니다."

우가 한숨을 쉬면서 말했다.

"일과 권세가 하나가 아니고, 마음과 의지도 일치하지 않는 법이지요. 같은 몸뚱어리 안에서도 서로 편안히 살기 어렵다면 다른 것은 오죽하겠습니까? 세상에 머리가 여럿인 다두 정치를 주장하는 사람이 있으나, 제가 보기에는 안정기보다는 혼란기가 더 잦은 것 같습니다."

축량이 또 말했다.

"이 산에 기이한 새가 두 종류 더 있습니다."

말을 마친 축량은 입을 모아 소리를 내었다. 그랬더니 새 한 마리가 나타났는데, 하얀 몸에 푸른 날개, 노란 꼬리에 검은 부리를 달고 있었다.

우랑직녀(牛郎織女)
전혜안(錢慧安), 종이 채색, 청대

이 그림은 중국의 전설인 '우랑직녀' 이야기를 나타낸 것이다. 우랑은 아득한 시선으로 날아가는 까치를 보고 있다. 직녀는 우랑을 바라보고 있는데 낯빛이 기쁜 것으로 보아 그간 나누지 못했던 마음속 말을 방금 한 듯하다. 하늘에는 초승달이 걸려 있고 주위로는 안개가 자욱하다.

축량이 그 새를 손으로 가르니 순식간에 2마리로 변하는데, 한 마리당 눈이 하나에 날개도 하나, 발도 하나로, 땅에서 뛰면서 왔다갔다 할 뿐 날아오르지는 못했다. 그렇게 뛰어다니다가 얼마 후에 2마리가 합치더니 즉각 날개를 떨치며 날아가는 것이었다. 우가 말했다.

"전에 숭오산(崇吾山)에서 치수할 때 저 새를 본 적이 있는데 알고 보니 이곳에도 있군요."

축량이 말했다.

황아가 밤에 베를 짜다
선묘

황아는 소호의 어머니다. 전설에서 황아는 원래 천상에서 베를 짜는 직녀로 등장한다. 옥으로 꾸며진 천궁에서 베를 짜다 보면 늘 밤이 깊어지곤 했다. 그녀가 짠 베는 하늘을 찬란하게 물들이는 노을이 되었다. 피곤할 때면 황아는 뗏목을 타고 은하수를 노닐었다. 하루는 황아가 은하수의 발원지인 서해 가 뽕나무 숲 궁상에 이르렀다. 궁상 밑에 있는 은하의 두둑에서 속세의 모습과 다른 미소년을 만났다. 그는 황제의 친형제인 서방 백제의 아들 금성(金星)이었다. 황아와 금성은 서로 첫눈에 반해 혼인을 약속했다.

"같은 새가 아닙니다. 숭오산의 새는 만만으로, 그것이 나타나면 천하에 큰물이 지니 불길한 짐승이지요. 방금 그 새는 비익조라고도 하고 겸겸(鶼鶼)이라고도 하

며, 상서로운 새로서 모양도 다릅니다. 옛날 제왕이 봉선의식을 거행하면서 이 새의 성스러운 덕을 칭찬하여 늘 '서해에 비익조가 이른다'고 했습니다. 금슬 좋은 부부를 이 새에 비유하곤 하지요. 만일 숭오산의 만만이라면 서산에 있지 서해에 있을 리가 없습니다."

이야기를 듣는 중에 큰 개 한 마리가 나타났다. 몸이 불꽃처럼 붉은 이 개는 머리와 꼬리를 흔들며 학산 위에서 뛰어내려와 황거의 시체에서 냄새를 맡더니 홀연히 다른 곳으로 뛰어갔다. 축량이 말했다.

"저 개는 천견(天犬)이라고 하는데, 저놈이 나타나면 전쟁이 납니다. 어제 이곳에 대전투가 있었는데 오늘 뛰어나왔으니 이것이 바로 그 징조를 보여주는 것이지요."

일행은 그렇게 한동안 이야기를 나누었다. 우는 출발해야겠다는 생각에 구태구에게 물었다.

"여기서 장부국이 얼마나 멀리 떨어져 있습니까? 어느 쪽으로 가야 하지요?"

구태구가 말했다.

"동남쪽으로 1,000리 정도 떨어져 있습니다."

축량이 물었.

"이 몸이 듣기로는 전하께서 벌써 장부국에 다녀오셨다던데 어째서 또 물으십니까?"

"장부국과 여자국 사람들을 맺어주려는 계획으로 그곳에 가던 참

여자국
선표

여자국에는 모두 여자만 있고 남자는 하나도 없다. 성인이 된 여자가 황지(黃池)로 가서 목욕을 하면 임신이 된다. 만약 남자를 낳으면 최대 3살까지 살다 가고, 여자아이만 성인으로 자랄 수 있다.

서왕모가 연회에서 손님을 대접하다
선표

서왕모가 요지(瑤池)에서 천년된 복숭아를 각 선계에서 온 손님들에게 대접한다.

직산(稷山)의 청룡사(靑龍寺)
벽화, 원대

이 벽화의 연직사자(年直使者), 용왕, 오온사자(五瘟使者)를 보면 화술의 최고 경지를 느낄 수 있다. 인물은 생동적이고 표정이 각기 다른데도 자연스럽게 조화를 이루고 있어 신선 세계의 미묘한 분위기를 뿜어낸다.

이었는데 뜻밖에 형천씨와 하경 일당의 난리를 야기했습니다. 이제 난리도 평정되었으니 다시 두 나라로 가서 혼약을 맺어주어야 하겠습니다."

축량이 웃으면서 말했다.

"전하의 뜻은 아름답사오나 제 어리석은 소견으로는 그러실 필요가 없을 것 같습니다. 첫째, 세상에는 결함이 많은 법인데 어떻게 모든 것을 일일이 완전하게 만들겠습니까? 둘째, 여자국과 장부국은 하경과 형천씨가 저질러놓은 일로 그들 스스로 아이를 낳아 기른 지 이미 수천 년이 흘렀으니 대가 끊길 염려도 없습니다. 세상은 넓은데 무엇인들 없는 것이 있겠습니까? 그들은 그곳에서 대대로 전해오는 격식을 만들어왔으니 굳이 하늘 아래 격식을 하나로 정할 필요가 있을까요? 셋째, 여자국과 장부국 사람은 오랜 세월을 살아오면서 기왕에 아이를 낳아 키우는 법을 터득했으니, 원래의 생식기관들이 자연히 그 능력과 효능을 상실했을 것입니다. 그런데도 억지로 그들을 혼인시키면 고생하고도 공이 없게 될 것이니 무슨 의미가 있겠습니까? 그만두시는 것이 좋을 듯합니다."

"존신의 말씀이 지극히 옳습니다. 특히 세 번째는 정말 일리 있는 말씀입니다. 하지만 이미 그들의 허락을 받고 후한 대접도 받았으니 식언을 할 수는 없는 노릇 아닙니까? 그래서 그 일이 불가능하다는 것을 알고도 실행하려는 것입니다."

말을 마치자 우 일행은 축량과 구태구와 작별하였고, 축량과 구태구는 서해로 돌아갔다. 우는 사람들을 데리고 용을 탄 채 장부국을 향했다.

장부국에 도착하니 날이 이미 저물어 전에 묵었던 숙소에 머물게 되었다.

다음날, 날이 밝자 장부국 사람들이 일찍부터 찾아왔다. 그들은 만나자마자 우에게 계획했던 일이 어떻게 되었는지 물었다. 우는 하경과 형천씨 두 악신의 일을 들려주고 말했다.

"제가 지금 사람을 보내려 합니다만…."

옻칠한 호리병의 말 그림
목태(木胎) 칠회(漆繪), 진대

이 옻칠한 납작한 호리병은 1978년에 호북성 운몽현(雲夢縣) 진대 분묘에서 출토되었다. 바탕이 나무로 된 목태에 검은 칠을 한 면은 말이 뛰고 새가 나는 그림이고 다른 면에는 소를 그렸다. 새와 말은 주연과 조연이 분명하다. 갈색으로 바탕을 칠하고 홍색으로 단선을 그렸는데 정말 사실적으로 살아 숨 쉬는 듯하다.

장부국 사람들이 그의 말을 듣더니 의심스럽다는 듯 말했다.

"아직 여인국에 가서 말도 꺼내지 않았단 말이군요. 며칠 전 우리가 그렇게 많은 선물을 보냈으나 여러분이 작별인사도 없이 떠났기에 우리를 위해 이 일을 처리하는 줄 알았습니다. 사나흘이 지나도록 아직 여인국에 가지도 않았으리라고는 생각도 못했습니다!"

그때 뒤에 서 있던 사람들이 낮은 소리로 수군거렸다.

"되어가는 꼴을 보니 사기꾼을 만난 것 같소. 본래 우리 조상 대대로 전해오는 말이 중화국에는 사기꾼이 아주 많고 속이는 방법도 가지가지라더니, 우리도 조심해야 할 것 같소."

우도 이 말을 들었지만 뭐라고 변명하기도 어려워서 말했다.

"여러분을 위해 이렇게 다시 오지 않았습니까? 그런데 제가 어찌 믿음을 저버리고 여러분들을 속이겠습니까! 제가 당장 사람을 보내겠습니다."

우는 말을 마친 후 전과 마찬가지로 황마와 대예 두 장수에게 얼른 여인국을 다녀오라고 눈짓을 했다.

두 장수는 하늘로 날아 금방 여자국을 향했다. 여자국에 당도한 그들은 마침 전에 본 여인들이 보이기에 앞으로 나아가 예를 표하고 입을 열려고 했다. 그런데 여인들은 자기들끼리 웃으며 이야기를 하다가 황마 등을 보고는 갑자기 된서리를 맞은 듯 얼굴이 어두워지면서 답례도 없이 몸을

소용돌이 무늬 도관(陶罐)
신석기시대

신석기시대 도기의 몇몇 무늬의 원형과 내력은 지금도 예술사의 수수께끼로 남아 있다. 이 도관에 그려진 빙빙 도는 문양과 물결무늬는 흐르는 듯 자연스러워 옛 사람들의 예술적인 표현력을 잘 보여준다.

원인(猿人)의 도구

구석기시대의 원인들은 이미 거친 방식으로 석기를 제작하거나 동물의 뼈를 가공하는 법을 터득했다. 석기 종류에는 깎은 기구인 괄삭기(刮削器), 뾰족한 기구인 첨상기(尖狀器), 찍개와 돌조각 등이 있다.
위 사진은 돌날 괄삭기이고 아래 사진은 첨상기다.

공공이 노하여 부주산을 들이받다
선묘

공공은 물의 신으로 염제의 후예이자 불의 신 축융의 아들이다. 황제와 염제의 전쟁에서 공공은 물의 힘으로 염제를 도와 수신으로서의 위상을 높였다. 공공이 부주산에서 제위를 놓고 전욱과 격렬하게 싸우다가 사면초가의 위급한 상황에 처하게 된다. 그러자 공공은 갑자기 노한 눈을 부릅뜨고 포효하더니 머리로 부주산을 들이받아버린다. 천지가 진동하는 굉음이 들리더니 하늘을 받치는 기둥인 부주산 허리가 잘려 부러지면서 하늘과 땅이 무너져 내렸다.

휙 돌리더니 가버렸다. 두 장수는 기분이 상해서 말도 꺼내지 못했다. 그러다가 하는 수 없이 다시 앞으로 나아가 미안하다는 표시를 하면서 "우리가 이번에" 하고 말을 꺼냈다. 그런데 여인들이 일제히 달려오면서 두 사람을 나무라기 시작했다.

"이런 정도 없고 의리도 없는 사람들 같으니. 어디 무슨 짓을 하는지 두고 봅시다!"

두 장수는 몹시 기분이 상했지만 어떻게든 이야기를 하는 수밖에 없었다. 황마가 대예에게 말했다.

"이 여인들이 지난번에 우리를 붙잡아두려다가 우리가 말을 안 들었더니 화가 나서 이러는 것 같소. 이 넓은 여자국에 다른 여인들도 있을 테니 다른 데로 가서 찾아봅시다."

그리하여 두 사람은 다른 여인들을 찾아보았다. 그렇지만 길에서 만난 여인들은 하나같이 두 장수에게 눈길 한 번 주지 않았다.

두 사람은 별 수 없이 우에게 돌아왔다. 그때까지 기다리고 있던 장부국 사람들은 두 장수를 보고는 어찌되었는지 물었다. 둘은 고개를 내저으며 상황을 보고했다. 우도 더 이상 방법이 없었다.

그러자 장부국 사람들은 더 참지 못하고 비웃으면서 말했다.

"분명히 사기올시다. 그들과 더 이야기해봐야 뭘 하겠습니까?"

또 다른 사람 하나가 말했다.

"몇 천리 길을 반나절도 안 돼 다녀오다니 세상에 이런 일이 있을 수 있소? 우리가 속은 거요. 외국 사기꾼들이 여기 와서 간교를 부리다니. 빨리 나라 밖으로 내쫓지 않으면 후환이 끊이지 않을 것이오."

그러더니 모두 검을 뽑아들고 싸울 태세를 취했다. 우 일행은 더 이상 잘잘못을 따지지도 못하고 연신 일이 잘못되었다면서 곧 출발하겠다고 말했다. 화가 머리끝까지 치솟은 장부국 사람들은 우 일행이 용을 타고 가는 것을 보고서야 비로소 흩어졌다.

장부국 사람들의 이야기는 후일의 어떤 기록에서도 보이지 않는다. 출산이 어렵고 천지의 정도를 잃어서 점점 대가 끊긴 것인지, 아니면 다른 곳으로 옮겨가서 다른 민족과 섞였는지는 알 길이 없다. 여자국은 남북조(南北朝)까지 여전히 존재했는데, 중국인 중에 그곳에 간 사람이 또 있어서 《남사(南史)》에도 그 나라에 대한 기록이 남아 있다.

도산(桃山)이 있다. 그 근처에는 망산(芒山), 계산(桂山) 그리고 우토산(于土山)이 있다.

장부국이라는 나라가 있는데, 남자만 있고 부녀자는 없는 곳이다.

엄주산(弇州山)이 있는데 산 위에 오색 털이 난 새가 고개를 들어 하늘을 보고 있다. 이 새의 이름을 명조(鳴鳥)라고 한다. 전하는 바에 의하면 그곳에는 노래도 잘하고 춤도 잘 추는 봉황이 있으며, 이 새가 즐기는 100여 가지 기악(伎樂)과 가무곡(歌舞曲)이 있다고 한다.

헌원국이 있다. 사람들은 강산(江山)의 남쪽에서 살기를 좋아하는데, 그래야 운이 좋다고 여기기 때문이다. 이곳 사람들은 적어도 800살까지 살 수 있다.

서해의 모래섬에 신인이 하나 있는데, 사람 머리에 새 몸을 하고 귀에는 2마리 푸른 뱀을 걸고 발로 2마리 붉은 뱀을 밟고 있다. 그 이름을 엄자(弇玆)라고 한다.

대황 한가운데에 산이 하나 있는데 일월산이라고 부른다. 이곳이 바로 천문의 중추인데, 오희천문산(吳姬天門山)이라고도 하며 해와 달이 지는 곳이다. 이 산 위에 신이 있는데 그 이름을 허(噓)라고 한다. 사람얼굴에 팔이 없고 두 발은 위를 향한 채 머리에 이어져 있다. 허는 열(噎)이라고도 하는데, 그는 대황의 서쪽 끝에서 일월성신의 운행 순서를 주관한다. 전욱이 노동을 낳았고, 노동이 두 아들을 낳았는데 그중 하나가 중(重)이고 하나는 려

감성 시대의 생활
암각화, 신석기시대

암각화는 우리에게 신석기시대의 생활상을 보여준다. 창원(滄源) 암각화는 중국에서 발견된 가장 오래된 벽화의 하나다. 암각화는 보통 입석 석회암에 그리는데, 식별할 수 있는 도안으로는 인물, 동물, 집, 도로, 산 굴, 나무, 태양, 배, 손자국 등이 있다. 사냥이나 채집하는 모습 혹은 춤추고 전쟁하는 장면도 종종 등장한다.

뇌부천장(雷部天將)
무명씨, 수륙화

뇌부천장은 왕계에서 천둥치고 비 내리는 것을 담당하는 천계의 병장(兵將)이다.

낭도와 대문구문화의 상징 그릇

맨 위 그림은 반원형 옥 장식으로 낭도문화의 유물이다. 중간 그림은 물결무늬 채색 도기 호리병으로 대문구문화 유물이다. 이 호리병은 섬세하고 아름답고 무늬가 자연스러운 대문구문화에서 소장 가치가 가장 뛰어난 진품이다. 아래는 팔각별 모양 채색 제기로 대문구문화 유물이다. 팔각별 모양은 대문구문화의 특징적인 문양으로, 이 제기는 대문구문화 중기를 대표하는 전형적인 그릇이다.

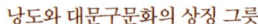

(黎)였다. 전욱이 중에게는 하늘을 받치고 있으라 명했고, 려에게는 땅을 누르고 있으라고 명했다. 그 후로 땅과 하늘이 서로 갈라져 왕래가 끊겼다.

신인이 하나 있는데 두 팔이 거꾸로 되어 있다. 이름을 천우(天虞)라고 한다.

여인 하나가 달을 목욕시키고 있다. 제준의 아내 상희(常羲)가 12명의 달을 낳았다. 달을 목욕시키는 여자가 바로 상희다.

현단산(玄丹山)이 있다. 이 산 위에는 오색 깃털의 새가 있다. 그 새의 머리는 사람 같고 머리카락도 있다. 누군가에 의하면 청문조(青鴍鳥)와 황오조(黃鶩鳥)도 있는데, 이 두 새가 모이는 나라는 망국의 화를 당한다고 한다.

큰 연못이 있는데 맹익공전욱지(孟翼攻顓頊池)라고 한다.

대황 가운데에 높은 산이 있는데 오오거산이라고 하며 해와 달이 지는 곳이다.

병봉이라고 하는 괴수가 있는데 몸 좌우 양쪽에 머리가 하나씩 있다.

무산, 학산, 금문산이라는 큰 신산(神山)이 있다. 금문산에 황거시가 있다. 이 산에는 비익조도 있다. 또 이름 모를 하얀 새가 있는데 날개는 푸르고 꼬리는 노랗고 부리는 붉다. 몸에 붉은 털이 난 개가 있는데 천견이라고 한다. 천견이 나타나면 전쟁이 일어난다.

서해의 남쪽, 유사 언저리, 적수의 뒤, 흑수하 앞에 곤륜구라는 큰 산이 있다. 이 산에 신이 있는데, 머리는 사람 같으나 몸은 호랑이 같으며 털에 얼룩무늬가 있는 꼬리가 달렸고 그 위에 흰 점이 가득하다. 곤륜구 주변에 약수(弱水)라는 큰 연못이 있어 산을 둘러싸고 있다. 연못 밖

에 염화산(炎火山)이 있는데 물건을 던지면 산과 함께 불타오른다. 화산국(火山國)이 남황의 바깥에 있다. 화산국 안에는 불이 꺼지지 않는 나무인 부진목(不盡木)이 있어 밤낮으로 불길이 활활 타오르며 폭우가 쏟아져도 꺼지지 않는다. 이 끝없이 펼쳐지는 숲에는 큰 쥐가 산다. 체중은 1,000근이나 나가고 실처럼 가는 털은 그 길이가 2척이 넘는다. 이 쥐는 붉게 활활 타오르는 불 동굴 속에서

사는데, 동굴을 나오면 털이 바로 순백색으로 변하며 물에 빠뜨리면 익사한다. 그 털로 베를 짤 수 있다. 이렇게 짠 옷감에 오물이 묻으면 불로 태워 깨끗하게 빤다. 곤륜산에 신인이 있다. 그녀는 머리에 옥비녀를 꽂았고 호랑이 이빨에 표범 꼬리를 하고 동굴에서 사는데, 서왕모라고 한다. 이 산에는 세상 만물이 다 있다.

대황 가운데 상양산(常陽山)이 있는데 이곳은 해와 달이 지는 곳이다.

한황국(寒荒國)에 두 여신이 있는데 한 손에 술 담는 잔인 치(觶)를 잡고 또 한 손에 도마를 잡고 있다. 한 명은 이름을 여제(女祭)라 하고 다른 한 명은 여멸(女蔑)이라고 한다.

수마국(壽麻國)이 있다. 남악(南岳)이 주산(州山)의 딸을 아내로 맞았는데 이름이 여건(女虔)이었다. 건이 계격(季格)을 낳고 계격이 수마(壽麻)를 낳았다. 수마는 태양 아래 서면 그림자가 없고 큰 소리를 질러도 메아리가 들리지 않는다. 수마국은 너무 더워서 사람들이 그곳에 갈 수가 없다고 한다. 전설에 의하면 수마국 사람의 선조는 이곳 사람이 아니라 남쪽 어디에서 태어났다고 한다. 수마가 세

후토
선묘

후토는 황제의 아들로, 토지 관련 업무를 담당한다.

과보족인(夸父族人)
선묘

과보족은 원래 대신 후토가 남긴 자손들로, 후토는 유명(幽冥) 세계, 즉 유도(幽都)의 통치자다. 과보족 사람은 북방 대황의 성도재천(成都載天)이라는 산에 산다. 사람들 모두 키가 크고 몸집도 큰 거인으로 힘이 세며, 귀에 2마리 노란 뱀을 걸고 손에도 2마리 노란 뱀을 잡고 있다. 하지만 그들은 평화롭고 선량하며, 일찍이 아주 어리벙벙한 어떤 사람이 깜짝 놀랄 만한 일을 해낸 적이 있다. 용감한 과보족 사람이 태양을 좇아가 태양과 달리기 시합을 한 것이다.

정촌인(丁村人)의 삼릉(三稜) 첨상기(尖狀器)

정촌 사람은 분하의 양쪽 기슭에 살며 강가에서 채취한 돌로 석기를 만들어 숲에서 먹을 것을 채집할 때 사용했다. 이 첨상기는 정촌문화의 특징이 가장 잘 드러나는, 파고 캘 때 쓰는 석기도구다.

상에서 살고 있을 때, 그가 살던 땅에 변동이 일어나서 점점 가라앉았다. 다행히 수마는 그때 벌써 준비를 하고는 식솔과 친척, 이웃을 데리고 배를 탄 후 북쪽으로 도망쳤다. 이 땅에 도착해보니 기후는 열악했지만 그나마 살아남은 것이 불행 중 다행이었다. 몇 년이 흘러 전에 살던 곳에 가보았지만 이미 방향을 알 수 없었다. 그 땅에 남았던 사람들은 살았는지 죽었는지, 다들 땅과 함께 파묻힌 것 같다(서양인들은 지금 인도양 중심에 있었다는 잃어버린 대륙 레무리아를 인류가 발원한 첫 땅으로 일컫는데, 그곳은 오래 전에 바다에 잠겼다고 한다). 그래서 다들 수마를 존경하고 따르며 그를 군주로 추대했으며 나라이름을 수마라고 했다.

그림자 없는 현속(玄俗)이라는 사람이 있다. 그는 자신을 강줄기 사이에 있는 지역 사람이라고 칭한다. 그가 시장에서 약을 사고 10여 마리의 뱀을 끌면 병이 낫는다. 왕가의 사람이 말하기를, 그의 부친이 현속을 본 적이 있는데 현속이 다닐 때는 몸 옆에 그림자가 없다고 한다. 왕모씨(王某氏)가 이 말을 믿지 못해 현속에게 태양 아래에 서보라고 했는데 정말 그림자가 생기지 않았다고 한다. 현속도 수마국 사람이다.[31]

머리가 없는 사람이 손에 창과 방패를 잡고 산 위에 서 있다. 그 이름을 하경이라고 한다. 옛날, 성탕(成湯)이 장산(章山)에서 하나라 걸(桀)왕을 토벌할 때 하의 걸왕이 대패했다. 그래서 하경이 이마로 치고 들어가자 성탕이 하경의 머리를 베어버렸다. 그는 머리가 잘린 뒤에도 넘어지지 않고 도망갔으며 무산에 내려와서도 여전히 그곳에 서 있다.

오회(吳回)라는 신이 있는데 다리가 하나뿐이고 오른팔이 없다.

개산국(蓋山國)이 있다. 이 나라에는 주목(朱木)이라는 나무 한 그루가 있는데, 나뭇가지와 나무껍질은 붉고 잎은 푸르다.

팔이 하나에 눈도 하나, 콧구멍도 하나인 사람들이 사는 나라가 있다. 그곳 사람을 일비민(一臂民)이라고 한다.

대황 가운데 대황산(大荒山)이 있는데 해와 달이 지는 곳이다.

머리 앞과 좌우 양쪽에 각각 얼굴이 달린 사람이 있는데 팔은 하나뿐이다. 그는 전욱의 후예로 3개의 얼굴에 팔이 하나인 삼면일비인(三面

길량마(吉良馬)
선묘

길량마는 옛 짐승 이름이다. 백색 무늬가 있는 말로 붉은 갈기에 목은 닭 꼬리 같고 눈은 황금처럼 빛나며 '계사지승(鷄斯之乘)'이라고도 한다. 그것을 타면 수명이 1,000살로 늘어난다.

---

[31]_이 부분은 고전 《산해경》에는 없는 부분으로 출처가 불분명하다. – 역자 주

一臂人)이라고 한다. 이런 사람은 대황의 들에서 늙지 않고 오래 산다.

서남해의 바깥, 적수의 남쪽, 유사의 서쪽에 2마리 푸른 뱀을 귀에 걸고 2마리 거룡(巨龍)을 탄 사람이 있다. 그의 이름은 하계라고 한다. 하계는 천제에게 미녀 셋을 바치고[32] 천제가 하사한 《구변》과 《구가》를 얻어 인간에게 전파했다. 천목(天穆)의 들은 높이가 2,000장이다. 하계의 시대로부터 비로소 인간은 천상의 《구소》라는 악곡을 얻게 되었다.

호인국(互人國)이 있다. 염제의 손자를 영개(靈恝)라고 하는데 영개의 후예가 호인(互人)이다. 호인국 백성은 구름과 안개를 타고 다닐 수 있다. 염제는 바로 신농이다. 염제 때 붉은 참새가 벼이삭 9개를 물고 이곳으로 날아왔다. 그 볍씨들이 땅에 떨어져 염제가 그것을 주워서 밭에 심었더니 얼마 되지 않아 새로 벼이삭 9개가 자라났다. 그것을 먹으면 배고프지 않고 오래 산다.

반쯤 말라빠진 어부(魚婦)라는 고기가 있는데 전욱이 죽은 뒤에 변한 것이다. 동쪽에서 바람이 불면 샘물이 바람에 불어 넘치고 이때 뱀이 물고기로 변하는데, 그것이 바로 어부다.

촉조(鸀鳥)라는 파란 새가 있는데 몸이 누렇고 발은 붉으며 머리가 6개 달려 있다.

대무산(大巫山)과 금산이라는 큰 산이 있다. 이 두 산의 서남쪽, 서남 대황의 모퉁이에 편구산(偏句山)과 상양산이 있다. 천제가 형천의 머리를 벤 후 상양산에 묻었다.

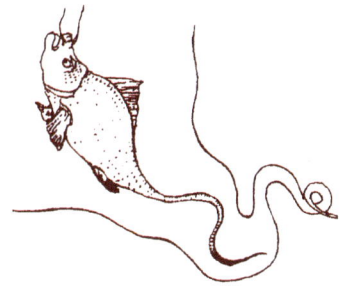

어부(魚婦)

절반은 사람이고 절반은 물고기인 반인반어 생물로, 전욱이 죽어서 어부가 되었다고 한다.

호인(互人)

호인은 호인국 백성으로 황제의 직계 후예다. 이 나라 사람은 모두 사람얼굴에 물고기 몸을 하고 있는데, 인어처럼 손만 있고 발은 없으며 허리 아래로는 완전히 물고기다. 이들은 구름을 타고 비를 부릴 줄 알며 하늘과 땅을 오르내릴 수 있다.

32_ 고전 《산해경》에서는 '삼빈(三嬪)'이라 했는데 이는 세 번 방문했다는 뜻으로 해석해야 옳다. – 역자 주

삼황오제의 계보

중국에서 예로부터 전해오는 삼황오제의 전설에 따르면, 그들은 중화문명의 주요한 창시자들로 지금으로부터 4,000년 혹은 5,000년 전 세상을 살았다. 유가학설을 정통사상으로 하는 몇몇 사적을 보면, 그 시대에 대해 너무 과장한 나머지 마치 사랑과 평등이 가득했던 사회로 묘사하는 경향이 있다. 무작정 동경하고픈 이상적인 대동 세계로 그 시대의 삼황오제마저 지나치게 숭배되는 것이다. 한때 지식인이나 사대부들은 이런 대동 사회를 실현하는 것을 평생을 바칠 만한 이상적인 일로 여기기도 했다. 그렇다면 전설 속 삼황오제는 도대체 누구누구일까? 딱히 역사적인 정설도 없으며 특히 삼황이 누구인지는 더욱 명확하지 않다. 오제는 《사기》의 기록대로 황제, 전욱, 제곡, 요, 순이라는 설이 보편적이다. 그들과 동시대를 산 저명한 인물과 부락으로는 신농, 치우, 축융, 공공 등이 있다. 후대 사람들은 하, 상, 주 3대의 선조는 전부 오제와 관련되고 심지어 오제의 후예들이라고까지 말한다.

삼황(三皇) / 오제(五帝)	역사서 출처
복희(伏羲) 신농(神農) 황제(黃帝)	《세본(世本)》 《제왕세계(帝王世系)》
천황(天皇) 지황(地皇) 태황(泰皇)	《사기(史記)》
복희 신농 축융(祝融)	《백호통의(白虎通義)》
복희 여와(女媧) 신농	《풍속통황패(風俗通皇霸)》
천황 지황 인황(人皇)	《예문유취(藝文類聚)》
복희 신농 수인(燧人)	《백호통의》
복희(태호(太昊)) 신농(염제(炎帝)) 황제 요(堯) 순(舜)	《주역(周易)》
황제 전욱 제곡(帝嚳) 요 순	《사기》
소호(少昊) 전욱 고신(高辛) 요 순	《제왕세계》

제17장

대황북경

大荒北經

대황북경 · 부우산(附禺山)

5성28숙(五星二十八宿) 신형도(神形圖)
양영찬(梁令瓚), 비단 채색, 당대

이 그림은 원래 상하 2권으로 구분되어 있다. 상권은 5성을 그렸고 하권은 28숙을 그렸다. 5성은 5위(緯)를 말하니 금목수화토의 5행성이다. 28숙은 중국 고대 천문학자가 하늘을 도는 항성을 3원(垣) 28숙으로 나누고 여기에 별자리를 덧붙인 것이다. 고대의 하늘을 보고 역법을 말한 경전을 보면 5성 28숙을 사람 모습, 동물 모습, 새 모습 등으로 그린다.

이 그림에는 지금 5성 및 '각(角)'에서 '위(危)'에 이르는 12숙 신의 모습만 있다. 상권이고 총 17장으로 구성되어 있다. 성과 숙마다 한 장을 그렸는데 노인이나 여자나 괴이한 모습으로 그렸다. 그림 속 인물은 소를 타고 있기도 하고 손에 물건을 잡고 있기도 하는 등 다양하게 묘사되었다.

● ── 대황북경(大荒北經)

동북 대해의 바깥, 대황 가운데, 하수가 흘러 지나가는 곳에 부우산(附禺山)이라는 큰 산이 있다. 전욱 황제와 그의 아홉 비빈이 그곳에 묻혀 있다. 그곳에는 부엉이, 얼룩무늬 조개, 이주, 난새, 봉새가 있고 또 함께 묻은 크고 작은 갖가지 물건들이 있다. 또 청조, 낭조, 제비, 황조, 호랑이, 표범, 곰, 말곰, 노란 뱀, 시육, 장옥(璋玉), 괴옥(瑰玉), 요옥, 벽옥이 모두 이 산에 있다. 전욱 황제와 그 비빈의 무덤은 사방 300리에 달하며, 무덤 남쪽에 넓은 대나무 숲이 있는데 제준림(帝俊林)이라고 한다. 이 대나무 숲에는 대나무들이 높고 크게 솟아 있어서 한 그루로도 배를 만들 수 있다. 죽림 남쪽에 붉은 연못이 있는데 봉연(封淵)이라고 한다. 또 가지 없는 뽕나무가 3그루 있다. 무덤 서쪽에는 침연(沈淵)이라는 넓은 연못이 있는데 전욱이 목욕하던 곳이다.

호불여국(胡不與國)이 있는데 백성들의 성씨는 열(烈)이고 그들은 오곡을 먹는다.

대황 가운데에 불함산(不咸山)이라는 큰 산이 있는데 그곳에 숙신씨국(肅慎氏國)이 있다. 그 나라 안에 날개가 넷 달린 비질(蜚蛭)이라는 짐승이 있다. 또 금충(琴蟲)이라는 뱀 같은 벌레가 사는데 짐승 머리에

뱀의 몸을 하고 있다.

대인국(大人國)에 키가 굉장히 큰 대인이 산다. 성씨는 리(釐)이고 오곡을 먹는다. 그곳에 아주 굵고 커다란 푸른 뱀이 있는데 머리는 노랗고 사슴 부류의 짐승만 먹는다.

유산(榆山)이라는 산이 있다. 또 이름이 아주 긴 산이 있는데 곤공정주산(鯀攻程州山)이라 한다.

대황 가운데에 형천산(衡天山)이 있고 선민산(先民山)이 있다. 이 산 위에는 구불구불한 큰 나무가 있는데, 그 나무가 차지하는 면적이 1,000리에 달한다.

숙촉국(叔歜國)이 있는데 전욱의 후손이 사는 곳이다. 그들은 오곡을 먹고 호랑이, 표범, 곰, 말곰을 부린다. 그 나라에 곰과 비슷한 짐승이 있는데 엽렵(獵獵)이라고 한다.

북제국(北齊國)이 있는데, 이 나라 백성의 성씨는 강(姜)이고 호랑이, 표범, 곰, 말곰 등 네 짐승을 부린다.

대황 가운데에 선함대봉산(先檻大逢山)이 있고 하수와 제수(濟水)가 해외로 흘러간 후에 이 산으로 들어온다. 그 서쪽에 우소적석산(禹所積石山)이 있다.

양산(陽山)이 있다. 양산 근처에 순산(順山)이 있고 순수(順水)가 여

대황북경·부우산(附禺山)
명각본삽도

부우산은 황하 하류의 동북쪽에 있다. 이 구역에 전욱과 아홉 비빈의 제대(祭臺) 및 부대 시설이 있다. 부우산의 여러 물품은 모두 전욱과 아홉 비빈의 능에서 나온 수장품이다. 그중 황조는 봉새라고도 하고, 큰 물건, 작은 물건은 여러 부장품을 두루 칭하는 말이다. 청조(青鳥), 낭조(琅鳥) 등은 모두 전욱의 제사를 모시는 제물이다. 제사모시는 곳의 조각과 벽화도 상징적인 부장품으로, 오늘날 죽은 자를 위해 불사르는 종이 사람, 종이 말, 종이 수레와 유사하다. 부장품과 공물을 보면 전욱과 비빈의 능묘 규모가 상당했으니 당연히 유적을 남긴 것이다. 제곡에게는 비빈이 4명 있었다고 한다. 이른바 4명의 비빈이란 사실 장기간 제곡 부족과 통혼했던 4개의 부락일 것이다. 제욱과 아홉 비빈이 부우산에 묻혔다는 기록은 중국에서 제왕비빈과 관련된 가장 오래된 기록이다. 이렇게 볼 때 전욱은 중국에서 최초로 사람을 순장시킨 제왕인 셈이다.

황금 호랑이
금 도금

이 황금 유물을 보더라도 상대에 이미 황금을 도금했다는 사실이 드러난다. 이 기물은 삼성퇴 유적지에서 출토된 것으로 호랑이가 고개를 들고 가슴을 편 위풍당당한 모습이다.

산신 강량(彊良)

강량은 사람 몸에 호랑이 머리가 달렸으며 발굽이 4개고 팔이 아주 길다. 입에 뱀을 물고 있으며 앞발굽에도 뱀을 걸고 있다. 북극천거(北極天柜)라는 산 위에 산다.

기서 발원한다. 근처에 시주국(始州國)이 있는데 시주국에 단산(丹山)이라는 산이 있다.

대택(大澤)은 사방 100리에 달한다. 여러 새들이 이곳에서 깃털을 간다.

모민국(毛民國)이 있는데 성씨가 의(依)이고 오곡을 먹으며 4가지 짐승을 부린다. 우가 균국(均國)을 낳았고, 균국이 역채(役采)를 낳았으며, 역채가 수협(修鞈)을 낳았다. 후에 우의 증손자 수협이 작인(綽人)이라는 사람을 죽였다. 작인은 얼굴과 몸에 털이 나 있다. 그를 불쌍히 여긴 황제가 몰래 그의 후대가 나라를 세우도록 허락했는데, 그것이 바로 모민국이다.

담이국(儋耳國)이 있다. 백성들의 성씨는 임(任)이고 우호(禹號)의 후대이며 오곡을 먹고 산다. 북해의 넓은 모래섬에 신이 있는데, 사람 머리에 새 몸을 하고 있으며, 귀에 푸른 뱀 2마리를 걸고 붉은 뱀 2마리를 밟고 있다. 이름을 우강이라고 한다.

대황 가운데에 북극천환산(北極天桓山)이 있는데, 바닷물이 북으로 흘러 이 산으로 들어온다. 그곳에 구봉(九鳳)이라는 신이 있는데, 머리가 9개 달려 있고 몸은 봉황처럼 생겼다. 또 다른 신이 있는데 입에 뱀을 물고 손에 뱀을 잡고 있으며, 머리는 호랑이 같으나 몸은 사람 같으며, 발굽이 4개 있고 팔이 매우 길다. 이름을 강량(彊良)이라고 한다.

대황 가운데에 성도재천산(成都載天山)이 있다. 이 산에 신인이 있는데 귀에 2마리 누런 뱀을 걸고 손에는 2마리 누런 뱀을 잡고 있다. 이름을 과보라고 한다. 후토(后土)가 신(信)을 낳았는데, 신의 후대가 과보다. 과보는 자신의 힘을 헤아리지 않은 채 태양을 좇아가서 잡으려 했다. 마침내 우곡(禺谷)에서 태양을 붙잡았고 갈증을 느껴 물을 마셨다. 그러나 황하의 물을 다 들이켜도 해갈이 되지 않았다. 그리하여 다시 대택으로 가려다가 채 닿기도 전에 대택 근처에서 죽었다. 또 다른 전설에 의하면 응룡이 치우를 죽인 다음 또 과보를 죽이고 남방으로 가서 살았기 때문에 남방에 비가 특히 많이 온다고도 한다.

무장국(無腸國)도 있는데 성이 임(任)인 사람들이 살고 있다. 이 나라 사람들은 후손이 없으며 물고기를 먹고 산다.

공공의 신하 중에 상요(相繇)[33]가 있다. 머리가 9개 달려 있고 몸은 뱀처럼 생겨서 구불구불 똬리를 틀고 있다. 그는 혼자서 아홉 신산(神山)을 차지하고 주인 노릇을 하면서 먹을 것을 취했다. 그가 입을 한 번 벌려 토하면 그곳은 큰 연못이 되었다. 그렇게 만들어진 연못의 물은 맵고 써서 뭇 짐승들이 무서워하여 감히 가까이 가지 못했다. 우가 홍수를 가라앉히기 위해 상요를 죽였는데, 상요의 피에서 풍기는 비린내가 지독한 탓에 그 땅에서는 오곡이 자라지 않았다. 게다가 상요의 피고름이 옆으로 흘러 큰 강물이 되었기 때문에 사람들도 살 수 없었다. 우는 이 강물을 메우려 했다. 그러나 세 번을 메워도 세 번 모두 꺼져버리는 것이었다. 그리하여 큰 연못을 메우자 여러 황제들이 그곳으로 와 함께 흙으로 누대를 쌓았다. 이곳은 곤륜산의 북쪽이다.

악산(岳山)이 있다. 이곳에 키가 큰 대나무가 있는데 심죽(尋竹)이라고 한다.

대황 가운데에 불구산(不句山)이 있는데 바닷물이 북쪽으로 흘러 이 산으로 들어간다.

계곤산(系昆山)이 있다. 이 산 근처에 공공의 누대가 있다. 활을 쏘는 사람은 공공의 영(靈)이 두려워 감히 북쪽으로는 활을 쏘지 못한다. 그곳에 푸른 옷을 입은 여인이 있는데 이름을 황제녀발(黃帝女魃)이라고 한다.

예전에 치우가 군대를 일으켜 황제를 토벌하려고 하자, 황제는 응룡에게 기주(冀州)의 들에서 치우의 군대를 공격하라고 명했다. 응룡에게는 물을 가둘 수 있는 능력이 있었다. 응룡이 물을 가두어 가뭄으로 무기를 삼자 치우가 풍백(風伯)과 우사(雨師)에게 청하여 광풍과 폭우를 뿌리게 했다. 응룡이 더 이상 물을 가두지 못하도록 한 것이다. 그러자 황제는 자신의 딸인 발(魃)이라는 천녀를 보내 치우와 싸우게 했다. 가뭄의 신인 발이 도착하자마자 비가 그치고 치우의 군대는 대패하였으며 치우는 죽음을 당하고 말았다.

치우의 몸과 머리를 따로 두다

치우가 탁록에서 황제에게 대패하자, 황제는 그를 포로로 잡아 머리를 벤 후 그의 몸과 머리를 각각 다른 곳에 두었으니 그곳을 '해(解)'라 한다. 지금 산서 해현(解縣)이 바로 그곳이다. 근처에 염지(鹽池)가 있는데 해지(解池)라고 하며 둘레가 120리에 달하고 못물이 붉다. 치우가 죽어서 흘린 피로 붉어진 못이라고들 한다.

33_ 앞서 나온 상류(相柳)를 말한다. - 역자 주

대황북경 · 대여산(岱興山)과 원교산(員嶠山)

대여산과 원교산은 북극에서 흘러와 바다에 잠겼으며, 이때 옮겨간 신선들이 1억 명에 달한다고 한다. 이 두 산의 침몰 소식은 서방에서 대서양주와 태평양주가 사라졌다는 사실과 유사하다. 인류가 살던 지역이 바닷물에 가라앉는 재난이 여러 차례 발생했던 것으로 보인다. 중국 고대에 바다의 신선과 관련된 전설은 북극의 빙하가 베링 해협을 지나 동해로 표류하면서 오랫동안 존재했던 현상과 유관해 보인다. 커다란 얼음산에 바다사자, 바다표범, 바다 소 및 북극 곰 같은 동물이 서식했을 수 있다. 이런 동물을 보고 사람들이 얼음산으로 가서 사냥하면서 살았을 가능성도 크다.

그러나 발은 다시 천궁으로 올라갈 수 없게 되었으며, 그녀가 있는 곳은 가뭄 기운 때문에 비를 뿌리려 해도 비가 내리지 않았다. 숙균이 이 일을 황제에게 보고하자 황제가 발을 적수(赤水)의 북쪽에 있는 멀리 떨어진 곳으로 옮겨가게 했다. 숙균은 보고를 올린 공으로 밭과 집(田軒)을 관장하는 지관(地官)을 맡게 되었다. 발은 가끔 그 머나먼 곳으로부터 도망치려 했고, 그럴 때마다 그녀를 내쫓으려는 사람들은 그녀에게 소리를 질렀다.

"신은 어서 적수의 북쪽으로 돌아가시오!"

또 사람들은 먼저 물길을 제거하고 도랑을 파서 발이 얼른 돌아가게 했다. 발은 한발(旱魃)을 가리키는 것으로 가뭄의 신을 말한다. 그녀가 사는 곳에는 하늘이 비를 내리지 않았고, 그래서 그녀를 쫓아버리면 비를 얻을 수 있었다. 사람들이 먼저 물길을 제거한 것은 바로 한발을 내쫓아 비를 구하려는 것이었다.

지금 막 물고기를 먹고 있는 사람이 있는데 그는 심목국(深目國) 사람이다. 심목국 사람들은 성씨가 분(昐)이고 물고기를 먹고 산다.

종산(鍾山)이 있는데 산 위에 푸른 옷을 입은 여자가 있다. 이름을 적수여자헌(赤水女子獻)이라 한다.

대황 가운데에 융보산(融父山)이 있으니 순수(順水)의 끝자락이 바로 이곳이다. 그곳에 견융(犬戎)이라는 사람들이 있다. 황제의 후대는 묘룡(苗龍)인데, 묘룡이 융오(融吾)를 낳고, 융오의 후예는 농명(弄明)이라 했으며, 농명이 백견(白犬)을 낳았다. 백견은 둘이 있었는데 하나는 암놈이고 하나는 수놈이었다. 그들이 스스로 결합하여 견융이 되었다. 견융 사람들은 고기를 먹고 산다. 견융은 붉은 색으로 머리가 없는 준마(駿馬)처럼 생겼고, 그들이 섬기는 신의 이름은 융선왕시(戎宣王尸)다.

제주산(齊州山)이 있고, 부근에 또 군산(君山), 잠산(鬻山), 선야산(鮮野山), 어산(魚山)이 있다.

얼굴에 눈이 하나만 있는 사람이 있다. 그들의 성씨는 위(威)이고 소호의 후예로, 오곡을 먹고 산다고 말하는 사람도 있다.

계무민국(繼無民國)이 있다. 이 나라 사람들의 성씨는 임(任)이고 무골민(無骨民)의 후예로, 공기와 신선한 물고기를 먹고 산다.

서북해의 바깥, 유사의 동쪽에 중륜국(中輪國)이 있다. 이 나라 사람들은 전욱의 후예로 오곡을 먹고 산다.

뇌구국(賴丘國)이 있다. 또 견융국(犬戎國)이 있는데, 이 나라 백성은 모두 사람얼굴에 짐승 몸을 하고 있다.

서북해 바깥, 흑수의 북쪽에 한 쌍의 날개를 달고 있는 사람들이 있다. 이들을 묘민(苗民)이라고 한다. 전욱이 환두를 낳고, 환두가 묘민을 낳았다. 묘민은 성씨가 리(厘)이고 고기를 먹고 산다. 묘민국에는 장산(章山)이 있다.

대황 가운데에 형석산(衡石山), 구음산(九陰山), 형야산(泂野山)이 있다. 형야산 위에 붉은 나무가 있는데, 잎은 푸르고 붉은 꽃이 피며 약목이라고 한다. 곤륜의 서쪽에서 자라며 그 나무의 붉은 빛이 대지를 두루 비춘다.

절지통천(絶地通天)의 전욱

전욱은 황제의 증손자로 천제(天帝)였다. 황제의 아내 뇌조(雷祖)가 창의(昌意)를 낳고, 창의가 한류(韓流)를 낳고, 한류가 작자아녀(淖子阿女)를 아내로 맞아 전욱을 낳았다. 전욱은 재주가 뛰어나서 어릴 때 이미 숙부인 소호(少旲)를 도와 국정을 다스렸으며 성인이 되어서는 중국으로 돌아와 북방의 천제가 되었다. 중앙 천제인 황제가 한 번은 중앙 천제의 옥좌를 그에게 양보하려 했었다. 그때도 전욱은 그런 중대한 부탁을 전혀 부담스러워 하지 않았으며 우주를 다스리는 고도의 능력을 보여주었다. 그가 처음 행한 '절지통천(絶地通天 : 전욱의 첫 번째 업적인 하늘과 땅의 관계를 끊은 일)'의 일은 세상 구석구석까지 다 놀라게 했다.

용성공(容成公)

용성공은 스스로 황제의 스승이라고 했다. 일찍이 주 목왕을 만나 몸을 보하는 양생법을 소개했다. 그는 양생법을 잘 지키면 영원히 살 수 있다고 했다. 생기를 잘 보양하면 흰 머리가 다시 검어지고 빠진 이도 다시 난다고 했다.

기굉국(奇肱國) 백성
선묘

기굉국은 옥문관(玉門關)에서 400리 떨어진 머나먼 서쪽 끝에 있으며 기고국(奇股國)이라고도 한다. '기굉'은 손이 하나만 있는 것이고 '기고'는 다리가 하나만 있는 것이다. 이 나라 사람은 각종 신기한 기계를 맘대로 제작해서 새와 짐승을 잡고 나는 수레를 만들 수 있었다. 은나라 탕(湯)왕 때 처음으로 예주(豫州)에서 나는 기계를 시험 비행했다. 하지만 당시 집정자는 신기한 발명품인 나는 수레를 부숴버리라고 명령했다.

우려국(牛黎國)이 있다. 이 나라 백성들은 힘줄은 있으나 뼈가 없고 무릎이 반대로 되어 있으며 발바닥도 위로 향해 구불구불하게 생겼다. 이들은 담이국 사람의 후예다.

서북해의 바깥, 적수 북쪽에 장미산(章尾山)이 있다. 산 위에 신이 있는데 사람얼굴에 뱀의 몸을 하고 있으며 온몸이 새빨갛다. 그 눈은 아주 작아서 단추 구멍 같다. 그가 눈을 감으면 세상이 밤이 되고 눈을 게슴츠레 뜨면 낮이 된다. 이 신은 먹지도 않고 자지도 않으며 쉰다는 것을 모른 채 바람과 비를 먹고 산다. 이 신은 어둡고 깊은 그늘을 모두 밝게 비출 수 있으니, 그가 바로 촉룡(燭龍)이다.

제18장

해내경

海內經

내경 · 사람 머리를 사냥하는 습속

● ── 해내경(海內經)

동해의 해내, 북해 모퉁이에 조선(朝鮮)이라는 나라가 있고, 천독국(天毒國)이라는 나라가 있다. 이곳 사람은 물가에 살며, 아끼고 착해서 살생을 하지 않는다.

　　서해의 안쪽, 유사의 가운데에 학시국(壑市國)이 있다.

　　서해 안쪽, 유사의 서쪽에 범엽국(氾葉國)이 있다.

　　유사 서쪽에 조산(鳥山)이 있는데, 이 산에는 진기한 것이 많다. 세 줄기 강물이 이 산에서 발원한다. 누군가의 이야기에 의하면, 그곳에는 황금, 선괴(璇瑰), 단사(丹砂), 은, 철이 많다고 한다. 부근에는 회산(淮山)이 있는데 호수(好水)가 이곳에서 발원한다.

　　유사의 동쪽, 흑수의 서쪽에 조운국(朝雲國)이 있고 또 사체국(司彘國)도 있다. 황제의 아내 뇌조(雷祖)가 창의(昌意)를 낳았는데, 창의가 하늘에서 내려와 약수(若水) 지역으로 폄적되어 그곳에서 한류(韓流)를 낳았다. 한류는 머리가 길쭉하고 작은 귀가 달렸으며, 사람얼굴에 돼지 입을 하고 있다. 전신에 비늘이 덮였으며 안짱다리에다 발은 돼지발처럼 생겼다. 한류는 작자씨의 딸을 아내로 맞아 전욱을 낳았다.

　　유사의 동쪽과 흑수 사이에 불사산(不死山)이 있다.

　　화산(華山)과 청수(靑水)의 동쪽에 조산(肇山)이 있다. 산 위에 백고(柏高)라는 선인(仙人)이 산다. 백고는 이 산에서 하늘로 오르고 땅으로 내려온다.

　　흑수의 서남쪽에 넓은 들이 펼쳐져 있으니 도광의 들판(都廣之野)

돈황성도(敦煌星圖)의 일부분
당대

돈황성도는 8세기 초에 그려진, 세계에서 현존하는 가장 오래된 천체 별자리 그림이다. 중국에서 가장 오래된 별자리 그림은 북극을 중심으로 온 하늘의 별을 둥근 평면 위에 투영한 것으로, 원도라고 한다. 수나라 때 하늘의 별을 직각좌표를 사용해서 긴 두루마리에 그린 것은 횡도라고 했다. 이 돈황성도는 상술한 원도와 횡도의 장점을 취해서, 북극 근처의 별을 원도에 그리고 적도 근처의 별을 횡도에 그려 제작했다. 중국 별자리 그림의 과학적 제작법을 창시한 셈이다. 이 별자리 그림은 빨강과 검정 두 색을 사용해서 모두 1,350개의 항성을 그렸다. 항성의 부호는 둥근 원과 실점 2가지로 했다. 둥근 원으로 석신(石申)과 무함(巫咸) 성표(星表)의 별을 표시했고, 실점으로 감덕(甘德) 성표(星表)의 별을 표시했다. 이 그림은 원래 감숙성 돈황석굴에 소장되다가 1907년에 도난당했다. 원품은 두루마리 형식으로 되어 있으며 가로 25.5cm, 세로 185.5cm다.

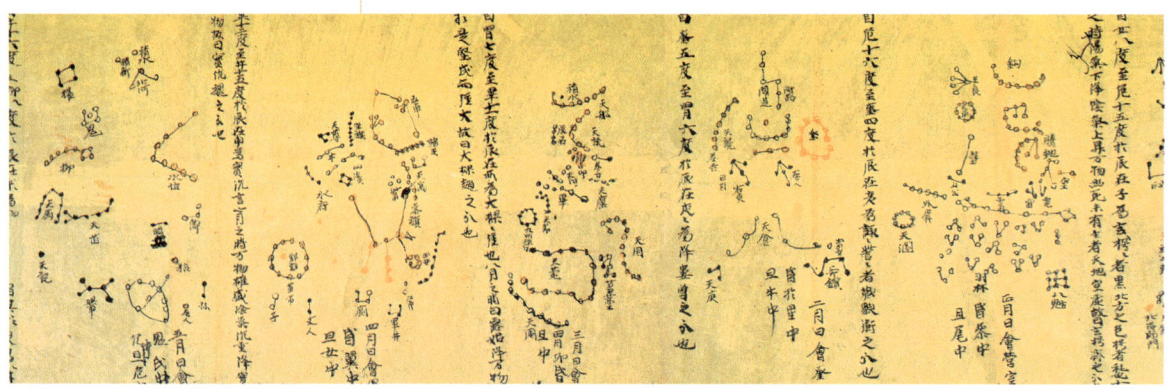

이라고 부른다. 후직이 죽어서 이 곳에 묻혔다. 이곳에서는 맛 좋고 윤기가 자르르한 콩, 벼, 서리, 기장 등 여러 곡식이 잘 자라며, 겨울과 여름에도 파종할 수 있다. 이곳에서는 난새가 노래하고 봉새가 춤추며, 영수목의 큰 열매들이 쌓여 있고 여러 가지 초목도 무성하다. 이곳에는 또 여러 들짐승이 떼를 지어 함께 산다. 이곳의 풀은 겨울을 지나 여름이면 생기왕성하다.

남해 안쪽, 흑수와 청수 사이에 약목이라는 나무가 있고 약수가 여기서 발원한다.

우중국(禺中國)이 있고 또 열양국(列襄國)이 있다. 영산(靈山)이 있는데, 나무 위에 붉은 뱀이 있다. 연사(蠕蛇)라는 이 뱀은 날짐승과 들짐승을 먹지 않고 나무열매를 먹고 산다.

서해 가운데에 염장국(鹽長國)이 있다. 이곳에 새 머리를 한 사람이 살고 있는데 사람들은 그를 조씨(鳥氏)라고 부른다.

아홉 언덕을 물이 감아 도는 곳이 있으니, 도당구(陶唐丘), 숙득구(叔得丘), 맹영구(孟盈丘), 곤오구(昆吾丘), 흑백구(黑白丘), 적망구(赤望丘), 참위구(參衛丘), 무부구(武夫丘), 신민구(神民丘)가 그것이다. 이 아홉 언덕 위에 신령한 나무가 한 그루 있는데, 잎이 푸르고 줄기는 자줏빛이며 검은 꽃이 피고 노란 열매가 열린다. 이 나무를 건목(建木)이라고 한다. 건목은 높이가 100장이나 되는데, 자잘한 가지와 잎은 없고 나무 꼭대기에 구불구불한 큰 줄기만 9개 있으며 아래에는 아홉 갈래로 된 구불구불 얽힌 오래된 뿌리가 있다. 그 열매는 마처럼 생겼으며 잎은 망초 잎처럼 생겼다. 대호(大皥)가 이 나무에서 하늘로 올랐다가 땅으로 내려오곤 했다고 한다. 전해지는 바에 의하면 건목은 황제가 만들었다고도

신소구신상제(神霄九宸上帝)
무명씨, 수륙화

신소(神霄)는 상천(上天) 구소(九霄) 중 최고이고, 신소 위에 신소구신상제, 즉 채방진군(采訪眞君), 태을천존(太乙天尊), 동연대제(洞淵大帝), 뇌조대제(雷祖大帝), 육파제군(六波帝君), 가한진군(可韓眞君) 등 9명의 구신상제가 있다.

구(枸)
선료

구는 지구(枳枸)라고도 하고 구(椇)라고도 한다. 낙엽교목이고 여름에 꽃이 핀다. 작은 공 모양의 적갈색 열매가 열리는데 맛이 달며 먹을 수 있다. 최표(崔豹)의 《고금주(古今注)》는 이렇게 전한다. '지구자(枳椇子)는 일명 꿀나무로 나무 물엿이라고도 하며 구불구불하고 씨가 열매 밖에 있으며 꿀처럼 달다.'

한다.

알유라는 짐승이 있는데, 머리는 용 머리와 흡사하며 사람을 잡아먹는다. 성성이라고 하는 푸른 짐승이 있는데, 머리가 사람 머리 같다.

서남쪽에 파국(巴國)이 있다. 대호가 함조(咸鳥)를 낳았고, 함조의 후대가 승리(乘厘)이며, 승리의 후예가 후조(后照)다. 후조가 바로 파국 사람의 시조다.

대호는 태호(太昊)로 복희씨를 말한다.

복희에게는 무상(務相)이라는 후손이 있는데, 그는 파씨족(巴氏族)의 아들로 남방의 무락종리산(武落鍾離山)에 산다. 무락종리산에는 다른 네 씨족이 함께 살았으니 번씨(樊氏), 담씨(瞫氏), 상씨(相氏), 정씨(鄭氏)였다. 이 네 씨족은 흑색 동굴에서 함께 살았는데 파씨족만 붉은 동굴에서 살았다.

이들 다섯 부족은 공동의 수령 없이 각 씨족별로 다스렸으며, 서로 양보하지 않아 늘 작은 일로도 전쟁을 일으키곤 했다. 세월이 지나 덕망 있는 사람 몇몇이 상의하기를, 기왕에 아무도 복종하지 않으니 각 씨족에서 대표를 뽑아 신통력과 재능을 비교한 후 이긴 사람을 다섯 부족의 공동 수장으로 삼기로 했다. 그리하여 각 부족은 대표를 선출한 후 시합에 내보내기로 했는데, 파씨족에서는 무상이 출전했고 다른 부족도 각각 대표를 뽑았다.

시합의 첫 번째 항목은 검 던지기였다. 선수들이 산꼭대기에 서서 각자 손에 단검을 쥐고 맞은편 산의 동굴을 향해 힘껏 던지는 것이었다. 여기서 동굴 천정에 검을 거꾸로 꽂는 사람을 수장으로 삼기로 하였다. 네 씨족의 선수들이 검을 던지자 모두 계곡으로 떨어졌는데, 무상의 검만 동굴 구멍을 맞히고는 돌을 뚫고 들어가 동굴 천정에 거꾸로 꽂혔다. 모든 사람들이 이 광경을 보고 일제히 소리치며 찬탄해 마지않았다.

두 번째 항목은 꽃이 새겨진 흙배에 타는 것이었다. 그들은 우선 꽃무늬가 새겨진 진흙으로 배 5척을 만들어 물가에 띄웠다. 그리고 각 대표들에게 배를 몰게 한 후, 어느 배가 물 위에서 잘 달리고 침몰하지 않는지에 따라 수장을 결정하기로 했다. 네 씨족의 대표가 탄 흙배는 강 복판에 도달하기도 전에 차례로 부서져 물 속으로 가라앉았다. 그러나 무상이 탄 흙배

여와(女媧)

여와는 황제의 딸이다. 그녀는 동해에서 놀다가 수신에게 잡혀 심연에 빠졌다. 그로부터 며칠 후 그 원혼이 한 마리 정위새로 변했다고 한다. 그 새는 정수리에 무늬가 있고 부리는 희며 가는 발톱이 달렸다고 한다.

해내경 · 사람 머리를 사냥하는 습속
명각본삼도

사람 머리를 사냥하는 습속은 원래 옛날 두골에 대한 숭배, 즉 사람의 생명력이 뼈, 특히 두골에 응축되어 있다는 믿음에서 나왔다. 하 이전에는 2차장이 성행했다. 그 목적은 성스럽고 깨끗한 뼈와 더러운 피나 살점을 분리한 후 여러 번 뼈를 씻어서, 조상의 영혼을 정갈한 뼈에 안주하게 하여 산 사람을 해치지 않게 하려는 데 있었다. 신석기시대의 묘의 부장품에 사람 두골이 많은데 어떤 두골은 깨져서 채색 도기에 담아놓았다. 이외에 도기에 사람 머리를 새기고 영혼이 자유로이 드나들도록 콩만한 구멍을 뚫어놓은 것도 있다. 사람 머리 사냥은 주로 농번기 전후와 추수기 전에 실시되었다. 사냥으로 사람 머리를 얻은 뒤에 접두(接頭), 제두(祭頭), 송두(送頭) 의식을 치르면 사람들은 흥분의 도가니에 빠져 춤을 춘다. 그런 후 머리를 대나무로 짠 바구니에 넣어 각 집의 귀문(鬼門) 밖과 마을의 목고방(木鼓房)으로 돌리면서 공양하게 한다. 사람 머리에 재를 뿌린 후 피 묻은 재를 씨앗과 섞어서 땅에 심고 풍년이 들기를 기원했다.

는 물결을 따라 한참을 흘러갔는데도 여전히 무탈했다.

두 시합에서 모두 무상이 승리하였기 때문에 다섯 부족 사람들은 만장일치로 무상을 수장으로 추대했다. 무상이 이른바 '늠군(廩君)'이 된 것이다.

늠군은 부족의 번영을 위해서 자신은 그 꽃무늬 흙배를 타고 다른 사람들은 나무배를 타게 한 후 이수(夷水)를 따라 물길 여행을 시작했다. 그리고 며칠 지나지 않아 염수(鹽水)가 흘러가는 염양(鹽陽)이라는 지역에 도착했다.

염수에는 여신이 하나 살고 있었다. 그녀는 용감한 늠군을 사모하여 친히 나와 늠군에게 말했다.

"이곳은 넓기도 하지만 물고기와 소금이 많이 난답니다. 그러니 당신과 당신 부족들이 여기 머무르시면서 더 이상 동분서주하지 않길 바랍니다."

그러나 늠군은 원대한 포부를 지닌 사람이라 염수 여신의 청을 받아들일 수 없었다.

여신은 사랑으로 자신이 사모하는 사람을 만류하고 싶어서 매일밤 늠군의 처소로 달려와 머물렀다. 그리고 새벽에 동이 트면 처소를 떠나 작은 날벌레로 변해서는 하늘을 춤추며 날아다녔다. 숲 속 못에는 염수의 여신

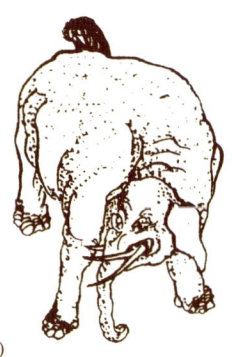

상(象)

상은 고수의 아들이자 순의 이복동생이다. 체구가 거대하고 코가 길며 귀도 크고 다리도 두껍고 치아는 날카롭다. 야생으로 길들이지 않아 사나운 것이 진짜 코끼리 같다. 코끼리는 열대지방 동물이지만 고대에 황하 주변에도 있었다.

적송자

적송자는 신농 시기에 비를 관장했던 신이다. 항상 얼음 옥가루를 먹고 신농에게 가르침을 주었으며 불에 들어가도 다치지 않았다. 나중에 적송자는 곤륜산 서왕모의 석실에 상주하면서 바람과 비를 타고 하늘과 땅을 오르내렸다. 염제의 작은 딸이 그를 쫓아다니다가 함께 승천하여 신선이 되었다. 고신씨 때도 적송자는 여전히 비를 관장했으며 가끔 인간계로 와서 노닐었다.

을 동정하는 정령들이 많이 있었다. 그들 또한 다들 여러 날벌레로 변하여 하늘을 날아다니며 춤추면서 그녀를 응원했다. 그런데 날벌레가 갈수록 많아지더니 심지어는 태양빛을 가릴 정도가 되었다. 순식간에 세상이 캄캄해졌다. 그리하여 동서남북을 분간할 수 없게 된 늠군 일행은 그곳을 떠나지 못한 채 7일을 보내고 말았다.

늠군은 어쩔 수가 없었다. 그래서 머리털을 한 가닥 뽑아 사람을 시켜 염수의 여신에게 선물하면서 자신의 뜻을 전달하게 했다.

"늠군이 당신께 이 머리카락을 바침은 그대와 생사를 함께하겠다는 표시이니 이것을 몸에 지녀주십시오."

염수의 여신은 그것이 계략인 줄도 모르고 좋아하며 머리카락을 몸에 지녔다.

다음날 새벽, 그녀가 다시 날벌레로 변해서 하늘을 날며 춤을 추자 그녀가 지닌 푸른 머리털도 그녀를 따라 허공에서 나부꼈다. 늠군은 그녀를 알아보고 비에 막 씻긴 양석(陽石)을 딛고 서서 활시위를 당겨 푸른 머리털을 향해 화살을 날렸다. 화살에 맞은 여신은 물 위로 떨어져서 물결을 따라 흘러가다가 천천히 가라앉았다. 그 찰나 많던 날벌레들도 일제히 종적을 감추었다. 마치 비가 그치고 하늘이 맑아오는 것처럼 태양이 떠올라 대지를 밝게 비추자 다섯 부족 사람들은 일제히 환호성을 질렀다.

늠군은 부족들을 데리고 염수를 떠났다. 그렇게 물길을 따라 내려가다가 어떤 곳에 도착한 그들은 웅대한 도시를 세우고 그곳을 이성(夷城)이라 불렀다. 그들의 자손은 그 성에서 대대로 번성하여 후일 중국 서남에서 제일 강대한 씨족인 파족이 되었으며 파국이라고도 불리었다.

유황신씨국(流黃辛氏國)이 있는데 영토가 사방 300리에 달한다. 이 나라에는 큰 사슴이 한 마리 살고 있다. 또한 이곳에 파수산(巴遂山)이 있고 승수(澠水)가 여기서 발원한다.

주권국(朱卷國)이 있다. 이 나라에는 검은 뱀이 있는데, 머리는 푸르고 코끼리를 잡아먹는다.

남방에 감거인(贛巨人)이 있는데, 입술이 특히 길고 몸이 까만 털로 덮여 있으며, 발은 사람들과는 반대 방향으로 붙어 있다. 사람들이 쳐다

보고 웃으면 따라 웃는다. 그처럼 웃을 때는 입술로 얼굴이 다 가려지므로, 그와 마주친 사람은 이 기회를 틈타 도망칠 수 있다.

흑인(黑人)이 있는데, 머리는 호랑이 머리와 비슷하나 발은 새의 발을 하고 있다. 두 손에 뱀을 한 마리씩 들고 막 그것을 먹으려 하고 있다.

영민국(嬴民國)이 있는데, 그곳 사람들의 발은 새의 발과 비슷하다. 왕해(王亥)라는 사람이 있다.

묘민(苗民)이라는 사람들이 있다. 그 묘민국에 신이 있는데 사람 머리에 뱀의 몸을 하고 있으며, 그 몸이 수레의 끌채만큼 길다. 그 몸의 좌우 양쪽에 머리가 하나씩 달려 있고, 자줏빛 옷을 입고 있으며 털모자를 쓰고 있다. 이름을 연유(延維)라고 한다. 영웅이 그 신을 얻으면 천하를 제패할 수 있다.

난새가 자유자재로 노래하고 봉새가 자유로이 춤을 춘다. 봉새 머리에 있는 무늬는 덕(德) 자를 나타내고, 날개의 무늬는 순(順) 자를, 가슴의 무늬는 인(仁) 자를, 등의 무늬는 의(義) 자를 나타내고 있다. 이 새가 나타나면 천하가 태평해진다.

토끼같이 생긴 푸른 짐승이 있는데 이름을 균구(菌狗)라고 한다.

또 물총새와 공조(孔鳥)가 있다. 공조는 공작(孔雀)으로 남해에 산다. 그놈의 꼬리는 7년간 자라면 완전히 자라 길이가 6, 7척이 되는데, 한

해내경·유도산
명각본삽도

유도산에는 검은 뱀, 검은 새, 검은 호랑이 등의 조수가 있고, 대현산(大玄山), 현구민(玄丘民), 대유국(大幽國) 등이 있다. 이 구역에 있는 대유국은 후대의 음조지부(陰曹地府)에 해당한다. 이 나라의 주요한 특징은 산이 검고 언덕도 검고 물도 검고 여러 동물들의 몸과 털빛이 다 검고, 사람 다리는 빨갛다는 것이다. 고증에 따르면 유도산에는 하늘까지 닿는 대형 석탄광이 있었다. 현구민은 아마도 석탄 캐는 광부였고 다리가 붉은 적경민(赤脛民)은 석탄을 때는 노동자였을 것이다. 중국 북방지역에 석탄광이 많아서 요녕성에만 3개의 흑산(黑山)이 있다. 신락(新樂) 신석기 유적지는 심양(沈陽) 북쪽의 동서로 가로지르는 낮은 언덕에 있다. 유적지 상층은 청동기시대이고, 하층의 연대는 기원전 5500~4800년 전후로 집터, 아궁이, 불 난로 구덩이, 돌절구와 돌막대 및 석탄 공예품이 출토되었다.

번 펼치면 수레바퀴처럼 되며 금빛과 푸른빛이 번쩍번쩍한다. 초봄에 꼬리가 나와서 3, 4개월이 지나면 점점 떨어지는 것이 마치 꽃이 피었다 지는 것 같다.

남해 안쪽에 형산(衡山)이 있고, 균산(菌山)과 계산(桂山)도 있으며, 삼천자장산(三天子鄣山)도 있다.

남방에 창오구(蒼梧丘)라는 크고 황량한 산이 있다. 그 산 밑에 창오연(蒼梧淵)이라는 큰 연못이 있고, 창오연 가운데 구의산(九嶷山)이라는 큰 산이 있는데, 순임금이 여기에 묻혔다. 구의산은 장사(長沙)와 영릉(零陵)의 경내에 있다.

북해의 안에 사산(蛇山)이 있다. 사수(蛇水)가 이곳에서 발원하여 동쪽으로 흘러 바다로 들어간다. 오색 털이 난 새가 있는데, 이 새들이 무리를 지어 푸른 하늘로 날아오르면 마을 하나를 완전히 덮을 수 있다. 이 새를 예조(翳鳥)라고 한다. 그곳에는 불거산(不距山)이 있는데 교수(巧倕)가 불거산 서쪽에 묻혀 있다.

북해 안쪽에 두 손이 뒤로 묶인 채 형틀을 매고 있는 사람이 있는데 등 뒤로는 창을 지고 있다. 이름을 상고시(相顧尸)라고 한다.

백이보(伯夷父)의 후대가 서악(西岳)이고, 서악이 선룡(先龍)을 낳았으며, 선룡은 저강(氐羌)의 선조다. 저강 사람들의 성씨는 걸(乞)이다.

북해 안쪽에 유도산(幽都山)이 있고 흑수가 이 산에서 발원한다. 이 산에는 검은 새, 검은 뱀, 검은 표범, 검은 호랑이가 있고 또 검은 여우가 있는데 꼬리가 덥수룩하다. 또 대현산(大玄山)이라는 큰 산이 있는데, 산 위에 사는 사람들은 피부가 검어서 이름을 현구민(玄丘民)이라 한

우가 여러 산을 쪼개서 가르다

공공 2세가 서쪽에서부터 엄청난 홍수를 용솟음치게 하자 온 중원 땅이 물에 잠겼다. 우가 신통력으로 날아가 신령한 도끼를 던져 산을 갈랐더니 무섭게 흐르는 홍수가 산골짜기에서 아래로 폭포를 이루며 떨어져 내렸다. 공공 2세는 두려워서 북쪽 자신의 땅으로 도망갔으며, 우는 그를 쫓아가 곤보(昆父)의 북쪽에서 공공 2세의 부장 상류와 딱 마주쳤다. 우가 바람처럼 도끼를 날리자 삽시간에 상류의 아홉 머리가 후두둑 다 떨어졌다.

서천팔제(西天八帝)
무명씨, 수륙화

서천팔제는 서방 천계를 관장하는 여덟 천제를 말한다.

다. 부근에는 대유국(大幽國)이 있다. 대유국 사람들은 무릎 아래 두 발이 붉은 빛을 띠고 있다. 그들은 옷을 입지 않으며 산 위 동굴에서 산다. 그들을 적경민(赤脛民)이라고 한다.

정령국(釘靈國)이 있다. 이 나라 사람들은 무릎 아래에 긴 털이 자라고 두 발은 말발굽 같아서 날 듯이 빨리 달린다.

염제의 손자를 백릉(伯陵)이라고 한다. 백릉은 오권(吳權)의 아내인 아녀연부(阿女緣婦)와 정을 통했는데, 아녀연부가 임신한 지 3년

사방대장(四方大將)
무명씨, 비단 채색, 청대

이 그림의 사원대장(四員大將)은 둥그런 눈에 구레나룻을 기르고 갑옷을 입고 맨발에 짚신을 신고 있다. 각각 칼, 도끼, 검, 창을 들었는데 복장과 병기를 여러 옥구슬로 장식해서 화려하고 진귀하게 보인다. 사원대장은 호탕하고 기개와 도량이 비범하며 비록 손에 병기를 들고 있지만 사람들에게는 편안한 느낌을 준다. 사방대장은 동방 악욕대장(樂欲大將), 서방 선현대장(善現大將), 북방 산지대장(散脂大將), 남방 단제대장(檀帝大將)이다. 그들은 각각 500명의 식솔이 있으며 28부의 귀신을 데리고 천계를 지킨다.

뒤에 세 아들을 낳았다. 첫째는 고(鼓), 둘째는 연(延), 셋째는 수(殳)였다. 수는 처음으로 화살을 만든 이다. 고와 연은 처음으로 종(鍾)과 경(磬)을 만들어 악곡의 장법을 만들었다.

황제의 후예를 낙명(駱明)이라고 한다. 낙명과 그의 아내가 하얀 말을 낳았는데, 이 말이 바로 곤이다. 곤은 우의 아버지다.

제준이 우호(禺號)를 낳았고, 우호의 후대는 우경(禺京)이며, 우경은 번우(番禺)를 낳았다. 번우는 배를 제작한 시조다. 번우가 해중(奚仲)을 낳고 해중이 길광(吉光)을 낳았다. 길광은 최초로 나무를 이용해 수레를 만들었다.

소호에게는 반(般)이라는 아들이 있다. 반이 최초로 활과 화살을 만들었다.

제준이 예에게 붉은 활과 흰 털이 달린 짧은 화살을 주면서 해악을 없애 하국(下國)을 돕도록 명령했다. 예는 사람들의 고통을 없앴고 사람

동방청제(東方靑帝)
무명씨, 수륙화

청제는 고대 신화에서 다섯 천제의 하나로 동방의 신이다. '창제(蒼帝)'라고도 한다. 《진서(晉書)·천문지상(天文志上)》은 '동방창제령위앙(東方蒼帝靈威仰)'이라고 했다.

들을 해치는 나쁜 무리를 제거했다.

제준이 안룡을 낳았고, 안룡은 최초로 가야금과 거문고를 만들었다.

제준에게는 여덟 아들이 있다. 이 아들들이 노래하고 춤추는 것을 처음 만들었다.

제준의 후대는 삼신국(三身國)의 백성이다. 삼신국 사람이 의균(義均)을 낳았는데, 의균이 바로 교수다. 교수 시대부터 사람들이 각종 농기구를 제작할 수 있게 되었다. 후직은 농작물을 파종하는 법을 깨우쳐주었다. 후직의 손자가 숙균인데, 그 시대부터 소를 부려 밭을 경작하게 되었다. 대비적음(大比赤陰)이 처음으로 한 국가에 봉해졌다. 우와 곤이 천하의 땅을 처음으로 구분하여 높은 산과 큰 하천을 정하고, 구주(九州)의 모양을 만들었다.

염제의 아내는 적수씨(赤水氏)의 딸인 청요(聽訞)였다. 염제와 청요가 결합해서 염거(炎居)를 낳았다. 염거의 후대가 절병(節幷)이고, 절병이 희기(戲器)를 낳았다. 희기는 또 축융을 낳았다. 축융은 강수(江水) 일대로 귀양 가서 나중에 공공을 낳았다. 공공의 후대는 술기(術器)인데, 술기는 머리통이 평평하고 머리 위는 흙으로 덮여 있었다. 그는 언제나 강수 일대에서 거주하였다. 공공에게는 또 후토라는 아들이 있었다. 후토는 또 열명을 낳았다. 열명은 그 어머니가 12년간 임신하여 낳은 아들이다.

요임금은 순을 눈과 귀로 삼고 백관(百官)의 일을 총괄하도록 명했다. 부임한 후 수개월간 순은 어진 이를 등용하여 재능으로 부림에 한 치도 실수가 없었으니, 요임금이 더욱 순의 재주를 신임하게 되었다. 하지만 주변 사람들은 젊디젊은 순이 오늘 아침에 여덟 사람을 추천하고 내일 아침에 또 일곱을 추천하고 이틀 후에 여덟을 천거해도 요임금이 그의 말을 따르지 않는 적이 없으니, 그 권력과 위세에 질투를 일으키지 않을 수 없었다. 그들은 요임금 앞에서 순을 헐뜯었다.

"신 등이 듣건대 군주 된 자는 자신의 눈과 귀를 써야 신하들이 권력을 훔치거나 당파를 결성하여 숨기고 속이는 것을 방지할 수 있다고 합니다. 지금 황제께서는 완전히 순을 믿으시고 그자가 천거하는 대로 다 등용하시니 그러시면 아니 될 듯하옵니다!"

그러나 요임금은 사람들이 그렇게 말하는 이유를 알고 있었기에 웃으면서 말했다.

"짐이 순을 등용했으니 이미 짐의 눈과 귀를 다 쓴 것이요, 만약 순이 천거한 사람에게 또 짐의 눈과 귀를 써야 한다면 앞으로도 짐의 눈과 귀를 써야 할 것이오. 그렇게 되면 이 눈과 귀는 돌아가며 쓰느라 쉴 날이 없지 않겠소?"

사람들은 요임금의 말을 듣고 아무 소리도 못했다.

몇 달이 지나 대사농이 돌아오자 순이 권력을 넘겼다. 그 해는 마침 제후들이 황제를 뵙고 조공을 바치러 오는 때였다. 그리하여 멀고 가까운 제후들의 조공행렬이 끊어지지 않았다. 요임금은 순에 대한 제후들의 신임이 어떤지 보려고 순에게 상빈(上賓) 관직을 맡겨 사방의 빈객을 접대하게 했다. 동방 구이국(九夷國)은 동문 밖에, 남방 팔만국(八蠻國)은 남문 밖에, 서방 육융국(六戎國)은 서문 밖에, 북방 오적국(五狄國)은 북문 밖에 머물렀다. 그들이 한 무리씩 오고 갈 때마다 순은 매우 주도면밀하게 대접했다. 각 지역에서 온 제후들은 순의 위엄과 언행을 보고 듣고는 모두 공경하는 마음을 가지게 되었다. 그제야 요임금은 순이야말로 천하를 넘겨줄 수 있는 사람임을 확신하고 천하 선양의 시기와 방법을 숙고했다.

채색 토기 호리병

이 2가지 희귀한 채도 호리병은 감숙에서 출토되었고 앙소문화에 속한다. 왼쪽 호리병은 목이 2개에 한 쌍의 둥근 손잡이가 있고 귀가 2개다. 오른쪽 호리병은 목은 하나고 귀만 2개다.

돼지 머리
토기 조각

돼지는 원시사회에서 사람과 아주 친밀한 동물이었는데 원시 예술가의 손길을 거쳐 아주 귀여운 이미지로 다시 태어났다.

그때 갑자기 기주의 동도(東都)에서 큰 물난리가 나서 곤이 쌓았던 둑이 대부분 무너졌다는 소식이 들려왔다. 그리하여 넘쳐난 물 탓에 많은 사람들이 죽었다는 것이었다. 요임금은 이 소식을 듣고 크게 애통해하며 순에게 말했다.

"짐이 직접 순수를 해야 할 일이나 나이가 들어 위험하니 어쩔 수가 없소. 지금 그대에게 명하노니 대사농과 함께 그곳으로 가서 상황을 살피고, 정말로 곤이 처리를 잘못한 것인지 아니면 천재지변에 의한 것인지를 명백하게 밝히도록 힘쓰시오. 속히 떠나도록 하시오."

이리하여 순은 대사농과 함께 많은 시종을 거느리고 동쪽으로 길을 떠났다. 원래 곤이 쌓은 둑은 기주의 동부와 연주(兗州)의 북부 두 군데에 있었다. 첫 번째 둑은 대비산(大伾山 : 지금의 하남성 준현(浚縣) 동이리(東二里))에서 시작하여 현재 하남성 복양현(濮陽縣)을 지나 동쪽으로 뻗어 있고, 두 번째 둑은 지금의 하북성 대륙택(大陸澤)의 남쪽에서 광종(廣宗), 청하(淸河), 고성(故城) 세 현을 지나 동쪽으로 굽어 있었다. 각각의 둑은 길이가 1,000리에 달했다.

곤은 둑 하나가 무너지면 다른 하나로 대체한다는 계획을 세웠다. 나름대로는 상당히 주도면밀한 것이었다. 그러나 당시 지반이 아직 안정되지 못했고 바닷물이 넘쳐서 8, 9년 일한 것이 하루아침에 훼손되었으니, 이 또한 곤에게는 크나큰 불행이었다.

순과 대사농이 대륙택 서쪽에 도착해서 보니, 홍수가 온 천하에 가득해서 이전의 대륙택에 비해 반 이상이 불어났고 백성들은 뿔뿔이 흩어지고 없었다. 또 선박도 어디로 떠내려갔는지 알 수가 없어서 남쪽 해안으로 건너가고 싶어도 속수무책이었다.

순과 대사농은 상의 끝에 대륙택 서쪽으로 산길을 따라 물이 침범하지 않는 곳으로 돌아가기로 했다. 그렇게 얼마를 가는데 대륙택 한가운데로 뻗어 있는 반도처럼 생긴 산 하나가 나타났다. 순과 대사농 일행은 산 속으로 들어갔다. 그러나 밀림이 우거져서 하늘을 뒤덮은 탓에 전혀 길이 없었으며, 산 속에는 사람 하나 보이지 않았다. 오랫동안 사람이 온 적이 없어 보였다. 시종들이 말했다.

"독사나 맹수가 있는 듯하니 조심하십시오."

숭백 곤의 치수

숭백 곤은 천신으로 우의 아버지다. 황제가 낙명(駱明)을 낳고 낙명이 백마(白馬)를 낳았으니 백마가 곤이다. 황제는 천제이므로 곤은 당연히 상계의 뛰어난 천신이다. 어떤 이야기에서는 곤과 홍수의 관계를 이렇게 풀었다. 하계 사람들이 천제에게 화를 내자 천제가 홍수를 내려 사람들에게 경고했다. 천신 곤은 그런 사람들의 처지가 불쌍해서 그들을 홍수에서 구하기 위해 애썼으니, 덕분에 백성들은 고통을 덜었다.

순과 대사농은 그러마고 대답했다. 과연 몇 걸음 가지 않아 정말로 숲 속에서 이리가 포효하는 소리가 들리더니 그 소리가 점점 가까워졌다. 시종들이 놀라서 감히 앞으로 가지 못하고 다들 물러났으며 대사농도 걸음을 멈추었다.

순이 말했다.

"무엇이 두렵소? 걱정 말고 날 따르시오."

순은 그렇게 말한 후 사람들을 나누어 앞으로 나아가게 했다. 그 순간 갑자기 이리 떼가 숲을 뚫고 나타났다. 대사농이 대열의 뒤에 있다가 순에게 조심하라고 다급히 소리쳤다. 순은 알겠다고 대답하면서도 여전히 앞으로 나아갔다. 그러자 이리 떼가 순 앞으로 다가와서는 코를 킁킁거리며 냄새를 맡아보고 혀로는 순의 발을 핥고 머리를 흔들며 꼬리를 건들거리는 것이었다. 한 놈이 물러가면 또 다른 놈이 다가오며 앞을 막아도 순은 꿈쩍도 하지 않고 서 있었다. 잠시 후 이리 떼는 홀연히 몸을 돌려 숲 속으로 사라져 버렸는데 어디로 갔는지 알 수 없었다.

모든 사람이 신기해하며 순에게 달려와 무슨 방법으로 이리 떼를 쫓아 보냈냐고 물었다. 순이 말했다.

"별다른 방법이 있는 게 아니었습니다."

그러자 사람들은 더욱 신기해했다. 또 한참을 가다가 산봉우리를 돌자 숲이 점점 사라지더니 갑자기 얼룩덜룩 무늬가 있는 사나운 호랑이 2마리가 나타났다. 한 마리는 바위에 누워 있고 또 한 마리는 동굴에서 새끼에게 젖을 물리고 있었다. 그러다가 사람들이 오는 것을 보고는 일제히 일어섰다. 수컷이 위세를 드러내면서 철 같은 꼬리를 꼿꼿이 세우고는 앞발로 땅을 치면서 몸을 흔들며 털을 부르르 떨기 시작했다. 그러다가 갑자기 우렁차게 소리를 내지르는데, 그 소리가 마치 청천벽력 같았다. 사람들이 이제 죽었구나 하고 생각하고 있는데 순이 갑자기 호랑이에게 말했다.

"우리는 천자의 명을 받들고 홍수의 피해를 살피며 사람들을 구하기 위해 이곳에 왔다가 뜻밖에 너와 마주쳤다. 우리를 꼭 잡아먹어야 한다면 와서 잡아먹어라. 그렇지 않다면 얼른 동굴로 들어가 큰길을 막고 서서 행

남방적제(南方赤帝)
무명씨, 수륙화

적제는 중국 고대 신화의 오대 천제 중 하나로 남방 신 계열이다. 《진서·천문지 상》에 '남방적제는 붉은 불꽃을 떨쳐 일으키는 신'이라고 했다.

인을 놀라게 하는 일은 없어야 할 것이다. 알겠느냐?"

그러자 수컷 호랑이가 순의 말을 알아들은 듯 꼬리를 귀에 붙이고 암컷에게 다가가 함께 소리를 내더니 새끼를 물고 동굴로 들어가 버렸다. 대사농과 다른 사람들은 몹시 놀라 혼이 빠졌다가 순이 말로 냉호를 제압하는 것을 보고는 더욱 놀랐다. 그러나 호랑이들이 다시 뛰어나올까봐 걱정이 되어 말할 엄두도 내지 못하고 즉시 내달려 그곳을 빠져나갔다. 한참을 지나와서야 대사농이 순에게 물었다.

"중화님! 복호술(伏虎術)은 어디서 배우셨습니까?"

순이 웃으면서 말했다.

"제가 어찌 복호술을 익혔겠습니까? 방금 좁은 길에서 호랑이와 마주쳤을 때 도망치는 것도 안 되겠고 그렇다고 맞서 싸우자니 그것도 안 되겠고 해서, 이러나저러나 마찬가지로 죽겠다는 생각이 들었습니다. 그렇지만 저놈은 짐승이고 우리는 사람이니, 사람은 사람다운 기개가 있어야 할 것 아닙니까. 죽음에 임박해서 짐승 앞에서 덜덜 떠는 모습을 보여서는 안 되겠다는 생각에 용기를 내어 멋대로 몇 마디 했더니 생각 밖으로 효과가 있었습니다. 이것도 모두 천자의 은덕이 멀리서 우리를 보호해주시는 것

28숙
무명씨, 수륙화

28숙은 '28사(舍)' 혹은 '28성(星)'이라고도 한다. 황도와 적도 부근에 분포하면서 하늘의 28개 별을 일주한다. 중국 고대에 해와 달이 하늘에서 운행하는 것과 다른 천문 현상을 예측하는 상대 지표를 선별하였다. 사방과 4가지 동물 이미지를 배합한 것이 '사상(四象)'이다. 28숙은 북두칠성이 가리키는 뿔별을 기점으로 서에서 동으로 배열했는데 그 명칭과 사상의 관계는 다음과 같다. 동방 청룡은 각(角), 항(亢), 저(氐), 방(房), 심(心), 미(尾), 기(箕)가 있다. 북방 현무는 두(斗), 우(牛), 여(女), 허(虛), 위(危), 실(室), 벽(壁)이 있다. 서방 백호는 규(奎), 누(婁), 위(胃), 묘(昴), 필(畢), 자(觜), 삼(參)이다. 남방 주작은 정(井), 귀(鬼), 유(柳), 성(星), 장(張), 익(翼), 진(軫) 등이다. 28숙과 삼원(三垣)이 함께 수당(隋唐) 이후 천구(天區)를 가르는 표준이 되었다.

이지, 어찌 재주라고 하겠습니까!"

그 말을 듣고는 순의 식견에 탄복하지 않는 사람이 없었고, 동시에 모두들 순의 침착함에 감탄해 마지않았다.

일행은 다시 앞으로 나아갔다. 때는 무더운 여름이라 뜨겁고 건조해서 산행이 힘들 뿐 아니라, 수풀을 벗어나면 또 수풀이 나와서 모두들 힘들기 짝이 없었다. 얼마 지나지 않아 하늘이 점점 어두워졌고 숲 속은 더욱 컴컴해져서 손을 뻗으면 다섯 손가락도 안 보일 정도가 되었다. 게다가 멀리서부터 우레 소리가 들려오고 번개가 번쩍거리는 것이 보였다. 사람들이 웅성거렸다.

"안 되겠습니다. 비가 내리고 번개가 칠 모양이니 어찌하지요?"

순은 말했다.

"기왕 예까지 왔으니 앞으로 나아가야지 중간에 돌아갈 수는 없는 일입니다. 두려우시다면 이 몸을 따라오십시오. 이 어두움 속에서는 뒷사람이 앞 사람 어깨에 손을 얹고 따라가야 그르치는 일이 없을 것입니다."

모두들 순의 말이 옳다고 여겼다. 그러나 사나운 폭풍이 무정하게도 온 하늘을 가득 채우며 불어대니, 들리는 것은 나무뿌리며 가지들이 뽑히

28숙 성군(星君)
무명씨, 비단 채색, 명대

이 몇 폭의 그림은 한 조를 이루며 매 폭마다 일곱 성군을 그렸다. 도포를 입었고 머리에서 빛이 나며 등 뒤에 상서로운 오색 구름이 피어오른다. 공백이 거의 없이 색을 진하고 화려하게 칠했다. 28숙은 고대 중국에서 항성을 28개의 별자리로 나누고 매 7개의 별자리를 한 조로 편성해서 동은 청룡, 서는 백호, 남은 주작, 북은 현무의 4조로 구성한 것이다. 매 조마다 7개의 천신이 있다. 28숙성이란 28숙을 대표하는 신을 말한다.

석탄 조각
공예품

이 석탄 조각은 이미 7,000년의 역사를 지닌, 중국에서 가장 오래된 석탄 공예품이다. 학자들은 이 물건이 무술(巫術)과 밀접한 관련이 있다고 한다.

고 꺾여 날아가다가 서로 부딪히는 소리뿐이었다. 그 소리가 파도소리보다 백 배는 더 큰 것 같았다. 사람들은 모두 깊은 지옥에 빠진 듯, 만겁 용궁에 다다른 듯 느꼈으며, 서로가 보이지 않는 것은 물론 서로의 말소리도 들을 수 없었다. 다행히 순이 미리 짐작한 바 있어 사람들로 하여금 서로 이끌며 가게 한 덕에 서로 흩어지는 것은 면할 수 있었다.

한걸음 한걸음 앞으로 나아가니 수풀이 드문드문해지면서 번쩍이는 번개 사이로 희미하게 집 같은 것이 보였다. 희망이 생긴 사람들은 용기백배해서 앞으로 나아가는데, 천둥소리는 점점 커지고 길 옆 바위들이 무너질 기세로 요동을 쳐댔다. 게다가 비까지 쏟아지기 시작했다. 사람들은 비를 무릅쓰고 달려 삽시간에 목적지에 이르렀다.

자세히 살펴보니 그곳은 사당 같았는데, 오랫동안 사람이 드나들지 않아 기울어져 쓰러질 것 같았으며 문이랑 모든 것이 온전한 것이 없었다. 사람들은 그래도 없는 것 보다는 낫다면서 모두 안으로 들어가 잠시 비를 그었다. 비록 바람이 새어 들어오는 것은 막을 길이 없었지만 빗속을 달리는 것에 비하면 훨씬 나았다. 얼마 지나자 비가 그치고 붉은 태양이 서쪽 산꼭대기에서 떠올라 황량한 사당 안을 비추었다. 그제야 사방의 벽이 보이기 시작했다.

그때 순이 큰 바위에 앉아 있다가 일어서려는데 넓적다리 근처에서 무언가 스멀스멀 움직이는 것이 느껴졌다. 고개를 숙여 보니 뱀이었다. 목은 가늘고 머리는 크며 피부에는 끈처럼 보이는 무늬가 있고 그 속에 털이 나 있었다. 코에는 침이 있었는데 길이가 7척쯤 되어 보였다. 도대체 무슨 뱀일까 생각하고 있는데 시종 하나가 그것을 보고는 소리를 질렀다.

"안 됩니다, 그놈은 독사입니다! 독이 무시무시합니다!"

그 사이에 뱀은 벌써 구불구불 뒤로 지나가 버렸다. 대사농이 급히 물었다.

"중화님! 다친 데는 없습니까?"

"괜찮습니다."

대사농이 다시 말했다.

"복사(蝮蛇)라는 저 뱀은 어금니 독이 제일 독해서 무엇이든 마주치면 물어버린답니다. 먹을 것을 찾을 때가 아니라도 독을 안 쏘는 것이 없습니다. 해마다 가을이 되면 독이 더 강해져서 초목을 잘근거리기만 해도 독이 흘러 나무나 풀이 말라죽을 정돕니다. 지금 그놈이 중화님 곁을 지나면서 피부를 스쳤는데도 물지 않았으니, 정말 착한 사람은 하늘이 돕는 모양입니다."

순이 말했다.

"이 또한 우연일 뿐입니다."

하늘빛을 보니 아직 해가 저물 때가 아니었다. 그래서 사람들은 다시 길을 재촉하기로 했다.

계곡 하나를 지나자 다시 숲이 나타났다. 순이 말했다.

"날이 저물면 숲 속 길은 걷기에 좋지 않으니 여기서 밤을 지내기로 합시다."

그리하여 모두들 장막을 치고 그곳에서 밤을 지냈다.

다음날, 순 일행이 숲을 통과하여 대륙택 가에 도착했더니 마침 배가 서너 척 정박해 있었다. 사람들은 기뻐하면서 급히 배를 탄 후 뱃사공에게 맞은편 해안으로 가자고 부탁했다. 대사농이 뱃사공에게 물었다.

"이곳이 어디입니까?"

"이곳은 산 위나 산 아래 모두 숲이라서 대록(大麓 : 지금 하북성 거록현(巨鹿縣)으로, 거(巨)는 크다는 뜻이고 록(鹿)은 록(麓)의 약자다)이라고 합니다."

대사농은 그 말을 잘 기억해두었다.

배가 남쪽으로 나아가자 앞쪽에 긴 둑이 보였다. 많이 부서져서 파도가 그 무너진 틈으로 연신 흘러드니, 그것이 바로 곤이 쌓은 둑이라는 것을 알 수 있었다. 뱃사공이

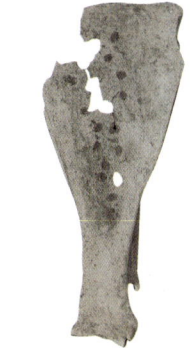

복골(卜骨)

동물의 견갑골을 쓰는 점복은 용산문화의 새로운 습속으로, 아마도 신과 인간을 소통시키는 무사에게서 나왔을 것이다. 상조의 무술은 이러한 기초 위에서 발전해온 것이다.

북방흑제(北方黑帝)
무명씨, 수륙화

흑제는 고대 신화의 다섯 천제 중 한 명으로 북방신 계열이다.《진서·천문지상》에서 '북방흑제는 엽광기신(葉光紀神)'이라고 했다.

서방백제(西方白帝)
무명씨, 수륙화

백제는 고대 신화의 다섯 천제 중 하나로 서방신 계열이다. 《진서·천문지상》에 '서방백제는 백초구신(白招矩神)'이라고 했다.

노를 저으면서 말했다.

"전에 숭백이 처음 둑을 쌓았을 때는 물난리가 점점 없어졌습니다. 나중에 둑 바깥의 물이 점점 높아지자 둑도 점점 높이 쌓으니, 다들 숭백을 향해 신력이 있다면서 노래를 부르며 칭송해 마지않았지요. 그런데 지난 달에 둑이 몇 군데 부서지더니 바닷물이 한꺼번에 밀려왔지 뭡니까. 대륙 택 깊이가 20여 장으로 불어나는 바람에 물가에 살던 백성들 집이 다 잠기고 죽은 사람만 2, 3만 명에 달한다니 정말 무서운 일입지요."

대사농이 말했다.

"둑이 무너진 원인을 아십니까?"

"어떤 사람은 둑을 너무 높이 쌓았기 때문이라고 하고, 또 어떤 사람은 땅 밑에 큰 자라가 있는데 이 자라가 몸을 뒤척이면 땅이 움직이기 때문이라고도 합니다. 그래서 작년에는 뇌택 북쪽 땅이 많이 무너져 내렸고 이번에는 또 숭백의 둑이 무너졌다는 것이지요."

대사농은 뱃사공이 방금 말한 것이 신화임을 알고 더 묻지 않았다.

그들은 둑이 파손된 곳 옆으로 다가가 곳곳을 조사한 후 다시 대륙택 서북쪽으로 건너갔다. 그리고 뱃사공에게는 후하게 상을 내린 뒤 육로로 태원(太原)에 도착했다.

대사농과 순은 입조하여 복명하고 조사한 내용을 아뢰었다. 요임금이 말했다.

"상황으로 볼 때 이번 사건은 전부 곤의 잘못은 아닐지라도 곤 역시 책임을 피할 수는 없는 일이오. 짐이 필지를 내려 책임을 엄중히 묻도록 하겠소."

순이 말했다.

"숭백은 둑을 쌓아서 물을 막는 데만 신경을 썼다고 합니다. 태원 북부에서 여량산(呂梁山) 일대를 거쳐 맹문산에 이르기까지 이미 9길이나 높이 쌓았다고 합니다. 장래에 이 둑이 터진다면 그 화가 이번 대륙택에 일어난 정도를 넘을 것입니다. 폐하께서는 속히 사람을 보내 범람을 막을 방법을 찾도록 재촉하시어 산 사람들이 도탄에 빠지고 폐하의 도읍이 위급해지지 않도록 하소서."

요임금은 그 말이 옳다고 여겨서 즉시 사람을 보내 경고하도록 했다.

다음날 요임금은 다시 대사농과 대사도를 만나 순에게 제위를 선양하겠다고 알렸다. 두 사람은 모두 찬성이었다. 대사농은 지난번 대록에 갔을 때 호랑이와 이리도 순에게 덤비지 않았고 독사도 물지 않았으며 거센 비바람과 천둥 번개 치는 어지러운 상황에서도 순이 당황하지 않았던 일을 보고했다. 그러자 요임금이 말했다.

"그렇다면 더욱 분명하오. 천신의 보호가 아니었다면 만물을 진실로 감동시킨 것이니, 그의 침착하고 강한 정신이야 더 말할 필요도 없겠구려."

대사도가 말했다.

"이헌(伊獻)이 그림을 주며 순초(舜草)가 홍수를 막을 것이라고 한 적이 있습니다. 그때는 말도 안 된다고 여겼는데 그저 황당한 말이 아니었습니다. 어쩌면 하늘이 순을 지명한 특별한 암시였는지도 모를 일입니다."

요임금이 생각해보니 매우 그럴 듯했다.

이틀이 지나 조회가 열렸을 때 요임금은 순에게 말했다.

"순이여, 이리 오시오. 짐이 그대에게 할 말이 있소. 그대가 결혼한 지도 3년이 되었소. 짐이 전에 그대에게 자문을 구하고 그대의 말을 살펴보았는데 지금까지 모두가 효험이 있었소. 짐이 보기에 하늘의 역수가 그대의 몸에 있으니 이제 그대가 황제의 자리를 맡을 수 있겠소. 하지만 짐의 생각으로는 아직 그대에게 분부할 몇 가지가 있소. 세상에 가장 하기 어려운 것이 '중(中)' 자라 하오. 그러면서도 세상에서 가장 요긴한 것도 중 자라 하오. 치우치지도 않고 무엇에 기대지도 않으면서, 과하지도 부족하지도 않아야 중이니, 중은 가장 활발한 것이오. 한 지역에는 그 지역의 중이 있고, 한 시기에는 그 시기의 중이 있으며, 한 사건에는 그 사건의 중이 있는 법이오. 조금이라도 차이가 나면 천리에 어긋나는 법, 그러므로 그대는 항상 긴장하여 이 중 자를 지키고 있어야 하오. 만약 한 가지라도 어긋나면 사해가 반드시 어려움에 빠지고 하늘이 주신 복록도 영영 끝나버릴 것이오. 이는

티베트 암각화의 일월음양도(日月陰陽圖)

우의 치수
화상석(畵像石), 동한(東漢)

대우는 곤이 혼과 열정을 다해 낳고 키운 곤의 화신이자 새 생명체로, 자라서 부친의 유업을 계승하여 치수를 완성했다. 그는 창조적으로 산을 뚫어 물길을 트는 소통 방법을 고안해냈다. 산악을 평평하게 다져 홍수 방향을 이끌어 동쪽 바다로 흘러가게 한 것이다.

짐이 70년을 살아오면서 항상 전전긍긍하며 지켜온 바이니, 그대도 반드시 유의해야 할 것이오."

순이 그 말을 듣고 황공해하면서 거듭 머리를 조아리며 말했다.

"지당하신 말씀이오나 신은 재주와 덕이 없어서 절대로 이 큰 자리를 맡을 수가 없습니다. 원컨대 덕망 있는 선비를 따로 뽑으시어 선양하심이 실로 다행일 줄로 아룁니다."

요임금이 말했다.

"짐은 즉위한 이래로 현자를 구하여 이 자리를 전하려는 마음을 지닌 채 살아왔소. 이제 70년이 흘러 그에게 선양하려는데 그는 받지 않겠다고 하는구려. 조정의 어진 이 중에 그대보다 나은 사람이 없소. 비록 천하의 큰 정치를 맡는 일이 굉장히 힘들기는 하나, 그대는 아직 젊고 힘이 강하니 천하의 백성들을 위해 자신을 희생해야 할 것이오. 그러니 더 이상 사양하지 마시오."

순은 여전히 겸손하게 사양할 뿐 요임금의 청을 받아들이려 하지 않았다. 그러자 나중에 대사농 등이 의견을 올렸다.

"순이 굳게 사양하는 것은 당연한 겸손의 미덕이지만, 폐하께서 아직 재위에 계시니 군신의 명의를 뒤집지 않기 위해 제위를 받지 않으려는 것 같습니다. 신 등의 어리석은 소견으로는 선양의 일을 논하지 말고 당분간 섭정을 하게 하시면, 폐하께서는 계속 재위에 계시면서도 군신의 명의가 뒤집히거나 혼잡하게 섞이지 않을 수 있으며 폐하의 양생과 휴식에도 방해되지 않으니, 이 어찌 두 분 모두에게 좋은 일이 아니겠습니까!"

요임금이 생각에 잠겼다가 말했다.

"그것도 하나의 방법인 것 같소. 그렇게 합시다."

이번에도 순은 사양하려 하였으나 그렇게 하면 요임금과 군신들이 허락하지 않을 것 같아서 그냥 동의할 수밖에 없었다. 본래 요임금의 의도는 순에게 선양하고 단을 쌓아 선양의 전례를 거행하려던 것이었다. 그런데 이제 섭정을 하게 되었으니 전례는 그다지 화려할 필요가 없고, 다만 순에게 특정의 호(號)를 하사하면 되었다. 그래서 순에게 태위(太尉)라는 호를 붙여주었다. '위(尉)' 자는 위에서 아래까지 편안하다는 의미로, 순이 만백성을 안정시키기를 바라는 것이었다. 섭정은 다음 해 정월까지 시행하기

로 결정했다.

며칠 후 환두가 조배하러 왔다가 요임금이 순에게 섭정하도록 했다는 말을 들었다. 그는 요임금의 처사가 옳지 못하다고 생각했다. 때마침 숭백 곤은 동쪽의 둑이 무너진 일로 요임금에게 경고를 받고 심히 부끄러워 경사(京師)로 직접 와서 변명을 하고 싶어 했다. 그런 와중에 수해(竪亥)로부터 이번 경고가 순이 조사한 뒤에 탄핵한 결과라는 말을 들었다. 곤은 치솟는 화를 참을 수 없었다.

"순이 뭐란 말인가? 그 녀석이 뭘 안다고 감히 나에 대해 이러쿵저러쿵 말을 해?"

그는 즉시 태원을 향했다. 그리고 태원에 당도하여 요임금이 순에게 선양하기 전에 먼저 섭정을 시켰다는 소식을 들었다. 속이 부글부글 끓어올랐다. 그러나 누구에게도 발설할 수가 없던 차에 마침 환두가 태원에 있다는 소리를 듣고는 그를 방문했다.

곤은 환두의 집을 들어서며 공공과 마주쳤다. 공공이 어째서 여기 있는 것일까? 원래 공공은 파직되어 관직에서 물러난 후 마음속에 원한이 맺혀 그의 봉지(封地)로 가서 뱀의 몸에 아홉 머리가 달린 그의 신하 상류와 함께 모반을 꾀하고 있었다. 그는 환두와도 연락하면서 각자 한곳을 차지하기로 모의하였다. 공공은 서북쪽을 차지하고 환두는 남쪽을 차지하고 있다가, 기회가 되면 일제히 북쪽으로 치고 올라와 요임금을 폐위하고 천하를 나누기로 약조한 것이다. 그러다가 근래에 요임금이 늙고

중앙황제(中央皇帝)
무명씨, 수륙화

천계오방노천군(天界五方老天君)은 동남서북중(東南西北中) 오방(五方)의 천신이다. 오방 다섯 노인의 명칭은 중앙황제 현령황로일기천군(玄靈黃老一炁天君), 서방백제 영황로칠기천군(靈皇老七炁天君), 북방흑제 오령현로오기천군(五靈玄老五炁天君), 동방청제 청령시로구기천군(青靈始老九炁天君), 남방적제 단령진로삼기천군(丹靈眞老三炁天君)이다.

오악상제(五岳上帝)
무명씨, 비단 채색, 명대

그림에서 오제는 각각 남색, 녹색, 홍색, 황색, 흑색의 곤룡포를 입고 손에 홀판을 잡고 순서대로 서 있다. 분위기가 자못 엄숙하고 경건히디. 뒤에는 그들을 모시는 문관이 있으며 한 동자가 깃대를 들고 있는데 표정이 생기발랄하다.
오악상제는 동악(東岳) 태산(泰山), 서악(西岳) 화산(華山), 북악(北岳) 항산(恒山), 남악(南岳) 형산(衡山), 그리고 중악(中岳) 숭산(嵩山)의 신을 말한다. 동악천제인성제(東岳天齊仁聖帝), 서악금천순성제(西岳金天順聖帝), 남악사천화소성제(南岳司天化昭聖帝), 북악안천원성제(北岳安天元聖帝), 그리고 중악중천대녕숭성제(中岳中天大寧崇聖帝)가 그들이다.

편두(扁豆)
선묘

편두는 납작콩을 말하는 것으로, 콩과에 속하며 한해살이풀로 넝쿨식물이다. 꽃은 자색이거나 백색이고 콩깍지는 납작하고 짧고 크며, 자색 콩도 있고 흰 콩도 있다. 씨앗도 자색과 흰색 두 종류다.

쇠약해졌으며 홍수 피해도 심각하다는 소식을 듣고는 알현을 명목으로 이곳에 와서 동정을 살피던 중이었다. 먼저 도착한 이는 환두이고 공공이 뒤에 와서 막 상의를 하려는데 뜻밖에 곤도 달려온 것이었다. 이 세 악당은 서로 만나지 못한 지 십수 년이 되었다.

한자리에 모인 세 사람은 자연히 이런저런 인사말을 나누다가 나중에는 점점 정치로 이야기가 흘렀다. 곤이 먼저 말했다.

"지금 요임금이 나이가 많고 정신이 혼미해져 천하를 시골 농사꾼한테 주려 한다고 하오. 도대체 어디 그런 법이 있단 말이오?"

환두가 말했다.

"맞습니다. 세상 어디 그런 도리가 있습니까? 자기 아들을 쫓아내고 사위를 총애하다니, 정도 없고 의리도 없이 이 지경까지 오지 않았습니까? 정말 노망이 났다 해도 할 말이 없습니다."

공공이 말했다.

"자기 딸을 시골뜨기한테 시집보낸 것은 말할 것도 없습니다. 더한 일도 할 분입니다. 그렇게 보면 자신의 정처가 낳은 딸을 여황으로 만들어 순에게 시집보낸 것도 그리 이상한 일은 아니지요. 그거야 집안일이니까 우리가 간섭한들 무슨 소용이겠습니까? 천하는 큰 그릇이고 천자의 자리는 큰 자린데 그는 옳고 그른 것도 상관하지 않고, 천하가 원하는지 아닌지, 동의하는지 아닌지 묻지도 않고 멋대로 권력을 남에게 줘버렸단 말입니다. 그야말로 천하를 팔고 만백성을 팔아넘기는 큰 죄라 해야겠지요! 우리에게 조금이라도 양심이 남아 있다면 당연히 정의를 세우고 이치에 맞지 않은 것을 그냥 보아 넘겨선 안 될 것입니다."

환두가 그 말을 듣고는 찬성하면서 말했다.

"지당하신 말씀입니다, 그렇고말고요!"

곤이 물었다.

"두 분은 이 일을 어떻게 처리하실 생각이십니까?"

공공이 대답했다.

"내일 아침 요임금을 알현하여 간언하겠소. 간언해도 듣지 않으면 내 땅으로 돌아가 백성들에게 그가 사사로이 천하를 주고받은 죄상을 알리고 그와 관계를 단절하겠다고 선포하겠소."

환두가 말했다.

"제 의견은 조금 다릅니다. 요임금이 비록 정신이 혼미하여 이 지경에 이르렀다고는 하나 그의 수하인 기(棄), 뇌(腦), 사악(四岳) 등의 구관(狗官 : 개처럼 아첨밖에 모르는 관리라는 뜻으로 보임)들은 죽어라고 요임금의 비위만 맞추는 것이 장래의 지위와 녹봉을 든든하게 하는 것이라 여기고 있습니다. 그러니 간언을 해도 분명히 듣지 않을 것이고 공연히 헛수고만 하는 것이지요. 저는 내일 아침에 조배(朝拜)가 끝나면 곧장 돌아가서 백성들에게 그의 죄상을 낱낱이 드러낼 생각입니다. 만약 그 시골뜨기가 결국 천자 노릇을 하게 된다면 저는 그 즉시 군사를 일으켜 토벌할 생각인데 어떻게 보십니까?"

곤이 그 말을 듣고는 마찬가지로 격앙된 어조로 말한다.

"간언할 것은 간언으로 해결해야 한다고 생각합니다. 그러지 않고 군대를 일으켜 토벌하면 잘못이 내게 있게 되지요. 그러나 간언을 해도 듣지 않아서 그 후에 우리가 연합하여 거사한다면 명분도 바르고 이치에도 맞아 천하 사람들도 비난하지 못할 것이오."

공공은 곤이 자신의 직위를 빼앗았기 때문에 본래부터 곤이 마음에 들지 않았다. 그래서 곤이 거사를 하겠다는 말에 힐난조로 대꾸했다.

"우리는 봉해진 국가가 있으니 그곳을 근거지로 삼을 수 있소. 당신도 봉국이 생겼는데 가서 잘 다스리지 않는다면 의지할 데도 없어질 테니 어떻게 큰 일을 치를 수 있겠소?"

공공의 말에 곤이 화를 내며 말했다.

"안 될 게 뭐가 있겠습니까? 한 마리 맹수에 비유하자면, 내 뿔을 곤추

호(瓠)
선묘

조롱박을 뜻하는 호는 '호로(葫蘆)'나 '호로(壺蘆)' 혹은 '야개화(夜開花 : 밤에 피는 꽃)'로도 부른다. 한해살이 넝쿨풀로 줄기와 잎에 털이 있다. 잎은 달걀형이다. 꽃은 흰색으로 저녁에 피어나고 새벽에 닫힌다. 열매는 가늘고 길며 원통형으로 연두색이다. 어린 과일은 야채요리에 쓰이기도 하고 약재로도 쓴다.

세우기만 하면 성(城)이 되고 꼬리를 들면 깃발이 되는데 뭐가 무섭습니까? 그대들 두 분만 재주가 있습니까?"

공공과 환두는 곤이 화를 내는 것을 보고는 더 이상 말하지 않았다.

다음날 세 사람은 조정에 함께 도착했다. 요임금이 먼저 곤을 바라보면서 기주 동부에 크나큰 재해가 일어난 것에 대해 책망한 후 다음부터는 홍수를 막는 데 각별히 신경 쓰라고 분부했다. 또다시 소홀히 하면 법대로 엄하게 처벌하겠다고 했다. 곤이 이 말을 듣고 기분이 상해서 황제의 말을 반박하려는데 공공이 말을 꺼냈다.

"신이 멀리서 오는 길에 소문을 들으니 황제께서 천하를 순에게 선양하려 한다는데 그 말이 맞습니까?"

요가 말했다.

"그렇소, 그런 일이 있었소."

공공이 말했다.

"황제께서는 지금까지 항상 성스럽기 짝이 없고 지혜가 밝으셨습니다. 그런데 이번에는 어찌하여 천하를 한낱 필부에게 넘기려 하십니까?"

"천하라는 것은 하늘 아래 모든 사람이 함께 가지는 도구이니, 넘겨받을 사람의 재주와 덕망이 천하의 중책을 맡을 수 있는지를 물어봐야 하는 법이오. 그 사람에게 능력이 있다면 필부라 해서 무슨 문제가 되겠소. 만약 재능이 부족하면 귀한 집 자손에게라도 절대 천하를 넘겨주어서는 안 되는 것이 도리요. 짐이 사람을 취할 때는 오직 재주와 덕망만 묻고 신분의 귀천 따윈 묻지 않소."

곤이 옆에서 듣고 있다가 대단히 불쾌해져서 말했다.

"불길합니다, 천하를 필부에게 넘긴다는 것이 말입니다."

경도(環島)에 신선이 살다
상관주(上官周), 비단 채색, 청대

누군가 《산해경》의 '불사국'과 '불사민'과 '삼면인(三面人 : 얼굴이 셋인 사람)'이 신선의 원형이란다. 또 불사국에서 먹는 감목(甘木)은 바로 수도자들이 애타게 구하던 장생(長生) 단약(丹藥)이라고 했다. 그리고 인적이 드문 바다의 섬 경도는 선인들이 주로 거주하는 지역이라고 상상했다.

요임금이 말했다.

"어째서 불길하다 하시오?"

"자고로 이런 법은 없었습니다. 여쭈옵건대 황제가 천하를 필부에게 넘기는 것은 어느 시대의 어리석은 황제로부터 취하신 법인지요?"

요임금이 말했다.

"이전 왕조에 그런 사례가 있었는지 물을 필요가 없소. 천하의 군주 된 사람이 재주와 덕망을 중시하는지, 아니면 신분의 귀천을 중시하는지를 물어야 할 것이오."

곤이 이 말을 듣고 더욱 화가 나서 말을 가리지 않고 내뱉었다.

"신이 옛 어른 말씀을 들은 바 있습니다. 하늘의 도를 얻으면 황제가 되고, 땅의 도를 얻으면 삼공이 된다고 했습니다. 지금 신은 땅의 도를 얻었으니 신을 삼공으로 삼아야 마땅할 터인데, 어째서 신을 삼공으로 봉하지도 않으면서 도리어 필부를 황제로 삼으십니까? 황제께 여쭙겠습니다. 순이라는 한낱 필부가 하늘의 도를 얻을 수 있겠습니까?"

요임금은 그가 함부로 말하는 것을 보면서도 일일이 따지는 대신 이렇게 말했다.

"순이 하늘의 도를 얻었는지 아닌지 정확한 근거는 없소. 그러나 짐이 천하를 그에게 넘긴 후에 그가 만약 소임을 다하지 못한다면 짐이 그 책임을 지겠소. 짐의 의사는 이미 결정되었으니 여러분은 조용히 그 결과를 관찰하시오. 이 시각 이후로 다시 논쟁할 필요가 없소."

곤과 공공은 이 말에 화를 삭이지 못하고 있었다. 환두는 소매 속에 손을 넣은 채 미소를 지으며 한마디도 하지 않았다.

태양인의 각석(刻石)

호북(湖北) 자귀(秭歸), 신석기시대

중국 민족은 문명 초기에 개구리와 새를 숭배했는데, 신화에서 새는 태양신이고 개구리는 달의 신으로 등장한다. 이것은 태양과 달에 대한 숭배가 아주 일찍부터 시작되었음을 말해준다. 일월숭배는 황하 상류 지역에서 기원했으며 원시 농경 문화의 산물로 추정된다.

음악의 신 영윤

영윤은 상고시대 황제의 악관으로, 일생 동안 정열을 다해 음악을 창조하여 음악의 기틀을 마련했다.

여자머리 병
회도(灰陶), 숭택(崧澤)문화

세 악당은 조정에서 물러난 후 한곳에 다시 모였다. 환두가 말했다.

"이 몸은 어제부터 알고 있었습니다. 억지로 간언을 한들 무익하다는 것을 말입니다. 이제 와서 보니 제 생각이 틀림없었습니다."

공공이 말했다.

"기왕 이렇게 되었으니 우리가 어제 말한 대로 결행합시다."

환두도 찬성했다. 공공이 곤에게 물었다.

"숭백은 어떠십니까?"

그러자 곤이 한 맺힌 목소리로 대답했다.

"이 몸은 나름대로의 방법이 있소."

세 사람은 이야기를 마치고 각자 흩어졌다.

다음날 그들은 차례로 경사를 떠났다. 환두는 도중에 격문을 써서 요임금에게 보냈는데, 그 내용은 이번 왕위 선양의 부당성을 심하게 비난하는 것이었다. 공공도 서북방으로 돌아갔다.

곤은 경사를 떠난 후 생각할수록 화가 치밀었다. 제방을 쌓는 작업도 실패해서 요임금의 책망을 들었고, 게다가 강하게 간언하다가 조정에서 심사만 상한 꼴이 된 것이다. 또 환두와 공공은 모두 근거지가 있어서 그것을 빌미로 자신에게 무능력하다고 비웃다니 화가 나지 않을 수 없었다. 여

기백(岐伯)
무명씨, 인물화

기백은 황제 때의 신의(神醫)로 중국 양생법의 선구자다. 기백은 황제와 양생의 문제에 관해 토론을 벌였다. 그에 따르면 사계절의 좋지 않은 사기(邪氣)를 피하고 한가하고 고요하고 잡념이 없는 마음가짐으로 정기(精氣)를 조화롭게 유지하면 장수할 수 있다.

기까지 생각이 미치자 분노가 하늘까지 치솟아 황량한 들판에서 밤을 지낼 때도 도무지 잠이 오지 않았다.

다음날도 어찌해야 좋을지 모른 채 있는데, 갑자기 요임금이 중요한 사안이 있어 상의를 해야겠다며 입조하라는 전갈을 보내왔다. 곤은 그 전갈을 듣고 더욱 화를 내며 말했다.

"내 말은 들으시지도 않더니 또 나를 불러 뭘 하시려고 이러신답니까? 나는 안 가겠소."

전갈을 가져온 사신은 별 수 없이 돌아가 사실대로 보고하는 수밖에 없었다. 곤도 원래 일하던 강변으로 돌아갔다. 곤은 강변으로 돌아온 후에도 심기가 불편해서 잠도 이루지 못하고 식욕도 느낄 수 없었다.

그러다 어느 날 결국 화가 닥치고 말았다. 밤중에 큰비가 내리더니 산에서 홍수가 터져 아래로 맹렬하게 흘러내린 것이었다. 여량산에서 맹문산까지 곤이 쌓아둔 9길 높이의 둑이 수백 리에 달했는데, 그중에서 일고여덟 곳이 무너져 홍수가 났다. 그 기세가 마치 수만 마리 말들이 뛰는 듯했고, 물살 흐르는 소리가 100리 밖까지 들릴 정도였다.

백성들은 자다 놀라 깨어서는 도망갈 곳도 없이 모두 파도에 휩쓸려가 버렸다. 어떤 이는 집 옥상으로 올라갔지만, 홍수가 닥치자 기둥이 요동을 치며 집이 기울어지는 바람에 결국 물고기 밥이 되었다. 또 어떤 사람은 집이 통째로 쓸려가서 종적조차 알 수 없었다. 한꺼번에 물이 터져 흘러내리면서 시체가 헤아릴 수 없을 정도로 쌓였으니, 실로 전에 없던 재앙이었다.

곤은 이 소식을 듣고 혼비백산해서 급히 큰 배를 타고 나와 보았다. 그리고 자신이 이미 천하의 대재앙 속에 휩쓸려 다시 인간 세상에 발을 디디기 어려운 지경이라는 생각이 들었다. 그는 넘치는 물을 바라보며 대성통곡을 하다가 나중에는 고함을 질렀다.

"좋다! 이 한 몸 죽어 없어지면 될 것이야!"

그는 배의 차일을 열고 물로 뛰어들려 했다. 그러나 뒤에서 대장(大章)과 수해 두 사람이 사태가 심상치 않음을 알고는 황급히 곤을 막으며 말했다.

"주공! 이러시면 안 됩니다."

"나를 잡아 무엇을 하겠다는 것이냐? 내가 10년 동안 쌓은 공이 하루아침에 무너져 지금 나 때문에 죽은 사람이 얼마나 되는지 아느냐? 내가 어찌 그들을 본단 말이냐? 이제 무슨 낯으로 사람들을 보겠느냐? 그러니 나를 죽도록 내버려두는 것이 낫다."

대장이 말했다.

"절대 안 됩니다. 큰 일을 처리하다가 우연히 실패하는 것은 흔한 일입니다. 하물며 주공께서는

일월신(日月神)

그림에서 볼 때 태양신과 달의 신은 인간미가 넘친다. 아무리 봐도 속세에서 부유하고 자손들도 번창한 노부부가 자애롭고 선량하게 웃고 있는 모습이다.

평소 일찍 일어나시고 늦게 주무시면서 바람을 맞고 비를 맞으시며 갖은 고생을 하셨으니, 이런 충성을 천하에 알려야 합니다. 설령 죄가 있더라도 그것은 직무상 저지른 죄일 뿐입니다. 주공께서 자결로써 백성에게 사죄하신다면 이전에 치수를 맡았던 공공은 어떻습니까? 그는 41년간 치수를 맡으면서 주색에 빠져 문란했지만, 후에 천자께서는 그를 면직시키기만 하셨지 그의 죄를 다스리시지는 않았습니다. 이렇게 볼 때 실패를 했더라도 하나도 꺼릴 것이 없는데 주공께서는 어찌하여 이러십니까?"

곤이 탄식하면서 말했다.

"그렇지 않다, 그렇지 않아! 전에 기주 동부에서 실패한 일은 우연이라고 할 수 있다. 그렇지만 지금 여기서 또 실패한 것을 어찌 다시 우연이라고 하겠느냐? 나와 공공을 비교해서는 안 될 것이야. 그는 이익과 녹봉만 밝히고 양심이란 전혀 없는 사람이지만 나는 그렇지 않다. 사람이 큰 일을 맡으면 책임을 질 수 있어야 한다. 내 나름의 정책을 가지고 일을 처리해서 성공하면 내 공이고 실패하면 내 죄일 뿐, 억만 백성의 생명과 재산을 실험물로 삼거나 노리개로 삼아선 안 된다. 지금 내 정책은 실패했고 그 정책 때문에 죽은 사람들이 얼마나 많은지 모른다. 죄를 인정하고 자결해서 죽은 사람들에게 사죄해야 비로소 책임을 졌다고 할 수 있다. 만약 정책이 틀려서 일을 그르쳤다면 언제든지 고칠 수 있고 방법을 바꿀 수도 있지만, 한번 실패하면 두 번이 되고, 두 번 실패하면 세 번이 되는 법이다. 자기의 성공을 위해 권력을 손안에 쥐고 백성의 생명을 돌보지 않는 자는 이리나 승냥이 같은 성격에 독사 같은 마음을 지녔으니, 이 숭백 곤은 절대 그럴 수 없다. 제발 나를 죽게 내버려두어라."

수해가 말했다.

"주공의 말씀이 백번 옳습니다. 그러나 주공의 치수정책은 모두

서왕모

서왕모는 특이하게 생겼다지만 얼굴은 사람과 별반 차이가 없다. 다른 점이라면 몹시 날카로운 호랑이 이빨이 나 있고 호랑이처럼 전신에 호피무늬가 덮여 있으며 긴 꼬리까지 달렸다는 것이다.

백성을 구하고자 하는 것이었지 결코 백성을 해치려던 것이 아니었습니다. 설사 여러 백성을 다치게 했더라도 백성들도 이해할 것입니다."

곤이 또 탄식하면서 말했다.

"어떤 정책이 정말로 백성과 나라를 위하는 것인지, 거짓으로 위하는 것인지는 그 정책을 시행해봐야 아는 것이다. 그리하여 성공한다면 백성과 나라에 정말 이득이 되는지 아닌지를 봐야 하며, 실패한다면 해를 끼친 백성에게 무슨 말을 할지를 살펴야 한다. 정말인지 아닌지는 이렇게 해야 알 수 있는 법이다. 지금 내가 실패해놓고도 죽지 않는다면 이전에 백성을 구하려는 뜻이 결국은 가짜라는 것이니, 그대들은 나를 죽게 두라."

대장이 말했다.

"주공의 말씀은 과연 옳습니다. 하지만 소인이 보기에는 백성에 대한 말을 위해 꼭 죽어야 할 필요는 없다고 봅니다. 예전에 솜씨가 아주 절묘한 자객이 있었습니다. 나중에 그는 어떤 사람을 찔렀는데 한 번에 죽이지 못하자 종적을 감추었답니다. 소인은 이것 또한 일종의 책임지는 것을 표시하는 방법이라고 생각합니다. 그러니 한곳을 택해서 속세를 떠나 성명을 감추고 일생을 보내십시오. 게다가 공자도 여기 아니 계시지 않습니까? 주공께서 만약 백성들에게 사죄하기 위해 자결하시려면, 조금 있다가 공자를 만나신 후에 모든 집안일을 분부하시고 그리하셔도 무방하지 않겠습니까?"

곤은 대답을 하지 못했다.

수해가 말했다.

"대장의 말이 맞습니다. 주공이 은둔하시면 저희 둘이 따르며 잘 돌보겠습니다. 바다 끝이건 하늘 끝이건 죽어도 떠나지 않겠습니다."

곤이 탄식하면서 말했다.

"그대들이 이렇게 아껴주니 감동이네. 결국 죽어야 할 몸이지만 그대들 말대로 잠시 미루기로 하지. 내 아들의 말을 듣지 않아 이 지경에 이른 것이 무척이나 후회 되는군. 아들은 그날 나에게 권고했었지. 아! 그녀석은 지금 어디 있단 말인가? 오늘은 그만 이야기하도록 하세."

곤은 뱃머리에서 배 안으로 들어가 앉아서 대장에게 붓과 대쪽을 가져오게 하였다. 그리고 대장이 가져온 것들을 받아 글을 써내려갔다.

상군과 상부인
문징명(文徵明), 종이 채색, 원대

이 그림은 시인 굴원의 《구가》에 나오는 상수 여신의 모습이다. 화법이 간결하고 명쾌하며 인물을 돋보이게 하는 배경도 없다. 인물의 의상은 고풍스럽고 우아하게 묘사되었으며 섬세하면서도 강하고 시원시원하다. 상군과 상부인이 공중에서 느릿느릿 걷는 자태가 산들산들한 신선의 느낌을 살려준다.

신의(神醫) 마사황(馬師皇)

마사황은 황제 때 병난 말을 전문으로 치료하는 신의였다. 모든 풀과 각종 병중에 통달해서 그가 치료하면 모든 말이 건강해졌다.

내 아들 문명(文命 : 우의 이름)에게 쓰노라.

오늘 일이 이미 실패로 끝나 죽음이 아니면 백성들에게 사죄할 길이 없게 되었구나. 이 아비는 바로 물에 뛰어들어 죽을 작정이었으나 대장과 수해 두 사람이 말리는 바람에 잠시 뒤로 미루기로 했다. 나는 평생토록 죽음을 두려워하지 않았고 모든 일에 책임을 지며 살아왔으니, 스스로에게 물어보아도 이번 사안은 이치로 따져도 응당 내가 죽어야 하고 법으로 따져도 마땅히 내가 죽어야 하느니라. 그러니 죽는다 하여 어찌 한스럽겠느냐? 지금 잠시 미루는 것은 생에 연연해서도 아니고 요행을 바라는 마음도 아니며 오직 너를 보지 못한 안타까움 때문이다! 이 아비가 수십 년 수리사업을 하면서 스스로 많은 것을 깨달았다고 생각했으며, 그것이 한낱 종이에 그려본 헛된 이야기가 아니라 상당히 정확하다고 믿어왔다. 그러나 정작 실행에 옮겼더니 도처에서 문제가 발생했고 결국에는 엄청난 실수를 저지르게 되었구나! 더 큰 잘못이라면 상제(上帝)의 식양(息壤)을 훔친 것이 나 혼자만의 비밀인 줄 알았으며, 식양을 사용해서 공을 이루려고 했던 것이다. 그런데 뜻밖에 모든 것이 무너져버렸다. 혹시 상제께서 내가 식양을 훔친 것을 노여워하시어 이런 벌을 내리시는 것일까? 지난 일은 지난 일이니 더 말하지 않겠다. 나는 오늘 아침에 죽은 몸이지만 너에게 서찰을 쓰는 것은 첫째, 부자간의 정이 남아 한마디 말을 남기지 않을 수 없음이다. 이래야 네가 장래에 서러움을 품지 않을 것 아니냐. 둘째, 이번 재앙은 손실이 아주 커서 내 한 몸 죽더라도 지은 죄를 씻기 어려우니, 네가 못난 아비 대신 나라를 위해 홍수의 피해를 최대한 막아주기 바란다. 네 공이 조금이라도 이루어진다면 죽은 다음에라도 내 죄가 조금 가벼워질 수 있지 않나 생각한다. 너의 학식이 이 아비보다 뛰어나다는 것을 알면서도

지난번에 네가 해준 충고를 듣지 않았던 것이 지금 너무나 후회스럽지만 이미 돌이킬 수 없게 되었구나. 다만 네가 앞으로 치수사업에 임하여 마음을 비우고 선을 따르며 절대 이 못난 애비의 전철을 밟지 않기만을 바랄 뿐이다. 이 서찰이 너에게 전해질 때면 나는 이미 구천에 가 있을지도 모른다. 내가 아무리 눈을 크게 뜨고 사방을 둘러

대전(大戰)에서 무사귀환하는 축융

먼 옛날 사람들은 자연현상과 재난을 해석할 방법이 없어서 신화를 만들어냈다. 그리하여 신령스러운 자연이 바로 재난의 원인이 되었다. 말하자면 최초의 홍수는 공공과 축융 두 천신의 전쟁 때문에 일어난 것이다. 신과 신의 전쟁에서는 정(正)과 사(邪)가 갈리며, 인간은 무고한 희생물로 정의의 신이 구해주는 나약한 무리일 뿐이다. 이것은 인간이 강대한 자연 앞에서 미미한 존재일 뿐인 현실과 잘 부합된다.

그림은 인신(人神) 축융씨가 전쟁에서 탈 없이 귀환하는 장면이다.

봐도 이제는 너 혼자뿐이니 방법을 잘 모색해서 앞 사람의 허물을 덮는 데 애써야 한다. 아, 내 아들아! 이제 영영 이별이구나!

곤은 서찰을 다 쓰고 나서 수해에서 건네주며 말했다.

"나 대신 내 아들을 찾아서 이 서찰을 전해주어라."

수해는 명을 받들고 다시 물었다.

"공자께서 회신을 주거나 직접 찾아뵙겠다고 하면 주공께서 어디 계신다고 아뢰면 되겠습니까?"

곤이 탄식하면서 말했다.

"우리 부자는 이것으로 영원히 다시 만날 일이 없을 것이다. 하물며

선인(仙人)
무명씨, 비단 채색

고대에는 수련에 정진하면 어느 날 '신선'이 되어 죽지 않으면서 하늘과 땅을 오갈 수 있다고 믿었다.

갈 길도 아직 정해지지 않았는데 그것은 말해 무엇하랴?"

"그렇기는 하지만 소인은 다시 보고드릴 곳을 꼭 알아야겠습니다."

곤이 고개를 숙이고 한참을 생각하더니 말했다.

"바다에 있거나 섬에 있겠지."

수해가 이 말을 듣고는 나는 듯 떠났다.

곤과 대장은 배에서 내려 해안으로 올라와 옷을 바꿔 입고 급히 동남쪽 해안으로 갔다. 배가 대륙택을 지나갈 때 도처에 재난을 당한 시체와 훼손된 집들이 널려 있었다. 남아 있는 것이라고는 몇 개의 둑에 불과했다. 이 둑의 유적(지금 하남 준현으로, 동으로 하남 양현(陽縣)의 경계를 넘고 북으로 원성현(元城縣), 청하현(淸河縣), 산동의 은현(恩縣), 덕현(德縣)에 모두 곤이 쌓은 둑의 흔적이 있다)이 아직도 남아 있다.

곤은 그 광경을 보고 미숙한 정책으로 백성을 해치지 않았어야 한다면서 자신을 심히 원망했다. 게다가 가는 길에 백성들이 욕하는 소리를 듣자 말도 못하게 괴로웠다. 다행히 복식을 바꿔 입어서 알아보는 사람은 없었다. 반달이 지나 우산(羽山 : 현재 산동 봉현(蓬縣) 동남쪽 30리)에 이르러 잠시 머물렀는데 그에 대한 이야기는 더 하지 않겠다.

한편 요임금은 조정에서 곤과 공공의 간언을 거절한 바로 그 다음날

계가 유호를 멸하다

하의 계왕은 즉위한 후에 각 부락을 소집해서 회의를 열었다. 유호씨라는 동방의 부락이 명령에 불복하자 계는 그들을 토벌하기 위한 대 전투를 시작했다. 전투에 임하기 전에 맹세한 말이 《감서(甘誓)》다. 그 글에서 계는 '유호씨는 위로는 오행의 천문 현상을 공경하지 않고 아래로는 삼정(三正) 대신(大臣)을 존중하지 않아서 천명으로 그 나라를 없애려 한다. 지금 짐이 천명을 받들어 그곳을 징벌하노라' 하고 전투의 명분을 밝혔다. 계의 주도로 유호씨를 제거하니 온 세상에서 다 몰려와 축하를 했다.

곤과 환두, 공공 세 사람이 모두 돌아갔다는 보고를 받았다. 요임금은 그들이 작별인사도 하지 않고 간 것이 이상했다. 마침 치수의 일로 곤과 상의할 일이 있어서 사람을 보내 불렀으나 어쩐 일인지 곤은 오지 않고 불손한 말까지 했다는 것이었다. 요임금은 대단히 불쾌해져서 군신들과 어떻게 이 일을 처리할 것인지 상의했다.

그러던 중에 갑자기 밖에서 환두의 격문이 전달되었다. 펼쳐 보니 요임금을 심하게 비난하는 내용이 담겨 있었다. 대략 요임금이 사위를 총애해서 사사로이 천하를 넘기려 하니 대역무도하다는 등의 내용이었다. 요임금이 말했다.

항아가 계수나무를 잡고
당인(唐寅), 종이 채색, 명대

항아는 고대 신화에서 월궁의 선녀로 등장한다. 원래 후예의 아내였는데 선약을 훔쳐 먹고 월궁으로 날아가서 광한궁의 주인이 된다. 그림에서 항아는 한 손에 계수나무 가지를 잡고 눈을 들어 멀리 보고 있는데, 득의만만한 기색이 완연하다.

"어제 조정에서 곤과 공공이 행한 발언이 불합리하고 거칠긴 했으나 임금을 섬기는 도를 잃지는 않았소. 환두도 그날 조정에 있었거늘 어찌하여 입을 다물고 한마디도 하지 않았단 말인가? 이제 와서 다른 말을 하니 무슨 경우인지 모르겠소. 도무지 알 수 없는 일이오."

주인(檮戭)이 말했다.

"신이 들어보니 지(摯) 황제 시대에 환두, 공공, 곤 세 사람을 삼흉(三凶)이라고 했다 하옵니다. 지 황제께서 실덕하신 것도 그들 세 사람 때문입니다. 지금 거룩하신 폐하께서 재위하시어 그 죄를 벌하는 대신 사하여주고 허물을 덮고 녹봉을 주시는 것은 그들을 너무 후하게 대하시는 것입니다. 그럼에도 그 세 사람은 공이 전혀 없으면서 도리어 같은 날 하직인사도 없이 경사를 떠났습니다. 곤은 불러도 반항하며 오지 않았고, 환두는 또 멋대로 폐하를 비방했습니다. 신의 생각으로는 세 사람이 작당을 하지 않았다고 보기 어려우니, 그들 사이의 비밀스러운 모의는 국가에 매우 위험하

신비한 사람얼굴
암각화, 신석기시대

그림 속 생기발랄한 얼굴은 모두 식물에서 뻗어나와 달려 있다. 자주 발견되는 태양신 주제와는 다른 그림으로, 태양신의 빛과 열로 오곡이 풍성하기를 바라는 마음이 훨씬 직접적으로 드러나 있다. 얼굴 무늬는 현존하는 신석기시대 암각화에 자주 보이는 주제지만, 강소 연운항시(連云港市)에서 발굴된 이 그림은 좀 특별해 보인다.

다고 생각됩니다. 폐하께서는 세 사람에게 엄하게 죄를 물으시고, 다시 위반하거나 반항하면 육사(六師)를 일으켜 토벌하게 하심이 어떠하신지요?"

요임금이 채 입을 열기도 전에 갑자기 관리 하나가 보고했다.

"홍수가 넘쳐 하늘까지 차올랐으며 서문 밖은 이미 물이 가득 고였습니다. 백성들이 많이 다치거나 죽었으니 폐하께서는 속히 결정을 내려주십시오."

요임금과 군신들은 매우 놀라 즉시 조정에서 나와 서문 밖을 바라보았다. 과연 물살이 미친 듯 넘치고 사람들이 이리저리 달리고 있었다. 그러나 그 물이 어디서 오는지 알 수가 없었다. 순이 생각에 잠겼다가 말했다.

"곤이 축조한 9길의 둑이 무너져 물이 차오르는 것 같습니다. 다행히 이곳은 지대가 높아 물이 차오르진 않을 듯합니다만 저 아래 있는 백성들이 큰일입니다."

순의 말이 끝나기도 전에 물살이 점점 가까이 다가왔다. 그 속에는 시체도 있고 기구도 있고 문이나 창문, 돼지나 닭도 있었다. 요임금은 이 광경을 보고 한탄을 금치 못했다.

"사람을 잘못 임명하여 이리 되었으니 모두 짐의 잘못이오."

대사농과 대사도, 사악은 이 말을 듣고 모두 민망해했다. 요임금은 급히 사방으로 사람을 보내 구제책을 쓰게 하고 구휼법을 상의했다. 다음날이 되자 관리가 와서 과연 9길의 성이 붕괴되었다는 보고를 올렸다. 요임금이 말했다.

"곤이 백성에게 재앙을 내렸으니 어떻게 벌하면 되겠소?"

토사(土師) 고요(皐陶)가 말했다.

"신의 어리석은 소견으로는 법을 밝혀 형벌을 내려야 하겠습니다. 이전에 폐하께서는 공공에게 죄가 있음에도 벌하지 않으셨는데, 그것은 잘못되었다고 생각됩니다. 이번에 곤이 끼친 해독은 훨씬 크며 더욱이 신하로서 갖추어야 할 마음도 없으니 반드시 법대로 하셔야 할 것입니다."

요임금이 여러 신하들에게 물었다.

"여러분은 어찌 생각하시오?"

사악 등은 서로 마주 보기만 할 뿐 아무 소리도 없는데, 태위 순만이 그 말에 찬성했다. 요임금이 다시 말했다.

"그러면 그가 와서 죄를 청할 때 집행하는 것이 어떻겠소?"

순이 말했다.

"폐하께서 부르셨음에도 오지 않았던 자입니다. 이번에도 스스로 와서 죄를 청할 것 같지는 않습니다. 사람을 보내 그곳에서 법을 집행함이 어떠하신지요?"

요임금이 물었다.

"그렇다면 누구를 보내는 것이 좋을 듯하오?"

순이 대답했다.

"숭백은 대신입니다. 대신을 처형하는 것은 정중한 일이므로 반드시 명망 있는 대신이 맡아야 합니다. 신의 생각으로는 사악이 가는 것이 좋을 듯합니다."

그러자 사악이 머리를 조아리며 사양했다.

"곤이 치수를 맡게 된 것은 신 등이 천거해서 그리 된 것입니다. 이제 실패하여 곤이 죽게 되었으니, 그렇게 적당하지 못한 사람을 천거한 신 등 또한 마땅히 죽어야 할 처지입니다. 신 등이 후안무치하게 나설 수는 없는 일이옵니다."

뼈 송곳, 뼈 첨상기

동물의 다리뼈로 만든 도구는 종류가 아주 많다. 뼈 송곳은 뚫고 새기는 도구로 자주 사용된다. 뼈 첨상기구는 농사지을 때 씨를 점점이 꽂아 심는 점종용 도구다.

요임금은 그들의 난처한 입장을 이해하고 더는 강요하지 않았다. 팔원(八元), 팔개(八愷) 또한 모두 신진 인물이고 명망이 부족해서 보내기에 적당하지 않았다. 잠시 후 요임금은 한 가지 생각이 떠올랐다.

"노신(老臣) 축융(祝融)은 4조대에 섬긴 원로이고 마침 이곳에 와 있으며 아직 정신도 강건하니 그를 보내면 되겠소."

순이 찬성하자 바로 그의 손자를 보내 알리게 했다.

원래 축융은 축융성에 살면서 이름을 소길리(蘇吉利)로 바꾸고 그의 부인 왕박협(王搏頰)과 일심으로 조왕신에게 빌어 장생을 구하며 오랫동안 세상과 담을 쌓고 있었다. 그러다 홍수로 축융성이 견디지 못하자 아들 화중(和仲), 화숙(和叔) 및 손자 전갱(錢鏗) 등과 함께 태원으로 옮겨왔다. 이에 요임금이 살 집을 지어주었으며, 그로 하여금 열흘에 한 번씩 조정에 나오도록 하는 등 극진한 예우를 베풀었다.

곤의 일로 요임금이 부르자 축융은 전갱을 데리고 입조했다. 요임금은 지금까지 논의한 일을 축융에게 말해주었다. 그러자 축융이 말했다.

"죄를 묻는 것이 타당하다면 신이 멀리 가는 것은 상관없습니다."

요임금이 기뻐하며 말했다.

"짐의 궁에 보검이 한 자루 있소. 선대로부터 내려온 유물이니, 이번에 그 검을 가져가서 위엄을 보이시오. 짐은 재위 70여 년간 한 번도 대신을 주살한 적이 없지만 이번에는 정말 어쩔 수가 없구려."

축융이 탄식하면서 말했다.

"예전에 전욱 황제가 경인일(庚寅日)에 신의 형님을 주살한 것 역시 어쩔 수 없는 일이었습니다. 공적인 일에 어찌 사사로운 정을 돌아보겠습니까? 노신이 곧 출발하겠습니다."

요임금이 말했다.

"전갱도 함께 가면 여정을 보살

조롱박 병
강채(姜寨) 출토

빛깔이 밝고 고우며 무늬가 단순한 물고기와 새 무늬 채색 토기 조롱박 병은 강채 반파문화 유적지에서 출토되었다. 원시 예술 중에 보기 드문 진귀한 보물이다.

천비성모벽하원군(天妃聖母碧霞元君)
무명씨, 비단 채색, 명대

그림 앞줄의 두 여신은 바로 천비와 벽하원군이다. 두 여신은 머리에 통천관을 쓰고 몸에 노을 옷을 입고 손에 홀관을 잡고 있다. 자태가 아름다우며 눈을 들어 무슨 말을 하려는 듯하다. 뒤에 있는 두 여신은 홀관을 잡고 눈을 내리깔고 서 있다. 나머지 네 비빈은 손에 옥새, 우산, 여의, 향로를 들고 뒤에 서 있다. 벽하원군은 태산낭낭(泰山娘娘)이라고도 하며 동악대제의 딸로, 민간에서 출산을 돕는 여신으로 받들어진다.

펴줄 수 있을 것이오."

전쟁이 명을 받들었다. 축융은 황제로부터 받은 보검을 들고 전쟁과 함께 하직 인사를 한 후 떠났다. 집으로 돌아온 축융은 이 일을 아내 왕박협에게 알렸다. 그러자 아내는 그를 원망하면서 말했다.

"당신은 수십 년간 조왕신에게 제사를 올리지 않았습니까? 그런데 지금에 와서 사람을 죽이는 짓을 하다니요. 더욱이 죽일 상대는 당신 친척 아닙니까? 정신이 혼미한 천자는 그렇다 치더라도, 당신이 그 명을 받든 것은 분별없는 짓입니다."

그러자 축융이 말했다.

"뭐 그리 심각하게 생각하오? 우리는 부뚜막 아래 조왕신에게 제사를 지내오지 않았소? 부뚜막 아래는 살기가 가득한 곳이오. 평소에 치성을 드릴 때마다 죄 없는 소나 양, 닭, 돼지, 물고기, 자라에다가 가끔 새우에게까지 얼마나 죽는지 모르오. 하물며 죄인 하나 죽이는 것이야 어떻겠소? 곤은 비록 내 종손이지만 이미 죄를 범했으니 사사로운 정에 매일 수도 없는 일이오. 천자의 명령을 어떻게 거역하겠소?"

축융은 짐을 꾸린 후 전쟁과 몇 십 명의 시종을 데리고 길을 떠나 서북쪽으로 향했다. 그러나 여량산 동쪽에서 맹문산 남쪽까지 아무리 찾아도 곤의 흔적을 찾을 수 없었다. 강변에서 일하는 사람들에게 물어보니 모두 이렇게 말했다.

"그날 둑이 무너진 후로 숭백과 그가 가장 믿는 대장과 수해가 보이지 않습니다. 물에 몸을 던져 자결했다고 하는 사람도 있고, 해외로 도망갔다는 사람도 있습니다. 또 어떤 사람은 죄를 청하러 경사로 갔다고도 합니

잠신(蠶神) 누조(嫘祖)

누조는 뇌조라고 하며 서릉씨(西陵氏)의 딸이자 황제의 정비다. 누에를 길러 실을 뽑는 방법을 가르쳤다. 북주(北周) 이후로 '선잠(先蠶)', 즉 잠신으로 불린다.

누에를 기르는 고대 여인들

누조가 누에를 기르기 시작하자 많은 사람들이 따라하기 시작했다. 누에가 엄청나게 번식해서 날로 늘어나 풍요롭고 넓은 중국 땅을 가득 채웠다. 뽕나무를 캐고 누에를 기르고 옷감을 짜면서 노래가 절로 나오니, 이 아름다운 일이 중국 고대 여인들의 주업이었다. 잠업과 관련된 사랑과 행복을 추구하는 감동적인 이야기들이 많다. 그중에 우랑직녀와 효자 동영, 그리고 일곱 선녀 이야기가 유명하다.

다. 숭백은 늘 저희에게 엄격해서 종적을 알리신 적이 없습니다. 그렇다고 우리더러 떠나라고 명령한 일도 없고요. 그래서 저희도 그냥 기다리고 있는 중입니다. 벌써 20여 일이 되었습니다."

축융이 전갱에게 말했다.

"경사에 가서 죄를 청했다는 소문은 사실이 아니다. 우리가 방금 경사에서 오지 않았느냐? 그러면 자결을 했단 말인가? 그럴 수도 있겠지. 자살을 했다면 책임감을 잃은 사람은 아니라는 뜻이다. 그런데 시체는 어디 있단 말인가? 그가 자결하면서 강물로 뛰어들어 다른 사람들이 모르게 했을 리는 없다. 그가 신임하는 사람들이 반드시 거두어 장례를 지내주면서 다른 사람들이 모르게 했을 것이야. 지금 사방으로 찾고 있지만 전혀 소식이 없는 것으로 봐서 분명히 죽지 않고 죄가 두려워 잠적한 것이다."

전갱이 말했다.

"그렇다면 어디로 도망갔을까요? 서쪽으로 공공에게 몸을 맡겼을까요? 아니면 남쪽으로 삼묘에게 갔을까요?"

축융이 말했다.

"그럴 리는 없다. 전에 그와 조정에 들어갔을 때 그들 사이를 봤기 때문에 알고 있느니라. 곤과 공공, 환두는 서로 맞지 않는다. 소인의 교제에는 이익이 우선이라 세력과 이익이 있을 때나 서로 의기투합하는 법이니라. 곤은 이미 세력도 없으니 투항했다고 해도 받아주지 않았을 것이다. 또 오만한 곤이 투항했을 리도 없다. 아무래도 동해 쪽으로 가서 찾아보는 것이 좋겠다."

두 사람은 계획을 세워 동해로 가서 사방을 수색했다. 그랬더니 과연 흔적이 나타났다. 곤은 복식을 바꾸었지만 대장의 건장한 걸음걸이가 사람들의 이목을 끌었기 때문

구름 속의 옥녀(玉女)
최자충(崔子忠), 종이 채색, 명대

옥녀는 선녀의 이름으로 태화신녀(太華神女)를 말한다. 《신이경(神異經)·동황경(東荒經)》에서 '동왕공(東王公)이… 항상 옥녀와 투호놀이를 했다'고 나온다. 장형(張衡)의 〈사현부(思玄賦)〉에서는 '태화의 옥녀가 낙수에서 예비(藥妃)를 부르네'라 했다.

이 그림은 글씨가 정교하고 색채가 맑고 우아해서 어렴풋하고 신묘한 느낌이 든다.

에 그 흔적을 찾을 수 있었던 것이다.

하루는 축융 일행이 우산으로 가니 산에 토성(土城 : 지금은 곤성, 즉 곤의 성이라고 한다)이 있었다. 그리고 그곳 사람들에게 지난달부터 두 사람이 여기 와서 살고 있다는 말을 들었다. 축융은 두 사람이 아직도 성에 있는지 물었다.

"한 사람은 항상 성 안에만 있고 도무지 나오질 않습니다. 다른 한 사람은 잘 걷는 사람인데, 항상 하산했다가 밤에야 돌아옵니다."

축융이 물었다.

"그들 이름을 아는가?"

"모릅니다. 그런데 어떤 이가 치수를 맡았던 숭백일 것이라고 하였습니다."

전갱이 말했다.

"기왕 이곳까지 왔으니 토성에 들어가 보는 것이 좋겠습니다."

그리하여 두 사람은 시종들을 데리고 산 위로 올라갔다. 토성을 잘 살펴보니 주위가 몇 장에 지나지 않고 성벽의 높이도 1장이 안 되며, 안에는 초가집이 2채 있는데 남루하기 짝이 없었다. 집 안으로 들어가 보니 텅 비어 있고 아무도 없었다. 축융이 이상하게 여기면서 말했다.

"도대체 어디로 갔단 말이냐?"

그들은 여기저기 찾아보았으나 그림자 하나도 보이지 않았다. 그리하여 두 사람은 다시 산을 내려와 그곳 사람들에게 물어보기 시작했다. 그랬더니 어떤 사람이 말했다.

"사흘 전 새벽에 두 사람이

칠숙성군(七宿星君)
무명씨, 비단 채색, 명대

그림 속 성군들은 머리를 묶는 관을 쓰고 있는데 관마다 별이 한 개씩 달려 있다. 서로 색이 다른 긴 두루마기를 입고 있는데 두루마기에 금빛 용과 봉황 무늬가 있다. 손에 홀관을 잡고 있는 일곱 성군들의 모습이다.

산을 내려오는 것을 본 것 같은데, 둘 다 서남쪽으로 갔습니다."

축융이 말했다.

"그렇다면 그들이 다른 곳으로 도망가기 전에 서남쪽으로 가도록 하자."

한편 곤은 우산에 도착한 뒤 사람의 눈을 피하기 위해 성을 쌓고 지냈다. 그러나 마음이 편치 않아서 조정에서 자신을 어떻게 처리할 계획인지 알아오라고 대장을 내보냈다. 대장이 하루 종일 나다니다가 들어와 보고했다.

"법대로 처리하기로 결정하였답니다."

곤이 이 말을 듣고는 그를 원망하며 말했다.

"그러니 나를 그냥 죽게 내버려두었으면 좋지 않았겠나! 만약 그들이 나를 처형하게 되면 이보다 더 부끄러운 일이 있겠는가!"

대장이 말했다.

"지금 우리가 다시 남쪽으로 가면 오랑캐 땅으로 피할 수 있으니 조정에서도 찾지 못할 것입니다."

곤도 어쩔 수 없이 그러자고 했다.

두 사람은 은밀히 출발해서 노산(勞山)에 이르렀다. 하지만 사람들이 너무 많아서 몸을 숨길 수가 없자 다시 서남쪽으로 갔다. 하루는 어느 산에 올랐더니 공교롭게도 그 산 역시 우산(羽山)이라고 했다(지금 강소성 공유현(贛楡縣) 서북쪽). 산 위에 우연(羽淵)이라는 큰 연못이 있는데 물이 아주 깊고 맑아서 바닥이 보일 정도였다. 그 산 위에서 이틀을 보낸 곤은 생각할수록 분해서 자결을 계획했다.

어느 날, 곤은 대장이 우연 옆을 거닐며 잠시 소홀한 틈을 타서 물로 뛰어들었다. 대장이 급히 뛰어왔을 때는 벌써 물 속에 잠겨 있었다. 대장은 마음이 급했으나 다른 방법이 없어 마침 산 위를 지나가던 몇 사람을 불러와서는 함께 곤을 건져 올렸다. 그러나 연못가에 눕히고 보니 이미 배가 불룩하고 숨결이 없었다. 대장이 대성통곡을 하자 갑자기 곤의 몸이 부들부들 움직이기 시작했다. 대장은 곤이 다시 살아나는 줄 알고 기뻐하며 사람들과 함께 응급조치를 했다. 그러나 곤의 가슴만 움직이고 사지는 꼼짝 않는 것이었다. 잠시 후 그의 품에서 누렇고 커다란 동물이 기어 나오는데 자

사람을 태운 신조
《도교고사(道敎故事)》

이 사람을 태운 신조는 신선 분위기가 물씬 풍기는 작품이다. 현재 산동 일대는 전국 시기 제(齊)나라의 옛 땅으로 신선학파의 발원지이기도 하다. 신선들의 선경(仙境)과 선약 모두 각국의 봉래신산에 모여 있다고 한다.

세히 보니 곰이었다. 사람들이 몹시 놀라 일제히 소리를 지르자 누런 곰은 급히 못으로 뛰어들었다. 사람들이 쫓아가서 연못을 보니 곰은 보이지 않고, 세 발 달린 자라가 연못에서 떠올랐다 가라앉았다 하며 유유자적하게 헤엄치고 있었다.

그때 갑자기 다섯 사람이 산을 올라왔다. 그중 한 사람이 대장을 보고 물었다.

"숭백께서는 지금 어디 계십니까?"

대장이 보니 그는 화중 집안의 하인으로, 줄곧 친하게 지내던 사람이었다. 그는 손가락으로 시체를 가리키면서 말했다.

"숭백은 여기 계신데 이미 돌아가셨소. 왜 그를 찾는 거요?"

그 사람은 가까이 다가와 숭백의 시체를 보고는 대장에게 말도 없이 몸을 휙 돌려 산을 내려갔다.

한참이 지나자 많은 사람이 나타났는데, 그중 노인과 장년(壯年)이 한 사람 있었다. 그들 모두가 귀한 신분의 차림을 하고 있었다. 그 장년의 관원은 대장이 경사에 있을 때 본 적이 있어서 전갱임을 알 수 있었지만 노인은 누군지 알 수 없었다. 화중 집안의 하인이 다시 대장에게 와서 말했다.

"축융 나리께서 물어볼 말씀이 있다 하시니 사실대로 말씀하셔야 하오."

대장은 그제야 조정에서 숭백을 처형하러 온 사람들이 여기까지 찾아왔음을 알았다. 하지만 숭백이 이미 죽었으니 꺼릴 것이 없어서 9길의 둑이 무너진 후 지금까지의 사정을 자세히 설명했다. 전갱은 황웅(黃熊)의 일을 듣고 믿을 수 없어 하며 말했다.

"원래부터 연못에 황웅이 있었던 것은 아니오?"

축융이 말했다.

"그럼 황웅은 어디로 갔는가? 내 생각에 숭백은 보통사람이 아니니 그 곰이 숭백의 정령이 변한 것인지도 모를 일이다."

부상대제(扶桑大帝)와 여러 용신들
무명씨, 비단 채색, 명대

그림에서 천자의 면류관을 쓰고 곤룡포를 입은 이가 부상대제다. 옆에 통천관을 쓴 이는 용신이며 그 뒤는 사해 용왕이고 마지막에 깃발을 들고 따르는 시종이 있다. 부상대제는 동왕공(東王公), 동황태일(東皇太一), 동화대제(東華大帝)로 '남자 신선들의 세 지도자'다. 삼계 십방의 등선득도(登仙得道)한 남자 신선들을 관리한다.

주병귀왕(主病鬼王)과 오온사자(五瘟使者)
무명씨, 비단 채색, 명대

그림에서 파란 얼굴에 빨간 머리를 하고 곤룡포를 입은 자가 주병귀왕이다. 뒤에 여섯 역귀가 있는데 다들 무장하고 있다. 한 명은 등에 가죽 주머니를 멨고, 또 한 명은 약관과 약 수저를 들었고, 하나는 파초선을 들었으며, 다른 하나는 정과 송곳을 들었고, 다른 둘은 조롱박을 들고 있는데 안에서 신령한 소가 날아 나온다. 오온사자는 오제(五帝), 오성(五聖), 오복대제(五福大帝)라고도 한다. 춘온(春瘟) 장원백(張元伯), 하온(夏瘟) 유원달(劉元達), 추온(秋瘟) 조공명(趙公明), 동온(冬瘟) 종사귀(種士貴), 총관 중온(總管中瘟) 사문업(史文業)이 그들이다.

말을 마치고 축융이 전쟁과 연못으로 가보니 그 누런 곰이 아직 연못에서 유유자적하게 헤엄을 치다가 갑자기 고개를 들어 뚫어져라 보는 것이 마치 축융 등을 보는 것 같았다. 그러고는 몸을 돌려 깊은 연못 바닥으로 잠겨서는 다시는 나타나지 않았다. 사람들은 그 곰이 바로 곤의 정령이 변한 것임을 깨달았다. 그는 후일 춘추 시대에 진나라 평공(平公)의 꿈에 나타나서 침실로 들어와 제사를 요구한 적이 있다. 후세에 하나라 우(禹)왕의 묘에서 제사를 지낼 때 곰과 자라를 엄하게 사용하지 않은 것은 이런 이유에서다.

곤이 이미 죽었으니 보검도 쓸 수 없게 되었다. 축융은 제일 좋은 관에 곤의 시신을 거두어주고 좋은 곳을 골라 안장하게 했다. 그런 후 자신은 전쟁과 경사로 돌아와 자초지종을 보고했다.

그때 요임금은 이미 여러 신하들과 공공 및 환두의 처리문제를 상의하고 있었다. 순은 아직 수재도 해결되지 않았고 민생이 어지러우며 서북 일대는 교통도 두절되어 군대를 보내기 적절하지 않다고 주장했다. 더욱이 공공의 경우는 아직 역적의 행각이 드러난 것도 아니니 잠시 놓아두고, 환두는 제멋대로 날뛰니 응징해야 한다고 주장했다. 그저 내용 없는 명령을 내려서 제후들에게 환두를 숭산으로 내쫓겠다고 하면 그도 감히 국경을 넘지는 못할 것이니, 홍수가 가라앉기를 기다렸다가 다시 의논하자고 주장했다. 삼묘가 나라를 세운 지 여러 해가 지나 정책들이 고질적으로 뿌리내리고 있으니, 급히 서두른다고 해서 어찌할 수는 없을 것이기 때문이었다. 모든 사람이 찬성해서 이 일은 결론이 난 셈이었다.

축융이 돌아와 보검을 반납하고 모든 상황을 아뢰니, 요임금과 신하들이 누런 곰의 이야기를 듣고 깊이 탄식하였다. 그리고 축융을 위로하면서 보검을 하사했다. 축융은 머리를 조아리며 검을 받았다. 후일 사람들이 축융의 이름을 오회(吳回)로 바꾸자 이 보검도 오도(吳刀)라고 불리게 되었다.

축융이 집으로 돌아간 후, 요임금은 여러 신하들에게 다시 물었다.

"곤이 이미 죄 값을 치렀지만 수해가 아주 심각하니 그를 이

을 사람이 있어야 하겠소. 도대체 누굴 보내 치수를 시키면 좋겠소?"

순이 말했다.

"신이 보기에는 곤의 아들 문명이 치수에 아주 조예가 깊습니다. 곤도 아들의 말을 듣지 않아서 실패한 것입니다. 만약 그를 불러 치수를 맡긴다면 반드시 성공할 것입니다. 만약 그가 성공하지 못하면 신이 책임을 지겠습니다."

요임금이 말했다.

"그의 아버지를 죽이고도 그 아들을 기용한다면 그가 오려고 하겠소?"

순이 다시 말했다.

"이 일은 공적인 일이고 사적인 원한 관계와는 별개입니다. 문명은 현명한 사람이라 공사의 구별을 분명히 하고 오해하지 않을 것입니다. 더욱이 그가 홍수를 가라앉힐 수 있으면 그것이 바로 아버지의 실수를 바로잡는 것이니, 그는 분명 기꺼이 종사할 것입니다."

요임금이 말했다.

"그러면 문명에게 그 직책을 이어받도록 하시오."

결정이 난 뒤 순이 사람을 보내 문명을 찾도록 했다.

한편 집으로 돌아온 축융은 조왕신에게 제사를 올렸다. 그는 고령에도 정신이 아주 맑았는데, 이번에는 너무 오랜 여행을 하고 난 끝이라 피곤함을 가눌 길이 없었다. 그리하여 돌아온 지 얼마 되지 않아 병이 나더니 반년 뒤 운명을 달리하게 되었다. 그는 임종하기 전에 몇 마디 유언을 전쟁에게 남겼다.

"살아서 남방 화정(火正)의 관리를 했으니 죽은 뒤에 꼭 남방에 묻혀

청묘(菁苗) 오곡신들

그림의 다섯 신들은 농사짓는 남녀의 모습으로 각자 손에 곡물을 들고 있다. 색이 곱지만 화려하지 않은 옷을 입었는데 기색과 자태가 수수하고 진실해 보인다. 오곡은 서(黍), 직(稷), 콩, 보리, 쌀의 5가지 곡식을 말한다. 백성들은 오곡신들에게 제사지내면서 오곡이 풍성하고 사람과 가축이 번성하기를 기원했다.

시(柿)
《삼재도회》, 명대

시는 감나무과에 속하며 낙엽교목으로 잎은 타원형이거나 긴 원형이다. 자웅이 다른 나무에 있기도 하고 양성이 공존하기도 한다. 꽃은 종처럼 생겼고 노란빛이 나는 흰색이다. 열매는 계란 모양이거나 납작한 공 모양이다. 익으면 빨갛거나 주홍색으로 되고 종류가 아주 많다. 단감 외에는 맛이 떫다. 씨앗은 납작하고 열매는 생으로 먹거나 말리거나 감주를 담는다.

야 눈을 감을 수 있노라."

요임금이 축융의 부음을 듣고는 매우 슬퍼하며 그를 너무 멀리 보내 죽게 했다고 더 미안하게 생각했다. 또한 그의 유언을 따라야 할 것이나 아직 홍수가 가라앉지 않았으며, 남방이 원래 환두와 삼묘의 근거지이기 때문에 당장 그곳에 안장하기 어렵다 생각하여 잠시 관을 이곳에 안치했다가 때를 기다리라고 했다.

요임금 때 홍수가 하늘까지 차고 넘쳤다. 곤은 요임금의 식양(파종하지 않아도 저절로 곡물과 채소, 과일이 자라나는 흙)을 훔쳐 둑을 쌓아 홍수를 막고 요임금의 명을 듣지 않았다. 훗날 우가 요임금의 명을 받들어 최종적으로 영토를 구주로 나누고는 물난리를 가라앉혔다.

탁록 전투 안내도

탁록대전은 중국 민족의 기초가 마련된 전투였다. 이 그림은 황하 유역의 공간 위치 및 염제, 황제, 치우 등 부락과 부락 간의 접전에 대해 직관적으로 이해할 수 있게 그려졌다.

부록

- 색인
- 역자의 말

역자의 말

《산해경》은 중국 고대에 출현한 책이다. 누가 어디서 언제 만들었는지 전혀 알 수가 없어서 중국인들도 무척 신기하게 생각하는 책이다. 《산해경》은 지금부터 2,000년 전에 이미 그 존재가 확인되었지만 그 후 전란을 거치면서 사라졌다가, 1,500년 전에 다시 복원되어 지금까지 원문이 전해지고 있다.

한문을 어느 정도 읽는 사람이라면 대강 그 뜻을 읽어낼 수 있을 정도로, 《산해경》은 다른 한문 서적에 비해서 평이하게 쓰여 있다. 그렇다고 해서 쉬운 책이란 뜻은 아니다. 글은 읽을 수 있다 하더라도 그 글의 의미를 알아내기는 어렵기 때문이다. 《산해경》은 처음 얼마 동안 읽다보면 무슨 지리서 같은 느낌을 준다. 어느 산에는 무슨 동물이 살고, 그 산에서 어느 방향으로 얼마를 가면 무슨 산이 나오며, 그 산에는 무슨 식물이 있다는 등의 내용이 지루할 정도로 이어진다. 그렇게 얼마를 지나면 글의 성격이 갑자기 바뀌면서 어느 곳은 누가 어떤 녀석과 싸워 이긴 곳이라든지, 제왕(帝王)의 부인이 10개의 태양을 낳아서 어느 강가에서 목욕을 시키고 있다는 등의 이야기가 나온다. 그래서 글을 읽어나가기란 어렵지 않지만 그 글에서 무슨 이야기를 하고 있는지 이해하기는 매우 어렵다.

　옛날 중국의 학자들은 《산해경》을 지리서로 생각해왔다. 그러다가 시간이 지나면서 소설 같은, 다시 말해서 옛날부터 전해져온 황당한 이야기를 수집해놓은 책이라고 하기도 했다. 한마디로 그들은 《산해경》에 대해, 심오한 내용을 담고 있어서 연구의 대상이 될 만한 책이라고는 생각하지 않았던 것이다. 그러다가 20세기에 들어와 서구로부터 신화학이 소개되면서 《산해경》이 주목을 받기 시작했다. 중국인들은 서구에 신화가 있었다면 중국에도 신화가 있었을 것이라 생각하였고, 그래서 고대의 서적을 뒤지면서 신화의 흔적을 찾다가 《산해경》을 발견하게 되었다. 그들은 《산해경》을 '신화 자료의 보고(寶庫)'라고 부르기 시작했으며, 이에 따라 이 책이 일반인에게도 조금씩 알려지게 되었던 것이다. 특히 1949년 이후 원가(袁珂)의 《산해경교주(山海經校注)》가 출판되면서 《산해경》에 대한 학술적인 연구도 어느 정도 자리를 잡게 되었다.

　국내에서 《산해경》이 알려지기 시작한 것은 1970년대 후반이다. 본 역자가 《산해경》에 관한 석사논문을 발표한 것이 1978년 2월이었는데, 이것이 이 책에 대한 국내 최초의 연구논문이었다고 생각된다. 그 후 몇 년이 지나 정재서 교수가 《산해경》의 원문을 완역하여 상당히 주목을 받았다. 정 교수는 여기서 그치지 않고 《산해경》을 동북아시아 특유의 상상력의 원천을 보여주는 자료라는 입장에서 연구를 진행하여 많은 성과를 거두었다. 이런 연구는 중국인 학자들도 아직 시도한 적이 없기 때문에, 어찌 보면 정 교수의 업적을 통해 국내의 《산해경》에 대한 이해의 수준이 중국보다 한걸음 더 나아가 있다고 해도 지나친 말은 아닐 것이다.

　《산해경》 원문은 고문으로 되어 있기 때문에 중국인이라도 이 방면의 특별한 교육을 받지 않았다면 접근하기 어렵다. 그런데 요즈음 중국에서도 '고전 쉽게 풀어쓰기' 같은 움직임이 있는 모양이다. 이번에 입수하여 우리말로 옮긴 《산해경》은 고전 《산해경》을 현대인이 쉽게 읽을 수 있는 백화문으로 옮긴 것이다. 이 번역본의 특징은 단순히 고문으로 되어 있는 원문을 백화문으로 옮긴 것에 그치지 않았다는 점이다. 편저자는 텍스트에 직접 언급되어 있지는 않지만 관련되는 전설을 필요할 때마다 붙여 넣었다. 이렇게 함으로써 《산해경》은 단편적인 구절의 집합이 아니라, 어떤 맥락을 지닌 이야기책으로 변모했다. 이렇게 이야기를 꾸며내는 과정에서 편저자는 주로 우(禹)의 이야기를 많이 넣었는데 여기에는 이유가 있다.

지금부터 2,000여 년 전, 고전《산해경》이 처음 사람들에게 알려지기 시작할 무렵에는 이 책에 관한 여러 가지 추측이 나돌았다. 그중에서도 이 책의 가치를 옹호한 사람들은 중국 최초의 왕조를 건립한 제왕인 우(禹)가 천하를 평정하는 과정에서 많은 기물(奇物)을 목격하고, 그 모습을 청동 향로에 새겨 넣었는데, 그렇게 새겨진 기물을 다시 문자로 서술한 것이 고전《산해경》이라고 믿었다. 물론 이런 믿음은 세월이 지나면서 많이 부정되었지만 편저자는 그 믿음을 다시 부활시키려고 노력한 것으로 보인다. 그래서 고전《산해경》을 번역하며 원문에는 없는 우와 부하들이 겪은 이야기를 덧붙임으로써《산해경》을 정보의 집합에서 이야기의 맥락으로 전환시켰다. 여기에 덧붙여 그는 많은 도판과 그림을 첨가함으로써 그 이야기들이 단순한 추측이 아니라 이미지를 통해 재구축될 수 있다고 주장하고 있다. 이 책에 나오는 많은 그림은 사실 고전《산해경》에 실려 있는 것이 아니라 후대 사람들, 심지어는 현대의 화가들이 텍스트를 읽고 다시 그려낸 것이다. 이런 그림들은《산해경》에 나타난 동식물과 기인, 신선 등의 시각적 이미지를 구축하는 데 많은 도움을 줄 것이다.

이 번역본을 우리말로 옮기면서 가급적 원래 모습을 유지하려고 노력하였다. 우리말 번역 과정에서 느낀 것은 편저자가 고전《산해경》의 내용에 정통하지는 않다는 점이었다. 그는 서문에서 원가의《산해경교주》를 번역했다고 밝히고 있는데, 그런 흔적은 여러 곳에서 발견된다. 예를 들어 어떤 산의 이름을 기록할 때 고전《산해경》의 원문에 나와 있는 이름을 쓰지 않고 원가가 주(註)에서 언급한 다른 이름으로 바꾼 곳이 많다. 아마도 오늘날 사람들에게 친숙한 지명을 가급적 많이 사용함으로써 텍스트에 대한 접근성을 높이기 위해서였을 것이다. 그렇지만 경우에 따라서는 전혀 다른 명사를 사용한 경우도 있는데, 이런 곳은 역자 주를 붙여 설명하였다. 또 명백한 실수라고 생각되는 부분은 고전《산해경》의 원문에 근거하여 번역하였다. 한편 이 책에는 일반적인 동식물에 관한 사전적인 설명이 많이 나온다. 어째서 이런 설명이 필요했을까 하는 의문이 들기도 했지만, 이 책의 원래 모습을 살리기 위해 불필요하다고 생각되는 것까지 모두 우리말로 옮기기로 했다.

한문 서적을 번역할 때 부딪히는 어려움 중의 하나가 한자의 독음을 어떻게 처리하는가 하는 점이다. 특히 고전《산해경》은 워낙 오래 전에 지어진 책이어서 각종 단어의 독음을 다는 데 적지 않은 어려움이 있었다. 우리는 이런 문제에 부딪힐 때마다 정재서 교수의《산해경》번역본을 참고하였다. 그러나 틀린 부분이 있다면 그것은 명백히 우리의 책임임을 밝힌다.

이 책을 우리말로 옮기기로 한 이유는《산해경》이라는 고전에 일반 독자가 좀 더 쉽게 접근할 수 있도록 하기 위해서였다. 따라서 학술적인 입장에서 접근하는 독자들에게는 이 책에 실린 내용을 직접 인용하는 것이 바람직하지 않다는 점을 미리 알려드리고 싶다. 중국에서 출판된 책은 일반 독자의 가독성을 높이기 위한 의도를 명백히 담고 있었고, 그 책을 고스란히 우리말로 옮겼기 때문에 한역본(韓譯本) 역시 일반 독자를 위한 것이지, 전문적인 연구자를 위한 것은 아님을 밝혀두고 싶다. 마지막으로 이 책에 관심을 갖고 한역본의 출판을 추진해주신 안티쿠스 출판사의 박경주 사장님과 편집진, 그리고 수많은 도판을 처리해준 디자이너 여러분에게 감사의 말씀을 드리고 싶다.

2008년 3월에 서경호

색인

신神

- **간적**(簡狄) — 간(簡)이라고도 쓴다. 상(商)의 시조 계(契)의 생모다. 유융씨(有戎氏)의 딸로 고신씨(高辛氏) 제곡(帝嚳)의 아내다. 그녀는 현조(玄鳥)의 알을 삼키고 회임하여 계를 낳았다고 한다. 120
- **강량**(彊良) — 고대 신의 이름이다. 380
- **강원**(姜嫄) — 강원(姜原)이라고도 쓴다. 주(周)의 시조 유태씨(有邰氏)의 딸이라고 한다. 그녀는 황량한 들판에서 거인의 발자국을 밟고 회임하여 직(稷)을 낳았다고 한다. 338
- **경진**(庚辰) — 고대 신의 이름이다. 시간을 장악한다. 212, 242, 353
- **계몽**(計蒙) — 고대 신의 이름이다. 148
- **고**(鼓) — 고대 신의 이름이다. 염제(炎帝)의 후예로 백릉(伯陵)의 아들이라고도 한다. 고와 연(延)이 종을 만들고 악곡과 음률을 지었다. 고는 종산(鐘山)의 산신 촉음(燭陰)의 아들이라고도 한다. 43, 393
- **곤**(鯀) — 이름이 숭백(崇伯)이다. 원시 부락의 수령으로 전욱(顓頊)의 아들이자 대우(大禹)의 아버지다. 요(堯)임금의 명을 받들어 치수를 했으나 성과가 없어 순(舜)에게 죽었다. 19, 104, 318, 393, 396
- **공공**(共工) — 물의 신으로 염제의 후예이자 불의 신 축융(祝融)의 아들이다. 황제와 염제의 전쟁에서 염제를 도와 물의 신으로서의 신위와 풍채를 충분히 드러냈다. 42, 111, 209, 381, 394, 412
- **과보**(夸父) — 고대 신의 이름이다. 염제의 후예다. 《안정도경(安定圖經)》에 따르면, 안정에 신발을 떠는 언덕이 있는데 과보가 여기서 신을 떨었더니 그때 떨어진 흙들이 언덕을 이루었다고 한다. 86, 228, 311, 380
- **구망**(句芒) — 동방의 나무의 신으로 전해진다. 262
- **궁기**(窮奇) — 고대 전설 속의 신 이름이다. 궁기는 2마리 용을 서서 몰며 호랑이처럼 생겼다. 295
- **금충**(琴蟲) — 고대 신의 이름이다. 378
- **기**(夔) — 고대 신의 이름이다. 110, 133, 338
- **길광**(吉光) — 고대 신의 이름이다. 393
- **낙명**(駱明) — 고대 신의 이름이다. 393

- **노씨**(盧氏) — 고대 부족의 이름이다. 212
- **농명**(弄明) — 고대 신의 이름이다. 383
- **뇌조**(雷祖) — 고대 신의 이름이다. 386
- **늠군**(廩君) — 고대 신의 이름이다. 염수(鹽水) 여신의 남편이다. 389
- **단주**(丹朱) — 요임금의 아들이라고 한다. 이름은 주(朱)이고 단수(丹水)에 살아서 단주(丹朱)라 한다. 단주가 오만하고 음란한 탓에 요는 제위를 순에게 선양했다. 265, 297
- **대우**(大禹) — 하우(夏禹), 우임금이다. 하족(夏族)의 조상신으로 치수(治水)의 신이자 사직(社稷)의 신이다. 하우는 이름이 문명(文命)으로 곤의 아들이며 황제(黃帝)의 현손이자 전욱의 손자다. 그는 방풍(防風)을 주살하고 공공을 축출하고 상류(相柳)를 죽였으며 무지기(無支祁)를 사로잡는 초인적 신통력을 보였다. 그래서 많은 지역에서 우의 사묘를 세우고 우의 능묘를 건축하여 그를 숭배하고 기념한다. 104, 143, 177, 196, 209, 211, 238, 278, 317, 340, 380, 393, 428
- **도신씨**(陶臣氏) — 고대 부족의 성씨다. 212
- **동률**(童律) — 고대 신의 이름이다. 212, 356
- **등비씨**(登比氏) — 순에게는 아내가 셋이었는데 등비씨 외에 아황(娥皇)과 여영(女英)이 있다. 297
- **려**(黎) — 전욱의 손자로 천지에 통달한 신이다. 려는 할아버지 전욱의 뜻을 받들어 손으로 대지를 눌러 필사적으로 아래로 내려가게 해서 천지간 통로를 차단했다. 이로 인해 려는 독립적으로 땅을 다스리는 대신이 된다. 49, 371
- **맹희**(孟䖒) — 고대 신의 이름이다. 194
- **무상**(務相) — 복희(伏羲)의 후예다. 274, 388
- **무후**(繆侯) — 고대 신의 이름이다. 116
- **반**(般) — 소호(少昊)의 아들이다. 화살을 발명한 신이다. 393
- **백릉**(伯陵) — 고대 신의 이름이다. 염제의 손자다. 393
- **번우**(番禺) — 고대 신의 이름으로 제준(帝俊)의 후예다. 번우는 계중(季仲)을 낳았고 계중은 길광(吉光)을 낳았고 길광은 처음 나무로 수레를 만들었다. 번우는 배의 발명자다. 264, 393
- **보강**(葆江) — 고대 신의 이름이다. 곤륜산 남쪽에서 고에게 피살되었다. 43
- **복희**(伏羲) — 신화에서 인류의 시조다. 복희(宓羲), 포희(包羲), 포희(疱犧), 복희(伏犧)라고도 쓰며 희황(犧皇), 황희(皇羲)라고도 불린다. 복희와 여와(女媧)는 본래 남매이자 부부이기도 하다. 《황오세기(皇五世紀)》에 따르면, '태호(太昊) 포희씨는 풍(風)씨로 뱀 몸에 사람얼굴'이라고 한다. 복희의 전설 원류는 아주 오래되었지만 복희가 신으로 숭배된 것은 전국 시기다. 134, 337, 388
- **북적**(北狄) — 고대 신의 이름이다. 시균(始均)의 후예다. 191
- **상요**(相繇) — 상류를 말한다. 381
- **상희**(常羲) — 고대 신의 이름으로 항아(嫦娥)를 말한다. 그녀는 원래 천궁의 무희였는데 하늘 장군 예(羿)와 잘 지냈다. 예가 천명을 받들고 인간계로 내려와서 해를 쏠 때 그녀는 예를 애모한 나머지 인간계로 내려와 10개의 태양을 쏘는 예를 방해하고 천궁으로 돌아가 결혼을 했다. 372
- **서왕모**(西王母) — 신화 전설 속의 인물이다. 왕모(王母), 금모(金母)라고도 하며, 민간에서는 보통 왕모낭낭(王母娘娘)이라고 한다. 중국 고대 여러 여성 신선 중에 지위가 가장 높다. 47, 273, 349, 373
- **수해**(竪亥) — 고대 신의 이름으로 우의 신하다. 걷기를 잘하는 신선이라고 한다. 걸음걸이를 이용해 동에서 서가지나 남에서 북까지 수억 리의 길을 측량하여 초인적인 신통력을 보여주는 신이다. 242, 405
- **수협**(修䶌) — 고대 신의 이름이다. 380
- **술기**(術器) — 염제의 후예로 수신 공공의 아들이다. 394
- **시균**(始均) — 고대 신의 이름이다. 338
- **신농**(神農) — 염제를 말한다. 신화에서 남방 천제로 높여지며 황제와 이복형제다. 농업의 신이자 의약신이다. 치우(蚩尤), 과보, 공공, 백릉, 적송자(赤松子), 요휴(瑤雎), 여와(女娃) 모두 그의 후예다. 14, 75, 375
- **어부**(魚婦) — 전욱이 변했다고 한다. 바람이 샘을 용솟음치게 하자 뱀이 물고기가 되는 기회를 얻어 물고기와 합체하여 다시 소생했는데, 반은 사람 몸이고 반은 물고기라서 어부라고 한다. 375
- **여건**(女虔) — 고대 신의 이름이다. 373
- **여교**(女嬌) — 고대 신의 이름이다. 238
- **여멸**(女蔑) — 고대 신의 이름이다. 373
- **여수**(女脩) — 고대 신의 이름이다. 238
- **여시**(女尸) — 고대 신의 이름이다. 140
- **여와**(女媧) — 신화 속 인물이다. 남매지간인 복희와 결혼해서 부부가 되어 인류가 번성하게 되었다고 한다. 또 황토로 사람을 만들고 오색 돌을 다듬어 하늘을 메우고 자라의 다리를 잘라서 네 기둥을 세워 홍수를 다스렸다고 한다.

- 여와(女娃) — 염제의 딸로 나중에 정위새로 변해 돌을 물어다가 바다를 메운다. 75
- 여와(女媧)의 장(腸) — 인류의 시조를 말한다. 336
- 여제(女祭) — 고대 신의 이름이다. 202, 373
- 여척(女戚) — 고대 신의 이름이다. 202
- 여축(女丑) — 고대 신의 이름이다. 203, 309
- 열명(噎鳴) — 시간의 신으로 땅의 대신 려의 아들이자 황제의 후예다. 태양과 달이 드나드는 곳에 살면서 일월성신의 운행 횟수를 관리하는 아버지를 돕는다. 394
- 염수(鹽水) 여신 — 고대 여신의 이름이다. 늠군의 아내다. 389
- 영개(靈愷) — 염제의 손자다. 375
- 영소(英招) — 고대 신화에 나오는 신이다. 45
- 영소간(靈素簡) — 고대 신의 이름이다. 362
- 오목전(烏木田) — 고대 신의 이름이다. 212, 357
- 오회(吳回) — 신화에서 축융의 동생이자 불의 신이다. 374, 426
- 요(堯) — 전설상 상고시기 부락의 수령이다. 요임금이 묻힌 곳은 현 산동성(山東省) 복현(僕縣) 동남쪽이다. 18, 110, 176, 179, 191, 210, 236, 265, 318, 395
- 욕수(蓐收) — 전설 속의 서방 금신(金神)이다. 사람얼굴에 호랑이 발톱을 했고 흰색이며 성(鉞)을 잡고 있다. 50, 206
- 우강(禺强) — 바다의 신이자 바람의 신이다. 황제의 적계 손자다. 232, 308, 380
- 우아(于兒) — 고대 신의 이름이다. 신 우아는 부부산(夫夫山)에 사는데, 사람 몸과 같고, 손에 뱀 2마리를 잡고 있으며, 늘 강물이나 못에서 노닌다. 그가 물 속을 드나들 때마다 번쩍번쩍 빛이 난다. 우아는 뱀을 짝하는, 빛을 낼 수 있는 신이다. 168
- 육종(陸終) — 고대 신의 이름이다. 317
- 육오(陸吾) — 고대 신의 이름이다. 곤륜구의 수호신이다. 45
- 융선왕시(戎宣王尸) — 고대 신의 이름이다. 383
- 위(危) — 고대 신의 이름이다. 270
- 응룡(應龍) — 고대 신의 이름이다. 용의 형상에 날개가 달렸다. 311, 380
- 이력(狸力) — 옛 동물 이름으로, 들 고양이를 말한다. 18
- 이령(犁䰠)의 시체 — 고대 신의 이름이다. 307
- 이루씨(犁婁氏) — 고대 부족의 성씨다. 212
- 이무(離朱) — 고대 신의 이름이다. 308
- 이부(貳負) — 고대 천신의 이름이다. 사람얼굴에 뱀의 몸을 한 신이다. 266, 270, 275

- 일중백제(日中白帝) — 이름은 호욱장(浩郁將)이고 고대 신화의 오제(五帝) 중 하나다. 서방의 신이다. 217
- 일중적제(日中赤帝) — 이름은 단령치(丹靈峙)고 고대 신화의 오제 중 하나다. 남방의 신이다. 217
- 일중청제(日中青帝) — 이름은 원상무(圓常無)고 고대 신화의 오제 중 하나다. 동방의 신이다. 216
- 일중황제(日中黃帝) — 이름은 수일부(壽逸阜)고 고대 신화의 오제 중 하나다. 중앙의 신이다. 216
- 일중흑제(日中黑帝) — 이름은 징증정(澄增停)이고 고대 신화의 오제 중 하나다. 북방의 신이다. 217
- 임용진(林容眞) — 고대 신의 이름이다. 292
- 적송자(赤松子) — 고대 신화 속의 신선. 신농씨 때 우사(雨師)였다고 하며 제곡의 스승이라고 한다. 나중에 도교에서 모신다. 14, 116
- 전욱(顓頊) — 황제의 증손이자 천제다. 한류(韓流)의 아들이다. 42, 49, 151, 194, 231, 302, 306, 315, 336, 371, 375, 378, 383, 386, 420
- 절병(節幷) — 염제의 손자이자 염거(炎居)의 아들이다. 394
- 제곡(帝嚳) — 상고시기 부락 연맹의 수장으로 호는 고신씨라고 한다. 제곡이 묻힌 곳은 현재 하남성(河南省) 청풍(淸豐) 일대다. 191, 293, 318
- 제준(帝俊) — 순임금 혹은 제곡이다. 여기서는 순을 가리킨다. 은(殷) 민족이 모시는 상제다. 새머리에 뿔이 2개 나 있고 원숭이 몸에 다리는 하나며 손에 지팡이를 들고 등은 굽었으며 절름절름 걷는다. 아내가 셋인데 아황은 삼신국(三身國)을 낳았고 희화(羲和)는 태양인 아들들을 낳았으며 상회는 달인 10명의 딸을 낳았다. 제준의 자손들이 모두 하계에서 나라를 세웠으니 중용국(中容國), 사유국(司幽國), 백민국(白民國), 흑치국(黑齒國), 삼신국, 계우국(季禺國) 등이다. 307, 310, 315, 332, 337, 372, 393
- 제홍(帝鴻) — 제준의 아들이고 신민이 백민이다. 308
- 조상시(祖狀尸) — 고대 신의 이름이다. 317
- 중화(重華) — 전욱의 손자로 천지에 통한 신이다. 320
- 창의(昌意) — 고대 신의 이름으로 전욱의 어머니다. 331, 386
- 창힐(倉頡) — 창힐(蒼頡)이라고도 쓴다. 황제의 사관으로 한자를 창조한 사람이다. 천신(天神) 천상의 신이다. 옛 사람들이 상상하는 해, 달, 별, 바람과 비의 주재자다. 135
- 천오(天吳) — 옛날 물의 신 수백(水伯)을 말한다. 천오는 짐승

형상의 신으로 머리가 8개인데 머리마다 사람얼굴이 달렸고 발과 꼬리도 8개다. 등 빛깔은 푸르면서 노란 빛을 띠며 모습이 쟁녕(猙獰)처럼 무시무시하다. 천오는 쌍무지개 뜨는 북쪽 두 물가 사이에 있다. 237, 308

· 청경(靑耕) — 고대 신의 이름이다. 161
· 청요(聽訞) — 염제의 아내다. 394
· 축량(祝良) — 고대 신의 이름이다. 358
· 축융(祝融) — 초(楚)나라 군주의 선조로 전해진다. 이름은 중려(重黎)고 제곡 때의 화정(火正 : 불을 관장하는 관리)으로 나중에 불의 신이 되었다. 축융에 관련된 신화는 이 책에 여러 번 나오며 이야기마다 다르다. 19, 187, 191, 338, 394
· 축적(祝赤) — 고대 신의 이름이다. 187
· 치우(蚩尤) — 전쟁의 신으로 염제의 후예다. 치우는 모두 81 혹은 72명의 형제들이 있는데, 다들 무시무시하고 사납게 생겼고 구리 머리에 철 이마가 달린 짐승 형상인데 사람 말을 한다. 311, 317, 381
· 태봉신(泰逢神) — 고대의 길한 신이다. 화산(和山 : 현 동수양산)의 주신이다. 105
· 태자장금(太子長琴) — 고대 신의 이름이다. 338
· 하경(夏耕) — 고대 신의 이름이다. 340, 354, 374
· 하백(河伯) — 고대 신화에서 황하(黃河)의 신이다. 풍이(馮夷)라고도 한다. 하수(河水)를 건너다 익사해서 죽자 천제가 물의 신으로 봉했다. 일찍이 하얀 용이 되어 물가에서 노닐다가 후예에게 왼눈에 화살을 맞았다. 또 하우에게 치수 지도를 주었다. 296, 309
· 한류(韓流) — 전욱의 아버지다. 386
· 한발(旱魃) — 황제의 딸로 가뭄의 신이다. 382
· 형천(刑天) — 고대 신의 이름이다. 형천(形天)이라고도 한다. 형천은 염제의 신하인데, 일찍이 치우와 함께 염제를 도와 거병하여 황제를 쳐서 원수를 갚으려 한 적이 있다. 201, 353, 363, 375
· 홍몽씨(鴻濛氏) — 반고(盤古) 부족의 성씨다. 197
· 화서(華胥) — 고대 사람 이름이다. 복희씨의 모친이라고 한다. 사마정(司馬貞)은 《보사기(補史記)·삼황본기(三皇本紀)》에서 '태호(太皞) 포희씨(庖犧氏)… 어머니는 화서라고 하며 뇌택(雷澤)에서 거인의 발자국을 밟고 성기(成紀)에서 포희를 낳았다'고 했다. 포희는 복희다. 134
· 화숙(和叔) 불의 신 축융의 아들이다. 420

· 화중(和仲) 불의 신 축융의 아들이다. 420
· 황거(黃姬) — 고대 신의 이름이다. 365
· 황백(黃伯) — 고대 신선의 이름이다. 87
· 황제(黃帝) — 한족의 조상신. 소전(少典)의 아들로 성씨는 공손(公孫)이고 이름은 헌원(軒轅)이다. 황제는 신통력이 뛰어나서 널리 숭배의 대상이 되었다. 황제의 신성은 조상신 및 창조신의 이중성을 두루 지녔다. 황제가 사물을 창조하는 신성은 의복, 집, 수레, 화살을 창조하고 우뢰와 비를 내리게 하는 법술 등으로 드러난다. 23, 45, 76, 177, 191, 201, 204, 270, 311, 317, 381
· 후예(后羿) — 유궁국(有窮國)의 국왕이다. 후예의 활 쏘는 기술은 초나라 호부(狐父)에게서 전수받은 것이라고 한다. 64
· 후직(后稷) — 고대 주족(周族)의 시조로 전해진다. 유태씨의 딸 강원이 거인의 발자국을 밟은 후 임신을 하였고 후직을 낳았다고 한다. 후직은 곡식을 심고 기르는 일을 잘했고 순임금 때 농업 관리로 백성들에게 경작과 파종을 가르쳤다. 45, 110, 272, 338, 394
· 후토(后土) — 공공씨의 아들 후토다. 380, 394
· 흠비(欽䲹) — 흠비(欽䲹) 또는 감배(堪坏), 흠부(欽負)라고도 하며 사람얼굴에 짐승 형상을 한 신이다. 43
· 희화(羲和) — 태양의 여신으로 제준(帝俊)의 아내다. 332

신령한 사물

- **가래나무**(楸) ─ 낙엽교목으로 목재는 가볍고 부드럽다. 씨앗과 나무껍질은 약재로 쓴다. 21, 88, 152
- **가죽나무**(樗樹) ─ 식물 이름이다. 속칭 취춘(臭椿)이라고 한다. 61
- **갈저**(獦狙) ─ 고대 전설 속의 짐승 이름이다. 이리처럼 생겼고 붉은 머리 쥐인 홍두서(紅頭鼠)목이고 소리는 돌고래 같다. 94
- **감서**(堪㐧) ─ 고대 동물 이름이다. 86
- **감탕나무**(杻樹) ─ 억수(檍樹)로, 수레 재목으로 쓰기에 단단하고 견고하다. 32, 38, 51, 98, 151
- **감화**(甘華) ─ 상고 시기 기이한 신수(神獸)다. 말처럼 생겼고 적색이다. 310
- **감화수**(甘華樹) ─ 식물 이름이다. 전설 속의 신령한 나무다. 231, 236, 332, 339
- **갑갑어**(䱉䱉魚) ─ 물고기 이름이다. 잉어 같은데 다리가 여섯이고 새 꼬리가 달렸다. 92
- **강초**(芮草) ─ 봄보리인 망초(芒草)다. 망미(菵米)나 수패자(水稗子)라고도 한다. 화본(禾本)과로 한해살이풀이다. 줄기에 2~4개의 마디가 있다. 잎에는 털이 없고 마디 사이가 길다. 잎은 편평하고 5~10cm 정도로 여름에 꽃이 핀다. 144
- **개명수**(開明獸) ─ 고대 짐승 이름이다. 황제(黃帝) 궁전을 지키는 머리가 아홉인 신령한 짐승이다. 273
- **개암나무**(榛樹) ─ 낙엽교목이다. 그 열매는 밤 같은데 작다. 51, 63
- **거격송**(柜格松) ─ 상록 혹은 낙엽교목이거나 관목도 있다. 나무껍질은 대부분 비늘 모양이다. 공 모양의 열매가 열린다. 338
- **거기**(居暨) ─ 고대 짐승 이름이다. 68
- **거목**(欅木) ─ 낙엽교목으로 높이는 25m에 달한다. 가지가 가늘고 잎은 어긋나기로 두 줄로 난다. 타원형이고 톱니 모양이 있으며 우상맥(羽狀脈)이고 털이 있고 잎자루는 아주 짧다. 봄에 꽃이 피며 단성(單性)이고 자웅동체다. 열매는 작고 딱딱하며 위는 기울어져 있고 직경은 4mm쯤 된다. 104
- **거보**(擧父) ─ 고대 짐승 이름이다. 41, 65
- **건목**(建木) ─ 고대 나무 이름이다. 잎은 청색이고 덩굴은 자색이며 열매의 밖은 까맣고 안은 노랗다. 그곳에서는 해가 떠도 그림자가 없고 소리쳐도 소리가 들리지 않는다. 266, 387
- **경석**(磬石) ─ 경쇠를 제작할 수 있는 아름다운 돌이다. 경쇠는 고대에 돌이나 옥으로 만든 타악기다. 39, 55
- **계관석**(鷄冠石) ─ 고대 돌 이름이다. 닭 벼슬처럼 생긴 아름다운 돌을 가리킨다. 47, 60, 107
- **계백**(蓟柏) ─ 식물 이름이다. 대계(大蓟)와 소계(小蓟)가 흔히 보인다. 145
- **계수나무**(桂花樹) ─ 식물 이름이다. 계화는 목서(木犀)로 목서과에 속한다. 상록관목이나 소교목으로 잎은 마주나며 타원형이고 전부 혹은 상반부가 드문드문 가는 톱니형이고 혁질(革質)이다. 가을에 꽃이 피며 꽃은 잎 가운데서 떨기로 나는데, 황색이거나 백색으로 향기가 아주 좋다. 14, 36
- **고본**(藁本) ─ 서궁(西芎), 무궁(撫芎)이라고도 한다. 산형(傘形科)과로 여러해살이풀이다. 두 번 돌아나는 깃털 모양 겹잎으로, 작은 잎은 계란형으로 잎 가장자리가 깊이 파인 결각(缺刻)이 있거나 톱니 모양이다. 여름과 가을에 꽃이 피고 꽃은 흰색으로 겹우산형 차례다. 쌍으로 열리는 열매는 등과 배가 납작하고 날카로운 모서리가 있다. 뿌리와 줄기는 약으로 쓴다. 36
- **고습**(鵠鷎) ─ 샛강이고 꿩과다. 몸길이는 약 30cm이다. 잡식성이고 곡식알과 콩류 및 기타 식물의 씨앗이나 메뚜기, 개미 같은 곤충을 먹는다. 74
- **고조**(蠱雕) ─ 옛 동물 이름이다. 독수리처럼 생겼고 머리에 뿔이 있으며 몸에 표범 무늬가 있고 아기울음을 우는 괴수다. 22
- **곤들매기**(䱱魚) ─ 미어(鮇魚)로 가어(嘉魚)라고도 한다. 담수에 사는 복어, 즉 규과(鮭科)류의 일종이다. 92
- **곤륜동주**(崑崙銅柱) ─ 곤륜허(崑崙墟)를 받치고 있는 신기한 기둥이다. 285
- **곤오**(昆吾) ─ 지질이 단단한 돌이다. 《십주기(十洲記)》와 《열자(列子)》 등의 책에 나오는 곤오검(昆吾劍), 곤오도(昆吾刀)는 모두 철을 진흙처럼 녹여 만든 보물이다. 317, 339
- **골용**(骨蓉) ─ 식물 이름이다. 여러해살이풀이다. 35
- **공공**(蛩蛩) ─ 고대 전설 속의 기이한 짐승 이름이다. 모습이 말처럼 생겼다. 232
- **공작**(孔雀) ─ 샛강이고 꿩과다. 중국에는 녹색 공작이 난다. 털빛은 찬란한데 비취빛 녹색, 밝은 녹색, 푸른 남색, 자줏빛 갈색 위주로, 금속 광택이 난다. 391
- **관관**(灌灌) ─ 고대 새 이름이다. 체형은 산비둘기와 비슷한데 우는 소리가 괴이하다. 17

- **괴옥(瑰玉)** ─ 고대 옥의 이름이다. 보기 드문 진귀한 옥이다. 378
- **교(狡)** ─ 고대 전설상 짐승 이름이다. 모습은 개 같으며 온몸에 표범 무늬가 있고 소뿔이 있으며 개 짖는 소리를 낸다. 47
- **교(鮫)** ─ 물새 이름이다. 야생 닭과 비슷한데 작고 꼬리 근처에서 다리가 자란다. 62
- **교룡(蛟龍)** ─ 고대 전설의 뿔 없는 용으로 사실 악어류의 동물이다. 158, 275
- **구기자(枸杞)** ─ 일종의 낙엽소관목으로, 열매와 뿌리와 껍질 모두 약재로 쓰며 머리가 어지럽고 눈이 어질어질하며 신장이 허하고 허리가 아픈 증상을 치료하는 약이다. 선약의 하나로, 후세 신선 이야기에서 사람이 구기를 먹고 신선이 된다고 한다. 21, 31
- **구단(鉤端)** ─ 대나무의 명칭이다. 도지(桃枝) 복숭아 가지류의 대나무다. 147
- **구봉(九鳳)** ─ 전설 속의 신령한 새다. 380
- **구여(瞿如)** ─ 고대 새 이름이다. 사람얼굴에 눈이 4개고 귀가 2개며 새 몸에 새 발톱이 나 있다. 22
- **구여(犰狳)** ─ 포유강에 빈치(貧齒)목이고 구여(犰狳)과다. 머리 꼭대기에 비늘 조각이 있어서 투구 모양이다. 몸통은 보통 앞, 중간, 뒤로 3분하는데, 중간은 비늘이 띠를 이루었고 근육이 서로 이어져 있어서 신축성이 있으며 띠의 수는 종류에 따라 다르다. 성긴 숲이나 초원, 사막 지대에 서식하며 잡식성이다. 적을 만나면 몸을 웅크린다. 88
- **구영(九嬰)** ─ 전설 속의 고대 짐승 이름이다. 179
- **구탈초(寇脫草)** ─ 고대 식물 이름이다. 135, 154
- **구환(狗獾)** ─ 맥(貉)이다. 포유강이고 식육목으로, 여우처럼 생겼으나 몸이 뚱뚱하고 꼬리가 짧고 꼬리털이 더부룩하다. 입이 뾰족하고 귀가 짧으며 둥글고 두 볼에 긴 털이 나 있고 잡식성이다. 구환의 가죽으로 옷이나 모자 등을 만들 수 있으며 털로는 붓을 제작한다. 106
- **굴거(鶌鶋)** ─ 고대 서적에 나오는 새 이름이다. 71
- **굴굴(朏朏)** ─ 고대의 신기한 동물 이름이다. 100
- **궤(蛫)** ─ 짐승 이름이다. 거북처럼 생겼는데 몸이 하얗고 머리는 붉다. 169
- **귀초(鬼草)** ─ 전설 속의 신기한 식물이다. 123, 123, 123, 123, 100
- **규(鮭)** ─ 냉수성 어류로 붉은 복어를 말하며 종류가 아주 많다. 현재 흑룡강(黑龍江) 유역의 대마합어(大馬哈魚)도 이 종류에 속한다. 64
- **균(箘)** ─ 가늘고 긴 마디가 드문 대나무로 껍질이 검고 떫으며 화살대를 만든다. 169
- **균구(崑狗)** ─ 고대 전설 속의 괴이한 동물이다. 391
- **근(瑾)** ─ 고대의 아름다운 옥이다. 43, 49
- **기린(麒麟)** ─ 고대 전설의 동물이다. 사슴 같고 외뿔이며 온몸에 비늘이 있고 꼬리는 소꼬리 같다. 길상의 상징이다. 24
- **기여(鵸鵌)** ─ 전설 속의 새 이름이다. 그 모습은 새 같고 머리가 셋에 꼬리가 여섯으로 잘 웃는다. 50
- **기우(夔牛)** ─ 무게가 1,000근에 달하는 큰 야우(野牛)다. 고대에 사천(四川) 지역에서 살았다. 152
- **기작(鴀雀)** ─ 고대 전설 속의 기이한 새다. 닭처럼 생겼는데 머리가 하얗고 쥐 다리에 호랑이 발톱이 있다. 94
- **긴꼬리원숭이(長尾猿)** ─ 포유강이고 영장목이며 원숭이과다. 몸은 미후(獼猴)보다 작고 입이 짧고 꼬리는 아주 길고 볼 주머니와 혹이 있다. 143, 275
- **길량마(吉良馬)** ─ 전설 속의 말처럼 생긴 짐승이다. 197, 294
- **까만 진주(玄珠)** ─ 《장자(莊子)·천지(天地)》에서 황제가 적수(赤水)의 북쪽을 노닐고 곤륜구(崑崙丘)에 올라 남을 바라보고 돌아오다가 까만 진주를 잃어버렸다고 했다. 177
- **꼭두서니(茜草)** ─ 식물 이름이다. 진홍색으로, 염료를 만들 수 있다. 107
- **나어(蠃魚)** ─ 전설 속의 물고기 이름이다. 54
- **난수(欒樹)** ─ 무환자과이며 낙엽교목으로 높이는 20m에 달한다. 여름에 꽃이 피며 노란색이고 잡성이며 원추꽃차례다. 가을에 열매가 익는다. 씨앗은 둥글다. 꽃은 약재로 쓴다. 188, 317
- **난조(鸞鳥)** ─ 전설 속 봉황류의 새다. 39, 338
- **낭간(琅玕)** ─ 주옥(珠玉)과 비슷한 아름다운 옥이다. 275, 339
- **녹나무(樟樹)** ─ 녹나무과에 속하는 상록교목이다. 잎이 단엽(單葉)이고 어긋나기로 늘 푸르다. 21, 32, 48, 169
- **녹이(綠耳)** ─ 말 이름으로 천리마(千里馬)를 말한다. 139
- **녹촉(鹿蜀)** ─ 포유강으로 우제(偶蹄)목이고 녹(鹿)과 동물의 총칭이다. 말처럼 생긴 몸에는 호랑이 무늬가 있으며 꼬리는 빨갛고 흥흥대거나 신음소리를 낸다. 15
- **농질(蟲蛭)** ─ 고대 짐승으로 모양은 여우와 흡사하지만 꼬리와 머리가 아홉이고 호랑이 발톱이 나 있다. 애기 울음소리와 같

은 소리를 내며, 사람을 잡아먹는다. 91, 103
· **느릅나무**(楡樹) — 식물 이름이다. 백유(白楡)라고도 한다. 낙엽교목으로 높이는 25m에 달한다. 작은 가지는 가늘고 회색이거나 회백색이고, 잎은 어긋나며 타원모양 계란형으로 아랫부분이 기울었으며 단거치(單鋸齒)거나 불규칙적인 복거치(復鋸齒)다. 101
· **능어**(陵魚) — 고대 전설 속의 인어(人魚)다. 297
· **다랑어**(鮥) — 백심(白鱏), 즉 흰 철갑상어의 옛 이름이다. 99
· **단목**(丹木) — 고대 나무 이름이다. 신선이 신기(神器)를 만드는 목재로, 주홍색 목질이다. 43, 55
· **단사**(丹砂) — 신물(神物) 이름이다. 진사(辰砂)로 속칭 주사(朱砂)라고 한다. 고대 도가에서 연단하면서 주사를 많이 복용했으며, 나중에 이것을 정제한 약물을 만들었으니 보통 과립 형태거나 분말 형태다. 예를 들면 환산고용(丸散膏用)이나 영단묘약(靈丹妙葯)이 그것이다. 44, 153, 386
· **단속**(丹粟) — 고대 식물 이름이다. 주홍색 좁쌀로 신선들이 복용한다. 34
· **담비**(貂) — 동물 이름이다. 큰 것은 수달 같고 꼬리가 두꺼우며 털은 약 1장쯤 되고 노란색과 자주색이다. 가죽은 추위를 막기에 아주 좋은 진귀한 피혁이다. 옛날에는 담비 꼬리로 갓을 장식했다. 자주색 담비와 물담비가 있다. 272
· **당**(棠) — 나무 이름이다. 홍당과 백당 2가지가 있다. 홍당은 강하고 단단하며 열매는 무 맛이 난다. 백당은 바로 팥배나무 당리다. 40, 45
· **당강**(當康) — 고대 동물 이름이다. 95
· **대려**(大鵹) — 삼청조(三青鳥)의 하나로 붉은 머리에 검은 눈이다. 서왕모(西王母)의 시종이다. 279, 339
· **대비서**(大飛鼠) — 고대 동물로 오서(鼯鼠)를 말한다. 포유강으로 착치(鑿齒)목이고 오서(鼯鼠)과에 속한다. 앞뒤다리 사이가 넓고 털이 많이 난 비막(飛膜)이 있어서 이것으로 나무 사이를 활공한다. 꼬리가 길며 야행성이다. 견과류, 부드러운 잎, 곤충 등을 먹는다. 61
· **대예**(鯢魚) — 양서동물이다. 산초어(山椒魚)라고도 하며 와와어(娃娃魚)라고도 한다. 예어는 메기처럼 생겼지만 다리가 넷이고 꼬리가 길고 나무에 오를 수 있으며 아기 울음소리를 낸다. 205, 212, 242, 353
· **대조**(䴅鳥) — 고대 동물 이름이다. 109
· **대추**(棗) — 중국 북방의 과일나무로, 열매는 서주(西周) 때부터 사람들이 먹었다. 대추는 서왕모가 주(周) 목(穆)왕에게 공경하여 바친 선물(仙物)이었다고 한다. 93
· **대파양**(大巴羊) — 고대 동물 이름이다. 30
· **대합**(大蛤) — 합리(蛤蜊)의 약칭으로 마가(馬珂)라고도 한다. 쌍각(雙脚)강이고 합리과다. 조개껍질은 달걀형, 삼각형, 긴 타원형으로, 두 껍질이 서로 들어맞으며 껍질이 살짝 위로 돌출되어 있다. 왼쪽 껍질 교합부에 '인(人)' 자 모양의 이가 있고, 오른쪽 껍질에 '팔(八)' 자형의 이가 있어서 껍질을 닫는 힘이 세다. 발이 발달되어 있으며 발에 털은 없다. 얕은 개펄에 살며 맛이 좋다. 88
· **도**(䲌) — 전설 속의 새 이름이다. 새처럼 생겼는데 머리가 셋이고 꼬리가 여섯이며 미소를 잘 짓는다. 54
· **도견**(蛐犬) — 전설 속의 북방에서 사람을 잡아먹는다는 개다. 294
· **도도**(駒騒) — 말의 일종이다. 231
· **도어**(刀魚) — '갈치(鮆)'로 북방에서는 대어(帶魚)가 도어가 되었다고 한다. 20
· **도지**(桃枝) — 대나무의 명칭이다. 대의 마디가 4치나 되어 도지죽이라고 한다. 147
· **도철**(饕餮) — 포(狍)라고도 하며, 탐욕스런 짐승이다. 전설에서 먹을 것을 탐하는 나쁜 짐승으로, 은대(殷代) 청동기에서 아주 높은 지위를 차지하고 종(鐘), 정(鼎), 이(彝) 등의 기물에 도철의 머리 모습을 많이 새겨서 장식한다. 은대의 도철은 고조(高祖)라는 2마리 기룡(夔龍)이 조합된 것이었다. 은 이후 주(周) 사람들이 추한 괴물처럼 만든 것일 뿐이다. 67
· **독서**(𪕲鼠) — 고대 동물 이름이다. 98
· **돌**(鼨) — 쥐 이름이다. 포유강에 식육목으로 돌쥐과에 속한다. 《이아(爾雅)·석조(釋鳥)》에 따르면, 새와 쥐가 한 동굴에 사는데 새는 도(䲌)라고 하고 쥐는 돌(鼨)이라고 한다. 54
· **동동**(狪狪) — 고대 짐승 이름이다. 돼지처럼 생겼으며 진주를 품고 있다. 87
· **동동**(辣辣) — 고대 동물 이름이다. 78
· **두렁허리**(鱓魚) — 물고기 이름으로 '철갑상어 황(鱑)'이다. 《이아·석어(釋魚)》에 따르면 '선(鱓)'은 큰 고기로 철갑상어 심(鱏)처럼 생겼으나 코가 짧고 입이 턱 밑에 있다'고 한다. 몸에 사행갑(邪行甲)이 있고 비늘이 없으며 육질은 황색이다. 큰 것은 길이가 2, 3장이다. 현재 강동(江東)에서는 황어(黃魚)라고 부른다. 58, 69, 92

- 두릅나무(械) — 백유(白楡)라고도 하며 목질이 희어서 수레차 폭이나 다른 기구를 제작할 수 있다. 33
- 두형(杜衡) — 남세신(南細辛), 고엽세신(苦葉細辛)이라고도 하고, 여러해살이풀로 뿌리와 줄기 마디가 짧고 아랫부분에 여러 육질근이 모여 있다. 잎은 1, 2장으로 줄기 끝에서 난다. 긴 자루뿌리나 풀 전체를 약으로 쓴다. 36
- 떡갈나무(柞樹) — 일명 몽자수(蒙子樹), 착자수(鑿刺樹), 동청(冬青)이라고 한다. 대풍자(大楓子)과로 상록관목이거나 소교목이다. 초가을에 꽃이 피는데, 꽃이 작고 황백색이며 단총상 꽃차례다. 열매는 작은 공 모양이고 까맣다. 목재가 견고해서 가구 등을 제작할 수 있다. 108, 135, 146
- 라라새(羅羅鳥) — 고대 새의 이름이다. 41
- 마노(瑪瑙) — 보배로운 옥돌 이름이다. 서로 다른 색깔의 선과 꽃무늬가 있는 옥수(玉髓)다. 339
- 말곰(羆) — 곰의 일종으로 속칭 인웅(人熊) 혹은 마웅(馬熊)이라고 한다. 35, 191
- 망초(芒草) — 식물 이름이다. 파모(芭茅)라는 별칭이 있고 화본과로 여러해살이풀이다. 줄기는 곧고 두껍다. 103
- 망초(莽草) — 식물 이름이다. 일종의 독식물이다. 상록관목이거나 소교목이며 열매는 10~13개의 목질 골돌(蓇葖)과이고 끝에 길고 굽은 뾰족한 돌기가 있다. 장강(長江) 남쪽에서 생산되며 열매는 독이 있어서 잘못 먹으면 죽는다. 158
- 매화나무(梅樹) — 장미과에 낙엽교목인 과일나무다. 잎은 달걀형이고 가늘고 예리한 톱니가 있다. 잎자루 끝에 2개의 선체(腺體)가 있다. 낙엽교목 중에 가장 빨리 싹이 나오는 종류다. 152
- 맥문동(麥門冬) — 연계초(沿階草)나 서대초(書帶草)라고도 한다. 백합과. 여러해살이풀로 뿌리가 아주 덩이진 방추형이다. 줄기는 짧다. 입은 모여 나고 선형(線形)이며 혁질이다. 여름에 옅은 남자색 꽃이 피는데 총상꽃차례다. 덩이뿌리는 약으로 쓴다. 강장제로 쓰고 폐와 심장을 맑게 하는 효능이 있다. 109
- 맹괴(孟槐) — 고대 동물 이름이다. 60
- 맹극(孟極) — 고대 동물 이름이다. 61
- 멀구슬 나무(棟) — 낙엽교목으로 열매는 공 모양이거나 타원형이고, 익으면 껍질이 노랗게 되며 안에는 하얀 즙이 있다. 99
- 멸몽조(滅蒙鳥) — 고대 새 이름으로 맹조(孟鳥)다. 맥국(貊國)의 동북부에 거주하며 깃털은 홍색, 황색, 청색 3가지 색이다. 194, 273
- 모마(旄馬) — 고대의 신기한 괴수(怪獸)다. 보통 말과 같지만 등 줄기와 꼬리에 긴 털이 나 있다. 267
- 모우(牦牛) — 이우(犁牛), 모우(旄牛)라고도 한다. 포유강이고 소과에 속한다. 반추(反芻) 가축으로 야생으로도 자란다. 37, 63, 147
- 모형(牡荊) — 낙엽교목이거나 소교목이다. 과일은 황형자(黃荊子)라고 한다. 약재로 쓴다. 105, 155
- 목화(木禾) — 전설 속의 높고 큰 곡류 식물이다. 274
- 몽목(蒙木) — 고대 나무 이름이다. 141
- 묘룡(苗龍) — 전설 속의 신령한 동물이다. 383
- 문린(聞獜) — 고대 동물 이름이다. 167
- 문문(文文) — 고대 동물 이름이다. 141
- 문요어(文鰩魚) — 옛 물고기 이름이다. 요어(鰩魚)라고도 쓴다. 아가미구멍이 배에 있는 판사(板斜) 어류의 총칭이다. 몸은 납작하고 원통형이며 비스듬한 방형(方形)이거나 모가 나 있다. 꼬리는 길고 채찍 모양이다. 입은 배에 있고 치아는 일정하게 배열되어 있다. 44
- 물옥(水玉) — 수정이다. 맑고 투명하며 딱딱하다. 무색의 투명한 석영 결정체로 좋은 결정만 보인다. 14, 33
- 미(櫁) — 미죽이다. 대나무 마디 간격이 3척으로 화살대를 만들 수 있다. 33, 169
- 미후(獼猴) — 항하후(恒河猴)라고도 한다. 포유강이고 영장목이며 후(猴)과에 속한다. 몸길이는 55~60cm이고 꼬리는 25~32cm다. 숲에 무리로 서식하는 시끄러운 짐승으로 나무열매나 풀을 먹는다. 34
- 민(擎) — 전설 속의 소처럼 생긴 야수다. 37
- 민(鴖) — 전설 속의 신기한 새다. 32
- 박(駁) — 고대 전설 속의 말과 비슷한 맹수다. 54
- 박달나무(檀樹) — 상록소교목이다. 잎은 마주나고 긴 달걀형이다. 꽃은 황색으로 폈다가 나중에 선홍색이 된다. 《모시(毛詩)》와 《본초강목(本草綱目)》에서 말한 단수는 특정하지 않다. 《식물명실도고(植物名實圖考)》에 기재된 단(檀)은 콩과의 황단(黃檀)이다. 118, 146
- 박석(博石) — 고대 돌 이름이다. 기구(機具)라고 하며 대석두(大石頭)라고도 한다. 22
- 박이(獙䖝) — 개 이름이다. 고대 전설에서 말하는 꼬리가 9개이고 귀가 4개에 두 다리가 배에 붙은 괴상한 개다. 16
- 반모(鷩鵰) — 고대 신기한 새다. 68

- **반비충**(反鼻虫) — 동물 이름이다. 복충(蝮虫)이라고도 한다. 몸에 무늬가 있고 코에 침이 있다. 15
- **발**(茇) — 초본식물의 뿌리, 즉 풀뿌리다. 107
- **백견**(白犬) — 전설 속의 신령한 개다. 383
- **백구**(白蓲) — 고대 식물 이름이다. 26
- **백목**(白木) — 목질이 하얀 나무다. 339
- **백민석**(白珉石) — 옥과 비슷한 아름다운 돌이다. 148, 150
- **백야**(白䳜) — 전설 속의 신이한 새다. 62
- **백유**(白鶴) — 전설에 나오는 신기한 조류다. 66
- **백지**(白芷) — 산형과로 당귀속(當歸屬)이고 흥안백지(興安白芷), 항백지(杭白芷), 천백지(川白芷) 등이 있다. 중국 북부, 중부, 동부에서 주로 생산된다. 뿌리는 약으로 쓰고 성질이 따뜻하며 맛은 맵다. 거풍(祛風), 산한(散寒), 조습(燥濕) 작용이 있다. 52
- **백한조**(白翰鳥) — 흰색의 산비둘기다. 35
- **백합**(白合) — 백합과로 여러해살이풀이다. 여름에 꽃이 피는데, 꽃잎은 여섯 조각으로 붉은 노랑, 노랑, 흰색과 녹색이 있다. 285
- **번초**(蕃) — 풀 이름으로 청번(青蕃)이다. 50
- **벼**(稻) — 옛날에는 도(稌)나 니(秜)라고 했다. 화(禾)라고도 하며 화본과다. 야생 벼는 여러해살이풀이고 재배하는 벼는 한해살이다. 벼는 보편적인 재배하는 벼와 광부도(光稃稻)를 재배품종으로 쓴다. 26
- **벽옥**(碧玉) — 옥돌 이름이다. 녹색, 암녹색의 부드러운 옥이다. 39, 51, 67
- **별어**(鱉魚) — 고대 별갑충(鱉甲虫)과 유사한 물고기로 단어(團魚) 혹은 갑어(甲魚)라고 한다. 파행강이고 자라과다. 고기는 식용하고 껍데기는 약재로 쓴다. 성질이 차고 맛이 좋으며 음을 윤택하게 하고 열기를 없애며, 맺힌 것을 풀고 단단한 것을 부드럽게 하는 효능이 있다. 구운 자라 껍데기는 면역력을 높인다. 자라껍질을 고아서 만든 풀은 단백 뇨를 없애고 신장 기능을 회복시키는 작용을 한다. 205
- **복사**(蝮蛇) — 초상비(草上飛)나 토공사(土公蛇)라고도 한다. 파행강이며 규(蚑)과에 속한다. 일종의 독사다. 전체 길이는 60~70m이고 머리는 삼각형이며 목은 가늘다. 볼에 홈이 있다. 등은 회갈색이고 양쪽에 흑갈색 원 무늬가 있다. 배는 회갈색이고 검은 반점이 있다. 400
- **봉석**(封石) — 맛이 달고 독이 없으며 약물을 만들 수 있는 돌이다. 149
- **봉조**(鳳鳥) — 신령한 새로 봉황과 같은 새다. 339
- **봉황**(鳳凰) — 봉황(鳳皇)이라고도 한다. 고대 전설 속의 새의 왕이다. 수컷이 봉이고 암컷이 황으로, 봉(鳳) 혹은 봉황(鳳凰)으로 통칭한다. 23, 39, 205, 274
- **부목**(榑木) — 낙엽관목이나 소교목으로 황백색 작은 꽃이 피며 뿌리, 껍질, 잎, 꽃 모두 약재로 쓴다. 93
- **부상**(扶桑) — 약목(若木)이라고도 한다. 잎이 뽕나무 같은 신령한 나무다. 93, 259, 309
- **부제**(夫諸) — 고대 동물 이름이다. 104
- **부추**(韭菜) — 백합과이며 여러해살이 숙근초본(宿根草本)이다. 잎은 길고 가늘며 편평하고 부드럽고 비취색이다. 새끼치기로 더 강해지며 매년 다섯 번 새끼치기를 하는데 봄에 가장 왕성하다. 여름에는 꽃줄기가 뽑아나는데 끝에 작고 흰 꽃이 모인 우산꽃차례다. 씨앗은 검은색으로 약으로 쓴다. 14, 31, 61
- **부혜**(鳧徯) — 고대 동물 이름이다. 야생오리를 두루 칭한다. 39
- **분**(鵾) — 전설 속의 신기한 새다. 70
- **붉은 옥나무**(玗琪樹) — 적옥수(赤玉樹)를 말한다. 274
- **붉은 은**(赤銀) — 고대 사람은 은의 정수로 여겼다. 66
- **비**(蜚) — 부반(負盤)이라고도 하는 작은 날벌레로 풀숲에 사는 벼꽃을 먹고 살며 악취가 난다. 96
- **비려**(萆荔) — 벽려(薜荔)로 목련(木蓮)이라고도 한다. 상록등본 식물로 열매는 약으로 쓴다. 31
- **비사**(飛蛇) — 등사(螣蛇)다. 전설 속의 구름을 타고 나는 뱀이다. 170
- **비서**(飛鼠) — 포유강으로 오서(鼯鼠)과에 속한다. 다람쥐처럼 생겼지만 앞뒤다리 사이에 크고 넓고 털이 많은 비행막이 있다는 점이 다르다. 몸길이는 보통 16~20cm이고 꼬리는 10~18cm다. 털빛은 종류마다 다른데 은회색, 금회색, 암회색, 황갈색, 적갈색, 밤색과 흑갈색이 있다. 나무에 서식하며 비행막으로 미끄러지듯이 날며 낮에는 숨어 있다가 밤에 나오고 과실을 주로 먹는다. 71
- **비유**(肥蠵) — 고대 동물 이름이다. 30, 60, 74
- **비익조**(比翼鳥) — 전설 속의 새 겸겸(鶼鶼)이다. 전설에서 이 새는 눈과 날개가 하나씩 있어서 2마리가 함께 하지 않으면 날 수 없다. 42, 175
- **빈초**(蓡草) — 뇌초(䕡草)라고도 한다. 말려서 가루로 만들어 사료로 쓴다. 46

- **뽕나무**(桑樹) — 뽕나무과로 낙엽교목이다. 잎은 달걀형으로 갈라지거나 갈라지지 않는 것도 있으며 가장자리에 톱니가 있다. 꽃은 홑꽃이고 담황녹색으로 자웅이 한 몸이거나 다른 몸이다. 잎, 열매, 가지, 뿌리 모두 약재로 쓴다. 51, 85
- **사불상**(麋) — 미록(麋鹿)이다. 포유강이고 우제목으로 사슴과에 속한다. 몸길이는 2m 정도로 보통 뿔은 사슴 같지만 사슴이 아니고 머리는 말 같지만 말이 아니며 몸은 노새 같지만 노새가 아니고 발굽은 소 같지만 소가 아니라서 사불상이라고 한다. 성질이 온순하고 초식동물을 먹는다. 41, 169
- **사어**(師魚) — 예(鯢), 즉 도롱뇽으로 와와어다. 80
- **사향노루**(麝) — 노루보다 작고 앞발이 짧으며 뒷발은 길고 발굽이 작다. 귀는 크고 뿔이 없으며 분비한 사향은 약재로 쓴다. 37, 101, 147
- **산고**(山膏) — 신선이 복식하는 것이다. 141
- **산당나귀**(山驢) — 말보다 작고 귀가 길며 꼬리털이 적고 꼬리 끝은 소꼬리처럼 생겼다. 아프리카 및 아시아에 야생종이 있다. 66
- **산뽕나무**(柘樹) — 황상(黃桑) 또는 노자(奴柘)라고도 한다. 뽕나무과에 속한다. 관목 혹은 소교목으로 가시가 있다. 잎은 달걀형이거나 거꾸로 된 달걀형이고 혁질로 전부 이어져 있거나 앞부분이 세 갈래로 갈라진다. 여름에 꽃이 피고 자웅이 다른 나무로 두상꽃차례다. 열매는 붉고 공 모양에 가깝다. 62, 85, 150
- **산석**(痠石) — 고대 돌 이름이다. 168
- **산앵두나무**(山楂) — 홍과(紅果), 산리홍(山里紅)이라고도 한다. 장미과며 낙엽교목이다. 잎은 넓은 계란형이거나 삼각 계란형인데 깃털 모양으로 5~9가닥으로 갈라진다. 잎맥에 짧고 부드러운 털이 있다. 산방꽃차례로 꽃은 흰색이다. 열매는 둥근 공 모양이고 붉은색이며 담갈색 얼룩이 있다. 147
- **산휘**(山𤟤) — 고대 짐승 이름으로 휘(𤟤)라고도 한다. 그 모습이 개와 같지만 사람얼굴을 하고 있으며 돌을 잘 던지고 사람을 보면 웃는다. 65
- **삼상**(三桑) — 목질이 단단해서 활과 수레의 채를 만들 수 있으며 잎은 누에에게 먹일 수 있다. 69, 231
- **삼주수**(三珠樹) — 고대 전설 속의 신령한 나무로 곤륜구 남쪽 산 위에 있다. 274
- **삼청조**(三青鳥) — 빨간 머리에 검은 눈동자를 한 새로, 대려와 소려(小鷟)와 청조(青鳥)를 말한다. 고대 신화에서 서왕모의 시종으로 붉은 새와 삼족오(三足烏)에서 나온 것이다. 49, 278
- **삼추**(三騅) — 상고시기의 기이한 신수(神獸)다. 말처럼 생겼고 적색이다. 310, 332
- **삽주**(白朮) — 국화과의 여러해살이풀이다. 뿌리는 비대해서 덩어리져 있다. 두상꽃차례로 전부 관 모양 꽃으로 가을에 피며 꽃은 자줏빛이다. 뿌리와 줄기를 약재로 쓴다. 성질이 따뜻하고, 맛은 달고 쓰다. 비장과 위장을 보하고, 기운을 돋아주며, 발한작용으로 몸에 있는 습기를 없애주며, 태아가 잘 자리 잡도록 돕는다. 143, 151, 170
- **상류**(相柳) — 상요(相繇)라고도 하며 물의 신 공공(共工)의 신하다. 머리가 아홉이고 뱀의 몸으로 스스로 돌면서 구토(九土)에서 먹는다. 백성을 해치다가 우(禹)에게 피살되었다. 209, 405
- **서**(黍) — 식물 이름으로 서직(黍稷)이라고도 한다. 멥기장인 갱자(秔者)는 옛날에는 직(稷)이나 제(穄)라고 했고 지금은 직자(稷子), 미자(麋子)라고 한다. 찰기장인 유자(糯者)는 고대에는 서(黍)라고 했고 지금은 서자(黍子)나 점미자(粘麋子), 황속(黃粟)이라고 한다. 화본과며 한해살이풀이다. 대는 곧게 서 있고 털로 덮였으며 잎은 선상피침형이다. 원추꽃차례이고 주요 줄기는 직립이거나 굽어 자란다. 열매는 식용하거나 술에 담그고 대와 잎과 씨앗은 모두 사료로 쓴다. 158
- **서거**(犀渠) — 서우(犀牛), 즉 무소류의 동물이다. 107
- **서궁**(西芎) — 향초의 일종이다. 105
- **서우**(犀牛) — 포유강이고 우제(偶蹄)목이다. 몸이 굵고 크며 길이는 2~4m이고 꼬리는 60~76cm다. 코 위에 뿔이 2개 있다. 앞다리는 발가락이 3, 4개이고 뒷다리는 3개다. 대문니는 발달하지 않았고 위 송곳니는 없다. 털이 거의 없고 식물을 먹는다. 지금은 외뿔소, 양뿔소, 흰 무소, 검은 소와 작은 외뿔소 등 5종이 있다. 266
- **석녈**(石涅) — 흑돌 기름으로 화미석(畵眉石)이라고도 한다. 39
- **석묵**(石墨) — 육각형결정이거나 삼각결정체의 광물이다. 단정체가 육각형판 모양이거나 조각 모양이다. 집합체는 비늘 모양을 이룬다. 철흑색으로 금이나 줄친 흔적인 조흔(條痕)에 밝은 흑빛이 난다. 39
- **선구**(旋龜) — 고대 전설에 나오는 신령한 거북이다. 등과 배 모두 딱딱하고 머리와 꼬리와 네 다리는 늘 껍질 안에 움츠리고 있다. 15, 137
- **선어**(鱔魚) — 황선(黃鱔)이라고도 한다. 경골어강으로 몸은 만

형이고 길이는 50cm다. 황갈색이고 어두운 반점이 있다. 머리와 입이 크며 입술은 두껍고 눈은 작다. 비늘이 없고 연못, 시냇물, 논에 서식한다. 202

· **섭타**(涉䵢) — 고대 신 이름이다. 다리가 셋에 이 발톱이 달렸다. 148

· **성성**(猩猩) — 갈원(褐猿)이라고도 한다. 포유강이고 영장목이다. 키는 1.4m이며, 앞다리가 아주 길다. 과일을 주로 먹는데, 카리마타와 수마트라의 삼림에서 산다. 265, 388

· **세신**(細辛) — 마두령(馬兜鈴)과로 세신속 식물의 총칭이다. 여러해살이풀로 길고 가는 궁궁이 냄새가 나는 뿌리 같은 줄기가 있으며 끝에서 1, 2개의 잎이 난다. 꽃은 잎겨드랑이에서 나오며 땅에 붙어 자라고 자줏빛이며 종 모양이다. 중국에 대략 35종이 있고 전부 약재로 쓴다. 144

· **소려**(小鷖) — 삼청조의 하나로 붉은 머리에 검은 눈으로 서왕모의 시종이다. 280, 339

· **소어**(鰠魚) — 전설 속의 물고기 이름이다. 단어와 똑같이 생겼다. 55

· **수사**(數斯) — 고대 짐승 이름이다. 36

· **숙어**(鯈魚) — 고대 어류 이름이다. 60

· **숙조**(夙條) — 식물 이름이다. 이것으로 화살대를 만든다. 140

· **순나무**(枸木) — 낙엽교목이다. 가지로 지팡이를 만들 수 있는 나무다. 77

· **순나물**(荀) — 풀 이름이다. 부규(鳧葵)다. 50

· **순조**(鶉鳥) — 봉류의 새다. 45

· **순초**(荀草) — 선화(旋花), 금비명(金沸明)이라고도 한다. 강(姜) 같은데 꽃이 노랗다. 105, 403

· **습습어**(鰼鰼魚) — 물고기 이름이다. 니추(泥鰍), 즉 미꾸라지다. 60

· **시**(兕) — 고대 무소류의 동물이다. 가죽이 두꺼워 갑옷을 제작할 수 있다. 264

· **시랑**(犲狼) — 포유강이고 식육목이며 개과에 속하는 동물이다. 153

· **시육**(視肉) — 취육(聚肉)으로, 전설에 나오는 소다. 이 소는 고기를 베어도 죽지 않고 다시 자라난다. 191, 231, 236

· **시초**(蓍草) — 식물 이름이다. 거치초(鋸齒草)나 유정초(蚰蜓草)라고도 한다. 국화과로 여러해살이 직립풀이다. 전체가 약재로 쓰이며 민간에서 풍습(風濕)과 통증을 다스리는 데 쓰며 독사에게 물린 상처에 바른다. 고대에는 줄기를 점복에 사용했다. 140, 146

· **식양**(息壤) — 신화에 나오는 스스로 자라며 절대 줄어들지 않는 흙이다. 414, 428

· **신**(蜃) — 고대 동물이름으로 대합을 말한다. 88

· **심죽**(尋竹) — 키가 크고 거대한 대나무다. 381

· **쑥**(艾蒿) — 가애(家艾)라고도 한다. 국화과의 여러해살이풀로 주무르면 향기가 난다. 가을에 꽃이 피고 두상꽃차례다. 잎은 약으로 쓰고 성질이 따듯하고 맛은 맵고 쓰다. 추위를 없애고 통증을 멈추며 지혈작용을 한다. 145

· **알유**(窫窳) — 전설 속의 괴수다. 알유에 관한 전설은 여러 가지다. 일반적으로 알려진 이부(貳負)의 신하인 알유는 해경에 나오는데, 이 알유는 뱀 몸에 사람얼굴이고 머리는 용과 같다. 이부에게 죽었다가 다시 살아나 이런 모습이 되었다. 한편 산경의 북차1경 소함산(少咸山) 조에 나오는 알유는 소처럼 생긴데다 몸이 붉고 사람얼굴을 하고 있지만 말 다리가 달렸고 애기울음소리로 운다. 64, 265, 270, 274, 388

· **암양**(羬羊) — 옛날의 신기한 동물이다. 몸은 6척이고 꼬리는 말 꼬리처럼 생겼다. 39, 107, 300

· **약목**(若木) — 전설 속의 신령한 큰 나무다. 194, 383

· **양자악어**(揚子鰐) — '타(鼉)'를 말한다. 속칭 저파룡(猪婆龍)이라고 한다. 파행강이고 타과이다. 큰 것은 길이가 2m나 된다. 151

· **어교**(魚鵁) — 고대 서적에 나오는 새 이름이다. 머리가 가늘고 몸이 길며 목에는 흰 털이 났으며 물에 들어가 고기를 잡을 수 있다. 104

· **어수리**(䕡) — 향초의 일종이다. 52

· **엄자**(弇玆) — 고대 전설 속의 신 이름이다. 사람얼굴에 새의 몸을 했으며 두 귀에 푸른 뱀을 걸고 있고 두 발로 붉은 뱀을 밟고 있다. 371

· **엉겅퀴**(薊) — 식물 이름이다. 대계(大薊)와 소계(小薊)가 흔하다. 109

· **여**(㺄) — 고대 전설 속의 짐승 이름이다. 고슴도치처럼 생겼으며 단화(丹火)처럼 붉다. 163

· **여**(礜) — 고대에 소리를 낼 수 있는 돌이다. 36

· **여목**(欐木) — 나무 이름으로 역목(櫟木)이다. 99

· **여비**(絮魮) — 물고기 이름이다. 새의 얼굴 구멍과 물고기의 꼬리에서 경석 소리를 낸다. 55

· **여상초**(女床草) — 고대 야생 잡초의 일종이다. 39

- **여정수**(女貞樹) — 당광나무로 목서과에 속한다. 상록관목 혹은 교목이다. 잎은 마주나기로 혁질이며 난상피침형이고 털이 없이 매끄럽다. 초여름에 흰 꽃이 피는데 배성정생 꽃차례다. 열매는 타원형이고 익으면 푸른 흑색이 된다. 열매는 약재로 쓰니 '당광나무 열매인 여정자(女貞子)'로 성질이 바르고 맛이 달고도 쓰며 간장과 신장을 보호하는 강장약으로 사용된다. 96
- **역**(鸋) — 전설 속의 새 이름이다. 메추라기 같으며 몸의 털은 까맣고 머리 정수리 털은 붉다. 36
- **역**(𧕴) — 모래를 머금고 사람을 쏠 수 있는 동물이라고 전해진다. 317
- **연사**(蠕蛇) — 고대 동물 이름이다. 온몸이 붉고 나무와 열매를 먹는다. 387
- **연석**(燕石) — 옥처럼 생긴 돌로, 색깔 무늬가 있다. 79
- **연석**(𤥭石) — 옥과 비슷한 아름다운 돌이다. 107
- **염유**(苒遺) — 전설 속의 신이한 동물이다. 54
- **엽렵**(獵獵) — 전설 속의 동물이다. 379
- **엿**(飴糖) — 당희(糖稀)라고도 한다. 맥아당이 효소의 작용으로 가수 분해된 싸라기 속 전분으로 만든 당의 일종이다. 엿은 황색의 끈끈하고 투명한 액체가 된다. 허(虛)를 보하고 폐 기능을 좋게 하므로 폐가 건조해서 나오는 기침을 치료한다. 26
- **영개**(靈恝) — 고대 동물이다. 375
- **영여**(𤢖如) — 고대 짐승으로, 사슴처럼 생겼고 꼬리는 희며 말발굽에 사람 손으로 다리가 넷이다. 36
- **영초**(榮草) — 고대 식물이다. 신기한 선초(仙草)를 말한다. 101, 170
- **예수**(𣐼樹) — 고대 나무 이름이다. 152
- **예조**(鷖鳥) — 고대 새 이름이다. 392
- **오동나무**(梧桐) — 낙엽교목으로, 어린 나무껍질은 녹색이고 반들반들하다. 잎은 3~7갈래로 갈라진다. 여름에 꽃이 피고 자웅이 한 마루에 있으며, 꽃이 작고 담황녹색이며 원추꽃차례다. 씨는 콩 모양이고 볶으면 먹을 수 있다. 24, 61
- **오열**(傲㹞) — 전설 속의 신이한 괴수다. 49
- **오채조**(五彩鳥) — 봉황류에 속하는 신령한 새다. 111
- **옥고**(玉膏) — 옥 기름을 말하며, 고대 전설에서 신선이 복용한다는 선약이다. 43
- **옹**(顒) — 올빼미 비슷하게 생겼으나 사람얼굴을 하고 있고 눈이 4개나 되며 귀가 길쭉하게 튀어나와 있다. 이 새의 울음소리를 들어보면 자기 이름을 부르는 듯하다. 26

- **옻나무**(漆樹) — 낙엽교목이다. 수액으로 염료를 만든다. 52, 158
- **와와어**(娃娃魚) — 속칭 대예(大鯢)라고 한다. 길이는 60~70cm로 무게는 2, 3,000근이며 현존 최대의 양서동물이다. 등은 종려나무 갈색이고 크며 까만 반점이 있다. 배의 색깔은 옅고, 머리는 넓고 편평하며, 입은 크고 조골치가 활 모양이다. 콧구멍과 눈이 아주 작고 머리 뒤에 위치하며, 눈꺼풀이 없다. 몸은 두텁고 튼튼하며 납작하다. 체외수정을 한다. 계곡에 서식하며 맑은 계곡물에서 물고기, 개구리, 새우 등을 먹는다. 애기 울음소리로 울어서 와와어라고 한다. 70, 80
- **요**(瑤) — 미옥으로 옥의 미석이라고도 한다. 48, 80
- **요**(貐) — 물짐승이다. 소꼬리에 하얀 몸체로 뿔이 하나이고 호랑이처럼 운다. 66
- **요**(珧) — 조개류다. 88
- **요초**(瑤草) — 선초를 말한다. 140, 143
- **용**(龍) — 고대 전설에 따르면, 비늘과 수염이 있고 구름을 일으키고 비를 내릴 수 있는 신령한 동물이다. 봉건시대에 황제의 상징으로 삼았다. 185, 199
- **용골**(龍骨) — 여러 동물의 화석을 옛 사람들이 용골이라고 여겼다. 99
- **용구**(龍龜) — 길조(吉弔)로 용 종류인데 거북의 몸을 하고 있다. 66
- **용어**(龍魚) — 고대 물고기 종류다. 머리와 몸이 아주 길다. 절강(浙江) 장흥(長興) 회암(灰岩)에서 발견된 시룡어(始龍魚)로, 이 물고기류의 조기(早期) 대표다. 205
- **용어**(鱅魚) — 우우(禺禺)라고도 한다. 고대 전설 속의 괴이한 물고기다. 이우(犁牛), 즉 얼룩소처럼 생겼으며 돼지 소리를 낼 줄 안다. 경골어강이고 잉어과에 속한다. 84
- **용연향**(龍涎香) — 향 이름이다. 소식(蘇軾)은《과사이산우작왕삼갱(過事以山芋作王糝羹)》에서 '향기가 용연 같으면서도 상큼하고 맛이 우유보다 더 깔끔하다'고 했다. 285
- **욱목**(栯木) — 고대 나무 이름이다. 잎은 배나무 잎과 유사하고 붉은색이다. 이것을 먹으면 질투하지 않게 된다고 한다. 143
- **웅황**(雄黃) — 석황(石黃), 계관석이라고도 하며 염료로 쓰고 약용으로도 쓴다. 39
- **원**(輓) — 수레 양옆으로 길게 나온 끌채인 직목(直木)과 곡목(曲木)이다. 347
- **원**(猿) — 포유강의 영장목 동물로 형태는 후와 비슷하고 몇몇

특징은 사람과 비슷하다. 꼬리와 볼 주머니가 없다. 후(猴)는 포유강으로 영장목이고 후과에 속한다. 항하후(恒河猴)라고도 한다. 몸은 55~60cm이고 꼬리는 25~32cm이다. 털이 회갈색이고 허리 아래는 오렌지색이며 산열매를 잘 먹는다. 14

· **원**(猨) — 원(猿), 즉 멧돼지와 같다. 고대 신화 전설 속의 야생돼지다. 80

· **원앙**(鴛鴦) — 오리과 새다. 자웅이 함께 살며 떨어지지 않는다. 옛날에는 필조(匹鳥)라고 했다. 나중에 부부를 비유하게 되었다. 17, 45

· **원추**(鵷雛) — 전설 속의 난새. 봉황류의 새다. 26

· **원타**(黿鼉) — 동물 이름이다. 녹단어(綠團魚)라고도 하며 속칭 나두원(癩頭黿)이라고 한다. 파행강이고 별과다. 입이 짧게 튀어나왔으며, 암녹색이고, 보통 길이는 26~72cm로 배가 희다. 다리 앞 둘레와 물갈퀴가 모두 흰색이다. 182

· **위사**(委蛇) — 고대 동물 이름이다. 수레처럼 크고 원숭이처럼 생겼으며 자주색 옷에 붉은 관을 쓰고 있다. 314

· **유**(瑜) — 미옥의 일종이다. 43, 50

· **유**(鶹) — 올빼미로 맹금이다. 80

· **유유**(蓃蓃) — 고대 동물 이름이다. 91

· **유자나무**(柚樹) — 과일나무다. 문단(文旦)이나 란(欒), 포(抛)라고도 한다. 방향과이며 상록교목이다. 잎이 크고 두꺼우며 심장 모양이다. 꽃이 크고 총상꽃차례로 난다. 열매가 크고 원형이거나 납작한 원형 혹은 계란형이다. 익으면 열은 노란색이나 오렌지색이 된다. 147, 155

· **유조**(維鳥) — 고대 전설 속의 동물이다. 까치 같은 생김새에 털은 검붉고 머리가 둘이며 다리는 넷이다. 37, 202

· **육사**(育蛇) — 고대 뱀 이름이다. 317

· **육어**(鯥魚) — 고대 전설 속의 물고기다. 경골어강이고 육과에 속한다. 몸이 길고 편평하며 길이는 50cm다. 갈색이거나 붉은 흑색이다. 입이 뾰족하고 눈과 입은 크며 송곳니가 있다. 등지느러미는 2개이고 꼬리지느러미는 갈라진다. 고기와 알 모두 맛이 좋다. 16

· **윤어**(䲛魚) — 전설 속의 물고기다. 붕어처럼 생겼고 까만 비늘로 덮여 있는데, 이놈을 먹으면 잠을 자지 못한다. 142

· **은**(銀) — 은백색 금속이다. 부드럽고 연성이 강하며 열전도율이 좋다. 주로 은 광물에는 휘은광(輝銀礦), 각은광(角銀礦) 등이 있고 자연은도 있다. 재료를 제감하거나 합금, 은화, 장식, 은박, 축전지 등에 사용한다. 66

· **이즉**(移卽) — 고대 전설 속의 동물이다. 개처럼 생겼고 입과 눈이 모두 붉다. 165

· **이주**(離朱) — 일종의 신령한 새로 털이 붉다. 191, 231

· **인어**(人魚) — 능어를 말한다. 사람얼굴에 물고기 몸으로 손과 발이 있다. 33, 70, 142, 297

· **자가사리**(黃鑽魚) — 간어(竿魚)로, 성질이 사납고 여러 어류를 잡아먹는다. 85

· **자서**(鴜鼠) — 새 이름이다. 닭처럼 생겼는데 쥐꼬리가 달렸다. 85

· **자석**(赭石) — 중국 고대에 사용했던 일종의 황갈색 광물 염료다. 66, 73, 93

· **자석**(磁石) — 중의약석이다. 자철광으로, 성질이 차고 맛이 시다. 63

· **자주색 푸성귀**(紫菜) — 붉은 바닷말인 홍조문(紅藻門)으로 홍모채과(紅毛菜科)에 속한다. 바닷말은 막처럼 생겼고 자색이거나 갈녹색이다. 종류에 따라 모습이 다르다. 단단하고 접시 모양이다. 얕은 바다와 호수 일대의 바위에서 산다. 92

· **자초**(紫草) — 큰 자초, 딱딱한 자초라고도 한다. 여러해살이 초본식물로 온 그루에 굵고 뻣뻣한 털이 있다. 뿌리는 굵고 크며 밖은 암자색이고 단면은 자홍색이며 입자루가 없다. 뿌리는 염료로 쓰고 약재로도 쓰는데 성질이 차고 양혈, 해독 작용이 있다. 71

· **작약**(芍藥) — 여러해살이 초본식물로 꽃은 관상용이고 뿌리는 약용한다. 77, 109, 154, 169

· **작우**(柞牛) — 동물 이름이다. 일종의 들소로 무게가 1,000근이나 된다. 포유강이고 우제목이다. 31, 41

· **잠석**(箴石) — 침을 만들어 악성 종기를 치료할 수 있는 돌이다. 86, 91

· **잠어**(箴魚) — 고대 물고기 이름이다. 85

· **장사**(長蛇) — 전설 속의 신이한 뱀이다. 63

· **장우**(長右) — 고대 짐승 이름이다. 다리가 넷에 원숭이처럼 생겼고 사람의 신음소리를 낼 수 있다. 19

· **재염나무**(栚) — 나무 이름이다. 열매는 능금 같고 빨갛다. 14

· **쟁**(猙) — 고대 전설의 기이한 짐승이다. 48

· **적별**(赤鷩) — 산닭의 일종이다. 31, 35

· **전죽**(箭竹) — 대나무의 일종이다. 32, 37, 103

· **절병**(節幷) — 고대 동물 이름이다. 394

· **정녕**(葶薴) — 십자화(十字花)과이고 한해살이풀이며 전 그루에

성상모(星狀毛)가 있다. 아래 밑동에서 난 잎은 연좌상(蓮座狀)과 거꾸로 된 계란 모양의 길쭉한 구원형(矩圓形)을 이룬다. 줄기에서 난 잎은 계란형이나 계란피침형도 있다. 꽃은 노랗고 총상꽃차례. 열매는 단각(短角)과이고 길쭉한 구원형이거나 타원형이다. 107

· 정위새(精衛鳥) — 신화 속의 새 이름. 염제의 딸로 이름은 여와(女娃)다. 동해에서 놀다가 빠져 죽어 정위(精衛)가 되었으며, 서산(西山)의 나무와 돌을 물어다가 오래오래 동해를 메우고 있다고 한다. 75

· 정정(精精) — 고대 동물 이름이다. 93

· 제건(諸犍) — 전설 속의 신이한 괴수다. 62

· 제녀상(帝女桑) — 《광이기(廣異記)》에 따르면, 남방 적제(赤帝: 염제)의 딸이 득도하여 신선이 된 뒤에 남양(南陽) 악산(崿山)의 뽕나무 위에 살자, 적제가 뽕나무를 불태워버렸고 그의 딸은 승천하여 하늘로 올라갔다. 이 뽕나무를 제녀상이라고 한다. 164

· 제어(鮆魚) — 고대에는 미(鮇) 혹은 열(鮿) 혹은 멸(鱴)이라고 했다. 입가는 둥글고 무디며 입이 크고 복부에 비늘이 있다. 66

· 제옥(帝屋) — 고대 나무 이름이다. 144

· 제회(諸懷) — 전설 속 신기한 짐승 이름이다. 65, 119

· 조(條) — 나무 이름으로 유(柚)라고도 하는데 추(楸)를 말한다. 31

· 조당수(雕棠樹) — 고대 나무 이름으로 낙엽교목이며 당목(棠木)과의 일종이다. 101

· 조용(絛螭) — 고대 전설 속의 동물이다. 누런 뱀처럼 생겼으며 물고기 지느러미가 있다. 86

· 족자(足訾) — 고대 동물 이름이다. 62

· 졸참나무(楢樹) — 낙엽교목이다. 목질이 유연하다. 152, 165

· 종려나무(棕樹) — 외떡잎식물로 상록관목이나 교목이다. 줄기가 곧은데 어떤 때는 아주 짧고 잎으로 아랫부분이 가려진다. 잎은 어긋나고 줄기 꼭대기에서 떨기로 모여 난다. 32, 37, 48, 99, 169

· 종종(從從) — 고대 동물 이름이다. 다리가 여섯이고 개처럼 생겼다. 84

· 주(鴸) — 고대 새의 이름이다. 사람얼굴에 새의 몸으로 두 다리가 있다. 18

· 주수(欘樹) — 영수목이며 상록교목이다. 목질이 견고하고 무거우며 내구성이 강해서 벌레 먹지 않는다. 163

· 주염(朱厭) — 고대 동물의 이름이다. 40

· 준조(鵔鳥) — 전설 속의 새 이름이다. 44

· 지교(之交) — 고대 동물 이름이다. 197, 241

· 지도(鴲鵌) — 전설 속의 새 이름이다. 새처럼 생겼으며 발이 붉고 불을 다스릴 수 있다. 166

· 지어(鮨魚) — 경골어강이고 능성어과 어류의 총칭이다. 중국에서는 쏘가리속, 농어속, 능성어속, 우럭바리 등 33속이 생산되며 쏘가리, 농어, 능성어, 우럭바리 등이 자주 보인다. 65, 119

· 직(稷) — 중국 옛날 식용 작물이다. ① 서(黍)의 변종으로 대에 털이 없고 이삭이 뿌려지며 열매가 찰지지 않고 점성이 서(黍)만 못한 것을 직이라고 한다. ② 속(粟)의 별칭이다. 158

· 진교(秦艽) — 대엽용담(大葉龍膽)이라고도 한다. 용담(龍膽)과에 속하는 여러해살이풀이다. 여름과 가을에 꽃이 피며 열매는 긴 타원형이다. 씨앗은 타원형이고 짙은 노란색이다. 뿌리는 약으로 쓰고 성질은 평하고 맛은 쓰고 맵다. 습울(濕鬱)을 없애고 허열(虛熱)을 물리치는 효능이 있다. 뿌리는 각종 미네랄이 풍부하며 소염작용을 한다. 110

· 짐조(鴆鳥) — 전설 속의 독조(毒鳥)로 독수리만 하며, 자줏빛 녹색이고 긴 목에 부리는 붉고 독사를 잡아먹는다. 147, 150

· 차조(鴉鳥) — 부엉이류로, 옛 사람은 불길한 새로 여겼다. 202

· 차조기(紫蘇) — 순형(脣形)과로 한해살이풀이다. 줄기가 모나고 자색을 띤다. 위는 자색의 길고 부드러운 털로 덮여 있다. 씨앗으로 기름을 짜며 여린 잎은 야채로 먹는다. 땅 위로 나온 부분은 약재로 쓰므로 줄기와 잎을 자소(紫蘇)라고 한다. 성질이 따듯하고 맛은 매우며 추위를 없애고 가슴의 기를 다스리는 효능이 있다. 107

· 참죽나무(椿樹) — 낙엽교목으로 목재가 굵고 단단하며 잎은 누에에게 먹일 수 있고 뿌리는 약용으로 쓴다. 32, 38, 51, 110, 144

· 창부(鶬鵂) — 옛 새 이름이다. 닭 같은데 머리가 셋이고 날개도 셋이고 눈이 6개에 다리도 6개다. 16

· 창옥(蒼玉) — 고대의 푸른 옥이다. 33, 67, 110

· 천구(天狗) — 천계의 신물이다. 48

· 천궁(川芎) — 궁궁이라고도 한다. 산형과이며 여러해살이 풀이다. 뿌리는 황갈색이고 약재로 쓰는데 성질이 따뜻하고 맛이 매우며 활혈(活血), 조경(調經), 거풍(祛風), 지통 작용이 있다. 144, 187

· 천문동(天門冬) — 천동초(天冬草)라고도 한다. 백합과이며 여

447

러해살이 덩굴 풀로 방추형 뿌리줄기가 모여 자란다. 줄기는 1~2m 정도 되고 갈라진 가지에 모서리가 있거나 좁은 날개가 있다. 잎은 퇴화되었으며 녹색 선형 잎 모양 줄기가 잎의 기능을 대신한다. 100

· **천편**(天楄) — 신화 속에서 선인(仙人)이 타는 교통수단 위의 짧고 모난 서까래다. 141

· **철**(鐵) — 화학원소다. 은백색으로 확장성이 좋다. 순철의 자기화와 자기성 제거 모두 아주 빠르다. 주요 광물로는 적철광, 갈철광, 자철광, 능철광, 황철광 등이 있다. 31, 34

· **첨조**(鶽鳥) — 부엉이류의 새로, 옛 사람은 불길하게 여겼다. 202

· **청문**(青文) — 고대 동물 이름이다. 135

· **청벽**(青碧) — 청색 옥돌이다. 64

· **청벽석**(青碧石) — 매끄럽고 아름다운 옥돌이다. 84

· **청웅황**(青雄黄) — 웅황의 일종으로 청흑색이고 단단하다. 훈황(熏黄)이라고도 한다. 40, 42

· **청확**(青臛) — 고대의 2가지 염료로 쓰는 석지(石脂)다. 확은 붉은 색 석지를 말한다. 17, 20, 26

· **체**(彘) — 고대 동물이다. 지금의 돼지를 말한다. 19

· **초**(鱃) — 잉어와 비슷하게 생겼으나, 배 밑에 닭다리가 한 쌍 달려 있다. 65

· **촉조**(鸀鳥) — 고대 새 이름이다. 375

· **총롱**(蔥聾) — 고대 동물 이름이다. 31

· **추어**(鯈魚) — 물고기 이름이다. 잉어와 똑같은데 머리가 좀 크다. 사람이 먹으면 혹이 나지 않는다. 94

· **추오**(騶吾) — 전설 속의 의로운 짐승으로 추우(騶虞)라고도 한다. 주(周) 문(文)왕이 감금되었을 때 수하들이 임씨국(林氏國)에서 이 짐승을 구해와 은(殷) 주(紂)왕에게 바치고 문왕을 풀려나게 했다고 전해진다. 296

· **축여**(祝余) — 옛 식물 이름이다. 14

· **출척**(跳踢) — 전설 속의 신기한 괴수다. 314

· **취석**(脆石) — 부드럽고 잘 깨지는 돌이다. 165

· **측백나무**(柏) — 수백(垂柏)이라고도 한다. 상록교목으로 높이는 30m에 달한다. 가지가 가늘고 아래로 드리워져 있다. 잎은 작고 비늘형이며 끝이 예리하다. 열매는 공 모양이다. 씨앗은 목질이며 익으면 벌어지는데 린(鱗)마다 5~6개의 씨앗이 들어 있다. 목재는 연한 황갈색이고 가늘며 향기가 나고 건축, 조선, 가구 제작 등의 용도로 쓴다. 30

· **치**(鴟) — 요응(鷂鷹)이다. 샛강이고 매과에 속하며 요속의 새들을 총칭한다. 중국에 많은 하얀꼬리매는 수컷 몸이 45cm이고, 머리와 목에 청회색 띠가 있으며, 등은 회색이고, 하체는 흰색에 부른 빛이 돌며, 꼬리는 흰 깃털로 덮여 있다. 49

· **콩**(菽) — 대두(大豆)로 콩류를 총칭한다. 《여씨춘추(呂氏春秋)·심시편(審時篇)》에 큰 콩은 둥글고 작은 콩은 향기가 좋다고 했다. 크고 작은 콩 모두 숙(菽)이라고 한다. 하지만 작은 콩은 따로 좀콩인 답(荅)이라고 하고 큰 콩은 숙(菽)이라고 하므로 숙은 큰 콩을 말한다. 406

· **타위**(騉圍) — 고대 신 이름이다. 149

· **타**(鼉) — 동물 이름이다. 양자악(揚子鰐)이라고도 하며 속칭 저파룡(猪婆龍)이다. 파행강이고 타과에 속한다. 큰 것은 2m에 달한다. 등에 뼈 비늘이 가로로 여섯 줄 있고 등은 암갈색이며 노란 반점과 노란 줄이 있다. 못이나 소의 바닥에 혈거하며 물고기, 소라, 개구리, 작은 고기나 쥐 등을 먹으며 겨울에는 칩거한다. 중국 특산물로 안휘(安徽) 남부 및 안휘 남부와 맞닿은 절강(浙江)의 습지에 분포한다. 147

· **탁**(籜) — 속칭 순각(筍殼)이라고도 한다. 대나무류에서 서식하는 잎이다. 죽순 시기에 순 밖에서 자라다가 대나무가 자라는 과정에 계속 떨어져나온다. 98

· **탁비**(橐蜚) — 고대 동물 이름이다. 34

· **탱자나무**(枳樹) — 식물 이름이다. 또한 '구귤(枸橘)' 혹은 '취귤(臭橘)'이라고도 한다. 방향과에 속하며 관목이거나 소교목으로 굵은 가시가 있다. 겹잎으로 작은 잎 3조각에 투명한 샘이 있고 모든 잎 꼭지는 톱니형이다. 늦봄에 흰 꽃이 피며, 과실은 작고 동그란 공 모양으로 익으면 어두운 황색이 되며 단 껍질과 부드러운 털이 있다. 과육은 작고 시어서 먹을 수 없다. 65

· **토루**(土螻) — 땅강아지 토구자(土狗子)다. 곤충강이고 직시목이다. 중요한 농업 지하 해충이다. 땅 속에 혈거한다. 앞발은 땅 파는 다리로 변형되어 땅 파기에 적합하고 식물의 뿌리, 부드러운 줄기, 어린 싹 등을 끊을 수 있다. 45

· **파사**(巴蛇) — 고대 전설 속의 큰 뱀이다. 103

· **팔가조**(八哥鳥) — 구관조, 즉 구욕(鴝鵒)이라고도 한다. 샛강이고 양조(椋鳥)과에 속한다. 중국에 3가지 아종이 있다. 날개털에 하얀 반점이 있고 날 때 '팔(八)' 자형이 나타나서 팔가조라고 한다. 과일열매와 씨앗과 곤충을 주로 먹는다. 157, 165

· **팥꽃나무**(芫花) — 서향과의 낙엽교목이다. 잎은 마주나기인데 가끔 어긋나기도 하며 지질(紙質)이다. 봄에 꽃이 먼저 피는데

꽃부리가 없고 꽃받침이 꽃부리 모양으로 옅은 자색이다. 열매는 희다. 꽃은 약으로 쓴다. 109
· **편어**(鯿魚) — 잉어과 종류다. 몸은 편평하고 고기가 맛있다. 299
· **폐서**(獙鼠) — 쥐류의 동물이다. 164
· **폐폐**(獙獙) — 전설 속의 동물 이름이다. 여우처럼 생겼는데 날개가 있고 기러기 소리를 낸다. 90
· **포곡조**(布谷鳥) — 새 이름이다. 몸이 모두 깃털로 덮여 있다. 34
· **포공영**(蒲公英) — 황화지정(黃花地丁)이라고도 한다. 국화과의 여러해살이풀로 백색 유즙이 함유되어 있다. 자주 보이는 들풀이다. 모든 부분이 약재로 쓰이고, 성질이 차며, 맛이 달고 쓰며, 열을 내리고 독을 푸는 효능이 있다. 160
· **포이어**(蒲夷魚) — 고대의 신기한 물고기다. 81
· **푸른 말**(青馬) — 고대 전설 속에 등장하는 말로 청색 신수(神獸)다. 231, 332
· **풍목**(楓木) — 풍향수(楓香樹)로 낙엽교목이다. 잎은 가을에 붉은 색으로 변하며 나무에서 향기가 나고 약재로 쓴다. 317
· **필방조**(畢方鳥) — 고대 새 이름이다. 온몸에 붉은 털 무늬가 있고 높이 날 수 있다. 176, 274
· **하늘 기둥**(天柱) — 신화에서 천계를 동서남북으로 받치고 있는 4개의 기둥이다. 42
· **하돈**(河豚) — 적규(赤鮭)다. 규존어(鮭鱒魚)라고도 한다. 경골어강이고 규과류의 총칭이다. 64
· **할조**(鶡鳥) — 꿩류의 새 이름이다. 털이 황흑색이다. 101
· **함조**(咸鳥) — 신농(神農)의 아들이다. 388
· **합유**(合窳) — 고대 동물 이름이다. 95
· **항목**(亢木) — 모(矛)로 귀전우(鬼箭羽)라고도 한다. 낙엽관목으로 약재로 쓴다. 144
· **향긋한 털 향모**(香髦) — 고대 짐승 이름이다. 몸에 음성과 양성 생식기가 동시에 존재한다. 명대(明代) 몽화부(蒙化府) 일대에 이 짐승이 있었다고 한다. 16
· **현숙**(玄磩) — 고대 돌 이름이다. 73
· **혈견**(獙犬) — 고대 동물 이름이다. 107
· **혜초**(蕙草) — 향초 이름이다. 향기가 궁궁이 싹 미무(蘼蕪) 같다. 35, 40, 135
· **호저**(豪猪) — 전렵(箭獵)이다. 33, 39, 60
· **혼**(騉) — 전설 속의 짐승 이름. 양처럼 생겼다. 뿔이 4개 있고 말꼬리를 지녔다. 70
· **홍홍**(虹虹) — 공공이라고도 한다. 본래 비온 뒤 공기 중의 물기가 햇빛에 투사되어 나타나는 채색 띠인 무지개로, 옛 사람들은 신이 2마리의 신령한 짐승으로 변한 것이라고 여겼다. 237
· **화사**(化蛇) — 고대 동물 이름이다. 전설 속의 날 수 있는 뱀류다. 103
· **환**(貛) — 고대 짐승 이름이다. 50
· **환**(獌) — 고대 짐승 이름이다. 산양과 비슷하지만 입이 없는 괴수다. 포유강이고 우제목이다. 21
· **환두**(驩兜) — 고대 전설 속의 괴수다. 176, 221, 318, 383, 405
· **활어**(鱖魚) — 중국 고대 전설 속의 빛을 발하며 날아다니는 물고기다. 화활(花鱖)이라고도 한다. 경골어강이고 잉어과다. 몸이 연장되고 옆으로 납작하며 길이는 30cm쯤 된다. 은회색이고 옆선에 길고 검은 얼룩이 있다. 잎이 뾰족하게 나왔으며 입 아래쪽에 수염이 한 쌍 있다. 46, 95
· **활어**(滑魚) — 속칭 니추(泥鰍)라고 한다. 경골어강이다. 몸이 길게 늘어나고 원통형이며 길이는 10cm이고 황갈색이며 불규칙적인 흑색 반점이 있다. 입은 작고 5쌍의 수염이 있다. 갑각류 곤충을 먹는다. 58
· **활회**(猾褢) — 고대 짐승 이름이다. 돼지 같고 몸에 돼지털 같은 빳빳한 털이 나 있다. 19
· **황관**(黃蓳) — 고대 새의 이름이다. 33
· **황오**(黃鶩) — 황색 새다. 372
· **황조**(黃鳥) — 황조(皇鳥)로 신조(神鳥) 이름이다. 황조는 천제의 선약을 몰래 먹는 검은 뱀을 감시하는 신령한 새라고 한다. 원가는 헌원산(軒轅山)의 황조와 무산(巫山)의 황조가 다르다고 했다. 75, 338
· **회목**(檅木) — 콩과의 낙엽교목이다. 깃털형 겹잎으로 작은 잎이 7~11매 난다. 여름에 꽃이 피고 총상 혹은 복상꽃차례로, 꽃부리는 나비형으로 흰색이다. 54
· **회양목** — 백리목(白理木)이라고도 한다. 백색 무늬가 있고 지질이 견고해서 옛날부터 빗이나 국자 같은 기구를 만들어 썼다. 154
· **회어**(鮰魚) — 메기처럼 생긴 회갈색 어류다. 77
· **효**(囂) — 고대 짐승 이름이다. 34, 68
· **효조**(鴞) — 부엉이를 말하며 샛강에 속한다. 부리와 발톱 모두 구부러진 갈고리형으로 날카롭고 부리에 납막(蠟膜)이 있다. 52
· **훈초**(薰草) — 향초의 일종이다. 33
· **흰 꿩**(白翟) — 하얀 긴 꼬리 꿩이다. 52
· **힐**(頡) — 짐승 이름이다. 푸른 개처럼 생겼다. 163

신령한 곳

- **간산**(䅽山) — 지금 하남성(河南省) 노씨(盧氏)의 서남쪽이다. 103
- **갈산**(葛山) — 고대 산 이름이다. 88, 155
- **갈석산**(碣石山) — 현 하북성(河北省) 창려(昌黎) 북쪽의 선태산(仙台山)이다. 현무암과 화강암으로 되어 있다. 81
- **감수**(甘水) — 예천(醴泉)으로 일종의 달콤한 샘물이다. 106, 306, 315, 332
- **감연**(甘淵) — 양곡(湯谷)이다. 306, 332
- **감조산**(甘棗山) — 현 산서성(山西省) 영제(永濟)의 남쪽이다. 98
- **강산**(講山) — 현 하남성 등봉(登封)의 북쪽이다. 144
- **강수**(姜水) — 고대 물 이름이다. 76
- **개국**(蓋國) — 고대 국가 이름이다. 현재 북한의 평안도, 함경도 사이에 있는 개마대산 일대에 있다. 297
- **개명문**(開明門) — 천제(天帝)의 수도인 곤륜허(崑崙墟)에 있는 개명수(開明獸)로 인해 이름이 붙은 신계의 문을 말한다. 273
- **거산**(柜山) — 고대 산 이름이다. 18, 22
- **거산**(岠山) — 고대 산 이름이다. 152
- **거연국**(巨燕國) — 현재 하북성 북부와 요녕성(遼寧省) 동부 및 남부 일대를 말한다. 300
- **거요국**(居繇國) — 고대 서역의 국가 이름이다. 300
- **거저산**(渠猪山) — 거산(渠山), 저산(猪山)이라고도 하고 현 산서성 영제로 박산(薄山)의 산봉우리다. 99
- **거저수**(渠猪水) — 고대 물 이름이다. 현 산서성 경내다. 99
- **건산**(乾山) — 고대 산 이름이다. 80
- **격수**(淏水) — 고대 물 이름이다. 지금 하남 서북부로 제원현(濟源縣)에서 발원하여 동남으로 흘러 황하(黃河)로 들어간다. 20, 87, 95
- **견봉국**(犬封國) — 고대 국가 이름이다. 197, 293
- **결흉국**(結胸國) — 고대 국가로, 사람들의 모습 때문에 이런 이름이 붙었다. 결흉이란 흉부가 앞으로 돌출된 '계흉(鷄胸)'을 말한다. 174, 194
- **경곡산**(涇谷山) — 고대 산 이름이다. 53
- **경산**(景山) — 마새산(馬塞山), 안부산(雁浮山)이라고 하며 현 호북(湖北) 보강(葆康)의 서남이다. 77, 146
- **경산**(京山) — 현(縣) 이름이다. 호북성 형문시(荊門市) 동부의 대홍산(大洪山) 남쪽 기슭이다. 73
- **경산**(景山) — 현 산서성 문희(聞喜) 동남쪽이다. 73
- **경수**(涇水) — 위하(渭河)의 가장 큰 지류로 현재 영하(寧夏) 남부 육반산(六盤山) 동쪽 기슭에서 발원하여 섬서(陝西) 고릉(高陵)에서 위하로 들어간다. 39, 53, 303
- **계산**(桂山) — 고대 산 이름이다. 남해(南海) 안에 있다. 338, 371, 392
- **고관산**(姑灌山) — 고대 산 이름이다. 69
- **고도산**(皐涂山) — 고대 산 이름이다. 36
- **고등산**(鼓鐙山) — 고종산(鼓鍾山)으로 현 산서성 원곡(垣曲)에 있다. 101
- **고량산**(高梁山) — 현재 검문산(劍門山)으로 양산(梁山)이라고도 하며, 현 사천성 검각(劍閣)일대로 주요 봉우리는 대검산(大劍山)이다. 152
- **고류산**(高柳山) — 산 이름이다. 현재 산서성 대현(代縣) 북쪽에 있다. 272
- **고미산**(蠱尾山) — 고대 산 이름이다. 134
- **고봉산**(姑逢山) — 고대 산 이름이다. 90
- **고아산**(姑兒山) — 고대 산 이름이다. 85
- **고야산**(姑射山) — 현 산서성 임분(臨汾)의 서쪽이다. 89
- **고요산**(姑瑤山) — 고대 산 이름이다. 140
- **고종산**(鼓鍾山) — 현 하남성 숭현(嵩縣) 동북쪽이다. 140
- **곤공정주산**(鯀攻程州山) — 고대 산 이름이다. 379
- **곤륜산**(崑崙山) — 현재 신강(新疆)과 티베트의 경계에 있다. 45, 177, 242, 301, 337, 373, 381
- **곤오구**(昆吾丘) — 고대 산 이름이다. 옛날 황제(黃帝)가 이곳에서 활동한 적이 있다고 전해진다. 387
- **곤오산**(昆吾山) — 전설 속의 신비한 산이다. 황제가 치우(蚩尤)를 칠 때 이곳에 언덕을 쌓았는데 100장이나 파들어가도 샘이 나오지 않고 별처럼 불빛만 보였다. 월(越)왕 구천(勾踐) 때는 사람을 시켜 흰 말과 흰 소로 곤오신에게 제사를 모시게 한 뒤에 금을 캐서 주조하여 8개의 검을 완성했는데, 날카롭기가 비할 데 없어 돌을 끊고 쇠를 자르는 것이 흙이나 나무를 베는 것 같았다고 한다. 103
- **공동산**(崆峒山) — 두산(頭山)이라고도 한다. 현 감숙성(甘肅省) 평량(平凉) 서쪽, 육반(六盤) 산맥에 속한다. 302

· **공상산**(空桑山) ─ 고대 산 이름이다. 현 산동성 곡부(曲阜) 일대다. 78, 87
· **공수**(共水) ─ 현 미려구(米呂沟)로 산서 예성현(芮城縣)의 동북쪽이다. 74, 98, 137
· **공수**(贛水) ─ 현 강서성 전체를 통과하는 큰 강으로 두 군데서 발원하는데, 서로는 장수(章水), 동으로는 공수(貢水)가 공주(贛州)에서 만나므로 공강이라고 하기 시작했으며, 북으로 흘러 파양호(鄱陽湖)로 들어간다. 303
· **공수**(邛水) ─ 공래산(邛崍山)에서 발원하여 민강(岷江)으로 들어간다. 152
· **공택**(邛澤) ─ 현 사천 공래시(邛崍市) 경내에 있다. 67
· **곽산**(霍山) ─ 산서성 곽현(霍縣) 서쪽이다. 100
· **관상산**(灌湘山) ─ 고대 산 이름이다. 25
· **관수**(灌水) ─ 소적수(小赤水)라고도 하며 현 섬서(陝西) 화현(華縣) 서쪽에 있다. 위하(渭河)의 지류다. 30
· **관잠산**(管涔山) ─ 현 산서성 영무(寧武)로 분수(汾水)가 여기서 발원한다. 66, 70, 304
· **관제산**(灌題山) ─ 고대 산 이름이다. 62
· **관흉국**(貫胸國) ─ 천흉국(穿胸國)으로 신화전설에 나오는 나라 이름이다. 《괄지도(括地圖)》에 따르면, 우(禹)가 방풍씨(防風氏)를 주살했다. 하후(夏后)가 덕정(德政)을 베풀자 2마리 용이 내려왔고 우가 범씨(范氏)로 하여금 그것을 몰도록 해서 남방으로 갔다. 방풍신(防風神)이 우를 보고 화가 나서 쏘니 번개처럼 빨리 두 용이 올라갔다. 방풍신은 두려워서 스스로 가슴을 뚫고 죽었다. 우가 그를 애도하여 불사초(不死草)를 함께 묻어주었다. 《이역지(異域志)》는, '천흉국이 해동(海東)에 있는데 가슴에 구멍이 있으며 존경하는 사람은 가서 부축하고 비천한 사람은 대나무로 가슴을 꿰어 메고 간다'고 전한다. 177
· **광산**(狂山) ─ 고대 산 이름이다. 67
· **광양산**(廣陽山) ─ 하남성 청풍(淸豊) 경내에 있다. 302
· **괴강산**(槐江山) ─ 고대 산 이름이다. 44
· **괴산**(槐山) ─ 직산(稷山)으로 현재 산서성 직산(稷山)이다. 후직(后稷)이 여기에서 여러 곡식을 파종했다고 해서 지어진 이름이다. 110
· **괴산**(騩山) ─ 고대 산 이름이다. 37, 49, 105, 155
· **괵산**(虢山) ─ 고대 산 이름이다. 61
· **교경국**(交脛國) ─ 고대 국가 이름이다. 178
· **교국**(蟜國) ─ 고대 국가 이름이다. 295

· **교산**(敎山) ─ 현 산서성 원곡이다. 72
· **교산**(驕山) ─ 고대 산 이름이다. 147
· **교상수**(交觴水) ─ 고대 물 이름이다. 136
· **구강**(九江) ─ 동정호(洞庭湖)의 원(沅)과 상(湘) 등 여러 물줄기를 가리킨다. 169
· **구구호**(具區湖) ─ 태호(太湖)의 옛 이름이다. 195
· **구도**(九都) ─ 고대 지명이다. 105
· **구림산**(苟林山) ─ 고대 산 이름이다. 109
· **구보산**(瞿父山) ─ 고대 산 이름이다. 19
· **구사**(歐絲)**의 들** ─ 북해(北海) 가에 있다. 230
· **구산**(龜山) ─ 고대 산 이름이다. 168, 278
· **구수**(滱水) ─ 상류는 하북성 당하(唐河)고 하류는 현재 대청하(大淸河)다. 78
· **구씨산**(緱氏山) ─ 현 호남성(湖南省) 구씨(緱氏)는 이 산에서 붙여진 이름이다. 90
· **구여산**(求如山) ─ 고대 산 이름이다. 58
· **구여산**(句餘山) ─ 현 절강(浙江) 여요(余姚)와 은현(鄞縣)의 경계에 있다. 옛날에는 회계군(會稽郡)의 구장현(句章縣)에 속했다. 여요(餘姚)는 이 산에서 얻어진 이름이다. 19
· **구영국**(拘癭國) ─ 고대 국가 이름이다. 230
· **구오산**(鉤吾山) ─ 고대 산 이름이다. 67
· **구오산**(區吳山) ─ 고대 산 이름이다. 21, 165
· **구음산**(九陰山) ─ 고대 산 이름이다. 383
· **구의산**(九嶷山) ─ 요산(堯山)으로 남령(南嶺)의 일부분이며 현재 호남성 남산(藍山)의 남쪽이다. 203, 392
· **구주의 들**(九野) ─ 구주(九州)의 강역(疆域)이다. 고대에도 하늘의 중앙(中央)과 팔방(八方), 즉 구천(九天)을 가리켰으니, 이른바 중앙의 구천(九天), 동방의 창천(蒼天), 동북의 변천(變天), 북방의 현천(玄天), 서북의 유천(幽天), 서방의 호천(顥天), 서남의 주천(朱天), 남방의 염천(炎天), 동남의 양천(陽天)이다. 394
· **군자국**(君子國) ─ 이곳 사람들은 의관을 정제하고 검을 차고 2마리 호랑이를 몰며 예의바르고 다투지 않는다. 땅이 1,000리에 달하는데 훈화초(薰華草)가 많다고 한다. 180, 237, 307
· **궁산**(窮山) ─ 고대 산 이름이다. 204, 345
· **규산**(邽山) ─ 현 감숙 농서(隴西) 일대다. 54
· **근리산**(董理山) ─ 고대 산 이름이다. 160
· **금고산**(琴鼓山) ─ 고대 산 이름이다. 150

451

· **금성산**(金星山) — 고대 산 이름이다. 99
· **기굉국**(奇肱國) — 《박물지(博物志)·외국(外國)》에 의하면, 기굉국 사람들은 마주 드는 것을 잘하며 여러 짐승을 죽인다. 나는 수레를 만들어 바람을 타고 멀리 갈 수도 있다. 탕(湯)왕 때 서풍이 불어 그 수레가 예주(豫州)에 도착했다. 탕왕은 그 수레를 부수고 사람들이 보지 못하게 했다. 10년 후에 동풍이 불자 다시 수레를 만들어 돌아왔다. 그 나라는 옥문관(玉門關)에서 4만 리 떨어져 있다. 196, 198
· **기미산**(箕尾山) — 고대 산 이름이다. 17, 107
· **기산**(岐山) — 현 섬서 기산(岐山) 동북쪽의 기산(岐山)과 같은 이름의 다른 산이다. 91, 148, 153
· **기종국**(跂踵國) — 이 나라는 구영국(拘纓國) 동쪽에 위치한다. 이곳 사람들의 발뒤꿈치가 땅에 닿지 않고 다섯 발가락으로만 걸어 다녀서 붙은 이름이다. 230
· **기종산**(跂踵山) — 고대 산 이름이다. 92
· **기주**(冀州) — 중국 고대 구주의 하나다. 《서(書)·우공(禹貢)》의 기주는 서, 남, 동 세 방면 모두 당시 황하(黃河)와 옹(雍), 예(豫), 연(豫), 청(青) 등의 주(州)와 경계를 이룬다. 현 산서와 섬서 사이 황하의 동쪽, 하남과 산서 사이 황하의 북쪽과 산동 서북과 하북 동남부의 지역이다. 115, 381
· **나모산**(臝母山) — 고대 산 이름이다. 46
· **낙수**(洛水) — 타강(沱江)의 상류원 중 하나로 현 사천성 자양(資陽)에 위치한다. 타강으로 들어가서 사천성 노주(瀘州)에서 장강(長江)으로 흘러든다. 33, 103, 106, 304, 326
· **남방**(南方) **팔만국**(八蠻國) — 남방에 있는 여덟 국가의 이름이다. 중국 고대 장강 중류 및 그 남쪽 지역 민족을 두루 칭한다. 395
· **남산**(南山) — 지금 섬서 서안(西安)의 남쪽이다. 진령산(秦岭山) 봉우리의 하나다. 34, 174
· **남우산**(南禺山) — 고대 산 이름이다. 26
· **남해**(南海) — 남중국해라고도 한다. 중국 3대 해안의 하나로 중국 근해 중에 면적이 가장 넓고 가장 깊은 해구(海區)다. 북으로 광동(廣東), 광서(廣西), 복건성(福建省), 해남도(海南島)와 대만 5개 성에 접해 있으며 광동 남오도(南澳島)에서 대만성 본섬의 남쪽 끝까지 일직선이 동해(東海)와 분계선이다. 18
· **낭야**(琅邪) — 춘추시대 제(齊)나라의 옛 도읍지로 현재 성이 산동성 교남(膠南) 하하성(夏河城) 일대에 있다. 춘추시대 구천이 오(吳)를 멸한 뒤에 북상하여 패권을 다투려고 이곳으로 도읍을 천도했었다. 301
· **낭야대**(琅邪臺) — 현재 산동성 교남 남쪽 경내에 있으며 황해에 닿는다. 춘추시대에 월(越)왕 구천(勾踐)이 중원의 패권을 다툴 적에 일찍이 이 산에 대를 축조하고 바다를 보았다고 전해진다. 기원전 219년에는 진시황(秦始皇)이 동쪽으로 순수하다가 이 산에 이르러 낭야대를 쌓았다고 한다. 301
· **내산**(萊山) — 공래산으로, 지금 사천 서부의 민강과 대도하(大渡河) 사이에 있다. 41
· **노기산**(盧其山) — 고대 산 이름이다. 89
· **노산**(勞山) — 현 산동성 경내에 있다. 51, 424
· **노수**(勞水) — 노수(澇水)라고도 한다. 서로 흘러 산서성 임분에 이르러 분하(汾河)로 들어간다. 96
· **녹오산**(鹿吳山) — 고대 산 이름이다. 22
· **녹제산**(鹿蹄山) — 현 하남성 의양(宜陽)으로, 산의 바위 위에 사슴 발자국인 녹제(鹿蹄)의 흔적이 있어서 붙은 이름이다. 106
· **뇌택**(雷澤) — 진택(震澤)으로 현 태호(太湖)를 말하며, 강소성(江蘇省) 남부와 절강성 북부에 있다. 301
· **누수**(㴲水) — 고대 물 이름이다. 78
· **누탁산**(婁涿山) — 고대 산 이름이다. 137
· **능문산**(陵門山) — 청해성(青海省) 경내에 있으며 황하의 발원지다. 297
· **능양택**(陵羊澤) — 고대 물 이름이다. 54
· **단림**(丹林) — 과보(夸父)가 태양을 좇다가 지나간 숲으로 전해진다. 75
· **단림수**(丹林水) — 고대 물 이름이다. 75
· **단산**(丹山) — 지금의 무산(巫山)으로, 현재 중경(重慶)과 호북의 변경에 있으며 장강이 그 산을 관통해서 삼협(三峽)을 이룬다. 380
· **단원산**(亶爰山) — 고대 산 이름이다. 16
· **단장산**(單張山) — 고대 산 이름이다. 62
· **단혈산**(丹穴山) — 고대 산 이름이다. 23
· **단호산**(單狐山) — 고대 산 이름이다. 58, 66
· **단훈산**(丹熏山) — 고대 산 이름이다. 61
· **담국**(郯國) — 고대 나라 이름이다. 47
· **담수**(郯水) — 고대 물 이름이다. 79
· **담이국**(儋耳國) — 고대 국가 이름이다. 380, 384
· **당정산**(堂庭山) — 고대 산 이름이다. 14
· **대고산**(大苦山) — 현 하남성 등봉(登封)으로, 지금은 대웅산(大

- 熊山)이라고 한다. 141
- 대산(帶山) — 고대 산 이름이다. 59
- 대야택(大野澤) — 거록택(巨鹿澤)이라고도 하며 고대의 대호수로 산동 거야(巨野)의 북쪽에 있는데 지금은 메워졌다. 304
- 대요산(大堯山) — 고대 산 이름이다. 149
- 대유(大遺)의 들 — 고대 지명이다. 195
- 대인국(大人國) — 고대 국가 이름이다. 발해(渤海) 안에 있으며, 곤륜산에서 9만 리 떨어진 곳에 있다고 한다. 이 나라 사람들은 몸길이가 30장이고 1만8,000살이 되어야 죽는다고 한다. 236, 306, 379
- 대함산(大咸山) — 고대 산 이름이다. 63
- 도과산(禱過山) — 고대 산 이름이다. 22
- 도광(都廣)의 들 — 현재 사천 쌍류현(雙流縣) 일대에 있다. 386
- 도리천(忉利天) — 33천이라고도 하며 육욕천(六欲天)의 두 번째 세계이다. 284
- 도림(桃林) — 고대 지역 이름이다. 도림새(桃林塞)나 도원(桃原)이라고도 한다. 또 정림(鄭林)으로 과보가 지팡이를 버리고 죽은 땅이라고 한다. 현재 하남 영보(靈寶)시의 서쪽, 섬서 동관(潼關)의 동쪽 지역이다. 139
- 도산(涂山) — 하우(夏禹)가 도산씨(涂山氏)를 아내로 맞이하고 제후를 모은 곳으로, 현재 절강 소흥(紹興)의 서북쪽이다. 238
- 도산(堵山) — 현 하남성 방성(方城)이다. 141, 167
- 도수(桃水) — 조수(洮水)로 지금 감숙성 경내의 조하(洮河)를 말한다. 46
- 독소산(獨蘇山) — 고대 산 이름이다. 103
- 독수(閼水) — 고대 물 이름이다. 20
- 돈훙산(敦薨山) — 현 하북성 임성(臨城) 서남쪽이다. 64
- 돈훙수(敦薨水) — 물 이름이다. 하북성 임성 경내에 있다. 64
- 동극(東極) — 고대 산 이름이다. 해와 달이 드는 곳이다. 308
- 동방(東方) 구이국(九夷國) — 동방에 있는 아홉 국가의 이름이다. 구의산을 두루 가리키며 현재 호남 영원(寧遠)의 남쪽에 있다. 395
- 동백산(桐柏山) — 하남성 경내에 있다. 302
- 동읍산(童戎山) — 고대 산 이름이다. 78
- 동정산(洞庭山) — 전설 속의 선산으로, 군산(君山)을 말한다. 현재 호남성 악양(岳陽) 서쪽의 동정호에 있다. 강소성 오현(吳縣) 서쪽의 태호(太湖)에 있는 동정산과 이름은 같은데 다른 산이다. 167

- 동호국(東胡國) — 고대 민족 이름으로 흉노(匈奴 : 胡)의 동쪽에 산다고 해서 동호족이라고 한다. 272
- 두보산(杜父山) — 고대 산 이름이다. 88
- 등보산(登葆山) — 고대 산 이름이다. 203
- 만거산(蔓渠山) — 만산(樠山)으로, 웅이산(熊耳山)의 산봉우리로 하남의 노씨에 있다. 103
- 말수(沫水) — 청의강(青衣江)에 합류한 후에 민강으로 들어간다. 152
- 맥국(貊國) — 고대 국가 이름이다. 한수(漢水) 동북쪽으로 연국(燕國)에 이웃하고 있다. 272
- 맹문산(孟門山) — 고대 국가 이름이다. 73, 211, 402
- 맹영구(孟盈丘) — 고대 지명이다. 387
- 목마수(木馬水) — 속칭 목마하(牧馬河)로, 현 산서성 정양(定襄) 동북으로 흘러 호타하(摩沱河)로 들어간다. 78
- 몽산(蒙山) — 사천(四川) 민산(岷山)의 서쪽이다. 301
- 몽수(濛水) — 현 감숙성 농서(隴西) 일대다. 54
- 몽화(蒙化) — 고대 지역 이름이다. 운남성(雲南省) 대리(大理) 백족(白族) 자치주의 남쪽이다. 16
- 무계국(無啓國) — 이곳 사람은 혈거하면서 흙을 먹고 남녀 구분이 없으며 죽으면 흙에 묻는데, 심장이 썩지 않고 사후 120년이 되면 다시 부활한다. 208
- 무락종리산(武落鍾離山) — 고대 산 이름이다. 388
- 무봉산(毋逢山) — 순우무봉산(錞于毋逢山)이다. 81
- 무부구(武夫丘) — 고대 지명이다. 387
- 무산(巫山) — 산 이름이다. 중경과 호북의 변경에 있다. 산세가 구불구불 '무(巫)' 자와 비슷하게 생겨서 무산이라고 한다. 북으로 대파산(大巴山)과 맞닿는다. 동북에서 서남으로 뻗어 있는데 주로 석회암과 사엽암(沙頁巖)으로 되어 있다. 장강이 산 가운데로 흘러서 장강 삼협의 하나인 무협(巫峽)을 이루어 유악(渝鄂) 사이에 자연적으로 길이 생겼다. 저명한 무산 12봉이 두 기슭에 나란히 뻗어 있으며 무산신녀(巫山神女)가 가장 신비롭다. 215, 265, 315, 365
- 무색계천(無色界天) — 삼계(三界)에서 무색계(無色界)의 사중천(四重天)인 공무변처천(空無邊處天), 식무변처천(識無邊處天), 무소유처천(無所有處天), 비상비비상처천(非想非非想處天)을 가리킨다. 284
- 무수(潕水) — 무수(舞水)라고도 한다. 조가산(朝歌山)에서 나온 뒤 북으로 흐르다가 다시 동으로 흘러 서평(西平)의 서쪽에서

453

여수(汝水)로 들어간다. 158
· 무우산(務隅山) — 현재는 광양산이라고 하며 하남성 청풍 서쪽에 있다. 231
· 무장국(無腸國) — 이 나라 백성은 성이 임(任)이고 자녀가 없으며 물고기를 먹고 산다. 228, 380
· 무함국(巫咸國) — 고대 국가 이름이다. 203
· 민산(敏山) — 지금은 매산(梅山)이라고 하며 현 하남성 정주(鄭州)의 남쪽에 있다. 145
· 민산(岷山) — 현재 사천 서북부에 있다. 사천, 감숙성의 변경으로 이어지며 장강과 황하의 분수령으로, 장강의 지류인 민강(岷江)과 가릉강(嘉陵江) 모두 여기서 발원한다. 151, 301
· 민택(澠澤) — 고대 물 이름이다. 87
· 밀산(密山) — 현재 하남성 신안(新安)이다. 137
· 박수구(搏獸丘) — 고대 지역 이름이다. 41
· 발구산(發鳩山) — 발포산(發苞山), 녹곡산(鹿谷山), 염산(廉山)이라고 하며 현 산서성 장자(長子)에 있다. 75
· 발상산(發爽山) — 고대 산 이름이다. 25
· 발시산(發視山) — 고대 산 이름이다. 102
· 발제산(勃齊山) — 고대 산 이름이다. 동산(東山)의 남쪽이다. 85
· 발해(渤海) — 고대에 발해라고 불렸던 곳은 지금 발해보다 훨씬 크고 현 황하의 일부분을 포함한다. 23, 93
· 방고산(放皐山) — 현 하남성 노산(魯山)의 북쪽이다. 141
· 백려국(柏慮國) — 고대 국가 이름이다. 울수(鬱水)의 남쪽에 있다. 264
· 백마산(白馬山) — 현 산서성 맹현(孟縣) 북쪽이다. 78
· 백민국(白民國) — 고대 국가 이름이다. 백성이 제준(帝俊)의 아들들이라고 한다. 206, 308, 337
· 백복국(伯服國) — 고대 국가 이름이다. 317
· 백사산(白沙山) — 고대 산 이름이다. 현 강서성 남창(南昌) 동북 경내에 있다. 67
· 백수(白水) — 백수강(白水江)이다. 사천성 송반(松潘) 동북에서 발원하여 사천성 광원(廣元) 서남에서 가릉강으로 들어간다. 303, 317
· 백어산(白於山) — 현 감숙성 화지(華池)다. 52, 211
· 백옥산(白玉山) — 고대 서역의 산 이름이다. 백옥이 많이 나서 백옥산이라고 부른다. 301
· 번조산(番條山) — 고대 산 이름이다. 85
· 변춘산(邊春山) — 고대 산 이름이다. 북산경(北山經) 북쪽에 위치한다. 62
· 병산(柄山) — 현 하남성 낙녕(洛寧), 노씨 일대다. 107
· 복주산(夏州山) — 고대 산 이름이다. 157
· 봉래산(蓬萊山) — 발해에 있는 바다 위 선산의 하나로 전해진다. 《사기(史記)·봉선서(封禪書)》에 '봉래(蓬萊), 방장(方丈), 영주(瀛洲)의 세 산은 모두 발해에 있으며 여러 신선 및 불사약이 모두 그곳에 있고 여러 금수는 모두 희고 황금이 풍부하다. 다다르지 못해 멀리서 바라보면 구름 같다'고 했다. 298
· 봉연(封淵) — 고대 물 이름이다. 378
· 부산(負山) — 하남성 맹진(孟津)이다. 104
· 부수(滏水) — 현 부양하(滏陽河)로 하북성 서남부에 있으며 자아하(子牙河)의 남쪽 발원지다. 75
· 부양산(符懹山) — 고대 산 이름이다. 48
· 부여산(鳧麗山) — 고대 산 이름이다. 현 산동성 추성시(鄒城市) 서남이다. 오리가 나는 모습과 비슷해서 붙여진 이름이다. 복희(伏羲)가 여기서 팔괘(八卦)를 그렸다고 해서 팔괘산(八卦山)이라고도 한다. 93
· 부옥산(浮玉山) — 지금 절강 서북부의 천목산(天目山)으로 그 지맥을 포함한다. 19
· 부우산(符禺山) — 지금 섬서 화현(華縣)의 서남쪽이다. 31, 378
· 부저산(扶猪山) — 고대 산 이름이다. 106
· 부주산(不周山) — 산의 모습이 훼손되어 얻은 이름이다. 서산경(西山經) 구역의 서북단이다. 《회남자(淮南子)·천문훈(天文訓)》에서, 공공(共工)과 전욱(顓頊)이 제위를 놓고 다투다가 노해서 산이 부서졌다고 했다. 42, 336
· 부희산(浮戱山) — 고대 산 이름이다. 144
· 북구국(北朐國) — 고대 국가 이름이다. 울수의 남쪽에 있다. 264
· 북방(北方) 오적국(五狄國) — 북방에 있는 다섯 나라의 이름이다. 지(肢), 예맥(穢貊), 흉노, 선우(禪于), 백옥(白屋)이 그것이다. 395
· 북산(北山) — 공동산을 말한다. 302
· 북선산(北鮮山) — 고대 산 이름이다. 65
· 북악산(北岳山) — 고대 산 이름이다. 북산경의 북쪽이다. 65
· 북적국(北狄國) — 고대 국가 이름이다. 황제의 자손들의 나라로 전해진다. 338
· 북제국(北齊國) — 이 나라 백성은 염제(炎帝) 신농씨(神農氏)의 후손이다. 379
· 북호산(北号山) — 고대 산 이름이다. 북해 가에 있다. 93, 96

- **북효산**(北嚻山) — 고대 산 이름이다. 68
- **분수**(汾水) — 분하다. 현 산서성 영무의 관잠산에서 발원하여 산서성 하진(河津)에서 황하로 들어간다. 66, 304
- **불강산**(不羌山) — 고대 산 이름이다. 315
- **불사국**(不死國) — 이 나라의 불사민은 원구산(員丘山)의 불사수(不死樹)를 먹기 때문에 오래도록 장수하고 죽지 않는다고 한다. 315
- **불사산**(不死山) — 고대 산 이름이다. 유사(流沙)의 동쪽에 위치한다. 386
- **비차산**(羆差山) — 고대 산 이름이다. 북산경 북쪽이다. 65
- **빈읍**(豳邑) — 현재 감숙 영현(寧縣) 및 진원(鎭原) 남부 지역이다. 122
- **사수**(師水) — 고대 물 이름이다. 95
- **사수**(泗水) — 부희산에서 발원해서 지금 하남성 영양(滎陽)의 사수진(泗水鎭) 서쪽에서 황하로 들어간다. 248, 303
- **사유국**(司幽國) — 고대 국가 이름이다. 308
- **사체국**(司彘國) — 고대 국가 이름이다. 386
- **삼묘국**(三苗國) — 요(堯)임금이 순(舜)에게 선양하자 삼묘국 군왕이 순임금에게 불만을 품고 순을 죽이려고 했다. 묘민(苗民)들은 남해 지역에서 반란을 일으키고 삼묘국을 세웠다. 18, 177
- **삼수국**(三首國) — 고대 국가 이름이다. 179
- **삼천자장산**(三天子鄣山) — 삼천자도(三天子都)를 말한다. 264, 392
- **상강**(湘江) — 호남성 경내에서 제일 큰 하류로, 현재 광서 동북의 해양산(海洋山) 서쪽 기슭에서 발원하여 동북으로 흘러 호남성 동부를 지나, 상음(湘陰)의 노림담(蘆林潭)에서 동정호로 들어간다. 302
- **상군**(象郡) — 고대 군의 이름이다. 진대(秦代)에 설치했으며 현재는 광동성(廣東省) 서부, 광서성 서남부, 귀주성(貴州省) 남부, 호남성(湖南省) 서남부 및 베트남 북부 일대를 관할한다. 303
- **상수**(湘水) — 현재 상강을 말한다. 169, 264
- **상양산**(常羊山) — 해와 달이 지는 산으로 형천(刑天)이 묻힌 곳이다. 201, 373
- **색수**(溹水) — 고대 물 이름이다. 36, 77
- **서방**(西方) **육융국**(六戎國) — 서방에 있는 여섯 나라의 이름이다. 서북 각 민족을 두루 칭한다. 융만(戎蠻), 대융(大戎), 귀융(鬼融), 서융(西戎) 등이 있다. 395
- **서왕모산**(西王母山) — 고대 산 이름이다. 옥산(玉山)의 서쪽을 가리킨다. 202, 339
- **서주국**(西周國) — 고대 국가 이름이다. 337
- **서해**(西海) — 거연해(居延海)로 현 내몽고(內蒙古) 액제납기(額濟納旗) 북쪽 경내에 있다. 358
- **서황산**(西皇山) — 고대 산 이름이다. 40
- **석산**(錫山) — 도산(堵山)이라고도 하며 현 하북성 무안(武安)이다. 76
- **석취산**(石脆山) — '석월색지산(石月色之山)'이라고 해야 한다. 32
- **선수**(鮮水) — 고대 물 이름이다. 65, 102
- **섭도산**(聶都山) — 장수의 발원지를 말하며 현재 강서성 대여(大余) 서쪽에 있다. 303
- **섭이국**(聶耳國) — 담이(儋耳), 탐이(耽耳)라고도 쓰며 나라 이름이다. 《이역지》에서 '섭이국(聶耳國)은 그 나라 사람이 짐승과 같으며 무복국(無腹國) 동쪽에 있다. 사람들은 호피 무늬가 있고 귀가 허리까지 닿게 길어서 손으로 귀를 잡고 다닌다'고 했다. 228
- **성도**(成都) — 현 사천성 성도시(成都市)다. 301
- **성산**(成山) — 흙단처럼 겹겹이 이루어진 산이다. 20, 315
- **소속산**(疏屬山) — 조산(雕山)이라고도 하고 현재 섬서성 부현(富縣) 서남쪽에 있다. 270, 281
- **소수**(少水) — 고대 물 이름이다. 101, 137
- **소수**(招水) — 강 이름이다. 서북쪽으로 흘러 관수로 들어간다. 33
- **소실산**(少室山) — 산 이름이다. 현재 하남성 등봉현(登封縣)의 북쪽이자 숭산(嵩山)의 서쪽이다. 142, 303
- **소양산**(少陽山) — 현 산서성 서교성(西交城) 서남쪽이다. 66
- **소요산**(招搖山) — 고대 산 이름이다. 14, 17, 308
- **소함산**(少咸山) — 현 산서성 석양(昔陽)에 있다. 64
- **소형산**(少陘山) — 숭저산(嵩渚山)으로 대주산(大周山)이라고도 한다. 현 하남성 영양의 남쪽이고 신밀(新密)의 북쪽이다. 144
- **소화산**(小華山) — 소화산(少華山)으로 지금 섬서 화현 동남쪽이다. 31
- **송과산**(松果山) — 지금 섬서 화음(華陰) 동남쪽이다. 30
- **송산**(松山) — 현 산서성 양원(襄垣)의 호송산(好松山)이다. 77
- **수력산**(數歷山) — 고대 산 이름이다. 38
- **수마국**(壽麻國) — 고대 국가 이름이다. 373

- **수사국**(堅沙國) — 숙사(宿沙)로, 고대 서역의 국가 이름이다. 도고십산(都庫什山)과 아모하(阿姆河) 상류 사이에 있다. 300
- **수산**(綉山) — 고대 산 이름이다. 77
- **수양산**(首陽山) — 현 산서 영제 남쪽이다. 주(周) 초기에 백이(伯夷)와 숙제(叔齊)가 이곳에서 은거했다고 한다. 156
- **수화**(壽華) — 주화(疇華)라고도 한다. 남방의 호수 이름이다. 179
- **숙사국**(淑士國) — 고대 국가 이름이다. 336
- **숙신국**(肅愼國) — 고대 국가 이름이다. 206
- **숙촉국**(叔歜國) — 고대 국가 이름이다. 379
- **순산**(洵山) — 고대 산 이름이다. 21
- **순수**(洵水) — 고대 물 이름이다. 21, 47
- **순우무봉산**(錞于毋逢山) — 고대 산 이름이다. 북산경 북쪽이다. 81
- **승수**(澠水) — 고대 물 이름이다. 파수산(巴遂山)에서 발원한다. 390
- **시산**(豺山) — 신령한 산 이름이다. 동산경(東山經)의 남쪽이다. 86
- **시산**(尸山) — 고대 산 이름이다. 134
- **시호산**(尸胡山) — 고대 산 이름이다. 91, 93
- **신민구**(神民丘) — 고대 지명이다. 387
- **신산**(申山) — 현 섬서성 유림(榆林) 북쪽이다. 51, 318
- **심목국**(深目國) — 이 나라 백성은 성이 분(盼)이고 물고기를 먹고 산다. 228, 382
- **심수**(沁水) — 심하(沁河)를 말하며 황하의 지류로, 현재 산서성 심원(沁源) 동북 태악산맥(太岳山脈)의 양두산(羊頭山)에서 발원하여 현 하남성 무척(武陟)에서 황하로 흘러든다. 75
- **심택**(深澤) — 현(縣) 이름이다. 하북성 석가장(石家庄)시의 동북부이고 호작하(滹勺河) 유역이다. 한치현(漢置縣)이다. 수택(水澤)이 깊고 넓어서 생긴 이름이다. 92
- **악산**(岳山) — 적산(狄山)을 말한다. 86, 318, 381
- **안문산**(雁門山) — 내몽고(內蒙古) 자치부의 동북부에 있다고도 하고 산서성 대현(代縣) 서북부에 있다고도 한다. 81, 272
- **안문수**(雁門水) — 강 이름이다. 현 남양하(南洋河)로, 내몽고 풍진(豊鎭) 동북에서 발원하여 남으로 산서로 흘러 현 양고(陽高), 천진(天鎭)을 거쳐, 동으로 현 하북 회안(懷安)에 이르러 동양하(東洋河)와 합류하므로 양하(洋河)라고 한다. 64
- **알려산**(謁戾山) — 현 하남성 휘현(輝縣)이다. 75
- **알택**(閼澤) — 고대 물 이름이다. 21
- **액녀수**(液女水) — 고대 물 이름이다. 78
- **약수**(弱水) — 신령한 물의 이름이다. 섬서 북부 낙수(洛水)의 상류 지류를 가리킨다. 51
- **약수**(弱水) — 상류는 현 감숙성 산단하(山丹河)와 감주하(甘州河)가 합류한 후에 흑하(黑河)라고 하고, 내몽고로 유입된 후에는 액제납하(額濟納河)라고 한다. 265, 274, 372
- **양거산**(梁渠山) — 고대 산 이름이다. 68
- **양곡**(湯谷) — 전설에서 태양이 나오는 곳으로, 계곡의 물이 뜨거워서 붙은 이름이라고 한다. 310
- **양산**(陽山) — 현 하남성 승현 경내의 육혼산(陸渾山)이다. 72, 103, 379
- **양수**(洋水) — 고대 물의 이름이다. 곤륜허의 서북부에서 발원한다. 46, 54, 274
- **양오산**(陽紆山) — 청해성 경내에 있으며 황하의 발원지이다. 297
- **양허산**(陽虛山) — 고대 산 이름이다. 135
- **양협산**(陽夾山) — 고대 산 이름이다. 25
- **어수**(魚水) — 고대 물 이름이다. 61
- **언연**(蝪淵) — 고대 물 이름이다. 41
- **얼요군저산**(孼搖頵羝山) — 고대 산 이름이다. 309
- **엄자산**(崦嵫山) — 현 감숙 천수(天水)의 서쪽이다. 고대에 이 산으로 태양이 진다고 생각했다. 55
- **여궤산**(女几山) — 여기산(女紀山, 女伎山)이라고도 하며 지금의 장산(章山)이다. 사천성 문천현(汶川縣) 동쪽으로 하남성 낙녕의 여궤산(女几山)과 이름은 같지만 다른 산이다. 147
- **여궤수**(麗䫏水) — 고대 물 이름이다. 14
- **여러 황제들의 대**(衆帝臺) — 제요(帝堯)의 누대, 제곡(帝嚳)의 누대, 단주(丹朱)의 누대와 순임금의 누대를 통칭하는 말이다. 295
- **여상산**(女床山) 고대 산 이름이다. 39
- **여수**(汝水) — 고대 물 이름이다. 상류는 현재 하남성 북녀하(北汝河)다. 언성(郾城) 아래로는 이미 도로가 되었다. 158, 163, 303
- **여아산**(餘峨山) — 고대 산 이름이다. 88
- **여여택**(餘如澤) — 고대 물 이름이다. 95
- **여원수**(廬源水) — 여강(廬江)으로 강서성 무원현(婺原縣) 북쪽에 있는 여령산(廬岭山)에서 발원한다. 파강(破講) 남쪽 발원인 악안강(樂安江)의 상류다. 302

- **여자국**(女子國) — 고대 국가 이름이다. 203, 340
- **여증산**(女烝山) — 고대 산 이름이다. 95
- **역고산**(嶧皐山) — 고대 산 이름이다. 88
- **역민국**(盛民國) — 고대 국가 이름이다. 317
- **역아산**(歷兒山) — 포산(蒲山)으로 현 산서성 영제다. 99
- **역택**(櫟澤) 고대 물 이름이다. 63
- **연**(燕) — 주대의 국가 이름으로 현재 하북성 북부와 요녕성 서부 일대다. 272, 297
- **연산**(燕山) — 현 하북성 평원(平原) 북측으로 구불구불 백하(白河) 하곡(河谷)으로 흘러들어 산해관(山海關)에 이른다. 동서로 뻗어 있다. 79
- **연수**(渜水) — 고대 물 이름이다. 72, 80
- **열고야국**(列姑射國) — 고대 국가 이름이다. 북해에 있다. 297
- **열고야산**(列姑射山) — 신선 이름이다. 해하주(海河洲)에 있으며 산 위에 신선이 출몰한다. 297
- **열도수**(列涂水) — 절강 도산 기슭으로, 하우가 도산씨를 아내로 맞이하여 얻은 이름이다. 20
- **염수**(鹽水) — 고대 물 이름이다. 389
- **염양**(鹽陽) — 현재 산서성 운성(運城) 동부의 염지(鹽池)다. 389
- **염화국**(厭火國) — 이곳 사람들은 입으로 불을 뿜고 원숭이처럼 생겼으며 까맣다고 한다. 176
- **영구산**(令丘山) — 고대 산 이름이다. 26
- **영량산**(嬰梁山) — 현 하남 등봉(登封)과 공의(鞏義) 일대다. 144
- **영산**(榮山) — 고대 산 이름이다. 315
- **영산**(靈山) — 고대 산 이름이다. 현 베트남 동부 대령각(大嶺角) 근처의 대별산(大別山)을 말한다. 149, 339, 387
- **영수**(英水) — 고대 물 이름이다. 17
- **영수**(潁水) — 회하(淮河)의 최대 지류로 현 안휘성(安徽省) 서북부 및 하남성 동부에 있다. 303
- **영토국**(贏土國) — 고대 국가 이름이다. 대황동경(大荒東經)의 청구국(青丘國)과 이웃하고 있다. 308
- **예수**(澧水) — 현 호남성 서북부로 상식(桑植)의 북쪽에서 발원한다. 88, 164, 169, 315
- **예천**(醴泉) — 옛 현 이름이다. 섬서 중부에 있다. 274
- **오림산**(吳林山) — 산서성 평륙(平陸)이다. 100
- **오안산**(敖岸山) — 현 하남성 공현(鞏縣)의 북쪽이다. 104
- **오오거산**(鼇鏊鉅山) — 고대 산 이름이다. 365
- **오태**(梧台) — 고대 지명이다. 79

- **옥법산**(獄法山) — 고대 산 이름이다. 65
- **옥산**(玉山) — 고대 산 이름이다. 지금 대만 중남부로 중첨(中尖) 산맥 서쪽에서 남북으로 약 120km를 뻗어 있다. 47, 150, 154, 167
- **온수**(溫水) — 고대 물 이름이다. 현 섬서성 임동(臨潼) 일대다. 302
- **옹주**(雍州) — 고대 구주(九州)의 하나다. 현재 섬서, 산서 일대를 말한다. 210
- **와산**(浘山) — 고대 산 이름이다. 99
- **완수**(涴水) — 고대 물 이름이다. 54
- **왕옥산**(王屋山) — 공산(共山)이다. 현 산서성 양성(陽城)의 서남이자 하남 제원현의 서북쪽이다. 72, 304
- **왜국**(倭國) — 고대 국가 이름이다. 현 일본 큐슈섬으로, 나중에 일본을 가리키게 되었다. 297
- **요광산**(堯光山) — 지금 하남성 광산(光山)은 이 산에서 얻은 이름이다. 19
- **요민국**(搖民國) — 고대 국가 이름이다. 309
- **요수**(瑤水) — 고대 전설에 나오는 천계의 요지다. 45
- **요택**(嶨澤) — 고대 물 이름이다. 41
- **요하**(遼河) — 중국 동북 지구 남부의 큰 강이다. 304
- **욕수**(浴水) — 고대 물 이름이다. 38, 81
- **용반산**(龍盤山) — 고대 산 이름이다. 110
- **용수산**(龍首山) — 고대 산 이름이다. 39
- **용용수**(溶溶水) — 장천수(長泉水)라고도 하며, 맹진 북쪽에서 두 줄기로 나뉘어 황하로 들어간다. 107
- **용후산**(龍侯山) — 고대 산 이름이다. 70
- **우고산**(禹橐山) — 고대 산 이름이다. 26
- **우공공공국산**(禹攻共工國山) — 고대 산 이름이다. 현재 절강 경내에 있다. 336
- **우민국**(羽民國) — 고대 국가 이름이다. 175, 274, 315
- **우사첩국**(雨師妾國) — 고대 국가 이름이다. 260
- **우산**(孟山) — 고대 산 이름이다. 52
- **우산**(羽山) — 고대 산 이름이다. 지금 산동성 담성(郯城) 동북이다. 순이 우의 아버지 곤을 죽인 곳이라고 한다. 19, 424
- **우소적석산**(禹所積石山) — 고대 산 이름이다. 현재 절강 경내에 있다. 229, 379
- **우수**(禹水) — 우수(愚水)라고도 하며 섬서 화현의 서쪽이다. 32
- **우수산**(牛首山) — 현 오령산(烏岭山)으로, 지금 산서성 부산(浮

· 山)이다. 100
· 우연(羽淵) — 강소성 공유현(贛榆縣) 서북의 우산(羽山)에 위치한다. 424
· 운우산(雲雨山) — 무산(巫山)을 말한다. 188, 317
· 울수(鬱水) — 현 광서성의 우강(右江), 울강(鬱江), 심강(潯江)과 광동성의 서강(西江)을 고대에는 모두 울수라고 했다. 264, 303
· 원수(洹水) — 물 이름이다. 또 안양하(安陽河)라고 하며 현 하북성 북부로 주주(株州)에서 발원하여 동으로 흘러 내황(內黃)에 이르러 위하(衛河)로 들어간다. 75
· 원수(沅水) — 지금 호남성 서부에 있으며 귀주(貴州) 운무산(雲霧山)에서 발원한다. 90
· 원익산(猨翼山) — 고대 산 이름이다. 15
· 월(越)나라 — 고대 국가 이름이다. 또 우월(于越)이라고도 한다. 사(姒)씨 성이다. 시조는 하대(夏代) 소강(少康)의 서자인 무여(无余)이며 회계(會稽 : 지금 절강 소흥)에 도읍을 정했다고 한다. 춘추 말에 늘 오(吳)나라와 교전했으며 기원전 494년 오왕 부차(夫差)에게 패했다. 301
· 월지국(月支國) — 고대 서역의 국가 이름이다. 또 월씨(月氏)라고도 한다. 진한 대에 그 부족이 돈황(敦煌), 기연(祁連) 일대에서 유목생활을 했다. 나중에 흉노의 공격을 받아 대부분 서쪽으로 옮겨가서 현재 신강 서부 이리하(伊犁河) 유역에 정착하고 대월씨(大月氏)라고 칭했다. 서쪽으로 천도해서 기연산으로 들어가지 않은 소수는 강인(羌人)과 섞여 살았으며 소월씨(小月氏)라고 했다. 300
· 위국(鴜國) — 고대 국가 이름이다. 307
· 위수(渭水) — 강 이름이다. 황하의 최대 지류로 현 감숙성 위원의 조서동혈산(鳥鼠同穴山)에서 발원하여 현 섬서 동관에서 황하로 들어간다. 31, 228, 303
· 위수(洈水) — 호북 당양(當陽) 일대로, 현재 호북 송자(松滋) 일대의 위수(洈水)가 아니다. 147
· 유도산(幽都山) — 고대 산 이름이다. 81, 392
· 유리국(柔利國) — 고대 국가 이름이다. 208
· 유사(流沙) — 신강 경내의 백룡퇴(白龍堆) 사막 일대다. 44, 46, 272, 300, 314
· 유산(蓲山) — 고대 산 이름이다. 84
· 유양산(杻陽山) — 고대 산 이름이다. 15
· 유태국(有䣛國) — 고대 나라 이름이다. 122

· 유택(泑澤) — 민수(泯水)다. 현 신강 경내의 나포박(羅布泊)으로, 물이 깊어서 붙여진 이름이다. 62
· 유황신씨(流黃辛氏) — 고대 나라 이름이다. 지금 산서성 대현(代縣)의 북쪽이다. 18
· 유황풍씨(流黃酆氏) — 고대 나라 이름이다. 18
· 육산(陸山) — 고대 산 이름이다. 78
· 육수(淯水) — 고대 물 이름이다. 육수(育水)라고도 한다. 현재 하남의 백하(白河)를 말한다. 17
· 육유곡(育遺谷) — 고대 산 이름이다. 25
· 윤산(倫山) — 고대 산 이름이다. 80
· 윤자산(俞者山) — 고대 산 이름이다. 26
· 율광(栗廣)의 들 — 고대 지명이다. 336
· 융보산(融父山) — 고대 산 이름이다. 383
· 융수(融水) — 고대 물 이름이다. 소요산에서 발원한다. 308
· 융천산(融天山) — 고대 산 이름이다. 316
· 은수(泿水) — 고대 물 이름이다. 상류는 지금 광서 동북부의 낙청하(洛淸河)로 흐르고 중하류는 현 유강(柳江), 검강(黔江), 서강(西江)으로 흐른다. 22
· 음산(陰山) — 내몽고 자치구의 중부로 동서로 뻗어 있다. 옛날 단괴산(斷塊山)에 속한다. 서쪽으로 낭산(狼山), 오랍산(烏拉山)에서 시작해서, 중앙으로 대청산(大靑山), 회등량산(灰騰梁山), 남으로 양성산(凉城山), 화산(樺山), 동으로 대마군산(大馬群山)이다. 길이는 약 1,200km이며 해발 1500~2000m다. 석탄과 철광이 풍부하다. 48, 50, 101
· 의소산(宜蘇山) — 고대 산 이름이다. 105
· 의제산(倚帝山) — 현 하남성 진평(鎭平) 서북쪽이다. 147, 164
· 이산(釐山) — 현 하남성 숭현 서쪽이다. 106
· 이산(夷山) — 고대 산 이름이다. 현 호북 경내다. 20
· 이수(伊水) — 고대 물 이름으로, 현 하남성 서부로 웅이산(熊耳山)에서 발원하여 현 하남 언림(偃臨)에서 낙하(洛河)로 들어간다. 61, 102, 115
· 이수(肆水) — 진수(溱水)를 말하며 현 북강(北江)의 서쪽 발원지로, 지금 호남성의 임무(臨武)에서 발원한다. 북강은 현재 광동성의 삼수(三水)와 서강(西江)이 만나는 곳으로 주강(珠江)이라고 하며 남해로 흘러든다. 303
· 이수(夷水) — 고대 물 이름이다. 현재 호북성 서부를 흐르는 장강의 지류인 청강(淸江) 및 그 상류의 작은 물길을 말한다. 389
· 이시산(爾是山) — 고대 산 이름이다. 67

- **이융국(離戎國)** ─ 고대 국가 이름이다. 295
- **이이국(離耳國)** ─ 현재 해남도 담현(儋縣) 일대다. 곽박(郭璞)은 '그 귀를 길게 늘어뜨려 장식하므로 담이라고 한다. 주해(珠海) 삼각주에 있다. 오곡은 먹지 않지만 조개와 마를 씹어 먹는다'고 했다. 264
- **익망산(翼望山)** ─ 현 하남성 내향과 서협(西峽), 난주(欒州) 세 현이 교차하는 지역에 있다. 50, 158
- **일목국(一目國)** ─ 이곳 사람은 눈이 하나뿐으로 얼굴 중앙에 있으며 성씨가 척(威)이고 소호(少昊)의 자손으로 서(黍)를 먹고 산다. 208
- **일비국(一臂國)** ─ 고대 국가 이름이다. 195
- **임씨국(林氏國)** ─ 고대 국가 이름이다. 295
- **자수(泚水)** ─ 고대 물 이름이다. 장사산(長沙山)에서 발원한다. 42, 61, 94
- **장고국(長股國)** ─ 장고국은 적수(赤水)의 동쪽에 있으며 팔이 길고 몸은 사람 같은데 팔이 2장이나 되고 다리도 3장이나 된다고 한다. 황제 때 다리가 긴 사람이 늘 팔이 긴 사람을 업고 바다에서 고기를 잡았다고 한다. 206, 208
- **장류산(長留山)** ─ 고대 산 이름이다. 서산경 서쪽에 위치한다. 47
- **장미산(章尾山)** ─ 고대 산 이름이다. 384
- **장부국(丈夫國)** ─ 은나라 태무(太戊)가 왕맹(王孟)에게 약을 캐오게 했다. 서왕모(西王母)로부터 이곳에 이르러 곡식이 떨어져 들어가지 못하니, 나무열매를 먹고 나무껍질로 옷을 해 입으면서 평생을 살았다. 아내 없이 아들 둘을 낳았는데 그들이 장부국 백성이 되었다. 202, 340
- **장비국(長臂國)** ─ 장비국 사람의 손은 땅까지 닿으며 몸은 일반 사람 같지만 의복의 두 소매는 3장이나 된다. 180, 188
- **장사(長沙) 영릉(零陵)** ─ 고대 지명이다. 진대(秦代)의 장사군은 현재 호남 동부, 남부 및 광서, 광동의 북부 일대와 영릉을 하부의 현으로 관할했다. 서한(西漢) 시기에 장사는 국(國)으로 바뀌었고 관할 지역이 축소되었으며 남부는 나뉘었고 영릉군으로 두었다. 392
- **장사산(長沙山)** ─ 고대 산 이름이다. 서산경 서북에 위치한다. 42
- **장산(章山)** ─ 현재 안휘성 휴녕(休寧)과 강서성 무원(婺源)의 경계에 있는 솔산(率山)을 말한다. 165, 374, 383
- **장석산(長石山)** ─ 현재 하남성 신안이다. 137

- **장수(漳水)** ─ 현재 하북과 하남 두 성의 변경에 있으며 청(淸), 탁(濁) 장하 두 줄기로 모두 산서성에서 발원하여 동남으로 흘러 위하로 들어간다. 76, 147, 304
- **장아산(章莪山)** ─ 고대 산 이름이다. 48
- **장우산(長右山)** ─ 고대 산 이름이다. 남산(南山)의 동남쪽이다. 18
- **장한수(匠韓水)** ─ 고대 물 이름이다. 63
- **저산(柢山)** ─ 고대 산 이름이다. 15
- **저수(雎水)** ─ 지금은 저수(沮水)라고 하며 경산에서 발원하여 동남으로 흘러 호북에 이르러, 양서(陽西)의 남쪽에서 장수와 합류하여 저장하(沮漳河)가 되며, 남으로 흘러 강릉(江陵)의 서쪽에서 장강(長江)으로 들어간다. 146
- **저수(泜水)** ─ 현 저하(泜河)로 하북 영진(寧晋)에서 부양하(滏陽河)로 들어간다. 77
- **저택(泜澤)** ─ 영진박(寧晋泊)이다. 영진박은 고대 대륙택(大陸澤)의 일부로 지금은 개간하여 식량을 생산한다. 77
- **적망구(赤望丘)** ─ 고대 지명이다. 387
- **적석산(積石山)** ─ 대적(大積)은 현재 청해성 동남쪽에 있다. 47, 274
- **전당강(錢塘江)** ─ 전에는 절강(浙江)이라고 했었다. 절강성에서 가장 큰 강이다. 301
- **전래산(錢來山)** ─ 고대 산 이름이다. 30, 37
- **절강(浙江)** ─ 현 전당강의 별칭으로 지강(之江)이라고도 하며 상류는 신안강(新安江)이다. 302
- **정령국(釘靈國)** ─ 고대 국가 이름이다. 정령은 또 정령(丁令, 丁零)이라고도 하며 진한대에 흉노의 속국이었다. 393
- **정형산(井陘山)** ─ 현 산서 중부의 태악산(太岳山)이다. 현 하북 정형 서북의 정형산(井陘山)과 이름은 같지만 다른 산이다. 304
- **정회수(正回水)** ─ 강 이름이다. 강천수(疆川水)라고도 한다. 105
- **제대지기(帝臺之棋)** ─ 옛 지명이다. 140
- **제비산(諸毗山)** ─ 고대 산 이름이다. 18, 42, 45
- **제비하(諸毗河)** ─ 고대 물 이름이다. 18
- **제산(隄山)** ─ 고대 산 이름이다. 66
- **제수(濟水)** ─ 현 하남성 제원 서쪽에 있는 왕옥산에서 발원하여 아래로 여러 갈래로 흘러 황하로 들어간다. 한대(漢代)에 황하는 제수가 황하로 흘러드는 정면에 위치해서 제수가 아래로 흐르는 것처럼 보였다. 158, 249, 304, 379

- **제여산**(諸餘山) — 고대 산 이름이다. 67
- **제여수**(諸餘水) — 고대 물 이름이다. 67
- **제준림**(帝俊林) — 북방의 왕구(王丘)에 제준의 넓은 대나무 숲이 있는데 그것을 제준림이라고 한다. 이곳의 대나무는 아주 커서 한 마디만 베어도 배를 2척이나 만들 수 있다. 378
- **제차산**(諸次山) — 현 섬서 북부의 유림산(榆林山)이다. 52
- **제차수**(諸次水) — 현 섬서 북부의 유림하(榆林河)다. 52
- **조가산**(朝歌山) — 현 사기(社旗), 방성(方城) 일대로, 하남성 기현(淇縣)의 조가산(朝歌山)과 이름만 같고 다른 산이다. 110, 158
- **조림수**(蚤林水) — 고대 물 이름이다. 74
- **조산**(鳥山) — 고대 산 이름이다. 51, 386
- **조서동혈산**(鳥鼠同穴山) — 청작산(青雀山)으로 현 감숙 위원(渭源) 서쪽이다. 이 산에는 제비처럼 생긴 노란 새인 도(鵌)와 집쥐처럼 생겼지만 꼬리가 짧은 쥐인 돌(鼵)이 있다. 쥐는 안에 살고 새는 밖에 살면서 한 동굴에서 산다. 54, 303
- **조석산**(曹夕山) — 신령한 산 이름이다. 동산경의 남쪽이다. 88
- **조선**(朝鮮) — 고대 지명이다. 현재 북한의 평양 일대를 말한다. 297, 386
- **조양곡**(朝陽谷) — 군자국의 동쪽 산간 계곡이다. 237
- **조위산**(鳥危山) — 고대 산 이름이다. 39
- **조제국**(雕題國) — 이곳 사람은 이마에 문양을 새기기 때문에 이런 이름이 붙었다. 현재 해남성(海南省)의 려족(黎族) 여자들에게는 아직도 이런 습속이 남아 있다. 264
- **종구산**(踵臼山) — 고대 산 이름이다. 166
- **종산**(鍾山) — 전설에서 태양이 보이지 않는다는 북방의 한산(寒山)이다. 279, 382
- **주요국**(周饒國) — 고대 국가 이름이다. 180
- **죽산**(竹山) — 촉산(蜀山)으로, 현 산동성 문상(汶上)이다. 33, 87
- **죽산**(竹山) — 지금 섬서 위(渭)의 동남쪽이다. 대진령(大秦嶺)이라고도 하고 전곡령(箭谷嶺)이라고도 한다. 대나무가 많아서 붙여진 이름이다. 33, 87
- **준단**(俊壇) — 제준에게 제사를 올리는 제단이다. 316
- **중곡산**(中曲山) — 고대 산 이름이다. 54
- **중용국**(中容國) — 고대 국가 이름이다. 307
- **중향**(衆香)**시장** — 고대 시장 이름이다. 283
- **중황산**(中皇山) — 고대 산 이름이다. 40
- **증산**(繒山) — 고대 산 이름이다. 310
- **증성**(增城) — 시 이름이다. 광동성 광주(廣州)시 동부, 동강(東江)의 지류인 증강(增江) 유역이자 광구(廣九) 철로가 지나는 남부에 있다. 동한(東漢) 때에 현으로 두었다. 증강이 있어서 증성이라고 한 것이다. 286
- **직택**(稷澤) — 물 이름이다. 후직이 여기 묻혔다고 해서 지은 이름이다. 43, 46
- **진산**(磻山) — 고대 산 이름이다. 91
- **진수**(磻水) — 고대 물 이름이다. 91
- **진양**(晉陽) — 고대 읍 이름이다. 옛 성은 현재 산서성 정양(定襄) 동남쪽에 있다. 304
- **진주산**(陳州山) — 고대 산 이름이다. 317
- **질민국**(戲民國) — 고대 국가 이름이다. 316
- **차구**(鹺丘) — 고대 지명이다. 236
- **참위구**(參衛丘) — 고대 지명이다. 387
- **창오산**(蒼梧山) — 여기의 창오는 남해의 창오와 명칭은 같은데 다른 지역이다. 265
- **창오연**(蒼梧淵) — 고대 물 이름이다. 392
- **천궁**(天宮) — 신화에서 천제가 거주하는 궁전이다. 신선의 거처를 가리킨다. 144, 187
- **천독국**(天毒國) — 고대 국가 이름이다. 386
- **천문**(天門) — 황문(皇門), 여합(閶闔), 천지문호(天之門戶)라고도 한다. 상제(上帝)가 거주하는 자미궁(紫微宮)의 궁문이라고 전해진다. 360
- **천산**(天山) — 기연산(祁連山)을 말한다. 지금 감숙 서부와 청해성 동북부에 위치한다. 49
- **천식산**(天息山) — 우산(牛山)의 한 봉우리로 현 하남성 호현 남부에 있다. 303
- **천우산**(天虞山) — 고대 산 이름이다. 22, 27
- **천제산**(天帝山) — 고대 산 이름이다. 35
- **천지산**(天池山) — 고대 산 이름이다. 71
- **청구국**(青丘國) — 고대 국가 이름이다. 해외동경(海外東經)의 북쪽이다. 237, 308
- **청구산**(青丘山) — 고대 산 이름이다. 17
- **청수**(青水) — 곤륜산에서 나오는 오색 물의 하나다. 274, 317, 386
- **청요산**(青要山) — 하남성 신안 서북쪽이다. 104
- **청작산**(青雀山) — 고대 산 이름이다. 감숙성 서부에 있다. 303
- **초명산**(譙明山) — 고대 산 이름이다. 60

· 초수(濰水) — 고대 물 이름이다. 138
· 초요국(焦僥國) — 초요국 사람은 키가 1척6치이고, 바람을 맞으면 일어서고 바람을 등지면 엎드리며, 눈 위에 발이 달려 있고, 산과 들에서 산다고 한다. 317
· 총롱산(怱聾山) — 박산(薄山)의 산봉우리다. 99, 109
· 총수산(冢遂山) — 고대 산 이름이다. 41
· 축도산(丑涂山) — 신산 이름이다. 대황남경(大荒南經)의 경내에 있다. 317
· 축도수(丑涂水) — 고대 물 이름이다. 46
· 친수(瀙水) — 현 하남 필양(泌陽), 수평(遂平) 일대의 사하(沙河)다. 163, 166
· 칠오산(漆吳山) — 고대 산 이름이다. 22
· 탁광산(涿光山) — 고대 산 이름이다. 60
· 탁록(涿鹿) — 옛 현(縣) 이름이다. 하북성 장가구(張家口)의 동남부이며 상개하(桑開河) 유역이다. 북경(北京)과 인접해 있다. 대진(大秦) 철로가 지나는 경내에 있다. 명승고적으로는 탁록산(涿鹿山)과 황제성(黃帝城), 관천(阪泉) 등이 있다. 117
· 탈호산(脫扈山) — 고대 산 이름이다. 99
· 탑비국(闒非國) — 고대 국가 이름이다. 295
· 탕수(湯水) — 고대 물 이름이다. 35
· 태기산(泰器山) — 고대 산 이름이다. 44
· 태륙수(泰陸水) — 현 하북성 거록(巨鹿), 임현(任縣) 일대의 대륙택이다. 77
· 태모산(泰冒山) — 고대 산 이름이다. 38
· 태산(泰山) — 고대에는 동악(東岳)이라고 했으며 대산(岱山)과 대종(岱宗)이다. 산동성 중부에 있다. 장청(長青)과 제남(濟南), 태안(泰安) 사이로 구불구불 약 200km를 이어진다. 편마암으로 이루어진 산악지대로 전국 주요 명승지다. 옛날에는 장인태산(丈人泰山)이라고 했다. 86
· 태산(太山) — 현 하남성 신밀 일대다. 96, 145
· 태수(泰水) — 고대 물 이름이다. 현 산동 대문하(大汶河)의 상류 및 그 지류인 소문하(小汶河) 유역이다. 옛날에는 장모태수(丈母泰水)라고 했다. 87
· 태수(太水) — 고대 물 이름이다. 145
· 태위산(泰威山) — 고대 산 이름이다. 99
· 태화산(太華山) — 화산(華山)의 주요 봉우리로 지금 섬서 화음(華陰) 남쪽이다. 30
· 태훼(台虺)의 물 — 고대 물 이름이다. 342

· 태희산(泰戱山) — 고대 산 이름이다. 또 무부산(武夫山, 戊夫山), 고부산(孤阜山)이라고 한다. 현 산서성 번치(繁峙) 동북의 항산(恒山) 산맥의 동쪽이다. 78
· 토상산(兎床山) — 고대 산 이름이다. 160
· 파구(巴丘) — 고대 지명이다. 현 호남 악양(岳陽) 경내다. 64
· 파국(巴國) — 현재 중경에 해당된다. 388
· 파릉(巴陵) — 군(郡) 명칭으로, 현 호남 악양시에 있다. 하후계(夏后啓)가 예(羿)에게 동정호에서 파사(巴蛇)를 죽이고 그 뼈를 구릉(丘陵)에 쌓게 했다고 해서 붙여진 이름이다. 파구(巴丘)라고도 한다. 64
· 파보산(罷父山) — 고대 산 이름이다. 서산경(西山經) 서부에 위치한다. 51
· 파수산(巴遂山) — 고대 산 이름이다. 유황신씨국(流黃辛氏國) 경내에 있다. 390
· 파총산(嶓冢山) — 섬서 영강(寧强)의 서북이다. 35
· 팽비산 — 고대 산 이름이다. 74
· 팽수(彭水) — 팽려(彭蠡)로 고대 대택 이름이다. 현 호북 황매현(黃梅縣)과 안휘성 숙송(宿松) 및 망강(望江) 사이의 용감호(龍感湖)와 대관호(大官湖), 황호(黃湖), 박호(泊湖) 일대다. 59, 77
· 평봉산(平逢山) — 북망산(北邙山)으로, 현재 하남 낙양의 북쪽이다. 135
· 평산(平山) — 현 산서성 임분이다. 73
· 풍백산(風伯山) — 고대 산 이름이다. 168
· 풍산(豊山) — 현재 하남성 남양(南陽)의 동북쪽이다. 159, 165
· 필산(畢山) — 한산(투山)으로 현재 하남 필양(泌陽)이다. 162
· 하(河)의 구도(九都) — 아홉 갈래로 황하로 들어가는 물이 여기에 모이기 때문에 붙은 이름이다. 105
· 하수(河水) — 고대 물의 이름이다. 곤륜허의 동북부에서 발원한다. 46, 274, 326
· 한수(漢水) — 현 섬서 영강 서북의 번총산(嶓冢山)에서 나온다. 35, 55, 158, 272, 302
· 한안국(韓雁國) — 고대 조선반도 남부의 국가 이름이다. 301
· 함산(咸山) — 양산(陽山)으로 현 하남 필양에 있다. 71
· 함수(濫水) — 북롱수(北隴水)로, 조서동혈산의 서북쪽 고성령(高城嶺)에서 발원한다. 55
· 합곡산(合谷山) — 면산(綿山)의 산봉우리로, 현 산서성 영력(靈礎)이다. 100
· 항산(恒山) — 고대 산 이름이다. 현 하북성 곡양(曲陽) 서북쪽에

461

있다. 순이 사방을 순수하다가 이곳에 이르러 산세가 웅장하고 위엄 있는 것을 보고 북악(北岳)으로 봉했다고 한다. 산서성 동북부로 동북에서 서남 방향이다. 45, 117
· **헌원구**(軒轅丘) — 고대 지역 이름이다. 황제 헌원씨(軒轅氏)가 이 언덕에서 거주한 적이 있으며 서릉씨(西陵氏)의 딸 누조(嫘祖)를 아내로 맞이해서 붙은 이름이다. 47, 204
· **헌원국**(軒轅國) — 고대 국가 이름이다. 황제 헌원씨의 부족이다. 204, 345, 371
· **현옹산**(縣雍山) — 현재 명칭은 현옹산(縣瓮山)이다. 산서성 태원(太原) 서남쪽에 있다. 66
· **현호산**(玄扈山) — 현호수(玄扈水)가 여기서 발원하며, 관거산(灌擧山)의 맞은편이다. 108
· **현호수**(玄扈水) — 낙하의 지류인 석문하(石門河)로 현재 하남성 낙남(洛南)의 북쪽 경내에 있다. 108, 135
· **형산**(衡山) — 고대에는 남악(南岳)이라고 했고 또 호산(虎山), 구루산(岣嶁山)이라고도 하며, 현재 호남성 형산(衡山) 서쪽 경계다. 현재 하남성 남양의 북쪽에 있는 형산은 호남 형양(衡陽)의 남악 형산과 이름은 같지만 다른 산이다. 149, 164, 392
· **형산**(荊山) — 현재 호북 보강(保康)의 동남쪽이고 남장(南漳)의 서남쪽이다. 춘추시기에 초(楚)나라 변화(卞和)가 이 산에서 벽옥(碧玉)을 얻었다고 전해진다. 146, 158
· **형석산**(衡石山) — 고대 산 이름이다. 383
· **형천산**(衡天山) — 고대 산 이름이다. 379
· **호관산**(湖灌山) — 고대 산 이름이다. 69
· **호구**(壺口) — 고대 관(關)의 이름이다. 호관(壺關)이라고도 한다. 현 산서 여성(黎城) 동북쪽 태행산(太行山)에 있다. 산세가 험준하고 좁은 호리병 입구처럼 생겨서 붙은 이름이다. 기원전 491년 제(齊)나라가 진(晉)의 호구(壺口)를 취했다는 것이 바로 이곳이다. 211
· **호산**(豪山) — 고대 산 이름이다. 102
· **호산**(虢山) — 고대 산 이름이다. 52
· **호작산**(犀勺山) — 고대 산 이름이다. 21
· **호작수**(犀勺水) — 고대 물 이름이다. 20
· **호저산**(縞羝山) — 고대 산 이름이다. 135
· **호타**(滹沱) — 지금의 호타하(滹沱河)다. 산서성 오대산(五臺山) 동북의 태희산(泰戱山)에서 발원하여 하북 헌현(獻縣)에서 부양하(滏陽河)와 만나 성자아하(成子牙河)를 이룬다. 74, 78, 304
· **혼석산**(渾夕山) — 고대 산 이름이다. 65

· **화만**(華鬘)**시장** — 고대 시장 이름이다. 283
· **화산**(華山) — 현재 섬서성 동부에 있다. 30, 386
· **환두국**(讙頭國) — 《박물지 · 외국》에 따르면 환두국 국민들은 모두 신선 같다고 한다. 사람들이 늘 바다의 섬에서 고기를 잡으며 사람얼굴에 새부리를 하고 있다. 환두(讙兜)는 환두(驩兜, 驩頭, 讙兜, 鴅兜) 환주(讙朱), 단주(丹朱) 등으로도 쓴다. 요임금 시대의 대신이었는데 죄를 짓고 남해(南海)에 빠져 죽었다고 한다. 요임금이 그를 애석하게 여기고 그의 아들이 남해로 와서 살면서 환두에게 제사를 모실 수 있도록 했다. 환두국 백성은 환두의 후세 자손들이 번성해서 이루어진 것이다. 176, 318
· **황산**(黃山) — 고대에는 흑다산(黑多山)이라고 했는데 당대(唐代)에 황산으로 개명했다. 안휘성 남부 황산시에 있으며 화강암으로 이루어졌다. 청익강(青弋江) 상류의 발원지다. 남북으로 400km에 달하며 동서로 30km로, 중국 최고 명승지의 하나다. 연화봉(蓮花峰), 광명정(光明頂), 천도봉(天都峰)은 주 봉우리다. 절경으로 기이한 소나무와 괴석, 운해, 온천 등이 유명한 황산사절(黃山四絶)이다. 37
· **황산수**(黃酸水) — 천거수(千渠水)라고도 한다. 북류(北流)는 위하(渭河)와 합류한 후에 황하로 들어간다. 135
· **황수**(潢水) — 광수(洭水)로 계수(桂水)라고도 하며 지금의 연강(連江)을 말한다. 현 호남성 임무 서남에서 발원하여 광동성 영덕(英德) 서남에서 북강(北江)으로 흘러든다. 303
· **황인산**(皇人山) — 고대 산 이름이다. 40
· **황지**(黃池) — 고대 지명이다. 황정(黃亭)이다. 현 하남성 봉구(封丘)의 서남쪽이다. 제수(濟水)와 황탕(黃湯)이 교차하는 지점에 있다. 춘추시대 초에는 위(衛)의 땅이었다가 나중에 송(宋)에 속하게 되었다. 기원전 482년에 오왕 부차가 진나라의 정공(定公) 및 노나라의 애공(哀公) 등과 이곳에서 맹약(盟約)을 맺었다. 이를 '황지의 협약'이라고 한다. 203, 342
· **황택**(黃澤) — 현 하남성 내황(內黃)이다. 74
· **회계산**(會稽山) — 지금 절강(浙江) 중부의 소흥(紹興)과 승주(嵊州)와 제기(諸暨)와 동양(東陽) 등의 시와 현 사이에 있다. 전당강(錢塘江)의 지류인 포양강(浦陽江)과 조아강(曹娥江)의 분수령이다. 남북으로 뻗어 있으며 유문암과 응회암으로 이루어져 있다. 하우가 이 산에서 제후들을 크게 모으고 공에 따라 작위를 봉했다고 해서 회계산이라고 한다. 20, 301
· **회수**(淮水) — 고대의 회하를 가리키며, 현 하남성 동백산(桐柏

462

山)에서 발원하여 하남성 남부와 안휘, 강소성을 거쳐 홍택(洪澤)으로 흘러들어간다. 87, 241, 302
- **회음**(淮陰) ─ 고대 현의 이름이다. 현재 강소성 회음(淮陰)의 서남 감라성(甘羅城)이다. 303
- **효난수**(囂難水) ─ 고대 물 이름이다. 145
- **효양국**(梟陽國) ─ 고대 국가 이름이다. 264
- **훈민국**(壎民國) ─ 고대 국가 이름이다. 310
- **훼미산**(虫尾山) ─ 고대 산 이름이다. 북산경의 남쪽이다. 74
- **휘제산**(輝諸山) ─ 고대 산 이름이다. 101
- **휴여산**(休與山) ─ 현재 하남 영보(靈寶)다. 140
- **휼수**(潏水) ─ 고대 물 이름이다. 315
- **흉려토구**(凶犁土丘) ─ 고대 지역 이름이다. 311
- **흑백구**(黑白丘) ─ 고대 지명이다. 387
- **흑수**(黑水) ─ 고대 물 이름이다. 25, 274, 315
- **흑수하**(黑水河) ─ 고대 물 이름이다. 315
- **흑치국**(黑齒國) ─ 고대 국가 이름이다. 259, 308
- **희화국**(羲和國) ─ 고대 국가 이름이다. 동해의 밖, 감수의 사이에 있다. 332

신선 神仙

- **강태공**(姜太公) ─ 여상(呂常)이다. 《봉신연의(封神演義)》에 나온다. 일찍이 곤륜산(崑崙山)에서 도를 배운 뒤 스승의 명을 받들고 하산하여 주(周) 왕실을 보좌한다. 80세 때 위수(渭水) 가에서 주 문(文)왕의 방문을 받고 승상이 된 뒤, 무(武)왕을 도와 은(殷) 주(紂)왕을 토벌하면서 수많은 술사들을 이끌고 주왕 군대와 격렬하게 투쟁한 뒤, 마침내 주를 세우는 대업을 완성했다. 마지막으로 다시 명을 받들어 봉신방(封神榜)을 발한다. 156
- **경도**(慶都) ─ 제곡(帝嚳)의 아내로 요(堯)임금의 생모다. 115
- **계중**(季仲) ─ 고대 사람 이름이다. 214
- **공공**(共工) ─ 공임(孔壬)으로 고대 신의 이름이다. 요임금의 신하다. 42, 111, 210, 381, 394, 412
- **금갑신**(金甲神) ─ 고대 천신의 이름이다. 281
- **기동**(耆童) ─ 노동(老童)으로, 전욱(顓頊)의 아들이다. 49
- **대예**(大翳) ─ 고대 사람 이름이다. 212, 242, 353
- **반고**(盤古) ─ 천지개벽(天地開闢)의 신이다. 《광박물지(廣博物志)》에서 '반고는 용 머리에 뱀 몸으로 바람과 비를 불게 하고 우레와 번개를 치게 한다. 눈을 뜨면 낮이고 눈을 감으면 밤이다. 죽어서 뼈마디는 산과 나무가 되었고 몸은 강과 바다가 되었고 피는 도랑이 되었고 털은 풀이 되었다'고 했다. 이렇게 반고는 종산(鍾山) 촉룡(燭龍)과 매우 흡사하다. 14
- **백고**(柏高) ─ 전설에 나오는 선인이다. 386
- **백익**(伯益) ─ 백예(伯翳, 柏翳)다. 또 대비(大費)라고도 한다. 고대에 성씨가 영(嬴)인 각 부족의 선조이며 동이족(東夷族)의 영수다. 축목업과 사냥에 능하고, 순(舜)임금에 의해 우(禹)임금의 신하로 임명되어, 초목과 조수를 관장하고, 신선한 음식을 제공하였다. 또 불을 다스려 산과 못을 태워 불사르면 금수들이 도망갔다. 우를 도와 치수에 공을 세워 우의 계승자로 선택되었다. 우임금 사후에 우의 아들 계(啟)가 스스로 왕위를 계승하자 백익은 계와 투쟁하다가 피살되었다. 182, 196, 341
- **사비시**(奢比尸) ─ 신선 이름이다. 237, 310
- **삼신국**(三身國) ─ 제준(帝俊)의 아내 아황(娥皇)은 삼신국에서 태어났으며 성이 요(姚)이고 기장을 먹으며 4마리 새를 몰고 다닌다고 전해진다. 195, 315, 394

463

- **상고시**(相顧尸) ─ 신선의 이름이다. 392
- **상신**(霜神) ─ 청녀(靑女)로, 고대 신화 전설 속에 나오는 서리와 눈의 신이다. 고유(高誘)는 '청녀는 천신(天神)으로 청소옥녀(靑霄玉女)이며 서리와 눈을 주관한다'고 주를 달았다. 225
- **설신**(雪神) ─ 등육(滕六)으로, 고대에 눈이 내리는 것을 관장하는 신선이다. 225
- **숙균**(叔均) ─ 제준의 자손이다. 창조와 발명의 신으로, 소로 경작하는 것을 발명했다. 110, 337, 394
- **아황**(娥皇) ─ 신선 이름이다. 요임금의 딸이다. 315
- **안룡**(晏龍) ─ 제준의 아들로, 금슬을 제작한 사람이다. 308, 394
- **연**(延) ─ 염제(炎帝)의 후예로 백릉(伯陵)의 아들이다. 전설에 나오는 음악 신의 한 명이다. 전하기를, 염제의 손자 백릉은 오권(吳權)의 아내 아녀연부(阿女緣婦)와 정을 통했고, 연부는 임신한 지 3년 만에 고(鼓), 연, 수(殳) 세 아들을 낳았다. 고와 연은 종을 만들고 동곡(東曲)과 음률을 지었다. 393
- **영관**(靈官) ─ 망령(亡靈)이 승천하는 것을 관장하는 신이다. 215
- **옥녀**(玉女) ─ 선녀(仙女)의 이름으로 태화신녀(太華神女)다. 216
- **옥녀**(玉女) **이경손**(李慶孫) ─ 선녀의 이름이다. 363
- **왕화존**(王華存) **부인** ─ 고대 인명이다. 363
- **용성자**(容成子) ─ 황제 시대의 신선이다. 285
- **우사**(雨師) ─ 풍수(馮修)로, 비를 다스리는 신이다. 14, 225, 381
- **운사**(雲師) ─ 병예(屛翳)로 구름과 안개를 다스리는 신이다. 225
- **운화부인**(雲華夫人) ─ 신선의 이름이다. 215, 358
- **의균**(義均) ─ 제준의 아들이다. 394
- **전갱**(籛鏗) ─ 수성(壽星) 팽조(彭祖)를 말한다. 고대 전설에서 팽조는 800살까지 살았다. 420
- **진규**(眞窺) ─ 고대 신의 이름이다. 189, 239, 352
- **천제**(天帝) ─ 천계를 관리하는 옥황대제이다. 278, 296, 355, 375
- **촉광**(燭光) ─ 고대 신의 이름이다. 297
- **촉음**(燭陰) ─ 촉룡으로, 종산의 산신이다. 사람얼굴에 뱀 몸이고 피부는 붉으며 몸은 1,000리나 된다. 눈을 뜨면 낮이 되고 눈을 감으면 밤이 되며, 공기를 내쉬면 북풍이 몰아쳐 겨울이 되고 공기를 들이마시면 붉은 태양이 작열하며 여름이 된다. 먹지도 않고 마시지도 않고 잠도 안 자고 숨도 쉬지 않지만, 한 번 호흡하면 만 리 너머까지 바람이 몰아친다. 북극의 어둠까지도 밝게 비출 수 있다. 208
- **태상진인**(太上眞人) ─ 도교의 교주 노자(老子)를 말한다. 279
- **풍신**(風神) ─ 손이(巽二)로, 바람을 다스리는 신이다. 225

별자리

- **각성**(角星) — 각(角)이라고도 한다. 28숙(宿)의 하나다. 217
- **귀성**(鬼星) — 귀(鬼), 거귀(輿鬼)라고도 한다. 28숙의 하나다. 217
- **규성**(奎星) — 규(奎), 천시(天豕), 봉시(封豕)라고도 한다. 28숙의 하나다. 217
- **기성**(箕星) — 기(箕)라고도 한다. 28숙의 하나다. 217
- **누성**(婁星) — 누(婁)라고도 한다. 28숙의 하나다. 217
- **니삼성**(尼參星) — 28숙의 하나다. 217
- **두성**(斗星) — 28숙의 하나다. 천시원(天市垣)에 속하고 모두 5개의 별로 무선(武仙)좌 안에 있다. 217
- **묘성**(昴星) — 묘(昴)라고도 한다. 28숙의 하나다. 217
- **벽성**(壁星) — 벽(壁)이라고도 한다. 28숙의 하나다. 217
- **성성**(星星) — 성(星)이라고도 하며 처음에는 칠성(七星)이라고 했다. 28숙의 하나다. 217
- **실성**(室星) — 실(室), 영실(營室)이라고도 한다. 28숙의 하나다. 217
- **심성**(心星) — 심(心), 상성(商星), 대화(大火), 화(火)라고도 한다. 28숙의 하나다. 217
- **여성**(女星) — 여(女), 수녀(須女), 무녀(婺女)라고도 한다. 28숙의 하나다. 217
- **우성**(牛星) — 우(牛), 견우(牽牛)라고도 한다. 28숙의 하나다. 217
- **위성**(危星) — 위(危)라고도 한다. 28숙의 하나다. 217
- **위성**(胃星) — 위(胃)라고도 한다. 28숙의 하나다. 217
- **익성**(翼星) — 익(翼)이라고도 한다. 28숙의 하나다. 22개의 별로, 28숙 중에 별의 개수가 가장 많은 별자리다. 217
- **자성**(觜星) — 자(觜)라고도 한다. 처음에는 자휴(觜觿)라고 했다. 28숙의 하나다. 217
- **장성**(張星) — 장(張)이라고도 한다. 28숙의 하나다. 217
- **저성**(氐星) — 저(氐), 천근(天根)이라고도 한다. 28숙의 하나다. 217
- **정성**(井星) — 정(井), 동정(東井)이라고도 한다. 28숙의 하나다. 217
- **진성**(軫星) — 진(軫)이라고도 한다. 28숙의 하나다. 217
- **항성**(亢星) — 항(亢)이라고도 한다. 28숙의 하나다. 217
- **허성**(虛星) — 허(虛)라고도 한다. 28숙의 하나다. 《이아(爾雅)》에 의하면 현효차(玄枵次)의 표시별이라고 한다. 217

제왕帝王 장상將相

- **계(啓)** — 하우(夏禹)의 아들이다. 143, 177, 194
- **고수(瞽)** — 순의 아버지다. 순의 부모는 순에게 창고를 고치라고 하고 사다리를 없애고 우물을 치우라고 속이는 등 아들을 해치려고 했으나 실패한다. 318
- **곽지(郭支)** — 고대 사람 이름이다. 181, 197, 344
- **관중(管仲, ?~기원전 645년)** — 안휘(安徽) 영상(穎上) 사람이다. 이름은 이오(夷吾)이고 자는 중(仲)이다. 춘추(春秋) 초기 제나라의 저명한 정치가이자 철학가다. 232
- **구천(勾踐)** — 구천(句踐)이라고도 한다. 춘추 말기 월(越)나라 사람으로, 담집(菼執)이라고도 한다. 월왕 윤상(允常)의 아들이다. 기원전 497~기원전 465년에 재위에 있었다. 오(吳)왕 부차(夫差)에게 패배하고 굴복하여 오에서 신하 노릇을 했다. 돌아온 뒤 와신상담하면서 강해지기 위한 각고의 노력 끝에 범려(范蠡)와 문중(文仲) 등을 임용하여 10년간 물자를 모으고 훈련시킨 뒤에 마침내 부강해져서 오를 멸망시켰다. 서주(西周)에서 제후들을 크게 불러 모으고 패왕이 되었다. 301
- **균국(均國)** — 고대 사람 이름이다. 380
- **기(棄)** — 제곡(帝嚳)의 아들로 강원(姜原)이 낳았으며 주(周) 민족의 시조다. 110, 132, 338
- **대렴(大廉)** — 고대 사람 이름이다. 194
- **대사농(大司農)** — 관직 이름이다. 진대(秦代)에 치속(治粟) 내사(內史)를 두었다가 한(漢) 경제(景帝) 때 대농령(大農令)으로 바꾸고, 무제(武帝) 때 다시 대사농으로 고쳤다. 조세, 전곡, 소금, 철을 관장하여 국가 재정수입을 맡는 구경(九卿)의 하나다. 285, 331, 395
- **대사도(大司徒)** — 관직 이름이다. 대사마, 대사공(大司空)과 함께 3공으로 일컬어진다. 331, 403
- **대장(大章)** — 고대 사람 이름이다. 411
- **맹도(孟涂)** — 하후계(夏后啓)의 신하로, 소송 전문이다. 265
- **무(武)왕** — 서주(西周) 왕조의 건립자다. 성은 희(姬)이고 이름은 발(發)이다. 아버지 문(文)왕의 뜻을 받들어 용(庸), 촉(蜀), 강(羌), 무(髳), 미(微), 노(盧), 팽(彭), 복(濮) 등의 부족을 연합하여 군대를 이끌고 상(商)을 공격했다. 목야(牧野 : 현재 하남 기현 서남쪽) 전투에서 크게 승리하여 상을 멸망시키고 서주 왕조를 세운 후 호(鎬 : 현재 섬서 장안 풍하의 동쪽)에 도읍을 정했다. 156
- **선문자고(羨門子高)** — 고대 사람 이름이다. 116
- **선제(宣帝)** — 유순(劉詢, 기원전 192~기원전 49년)으로 서한(西漢)의 황제다. 자는 차경(次卿)이다. 여태자(戾太子)의 손자다. 기원전 74~기원전 49년에 재위에 있었다. 270
- **성(成)왕** — 서주의 왕이다. 성은 희(姬)이고 이름은 송(誦)이며 용(庸)이라고도 쓴다. 무왕의 아들이다. 왕위를 계승할 적에 어려서 무왕의 동생 주공(周公) 단(旦)이 섭정했다. 관숙(管叔), 채숙(蔡叔)이 주공이 왕위를 찬탈할까 걱정되어 무경(武庚)과 연합해서 난을 일으켰다. 주공은 군대를 이끌고 동쪽으로 나아가 3년 후 무경, 관숙을 주살하고 채숙을 유배시켜 난리를 평정한다. 주공은 7년 동안 섭정했다. 희송(姬誦)은 낙읍(洛邑)을 세우고 정국을 안정시켰다. 39
- **성탕(成湯)** — 또 무탕(武湯), 천을(天乙)이라고도 한다. 상(商) 왕조의 건립자다. 374
- **오권(吳權)** — 고대 사람 이름이다. 393
- **왕맹(王孟)** — 고대 사람 이름이다. 202, 351
- **왕박협(王搏頰)** — 고대 사람 이름이다. 420
- **요여(繇余)** — 고대 사람 이름이다. 212, 345, 353, 357
- **유향(劉向, 약 기원전 77~기원전 6년)** — 서한(西漢)의 경학가이자 목록학가이고 문학가다. 본명은 갱생(更生)이고 자는 자정(子政)으로 패(沛 : 현재 강소성 패현) 사람이다. 한(漢) 황족(皇族)인 초(楚) 원(元)왕(劉交)의 4대손이다. 270
- **유흠(劉歆, ?~23년)** — 서한 말 고문 경학파의 개창자로 목록학자이자 천문학자다. 자는 자준(子駿)이고 나중에 이름을 수(秀)로 고쳤으며 자는 영숙(穎叔)이다. 유향의 아들로, 패 사람이다. 271
- **이기후(伊耆侯)** — 고대 사람으로 이장유(伊長孺)라고도 한다. 115
- **자해(子亥)** — 은상(殷商) 때의 왕자다. 《고본죽서기년(古本竹書紀年)》에 '은왕 자해가 유역(有易)에 손님으로 갔는데 음란하여 유역의 왕 면신(綿臣)이 죽이고 내버렸다'고 한다. 297
- **중감(仲堪)** — 고대 사람 이름이다. 214
- **중연(仲衍)** — 고대 사람 이름이다. 194
- **하도(河圖)** — 고대 유가(儒家)의 《주역(周易)》과 《홍범(洪範)》 두 책에 관련된 전설이다. 복희씨(伏羲氏) 때 용마(龍馬)가 황하(黃河)에서 나왔는데 등에 하도를 짊어지고 있었으며, 신귀

(神龜)가 낙수(洛水)에서 나왔는데 등에 낙서를 지고 있었다. 복희는 이 '도(圖)'와 '서(書)'에 근거해서 팔괘(八卦)를 그렸는데, 이것이 나중에 《주역》의 기원이다. 318
- **하후계**(夏后啓) ─ 대우(大禹)의 아들로 하(夏) 왕조의 건립자라 전해진다. 265
- **해중**(奚仲) ─ 전설에 나오는 수레를 창조한 사람이다. 성은 임(任)이고 황제(黃帝)의 후예다. 하대에 거정(車正: 수레를 관장하는 관리)으로 설(薛: 현재 산동 등주의 동남)에 거주하다가 나중에 비(邳: 현재 산동성 미산 서북)로 옮겨갔다. 춘추시대의 설(薛)이 바로 그의 후손이다. 393
- **화숙**(和叔) ─ 고대 사람 이름이다. 420
- **화중**(和仲) ─ 고대 사람 이름이다. 420, 425
- **환공**(桓公, ?~기원전 643년) ─ 춘추시대 제나라 임금이다. 성은 강(姜)이고 이름은 소백(小白)으로, 양공(襄公)의 동생이다. 기원전 685~기원전 643년에 재위에 있었다. 양공이 피살된 후에 거(莒: 현재 산동성 거현)에서 돌아와 정권을 잡았고, 관중을 임용하여 개혁을 실시했다. 춘추시대 최고의 군주다. 232
- **희기**(戲器) ─ 염제(炎帝)의 후예로 절병(節幷)의 아들이자 축융(祝融)의 아버지다. 394

서명書名

- 《**구가**(九歌)》 ─ 선악(仙樂)의 이름이다. 144, 375
- 《**구대**(九代)》 ─ 악곡 이름으로 《구소(九韶)》, 《구소(九招)》라고도 한다. 194
- 《**구변**(九辯)》 ─ 원래 천상의 신선 음악이었는데 하계(夏啓)가 하늘로 올라가 듣고 인간 세상에 전했다고 한다. 144, 375
- 《**구소**(九招)》 ─ 《구소(九韶)》로 악곡 이름이다. 순(舜)임금 때 지어졌다고 한다. 375
- 《**남사**(南史)》 ─ 당(唐)의 이연수(李延壽)가 찬한 책으로 80권이다. 남조(南朝)의 송(宋), 제(齊), 양(梁), 진(晋) 4대의 역사를 기록한 것으로 표지는 없다. 371
- 《**용성어녀술**(容成御女術)》 ─ 상고시기 신선 용성공(容成公)의 양생술 저서다. 285

무사巫祀

- **무라**(巫羅) — 전설에 나오는 무사다. 영산(靈山) 십무(十巫)의 하나다. 339
- **무례**(巫禮) — 전설에 나오는 무사다. 영산 십무의 하나다. 339
- **무반**(巫盼) — 전설에 나오는 무사다. 영산 십무의 하나다. 339
- **무사**(巫謝) — 전설에 나오는 무사다. 영산 십무의 하나다. 339
- **무저**(巫抵) — 전설에 나오는 무사다. 영산 십무의 하나다. 274, 339
- **무즉**(巫卽) — 전설에 나오는 무사다. 영산 십무의 하나다. 339
- **무질민**(巫𢦏民) — 무함국(巫咸國)의 백성이다. 316
- **무팽**(巫彭) — 전설에 나오는 무사다. 영산 십무의 하나다. 274, 339
- **무함**(巫咸) — 무무(巫戊)라고 하며, 상(商) 왕 태무(太戊)의 대신이다. 그는 북을 발명했다고 하며, 점을 치기 시작한 인물로 점성가이기도 하다. 나중에 그가 측정했다고 하는 항성도가 있다. 339
- **제대의 바둑돌**(帝臺之棋) — 여러 신에게 제사지낼 때 사용한다. 140
- **조왕신에게 지내는 제사**(祠竈) — 고대에 살기가 가득한 부뚜막의 조왕신에게 제사지내는 의식이다. 421

부족部族

- **강성**(姜姓) — 염제(炎帝)는 상고시기 강(姜)씨 성을 가진 부족의 시조였다. 75
- **건수씨**(蹇修氏) — 고대 부족의 성명이다. 352
- **고신씨**(高辛氏) — 제곡(帝嚳) 연맹의 모든 부족을 통칭한다. 272, 293
- **귀방씨**(鬼方氏) — 상고 부족의 성명이다. 317
- **금천씨**(金天氏) — 신화에 나오는 고대 부족의 성명이다. 47
- **도산씨**(塗山氏) — 신화에 나오는 부족 이름이다. 도산씨는 하우(夏禹)의 아내다. 143
- **동이족**(東夷族) — 고대 민족의 이름이다. 소호(少昊)는 전설에서 동이족의 시조다. 중국 고대에 동이는 동쪽 오랑캐 민족에 대한 범칭이었다. 가령 하대(夏代)에서 주대(周代)까지는 구이(九夷)라고 했다. 또 사방의 소수 민족을 두루 칭하기도 했으며 춘추시대의 담(郯)나라 임금이 그 후예다. 이 민족은 새를 토템으로 하며 관직 이름을 새 이름으로 지었으며 공정(工正)과 농정(農正)을 두어 수공업과 농업을 관리했다고 한다. 47
- **모용씨**(慕容氏) — 선비족(鮮卑族)의 한 갈래다. 부족으로 성씨를 삼았다. 272
- **무지기**(無支祁) — 고대 부족 이름이다. 243
- **방풍씨**(防風氏) — 고대 부락의 성씨다. 177
- **번씨**(樊氏) — 고대 부족의 성씨다. 388
- **소호**(少昊) — 이름은 지(摯)이고 호는 금천씨(金天氏)로, 전설 속 옛 동이족의 시조다. 서방 천제(天帝)며 황아(皇娥)의 아들이다. 소호는 새의 왕국을 세웠는데, 신하들은 모두 새다. 봉황, 제비, 백로, 안작(鷃雀), 금계(錦鷄)가 사계(四季)와 천시(天時)를 관장하며, 축구(祝鳩) 등 5마리 새가 정사를 담당한다. 5마리의 야계(野鷄)가 공업 공사를 담당하고, 9마리 호조(扈鳥)가 농업을 관장한다. 47, 306, 316
- **수**(殳) — 염제(炎帝)의 후예로 백릉(伯陵)의 셋째아들이다. 393
- **숙균**(叔均) — 상균(商均)으로, 순(舜)의 아들이다. 110, 338, 394
- **순**(舜) — 전설의 부계씨족사회 후기 부락 연맹의 시조다. 성은 요(姚)이고 규(嬀)라고도 한다. 호는 유우씨(有虞氏)고 이름은 중화(重華)로, 역사에서는 우순(禹舜)이라고 한다. 18, 177, 265, 315, 392

- **오도씨**(烏涂氏) ― 신화에 나오는 고대 부족의 성씨다. 212
- **요**(堯) ― 전설 속의 부계씨족사회 후기 부락 연맹의 시조다. 호는 도당씨(陶唐氏)고 이름은 방훈(放勛)으로, 역사에서는 당요(唐堯)라고 한다. 희화(羲和)에게 명하여 시령(時令)을 관장하게 하고 역법을 제정한 것으로 전해진다. 사악(四岳)과 의논하여 순을 후계자로 선정하니, 역사적으로 이를 선양(禪讓)이라고 한다. 18, 110, 176, 191, 210, 236, 265, 318, 395
- **용성씨**(庸成氏) ― 고대 부족의 성씨다. 195
- **원신외씨**(員神磈氏) ― 상고 부족의 성명이다. 47
- **이융**(離戎) ― 고대 부락 이름이다. 295
- **작자씨**(淖子氏) ― 고대 부족의 성씨다. 386
- **장상씨**(章商氏) ― 고대 부족의 성씨다. 212
- **저강**(氐羌) ― 고대 민족 이름이다. 저(氐)는 상(商), 주(周), 진(秦), 한(漢) 대에 현재 섬서(陝西), 감숙(甘肅), 사천(四川) 일대에 분포했다. 강(羌)은 주로 현재 감숙, 청해(青海), 사천 일대에 분포했다. 일설에 의하면 저강은 저(氐) 땅의 강(羌)을 가리킨다고 한다. 392
- **적수씨**(赤水氏) ― 전설 속의 옛 부족 이름이다. 394
- **전욱**(顓頊) ― 전설에 나오는 고대 부족의 수령으로, 호는 고양씨(高陽氏)다. 42, 49, 152, 194, 231, 302, 315, 336, 371, 378, 383, 420
- **조씨**(鳥氏) ― 고대 부족 이름이다. 새 토템 씨족 부락은 중국 최고로 오래되고 방대했으며, 지대한 영향력을 끼쳤다. 387
- **희**(姬) ― 주(周)왕의 성씨다. 황제가 희수(姬水)에 살았기 때문에 '희(姬)'를 성씨로 했다. 337

산해경

● — 초판 1쇄	2008년 4월 10일
초판 2쇄	2009년 6월 1일
초판 3쇄	2010년 4월 15일
초판 4쇄	2012년 1월 10일
초판 5쇄	2013년 10월 20일

- ● — 편저자 예태일(倪泰一), 전발평錢發平
- ● — 역자 서경호, 김영지

- ● — 펴낸이 고진숙
- ● — 펴낸곳 안티쿠스
- ● — 편집 한재희
- ● — 디자인 민진기디자인
- ● — 출력 소망
- ● — 인쇄·제본 상지사피앤피
- ● — 물류 문화유통북스

- ● — 출판등록 제300-2010-58호(2010년 4월21일)
- ● — 주소 110-816 서울시 종로구 자하문로 266, 612호
  구) 서울시 종로구 부암동 129-8 울트라타임730오피스텔 612호
- ● — 전화 02-379-8883, 723-1835
- ● — 팩스 02-379-8874
- ● — 홈페이지 www.antiquus.co.kr
- ● — 이메일 mbook2004@naver.com

값은 뒤표지에 있습니다.
이 책의 무단 전재 및 복제를 금합니다.

ISBN 978-89-92801-04-1 03830